国学经典文库

中国二十大名著

图文珍藏版

中国二十大名著

明代市民文学的代表作　引领中国小说的新篇章

喻世明言

第十三册

[明]冯梦龙◎著　马博◎主编

中国名篇

线装书局

图书在版编目（ＣＩＰ）数据

喻世明言 / (明) 冯梦龙著. -- 北京：线装书局，
2016.1
　（中国二十大名著 / 马博主编）
　ISBN 978-7-5120-2004-7

　Ⅰ.①喻… Ⅱ.①冯… Ⅲ.①话本小说－小说集－中
国－明代 Ⅳ.①I242.3

中国版本图书馆CIP数据核字(2015)第255657号

喻世明言

原　　著：［明］冯梦龙

主　　编：马　博

责任编辑：高晓彬

装帧设计：博雅圣轩藏书馆 Boyashengxuan Cangshuguan

出版发行：线装书局

　　　　　地　址：北京市西城区鼓楼西大街41号（100009）

　　　　　电　话：010-64045283（发行部）　64045583（总编室）

　　　　　网　址：www.xzhbc.com

经　　销：新华书店

印　　制：北京彩虹伟业印刷有限公司

开　　本：710mm×1040mm　1/16

印　　张：28

字　　数：340千字

版　　次：2016年1月第1版第1次印刷

印　　数：0001－3000套

定　　价：4980.00元（全二十册）

导读

　　《喻世明言》，明冯梦龙纂辑，宋元明话本小说选集，《喻世明言》初版本名为《古今小说》，全称《全像古今小说》。后重印改名为《喻世明言》。全书四十卷，每卷一篇，共四十篇。它和《通言》《恒言》一样，为宋元明话本小说。作品题材广泛，内容复杂.有对封建官僚丑恶的谴责和对正直官吏德行的赞扬，有对友谊和爱情的歌颂和对背信弃义负心行为的斥责。更有不少作品描写了市井之民的生活。可以说是写画了当时社会"千奇百怪事""各式各样"，再现了宋元明市井万象。

目　录

国学经典文库

中国二十大名著

目录

图文珍藏版

叙

　　史统散而小说兴。始乎周季，盛于唐，而浸淫于宋。韩非、列御寇诸人，小说之祖也。《吴越春秋》等书，虽出炎汉，然秦火之后，著述犹希。迨开元以降，而文人之笔横矣。若通俗演义，不知何昉。按南宋供奉局，有说话人，如今说书之流。其文必通俗，其作者莫可考。泥马倦勤，以太上享天下之养，仁寿清暇，喜阅话本，命内珰日进一帙，当意，则以金钱厚酬。于是内珰辈广求先代奇迹及闾里新闻，倩人敷演进御，以怡天颜。然一览辄置，卒多浮沉内庭，其传布民间者，什不一二耳。然如《玩江楼》《双鱼坠记》等类，又皆鄙俚浅薄，齿牙弗馨焉。暨施、罗两公，鼓吹胡元，而《三国志》《水浒》《平妖》诸传，遂成巨观，要以韫玉违时，销镕岁月，非龙见之日所暇也。

　　皇明文治既郁，靡流不波；即演义一斑，往往有远过宋人者。而或以为恨乏唐人风致，谬矣。食桃者不费杏，缔縠毳锦，唯时所适。以唐说律宋，将有以汉说律唐，以春秋战国说律汉，不至于尽扫羲圣之一画不止！可若何？大抵唐人选言，入于文心；宋人通俗，谐于里耳。天下之文心少而里耳多，则小说之资于选言者少，而资于通俗者多。试今说话人当场描写，可喜可愕，可悲可涕，可歌可舞；再欲捉刀，再欲下拜，再欲决脰，再欲捐金。怯者勇，淫者贞，薄者敦，顽钝者汗下。虽日诵《孝经》《论语》，其感人未必如是之捷且深也。噫！不通俗而能之乎？茂苑野史氏，家藏古今通俗小说甚富，因贾人之请，抽其可以嘉惠里耳者，凡四十种，畀为一刻。余顾而乐之，因索笔而弁其首。

绿天馆主人题

第 一 卷

蒋兴哥重会珍珠衫

仕至千钟非贵，年过七十常稀。浮名身后有谁知？万事空花游戏。
休逞少年狂荡，莫贪花酒便宜。脱离烦恼是和非，随分安闲得意。

这首词名为《西江月》，是劝人安分守己，随缘作乐，莫为酒、色、财、气四字，损却精神，亏了行止。求快活时非快活，得便宜处失便宜。说起那四字中，总到不得那色字厉害。眼是情媒，心为欲种。起手时，牵肠挂肚，过后去，丧魄销魂。假如墙花路柳，偶然适兴，无损于事；若是生心设计，败俗伤风，只图自己一时欢乐，却不顾他人的百年恩义。假如你有娇妻爱妾，别人调戏上了，你心下如何？古人有四句道得好：

人心或可昧，天道不差移。
我不淫人妇，人不淫我妻。

看官，则今日听我说《珍珠衫》这套词话，可见果报不爽，好教少年子弟做个榜样。

话中单表一人，姓蒋名德，小字兴哥，乃湖广襄阳府枣阳县人氏。父亲叫作蒋世泽，从小走熟广东做客买卖。因为丧了妻房罗氏，止遗下这兴哥，年方九岁，别无男女，这蒋世泽割舍不下，又绝不得广东的衣食道路，千思百计，无可奈何，只得带那九岁的孩子同行做伴，就教他学些乖巧。这孩子虽则年小，生得：

眉清目秀，齿白唇红；行步端庄，言辞敏捷；聪明赛过读书家，伶俐不输长大汉。人人唤作粉孩儿，个个美他无价宝。

蒋世泽怕人妒忌,一路上不说是嫡亲儿子,只说是内侄罗小官人。原来罗家也是走广东的,蒋家只走得一代,罗家到走过三代了。那边客店牙行,都与罗家世代相识,如自己亲眷一般。这蒋世泽做客,起头也还是丈人罗公领他走起的;因罗家近来屡次遭了屈官司,家道消乏,好几年不曾走动。这些客店牙行见了蒋世泽,那一遍不动问罗家消息,好生牵挂。今番见蒋世泽带个孩子到来,问知是罗家小官人,且是生得十分清秀,应对聪明,想着他祖父三辈交情,如今又是第四辈了,那一个不欢喜。

闲话休提。却说蒋兴哥跟随父亲做客,走了几遍,学得伶俐乖巧,生意行中,百般都会,父亲也喜不自胜。何期到一十七岁上,父亲一病身亡。且喜刚在家中,还不做客途之鬼。兴哥哭了一场,免不得揩干泪眼,整理大事。殡殓之外,做些功德超度,自不必说。

七七四十九日内,内外宗亲,都来吊孝。本县有个王公,正是兴哥的新岳丈,也来上门祭奠,少不得蒋门亲戚陪侍叙话。中间说起兴哥少年老成,这般大事,亏他独力支持。因话随话间,就有人撺掇道:"王老亲翁,如今令爱也长成了,何不乘凶完配,教他夫妇做伴,也好过日。"王公未肯应承,当日相别去了。众亲戚等安葬事毕,又去撺掇兴哥。兴哥初时也不肯,却被撺掇了几番,自想孤身无伴,只得应允。央原媒人往王家去说,王公只是推辞,说道:"我家也要备些薄薄妆奁,一时如何来得?况且孝未期年,于礼有碍,便要成亲,且待小祥之后再议。"媒人回话,兴哥见他说得正理,也不相强。

光阴如箭,不觉周年已到。兴哥祭过了父亲灵位,换去粗麻衣服,再央媒人王家去说,方才依允。不隔几日,六礼完备,娶了新妇进门。有《西江月》为证:

孝幕翻成红幕,色衣换去麻衣。画楼结彩烛光辉,合卺花筵齐备。
那羡妆奁富盛,难求丽色娇妻。今宵云雨足欢娱,来日人称恭喜。

说这新妇是王公最幼之女,小名唤作三大儿;因他是七月七日生的,又唤作三巧儿。王公先前嫁过的两个女儿,都是出色标致的。枣阳县中,人人称羡,造出四句口号,道是:

天下妇人多,王家美色寡。
有人娶着他,胜似为驸马。

常言道做买卖不着,只一时;讨老婆不着,是一世。若干官宦大户人家,单拣门户相当,或是贪他嫁资丰厚,不分皂白,定了亲事。后来娶下一房奇丑的媳妇,十亲九眷面前,出来相见,做公婆的好没意思。又且丈夫心下不喜,未免私房走野。偏是丑妇极会管老公,若是一般见识的,便要反目;若使顾惜体面,让他一两遍,他就做大起来。有此数般不妙,所以蒋世泽闻知王公惯生得好女儿,从小便送过财礼,定下他幼女与儿子为婚。今日娶过门来,果然娇姿艳质,说起来,比他两个姐儿加倍标致。正是:

> 吴宫西子不如,楚国南威难赛。
> 若比水月观音,一样烧香礼拜。

蒋兴哥人才本自齐整,又娶得这房美色的浑家,分明是一对玉人,良工琢就,男欢女爱,比别个夫妻更胜十分。三朝之后,依先换了些浅色衣服,只推制中,不与外事,专在楼上与浑家成双捉对,朝暮取乐。真个行坐不离,梦魂做伴。自古苦日难熬,欢时易过,暑往寒来,早已孝服完满。起灵除孝,不在话下。

兴哥一日间想起父亲存日广东生理,如今耽搁三年有余了,那边还放下许多客账,不曾取得,夜间与浑家商议,欲要去走一遭。浑家初时也答应道该去,后来说到许多路程,恩爱夫妻,何忍分离?不觉两泪交流。兴哥也自割舍不得,两下凄惨一场,又丢开了。如此已非一次。

光阴荏苒,不觉又捱过了二年。那时兴哥决意要行,瞒过了浑家,在外面暗暗收拾行李。拣了个上吉的日期,五日前方对浑家说知,道:"常言'坐吃山空',我夫妻两口,也要成家立业,终不然抛了这行衣食道路?如今这二月天气,不寒不暖,不上路更待何时?"浑家料是留他不住了,只得问道:"丈夫此去几时可回?"兴哥道:"我这番出外,甚不得已,好歹一年便回,宁可第二遍多去几时罢了。"浑家指着楼前一棵椿树道:"明年此树发芽,便盼着官人回也。"说罢,泪下如雨。兴哥把衣袖替他揩拭,不觉自己眼泪也挂下来。两下里怨离惜别,分外恩情,一言难尽。

到第五日,夫妇两个啼啼哭哭,说了一夜的说话,索性不睡了。五更时分,兴哥便起身收拾,将祖上遗下的珍珠细软,都交付与浑家收管,自己只带得本钱银两、账目底本及随身衣服、铺陈之类,又预备下送礼的人事,都装叠得停当。原有两房家人,只带一个后生些的去;留一个老成的在家,听浑家使唤,买办日用。两个婆娘,专管厨下。又有两个丫头,一个叫晴云,一个叫暖雪,专在楼中服侍,不许远离。

吩咐停当了,对浑家说道:"娘子耐心度日。地方轻薄子弟不少,你又生得美貌,莫在门前窥瞰,招风揽火。"浑家道:"官人放心,早去早回。"两下掩泪而别。正是:

世上万般哀苦事,无非死别与生离。

兴哥上路,心中只想着浑家,整日的不瞅不睬。不一日,到了广东地方,下了客店。这伙旧时相识都来会面,兴哥送了些人事。排家的治酒接风,一连半月二十日,不得空闲。兴哥在家时,原是淘虚了的身子,一路受些劳碌,到此未免饮食不节,得了个疟疾,一夏不好,秋间转成水痢。每日请医切脉,服药调治,直延到秋尽,方得安痊。把买卖都耽搁了,眼见得一年回去不成。正是:

只为蝇头微利,抛却鸳被良缘。

兴哥虽然想家,到得日久,索性把念头放慢了。

不题兴哥做客之事。且说这里浑家王三巧儿,自从那日丈夫吩咐了,果然数月之内,目不窥户,足不下楼。光阴似箭,不觉残年将尽,家家户户,闹轰轰的暖火盆,放爆竹,吃合家欢耍子。三巧儿触景伤情,思想丈夫,这一夜好生凄楚!正合古人的四句诗,道是:

腊尽愁难尽,春归人未归。
朝来嗔寂寞,不肯试新衣。

明日正月初一日,是个岁朝。晴云、暖雪两个丫头,一力劝主母在前楼去看看街坊景象。原来蒋家住宅前后通连的两带楼房,第一带临着大街,第二带方做卧室,三巧儿闲常只在第二带中坐卧。这一日被丫头们撺掇不过,只得从边厢里走过前楼,吩咐推开窗子,把帘儿放下,三口儿在帘内观看。

这日街坊上好不闹杂!三巧儿道:"多少东行西走的人,偏没个卖卦先生在内,若有时,唤他来卜问官人消息也好。"晴云道:"今日是岁朝,人人要闲耍的,那个出来卖卦?"暖雪叫道:"娘限在我两个身上,五日内包唤一个来占卦便了。"

到初四日早饭过后,暖雪下楼小解,忽听得街上当当的敲响。响的这件东西,唤作"报君知",是瞎子卖卦的行头。暖雪等不及解完,慌忙检了裤腰,跑出门外,叫住了瞎先生,拨转脚头,一口气跑上楼来,报知主母。三巧儿吩咐:唤在楼下坐启内坐

着,讨他课钱。通陈过了,走下楼梯,听他剖断。那瞎先生占成一卦,问是何用。那时厨下两个婆娘,听得热闹,也都跑将来了,替主母传语道:"这卦是问行人的。"瞎先生道:"可是妻问夫吗?"婆娘道:"正是。"先生道:"青龙治世,财爻发动。若是妻问夫,行人在半途,金帛千箱有,风波一点无。青龙属木,木旺于春,立春前后,已动身了。月尽月初,必然回家,更兼十分财采。"三巧儿叫买办的,把三分银子打发他去,欢天喜地上楼去了。真所谓"望梅止渴","画饼充饥"。

大凡人不做指望,倒也不在心上;一做指望,便痴心妄想,时刻难过。三巧儿只为信了卖封先生之语,一心只想丈夫回来,从此时常走向前楼,在帘内东张西望。直到二月初旬,椿树抽芽,不见些儿动静。三巧儿思想丈夫临行之约,愈加心慌,一日几遍,向外探望。也是合当有事,遇着这个俊俏后生。正是:

有缘千里能相会,无缘对面不相逢。

这个俊俏后生是谁?原来不是本地,是徽州新安县人氏,姓陈名商,小名叫作大喜哥,后来改口呼为大郎。年方二十四岁,且是生得一表人物,虽胜不得宋玉、潘安,也不在两人之下。这大郎也是父母双亡,凑了二三千金本钱,来走襄阳贩籴些米豆之类,每年常走一遍。他下处自在城外,偶然这日进城来,要到大市街汪朝奉典铺中问个家信。那典铺正在蒋家对门,因此经过。你道怎生打扮?头上戴一顶苏样的百柱骠帽,身上穿一件鱼肚白的湖纱道袍,又恰好与蒋兴哥平昔穿着相像。三巧儿远远瞧见,只道是他丈夫回了,揭开帘子,定眼而看。陈大郎抬头,望见楼上一个年少的美妇人,目不转睛地,只道心上欢喜了他,也对着楼上丢个眼色。谁知两个都错认了。三巧儿见不是丈夫,羞得两颊通红,忙忙把窗儿拽转,跑在后楼,靠着床沿上坐地,兀自心头突突地跳个不住。

谁知陈大郎的一片精魂,早被妇人眼光儿摄上去了。回到下处,心心念念地放他不下,肚里想道:"家中妻子,虽是有些颜色,怎比得妇人一半!欲待通个情款,争奈无门可入。若得谋他一宿,就消花这些本钱,也不枉为人在世。"叹了几口气,忽然想起大市街东巷,有个卖珠子的薛婆,曾与他做过交易。这婆子能言快语,况且日逐串街走巷,那一家不认得?须是与他商议,定有道理。

这一夜翻来覆去,勉强过了。次日起个清早,只推有事,讨些凉水梳洗,取了一百两银子、两大锭金子,急急地跑进城来。这叫作:

欲求生受用,须下死工夫。

陈大郎进城,一径来到大市街东巷,去敲那薛婆的门。薛婆蓬着头,正在天井里拣珠子,听得敲门,一头收过珠包,一头问道:"是谁?"才听说出"徽州陈"三字,慌忙开门请进,道:"老身未曾梳洗,不敢为礼了。大官人起得好早!有何贵干?"陈大郎道:"特特而来,若迟时,怕不相遇。"薛婆道:"可是作成老身出脱些珍珠首饰吗?"陈大郎道:"珠子也要买,还有大买卖作成你。"薛婆道:"老身除了这一行货,其余都不熟惯。"陈大郎道:"这里可说得话吗?"薛婆便把大门关上,请他到小阁儿坐着,问道:"大官人有何吩咐?"

大郎见四下无人,便向衣袖里摸出银子,解开布包,摊在桌上,道:"这一百两白银,干娘收过了,方才敢说。"婆子不知高低,哪里肯受。大郎道:"莫非嫌少?"慌忙又取出黄灿灿的两锭金子,也放在桌上,道:"这十两金子,一并奉纳。若干娘再不收时,便是故意推调了。今日是我来寻你,非是你来求我。只为这桩大买卖,不是老娘成不得,所以特地相求。便说做不成时,这金银你只管受用,终不然我又来取讨,日后再没相会的时节了。我陈商不是恁般小样的人!"

看官,你说从来做牙婆的那个不贪钱钞?见了这般黄白之物,如何不动火?薛婆当时满脸堆下笑来,便道:"大官人休得错怪,老身一生不曾要别人一厘一毫不明不白的钱财。今日既承大官人吩咐,老身权且留下;若是不能效劳,依旧奉纳。"说罢,将金锭放银包内,一齐包起,叫声:"老身大胆了。"拿向卧房中藏过,忙趄出来,道:"大官人,老身且不敢称谢,你且说什么买卖,用着老身之处?"大郎道:"急切要寻一件救命之宝,是处都无,只大市街上一家人家方有,特央干娘去借借。"婆子笑将起来道:"又是作怪!老身在这条巷住过二十多年,不曾闻大市街有甚救命之宝。大官人你说,有宝的还是谁家?"大郎道:"敝乡里汪三朝奉典铺对门高楼子内是何人之宅?"婆子想了一回,道:"这是本地蒋兴哥家里。他男子出外做客,一年多了,只有女眷在家。"大郎道:"我这救命之宝,正要问他女眷借借。"便把椅儿掇近了婆子身边,向他诉出心腹,如此如此。

婆子听罢,连忙摇首道:"此事大难!蒋兴哥新娶这房娘子,不上四年,夫妻两个如鱼似水,寸步不离。如今没奈何出去了,这小娘子足不下楼,甚是贞节。因兴哥做人有些古怪,容易嗔嫌,老身辈从不曾上他的阶头。连这小娘子面长面短,老身还不认得,如何应承得此事?方才所赐,是老身薄福,受用不成了。"陈大郎听说,慌忙双膝跪下。婆子去扯他时,被他两手拿住衣袖,紧紧按定在椅上,动弹不得,口里说:"我陈商这条性命,都在干娘身上。你势必思量个妙计,作成我入马,救我残生。事成之日,再有白金百两相酬。若是推阻,即今便是个死。"慌得婆子没理会处,连声应道:"是,是,莫要折杀老身,大官人请起,老身有话讲。"陈大郎方才起身,拱手道:"有何妙策,作速见教。"薛婆道:"此事须从容图之,只要成就,莫论岁月。若是限时限日,老身决难奉命。"陈大郎道:"若果然成就,便迟几日何妨。只是计将安出?"薛婆道:"明日不可太早,不可太迟,早饭后,相约在汪三朝奉典铺中相会。大官人可多带银两,只说与老身做买卖,其间自有道理。若是老身这两只脚跨进得蒋家门时,便是大官人的造化。大官人便可急回下处,莫在他门首盘桓,被人识破,误了大事。讨得三分机会,老身自来回复。"陈大郎道:"谨依遵命。"唱了个肥喏,欣然开门而去。正是:

> 未曾灭项兴刘,先见筑坛拜将。

当日无话。到次日,陈大郎穿了一身齐整衣服,取上三四百两银子,放在个大皮匣内,唤小郎背着,跟随到大市街汪家典铺来。瞧见对门楼窗紧闭,料是妇人不在,便与管典的拱了手,讨个木凳儿坐在门前,向东而望。不多时,只见薛婆抱着一个篾丝箱儿来了。陈大郎唤住,问道:"箱内何物?"薛婆道:"珠宝首饰,大官人可用吗?"大郎道:"我正要买。"薛婆进了典铺,与管典的相见了,叫声咭嗓,便把箱儿打开。内中有十来包珠子,又有几个小匣儿,都盛着新样簪花点翠的首饰,奇巧动人,光灿夺目。陈大郎拣几吊极粗极白的珠子,和那些簪珥之类,做一堆儿放着,道:"这些我都要了。"婆子便把眼儿瞅着,说道:"大官人要用时尽用,只怕不肯出这样大价钱。"陈大郎已自会意,开了皮匣,把这些银两白华华的摊做一台,高声地叫道:"有这些银子,难道买你的货不起!"此时,邻舍闲汉已自走过七八个人,在铺前站着看了。婆子道:"老身取笑,岂敢小觑大官人。这银两须要仔细,请收过了,只要还得价钱公道便好。"

　　两下一边的讨价多,一边的还钱少,差得天高地远。那讨价的一口不移。这里陈大郎拿着东西,又不放手,又不增添,故意走出屋檐,件件的翻覆认看,言真道假、弹斤估两的在日光中炫耀。惹得一市人都来观看,不住声的有人喝彩。婆子乱嚷道:"买便买,不买便罢,只管耽搁人则甚!"陈大郎道:"怎么不买?"两个又论了一番价。正是:

　　　　只因酬价争钱口,惊动如花似玉人。

　　王三巧儿听得对门喧嚷,不觉移步前楼,推窗偷看。只见珠光闪烁,宝色辉煌,甚是可爱。又见婆子与客人争价不定,便吩咐丫鬟去唤那婆子,借他东西看看。晴云领命,走过街去,把薛婆衣袂一扯,道:"我家娘请你。"婆子故意问道:"是谁家?"晴云道:"对门蒋家。"婆子把珍珠之类,劈手夺将过来,忙忙的包了,道:"老身没有许多空闲,与你歪缠!"陈大郎道:"再添些卖了罢。"婆子道:"不卖,不卖!像你这样价钱,老身卖去多时了。"一头说,一头放入箱儿里,依先关锁了,抱着便走。晴云道:"我替你老人家拿罢。"婆子道:"不消。"头也不回,径到对门去了。陈大郎心中暗喜,也收拾银两,别了管典的,自回下处。正是:

　　　　眼望捷旌旗,耳听好消息。

　　晴云引薛婆上楼,与三巧儿相见了,婆子看那妇人,心下想道:"真天人也!怪不得陈大郎心迷,若我做男子,也要浑了。"当下说道:"老身久闻大娘贤惠,但恨无缘拜识。"三巧儿问道:"你老人家尊姓?"婆子道:"老身姓薛,只在这里东巷住,与大娘也是个邻里。"三巧儿道:"你方才这些东西,如何不卖?"婆子笑道:"若不卖时,老身又拿出来怎的? 只笑那下路客人,空自一表人才,不识货物。"说罢,便去开了箱儿,取出几件簪珥,递与那妇人看,叫道:"大娘,你道这样首饰,便工钱也费多少! 他们还得忒不像样,教老身在主人家面前,如何告得许多消乏?"又把几串珠子提将起来道:"这般头号的货,他们还做梦哩。"三巧儿问了他讨价、还价,便道:"真个亏你些儿。"婆子道:"还是大家宝眷,见多识广,比男子汉眼力到胜十倍。"三巧儿唤丫鬟看茶,婆子道:"不扰茶了。老身有件要紧的事,欲往西街走走,遇着这个客人,缠了多时。正是:'买卖不成,耽误工程。'这箱儿连锁放在这里,权烦大娘收拾。老身暂去,少停就来。"说罢,便走。三巧儿叫晴云去送他下楼,出门向西去了。

　　三巧儿心上爱了这几件东西,专等婆子到来酬价,一连五日不至。到第六日午后，忽然下一场大雨。雨声未绝，砰砰的敲门声响。三巧儿唤丫鬟开看，只见薛婆衣衫半湿，提个破伞进来，口儿道：

晴干不肯走，直待雨淋头。

把伞儿放在楼梯边，走上楼来万福道："大娘，前晚失信了。"三巧儿慌忙答礼道："这几日在那里去了？"婆子道："小女托赖新添了个外孙，老身去看看，留住了几日，今早方回。半路上下起雨来，在一个相识人家借得把伞，又是破的，却不是晦气！"三巧儿道："你老人家几个儿女？"婆子道："只一个儿子，完婚过了。女儿到有四个，这是我第四个了，嫁与徽州朱八朝奉作偏房，就在这北门外开盐店的。"三巧儿道："你老人家女儿多，不把来当事了。本乡本土少什么一夫一妇的，怎舍得与异乡人做小？"婆子道："大娘不知，倒是异乡人有情怀。虽则偏房，他大娘子只在家里，小女自在店中，呼奴使婢，一般受用。老身每遍去时，他当个尊长看待，更不怠慢。如今养了个儿子，愈加好了。"三巧儿道："也是你老人家造化，嫁得着。"说罢，恰好晴云讨茶上来，两个吃了。婆子道："今日雨天没事，老身大胆，敢求大娘的首饰一看，看些巧样儿在肚里也好。"三巧儿道："也只是平常生活，你老人家莫笑话。"就取一把钥匙，开了箱笼，陆续搬出许多钗细、璎珞之类。

薛婆看了，夸美不尽，道："大娘有恁般珍异，把老身这几件东西，看不在眼了。"三巧儿道："好说，我正要与你老人家请个实价。"婆子道："娘子是识货的，何消老身费嘴。"三巧儿把东西检过，取出薛婆的篾丝箱儿来，放在桌上，将钥匙递与婆子道："你老人家开了，检看个明白。"婆子道："大娘忒精细了。"当下开了箱儿，把东西逐件搬出。三巧儿品评价钱，都不甚远。婆子并不争论，欢欢喜喜的道："恁地，便不枉了人。老身就少赚几贯钱，也是快活的。"三巧儿道："只是一件，目下凑不起价钱，只好现奉一半。等待我家官人回来，一并清楚。他也只在这几日回了。"婆子道："便迟几日，也不妨事。只是价钱上相让多了，银水要足纹的。"三巧儿道："这也小事。"便把心爱的几件首饰及珠子收起，唤晴云取杯见成酒来，与老人家坐坐。婆子道："造次如何好搅扰？"三巧儿道："时常清闲，难得你老人家到此，做伴扳话。你老人家若不嫌怠慢，时常过来走走。"婆子道："多谢大娘错爱，老身家里当不过嘈杂，像宅上又忒清闲了。"三巧儿道："你家儿子做甚生意？"婆子道："也只是接些珠宝客人，每日的讨酒讨浆，刮得人不耐烦。老身亏杀各宅们走动，在家时少，还好。若只在六尺地上转，怕不燥死了人。"三巧儿道："我家与你相近，不耐烦时，就过来闲话。"婆子道："只不敢频频打搅。"三巧儿道："老人家说哪里话。"

只见两个丫鬟轮番的走动，摆了两副杯箸，两碗腊鸡，两碗腊肉，两碗鲜鱼，连果碟素菜，共一十六个碗。婆子道："如何盛设！"三巧儿道："见成的，休怪怠慢。"说罢，斟酒递与婆子，婆子将杯回敬，两下对坐而饮。原来三巧儿酒量尽去得，那婆子又是酒壶酒瓮，吃起酒来，一发相投了，只恨会面之晚。

那日直吃到傍晚，刚刚雨止，婆子作谢要回。三巧儿又取出大银钟来，劝了几盏，又陪他吃了晚饭，说道："你老人家再宽坐一时，我将这一半价钱付你去。"婆子道："天晚了，大娘请自在，不争这一夜儿，明日却来领罢。连这篋丝箱儿，老身也不拿去了，省得路上泥滑滑的不好走。"三巧儿道："明日专专望你。"婆子作别下楼，取了破伞，出门去了。正是：

世间只有虔婆嘴，哄动多多少少人。

却说陈大郎在下处呆等了几日，并无音信。见这日天雨，料是婆子在家，拖泥带水的进城来问个消息，又不相值。自家在酒肆中吃了三杯，用了些点心，又到薛婆门首打听，只是未回。看看天晚，却待转身，只见婆子一脸春色，脚略斜的走入巷来。陈大郎迎着他，作了揖，问道："所言何如？"婆子摇手道："尚早。如今方下种，还没有发芽哩。再隔五六年，开花结果，才到得你口。你莫在此探头探脑，老娘不是管闲事的。"陈大郎见他醉了，只得转去。

次日，婆子买了些时新果子、鲜鸡、鱼、肉之类，唤个厨子安排停当，装做两个盒子，又买一瓮上好的醇酒，央间壁小二挑了，来到蒋家门首。三巧儿这日，不见婆子到来，正教晴云开门出来探望，恰好相遇。婆子教小二挑在楼下，先打发他去了。晴云已自报知主母，三巧儿把婆子当个贵客一般，直到楼梯口边迎他上去。婆子千恩万谢的福了一回，便道："今日老身偶有一杯水酒，将来与大娘消遣。"三巧儿道："倒要你老人家赔钞，不当受了。"婆子央两个丫鬟搬将上来，摆做一桌子。三巧儿道："你老人家忒迂阔了，怎般大弄起来。"婆子笑道："小户人家，备不出什么好东西，只当一茶奉献。"晴云便去取杯箸，暖雪便吹起水火炉来。霎时酒暖，婆子道："今日是老身薄意，还请大娘转坐客位。"三巧儿道："虽然相扰，在寒舍岂有此理？"两下谦让多时，薛婆只得坐了客席。这是第三次相聚，更觉熟分了。

饮酒中间，婆子问道："官人出外好多时了，还不回，亏他撇得大娘下。"三巧儿道："便是，说过一年就转，不知怎地耽搁了？"婆子道："依老身说，放下了怎般如花似玉的娘子，便博个堆金积玉也不为罕。"婆子又道："大凡走江湖的人，把客当家，把家当客。比如我第四个女婿朱八朝奉，有了小女，朝欢暮乐，那里想家？或三年四年，才回一遍。住不上一两个月，又来了。家中大娘子替他担孤受寡，哪晓得他外边之事？"三巧儿道："我家官人倒不是这样人。"婆子道："老身只当闲话讲，怎敢将天比地？"当日两个猜谜掷色，吃得酩酊而别。

第三日，同小二来取家火，就领这一半价钱，三巧儿又留他吃点心。

从此以后，把那一半赊钱为由，只做问兴哥的消息，不时行走。这婆子俐齿伶牙，能言快语，又半痴不颠的惯与丫鬟们打诨，所以上下都欢喜他。三巧儿一日不见他来，便觉寂寞，叫老家人认了薛婆家里，早晚常去请他，所以一发来得勤了。

世间有四种人惹他不得，引起了头，再不好绝他。是那四种？游方僧道、乞丐、闲汉、牙婆。上三种人犹可，只有牙婆是穿房入户的，女眷们怕冷静时，十个九个到要扳他来往。今日薛婆本是个不善之人，一般甜言软语，三巧儿遂与他成了至交，时刻少他不得。正是：

> 画虎画皮难画骨，知人知面不知心。

陈大郎几遍讨个消息，薛婆只回言尚早。其时五月中旬，天渐炎热，婆子在三巧儿面前，偶说起家中蜗窄，又是朝西房子，夏月最不相宜，不比这楼上高敞风凉。三巧儿道："你老人家若撇得家下，到此过夜也好。"婆子道："好是好，只怕官人回来。"三巧儿道："他就回，料道不是半夜三更。"婆子道："大娘不嫌蒿恼，老身惯是挜相知的，只今晚就取铺陈过来，与大娘做伴，何如？"三巧儿道："铺陈尽有，也不须拿得。你老人家回复家里一声，索性在此过了一夏家去不好？"婆子真个对家里儿子媳妇说了，只带个梳匣儿过来。三巧儿道："你老人家多事，难道我家油梳子也缺了，你又带来怎地？"婆子道："老身一生怕的是同汤洗脸，合具梳头。大娘怕没有精致的梳具，老身如何敢用？其他姐儿们的，老身也怕用得，还是自家带了便当。只是大娘吩咐在那一门房安歇？"三巧儿指着床前一个小小藤榻儿，道："我预先排下你的卧处了，我两个亲近些，夜间睡不着好讲些闲话。"说罢，检出一顶青纱帐来，教婆子自家挂了，又同吃了一会酒，方才歇息。两个丫鬟原在床前打铺相伴，因有了婆子，打发他在间壁房里去睡。

从此为始，婆子日间出去串街做买卖，黑夜便到蒋家歇宿。时常携壶挈榼的殷勤热闹，不一而足。床榻是丁字样铺下的，虽隔着帐子，却像是一头同睡。夜间絮絮叨叨，你问我答，凡街坊秽亵之谈，无所不至。这婆子或时装醉诈风起来，到说起自家少年时偷汉的许多情事，去勾动那妇人的春心。害得那妇人娇滴滴一副嫩脸红了又白，白了又红。婆子已知妇人心活，只是那话儿不好启齿。

光阴迅速，又到七月初七日了，正是三巧儿的生日。婆子清早备下两盒礼，与他做生。三巧儿称谢了，留他吃面。婆子道："老身今日有些穷忙，晚上来陪大娘，看牛郎织女做亲。"说罢，自去了。

下得阶头不几步，正遇着陈大郎。路上不好讲话，随到个僻静巷里。陈大郎攒着两眉，埋怨婆子道："干娘，你好慢心肠！春去夏来，如今又立过秋了。你今日也说尚早，明日也说尚早，却不知我度日如年，再延捱几日，他丈夫回来，此事便付东流，却不活活的害死我也！阴司去少不得与你索命。"婆子道："你且莫喉急，老身正要相请，来得恰好。事成不成，只在今晚，须是依我而行。"如此如此，这般这般。"全要轻轻悄悄，莫带累人。"陈大郎点头道："好计，好计！事成之后，定当厚报。"说罢，欣然而去。正是：

> 排成窃玉偷香阵，费尽携云握雨心。

却说薛婆约定陈大郎这晚成事，午年细雨微茫，到晚却没有星月。婆子黑暗里引着陈大郎埋伏在左近，自己却去敲门。晴云点个纸灯儿，开门出来。婆子故意把衣袖一摸，说道："失落了一条临清汗巾儿。姐姐，劳你大家寻一寻。"哄得晴云便把灯向街上照去。这里婆子捉个空，招着陈大郎一溜溜进门来，先引他在楼梯背后空处伏着。婆子便叫道："有了，不要寻了。"晴云道："恰好火也没了，我再去点个来照你。"婆子道："走熟的路，不消用火。"两个黑暗里关了门，摸上楼来。三巧儿问道："你没了什么东西？"婆子袖里扯出个小帕儿来，道："就是这个冤家，虽然不值甚钱，是一个北京客人送我的，却不道：'礼轻人意重。'"三巧儿取笑道："莫非是你老相交送的表记。"婆子笑道："也差不多。"

当夜两个耍笑饮酒。婆子道："酒肴尽多，何不把些赏厨下男女？也教他闹轰轰，像个节夜。"三巧儿真个把四碗菜，两壶酒，吩咐丫鬟拿下楼去。那两个婆娘，一个汉子，吃了一回，各去歇息，不题。

再说婆子饮酒中间，问道："官人如何还不回家？"三巧儿道："便是，算来一年半了。"婆子道："牛郎织女，也是一年一会，你比他到多隔了半年。常言道：'一品官，二品客。'做客的那一处没有风花雪月？只苦了家中娘子。"三巧儿叹了口气，低头不语。婆子道："是老身多嘴了。今夜牛女佳期，只该饮酒作乐，不该说伤情话儿。"说罢，便斟酒去劝那妇人。

约莫半酣，婆子又把酒去劝两个丫鬟，说道："这是牛郎织女的喜酒，劝你多吃几杯。后日嫁个恩爱的老公，寸步不离。"两个丫鬟被缠不过，勉强吃了，各不胜酒婆子一头吃,口里不住的说啰说皂,道:"大娘几岁上嫁的?"三巧儿道:"十七岁。"婆子道:"破得身迟,还不吃亏。我是十三岁上就破了身。"三巧儿道:"嫁得恁般早?"婆子道:"论起嫁,倒是十八岁了。不瞒大娘说,因是在间壁人家学针指,被他家小官人调诱,一时间贪他生得俊俏,就应承与他偷了。初时好不疼痛,两三遍后,就晓得快活。大娘你可也是这般吗?"三巧儿只是笑。婆子又道:"那话儿倒是不晓得滋味的到好,尝过的便丢不下,心坎里时时发痒。日里还好,夜间好难过哩。"三巧儿道:"想你在娘家时阅人多矣,亏你怎生充得黄花女儿嫁去?"婆子道:"我的老娘也晓得些影像,生怕出丑,教我一个童女方,用石榴皮生矾两味煎汤洗过,那东西就紧了。我只做张做势的叫疼,就遮过了。"三巧儿道:"你做女儿时,夜间也少不得独睡。"婆子道:"还记得在娘家时节,哥哥出外,我与嫂嫂一头同睡。"三巧儿道:"两个女人做对,有甚好处?"婆子走过三巧儿那边,挨肩坐了,说道:"大娘,你不知,只要大家知音,一般有趣,也撒得火。"三巧儿举手把婆子肩胛上打一下,说道:"我不信,你说谎。"婆子见他欲心已动,有心去挑拨他,又道:"老身今年五十二岁了,夜间常痴性发作,打熬不过,亏得你少年老成。"三巧儿道:"你老人家打熬不过,终然还去打汉子。"婆子道:"败花枯柳,如今那个要我了? 不瞒大娘说,我也有个自取其乐救急的法儿。"三巧儿道:"你说谎,又是什么法儿?"婆子道:"少停到床上睡了,与你细讲。"

说罢,只见一个飞蛾在灯上旋转,婆子便把扇来一扑,故意扑灭了灯,叫声:"啊呀! 老身自去点个灯来。"便去开楼门。陈大郎已自走上楼梯,伏在门边多时了。都是婆子预先设下的圈套。婆子道:"忘带个取灯儿去了。"又走转来,便引着陈大郎到自己榻上伏着。婆子下楼去了一回,复上来道:"夜深了,厨下火种都熄了,怎么处?"三巧儿道:"我点灯睡惯了,黑魆魆地,好不怕人!"婆子道:"老身伴你一床睡何如?"三巧儿正要问他救急的法儿,应道:"甚好。"婆子道:"大娘,你先上床,我关了门就来。"三巧儿先脱了衣服,床上去了,叫道:"你老人家快睡罢。"婆子应道:"就来了。"却在榻上拖陈大郎上来,赤条条的拟在三巧儿床上去。三巧儿摸着身子,道:"你老人家许多年纪,身上恁般光滑!"那人并不回言,钻进被里,就捧着妇人做嘴。妇人还认是婆子,双手相抱。那人蓦地腾身而上,就干起事来。那妇人一则多了杯酒,醉眼朦胧;二则被婆子挑拨,春心飘荡,到此不暇致详,凭他轻薄。

> 一个是闺中怀春的少妇,一个是客邸慕色的才郎。一个打熬许久,如文君初遇相如;一个盼望多时,如必正初谐陈女。分明久旱逢甘雨,胜过

他乡遇故知。

陈大郎是走过风月场的人，颠鸾倒凤，曲尽其趣，弄得妇人魂不附体。云雨毕后，三巧儿方问道："你是谁？"陈大郎把楼下相逢，如此相慕，如此苦央薛婆用计，细细说了："今番得遂平生，便死瞑目。"

婆子走到床间，说道："不是老身大胆，一来可怜大娘青春独宿，二来要救陈郎性命。你两个也是宿世姻缘，非干老身之事。"三巧儿道："事已如此，万一我丈夫知觉，怎么好？"婆子道："此事你知我知，只买定了晴云、暖雪两个丫头，不许他多嘴，再有谁人漏泄？在老身身上，管成你夜夜欢娱，一些事也没有；只是日后不要忘记了老身。"三巧儿到此，也顾不得许多了，两个又狂荡起来。直到五更鼓绝，天色将明，两个兀自不舍。婆子催促陈大郎起身，送他出门去了。

自此无夜不会，或是婆子同来，或是汉子自来。两个丫鬟被婆子把甜话儿偎他，又把厉害话儿吓他，又教主母赏他几件衣服，汉子到时，不时把些零碎银子赏他们买果儿吃，骗得欢欢喜喜，已自做了一路。夜来明去，一出一入，都是两个丫鬟迎送，全无阻隔。真个是你贪我爱，如胶似漆，胜如夫妇一般。陈大郎有心要结识这妇人，不时的制办好衣服、好首饰送他，又替他还了欠下婆子的一半价钱，又将一百两银子谢了婆子。往来半年有余，这汉子约有千金之费。三巧儿也有三十多两银子东西，送那婆子。婆子只为图这些不义之财，所以肯做牵头。这都不在话下。

古人云："天下无不散的筵席。"才过十五元宵夜，又是清明三月天。陈大郎思想蹉跎了多时生意，要得还乡。夜来与妇人说知，两下恩深义重，各不相舍。妇人到情愿收拾了些细软，跟随汉子逃走，去做长久夫妻。陈大郎道："使不得。我们相交始末，都在薛婆肚里。就是主人家吕公，见我每夜进城，难道没些疑惑？况客船上人多，瞒得那个？两个丫鬟又带去不得。你丈夫回来，跟究出情由，怎肯甘休？娘子权且耐心，到明年此时，我到此觅个僻静下处，悄悄通个信儿与你，那时两口儿同走，神鬼不觉，却不安稳？"妇人道："万一你明年不来，如何？"陈大郎就设起誓来。妇人道："既然你有真心，奴家也绝不相负。你若到了家乡，倘有便人，托他捎个书信到薛婆处，也教奴家放意。"陈大郎道："我自用心，不消吩咐。"

又过几日，陈大郎雇下船只，装载粮食完备，又来与妇人作别。这一夜倍加眷恋，两下说一会，哭一会，又狂荡一会，整整的一夜不曾合眼。到五更起身，妇人便去开箱，取出一件宝贝，叫作"珍珠衫"，递与陈大郎，道："这件衫儿，是蒋门祖传之物，暑天若穿了他，清凉透骨。此去天道渐热，正用得着。奴家把与你做个记念，穿了此衫，就如奴家贴体一般。"陈大郎哭得出声不得，软做一堆。妇人就把衫儿亲手

与汉子穿下,叫丫鬟开了门户,亲自送他出门,再三珍重而别。诗曰:

> 昔年含泪别夫郎,今日悲啼送所欢。
> 堪恨妇人多水性,招来野鸟胜文鸾。

话分两头。却说陈大郎有了这珍珠衫儿,每日贴体穿着,便夜间脱下,也放在被窝中同睡,寸步不离。一路遇了顺风,不两月行到苏州府枫桥地面。那枫桥是柴米牙行聚处,少不得投个主家脱货。不在话下。

忽一日,赴个同乡人的酒席。席上遇个襄阳客人,生得风流标致。那人非别,正是蒋兴哥。原来兴哥在广东贩了些珍珠、玳瑁、苏木、沉香之类,搭伴起身。那伙同伴商量,都要到苏州发卖。兴哥久闻得"上说天堂,下说苏杭",好个大马头所在,有心要去走一遍,做这一回买卖,方才回去。还是去年十月中到苏州的。因是隐姓为商,都称为罗小官人,所以陈大郎更不疑惑。他两个萍水相逢,年相若,貌相似,谭吐应对之间,彼此敬慕。即席间问了下处,互相拜望,两下遂成知己,不时会面。

兴哥讨完了客帐,欲待起身,走到陈大郎寓所作别。大郎置酒相待,促膝谈心,甚是款洽。此时五月下旬,天气炎热。两个解衣饮酒,陈大郎露出珍珠衫来。兴哥心中骇异,又不好认他的,只夸奖此衫之美。陈大郎恃了相知,便问道:"贵县大市街有个蒋兴哥家,罗兄可认得否?"兴哥到也乖巧,回道:"在下出外日多,里中虽晓得有这个人,并不相认。陈兄为何问他?"陈大郎道:"不瞒兄长说,小弟与他有些瓜葛。"便把三巧儿相好之情,告诉了一遍。扯着衫儿看了,眼泪汪汪道:"此衫是他所赠。兄长此去,小弟有封书信,奉烦一寄,明日侵早送到贵寓。"兴哥口里答应道:"当得,当得。"心下沉吟:"有这等异事!现在珍珠衫为证,不是个虚话了。"当下如针刺肚,推故不饮,急急起身别去。回到下处,想了又恼,恼了又想,恨不得学个缩地法儿,顷刻到家。连夜收拾,次早便上船要行。

只见岸上一个人气吁吁的赶来,却是陈大郎。亲把书信一大包,递与兴哥,叮嘱千万寄去。气得兴哥面如土色,说不得,话不得,死不得,活不得。只等陈大郎去后,把书看时,面上写道:"此书烦寄大市街东巷薛妈妈家。"兴哥性起,一手扯开,却是八尺多长一条桃红绉纱汗巾。又有个纸糊长匣儿,内有羊脂玉凤头簪一根。书上写道:"微物二件,烦干娘转寄心爱娘子三巧儿亲收,聊表记念。相会之期,准在来春。珍重,珍重。"兴哥大怒,把书扯得粉碎,撒在河中;提起玉簪在船板上一掼,折做两段。一念想起道:"我好糊涂!何不留此做个证见也好。"便捡起簪儿和汗巾,做一包收拾,催促开船。

急急的赶到家乡，望见了自家门首，不觉堕下泪来。想起："当初夫妻何等恩爱，只为我贪着蝇头微利，撇他少年守寡，弄出这场丑来，如今悔之何及！"在路上性急，巴不得赶回。及至到了，心中又苦又恨，行一步，懒一步。进得自家门里，少不得忍住了气，勉强相见。兴哥并无言语，三巧儿自己心虚，觉得满脸惭愧，不敢殷勤上前扳话。兴哥搬完了行李，只说去看看丈人丈母，依旧到船上住了一晚。

次早回家，向三巧儿说道："你的爹娘同时害病，势甚危笃。昨晚我只得住下，看了他一夜。他心中只牵挂着你，欲见一面。我已雇下轿子在门首，你可作速回去，我也随后就来。"三巧儿见丈夫一夜不回，心里正在疑虑；闻说爹娘有病，却认真了，如何不慌？慌忙把箱笼上钥匙递与丈夫，唤个婆娘跟了，上轿而去。兴哥叫住了婆娘，向袖中摸出一封书来，吩咐他送与王公："送过书，你便随轿回来。"

却说三巧儿回家，见爹娘双双无恙，吃了一惊。王公见女儿不接而回，也自骇然。在婆子手中接书，拆开看时，却是休书一纸。上写道：

"立休书人蒋德，系襄阳府枣阳县人。从幼凭媒聘定王氏为妻，岂期过门之后，本妇多有过失，正合七出之条。因念夫妻之情，不忍明言，情愿退还本宗，听凭改嫁，并无异言。休书是实。

成化二年　月　日手掌为记。"

书中又包着一条桃红汗巾，一支打折的羊脂玉凤头簪。

王公看了，大惊，叫过女儿问其缘故。三巧儿听说丈夫把他休了，一言不发，啼哭起来。王公气忿忿的一径跟到女婿家来。蒋兴哥连忙上前作揖。王公回礼，便问道："贤婿，我女儿是清清白白嫁到你家的，如今有何过失，你便把他休了？须还我个明白。"蒋兴哥道："小婿不好说得，但问令爱便知。"王公道："他只是啼哭，不肯开口，教我肚里好闷！小女从幼聪慧，料不得到犯了淫盗。若是小小过失，你可也看老汉薄面，恕了他罢。你两个是七八岁上定下的夫妻，完婚后并不曾争论一遍两遍，且是和顺。你如今做客才回，又不曾住过三朝五日，有什么破绽落在你眼里？你直如此狠毒，也被人笑话，说你无情无义。"

蒋兴哥道："丈人在上，小婿也不敢多讲。家下有祖遗下珍珠衫一件，是令爱收藏，只问他如今在否。若在时，半字休题，若不在，只索休怪了。"王公忙转身回家，问女儿道："你丈夫只问你讨什么珍珠衫，你端的拿与何人去了？"那妇人听得说着了他紧要的关目，羞得满脸通红，开不得口，一发号啕大哭起来，慌得王公没做理会处。王婆劝道："你不要只管啼哭，实实的说个真情与爹妈知道，也好与你分剖。"妇

（右侧竖排文字）

国学经典文库

中国二十大名著

喻世明言

图文珍藏版

17

人那里肯说,悲悲咽咽,哭一个不住。王公只得把休书和汗巾簪子,都付与王婆,教他慢慢的偎着女儿,问他个明白。

王公心中纳闷,走在邻家闲话去了。王婆见女儿哭得两眼赤肿,生怕苦坏了他,安慰了几句言语,走往厨房下去暖酒,要与女儿消愁。三巧儿在房中独坐,想着珍珠衫泄漏的缘故,好生难解!这汗巾簪子,又不知那里来的。沉吟了半晌道:"我晓得了:这折簪是镜破钗分之意,这条汗巾,分明教我悬梁自尽。他念夫妻之情,不忍明言,是要全我的廉耻。可怜四年恩爱,一旦决绝,是我做的不是,负了丈夫恩情,便活在人间,料没有个好日,不如缢死,到得干净。"说罢,又哭了一回,把个坐兀子垫高,将汗巾兜在梁上,正欲自缢。也是寿数未绝,不曾关上房门。恰好王婆暖得一壶好酒走进房来,见女儿安排这事,急得他手忙脚乱,不放酒壶,便上前去拖拽。不期一脚踢番坐兀子,娘儿两个跌做一团,酒壶都泼翻了。王婆爬起来,扶起女儿,说道:"你好短见!二十多岁的人,一朵花还没有开足,怎做这没下梢的事?莫说你丈夫还有回心转意的日子,便真个休了,恁般容貌,怕没人要你?少不得别选良姻,图个下半世受用。你且放心过日子去,休得愁闷。"王公回家,知道女儿寻死,也劝了他一番,又嘱咐王婆用心提防。过了数日,三巧儿没奈何,也放下了念头。正是:

夫妻本是同林鸟,大限来时各自飞。

再说蒋兴哥把两条索子,将晴云、暖雪捆缚起来,拷问情由。那丫头初时抵赖,吃打不过,只得从头至尾,细细招将出来。已知都是薛婆勾引,不干他人之事。到明朝,兴哥领了一伙人,赶到薛婆家里,打得他雪片相似,只饶他拆了房子。薛婆情知自己不是,躲过一边,并没一人敢出头说话。兴哥见他如此,也出了这口气。回去唤个牙婆,将两个丫头都卖了。楼上细软箱笼,大小共十六只,写三十二条封皮,打叉封了,更不开动。这是甚意儿?只因兴哥夫妇,本是十二分相爱的。虽则一时休了,心中好生痛切,见物思人,何忍开看?

话分两头。却说南京有个吴杰进士,除授广东潮阳县知县,水路上任,打从襄阳经过。不曾带家小,有心要择一美妾。一路看了多少女子,并不中意。闻得枣阳县王公之女,大有颜色,一县闻名,出五十金财礼,央媒议亲。王公到也乐从,只怕前婿有言,亲到蒋家,与兴哥说知。兴哥并不阻挡。临嫁之夜,兴哥雇了人夫,将楼上十六个箱笼原封不动,连钥匙送到吴知县船上,交割与三巧儿,当个陪嫁。妇人心上到过意不去。旁人晓得这事,也有夸兴哥做人忠厚的,也有笑他痴呆的,还有骂他没志气的：正是人心不同。

闲话休题。再说陈大郎在苏州脱货完了，回到新安，一心只想着三巧儿。朝暮看了这件珍珠衫，长吁短叹。老婆平氏心知这衫儿来得蹊跷，等丈夫睡着，悄悄的偷去，藏在天花板上。陈大郎早起要穿时，不见了衫儿，与老婆取讨。平氏那里肯认。急得陈大郎性发，倾箱倒箧的寻个遍，只是不见，便破口骂老婆起来。惹得老婆啼啼哭哭，与他争嚷，闹吵了两三日。陈大郎情怀撩乱，忙忙的收拾银两，带个小郎，再望襄阳旧路而进。

将近枣阳，不期遇了一伙大盗，将本钱尽皆劫去，小郎也被他杀了。陈商眼快，走向船梢舵上伏着，幸免残生，思想还乡不得，且到旧寓住下，待会了三巧儿，与他借些东西，再图恢复。叹了一口气，只得离船上岸。

走到枣阳城外主人吕公家，告诉其事，又道如今要央卖珠子的薛婆，与一个相识人家借些本钱营运。吕公道："大郎不知，那婆子为勾引蒋兴哥的浑家，做了些丑事。去年兴哥回来，问浑家讨什么'珍珠衫'。原来浑家赠与情人去了，无言回答。兴哥当时休了浑家回去，如今转嫁与南京吴进士做第二房夫人了。那婆子被蒋家打得个片瓦不留，婆子安身不牢，也搬在隔县去了。"

陈大郎听得这话，好似一桶冷水没头淋下。这一惊非小。当夜发寒发热，害起病来。这病又是郁症，又是相思症，也带些怯症，又有些惊症，床上卧了两个多月，反反复覆只是不愈。连累主人家小厮，伏侍得不耐烦。陈大郎心上不安，打熬起精神，写成家书一封，请主人来商议，要觅个便人捎信往家中，取些盘缠，就要个亲人来看觑同回。这几句正中了主人之意。恰好有个相识的承差，奉上司公文要往徽宁一路。水陆驿递，极是快的。吕公接了陈大郎书札，又替他应出五钱银子，送与承差，央他乘便寄去。果然的"自行由得我，官差急如火"，不勾几日，到了新安县。问着陈商家里，送了家书，那承差飞马去了。正是：

只为千金书信，又成一段姻缘。

话说平氏拆开家信，果是丈夫笔迹，写道：

"陈商再拜，贤妻平氏见字：别后襄阳遇盗，劫资杀仆。某受惊患病，见卧旧寓吕家，两月不愈。字到，可央一的当亲人，多带盘缠，速来看视。伏枕草草。"

平氏看了，半信半疑，想道："前番回家，亏折了千金资本。据这件珍珠衫，一定是邪路上来的。今番又推被盗，多讨盘缠，怕是假话。"又想道："他要个的当亲人，速来看视，必然病势厉害。这话是真，也未可知。如今央谁人去好？"左思右想，放心不下，与父亲平老朝奉商议。收拾起细软家私，带了陈旺夫妇，就请父亲作伴，雇个船只，亲往襄阳看丈夫去。到得京口，平老朝奉痰火病发，央人送回去了。平氏引着男女，上水前进。

不一日，来到枣阳城外，问着了旧主人吕家。原来十日前，陈大郎已故了。吕公赔些钱钞，将就入殓。平氏哭倒在地，良久方醒，慌忙换了孝服，再三向吕公说，欲待开棺一见，另买副好棺材，重新殓过。吕公执意不肯。平氏没奈何，只得买木做个外棺包裹，请僧做法事超度，多焚冥资。吕公已自索了他二十两银子谢仪，随他闹吵，并不言语。

过了一月有余，平氏要选个好日子，扶柩而回。吕公见这妇人年少姿色，料是守寡不终，又且囊中有物，思想儿子吕二还没有亲事，何不留住了他，完其好事，可不两便？吕公买酒请了陈旺，央他老婆委曲进言，许以厚谢。陈旺的老婆是个蠢货，那晓得什么委曲？不顾高低，一直的对主母说了。平氏大怒，把他骂了一顿，连打几个耳光子，连主人家也数落了几句。吕公一场没趣，敢怒而不敢言。正是：

　　　　羊肉馒头没的吃，空教惹得一身骚。

吕公便去撺掇陈旺逃走。陈旺也思量没甚好处了，与老婆商议，教他做脚，里应外合，把银两首饰，偷得馨尽，两口儿连夜走了。吕公明知其情，反埋怨平氏道："不该带这样歹人出来，幸而偷了自家主母的东西，若偷了别家的，可不连累人！"又嫌这灵柩碍他生理，教他快些抬去。又道后生寡妇，在此住居不便，催促他起身。平氏被逼不过，只得别赁下一间 房子住了。顾人把灵柩移来，安顿在内。这凄凉景象，自不必说。

间壁有个张七嫂，为人甚是活动。听得平氏啼哭，时常走来劝解。平氏又时常央他典卖几件衣服用度，极感其意。不勾几月，衣服都典尽了。从小学得一手好针线，思量要到个大户人家，教习女红度日，再作区处，正与张七嫂商量这话。张七嫂道："老身不好说得，这大户人家，不是你少年人走动的。死的没福自死了，活的还要做人。你后面日子正长哩，终不然做针线娘了得你下半世？况且名声不好，被人看得轻了。还有一件，这个灵柩如何处置？也是你身上一件大事。便出赁房钱，终久是不了之局。"平氏道："奴家也都虑到，只是无计可施了。"张七嫂道："老身到有一策,娘子莫怪我说。你千里离乡,一身孤寡,手中又无半钱,想要搬这灵柩回去,多是虚了。莫说你衣食不周,到底难守,便多守得几时,亦有何益?依老身愚见,莫若趁此青年美貌,寻个好对头,一夫一妇的,随了他去。得些财礼,就买块土来葬了丈夫,你的终身又有所托,可不生死无憾?"平氏见他说得近理,沉吟了一会,叹口气道:"罢,罢!奴家卖身葬夫,傍人也笑我不得。"张七嫂道:"娘子若定了主意时,老身现有个主儿在此。年纪与娘子相近,人物齐整,又是大富之家。"平氏道:"他既是富家,怕不要二婚的。"张七嫂道:"他也是续弦了,原对老身说:不拘头婚二婚,只要人才出众。似娘子这般丰姿,怕不中意?"原来张七嫂曾受蒋兴哥之托,央他访一头好亲。因是前妻三巧儿出色标致,所以如今只要访个美貌的。那平氏容貌,虽不及得三巧儿,论起手脚伶俐,胸中泾渭,又胜似他。

张七嫂次日就进城,与蒋兴哥说了。兴哥闻得是下路人,愈加欢喜。这里平氏分文财礼不要,只要买块好地殡葬丈夫要紧。张七嫂往来回复了几次,两相依允。

话休烦絮。却说平氏送了丈夫灵柩入土,祭奠毕了,大哭一场,免不得起灵除孝。临期,蒋家送衣饰过来,又将他典下的衣服都赎回了。成亲之夜,一般大吹大擂,洞房花烛。正是:

> 规矩熟闲虽旧事,恩情美满胜新婚。

蒋兴哥见平氏举止端庄,甚相敬重。一日,从外而来,平氏正在打叠衣箱,内有珍珠衫一件。兴哥认得了,大惊问道:"此衫从何而来?"平氏道:"这衫儿来得跷蹊。"便把前夫如此张致,夫妻如此争嚷,如此赌气分别,述了一遍。又道:"前日艰难时,几番欲把他典卖。只愁来历不明,怕惹出是非,不敢露人眼目。连奴家至今不知这物是那里来的。"兴哥道:"你前夫陈大郎名字,可叫作陈商?可是白净面皮,没有须,左手长指甲的吗?"平氏道:"正是。"蒋兴哥把舌头一伸,合掌对天道:"如此说来,天理昭彰,好怕人也!"平氏问其缘故。蒋兴哥道:"这件珍珠衫,原是我家旧物。你丈夫奸骗了我的妻子,得此衫为表记。我在苏州相会,见了此衫,始知其情,回来把王氏休了。谁知你丈夫客死,我今续弦,但闻是徽州陈客之妻,谁知就是陈商!却不是一报还一报。"平氏听罢,毛骨悚然。从此恩情愈笃。这才是"蒋兴哥重会珍珠衫"的正话。诗曰:

> 天理昭昭不可欺,两妻交易孰便宜?
> 分明欠债偿他利,百岁姻缘暂换时。

再说蒋兴哥有了管家娘子，一年之后，又往广东做买卖。也是合当有事，一日到合浦县贩珠，价都讲定。主人家老儿，只拣一粒绝大的偷过了，再不承认。兴哥不忿，一把扯他袖子要搜。何期去得势重，将老儿拖翻在地，跌下便不做声，忙去扶时，气已断了。儿女亲邻，哭的哭，叫的叫，一阵的簇拥将来，把兴哥捉住。不由分说，痛打一顿，关在空房里。连夜写了状词，只等天明，县主早堂，连人进状。县主准了，因这日有公事，吩咐把凶身锁押，次日候审。

你道这县主是谁？姓吴名杰，南畿进士，正是三巧儿的晚老公。初选原在潮阳，上司因见他清廉，调在这合浦县采珠的所在来做官。

是夜，吴杰在灯下将准过的状词细阅。三巧儿正在旁边闲看，偶见宋福所告人命一词，凶身罗德，枣阳县客人，不是蒋兴哥是谁！想起旧日恩情，不觉痛酸，哭告丈夫道："这罗德是贱妾的亲哥，出嗣在母舅罗家的，不期客边犯此大辟。官人可看妾之面，救他一命还乡。"县主道："且看临审如何。若人命果真，教我也难宽宥。"三巧儿两眼噙泪，跪下苦苦哀求。县主道："你且莫忙，我自有道理。"明早出堂，三巧儿又扯住县主衣袖哭道："若哥哥无救，贱妾亦当自尽，不能相见了。"

当日县主升堂，第一就问这起。只见宋福、宋寿弟兄两个，哭啼啼的与父亲执命，禀道："因争珠怀恨，登时打闷，仆地身死。望爷爷做主。"县主问众干证口词，也有说打倒的，也有说推跌的。蒋兴哥辨道："他父亲偷了小人的珠子，小人不忿，与他争论。他因年老脚蹉，自家跌死，不干小人之事。"县主问宋福道："你父亲几岁了？"宋福道："六十七岁了。"县主道："老年人容易昏绝，未必是打。"宋福、宋寿坚执是打死的。县主道："有伤无伤，须凭检验。既说打死，将尸发在漏泽园去，俟晚堂听检。"

原来宋家也是个大户，有体面的。老儿曾当过里长，儿子怎肯把父亲在尸场剔骨？两个双双叩头道："父亲死状，众目共见，只求爷爷到小人家里相验，不愿发检。"县主道："若不见贴骨伤痕，凶身怎肯伏罪？没有尸格，如何申得上司过？"弟兄两个只是求告，县主发怒道："你既不愿检，我也难问。"慌的他弟兄两个连连叩头道："但凭爷爷明断。"县主道："望七之人，死是本等。倘或不因打死，屈害了一个平人，反增死者罪过。就是你做儿子的，巴得父亲到许多年纪，又把个不得善终的恶名与他，心中何忍？但打死是假，推仆是真，若不重罚罗德，也难出你的气。我如今教他披麻戴孝，与亲儿一般行礼，一应殡殓之费，都要他支持。你可服吗？"弟兄两个道："爷爷吩咐，小人敢不遵依。"

兴哥见县主不用刑罚，断得干净，喜出望外。当下原被告都叩头称谢。县主

道:"我也不写审单,着差人押出,待事完回话,把原词与你销讫便了。"正是:

公堂造业真容易,要积阴功亦不难。

试看今朝吴大尹,解冤释罪两家欢。

却说三巧儿自丈夫出堂之后,如坐针毡,一闻得退衙,便迎住问个消息。县主道:"我……如此如此断了,看你之面,一板也不曾责他。"三巧儿千恩万谢,又道:"妾与哥哥久别,渴思一会,问取爹娘消息。官人如何做个方便,使妾兄妹相见,此恩不小。"县主道:"这也容易。"

看官们,你道三巧儿被蒋兴哥休了,恩断义绝,如何恁地用情?他夫妇原是十分恩爱的,因三巧儿做下不是,兴哥不得已而休之,心中兀自不忍;所以改嫁之夜,把十六只箱笼完完全全的赠他。只这一件,三巧儿的心肠也不容不软了。今日他身处富贵,见兴哥落难,如何不救?这叫作知恩报恩。

再说蒋兴哥遵了县主所断,着实小心尽礼,更不惜费,宋家弟兄都没话了。丧葬事毕,差人押到县中回复,县主唤进私衙赐坐,说道:"尊舅这场官司,若非令妹再三哀恳,下官几乎得罪了。"兴哥不解其故,回答不出。

少停茶罢,县主请入内书房,教小夫人出来相见。你道这番意外相逢,不像个梦景吗?他两个也不行礼,也不讲话,紧紧的你我相抱,放声大哭。就是哭爹哭娘,从没见这般哀惨,连县主在傍,好生不忍,便道:"你两人且莫悲伤,我看你不像哥妹,快说真情,下官有处。"两个哭得半休不休的,那个肯说?却被县主盘问不过,三巧儿只得跪下,说道:"贱妾罪当万死,此人乃妾之前夫也。"蒋兴哥料瞒不得,也跪下来,将从前恩爱,及休妻再嫁之事,一一诉知。说罢,两人又哭做一团,连吴知县也堕泪不止,道:"你两人如此相恋,下官何忍拆开,幸然在此三年,不曾生育,即刻领去完聚。"两个插烛也似拜谢。

县主即忙讨个小轿,送三巧儿出衙;又唤集人夫,把原来陪嫁的十六个箱笼抬去,都教兴哥收领;又差典吏一员,护送他夫妇出境。此乃吴知县之厚德。正是:

> 珠还合浦重生彩,剑合丰城倍有神。
> 堪美吴公存厚道,贪财好色竟何人!

此人向来艰子,后行取到吏部,在北京纳宠,连生三子,科第不绝,人都说阴德之报,这是后话。

再说蒋兴哥带了三巧儿回家,与平氏相见。论起初婚,王氏在前,只因休了一番,这平氏到是明媒正娶,又且平氏年长一岁,让平氏为正房,王氏反做偏房,两个姐妹相称。从此一夫二妇,团圆到老。有诗为证:

> 恩爱夫妻虽到头,妻还作妾亦堪羞。
> 殃祥果报无虚谬,咫尺青天莫远求。

第 二 卷

陈御史巧勘金钗钿

世事番腾似转轮,眼前凶吉未为真。

请看久久分明应,天道何曾负善人?

闻得老郎们相传的说话,不记得何州甚县,单说有一人,姓金名孝,年长未娶。家中只有个老母,自家卖油为生。一日挑了油担出门,中途因里急,走上茅厕大解,拾得一个布裹肚,内有一包银子,约莫有三十两。金孝不胜欢喜,便转担回家,对老娘说道:"我今日造化,拾得许多银子。"

老娘看见,到吃了一惊!道:"你莫非做下歹事偷来的么?"金孝道:"我几曾偷惯了别人的东西?却怎般说!早是邻舍不曾听得哩。这裹肚,其实不知什么人遗失在茅坑旁边,喜得我先看见了,拾取回来。我们做穷经纪的人,容易得这主大财?明日烧个利市,把来做贩油的本钱,不强似赊别人的油卖?"老娘道:"我儿,常言道:'贫富皆由命。'你若命该享用,不生在挑油担的人家来了。依我看来,这银子虽非是你设心谋得来的,也不是你辛苦挣来的。只怕无功受禄,反受其殃。这银子,不知是本地人的,远方客人的? 又不知是自家的,或是借贷来的? 一时间失脱了,抓寻不见,这一场烦恼非小。连性命都失图了,也不可知。曾闻古人裴度还带积德,你今日原到拾银之处,看有甚人来寻,便引来还他原物,也是一番阴德,皇天必不负你。"

金孝是个本分的人,被老娘教训了一场,连声应道:"说得是,说得是。"放下银包裹肚,跑到那茅厕边去。只见闹嚷嚷的一丛人围着一个汉子,那汉子气忿忿的叫天叫地。金孝上前问其缘故。原来那汉子是他方客人,因登东,解脱了裹肚,失了银子,找寻不见。只道卸下茅坑,唤几个泼皮来,正要下去淘摸。街上人都拥着闲看。金孝便问客人道:"你银子有多少?"客人胡乱应道:"有四五十两。"金孝老实,便道："可有个白布裹肚吗？"客人一把扯住金孝，道："正是，正是！是你拾着，还了我，情愿出赏钱。"众人中有快嘴的便道："依着道理，平半分也是该的。"金孝道："真个是我拾得，放在家里，你只随我去便有。"众人都想道：拾得钱财，巴不得瞒过了人。那曾见这个人到去寻主儿还他？也是异事。金孝和客人动身时，这伙人一哄都跟了去。

金孝到了家中，双手儿捧出裹肚，交还客人。客人检出银包看时，晓得原物不动，只怕金孝要他出赏钱，又怕众人乔主张他平分，反使欺心，赖着金孝，道："我的银子，原说有四五十两，如今只剩得这些。你匿过一半了，可将来还我！"金孝道："我才拾得回来，就被老娘逼我出门，寻访原主还他，何曾动你分毫？"那客人赖定短少了他的银两，金孝负屈忿恨，一个头肘子撞去。那客人力大，把金孝一把头发提起，像只小鸡一般，放翻在地，捻着拳头便要打。引得金孝七十岁的老娘，也奔出门前叫屈。众人都有些不平，似杀阵般嚷将起来。

恰好县尹相公在这街上过去，听得喧嚷，歇了轿，吩咐做公的拿来审问。众人怕事的，四散走开去了。也有几个大胆的，站在傍边看县尹相公怎生断这公事。

却说做公的将客人和金孝母子拿到县尹面前，当街跪下，各诉其情。一边道："他拾了小人的银子，藏过一半不还。"一边道："小人听了母亲言语，好意还他，他反来图赖小人。"县尹问众人："谁做证见？"众人都上前禀道："那客人脱了银子，正在茅厕边抓寻不着，却是金孝自走来承认了，引他回去还他。这是小人们众目共睹。只银子数目多少，小人不知。"县令道："你两下不须争嚷，我自有道理。"教做公的带那一干人到县来。

县尹升堂，众人跪在下面。县尹教取裹肚和银子上来，吩咐库吏，把银子兑准回复。库吏复道："有三十两。"县主又问客人道："你银子是许多？"客人道："五十两。"县主道："你看见他拾取的，还是他自家承认的？"客人道："实是他亲口承认的。"县主道："他若是要赖你的银子，何不全包都拿了？却止藏一半，又自家招认出来？他不招认，你如何晓得？可见他没有赖银之情了。你失的银子是五十两，他拾的是三十两，这银子不是你的，必然另是一个人失落的。"客人道："这银子实是小人的，小人情愿只领这三十两去罢。"县尹道："数目不同，如何冒认得去？这银两合断与金孝领去，奉养母亲；你的五十两，自去抓寻。"金孝得了银子，千恩万谢的，扶着老娘去了。那客人已经官断，如何敢争？只得含羞噙泪而去，众人无不称快。这叫作：

　　　　欲图他人，翻失自己。自己羞惭，他人欢喜。

看官，今日听我说"金钗钿"这桩奇事。有老婆的翻没了老婆，没老婆的翻得了老婆。只如金孝和客人两个，图银子的翻失了银子，不要银子的翻得了银子。事迹虽异，天理则同。

却说江西赣州府石城县，有个鲁廉宪，一生为官清介，并不要钱，人都称为"鲁白水"。那鲁廉宪与同县顾金事累世通家。鲁家一子，双名学曾；顾家一女，小名阿秀，两下面约为婚。来往间亲家相呼，非止一日。因鲁奶奶病故，廉宪携着孩儿在于任所，一向迁延，不曾行得大礼。谁知廉宪在任，一病身亡。学曾扶枢回家，守制三年，家事愈加消乏，止存下几间破房子，连口食都不周了。

顾金事见女婿穷得不像样，遂有悔亲之意，与夫人孟氏商议道："鲁家一贫如洗，眼见得六礼难备，婚娶无期；不若别求良姻，庶不误女儿终身之托。"孟夫人道："鲁家虽然穷了，从幼许下的亲事，将何辞以绝之？"顾金事道："如今只差人去说男长女大，催他行礼。两边都是宦家，各有体面，说不得'没有'两个字，也要出得他的门，入的我的户。那穷鬼自知无力，必然情愿退亲。我就要了他休书，却不一刀两断？"孟夫人道："我家阿秀性子有些古怪，只怕他到不肯。"顾金事道："在家从父，这也由不得他，你只慢慢的劝他便了。"

当下孟夫人走到女儿房中，说知此情。阿秀道："妇人之义，从一而终；婚姻论财，夷虏之道。爹爹如此欺贫重富，全没人伦，决难从命。"孟夫人道："如今爹去催鲁家行礼，他若行不起礼，倒愿退亲，你只索罢休。"阿秀道："说那里话！若鲁家贫不能聘，孩儿情愿守志终身，绝不改适。当初钱玉莲投江全节，留名万古。爹爹若是见逼，孩儿就拚却一命，亦有何难！"孟夫人见女执性，又苦他，又怜他。心生一计：除非瞒过金事，密地唤鲁公子来，助他些东西，教他作速行聘，方成其美。

忽一日，顾金事往东庄收租，有好几日耽搁。孟夫人与女儿商量停当了，唤园公老欧到来。夫人当面吩咐，教他去请鲁公子，后门相会，如此如此："不可泄漏，我自有重赏。"老园公领命，来到鲁家。但见：

> 门如败寺，屋似破窑。窗槅离披，一任风声开闭；厨房冷落，绝无烟气蒸腾。颓墙漏瓦权栖足，只怕雨来；旧椅破床便当柴，也少火力。尽说宦家门户倒，谁怜清吏子孙贫？

说不尽鲁家穷处。

却说鲁学曾有个姑娘，嫁在梁家，离城将有十里之地。姑夫已死，止存一子梁尚宾,新娶得一房好娘子,三口儿一处过活,家道粗足。这一日鲁公子恰好到他家借米去了,只有个烧火的白发婆婆在家。老管家只得传了夫人之命,教他作速寄信去请公子回来:"此是夫人美情,趁这几日老爷不在家中,专等专等,不可失信。"嘱罢,自去了。这里老婆子想道:此事不可迟缓,也不好转托他人传话。当初奶奶存日,曾跟到姑娘家去,有些影像在肚里。当下嘱付邻人看门,一步一跌的问到梁家。梁妈妈正留着侄儿在房中吃饭,婆子向前相见,把老园公言语细细述了。姑娘道:"此是美事。"撺掇侄儿快去。

鲁公子心中不胜欢喜,只是身上褴褛,不好见得岳母,要与表兄梁尚宾借件衣服遮丑。原来梁尚宾是个不守本分的歹人,早打下欺心草稿,便答应道:"衣服自有,只是今日进城,天色已晚了;宦家门墙,不知深浅,令岳母夫人虽然有话,众人未必尽知,去时也须仔细。凭着愚见,还屈贤弟在此草榻,明日只可早往,不可晚行。"鲁公子道:"哥哥说得是。"梁尚宾道:"愚兄还要到东村一个人家,商量一件小事,回来再得奉陪。"又嘱付梁妈妈道:"婆子走路辛苦,一发留他过宿,明日去罢。"妈妈也只道孩儿是个好意,真个把两人都留住了。谁知他是个奸计,只怕婆子回去时,那边老园公又来相请,露出鲁公子不曾回家的消息,自己不好去打脱冒了。正是:

> 欺天行当人难识,立地机关鬼不知。

梁尚宾背却公子,换了一套新衣,悄地出门,径投城中顾金事家来。

却说孟夫人是晚教老园公开了园门伺候,看看日落西山,黑影里只见一个后生,身上穿得齐齐整整,脚儿走得慌慌张张,望着园门欲进不进的。老园公问道:"郎君可是鲁公子么?"梁尚宾连忙鞠个躬应道:"在下正是。因老夫人见召,特地到此,望乞通报。"老园公慌忙请到亭子中暂住,急急的进去报与夫人。孟夫人就差个管家婆出来传话,请公子到内室相见。才下得亭子,又有两个丫鬟,提着两碗纱灯来接。弯弯曲曲行过多少房子,忽见朱楼画阁,方是内室。孟夫人揭起朱帘,秉烛而待。那梁尚宾一来是个小家出身,不曾见恁般富贵样子;二来是个村郎,不通文墨;三来自知假货,终是怀着个鬼胎,意气不甚舒展。上前相见时,跪拜应答,眼见得礼貌粗疏,语言涩滞。孟夫人心下想道:"好怪!全不像宦家子弟。"一念又想道:"常言'人贫智短',他恁地贫困,如何怪得他失张失智?"转了第二个念头,心下愈加可怜起来。

茶罢,夫人吩咐忙排夜饭,就请小姐出来相见。阿秀初时不肯,被母亲逼了两三次,想着:父亲有赖婚之意,万一如此,今宵便是永诀,若得见亲夫一面,死亦甘心。当下离了绣阁,含羞而出。孟夫人道:"我儿过来见了公子,只行小礼罢。"假公子朝上连作两个揖,阿秀也福了两福,便要回步。夫人道:"既是夫妻,何妨同坐。"便教他在自己肩下坐了。假公子两眼只瞧那小姐,见他生得端丽,骨髓里都发痒起来。这里阿秀只道见了真丈夫,低头无语,满腹恓惶,只饶得哭下一场。正是:

真假不同,心肠各别。

少顷,饮馔已到。夫人教排做两桌,上面一桌请公子坐,打横一桌娘儿两个同坐。夫人道:"今日仓卒奉邀,只欲周旋公子姻事,殊不成体,休怪,休怪。"假公子刚刚谢得个"打搅"二字,面皮都急得通红了。席间夫人把女儿守志一事,略叙一叙。假公子应了一句,缩了半句。夫人也只认他害羞,全不为怪。那假公子在席上自觉局促,本是能饮的,只推量窄,夫人也不强他。又坐了一回,夫人吩咐收拾铺陈在东厢下,留公子过夜。假公子也假意作别要行,夫人道:"彼此至亲,何拘形迹?我母子还有至言相告。"假公子心中暗喜。只见丫鬟来禀,东厢内铺设已完,请公子安置。假公子作揖谢酒,丫鬟掌灯送到东厢去了。

夫人唤女儿进房,赶去侍婢,开了箱笼,取出私房银子八十两,又银杯二对、金首饰一十六件,约值百金,一手交付女儿,说道:"做娘的手中只有这些,你可亲去交与公子,助他行聘完婚之费。"阿秀道:"羞答答如何好去?"夫人道:"我儿,礼有经权,事有缓急。如今尴尬之际,不是你亲去嘱付,把夫妻之情打动他,他如何肯上紧?穷孩子不知世事,倘或与外人商量,被人哄诱,把东西一时花了,不枉了做娘的一片用心?那时悔之何及!这东西也要你袖里藏去,不可露人眼目。"阿秀听了这一班道理,只得依允,便道:"娘,我怎好自去?"夫人道:"我教管家婆跟你去。"

当下唤管家婆来到,吩咐他只等夜深,密地送小姐到东厢,与公子叙话。又附耳道:"送到时,你只在门外等候,省得两下碍眼,不好交谈。"管家婆已会其意了。

再说假公子独坐在东厢,明知有个蹊跷缘故,只是不睡。果然一更之后,管家婆挺门而进,报道:"小姐自来相会。"假公子慌忙迎接,重新叙礼。有这等事:那假公子在夫人前一个字也讲不出,及至见了小姐,偏会温存絮话。这里小姐,起初害羞,遮遮掩掩,今番背却夫人,一般也老落起来。两个你问我答,叙了半晌。阿秀话出衷肠,不觉两泪交流。那假公子也装出捶胸叹气,揩眼泪缩鼻涕,许多丑态。又假意解劝小姐,抱持绰趣,尽他受用。管家婆在房门外,听见两下悲泣,连累他也恓惶,堕下几点泪来。谁知一边是真,一边是假。阿秀在袖中摸出银两、首饰,递与假公子,再三嘱付,自不必说。假公子收过了,便一手抱住小姐,把灯儿吹灭,苦要求欢。阿秀怕声张起来,被丫鬟们听见了,坏了大事,只得勉从。有人作《如梦令》词云:

可惜名花一朵,绣幔深闺藏护。不遇探花郎,抖被狂蜂残破。错误,错误!怨杀东风吩咐。

常言:"事不三思,终有后悔。"孟夫人要私赠公子,玉成亲事,这是锦片的一团美意,也是天大的一桩事情,如何不教老园公亲见公子一面?及至假公子到来,只合当面嘱付一番,把东西赠他,再教老园公送他回去,看个下落,万无一失。千不合,万不合,教女儿出来相见,又教女儿自往东厢叙话,这分明放一条方便路,如何不做出事来?莫说是假的,就是真的,也使不得,枉做了一世牵扳的话柄。这也算做姑息之爱,反害了女儿的终身。

闲话休题。且说假公子得了便宜,放松那小姐去了。五鼓时,夫人教丫鬟催促起身梳洗,用些茶汤点心之类。又嘱付道:"拙夫不久便回,贤婿早做准备,休得怠慢。"假公子别了夫人,出了后花园门,一头走一头想道:"我白白里骗了一个宦家闺女,又得了许多财帛,不曾露出马脚,万分侥幸。只是今日鲁家又来,不为全美。听得说顾金事不久便回。我如今再耽搁他一日,待明日才放他去。若得顾金事回来,他便不敢去了,这事就十分干净了。"计较已定,走到个酒店上自饮三杯,吃饱了肚里,直延捱到午后方才回家。

鲁公子正等得不耐烦,只为没有衣服,转身不得。姑娘也焦燥起来,教庄家往东村寻取儿子,并无踪迹。走向媳妇田氏房前问道:"儿子衣服有吗?"田氏道:"他自己检在箱里,不曾留得钥匙。"原来田氏是东村田贡元的女儿,到有十分颜色,又且通书达礼。田贡元原是石城县中有名的一个豪杰,只为一个有司官与他做对头,要下手害他,却是梁尚宾的父亲与他舅子鲁廉宪说了,廉宪也素闻其名,替他极口分辨,得免其祸。因感激梁家之恩,把这女儿许他为媳。那田氏像了父亲,也带三分侠气,见丈夫是个蠢货,又且不干好事,心下每每不悦,开口只叫作"村郎"。以此夫妇两不和顺,连衣服之类,都是那"村郎"自家收拾,老婆不去管他。

却说姑侄两个正在心焦,只见梁尚宾满脸春色回家。老娘便骂道:"兄弟在此专等你的衣服,你却在那里嚏酒,整夜不归?又没寻你去处!"梁尚宾不回娘话,一径到自己房中,把袖里东西都藏过了,才出来对鲁公子道:"偶为小事缠住身子,耽搁了表弟一日,休怪休怪。今日天色又晚了,明日回宅罢。"老娘骂道:"你只顾把件衣服借与做兄弟的,等他自己干正务,管他今日明日!"鲁公子道:"不但衣服,连鞋袜都要告借。"梁尚宾道:"有一双青段子鞋在间壁皮匠家釘底,今晚催来,明日早奉穿去。"鲁公子没奈何,只得又住了一宿。

到明朝,梁尚宾只推头疼,又睡个日高三丈。早饭都吃过了,方才起身,把道袍、鞋、袜慢慢的逐件搬将出来,无非要延捱时刻,误其美事。鲁公子不敢就穿,又借个包袱儿包好,付与老婆子拿了。姑娘收拾一包白米和些瓜菜之类,唤个庄客送公子回去,又嘱付道:"若亲事就绪,可来回复我一声,省得我牵挂。"鲁公子作揖转身,梁尚宾相送一步,又说道:"兄弟,你此去须是仔细,不知他意儿好歹,真假何如。依我说,不如只往前门硬挺着身子进去,怕不是他亲女婿,赶你出来?又且他家差老园公请你,有凭有据,须不是你自轻自贱。他有好意,自然相请,若是翻转脸来,你拚得与他诉落一场,也教街坊上人晓得。倘到后园旷野之地,被他暗算,你却没有个退步。"鲁公子又道:"哥哥说得是。"正是:

　　　　背后害他当面好,有心人对没心人。

鲁公子回到家里,将衣服、鞋、袜装扮起来。只有头巾分寸不对,不曾借得,把旧的脱将下来,用清水摆净,教婆子在邻舍家借个熨斗,吹些火来熨得直直的,有些磨坏的去处,再把些饭儿粘得硬硬的,墨儿涂得黑黑的。只是这顶巾,也弄了一个多时辰,左带右带,只怕不正。教婆子看得件件停当了,方才移步,径投顾金事家来。

门公认是生客,回道:"老爷东庄去了。"鲁公子终是宦家的子弟,不慌不忙的说道:"可通报老夫人,说道'鲁某在此'。"门公方知是鲁公子,却不晓得来情,便道:"老爷不在家,小人不敢乱传。"鲁公子道:"老夫人有命,唤我到来。你去通报自知,须不连累你们。"门公传话进去,禀说:"鲁公子在外要见,还是留他进来,还是辞他?"

孟夫人听说,吃了一惊,想:"他前日去得,如何又来?且请到正厅坐下。"先教管家婆出去,问他有何话说。管家婆出来瞧了一瞧,慌忙转身进去,对老夫人道:"这公子是假的,不是前夜的脸儿。前夜是胖胖儿的,黑黑儿的,如今是白白儿的,瘦瘦儿的。"夫人不信道:"有这等事!"亲到后堂,从帘内张看,果然不是了。孟夫人心上委绝不下,教管家婆出去,细细把家事盘问,他答来一字无差。孟夫人初见假公子之时,心中原有些疑惑;今番的人才清秀,语言文雅,倒像真公子的样子。再问他今日为何而来,答道:"前蒙老园公传语呼唤,因鲁某羁滞乡间,今早才回,特来参谒,望恕迟误之罪。"夫人道:"这是真情无疑了。只不知前夜打脱冒的冤家,又是那里来的?"慌忙转身进房,与女儿说其缘故,又道:"这都是做爹的不存天理,害你如此,悔之不及!幸而没人知道,往事不须题起了。如今女婿在外,是我特地请来的,无物相赠,如之奈何?"正是:

> 只因一着错,满盘都是空。

阿秀听罢,呆了半晌。那时一肚子情怀,好难描写:说慌又不是慌,说羞又不是羞,说恼又不是恼,说苦又不是苦。分明似乱针刺体,痛痒难言。喜得他志气过人,早有了三分主意,便道:"母亲且与他相见,我自有道理。"

孟夫人依了女儿言语,出厅来相见公子。公子掇一把校椅,朝上放下:"请岳母大人上坐,待小婿鲁某拜见。"孟夫人谦让了一回,从傍站立,受了两拜,便教管家婆扶起看坐。公子道:"鲁某只为家贫,有缺礼数。蒙岳母大人不弃,此恩生死不忘。"夫人自觉惶愧,无言可答,忙教管家婆把厅门掩上,请小姐出来相见。

阿秀站住帘内,如何肯移步。只教管家婆传语道:"公子不该耽搁乡间,负了我母子一片美意。"公子推故道:"某因患病乡间,有失奔趋。今方践约,如何便说相负?"阿秀在帘内回道:"三日以前,此身是公子之身;今迟了三日,不堪伏侍巾栉,有玷清门。便是金帛之类,亦不能相助了。所存金钗二股,金钿一对,聊表寸意。公子宜别选良姻,休得以妾为念。"管家婆将两般首饰递与公子,公子还疑是悔亲的说话,那里肯收。阿秀又道:"公子但留下,不久自有分晓。公子请快转身,留此无益。"说罢,只听得哽哽咽咽的哭了进去。

鲁学曾愈加疑惑,向夫人发作道:"小婿虽贫,非为这两件首饰而来。今日小姐似有决绝之意,老夫人如何不出一语?既如此相待,又呼唤鲁某则甚?"夫人道:"我母子并无异心。只为公子来迟,不将姻事为重,所以小女心中愤怨,公子休得多疑。"鲁学曾只是不信,叙起父亲存日许多情分:"如今一死一生,一贫一富,就忍得改变了？鲁某只靠得岳母一人做主，如何三日后也生退悔之心？"劳劳叨叨的说个不休。孟夫人有口难辨，倒被他缠住身子，不好动身。

忽听得里面乱将起来，丫鬟气喘喘的奔来报道："奶奶，不好了！快来救小姐！"吓得孟夫人一身冷汗，巴不得再添两只脚在肚下。管家婆扶着左腋，跑到绣阁，只见女儿将罗帕一幅，缢死在床上，急急解救时，气已绝了，叫唤不醒，满房人都哭起来。

鲁公子听小姐缢死，还道是做成的圈套，撺他出门，兀自在厅中嚷刮。孟夫人忍着疼痛，传话请公子进来。公子来到绣阁，只见牙床锦被上，直挺挺躺着个死小姐。夫人哭道："贤婿，你今番认一认妻子。"公子当下如万箭攒心，放声大哭。夫人道："贤婿，此处非你久停之所，怕惹出是非，贻累不小，快请回罢！"教管家婆将两般首饰，纳在公子袖中，送他出去。鲁公子无可奈何，只得揾泪出门去了。

这里孟夫人一面安排入殓，一面东庄去报顾佥事回来。只说女儿不愿停婚，自缢身死。顾佥事懊悔不迭，哭了一场，安排成丧出殡不题。后人有诗赞阿秀云：

死生一诺重千金，谁料奸谋祸阱深？
三尺红罗报夫主，始知污体不污心。

却说鲁公子回家看了金钗钿，哭一回，叹一回，疑一回，又解一回，正不知什么缘故，也只是自家命薄所致耳。过了一晚，次日把借来的衣服鞋袜，依旧包好，亲到姑娘家去送还。梁尚宾晓得公子到来，倒躲了出去。公子见了姑娘，说起小姐缢死一事，梁妈妈连声感叹，留公子酒饭去了。

梁尚宾回来，问道："方才表弟到此，说曾到顾家去不曾？"梁妈妈道："昨日去的，不知什么缘故，那小姐嗔怪他来迟三日，自缢而死。"梁尚宾不觉失口叫声："呵呀，可惜好个标致小姐！"梁妈妈道："你那里见来？"梁尚宾遮掩不来，只得把自己打脱冒事，述了一遍。

梁妈妈大惊，骂道："没天理的禽兽，做出这样勾当！你这房亲事还亏母舅作成你的，你今日恩将仇报，反去破坏了做兄弟的姻缘，又害了顾小姐一命，汝心何安？"千禽兽，万禽兽，骂得梁尚宾开口不得。走到自己房中，田氏闭了房门，在里面骂道："你这样不义之人，不久自有天报，休想善终！从今你自你，我自我，休得来连累人！"梁尚宾一肚气正没出处，又被老婆诉说，一脚跌开房门，揪了老婆头发便打。又是梁妈妈走来，喝了儿子出去。田氏捶胸大哭，要死要活。梁妈妈劝他不住，唤个小轿抬回娘家去了。

梁妈妈又气又苦,又受了惊,又愁事迹败露,当晚一夜不睡,发寒发热。病了七日,呜呼哀哉。田氏闻得婆婆死了,特来奔丧带孝。梁尚宾旧愤不息,便骂道:"贼泼妇!只道你住在娘家一世,如何又有回家的日子?"两下又争闹起来。田氏道:"你干了亏心的事,气死了老娘,又来消遣我!我今日若不是婆死,永不见你村郎之面!"梁尚宾道:"怕断了老婆种,要你这泼妇见我!只今日便休了你去,再莫上门!"田氏道:"我宁可终身守寡,也不愿随你这样不义之徒。若是休了倒得干净,回去烧个利市。"梁尚宾一向夫妻无缘,到此说了尽头话,憋一口气,真个就写了离书,手印,付与田氏。田氏拜别婆婆灵位,哭了一场,出门而去。正是:

> 有心去调他人妇,无福难招自己妻。
>
> 可惜田家贤慧女,一场相骂便分离。

话分两头。再说孟夫人追思女儿,无日不哭,想道:信是老欧寄去的,那黑胖汉子,又是老欧引来的,若不是通同作弊,也必然漏泄他人了。等丈夫出门拜客,唤老欧到中堂,再三讯问。却说老欧传命之时,其实不曾泄漏,是鲁学曾自家不合借衣,惹出来的奸计。当夜来的是假公子,三日后来的是真公子,孟夫人肚里明明晓得有两个人,那老欧肚里还自认做一个人,随他分辩,如何得明白?夫人大怒,喝教手下把他拖翻在地,重责三十板子,打得皮开血喷。

顾金事一日偶到园中,叫老园公扫地,听说被夫人打坏,动弹不得。教人扶来,问其缘故。老欧将夫人差去约鲁公子来家,及夜间房中相会之事,一一说了。顾金事大怒道:"原来如此!"便叫打轿,亲到县中,与知县诉知其事,要将鲁学曾抵偿女儿之命。

知县教补了状词,差人拿鲁学曾到来,当堂审问。鲁公子是老实人,就把实情细细说了:"见有金钗钿两股,是他所赠,其后园私会之事,其实没有。"知县就唤同公老欧对证。这老人家两眼模糊,前番黑夜里认假公子的面庞不真,又且今日家主吩咐了说话,一口咬定鲁公子,再不松放。知县又徇了顾金事人情,着实用刑拷打。鲁公子吃苦不过,只得招道:"顾奶奶好意相唤,将金钗钿助为聘资。偶见阿秀美貌,不合辄起淫心,强逼行奸。到第三日,不合又往,致阿秀羞愤自缢。"知县录了口词,审得鲁学曾与阿秀空言议婚,尚未行聘过门,难以夫妻而论。既因奸致死,合依威逼律问绞。一面发在死囚牢里,一面备文书申详上司。

孟夫人闻知此信大惊,又访得他家,只有一个老婆子,也吓得病倒,无人送饭,想起:"这事与鲁公子全没相干,到是我害了他。"私下处些银两,吩咐管家婆央人替

他牢中使用,又屡次劝丈夫保全公子性命,顾佥事愈加忿怒。石城县把这件事当做新闻,沿街传说。正是:

　　　　好事不出门,恶事行千里。

　　顾佥事为这声名不好,必欲置鲁学曾于死地。

　　再说有个陈濂御史,湖广籍贯,父亲与顾佥事是同榜进士,以此顾佥事叫他是年侄。此人少年聪察,专好辨冤析枉。其时正奉差巡按江西。未入境时,顾佥事先去嘱托此事。陈御史口虽领命,心下不以为然。莅任三日,便发牌按临赣州,吓得那一府官吏尿流屁滚。审录日期,各县将犯人解进。

　　陈御史审到鲁学曾一起,阅了招词,又把金钗钿看了,叫鲁学曾问道:"这金钗钿是初次与你的吗?"鲁学曾道:"小人只去得一次,并无二次。"御史道:"招上说三日后又去,是怎么说?"鲁学曾口称"冤枉",诉道:"小人的父亲存日,定下顾家亲事。因父亲是个清官,死后家道消乏,小人无力行聘。岳父顾佥事欲要悔亲,是岳母不肯,私下差老园公来唤小人去,许赠金帛。小人羁身在乡,三日后方去。那日只见得岳母,并不曾见小姐之面,这奸情是屈招的。"御史道:"既不曾见小姐,这金钗钿何人赠你?"鲁学曾道:"小姐立在帘内,只责备小人来迟误事,莫说婚姻,连金帛也不能相赠了,这金钗钿权留个忆念。小人还只认做悔亲的话,与岳母争辩。不期小姐房中缢死,小人至今不知其故。"御史道:"怎般说,当夜你不曾到后园去了?"鲁学曾道:"实不曾去。"

　　御史想了一回:若特地唤去,岂止赠他钗钿二物? 详阿秀抱怨口气,必然先有人冒去东西,连奸骗都是有的,以致羞愤而死。便叫老欧问道:"你到鲁家时,可曾见鲁学曾么?"老欧道:"小人不曾面见。"御史道:"既不曾面见,夜间来的你如何就认得是他?"老欧道:"他自称鲁公子,特来赴约,小人奉主母之命,引他进见的,怎赖得没有?"御史道:"相见后,几时去的?"老欧道:"闻得里面夫人留酒,又赠他许多东西,五更时去的。"鲁学曾又叫屈起来。御史喝住了,又问老欧:"那鲁学曾第二遍来,可是你引进的?"老欧道:"他第二遍是前门来的,小人并不知。"御史道:"他第一次如何不到前门,却到后园来寻你?"老欧道:"我家奶奶着小人寄信,原教他在后园来的。"御史唤鲁学曾问道:"你岳母原教你到后园来,你却如何往前门去?"鲁学曾道:"他虽然相唤,小人不知意儿真假,只怕园中旷野之处,被他暗算,所以径奔前门,不曾到后园去。"御史想来:鲁学曾与园公分明是两样说话,其中必有情弊。御史又指着鲁学曾问老欧,道:"那后园来的,可是这个嘴脸,你可认得真吗? 不要胡乱答应。"老欧道："昏黑中小人认得不十分真,像是这个脸儿。"御史道："鲁学曾既不在家,你的信却寄与何人的?"老欧道："他家只有个老婆婆,小人对他说的,并无闲人在旁。"御史道："毕竟还对何人说来?"老欧道："并没第二个人知觉。"

御史沉吟半响,想道："不究出根由,如何定罪? 怎好回复老年伯?"又问鲁学曾道："你说在乡,离城多少? 家中几时寄到的信?"鲁学曾道："离北门外只十里,是本日得信的。"御史拍案叫道："鲁学曾,你说三日后方到顾家,是虚情了。既知此信,有恁般好事,路又不远,怎么迟延三日? 理上也说不去!"鲁学曾道："爷爷息怒,小人细禀:小人因家贫,往乡间姑娘家借米,闻得此信,便欲进城。怎奈衣衫褴褛,与表兄借件遮丑,已蒙许下。怎奈这日他有事出去,直到明晚方归。小人专等衣服,所以迟了两日。"御史道："你表兄晓得你借衣服的缘故不?"鲁学曾道："晓得的。"御史道："你表兄何等人? 叫甚名字?"鲁学曾道："名唤梁尚宾,庄户人家。"御史听罢,喝散众人："明日再审。"正是:

> 如山巨笔难轻判,似佛慈心待细参。
> 公案见成翻者少,覆盆何处不冤含?

次日,察院小开门,挂一面宪牌出来。牌上写道:

> 本院偶染微疾,各官一应公务,俱候另示施行。本月　日

府县官朝暮问安,自不必说。

话分两头,再说梁尚宾自闻鲁公子问成死罪,心下到宽了八分。一日,听得门前喧嚷,在壁缝张看时,只见一个卖布的客人,头上带一顶新孝头巾,身穿旧白布道袍,口内打江西乡谈,说是南昌府人,在此贩布买卖。闻得家中老子身故,星夜要赶回,存下几百匹布,不曾发脱,急切要投个主儿,情愿让些价钱。众人中有要买一匹的,有要两匹三匹的,客人都不肯,道："恁地零星卖时,再几时还不得动身。那个财主家一总脱去,便多让他些也罢。"梁尚宾听了多时,便走出门来问道："你那客人存下多少布? 值多少本钱?"客人道："有四百余匹,本钱二百两。"梁尚宾道："一时间那得个主儿? 须是肯折些,方有人贪你。"客人道："便折十来两,也说不得。只要快当,轻松了身子,好走路。"

梁尚宾看了布样,又到布船上去翻复细看,口里只夸："好布,好　布!"客人道："你又不做个要买的,只管翻乱了我的布包,耽搁人的生意。"梁尚宾道："怎见得我

不像个买的?"客人道:"你要买时,借银子来看。"梁尚宾道:"你若加二肯折,我将八十两银子,替你出脱了一半。"客人道:"你也是呆话,做经纪的,那里折得起加二?况且只用一半,这一半我又去投谁?一般样耽搁了。我说不像要买的!"又冷笑道:"这北门外许多人家,就没个财主,四百匹布便买不起!罢,罢!摇到东门寻主儿去。"

梁尚宾听说,心中不忿,又见价钱相因,有些出息,放他不下,便道:"你这客人好欺负人!我偏要都买了你的,看如何?"客人道:"你真个都买我的,我便让你二十两。"梁尚宾定要折四十两,客人不肯。众人道:"客人,你要紧脱货,这位梁大官,又是贪便宜的,依我们说,从中酌处,一百七十两,成了交易罢。"客人初时也不肯,被众人劝不过,道:"罢,这十两银子,奉承列位面上。快些把银子兑过,我还要连夜赶路。"梁尚宾道:"银子凑不来许多,有几件首饰,可用得着吗?"客人道:"首饰也就是银子,只要公道作价。"梁尚宾邀入客坐,将银子和两对银盅,共兑准了一百两,又金首饰尽数搬来,众人公同估价,勾了七十两之数。与客收讫,交割了布匹。梁尚宾看这场交易尽有便宜,欢喜无限。正是:

> 贪痴无底蛇吞象,祸福难明螳捕蝉。

原来这贩布的客人,正是陈御史装的。他托病关门,秘密吩咐中军官聂千户,安排下这些布匹,先雇下小船,在石城县伺候。他悄地带个门子私行到此,聂千户就扮做小郎跟随,门子只做看船的小厮,并无人识破。这是做官的妙用。

却说陈御史下了小船,取出见成写就的宪牌填上梁尚宾名字,就着聂千户密拿。又写书一封,请顾金事到府中相会。比及御史回到察院,说病好开门,梁尚宾已解到了,顾金事也来了。御史忙教摆酒后堂,留顾金事小饭。

坐间,顾金事又提起鲁学曾一事。御史笑道:"今日奉屈老年伯到此,正为这场公案,要剖个明白。"便教门子开了护书匣,取出银钟二对,及许多首饰,送与顾金事

看。顾金事认得是家中之物,大惊问道:"那里来的?"御史道:"令爱小姐致死之由,只在这几件东西上。老年伯请宽坐,容小侄出堂,问这起数与老年伯看,释此不决之疑。"

御史吩咐开门,仍唤鲁学曾一起复审。御史且教带在一边,唤梁尚宾当面。御史喝道:"梁尚宾!你在顾金事家干得好事!"梁尚宾听得这句,好似青天里闻了个霹雳,正要硬着嘴分辩。只见御史教门子把银钟、首饰与他认赃,问道:"这些东西那里来的?"梁尚宾抬头一望,那御史正是卖布的客人,唬得顿口无言,只叫:"小人该死!"御史道:"我也不动夹棍,你只将实情写供状来。梁尚宾料赖不过,只得招称了。你说招词怎么写来? 有词名《锁南枝》一只为证:

写供状,梁尚宾。只因表弟鲁学曾,岳母念他贫,约他助行聘。为借衣服知此情,不合使欺心,赚他行。乘昏黑,假学曾,园公引入内室门,见了孟夫人,把金银厚相赠。因留宿,有了奸骗情。三日后学曾来,将小姐送一命。

御史取了招词,唤园公老欧上来:"你仔细认一认,那夜间园上假装鲁公子的,可是这个人?"老欧睁开两眼看了,道:"爷爷,正是他!"御史喝教皂隶,把梁尚宾重责八十,将鲁学曾枷杻打开,就套在梁尚宾身上。合依强奸论斩,发本县监候处决。布四百匹,追出,仍给铺户取价还库。其银两、首饰,给与老欧领回。金钗、金钿,断还鲁学曾,俱释放宁家。鲁学曾拜谢活命之恩。正是:

奸如明镜照,恩喜覆盆开。
生死俱无憾,神明御史台。

却说顾金事在后堂,听了这番审录,惊骇不已。候御史退堂,再三称谢道:"若非老公祖神明烛照,小女之冤,几无所伸矣。但不知银两、首饰,老公祖何由取到?"御史附耳道:"小侄如此如此。"顾金事道:"妙哉! 只是一件;梁尚宾妻子,必知其情,寒家首饰,定然还有几件在彼,再望老公祖一并逮问。"御史道:"容易。"便行文书,仰石城县提梁尚宾妻严审,仍追余赃回报。顾金事别了御史自回。

却说石城县知县见了察院文书,监中取出梁尚宾,问道:"你妻子姓甚? 这一事曾否知情?"梁尚宾正怀恨老婆,答应道:"妻田氏,因贪财物,其实同谋的。"知县当时金禀差人提田氏到官。

话分两头。却说田氏父母双亡,只在哥嫂身边,针指度日。这一日,哥哥田重文正在县前,闻知此信,慌忙奔回,报与田氏知道。田氏道:"哥哥休慌,妹子自有道理。"当时带了休书上轿,径抬到顾佥事家,来见孟夫人。夫人发一个眼花,分明看见女儿阿秀进来。及至近前,却是个莫生标致妇人,吃了一惊,问道:"是谁?"田氏拜倒在地,说道:"妾乃梁尚宾之妻田氏,因恶夫所为不义,只恐连累,预先离异了。贵宅老爷不知,求夫人救命。"说罢,就取出休书呈上。

夫人正在观看,田氏忽然扯住夫人衫袖,大哭道:"母亲,俺爹害得我好苦也!"夫人听得是阿秀的声音,也哭起来,便叫道:"我儿,有甚话说?"只见田氏双眸紧闭,哀哀的哭道:"孩儿一时错误,失身匪人,羞见公子之面,自缢身亡,以完贞性。何期爹爹不行细访,险些反害了公子性命。幸得暴白了,只是他无家无室,终是我母子耽误了他。母亲若念孩儿,替爹爹说声,周全其事,休绝了一脉姻亲。孩儿在九泉之下,亦无所恨矣。"说罢,跌倒在地。夫人也哭昏了。

管家婆和丫鬟、养娘都团聚将来,一齐唤醒。那田氏还呆呆的坐地,问他时全然不省。夫人看了田氏,想起女儿,重复哭起,众丫鬟劝住了。夫人悲伤不已,问田氏:"可有爹娘?"田氏回说:"没有。"夫人道:"我举眼无亲,见了你,如见我女儿一般。你做我的义女肯吗?"田氏拜道:"若得伏侍夫人,贱妾有幸。"夫人欢喜,就留在身边了。

顾佥事回家,闻说田氏先期离异,与他无干,写了一封书帖,和休书送与县官,求他免提,转回察院。又见田氏贤而有智,好生敬重,依了夫人收为义女。夫人又说起女儿阿秀负魂一事,他千叮万嘱,休绝了鲁家一脉姻亲。如今田氏少艾,何不就招鲁公子为婿,以续前姻。顾佥事见鲁学曾无辜受害,甚是懊悔。今番夫人说话有理,如何不依?只怕鲁公子生疑,亲到其家,谢罪过了,又说续亲一事。鲁公子再三推辞不过,只得允从,就把金钗钿为聘,择日过门成亲。

原来顾佥事在鲁公子面前,只说过继的远房侄女;孟夫人在田氏面前,也只说赘个秀才,并不说真名真姓。到完婚以后,田氏方才晓得就是鲁公子,公子方才晓得就是梁尚宾的前妻田氏。自此夫妻两口和睦,且是十分孝顺。顾佥事无子,鲁公子承受了他的家私,发愤攻书。顾佥事见他三场通透,送入国子监,连科及第。所生二子,一姓鲁,一姓顾,以奉两家宗祀。梁尚宾子孙遂绝。诗曰:

> 一夜欢娱害自身,百年姻眷属他人。
> 世间用计行奸者,请看当时梁尚宾。

第 三 卷

新桥市韩五卖春情

情宠娇多不自由，骊山举火戏诸侯。
只知一笑倾人国，不觉胡尘满玉楼。

这四句诗，是胡曾诗《咏史》，专道着昔日周幽王宠一个妃子，名曰褒姒，千方百计的媚他。因要取褒姒一笑，向骊山之上，把与诸侯为号的烽火烧起来。诸侯只道幽王有难，都举兵来救。及到幽士殿下，寂然无事。褒姒呵呵大笑。后来犬戎起兵来攻，诸侯皆不来救，犬戎遂杀幽王于骊山之下。又春秋时，有个陈灵公，私通于夏徵舒之母夏姬，与其臣孔宁、仪行父日夜往其家，饮酒作乐。徵舒心怀愧恨，射杀灵公。后来六朝时，陈后主宠爱张丽华、孔贵嫔，自制《后庭花》曲，姱美其色，沉湎淫逸，不理国事，被隋兵所追，无处躲藏，遂同二妃投入井中，为隋将韩擒虎所获，遂亡其国。诗云：

欢娱夏厩忽兴戈，胥井犹闻《玉树》歌。
试看二陈同一律，从来亡国女戎多。

当时，隋炀帝也宠萧妃之色。要看扬州景，用麻叔度为帅，起天下民夫百万，开汴河一千余里，役死人夫无数。造凤舰龙舟，使宫女牵之，两岸乐声闻于百里。后被宇文化及造反江都，斩炀帝于吴公台下，其国亦倾。有诗为证：

千里长河一旦开，亡隋波浪九天来。
锦帆未落干戈起，惆怅龙舟更不回。

至于唐明皇宠爱杨贵妃之色，春纵春游，夜专夜宠。谁想杨妃与安禄山私通，却抱禄山做孩儿。一日云雨方罢，杨妃钗横鬓乱，被明皇撞见，支吾过了。明皇从此疑心，将禄山除出在渔阳地面做节度使。那禄山思恋杨妃，举兵反叛。正是：

> 渔阳鼙鼓动地来，惊破《霓裳羽衣曲》。

那明皇无计奈何，只得带取百官逃难。马嵬山下兵变，逼死了杨妃。明皇直走到西蜀，亏了郭令公血战数年，才恢复得两京。

且如说这几个官家，都只为贪爱女色，致于亡国捐躯；如今愚民小子，怎生不把色欲警戒！

说话的，你说那戒色欲则甚？自家今日说一个青年子弟，只因不把色欲警戒，去恋着一个妇人，险些儿坏了堂堂六尺之躯，丢了泼天的家计，惊动新桥市上，变成一本风流说话。正是：

> 好将前事错，传与后人知。

说这宋朝临安府，去城十里，地名湖墅；出城五里，地名新桥。那市上有个富户吴防御，妈妈潘氏，止生一子，名唤吴山，娶妻余氏，生得四岁一个孩儿。防御门首开个丝绵铺，家中放债积谷，果然是金银满箧，米谷成仓。去新桥五里地名灰桥市上，新造一所房屋，令子吴山，再拨主管帮扶，也好开一个铺。家中收下的丝绵，发到铺中，卖与在城机户。吴山生来聪俊，粗知礼义，干事朴实，不好花哄，因此防御不虑他在外边闲理会。

且说吴山每日早晨到铺中卖货，天晚回家。这铺中房屋，只占得门面，里头房屋都是空的。忽一日，吴山在家有事，至晌午才到铺中。走进看时，只见屋后河边泊着两只剥船，船上许多箱笼、桌、凳家伙，四五个人尽搬入空屋里来。船上走起三

个妇人:一个中年胖妇人,一个老婆子,一个小妇人,尽走入屋里来。只因这妇人入屋,有分教吴山:

    身如五鼓衔山月,命似三更油尽灯。

    吴山问主管道:"什么人不问事由,擅自搬入我屋来?"主管道:"在城人家,为因里役,一时间无处寻屋。央此间邻居范老来说,暂住两三日便去。正欲报知,恰好官人自来。"吴山正欲发怒,见那小娘子敛袂向前深深的道个万福:"告官人息怒,非干主管之事,是奴家大胆,一时事急,出于无奈,不及先来宅上禀知,望乞恕罪,容住三四日,寻了屋就搬去,房金依例拜纳。"吴山便放下脸来道:"既如此,便多住些时也不妨。请自稳便。"妇人说罢,就去搬箱运笼。吴山看得心痒,也替他搬了几件家伙。

    说话的,你说吴山平生鲠直,不好花哄。因何见了这个妇人,回嗔作喜,又替他搬家伙?你不知道:吴山在家时,被父母拘管得紧,不容他闲走。他是个聪明俊俏的人,干事活动,又不是一个木头的老实,况且青春年少,正是他的时节,父母又不在面前,浮铺中见了这个美貌的妇人,如何不动心?

    那胖妇人与小妇人都道:"不劳官人用力。"吴山道:"在此间住,就是自家一般,何必见外?"彼此俱各欢喜。天晚,吴山回家,吩咐主管:与里面新搬来的说,写纸房契来与我。主管答应了,不在话下。

    且说吴山回到家中,并不把搬来一事说与父母知觉,当夜心心念念想着那小妇人。次日早起,换身好衣服,打扮齐整,叫个小厮寿童跟着,摇摆到店中来。正是:

    没兴店中赊得酒,命衰撞着有情人。

    吴山来到铺中,卖了一回货,里面走动的八老来接吃茶,要纳房状。吴山心下,正要进去,恰好得八老来接,便起身入去。只见那小妇人笑容可掬,接将出来万福:"官人请里面坐。"吴山到中间轩子内坐下。那老婆子和胖妇人都来相见陪坐,坐间止有三个妇人。吴山动问道:"娘子高姓?怎么你家男儿汉不见一个?"胖妇道:"拙夫姓韩,与小儿在衙门跟官,早去晚回,官身不得相会。"坐了一回,吴山低着头睃那小妇人。这小妇人一双俊俏眼觑着吴山道:"敢问官人青春多少?"吴山道:"虚度二十四岁,拜问娘子青春?"小妇人道:"与官人一缘一会,奴家也是二十四岁。城中搬下来,偶辏遇官人,又是同岁,正是有缘千里能相会。"那老妇人和胖妇人看见关目，推个事故起身去了。止有二人对坐，小妇人倒把些风流话儿挑引吴山。吴山初然只道好人家，容他住，不过研光而已。谁想见面，倒来刮涎，才晓得是不停当的。欲待转身出去，那小妇人又走过来挨在身边坐定，作娇作痴，说道："官人，你将头上金簪子来借我看一看。"吴山除下帽子，正欲拔时，被小妇人一手按住吴山头髻，一手拔了金簪，就便起身道："官人，我和你去楼上说句话。"一头说，径走上楼去了。吴山随后跟上楼来讨簪子。正是：

由你奸似鬼，也吃洗脚水。

吴山走上楼来，叫道："娘子！还我簪子。家中有事，就要回去。"妇人道："我与你是宿世姻缘，你不要装假，愿谐枕席之欢。"吴山道："行不得！倘被人知觉，却不好看，况此间耳目较近。"待要下楼，怎奈那妇人放出那万种妖娆，搂住吴山，倒在怀中，携手上床，成其云雨。

霎时，云收雨散，两个起来偎倚而坐。吴山且惊且喜，问道："姐姐，你叫做什么名字？"妇人道："奴家排行第五，小字赛金。长大，父母顺口叫道金奴。敢问官人排行第几？宅上做甚行业？"吴山道："父母止生得我一身，家中收丝放债，新桥市上出名的财主。此间门前铺子，是我自家开的。"金奴暗喜道："今番缠得这个有钱的男儿，也不枉了。"

原来这人家是隐名的娼妓，又叫作"私窠子"，是不当官吃衣饭的。家中别无生意，只靠这一本账。那老妇人是胖妇人的娘，金奴是胖妇人的女儿。在先胖妇人也是好人家出来的。因为丈夫无用，阑阓不得已干这般勾当。金奴自小生得标致，又识几个字，当时已自嫁与人去了。只因在夫家不踸叠，做出来，发回娘家。事有凑巧，物有偶然。此时胖妇人年纪约近五旬，孤老来得少了，恰好得女儿来接代，也不当断这样行业，索性大做了。原在城中住，只为这样事，被人告发，慌了，搬下来躲避。却恨吴山偶然撞在他手里，圈套都安排停当，漏将入来，不由你不落水。怎地男儿汉不见一个？但看有人来，父子们都回避过了，做成的规矩。这个妇人，但贪他的，便着他的手，不止陷了一个汉子。

当时金奴道："一时慌促搬来，缺少盘费。告官人，有银子乞借应五两，不可推故。"吴山应允了，起身整了衣冠，金奴依先还了金簪。两个下楼，依旧坐在轩子内。吴山自思道："我在此耽搁了半晌，虑恐邻舍们谈论。"又吃了一杯茶，金奴留吃午饭。吴山道："我耽搁长久，不吃饭了。少间就送盘缠来与你。"金奴道："午后特备一杯菜酒，官人不要见却。"说罢，吴山自出铺中。

原来，外边近邻见吴山进去。那房屋却是两间六椽的楼屋，金奴只占得一间做房，这边一间就是丝铺，上面却是空的。有好事哥哥，见吴山半晌不出来，伏在这间空楼壁边，入马之时，都张见明白。比及吴山出来，坐在铺中，只见几个邻人都来和哄道："吴小官人，恭喜恭喜！"吴山初时已自心疑他们知觉，次后见众人来取笑，他通红了脸皮，说道："好没来由！有什么喜贺！"内中有原张见的，是对门开杂货铺的沈二郎，叫道："你兀自赖哩！拔了金簪子，走上楼去做甚吗？"吴山被他一句说着了，顿口无言，推个事故，起身便走。众人拦住道："我们斗分银子，与你作贺。"吴山也不顾众说，使性子往西走了去。到娘舅潘家，讨午饭吃了。踱到门前，向一个店家借过等子，将身边买丝银子称了二两，放在袖中。又闲坐了一回，捱到半晚，复到铺中来。主管道："里面住的正在此请官人吃酒。"恰好八老出来道："官人，你那里闲耍？教老子没处寻。家中特备菜酒，止请主管相陪，再无他客。"吴山就同主管走到轩子下，已安排齐整，无非鱼、肉、酒、果之类。吴山正席，金奴对坐，主管在旁，三人坐定，八老筛酒。吃过几杯，主管会意，只推要收铺中，脱身出来。

吴山平日酒量浅，主管去了，开怀与金奴吃了十数杯，便觉有些醉来。将袖中银子送与金奴，便起身挽了金奴手道："我有一句话和你说：这桩事，却有些不谐当。邻舍们都知了，来打和哄。倘或传到我家去，父母知道，怎生是好？此间人眼又紧，口嘴又歹，容不得人。倘有人不惬气，在此飞砖掷瓦，安身不稳。姐姐，依着我口，寻个僻静所在去住，我自常来看顾你。"金奴道："说得是，奴家就与母亲商议。"说罢，那老子又将两杯茶来。吃罢，免不得又做些干生活。吴山辞别动身，嘱咐道："我此去未来哩，省得众人口舌。待你寻得所在，八老来说知，我来送你起身。"说罢，吴山出来铺中，吩咐主管说话，一径自回，不在话下。

且说金奴送吴山去后，天色已晚。上楼卸了浓妆，下楼来吃了晚饭，将吴山所言移屋一节，备细说与父母知道，当夜各自安歇。次早起来，胖妇人吩咐八老，悄地打听邻舍消息。八老到门前站了一回，踅到间壁籴米张大郎门前，闲坐了一回。只听得这几家邻舍指指搠搠，只说这事。八老回家，对这胖妇人说道："街坊上嘴舌不是养人的去处。"胖妇人道："因为在城中被人打搅，无奈搬来，指望寻个好处安身，久远居住。谁想又撞这般的邻舍！"说罢，叹了口气，一面教老公去寻房子，一面看邻舍动静计较。

却说吴山自那日回家，怕人嘴舌，瞒着父母，只推身子不快，一向不到店中来。主管自行卖货。金奴在家清闲不惯，八老又去招引旧时主顾，一般来走动。那几家邻舍初然只晓得吴山行踏，次后见往来不绝，方晓得是个大做的。内中有生事的道："我这里都是好人家，如何容得这等鏖糟的在此住？常言道：'近奸近杀'。倘若争锋起来,致伤人命,也要带累邻舍。"说罢,却早那八老听得,进去说:今日邻舍们又如此如此说。胖妇人听得八老说了,没出气处,碾那老婆子道:"你七老八老,怕兀谁? 不出去门前叫骂这短命多嘴的鸭黄儿!"

婆子听了,果然就起身走到门前,叫骂道:"那个多嘴贼鸭黄儿,在这里学放屁! 若还敢来应我的,做这条老性命结识他。那个人家没亲眷来往?"邻舍们听得,道:"这个贼做大的出精老狗,不说自家干这般没理的事,到来欺邻骂舍!"开杂货店沈二郎正要应那婆子,中间又有守本分的劝道:"且由他,不要与这半死的争好歹,赶他起身便了。"婆子骂了几声,见无人来采他,也自入去。

却说众邻舍都来与主管说:"是你没分晓,容这等不明不白的人在这里住。不说自家理短,反教老婆子叫骂邻舍,你耳内须听得。我们都到你主家说与防御知道,你身上也不好看。"主管道:"列位高邻息怒,不必说得,早晚就着他搬去。"众人说罢,自去了。主管当时到里面对胖妇人说道:"你们可快快寻个所在搬去,不要带累我。看这般模样,住也不秀气。"胖妇人道:"不劳吩咐,拙夫已寻屋在城,只在旦晚就搬。"说罢,主管出来。

胖妇人与金奴说道:"我们明早搬入城,今日可着八老,悄地与吴小官说知,只莫教他父母知觉。"八老领语,走到新桥市上吴防御丝绵大铺,不敢径进,只得站在对门人家檐下趄去,一眼只看着铺里。

不多时,只见吴山踱将出来,看见八老,慌忙走过来,引那老子离了自家门首,借一个织熟绢人家坐下,问道:"八老有甚话说?"八老道:"家中五姐领官人尊命,明日搬入城去居住,特着老汉来与官人说知。"吴山道:"如此最好,不知搬在城中何处?"八老道:"搬在游奕营羊毛寨南横桥街上。"吴山就身边取出一块银子,约有二钱,送与八老道:"你自将去买杯酒吃。明日晌午,我自来送你家起身。"八老收了银子,作谢了,一径自回。

且说吴山到次日已牌时分,唤寿童跟随出门。走到归锦桥边南货店里,买了两包干果,与小厮拿着,来到灰桥市上铺里。主管相叫罢,将日逐卖丝的银子账来算了一回。吴山起身,入到里面与金奴母子叙了寒温,将寿童手中果子,身边取出一封银子,说道:"这两包粗果,送与姐姐泡茶,银子三两,权助搬屋之费。待你家过屋后,再来看你。"金奴接了果子并银两,母子两个起身谢道:"重蒙见惠,何以克当!"吴山道:"不必谢,日后正要往来哩。"说罢,起身看时,箱笼家伙已自都搬下船了。金奴道:"官人,去后几时来看我?"吴山道:"只在三五日间便来相望。"金奴一家别了吴山,当日搬入城去了。正是:

此处不留人,自有留人处。

且说吴山原有害夏的病,每过炎天时节,身体便觉疲倦,形容清减。此时正值六月初旬,因此请个针灸医人,背后灸了几穴火,在家调养,不到店内。心下常常思念金奴,争奈灸疮疼,出门不得。

却说金奴从五月十七,搬移在横桥街上居住,那条街上俱是营里军家,不好此事,路又僻拗,一向没人走动。胖妇人向金奴道:"那日吴小官许下我们三五日间就来,到今一月,缘何不见来走一遍?若是他来,必然也看觑我们。"金奴道:"可着八老去灰桥市上铺中探望他。"

当时八老去,就出艮山门到灰桥市上丝铺里见主管。八老相见罢,主管道:"阿公来有甚事?"八老道:"特来望吴小官。"主管道:"官人灸火在家未痊,向不到此。"八老道:"主管若是回宅,烦寄个信,说老汉到此不遇。"八老也不耽搁,辞了主管便回家中,回复了金奴。金奴道:"可知不来,原来灸火在家。"

当日,金奴与母亲商议,教八老买两个猪肚磨净,把糯米、莲肉灌在里面,安排烂熟。次早,金奴在房中磨墨挥笔,拂开鸾笺,写封简道:

贱妾赛金再拜,谨启情郎吴小官人:自别尊颜,思慕之心,未尝少怠,悬悬不忘于心。向蒙期约,妾倚门凝望,不见降临。昨遣八老探拜,不遇而回。妾移居在此,甚是荒凉。听闻贵恙灸火疼痛,使妾坐卧不安。空怀思忆,不能代替。谨具猪肚二枚,少申问安之意,幸希笑纳。情照不宣。
仲夏二十一日,贱妾赛金再拜。

写罢,折成简子,将纸封了。猪肚装在盒里,又用帕子包了,都交付八老,叮嘱道:"你到他家,寻见吴小官,须索与他亲收。"

八老提了盒子,怀中揣着简帖,出门径往大街,走出武林门,直到新桥市上吴防御门首,坐在街檐石上。只见小厮寿童走出,看见叫道:"阿公,你那里来,坐在这里?"八老扯寿童到人静去处说:"我特来见你官人说话。我只在此等,你可与我报与官人知道。"寿童随即转身。去不多时,只见吴山踱将出来。八老慌忙作揖:"官人,且喜贵体康安!"吴山道:"好,阿公,你盒子里什么东西?"八老道:"五姐记挂官人灸火,没甚好物,只安排得两个猪肚,送来与官人吃。"吴山遂引那老子到个酒店楼上坐定,问道:"你家搬在那里好吗?"八老道:"甚是消索。"怀中将柬帖子递与吴山。吴山接柬在手,拆开看毕,依先折了藏在袖中。揭开盒子拿一个肚子,教酒博士切做一盘,吩咐烫两壶酒来。吴山道:"阿公,你自在这里吃,我家去写回字与你。"八老道:"官人请稳便。"吴山来到家里卧房中,悄悄的写了回简,又秤五两白银,复到酒店楼上,又陪八老吃了几杯酒。八老道:"多谢官人好酒,老汉吃不得了。"起身回去,吴山遂取银子并回柬说道:"这五两银子,送与你家盘缠。多多拜复五姐:过三两日,定来相望。"八老收了银简,起身下楼,吴山送出酒店。

却说八老走到家中,天晚入门,将银简都付与金奴收了。将简拆开,灯下看时,写道:

> "山顿首,字复爱卿韩五娘妆次:向前会间,多蒙厚款。又且云情雨意,枕席钟情,无时少忘。所期正欲趋会,生因贱躯灸火,有失卿之盼望。又蒙遣人垂顾,兼惠可口佳肴,不胜感感。二三日间,容当面会。白金五两,权表微情,伏乞收入。吴山再拜。

看简毕,金奴母子得了五两银子,千欢万喜,不在话下。

且说吴山在酒店里,捱到天晚,拿了一个猪肚,悄悄地到自卧房,对浑家说:"难得一个识熟机户,闻我灸火,今日送两个熟肚与我。在外和朋友吃了一个,拿一个回来与你吃。"浑家道:"你明日也用作谢他。"当晚吴山将肚子与妻在房吃了,全不教父母知觉。

过了两日。第三日,是六月二十四日。吴山起早,告父母道:"孩儿一向不到铺中,喜得今日好了,去走一遭。况在城神堂巷有几家机户赊账要讨,入城便回。"防御道:"你去不可劳碌。"吴山辞父,讨一乘兜轿抬了,小厮寿童打伞跟随。只因吴山要进城,有分教金奴险送他性命。正是:

> 二八佳人体似酥,腰间仗剑斩愚夫。
> 虽然不见人头落,暗里教君骨髓枯。

吴山上轿,不觉早到灰桥市上。下轿进铺,主管相见。吴山一心只在金奴身上,少坐,便起身吩咐主管:"我入城收拾机户赊账,回来算你日逐卖账。"主管明知到此处去,只不敢阻,但劝:"官人贵体新痊,不可别处闲走,空受疼痛。"吴山不听,上轿预先吩咐轿夫,径进艮山门,迤逦到羊毛寨南横桥,寻问湖市搬来韩家。旁人指说:"药铺间壁就是。"吴山来到门首下轿,寿童敲门。里面八老出来开门,见了吴山,慌入去说知。吴山进门,金奴母子两个堆下笑来迎接,说道:"贵人难见面,今日

甚风吹得到此?"吴山与金奴母子相唤罢,到里面坐定吃茶。金奴道:"官人认认奴家房里。"吴山同金奴到楼上房中。正所谓:

合意友来情不厌,知心人至话相投。

金奴与吴山在楼上,如鱼得水,似漆投胶,两个无非说些深情蜜意的话。少不得安排酒肴,八老搬上楼来,掇过镜架,就摆在梳妆桌上。八老下来,金奴讨酒,才敢上去。两个并坐,金奴筛酒一杯,双手敬与吴山道:"官人灸火,妾心无时不念。"吴山接酒在手道:"小生为因灸火,有失期约。"酒尽,也筛一杯回敬与金奴。吃过十数杯,二人情兴如火,免不得再把旧情一叙。交欢之际,无限恩情。事毕起来,洗手更酌。又饮数杯,醉眼朦胧,余兴未尽。吴山因灸火在家,一月不曾行事,见了金奴,如何这一次便罢? 吴山合当死,魂灵都被金奴引散乱了,情兴复发,又弄一火。正是:

爽口物多终作疾,快心事过必为殃。

吴山重复自觉神思散乱,身体困倦,打熬不过,饭也不吃,倒身在床上睡了。金奴见吴山睡着,走下楼到外边,说与轿夫道:"官人吃了几杯酒,睡在楼上。二位太保宽坐等一等,不要催促。"轿夫道:"小人不敢来催。"金奴吩咐毕,走上楼来,也睡在吴山身边。

且说吴山在床上方合眼,只听得有人叫:"吴小官好睡!"连叫数声。吴山醉眼看见一个胖大和尚,身披一领旧褊衫,赤脚穿双僧鞋,腰系着一条黄丝绦,对着吴山打个问讯。吴山跳起来还礼道:"师父上刹何处? 因甚唤我?"和尚道:"贫僧是桑菜园寺水月住持,因为死了徒弟,特来劝化官人。贫僧看官人相貌,生得福薄,无缘受享荣华,只好受些清淡,弃俗出家,与我做个徒弟。"吴山道:"和尚好没分晓。我父母半百之年,止生得我一人,成家接代,创立门风,如何出家?"和尚道:"你只好出家,若还贪享荣华,即当命夭。依贫僧口,跟我去罢。"吴山道:"乱话! 此间是妇人卧房,你是出家人,到此何干?"那和尚睁着两眼,叫道:"你跟我去也否?"吴山道:"你这秃驴,好没道理! 只顾来缠我做甚?"和尚大怒,扯了吴山便走,到楼梯边,吴山叫起屈来,被和尚尽力一推,望楼梯下面倒撞下来,撒然惊觉,一身冷汗。开眼时,金奴还睡未醒,原来做一场梦。觉得有些恍惚,爬起坐在床上,呆了半晌,金奴也醒来,道:"官人好睡。难得你来,且歇了,明早去罢。"吴山道:"家中父母记挂,我要回去,别日再来望你。"金奴起身,吩咐安排点心。吴山道:"我身子不快,不要点心。"金奴见吴山脸色不好,不敢强留。吴山整了衣冠,下楼辞了金奴母子,急急上轿。

天色已晚,吴山在轿思量:白日里做场梦,甚是作怪。又惊又忧,肚里渐觉疼起来。在轿过活不得,巴不得到家,吩咐轿夫快走。捱到自家门首,肚疼不可忍,跳下轿来,走入里面,径奔楼上。坐在马桶上,疼一阵,撒一阵,撒出来都是血水。半响方上床。头眩眼花,倒在床上,四肢倦怠,百骨酸疼。大底是本身元气微薄,况又色欲过度。

防御见吴山面青失色,奔上楼来,吃了一惊,道:"孩儿因甚这般模样?"吴山应道:"因在机户人家多吃了几杯酒,就在他家睡。一觉醒来热渴,又吃了一碗冷水,身体便觉拘急,如今作起泻来。"说未了,咬牙寒噤,浑身冷汗如雨,身如炭火一般。防御慌急下楼,请医来看,道:"脉气将绝,此病难医。"再三哀恳太医,乞用心救取。医人道:"此病非干泄泻之事,乃是色欲过度,耗散元气,为脱阳之症,多是不好。我用一帖药,与他扶助元气。若是服药后,热退脉起,则有生意。"医人撮了药自去。父母再三盘问,吴山但摇头不语。

将及初更,吴山服了药,伏枕而卧。忽见日间和尚又来,立在床边,叫道:"吴山,你强熬做甚?不如早随我去。"吴山道:"你快去,休来缠我!"那和尚不由分说,将身上黄丝绦缚在吴山项上,扯了便走。吴山攀住床桄,大叫一声惊醒,又是一梦。开眼看时,父母浑家皆在面前。

父母问道:"我儿因甚惊觉?"吴山自觉神思散乱,料捱不过,只得将金奴之事,并梦见和尚,都说与父母知道。说罢,哽哽咽咽哭将起来。父母浑家尽皆泪下。防御见吴山病势危笃,不敢埋怨他,但把言语来宽解。

吴山与父母说罢,昏晕数次。复苏,泣谓浑家道:"你可善侍公姑,好看幼子。丝行资本,尽毂盘费。"浑家哭道:"且宽心调理,不要多虑。"吴山叹了气一口,唤丫环扶起,对父母说道:"孩儿不能复生矣。爹娘空养了我这个忤逆子,也是年灾命厄,逢着这个冤家。今日虽悔,噬脐何及!传与少年子弟,不要学我干这等非为的事,害了自己性命。男子六尺之躯,实是难得,要贪花恋色的,将我来做个样。孩儿死后,将身尸丢在水中,方可谢抛妻弃子不养父母之罪。"言讫,方才合眼,和尚又在面前。吴山哀告:"我师,我与你有甚冤仇,不肯放舍我?"和尚道:"贫僧只因犯了色戒,死在彼处,久滞幽冥,不得脱离鬼道。向日偶见官人,白昼交欢,贫僧一时心动,欲要官人做个阴魂之伴。"言罢而去。

吴山醒来,将这话对父母说知。吴防御道:"原来被冤魂来缠。"慌忙在门外街上,焚香点烛,摆列羹饭,望空拜告:"慈悲放舍我儿生命,亲到彼处设醮追拔。"祝毕,烧化纸钱。

防御回到楼上,天晚,只见吴山朝着里床睡着,猛然翻身坐将起来,睁着眼道:"防御,我犯如来色戒,在羊毛寨里寻了自尽。你儿子也来那里淫欲,不免把我前日的事陡然想起,要你儿子做个替头,不然求他超度。适才承你羹饭纸钱,许我荐拔,我放舍了你的儿子,不在此作祟,我还去羊毛寨里等你超拔,若得脱生,永不来了。"说话方毕,吴山双手合掌作礼,洒然而觉,颜色复旧。浑家摸他身上,已住了热,起身下床解手,又不泻了,一家欢喜。复请原日医者来看,说道:"六脉已复,有可救生路。"撮下了药,调理数日,渐渐好了。

防御请了几众僧人,在金奴家做了一昼夜道场。只见金奴一家做梦,见个胖和尚拿了一条拄杖去了。

吴山将息半年,依旧在新桥市上生理。一日,与主管说起旧事,不觉追悔道:"人生在世,切莫为昧己勾当。真个明有人非,幽有鬼责,险些儿丢了一条性命。"从此改过前非,再不在金奴家去。亲邻有知道的,无不钦敬。正是:

　　痴心做处人人爱,冷眼观时个个嫌。
　　觑破关头邪念息,一生出处自安恬。

第 四 卷

闲云庵阮三偿冤债

好姻缘是恶姻缘，莫怨他人莫怨天。
但愿向平婚嫁早，安然无事度余年。

这四句，奉劝做人家的，早些毕了儿女之债。常言道："男大须婚，女大须嫁；不婚不嫁，弄出丑吒。"多少有女儿的人家，只管要拣门择户，扳高嫌低，耽误了婚姻日子。情窦开了，谁熬得住？男子便去偷情嫖院，女儿家拿不定定盘星，也要走差了道儿，那时悔之何及！

则今日说个大大官府，家住西京河南府梧桐街兔演巷，姓陈，名太常。自是小小出身，累官至殿前太尉之职。年将半百，婆妾无子，止生一女，叫名玉兰。那女孩儿生于贵室，长在深闺，青春二八，真有如花之容，似月之貌；况描绣针线，件件精通，琴棋书画，无所不晓。那陈太常常与夫人说，我位至大臣，家私万贯，止生得这个女儿，况有才貌，若不寻个名目相称的对头，枉居朝中大臣之位。便唤官媒婆吩咐道："我家小姐年长，要选良姻，须是三般全的方可来说：一要当朝将相之子，二要才貌相当，三要名登黄甲。有此三者，立赘为婿；如少一件，枉自劳力。"因此往往选择，或有登科及第的，又是小可出身；或门当户对，又无科第；及至两事俱全，年貌又不相称了，以此蹉跎卜去。光阴似箭，玉兰小姐不觉一十九岁了，尚没人家。

时值正和二年上元令节，国家有旨庆赏元宵。五凤楼前架起鳌山一座，满地华灯，喧天锣鼓。自正月初五日起，至二十日止，禁城不闭，国家与民同乐。怎见得？有只词儿名《瑞鹤仙》，单道着上元佳景：

瑞烟浮禁苑，正绛阙春回。新正方半，冰轮桂华满。溢花衢歌市，芙蓉开遍。龙楼两观，见银烛星球灿烂。卷珠帘，尽日笙歌，盛集宝钗金钏。

堪美！绮罗丛里，兰麝香中，正宜游玩。风柔夜暖，花影乱，笑声喧。闹蛾儿满地，成团打块，簇着冠儿斗转。喜皇都，旧日风光，太平再见。

只为这元宵佳节，处处观灯，家家取乐，引出一段风流的事来。

话说这兔演巷内，有个年少才郎，姓阮名华，排行第三，唤做阮三郎。他哥哥阮大，与父亲专在两京商贩，阮二专一管家。那阮三年方二九，一貌非俗，诗词歌赋，般般皆晓，笃好吹箫；结交几个豪家子弟，每日向歌馆娼楼，留连风月。时遇上元灯夜，知会几个弟兄来家，笙箫弹唱，歌笑赏灯。这伙子弟在阮三家，吹唱到三更方散。阮三送出门，见行人稀少，静夜月明如昼，向众人说道："恁般良夜，何忍便睡？再举一曲何如？"众人依允，就在阶沿石上向月而坐，取出笙、箫、象板，口吐清音，呜呜咽咽的又吹唱起来。正是：

隔墙须有耳，窗外岂无人？

那阮三家，正与陈太尉对衙。衙内，小姐玉兰欢要赏灯，将次要去歇息。忽听得街上乐声缥缈，响彻云际。料得夜深，众人都睡了，忙唤梅香，轻移莲步，直至大门边。听了一回，情不能已。有个心腹的梅香，名曰碧云。小姐低低吩咐道："你替我去街上，看甚人吹唱。"梅香巴不得趋承小姐，听得使唤这事，轻轻地走到街边，认得是对邻子弟，忙转身入内，回复小姐道："对邻阮三官与几个相识，在他门首吹唱。"那小姐半晌之间，口中不道，心下思量："数日前，我爹曾说阮三点报朝中驸马，因使用不到，退回家中，想就是此人了，才貌必然出众。"又听了一个更次，各人分头散去。小姐回转香房，一夜不曾合眼，心心念念，只想着阮三："我若嫁得恁般风流子弟，也不枉一生夫妇。怎生得会他一面也好？"正是：

邻女乍萌窥玉意，文君早乱听琴心。

且说次日天晓，阮三同几个子弟到永福寺中游玩，见烧香的士女佳人，来往不绝，自觉心性荡漾。到晚回家，仍集昨夜子弟，吹唱消遣。每夜如此，迤逦至二十日。这一夜，众子弟们各有事故，不到阮三家里。阮三独坐无聊，偶在门侧临街小轩内，拿壁间紫玉鸾箫，手中按着宫、商、角、徵、羽，将时样新词曲调，清清地吹起。

吹不了半只曲儿，忽见个侍女推门而入，深深地向前道个万福。阮三停箫问道："你是谁家的姐姐？"丫鬟道："贱妾碧云，是对邻陈衙小姐贴身伏侍的。小姐私

慕官人，特地着奴请官人一见。"那阮三心下思量道："他是个官宦人家，守阍耳目不少，进去易，出来难。被人瞧见盘问时，将何回答？却不枉受凌辱？"当下回言道："多多上复小姐，怕出入不便，不好进来。"

碧云转身回复小姐。小姐想起夜来音韵标格，一时间春心摇动，便将手指上一个金镶宝石戒指儿，褪将下来，付与碧云，吩咐道："你替我将这件物事，寄与阮三郎，将带他来见我一见，万不妨事。"碧云接得在手，一心忙似箭，两脚走如飞，慌忙来到小轩。阮三官还在那里，碧云手儿内托出这个物来，致了小姐之意。阮三口中不道，心下思量："我有此物为证，又有梅香引路，何怕他人？"随即与碧云前后而行，到二门外。小姐先在门傍守候，觑着阮三目不转睛，阮三看得女子也十分仔细。正欲交言，门外吆喝道："太尉回衙！"小姐慌忙回避归房，阮三郎火速回家。

自此把那戒指儿紧紧的戴在左手指上，想到小姐的容貌，一时难舍。只恨闺阁深沉，难通音信。或在家，或出外，但是看那戒指儿，心中十分惨切。无由再见，追忆不已。那阮三虽不比宦家子弟，亦是富室伶俐的才郎。因是相思日久，渐觉四肢羸瘦，以至废寝忘餐。忽经两月有余，恹恹成病。父母再三严问，并不肯说。正是：

口含黄柏味，有苦自家知。

却说有一个与阮三一般的豪家子弟，姓张名远，素与阮三交厚。闻得阮三有病月余，心中悬挂。一日早，到阮三家内询问起居。阮三在卧榻上，听得堂中有似张远的声音，唤仆邀入房内。张远看着阮三面黄肌瘦，咳嗽吐痰，心中好生不忍，嗟叹不已。坐向榻床上去问道："阿哥，数日不见，怎么染着这般晦气？你害的是什么病？"阮三只摇头不语。张远道："阿哥，借你手我看看脉息。"阮三一时失于计较，便将左手抬起，与张远察脉。

张远按着寸关尺，正看脉间，一眼瞧见那阮三手指上戴着个金嵌宝石的戒指。张远口中不说，心下思量："他这等害病，还戴着这个东西；况又不是男子之物，必定是妇人的表记，料得这病根从此而起。"也不讲脉理，便道："阿哥，你手上戒指从何而来？怎般病症，不是当要。我与你相交数年，重承不弃，日常心腹，各不相瞒。我知你心，你知我意，你可实对我说。"阮三见张远参到八九分的地步，况兼是心腹朋友，只得将来历因依，尽行说了。张远道："阿哥，他虽是个宦家的小姐，若无这个表记，便对面相逢，未知他肯与不肯；既有这物事，心下已允。待阿哥将息贵体，稍健旺时，在小弟身上，想个计策，与你成就此事。"阮三道："贱恙只为那事而起。若要我病好，只求早图良策。"枕边取出两锭银子，付与张远道："倘有使用，莫惜小费。"张远接了银子道："容小弟从容计较，有些好音，却来奉报，你可宽心保重。"张远作别出门，到陈太尉衙前站了两个时辰，内外出入人多，并无相识，张远闷闷而回。

次日，又来观望，绝无机会。心下想道："这事难以启齿，除非得他梅香碧云出来，才可通信。"看看到晚，只见一个人捧着两个磁瓮，从衙里出来，叫唤道："门上那个走差的闲在那里？奶奶着你将这两瓮小菜送与闲云庵王师父去。"张远听得了，便想道："这闲云庵王尼姑，我平昔相认的。奶奶送他小菜，一定与陈衙内往来情熟。他这般人出入内里，极好传消递息，何不去寻他商议？"

又过了一夜，到次早，取了两锭银子，径投闲云庵来。这庵儿虽小，其实幽雅。怎见得？有诗为证：

> 短短横墙小小亭，半檐疏玉响玲玲。
>
> 尘飞不到人长静，一篆炉烟两卷经。

庵内尼姑姓王，名守长。他原是个收心的弟子。因师弃世日近，不曾接得徒弟，止有两个烧香上灶烧火的丫头，专一向富贵人家布施。佛殿后新塑下观音、文殊、普贤三尊法像。中间观音一尊，亏了陈太尉夫人发心喜舍，妆金完了，缺那两尊未有施主。这日，正出庵门，恰好遇着张远。尼姑道："张大官何往？"张远答道："特来。"尼姑回身请进，邀入庵堂中坐定。

茶罢，张远问道："适间师父要往那里去？"尼姑道："多蒙陈太尉家奶奶布施，完了观音圣像，不曾去回复他。昨日又承他差人送些小菜来看我，作意备些薄礼，来日到他府中作谢。后来那两尊，还要他大出手哩。因家中少替力的人，买几件小东西，也只得自身奔走。"

张远心下想道："又好个机会。"便向尼姑道："师父，我有个心腹朋友，是个富家。这二尊圣像，就要他独造也是容易，只要烦师父干一件事。"张远在袖儿里摸出两锭银子，放在香桌上道："这银子权当开手，事若成就，盖庵盖殿，随师父的意。"那尼姑贪财，见了这两锭细丝白银，眉花眼笑道："大官人，你相识是谁？委我干甚事来？"张远道："师父，这事是件机密事，除是你干得，况是顺便，可与你到密室说知。"说罢，就把二锭银子，纳入尼姑袖里，尼姑半推不推收了。

二人进一个小轩内竹榻前坐下。张远道："师父，我那心腹朋友阮三官，于今岁正月间，蒙陈太尉小姐使梅香寄个表记来与他，至今无由相会。明日师父到陈府中去见奶奶，乘这个便，倘到小姐房中，善用一言，约到庵中与他一见，便是师父用心之处。"尼姑沉吟半响，便道："此事未敢轻许，待会见小姐，看其动静，再作计较。你且说什么表记？"张远道："是个嵌宝金戒指。"尼姑道："借过这戒指儿来暂时，自有计较。"张远见尼姑收了银子，又不推辞，心中大喜。当时作别，便到阮三家来，要了他的金戒指，连夜送到尼姑处了。

却说尼姑在床上想了半夜，次日天晓起来，梳洗毕，将戒指戴在左手上，收拾礼盒，着女童挑了，迤逦来到陈衙，直至后堂歇了。

夫人一见，便道："出家人如何烦你坏钞？"尼姑稽首道："向蒙奶奶布施，今观音圣像已完，山门有幸。贫僧正要来回复奶奶，昨日又蒙厚赐，感谢不尽。"夫人道："我见你说没有好小菜吃粥，恰好江南一位官人，送得这几瓮瓜菜来，我分两瓮与你。这些小东西，也谢什么！"尼姑合掌道："阿弥陀佛！滴水难消，虽是我僧家口吃十方，难说是应该的。"夫人道："这圣像完了中间一尊，也就好看了。那两尊以次而来，少不得还要助些工费。"尼姑道："全仗奶奶做个大功德，今生恁般富贵，也是前世布施上修来的。如今再修去时，那一世还你荣华受用。"夫人教丫鬟收了礼盒，就吩咐厨下办斋，留尼姑过午。

少间，夫人与尼姑吃斋，小姐也坐在侧边相陪。斋罢，尼姑开言道："贫僧斗胆，还有句话相告：小庵圣像新完，涓选四月初八日我佛诞辰，启建道场，开佛光明。特请奶奶、小姐光降随喜，光辉山门则个。"夫人道："老身定来拜佛，只是小姐怎么来得？"那尼姑眉头一蹙，计上心来，道："前日坏腹，至今未好，借解一解。"那小姐因为牵挂阮三，心中正闷，无处可解情怀。忽闻尼姑相请，喜不自胜。正要行动，仍听夫人有阻，巴不得与那尼姑私下计较。因见尼姑要解手，便道："奴家陪你进房。"两个直至闺室。正是：

　　背地商量无好话，私房计较有奸情。

尼姑坐在触桶上，道："小姐，你到初八日同奶奶到我小庵觑一觑，若何？"小姐道："我巴不得来，只怕爹妈不肯。"尼姑道："若是小姐坚意要去，奶奶也难固执。奶奶若肯时，不怕太尉不容。"尼姑一头说话，一头去拿粗纸，故意露出手指上那个宝石嵌的金戒指来。小姐见了大惊，便问道："这个戒指那里来的？"尼姑道："两月前，有个俊雅的小官人进庵，看妆观音圣像，手中褪下这个戒指儿来，带在菩萨手指上，祷祝道：'今生不遂来生愿，愿得来生逢这人。'半日间，对着那圣像潸然挥泪。被我再四严问，他道：'只要你替我访这戒指的对儿，我自有话说。'"小姐见说了意中之事，满面通红。停了一会，忍不住又问道："那小官人姓甚？常到你庵中么？"尼姑回道："那官人姓阮，不时来庵闲观游玩。"小姐道："奴家有个戒指，与他倒是一对。"说罢，连忙开了妆盒，取出个嵌宝戒指，递与尼姑。尼姑将两个戒指比看，果然无异，笑将起来。小姐道："你笑什么？"尼姑道："我笑这个小官人，痴痴的只要寻这戒指的对儿；如今对到寻着了，不知有何话说？"小姐道："师父，我要……"说了半句，又住了口。尼姑道："我们出家人，第一口紧。小姐有话，不妨吩咐。"小姐道："师父，我要会那官人一面，不知可见得么？"尼姑道："那官人求神祷佛，一定也是为着小姐了。要见不难，只在四月初八这一日，管你相会。"小姐道："便是爹妈容奴去时，母亲在前，怎得方便？"尼姑附耳低言道："到那日来我庵中，倘斋罢闲坐，便可推睡，此事就谐了。"小姐点头会意，便将自己的戒指都舍与尼姑。尼姑道："这金子好把做妆佛用，保小姐百事称心。"说罢，两个走出房来。夫人接着，问道："你两个在房里多时，说什么样话？"惊得那尼姑心头一跳，忙答道："小姐因问我浴佛的故事，以此讲说这一晌。"又道："小姐也要瞻礼佛像，奶奶对太尉老爷说声，至期专望同临。"夫人送出厅前，尼姑深深作谢而去。正是：

惯使牢笼计，安排年少人。

再说尼姑出了太尉衙门，将了小姐舍的金戒指儿，一直径到张远家来。张远在门首伺侯多时了，远远地望见尼姑，口中不道，心下思量："家下耳目众多，怎么言得此事？"提起脚儿，慌忙迎上一步道："烦师父回庵去，随即就到。"尼姑回身转巷，张远穿径寻庵，与尼姑相见，邀入松轩，从头细话，将一对戒指儿度与张远。张远看见道："若非师父，其实难成，阮三官还有重重相谢。"张远转身就去回复阮三。阮三又收了一个戒指，双手带着，欢喜自不必说。

至四月初七日，尼姑又自到陈衙邀请，说道："因夫人、小姐光临，各位施主人家，贫僧都预先回了。明日更无别人，千万早降。"夫人已自被小姐朝暮聒絮的要去拜佛，只得允了。那晚，张远先去期约阮三。到黄昏人静，悄悄地用一乘女轿抬到庵里。尼姑接入，寻个窝窝凹凹的房儿，将阮三安顿了。分明正是：

> 猪羊送屠户之家，一脚脚来寻死路。

尼姑睡到五更时分，唤女童起来，佛前烧香点烛，厨下准备斋供。天明便去催那采画匠来，与圣像开了光明，早斋就打发去了：少时陈太尉女眷到来，怕不稳便，单留同辈女僧，在殿上做功德诵经。

将次到巳牌时分，夫人与小姐两个轿儿来了。尼姑忙出迎接，邀入方丈。茶罢，去殿前、殿后拈香礼拜。夫人见旁无杂人，心下欢喜。尼姑请到小轩中宽坐，那伙随从的男女各有个坐处。尼姑支分完了，来陪夫人小姐前后行走。观看了一回，才回到轩中吃斋。斋罢，夫人见小姐饭食稀少，洋洋瞑目作睡。夫人道："孩儿，你今日想是起得早了些。"尼姑慌忙道："告奶奶，我庵中绝无闲杂之辈，便是志诚老实的女娘们，也不许他进我的房内。小姐去我房中，拴上房门睡一睡，自取个稳便，等奶奶闲步一步。你们几年何月来走得一遭！"夫人道："孩儿，你这般困倦，不如在师父房内睡睡。"

小姐依了母命，走进房内，刚拴上门，只见阮三从床背后走出来，看了小姐，深深的作揖道："姐姐，候之久矣。"小姐慌忙摇手，低低道："莫要则声！"阮三倒退几步，候小姐近前，两手相挽，转过床背后，开了侧门，又到一个去处。小巧漆桌藤床，隔断了外人耳目。两人搂做一团，说了几句情话，双双解带，好似渴龙见水。这场云雨，其实畅快。有《西江月》为证：

> 一个想着吹箫风韵，一个想着戒指恩情。相思半载欠安宁，此际相逢侥幸。　　一个难辞病体，一个敢惜童身。枕边吁喘不停声，还嫌道欢娱俄倾。

原来阮三是个病久的人，因为这女子，七情所伤，身子虚弱。这一时相逢，情兴酷浓，不顾了性命。那女子想起日前要会不能，今日得见，倒身奉承，尽情取乐。不料乐极悲生，为好成歉，一阳失去，片时气断丹田，七魄分飞，顷刻魂归阴府。正所谓：

> 天有不测风云，人有旦夕祸福。

　　小姐见阮三伏在身上，寂然不动，用双手儿搂定郎腰，吐出丁香，送郎口中。只见牙关紧咬难开，摸着遍身冰冷，惊慌了云雨娇娘，顶门上不见了三魂，脚底下荡散了七魄。番身推在里床，起来忙穿襟袄，带转了侧门，走出前房。喘息未定，怕娘来唤，战战兢兢，向妆台重整花钿，对鸾镜再匀粉黛。恰才整理完备，早听得房外夫人声唤，小姐慌忙开门。夫人道："孩儿，殿上功德也散了，你睡才醒？"小姐道："我睡了半响，在这里整头面，正要出来和你回衙去。"夫人道："轿夫伺候多时了。"小姐与夫人谢了尼姑，上轿回衙去。不题。

　　且说尼姑王守长送了夫人起身，回到庵中。厨房里洗了盘碗器皿，佛殿上收了香火供食，一应都收拾已毕。只见那张远同阮二哥进庵，与尼姑相见了，称谢不已，问道："我家三官今在那里？"尼姑道：'还在我里头房里睡着。"尼姑便引阮二与张远开了侧房门，来卧床边叫道："三哥，你怎的好睡还未醒！"连叫数次不应。阮二用手摇也不动，口鼻全无气息，仔细看时，呜呼哀哉了。阮二吃了一惊，便道："师父，怎地把我兄弟坏了性命？这事不得干净！"尼姑慌道："小姐吃了午斋便推要睡，就入房内，约有两个时辰，殿上功德完了，老夫人叫醒来，恰才去得不多时。我只道睡着，岂知有此事！"阮二道："说便是这般说，却是怎了？"尼姑道："阮二官，今日幸得张大官在此。向蒙张大官吩咐，实望你家做檀越施主，因此用心，终不成要害你兄弟性命？张大官，今日之事，却是你来寻我，非是我来寻你。告到官司，你也不好，我也不好。向日蒙施银二锭，一锭我用去了，止存一锭不敢留用，将来与三官人凑买棺木盛殓，只说在庵养病，不料死了。"说罢，将出这锭银子，放在卓上道："你二位，凭你怎么处置。"

　　张远与阮二默默无言，呆了半响。阮二道："且去买了棺木来再议。"张远收了银子，与阮二同出庵门，迤逦路上行着。张远道："二哥，这个事本不干尼姑事，三哥是个病弱的人，想是与女子交会，用过了力气，阳气一脱，就是死的。我也只为令弟面上情分好，况令弟前日在床前再四叮咛，央浼不过，只得替他干这件事。"阮二回

言道："我论此事，人心天理，也不干着那尼姑事，亦不干你事。只是我这小官人年命如此，神作祸作，作出这场事来。我心里也道罢了，只愁大哥与老官人回来怨畅，怎的了？"连晚与张远买了一口棺木，抬进庵里，盛殓了，就放在西廊下，只等阮员外、大哥回来定夺。正是：

> 酒到散筵欢趣少，人逢失意叹声多。

忽一日，阮员外同大官人商贩回家，与院君相见，合家欢喜。员外动问三儿病症，阮二只得将前后事情，细细诉说了一遍。老员外听得说三郎死了，放声大哭了一场，要写起词状，与陈太尉女儿索命："你家贱人来惹我的儿子！"阮大、阮二再四劝道："爹爹，这个事想论来，都是兄弟作出来的事，以致送了性命。今日爹爹与陈家讨命，一则势力不敌，二则非干太尉之事。"勉劝老员外选个日子，就庵内修建佛事，送出郊外安厝了。

却说陈小姐自从闲云庵归后，过了月余，常常恶心气闷，心内思酸，一连三个月经脉不举。医者用行经顺气之药，如何得应？夫人暗地问道："孩儿，你莫是与那个成这等事么？可对我实说。"小姐晓得事露了，没奈何，只得与夫人实说。夫人听得呆了，道："你爹爹只要寻个有名目的才郎，靠你养老送终。今日弄出这丑事，如何是好？只怕你爹爹得知事，怎生奈何？"小姐道："母亲，事已如此，孩儿只是一死，别无计较。"夫人心内又恼又闷。

看看天晚，陈太尉回衙，见夫人面带忧容，问道："夫人，今日何故不乐？"夫人回道："我有一件事恼心。"太尉便问："有什么事恼心？"夫人见问不过，只得将情一一诉出。太尉不听说万事俱休，听得说了，怒从心上起，道："你做母的不能看管孩儿，要你做甚？"急得夫人阁泪汪汪，不敢回对。太尉左思右想，一夜无寐。

天晓出外理事，回衙与夫人计议："我今日用得买实做了。如官府去，我女孩儿又出丑，我府门又不好看，只得与女孩儿商量作何理会。"女儿扑簌簌吊下泪来，低头不语。半晌间，扯母亲于背静处，说道：'当初原是儿的不是，坑了阮三郎的性命。欲要寻个死，又有三个月遗腹在身；若不寻死，又恐人笑。"一头哭着，一头说："莫若等待十个月满足，生得一男半女，也不绝了阮三后代，也是当日相爱情分。妇人从一而终，虽是一时苟合，亦是一日夫妻，我断然再不嫁人。若天可怜见，生得一个男子，守他长大，送还阮家，完了夫妻之情。那时寻个自尽，以赎玷辱父母之罪。"

夫人将此话说与太尉知道，太尉只叹了一口气，也无奈何，暗暗着人请阮员外来家计议，说道："当初是我闺门不谨，以致小女背后做出天大事来，害了你儿子性命,如今也休题了。但我女儿已有三个月遗腹,如何出活?如今只说我女曾许嫁你儿子,后来在闲云庵相遇,为想我女,成病几死,因而彼此私情。庶他日生得一男半女,犹有许嫁情由,还好看相。"阮员外依允,从此就与太尉两家来往。

十月满足,阮员外一般遣礼催生,果然生个孩儿。到了三岁,小姐对母亲说,欲待领了孩儿,到阮家拜见公婆,就去看看阮三坟墓。夫人对太尉说知,俱依允了。拣个好日,小姐备礼过门,拜见了阮员外夫妇。

次日,到阮三墓上哭奠了一回,又取出银两,请高行真僧,广设水陆道场,追荐亡夫阮三郎。其夜,梦见阮三到来,说道:"小姐,你晓得夙因么?前世你是个扬州名妓,我是金陵人,到彼访亲,与你相处情厚,许定一年之后再来,必然娶你为妻。及至归家,惧怕父亲,不敢禀知,别成姻眷,害你终朝悬望,郁郁而死。因是夙缘未断,今生乍会之时,两情牵恋。闲云庵相会,是你来索冤债,我登时身死,偿了你前生之命。多感你诚心追荐,今已得往好处托生。你前世抱志节而亡,今世合享荣华。所生孩儿,他日必大贵,烦你好好抚养教训。从今你休怀忆念。"玉兰小姐梦中一把扯住阮三,正要问他托生何处,被阮三用手一推,惊醒将来,嗟叹不已。方知生死恩情,都是前缘夙债。

从此小姐放下情怀,一心看觑孩儿。光阴似箭,不觉长成六岁,生得清奇,与阮三一般标致,又且资性聪明。陈太尉爱惜真如掌上之珠,用自己姓,取名陈宗阮,请个先生教他读书。到一十六岁,果然学富五车,书通二酉。十九岁上,连科及第,中了头甲状元,奉旨归娶。陈、阮二家争先迎接回家,宾朋满堂,轮流做庆贺筵席。当初陈家生子时,街坊上晓得些风声来历的,免不得点点搠搠,背后讥诮。到陈宗阮一举成名,翻夸奖玉兰小姐贞节贤慧、教子成名许多好处。世情以成败论人,大率如此。后来陈宗阮做到吏部尚书留守官,将他母亲十九岁上守寡、一生不嫁、教子成名等事,表奏朝廷,启建贤节牌坊。正所谓:贫家百事百难做,富家差得鬼推磨。虽然如此,也亏陈小姐后来守志,一床锦被遮盖了,至今河南府传作佳话。有诗为证,诗曰:

> 兔演巷中担病害,闲云庵里偿冤债。
> 周全末路仗贞娘,一床锦被相遮盖。

第五卷

穷马周遭际卖𥡝媪

前程暗漆本难知，秋月春花各有时。
静听天公吩咐去，何须昏夜苦奔驰？

话说大唐贞观改元，太宗皇帝仁明有道，信用贤臣。文有十八学士，武有十八路总管，真个是鸳班济济，鹭序彬彬。凡天下有才有智之人，无不举荐在位，尽其抱负，所以天下太平，万民安乐。

就中单表一人，姓马名周，表字宾王，博州茌平人氏。父母双亡，一贫如洗，年过三旬，尚未娶妻，单单只剩一身。自幼精通书史，广有学问，志气谋略，件件过人。只为孤贫无援，没有人荐拔他，分明是一条神龙困于泥淖之中，飞腾不得。眼见别人才学万倍不如他的，一个个出身通显，享用爵禄，偏则自家怀才不遇。每日郁郁自叹道："时也，运也，命也。"一生挣得一副好酒量，闷来时只是饮酒，尽醉方休。日常饭食，有一顿，没一顿，都不计较，单少不得杯中之物。若自己没钱买时，打听邻家有酒，便去嗍吃，却又大模大样，不谨慎，酒后又要狂言乱叫，发风骂坐。这伙三邻四舍被他聒噪的不耐烦，没一个不厌他，背后唤他做"穷马周"，又唤他是"酒鬼"。那马周晓得了，也全不在心上。正是：

未逢龙虎会，一任马牛呼。

且说博州刺史姓达，名奚，素闻马周明经有学，聘他为本州助教之职。到任之日，众秀才携酒称贺，不觉吃得大醉。次日，刺史亲到学宫请教。马周兀自中酒，爬身不起，刺史大怒而去。马周醒后，晓得刺史曾到，特往州衙谢罪，被刺史责备了许多说话。马周口中唯唯，只是不能悛改。每遇门生执经问难，便留住他同饮，支得俸钱,都付与酒家;兀自不敷,依旧在门生家喧酒。

一日吃醉了,两个门生左右扶住,一路歌咏而回。恰好遇着刺史前导,喝他回避,马周那里肯退步?嗔着双眼到骂人起来,又被刺史当街发作了一场,马周当时酒醉不知。次日醒后,门生又来劝马周,在刺史处告罪。马周叹口气道:"我只为孤贫无援,欲图个进身之阶,所以屈志于人。今因酒过,屡被刺史责辱,何面目又去鞠躬取怜?古人不为五斗米折腰,这个助教官儿,也不是我终身养老之事。"便把公服交付门生,教他缴还刺史,仰天大笑,出门而去。正是:

> 此去好凭三寸舌,再来不值一文钱。

自古道:"水不激不跃,人不激不奋"。马周只为吃酒上受刺史责辱不过,叹口气出门,到一个去处,遇了一个人提携,直做到吏部尚书地位。此是后话。

且说如今到那里去?他想着冲州撞府,没甚大遭际。则除是长安帝都,公侯卿相中,有个能举荐的萧相国,识贤才的魏无知,讨个出头日子,方遂平生之愿,望西迤逦而行。不一日,来到新丰。

原来那新丰城是汉高皇所筑。高皇生于丰里,后来起兵,诛秦灭项,做了大汉天子,尊其父为太上皇。太上皇在长安城中,思想故乡风景,高皇命巧匠照依故丰,建造此城,迁丰人来居住。凡街市屋宇,与丰里制度,一般无二,把张家鸡儿,李家犬儿,纵放在街上。那鸡犬也都认得自家门首,各自归家。太上皇大喜,赐名新丰。今日大唐仍建都于长安,这新丰总是关内之地,市井稠密,好不热闹!只这招商旅店,也不知多少!

马周来到新丰市上,天色已晚,只拣个大大客店,踱将进去。但见红尘滚滚,车马纷纷,许多商贩客人,驮着货物,挨三顶五的进店安歇。店主王公迎接了,慌忙指派房头,堆放行旅。众客人寻行逐队,各据坐头,讨浆索酒。小二哥搬运不迭,忙得似走马灯一般。马周独自个冷清清地坐在一边,并没半个人睬他。

马周心中不忿,拍案大叫道:"主人家,你好欺负人!偏俺不是客,你就不来照顾?是何道理!"王公听得发作,便来收科道:"客官不须发怒,那边人众,只得先安放他。你只一位,却容易答应。但是用酒用饭,只管吩咐老汉就是。"马周道:"俺一路行来,没有洗脚,且讨些干净热水用用。"王公道:"锅子不方便,要热水再等一会。"马周道:"既如此,先取酒来。"王公道:"用多少酒?"马周指着对面大座头上一伙客人,向主人家道:"他们用多少,俺也用多少。"王公道:"他们五位客人,每人用一斗好酒。"马周道:"论起来还不勾俺半醉,但俺途中节饮,也只用五斗罢。有好嘎饭尽你搬来。"王公吩咐小二过了,一连暖五斗酒,放在桌上,摆一只大磁瓯,几碗肉菜之类。马周举瓯独酌,旁若无人。约莫吃了三斗有余,讨个洗脚盆来,把剩下的酒,都倾在里面,骊脱双靴,便伸脚下去洗濯。众客见了,无不惊怪。王公暗暗称奇,知其非常人也。同时岑文本画得有《马周濯足图》,后有烟波钓叟题赞于上。赞曰:

> 世人尚口,吾独尊足。
> 口易兴波,足能跻陆。
> 处下不倾,千里可逐。
> 劳重赏薄,无言忍辱。
> 酬之以酒,慰尔仆仆。
> 令尔忘忧,胜吾厌腹。
> 吁嗟宾王,见超凡俗。

当夜安歇无话。次日,王公早起会钞,打发行客登程。马周身无财物,想天气渐热了,便脱下狐裘与王公当酒钱。王公见他是个慷慨之士,又嫌狐裘价重,再四推辞不受。马周索笔,题诗壁上。诗云:

> 古人感一饭,千金弃如屣。
> 匕箸安足酬?所重在知己。
> 我饮新丰酒,狐裘不用抵。
> 贤哉主人翁,意气倾闾里!

后写"茌平人马周题"。王公见他写作俱高,心中十分敬重,便问:"马先生如今何往?"马周道:"欲往长安求名。"王公道:"曾有相熟寓所否?"马周回道:"没有。"王公道:"马先生大才,此去必然富贵。但长安乃米珠薪桂之地,先生资斧既空,将何存立?老夫有个外甥女,嫁在彼处万寿街卖馄赵三郎家。老夫写封书,送先生到彼作寓,比别家还省事。更有白银一两,权助路资,休嫌菲薄。"马周感其厚意,只得受了。王公写书已毕,递与马周。马周道:"他日寸进,绝不相忘。"作谢而别。

行至长安,果然是花天锦地,比新丰市又不相同。马周径问到万寿街赵卖馄家,将王公书信投递。原来赵家积世卖这粉食为生,前年赵三郎已故了;他老婆在

国学经典文库

中国二十大名著

喻世明言

图文珍藏版

家守寡，接管店面，这就是新丰店中王公的外甥女儿。年纪虽然三十有余，兀自丰艳胜人，京师人顺口都唤他做"卖䭔媪"。北方的"媪"字，即如南方的"妈"字一般。这王媪初时坐店卖䭔，神相袁天罡一见大惊，叹道："此媪面如满月，唇若红莲，声响神清，山根不断，乃大贵之相。他日定为一品夫人，如何屈居此地？"偶在中郎将常何面前，谈及此事。常何深信袁天罡之语，吩咐苍头，只以买䭔为名，每日到他店中闲话，说发王媪嫁人，欲娶为妾。王媪只是干笑，全不统口。正是：

姻缘本是前生定，不是姻缘莫强求。

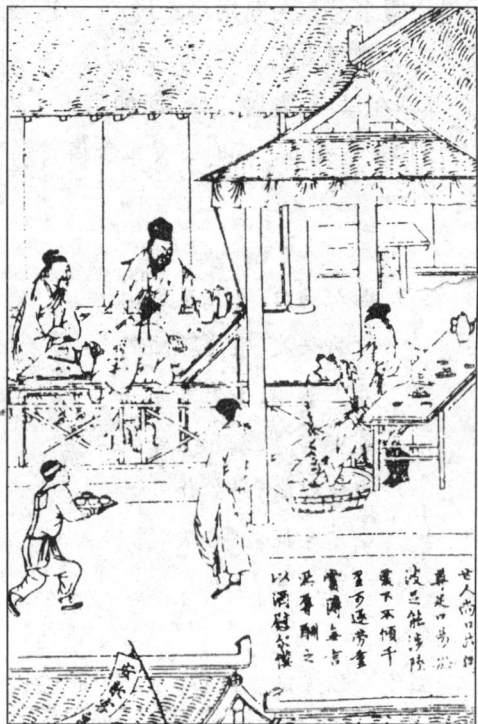

却说王媪隔夜得一异梦，梦见一匹白马，自东而来，到他店中，把粉䭔一口吃尽。自己执筵赶逐，不觉腾上马背。那马化为火龙，冲天而去。醒来满身都热，思想此梦非常。

恰好这一日，接得母舅王公之信，送个姓马的客人到来，又马周身穿白衣。王媪心中大疑，就留住店中作寓。一日三餐，殷勤供给。那马周恰似理之当然一般，绝无谦逊之意，这里王媪也始终不怠。时耐邻里中有一班浮荡子弟，平日见王媪是个俏丽孤孀，闲常时倚门靠壁，不三不四，轻嘴薄舌的狂言挑拨。王媪全不招惹，众人到也道他正气。今番见他留个远方单身客在家，未免言三语四，造出许多议论。王媪是个精细的人，早已察听在耳朵里，便对马周道："贱妾本欲相留，奈孀妇之家，人言不雅。先生前程远大，宜择高枝栖止，以图上进。若埋没大才于此，枉自可惜。"马周道："小生情愿为人馆宾，但无路可投耳。"

言之未已，只见常中郎家苍头又来买䭔。王媪想着常何是个武臣，必定少不得文士相帮，乃向苍头问道："有个薄亲马秀才，饱学之士，在此觅一馆舍，未知你老爷用得着否？"苍头答应道："甚好。"原来那时正值天旱，太宗皇帝诏五品以上官员，都要悉心竭虑，直言得失，以凭采用。论常何官职也该具奏，正欲访求饱学之士，请他代笔，恰好王媪说起马秀才，分明是饥时饭，渴时浆，正搔着痒处。苍头回去禀知常何。常何大喜，即刻遣人备马来迎。马周别了王媪，来到常中郎家里。常何见马周一表非俗，好生钦敬。当日置酒相待，打扫书馆，留马周歇宿。

次日，常何取白金二十两，彩绢十端，亲送到馆中，权为贽礼。就将圣旨求言一事，与马周商议。马周索取笔研，拂开素纸，手不停挥，草成便宜二十条，常何叹服不已，连夜缮写齐整，明日早朝进呈御览。太宗皇帝看罢，事事称善，便问常何道："此等见识议论，非卿所及。卿从何处得来？"常何拜伏在地，口称："死罪！这便宜二十条，臣愚实不能建白，此乃臣家客马周所为也。"太宗皇帝道："马周何在？可速宣来见朕。"黄门官奉了圣旨，径到常中郎家宣马周。马周吃了早酒，正在鼾睡，呼唤不醒。又是一道旨意下来，催促到第三遍，常何自来了，此见太宗皇帝爱才之极也。史官有诗云：

> 三道征书络绎催，贞观天子惜贤才。
> 朝廷爱士皆如此，安得英雄困草莱？

常何亲到书馆中，教馆童扶起马周，用凉水喷面。马周方才苏醒，闻知圣旨，慌忙上马。常何引到金銮见驾，拜舞已毕，太宗玉音问道："卿何处人氏？曾出仕否？"马周奏道："臣乃茌平县人，曾为博州助教。因不得其志，弃官来游京都。今获觐天颜，实出万幸。"太宗大喜，即日拜为监察御史，钦赐袍笏官带。马周穿着了，谢恩而出，仍到常何家，拜谢举荐之德。常何重开筵席，把酒称贺。

至晚酒散，常何不敢屈留马周在书馆住宿，欲备轿马，送到令亲王媪家去。马周道："王媪原非亲戚，不过借宿其家而已。"常何大惊问道："御史公有宅眷否？"马周道："惭愧，实因家贫未娶。"常何道："袁天罡先生曾相王媪有一品夫人之贵，只怕是令亲，或有妨碍；既然萍水相逢，便是天缘。御史公若不嫌弃，下官即当作伐。"马周感王媪殷勤，亦有此意，便道："若得先辈玉成，深荷大德。"是晚，马周仍在常家安歇。

次早，马周又同常何面君。那时颉利突厥反叛，太宗皇帝正遣四大总管出兵征剿，命马周献平虏策。马周在御前，口诵如流，句句中了圣意，改为给事中之职。常何举贤有功，赐绢百匹。常何谢恩出朝，吩咐马上就引到卖馉店中，要请王媪相见。王媪还只道常中郎强要娶他，慌忙躲过，那里肯出来。常何坐在店中，叫苍头去寻个老年邻妪，替他传话：今日常中郎来此，非为别事，专为马给谏求亲。王媪问其情由，方知马给谏就是马周，向时白马化龙之梦，今已验矣。此乃天付姻缘，不可违也。常何见王媪允从了，便将御赐绢匹替马周行聘；赁下一所空宅，教马周住下。择个吉日，与王媪成亲，百官都来庆贺。正是：

分明乞相寒儒，忽作朝家贵客。

王媪嫁了马周，把自己一家一火，都搬到马家来了，里中无不称羡，这也不在话下。

却说马周自从遇了太宗皇帝，言无不听，谏无不从。不上三年，直做到吏部尚书。王媪封做夫人之职。那新丰店主人王公，知马周发迹荣贵，特到长安望他，就便先看看外甥女。行至万寿街，已不见了卖馉店，只道迁居去了。细问邻舍，才晓得外甥女已寡，晚嫁的就是马尚书，王公这场欢喜非通小可。问到尚书府中，与马周夫妇相见，各叙些旧话。住了月余，辞别要行。马周将千金相赠，王公那里肯受。马周道："壁上诗句犹在，一饭千金，岂可忘也！"王公方才收了，作谢而回，遂为新丰富民。此乃投瓜报玉，施恩得恩，也不在话下。

再说达奚刺史，因丁忧回籍，服满到京。闻马周为吏部尚书，自知得罪，心下忧惶，不敢补官。马周晓得此情，再三请他相见。达奚拜倒在地，口称："有眼不识泰山，望乞恕罪。"马周慌忙扶起道："刺史教训诸生，正宜取端谨之士。嗜酒狂呼，此乃马周之罪，非贤刺史之过也。"即日举荐达奚为京兆尹。京师官员见马周度量宽洪，无不敬服。马周终身富贵，与王媪偕老。后人有诗叹云：

一代名臣属酒人，卖馉王媪亦奇人。
时人不具波斯眼，枉使明珠混俗尘。

第 六 卷

葛令公生遣弄珠儿

当时五霸说庄王,不但强梁压上邦。
多少倾城因女色,绝缨一事已无双。

话说春秋时,楚国有个庄王,姓芈,名旅,是五霸中一霸。那庄王曾大宴群臣于寝殿,美人俱侍。偶然风吹烛灭,有一人从暗中牵美人之衣。美人扯断了他系冠的缨素,诉与庄王,要他查名治罪。庄王想道:"酒后疏狂,人人常态。我岂为一女子上坐人罪过,使人笑戏轻贤好色,岂不可耻!"于是出令曰:"今日饮酒甚乐,在坐不绝缨者不欢。"比及烛至,满座的冠缨都解,竟不知调戏美人的是那一个。后来晋楚交战,庄王为晋兵所困,渐渐危急。忽有一将,杀入重围,救出庄王。庄王得脱,问:"救我者为谁?"那将俯伏在地,道:"臣乃昔日绝缨之人也。蒙吾王隐蔽,不加罪责,臣今愿以死报恩。"庄王大喜道:"寡人若听美人之言,几丧我一员猛将矣!"后来大败晋兵,诸侯都叛晋归楚,号为一代之霸。有诗为证:

美人空自绝冠缨,岂为蛾眉失虎臣!
莫怪荆襄多霸气,骊山戏火是何人?

世人度量狭窄,心术刻薄,还要搜他人的隐过,显自己的精明;莫说犯出不是来,他肯轻饶了你!这般人一生有怨无恩,但有缓急,也没人与他分忧替力了。像楚庄王恁般弃人小过,成其大业,真乃英雄难举动,古今罕有。

说话的,难道真个没有第二个了?看官,我再说一个与你听。你道是那一朝人物?却是唐末五代时人。那五代?梁、唐、晋、汉、周,是名五代。梁乃朱温,唐乃李存勖,晋乃石敬瑭,汉乃刘知远,周乃郭威。方才要说的,正是梁朝中一员虎将,姓葛,名周,生来胸襟海阔,志量山高;力敌万夫,身经百战。他原是芒砀山中同朱温起手做事的,后来朱温受了唐禅,做了大梁皇帝,封葛周中书令兼领节度使之职,镇守兖州。这兖州,与河北逼近,河北便是后唐李克用地面,所以梁太祖特着亲信的大臣镇守,弹压山东,虎视那河北。河北人仰他的威名,传出个口号来,道是:

> 山东一条葛,无事莫撩拨。

从此人都称为"葛令公"。手下雄兵十万,战将如云,自不必说。

其中单表一人,复姓申徒,名泰,泗水人氏。身长七尺,相貌堂堂,轮的好刀,射的好箭。先前未曾遭际,只在葛令公帐下做个亲军。后来葛令公在甑山打围,申徒泰射倒一鹿,当有三班教师前来争夺。申徒泰只身独臂,打赢了三班教师,手提死鹿,到令公面前告罪。令公见他胆勇,并不计较,到有心抬举他。次日,教场演武,夸他弓马熟闲,补他做个虞候,随身听用。一应军情大事,好生重托。他为自家贫未娶,只在府厅耳房内栖止,这伙守厅军壮都称他做"厅头"。因此上下人等,顺口也都唤做"厅头"。正是:

> 萧何治狱为秦吏,韩信曾官执戟郎。
> 蠖屈龙腾皆运会,男儿出处又何常?

话分两头。却说葛令公姬妾众多,嫌宅院狭窄,教人相了地形,在东南角旺地上另创个衙门,极其宏丽,限一年内务要完工,每日差厅头去点闸两次。

时值清明佳节,家家士女踏青,处处游人玩景。葛令公吩咐设宴岳云楼上。这个楼是兖州城中最高之处,葛令公引着一班姬妾,登楼玩赏。原来令公姬妾虽多,其中只有一人出色,名曰弄珠儿。那弄珠儿生得如何:

目如秋水,眉似远山;小口樱桃,细腰杨柳。妖艳不数太真,轻盈胜如飞燕。恍疑仙女临凡世,西子南威总不如。

葛令公十分宠爱,日则侍侧,夜则专房,宅院中称为"珠娘"。这一日,同在岳云楼饮酒作乐。

那申徒泰在新府点闸了人工,到楼前回话。令公唤他上楼,把金莲花巨杯赏他三杯美酒。申徒泰吃了,拜谢令公赏赐,起在一边。忽然抬头,见令公身边立个美妾,明眸皓齿,光艳照人,心中暗想:"世上怎有恁般好女子?莫非天上降下来的神仙吗?"那申徒泰正当壮年慕色之际,况且不曾娶妻,平昔间也曾听得人说,令公有个美姬,叫作珠娘,十分颜色,只恨难得见面。今番见了这出色的人物,料想是他了,不觉三魂飘荡,七魄飞扬。一对眼睛光射定在这女子身上,真个是观之不足,看之有余。不提防葛令公有话问他,叫道:"厅头,这工程几时可完?呀!申徒泰,申徒泰!问你工程几时可完!"连连唤了几声,全不答应。自古道:心无二用,原来申徒泰一心对着那女子身上出神去了,这边呼唤,都不听得,也不知吩咐的是甚话。葛令公看见申徒泰目不转睛,已知其意,笑了一笑,便教撤了筵席,也不叫唤他,也不说破他出来。

却说伏侍的众军校看见令公叫呼不应,到替他捏两把汗。幸得令公不加嗔责,正不知甚么意思,少不得学与申徒泰知道。申徒泰听罢大惊,想道:"我这条性命,只在早晚,必然难保。"整整愁了一夜。正是:

是非只为闲撩拨,烦恼皆因不老成。

到次日,令公升厅理事,申徒泰远远站着,头也不敢抬起。巴得散衙,这日就无事了。一连数日,神思恍惚,坐卧不安。葛令公晓得他心下忧惶,到把几句好言语安慰他;又差他往新府,专管催督工程,遣他闸去。申徒泰离了令公左右,分明拾了性命一般。才得三分安稳,又怕令公在这场差使内寻他罪罚,到底有些疑虑,十分小心勤谨,早夜督工,不辞辛苦。

忽一日,葛令公差虞候许高,来替申徒泰回衙。申徒泰闻知,又是一番惊恐,战战兢兢的离了新府,到衙门内参见。禀道:"承恩相呼唤,有何差使?"葛令公道:"主上在夹寨失利,唐兵分道入寇。李存璋引兵侵犯山东境界,见有本地告急文书到来。我待出师拒敌,因帐下无人,要你同去。"申徒泰道:"恩相钧旨,小人敢不遵依。"令公吩咐甲仗库内,取熟铜盔甲一副,赏了申徒泰。申徒泰拜谢了,心中一喜一忧：喜的是跟令公出去，正好立功；忧的怕有小小差迟，令公记其前过，一并治罪。正是：

青龙白虎同行，吉凶全然未保。

却说葛令公简兵选将，即日兴师。真个是旌旗蔽天，锣鼓震地，一行来到郯城。唐将李存璋正待攻城，闻得兖州大兵将到，先占住琅琊山高阜去处，大小下了三个寨。葛周兵到，见失了地形，倒退三十里屯扎，以防冲突。一连四五日挑战，李存璋牢守寨栅，只不招架。

到第七日，葛周大军拔寨都起，直逼李家大寨搦战。李存璋早做准备，在山前结成方阵，四面迎敌。阵中埋伏着弓箭手，但去冲阵的，都被射回。葛令公亲自引兵阵前，看了一回，见行列齐整，如山不动，叹道："人传李存璋柏乡大战，今观此阵，果大将之才也。"这个方阵，一名"九宫八卦阵"。昔日吴王夫差与晋公会于黄池，用此阵以取胜。须俟其倦怠，阵脚稍乱，方可乘之。不然实难攻矣。当下出令，吩咐严阵相持，不许妄动。

看看申牌时分，葛令公见军士们又饥又渴，渐渐立脚不定，欲待退军，又怕唐兵乘胜追赶，踌躇不决。忽见申徒泰在旁，便问道："厅头，你有何高见？"申徒泰道："据泰愚意，彼军虽整，然以我军比度，必然一般疲困，诚得亡命勇士数人，出其不意，疾驰赴敌，倘得陷入其阵，大军继之，庶可成功耳。"令公抚其背道："我素知汝骁勇，能为我陷此阵否？"申徒泰即便掉刀上马，叫一声："有志气的快跟我来破贼！"帐前并无一人答应。申徒泰也不回顾，径望敌军奔去。

葛周大惊，急领众将，亲出阵前接应。只见申徒泰一匹马一把刀，马不停蹄，刀不停手。马不停蹄，疾如电闪；刀不停手，快若风轮。不管三七二十一，直杀入阵中去了。原来对阵唐兵，初时看见一人一骑，不将他为意。谁知申徒泰拚命而来，这把刀神出鬼没，遇着他的，就如砍瓜切菜一般，往来阵中，如入无人之境。恰好遇着先锋沈祥，只一合斩于马下，跳下马来，割了首级；复飞身上马，杀出阵来，无人拦挡。葛周大军已到，申徒泰大呼道："唐兵阵乱矣！要杀贼的快来！"说罢，将首级掷于葛周马前，翻身复杀入对阵去了。

葛周将令旗一招，大军一齐并力，长驱而进。唐兵大乱，李存璋禁押不住，只得鞭马先走。唐兵被梁家杀得七零八落，走得快的，逃了性命，略迟慢些，就为沙场之鬼。李存璋唐朝名将，这一阵杀得大败亏输，望风而遁，弃下器械马匹，不计其数。梁家大获全胜。葛令公对申徒泰道："今日破敌，皆汝一人之功。"申徒泰叩头道：

"小人有何本事？皆仗令公虎威耳！"令公大喜，一面写表申奏朝廷；传令犒赏三军，休息他三日，第四日班师回兖州去。果然是：

> 喜孜孜鞭敲金镫响，笑吟吟齐唱凯歌回。

却说葛令公回衙，众侍妾罗拜称贺。令公笑道："为将者出师破贼，自是本分常事，何足为喜？"指着弄珠儿对众妾说道："你们众人只该贺他的喜。"众妾道："相公今日破敌，保全地方，朝廷必有恩赏。凡侍巾栉的，均受其荣，为何只是珠娘之喜？"令公道："此番出师，全亏帐下一人力战成功，无物酬赏他，欲将此姬赠与为妻。他终身有托，岂不可喜？"弄珠儿恃着平日宠爱，还不信是真，带笑的说道："相公休得取笑。"令公道："我生平不作戏言，已曾取库上六十万钱，替你具办资妆去了。只今晚便在西房独宿，不敢劳你侍酒。"

弄珠儿听罢大惊，不觉泪如雨下，跪禀道："贱妾自侍巾栉，累年以来，未曾得罪。今一旦弃之他人，贱妾有死而已，决难从命。"令公大笑道："痴妮子，我非木石，岂与你无情？但前日岳云楼饮宴之时，我见此人目不转睛，晓得他钟情与汝。此人少年未娶，新立大功，非汝不足以快其意耳。"弄珠儿扯住令公衣袂，撒娇撒痴，千不肯，万不肯，只是不肯从命。令公道："今日之事，也由不得你。做人的妻，强似做人的妾。此人将来功名，不弱于我，乃汝福分当然。我又不曾误你，何须悲怨！"教众妾扶起珠娘，莫要啼哭。众妾为平时珠娘有专房之宠，满肚子恨他，巴不得撺他出去。今日闻此消息，正中其怀，一拥上前，拖拖曳曳，扶他到西房去，着实窝伴他，劝解他。弄珠儿此时也无可奈何，想着令公英雄性子，在儿女头上不十分留恋，叹了口气，只得罢了。从此日为始，令公每夜轮遣两名姬妾，陪珠娘西房宴宿，再不要他相见。有诗为证：

> 昔日专房宠，今朝召见稀。
> 非关情太薄，犹恐动情痴。

再说申徒泰自郯城回后，口不言功，禀过令公，依旧在新府督工去了。这日工程报完，恰好库吏也来禀道："六十万钱资妆，俱已备下，伏乞钧旨。"令公道："权且寄下，待移府后取用。"一面吩咐阴阳生择个吉日，合家迁在新府住居，独留下弄珠儿及丫鬟、养娘数十人。库吏奉了钧帖，将六十万钱资妆，都搬来旧衙门内，摆设得齐齐整整，花堆锦簇。众人都疑道：令公留这旧衙门做外宅，故此重新摆设，谁知其中就理？

这日，申徒泰同着一般虞候，正在新府声喏庆贺。令公独唤申徒泰上前，说道："郯城之功，久未图报。闻汝尚未娶妻，小妾颇工颜色，特奉赠为配。薄有资妆，都在旧府。今日是上吉之日，便可就彼成亲，就把这宅院判与你夫妻居住。"申徒泰听得，到吓得面如土色，不住的磕头，只道得个"不敢"二字，那里还说得出什么说话！令公又道："大丈夫意气相许，头颅可断，何况一妾！我主张已定，休得推阻！"申徒泰兀自谦让。令公吩咐众虞候，替他披红插花，随班乐工奏动鼓乐。众虞候喝道："申徒泰，拜谢了令公！"申徒泰恰似梦里一般，拜了几拜，不由自身做主，众人拥他出府上马，乐人迎导而去，直到旧府。只见旧时一班直厅的军壮，预先领了钧旨，都

来参谒。前厅后堂，悬花结彩。丫鬟、养娘等引出新人交拜，鼓乐喧天，做起花烛筵席。申徒泰定睛看时，那女子正是岳云楼中所见。当时只道是天上神仙霎时出现，因为贪看他颜色，险些儿获其大祸，丧了性命。谁知今日等闲间做了百年眷属，岂非侥幸！进到内宅，只见器用供账，件件新，色色备，分明钻入锦绣窝中，好生过意不去。当晚就在西房安置，夫妻欢喜，自不必说。

次日，双双两口儿都到新府拜谢葛令公。令公吩咐挂了回避牌，不消相见。刚才转身回去，不多时，门上报到令公自来了，申徒泰慌忙迎着马头下跪迎接。葛令公下马扶起，直至厅上。令公捧出告身一道，请申徒泰为参谋之职。原来那时做镇使的，都请得有空头告身，但是军中合用官员，随他填写取用，然后奏闻朝廷，无有不依。况且申徒泰已有功绩，申奏去了，朝廷自然优录的。令公教取官带与申徒泰换了，以礼相接。自此申徒泰洗落了"厅头"二字，感谢令公不尽。

一日，与浑家闲话，问及令公平日怎般宠爱，如何割舍得下？弄珠儿叙起岳云楼目不转睛之语，令公说你钟情于妾，特地割爱相赠。申徒泰听罢，才晓得令公体悉人情，重贤轻色，真大丈夫之所为也。这一节，传出军中，都知道了，没一个人不夸扬令公仁德，都愿替他出力尽死。终令公之世，人心悦服，地方安静。后人有诗

赞云：

　　重贤轻色古今稀，反怨为恩事更奇。
　　试借兖州功薄看，黄金台上有名姬。

第 七 卷

羊角哀舍命全交

背手为云覆手雨,纷纷轻薄何须数。

君看管鲍贫时交,此道今人弃如土。

昔时齐国有管仲,字夷吾;鲍叔,字宣子,两个自幼时以贫贱结交。后来,鲍叔先在齐桓公门下,信用显达,举荐管仲为首相,位在己上。两人同心辅政,始终如一。管仲曾有几句言语道:"吾尝三战三北,鲍叔不以我为怯,知我有老母也。吾尝三仕三见逐,鲍叔不以我为不肖,知我不遇时也。吾尝与鲍叔谈论,鲍叔不以我为愚,知时有利不利也。吾尝与鲍叔为贾,分利多,鲍叔不以我为贪,知我贫也。生我者父母,知我者鲍叔!"所以古今说知心结交,必曰:"管鲍"。

今日说两个朋友,偶然相见,结为兄弟,各舍其命,留名万古。

春秋时,楚元王崇儒重道,招贤纳士。天下之人闻其风而归者,不可胜计。西羌积石山有一贤士,姓左,双名伯桃,幼亡父母,勉力攻书,养成济世之才,学就安民之业。年近四旬,因中国诸侯互相吞并,行仁政者少,恃强霸者多,未尝出仕。后闻得楚元王慕仁好义,遍求贤士,乃携书一囊,辞别乡中邻友,径奔楚国而来,迤逦来到雍地。时值隆冬,风雨交作。有一篇《西江月》词,单道冬天雨景:

习习悲风割面,蒙蒙细雨侵衣。催冰酿雪逞寒威,不比他时和气。

山色不明常暗,日光偶露还微。天涯游子尽思归,路上行人应悔。

左伯桃冒雨荡风,行了一日,衣裳都沾湿了。看看天色昏黄,走向村间,欲觅一宵宿处。远远望见竹林之中,破窗透出灯光,径奔那个去处,见矮矮篱笆围着一间草屋,乃推开篱障,轻叩柴门。中有一人,启户而出。左伯桃立在檐下,慌忙施礼曰："小生西羌人氏，姓左，双名伯桃。欲往楚国，不期中途遇雨，无觅旅邸之处，求借一宵，来早便行，未知尊意肯容否？"

那人闻言，慌忙答礼，邀入屋内。伯桃视之，止有一榻。榻上堆积书卷，别无他物。伯桃已知亦是儒人，便欲下拜。那人云："且未可讲礼，容取火烘干衣服，却当会话。"当夜，烧竹为火，伯桃烘衣。那人炊办酒食，以供伯桃，意甚勤厚。伯桃乃问姓名。其人曰："小生姓羊，双名角哀，幼亡父母，独居于此。平生酷爱读书，农业尽废。今幸遇贤士远来，但恨家寒，乏物为款，伏乞恕罪。"伯桃曰："阴雨之中，得蒙遮蔽，更兼一饮一食，感佩何忘！"当夜，二人抵足而眠，共话胸中学问，终夕不寐。

比及天晓，淋雨不止。角哀留伯桃在家，尽其所有相待；结为昆仲，伯桃年长角哀五岁，角哀拜伯桃为兄。一住三日，雨止道干。伯桃曰："贤弟有王佐之才，抱经纶之志；不图竹帛，甘老林泉，深为可惜。"角哀曰："非不欲仕，奈未得其便耳。"伯桃曰："今楚王虚心求士，贤弟既有此心，何不同往？"角哀曰："愿从兄长之命。"遂收拾些小路费粮米，弃其茅屋，二人同望南方而进。

行不两日，又值阴雨，羁身旅店中，盘费罄尽。止有行粮一包，二人轮换负之，冒雨而走。其雨未止，风又大作，变为一天大雪。怎见得？你看：

> 风添雪冷，雪趁风威。纷纷柳絮狂飘，片片鹅毛乱舞。团空搅阵，不分南北西东；遮地漫天，变尽青黄赤黑。探梅诗客多清趣，路上行人欲断魂。

二人行过歧阳，道经梁山路，问及樵夫，皆说："从此去百余里，并无人烟，尽是荒山旷野，狼虎成群，只好休去。"伯桃与角哀曰："贤弟心下如何？"角哀曰："自古道'死生有命'。既然到此，只顾前进，休生退悔。"又行了一日，夜宿古墓中。衣服

国学经典文库

中国二十大名著

喻世明言

图文珍藏版

单薄,寒风透骨。

次日,雪越下得紧,山中仿佛盈尺。伯桃受冻不过,曰:"我思此去百余里,绝无人家,行粮不敷,衣单食缺。若一人独往,可到楚国;二人俱去,纵然不冻死,亦必饿死于途中,与草木同朽,何益之有?我将身上衣服脱与贤弟穿了,贤弟可独赍此粮,于途强挣而去。我委的行不动了,宁可死于此地。待贤弟见了楚王,必当重用,那时却来葬我未迟。"角哀曰:"焉有此理!我二人虽非一父母所生,义气过于骨肉。我安忍独去而求进身耶?"遂不许,扶伯桃而行。

行不十里,伯桃曰:"风雪越紧,如何去得?且于道傍寻个歇处。"见一株枯桑,颇可避雪。那桑下止容得一人,角哀遂扶伯桃入去坐下。伯桃命角哀敲石取火,烧些枯枝,以御寒气。比及角哀取了柴火到来,只见伯桃脱得赤条条地,浑身衣服都做一堆放着。角哀大惊曰:"吾兄何为如此?"伯桃曰:"吾寻思无计,贤弟勿自误了,速穿此衣服,负粮前去,我只在此守死。"角哀抱持大哭曰:"吾二人死生同处,安可分离?"伯桃曰:"若皆饿死,白骨谁埋?"角哀曰:"若如此,弟情愿解衣与兄穿了,兄可赍粮去,弟宁死于此。"伯桃曰:"我平生多病,贤弟少壮,比我甚强;更兼胸中之学,我所不及。若见楚君,必登显宦。我死何足道哉?弟勿久滞,可宜速往。"角哀曰:"今兄饿死桑中,弟独取功名,此大不义之人也,我不为之。"伯桃曰:"我自离积石山,至弟家中,一见如故。知弟胸次不凡,以此劝弟求进。不幸风雨所阻,此吾天命当尽。若使弟亦亡于此,乃吾之罪也。"言讫欲跳前溪觅死。角哀抱住痛哭,将衣拥护,再扶至桑中。伯桃把衣服推开。角哀再欲上前劝解时,但见伯桃神色已变,四肢厥冷,口不能言,以手挥令去。角哀寻思:"我若久恋,亦冻死矣,死后谁葬吾兄?"乃于雪中再拜伯桃而哭曰:"不肖弟此去,望兄阴力相助。但得微名,必当厚葬。"伯桃点头半答,角哀取了衣粮,带泣而去。伯桃死于桑中。后人有诗赞云:

> 寒来雪三尺,人去途千里。
> 长途苦雪寒,何况囊无米?
> 并粮一人生,同行两人死;
> 两死诚何益?一生尚有恃。
> 贤哉左伯桃!陨命成人美。

角哀捱着寒冷,半饥半饱,来到楚国,于旅邸中歇定。次日入城,问人曰:"楚君招贤,何由而进?"人曰:"宫门外设一宾馆,令上大夫裴仲接纳天下之士。"角哀径投宾馆前来，正值上大夫下车，角哀乃向前而揖。裴仲见角哀衣虽蓝缕，器宇不凡，慌忙答礼，问曰："贤士何来？"角哀曰："小生姓羊，双名角哀，雍州人也。闻上国招贤，特来归投。"裴仲邀入宾馆，具酒食以进，宿于馆中。

次日，裴仲到馆中探望，将胸中疑义，盘问角哀，试他学问如何。角哀百问百答，谈论如流。裴仲大喜，入奏元王。王即时召见，问富国强兵之道，角哀首陈十策，皆切当世之急务。元王大喜，设御宴以待之，拜为中大夫，赐黄金百两，彩段百匹。角哀再拜流涕。元王大惊而问曰："卿痛哭者何也？"角哀将左伯桃脱衣并粮之事，一一奏知。元王闻其言，为之感伤。诸大臣皆为痛惜。元王曰："卿欲如何？"角哀曰："臣乞告假到彼处安葬伯桃已毕，却回来事大王。"元王遂赠已死伯桃为中大夫，厚赐葬资，仍差人跟随角哀车骑同去。

角哀辞了元王，径奔梁山地面，寻旧日枯桑之处，果见伯桃死尸尚在，颜貌如生前一般。角哀乃再拜而哭，呼左右唤集乡中父老，卜地于浦塘之原。前临大溪，后靠高崖，左右诸峰环抱，风水甚好。遂以香汤沐浴伯桃之尸，穿戴大夫衣冠，置内棺外椁，安葬起坟。四周筑墙栽树，离坟三十步建享堂，塑伯桃仪容，立华表，柱上建牌额。墙侧盖瓦屋，令人看守。造毕，设祭于享堂，哭泣甚切。乡老从人，无不下泪。祭罢，各自散去。

角哀是夜明灯燃烛而坐，感叹不已。忽然一阵阴风飒飒，烛灭复明。角哀视之，见一人于灯影中，或进或退，隐隐有哭声。角哀叱曰："何人也？辄敢贪夜而入！"其人不言。角哀起而视之，乃伯桃也。角哀大惊，问曰："兄阴灵不远，今来见弟，必有事故。"伯桃曰："感贤弟记忆，初登仕路，奏请葬吾，更赠重爵，并棺椁衣衾之美。凡事十全。但坟地与荆轲墓相连近，此人在世时，为刺秦王不中被戮，高渐离以其尸葬于此处。神极威猛，每夜仗剑来骂吾曰：'汝是冻死饿杀之人，安敢建坟居吾上肩，夺吾风水？若不迁移他处，吾发墓取尸，掷之野外！'有此危难，特告贤弟，望改葬于他处，以免此祸。"角哀再欲问之，风起，忽然不见。角哀在享堂中一梦惊觉，尽记其事。

天明，再唤乡老，问：此处有坟相近否。乡老曰："松阴中有荆轲墓，墓前有庙。"角哀曰："此人昔刺秦王不中被杀，缘何有坟于此？"乡老曰："高渐离乃此间人，知荆轲被害，弃尸野外，乃盗其尸，葬于此地，每每显灵。土人建庙于此，四时享祭，以求福利。"角哀闻其言，遂信梦中之事，引从者径奔荆轲庙，指其神而骂曰："汝乃燕邦一匹夫，受燕太子奉养，名姬重宝，尽汝受用。不思良策以副重托，入秦行事，丧身误国，却来此处惊惑乡民，而求祭祀！吾兄左伯桃，当代名儒，仁义廉洁之士，汝安敢逼之？再如此，吾当毁其庙，而发其冢，永绝汝之根本！"骂讫，却来伯桃墓前祝曰："如荆轲今夜再来，兄当报我。"归至享堂，是夜秉烛以待。果见伯桃哽咽而来，告曰："感贤弟如此，奈荆轲从人极多，皆土人所献。贤弟可束草为人，以彩为衣，手执器械，焚于墓前。吾得其助，使荆轲不能侵害。"言罢不见。角哀连夜使人束草为人，以彩为衣，各执刀枪器械，建数十于墓侧，以火焚之。祝曰："如其无事，亦望回报。"

归到享堂，是夜闻风雨之声，如人战敌。角哀出户观之，见伯桃奔走而来，言曰："弟所焚之人，不得其用。荆轲又有高渐离相助，不久吾尸必出墓矣。望贤弟早与迁移他处殡葬，免受此祸。"角哀曰："此人安敢如此欺凌吾兄！弟当力助以战之。"伯桃曰："弟阳人也，我皆阴鬼。阳人虽有勇烈，尘世相隔，焉能战阴鬼也？虽刍草之人，但能助喊，不能退此强魂。"角哀曰："兄且去，弟来日自有区处。"次日，角哀再到荆轲庙中大骂，打毁神像。方欲取火焚庙，只见乡老数人，再四哀求曰："此乃一村香火，若触犯之，恐贻祸于百姓。"须臾之间，土人聚集，都来求告。角哀拗他不过，只得罢了。

回到享堂，修一道表章，上谢楚王，言："昔日伯桃并粮与臣，因此得活，以遇圣主。重蒙厚爵，平生足矣，容臣后世尽心图报。"词意甚切，表付从人，然后到伯桃墓侧，大哭一场。与从者曰："吾兄被荆轲强魂所逼，去往无门，吾所不忍。欲焚庙掘坟，又恐拂土人之意。宁死为泉下之鬼，力助吾兄战此强魂。汝等可将吾尸葬于此墓之右，生死共处，以报吾兄并粮之义。回奏楚君，万乞听纳臣言，永保山河社稷。"言讫，掣取佩剑，自刎而死。从者急救不及，速具衣棺殡殓，埋于伯桃墓侧。

是夜二更，风雨大作，雷电交加，喊杀之声闻数十里。清晓视之，荆轲墓上，震烈如发，白骨散于墓前，墓边松柏，和根拔起。庙中忽然起火，烧做白地。乡老大惊，都往羊、左二墓前，焚香展拜。从者回楚国，将此事上奏元王。元王感其义重，差官往墓前建庙，加封上大夫，敕赐庙额，曰"忠义之祠"，就立碑以记其事，至今香火不断。荆轲之灵，自此绝矣。土人四时祭祀，所祷甚灵。有古诗云：

古来仁义包天地，只在人心方寸间。
二士庙前秋日净，英魂常伴月光寒。

第 八 卷

吴保安弃家赎友

古人结交唯结心,今人结交唯结面。结心可以同死生,结面那堪共贫贱?九衢鞍马日纷纭,追攀送谒无晨昏。座中慷慨出妻子;酒边拜舞犹弟兄。一关微利已交恶,况复大难肯相亲?君不见当年羊、左称死友,至今史传高其人。

这篇词,名为《结交行》,是叹末世人心险薄,结交最难。平时酒杯往来,如兄若弟;一遇虿大的事,才有些厉害相关,便尔我不相顾了。真个是:酒肉弟兄千个有,落难之中无一人。还有朝兄弟,暮仇敌,才放下酒杯,出门便弯弓相向的。所以陶渊明欲息交,嵇叔夜欲绝交,刘孝标又做下《广绝交论》,都是感慨世情,故为忿激之谭耳。如今我说的两个朋友,却是从无一面的。只因一点意气上相许,后来患难之中,死生相救,这才算做心交至友。正是:

说来贡禹冠尘动,道破荆卿剑气寒。

话说大唐开元年间,宰相代国公郭震,字元振,河北武阳人氏。有侄儿郭仲翔,才兼文武,一生豪侠尚气,不拘绳墨,因此没人举荐。他父亲见他年长无成,写了一封书,教他到京参见伯父,求个出身之地。元振谓曰:"大丈夫不能掇巍科,登上第,致身青云,亦当如班超、傅介子,立功异域,以博富贵。若但借门第为阶梯,所就岂能远大乎?"仲翔唯唯。

适边报到京:南中洞蛮作乱。原来武则天娘娘革命之日,要买嘱人心归顺,只这九溪十八洞蛮夷,每年一小犒赏,三年一大犒赏。到玄宗皇帝登极,把这犒赏常规都裁革了。为此群蛮一时造反,侵扰州县。朝廷差李蒙为姚州都督,调兵进讨。

李蒙领了圣旨,临行之际,特往相府辞别,因而请教。郭元振曰:"昔诸葛武侯七擒孟获,但服其心,不服其力。将军宜以慎重行之,必当制胜。舍侄郭仲翔颇有才干,今遣与将军同行,俟破贼立功,庶可附骥尾以成名耳。"即呼仲翔出,与李蒙相见。李蒙见仲翔一表非俗,又且当朝宰相之侄,亲口嘱托,怎敢推委,即署仲翔为行军判官之职。仲翔别了伯父,跟随李蒙起程。

行至剑南地方,有同乡一人,姓吴,名保安,字永固,见任东川遂州方义尉。虽与仲翔从未识面,然素知其为人义气深重,肯扶持济拔人的。乃修书一封,特遣人驰送于仲翔。仲翔拆书读之,书曰:

> "吴保安不肖,幸与足下生同乡里,虽缺展拜,而慕仰有日。以足下大才,辅李将军以平小寇,成功在旦夕耳。保安力学多年,仅官一尉,僻在剑外,乡关梦绝。况此官已满,后任难期,恐厄选曹之格限也。窃闻足下分忧急难,有古人风。今大军征进,正在用入之际。倘垂念乡曲,录及细微,使保安得执鞭从事,树尺寸于幕府,足下丘山之恩,敢忘衔结!"

仲翔玩其书意,叹曰:"此人与我素昧平生,而骤以缓急相委,乃深知我者。大丈夫遇知己而不能与之出力,宁不负愧乎?"遂向李蒙夸奖吴保安之才,乞徵来军中效用。李都督听了,便行下文帖到遂州去,要取方义尉吴保安为管记。

才打发差人起身,探马报蛮贼猖獗,逼近内地。李都督传令星夜趱行。来到姚州,正遇着蛮兵抢掳财物,不做准备,被大军一掩,都四散乱窜,不成队伍,杀得他大败全输。李都督恃勇,招引大军,乘势追逐五十里,天晚下寨。郭仲翔谏曰:"蛮人贪诈无比,今兵败远遁,将军之威已立矣!宜班师回州,遣人宣播威德,招使内附,不可深入其地,恐堕诈谋之中。"李蒙大喝曰:"群蛮今已丧胆,不乘此机扫清溪洞,更待何时?汝勿多言,看我破贼!"次日,拔寨都起。行了数日,直到乌蛮界上。只见万山叠翠,草木蒙茸,正不知那一条是去路。李蒙心中大疑,传令暂退平衍处屯扎,一面寻觅土人,访问路径。忽然山谷之中,金鼓之声四起,蛮兵漫山遍野而来。洞主姓蒙,名细奴逻,手执木弓药矢,百发百中,驱率各洞蛮酋穿林渡岭,分明似鸟飞兽奔,全不费力。唐兵陷于伏中,又且路生力倦,如何抵敌?李都督虽然骁勇,奈英雄无用武之地,手下爪牙看看将尽,叹曰:"悔不听郭判官之言,乃为犬羊所侮!"拔出靴中短刀,自刺其喉而死。全军皆没于蛮中。后人有诗云:

马援铜柱标千古,诸葛旗台镇九溪。

何事唐师皆覆没？将军姓李数偏奇。

又有一诗，专咎李都督不听郭仲翔之言，以自取败。诗云：

不是将军数独奇，悬军深入总堪危。
当时若听还师策，总有群蛮谁敢窥？

其时郭仲翔也被掳去，细奴逻见他丰神不凡，叩问之，方知是郭元振之侄，遂给与本洞头目乌罗部下。原来南蛮从无大志，只贪图中国财物。掳掠得汉人，部分给与各洞头目。功多的，分得多；功少的，分得少。其分得人口，不问贤愚，只如奴仆一般，供他驱使，斫柴割草，饲马牧羊。若是人口多的，又可转相买卖。汉人到此，十个九个只愿死，不愿生。却又有蛮人看守，求死不得，有恁般苦楚。这一阵厮杀，掳得汉人甚多。其中多有有职位的，蛮酋一一审出，许他寄信到中国去，要他亲戚来赎，获其厚利。你想被掳的人，那一个不思想还乡的？一闻此事，不论富家贫家，都寄信到家乡来了。就是各人家属，十分没法处置的，只得罢了；若还有亲有眷，挪移补凑得来。那一家不想借贷去取赎？那蛮酋忍心贪利，随你孤身穷汉，也要勒取好绢三十匹，方准赎回。若上一等的，凭他索诈。乌罗闻知郭仲翔是当朝宰相之侄，高其赎价，索绢一千匹。

仲翔想道："若要千绢，除非伯父处可办。只是关山迢递，怎得寄个信去？"忽然想着："吴保安是我知己，我与他从未会面，只为见他数行之字，便力荐于李都督，召为管记。我之用情，他必谅之。幸他行迟，不与此难，此际多应已到姚州。诚央他附信于长安，岂不便乎？"乃修成一书，径致保安。书中具道苦情，及乌罗索价详细："倘永固不见遗弃，传语伯父，早来见赎，尚可生还。不然，生为俘囚，死为蛮鬼，永固其忍之乎？"永固者，保安之字也。书后附一诗云：

箕子为奴仍异域，苏卿受困在初年。
知君义气深相悯，愿脱征骖学古贤。

仲翔修书已毕，恰好有个姚州解粮官，被赎放回，仲翔乘便就将此书付之，眼盼盼看着他人去了，自己不能奋飞，万箭攒心，不觉泪如雨下。正是：

眼看他鸟高飞去，身在笼中怎出头？

　　不题郭仲翔蛮中之事。且说吴保安奉了李都督文帖，已知郭仲翔所荐，留妻房张氏和那新生下未周岁的孩儿在遂州住下，一主一仆，飞身上路，赶来姚州赴任。闻知李都督阵亡消息，吃了一惊。尚未知仲翔生死下落，不免留身打探。恰好解粮官从蛮地放回，带得有仲翔书信。吴保安拆开看了，好生凄惨。便写回书一纸，书中许他取赎，留在解粮官处，嘱他觑便寄到蛮中，以慰仲翔之心。忙整行囊，便望长安进发。这姚州到长安三千余里，东川正是个顺路，保安径不回家，直到京都，求见郭元振相公。谁知一月前元振已薨，家小都扶枢柩而回了。吴保安大失所望，盘缠罄尽，只得将仆马卖去，将来使用。复身回到遂州，见了妻儿，放声大哭。张氏问其缘故。保安将郭仲翔失陷南中之事说了一遍。"如今要去赎他，争奈自家无力，使他在穷乡悬望，我心何安？"说罢又哭。张氏劝止之，曰："常言'巧媳妇煮不得没米粥'，你如今力不从心，只索付之无奈了。"保安摇首曰："吾向者偶寄尺书，即蒙郭君垂情荐拔；今彼在死生之际，以性命托我，我何忍负之？不得郭回，誓不独生也！"

　　于是倾家所有，估计来止直得绢二百匹，遂撇了妻儿，欲出外为商；又怕蛮中不时有信寄来，只在姚州左近营运。朝驰暮走，东趁西奔；身穿破衣，口吃粗粝，虽一钱一粟，不敢妄费，都积来为买绢之用。得一望十，得十望百；满了百匹，就寄放姚州府库。眠里梦里只想着"郭仲翔"三字，连妻子都忘记了。整整的在外过了十个年头，刚刚的凑得七百匹绢，还未足千匹之数。正是：

　　　　离家千里逐锥刀，只为相知意气饶。
　　　　十载未偿蛮洞债，不知何日慰心交？

　　话分两头。却说吴保安妻张氏，同那幼年孩子，孤孤凄凄的住在遂州。初时，还有人看县尉面上，小意儿周济他，一连几年不通音耗，就没人理他了。家中又无积蓄，捱到十年之外，衣单食缺，万难存济，只得并迭几件破家火，变卖盘缠，领了十一岁的孩儿，亲自问路，欲往姚州寻取丈夫吴保安。夜宿朝行，一日只走得三四十里。比到得戎州界上，盘费已尽，计无所出。欲待求乞前去，又含羞不惯。思量薄命，不如死休；看了十一岁的孩儿，又割舍不下。左思右想，看看天晚，坐在乌蒙山下放声大哭，惊动了过往的官人。

　　那官人姓杨，名安居，新任姚州都督，正顶着李蒙的缺。从长安驰驿到任，打从乌蒙山下经过，听得哭声哀切，又是个妇人，停了车马，召而问之。张氏手搀着十一岁的孩儿，上前哭诉曰："妾乃遂州方义尉吴保安之妻，此孩儿即妾之子也。妾夫因友人郭仲翔陷没蛮中，欲营求千匹绢往赎，弃妾母子，久住姚州，十年不通音信。妾贫苦无依，亲往寻取。粮尽路长，是以悲泣耳。"安居暗暗叹异道："此人真义士，恨我无缘识之。"乃谓张氏曰："夫人休忧，下官忝任姚州都督，一到彼郡，即差人寻访尊夫。夫人行李之费，都在下官身上，请到前途馆驿中，当与夫人设处。"张氏收泪拜谢。虽然如此，心下尚怀惶惑。杨都督车马如飞去了。

张氏母子相扶，一步步捱到驿前。杨都督早已吩咐驿官伺候，问了来历，请到空房饭食安置。次日五鼓，杨都督起马先行。驿官传杨都督之命，将十千钱赠为路费，又备下一辆车儿，差人夫送至姚州普㵎驿中居住。张氏心中感激不尽。正是：

好人还遇好人救，恶人自有恶人磨。

且说杨安居一到姚州，便差人四下寻访吴保安下落。不三四日，便寻着了。安居请到都督府中，降阶迎接，亲执其手，登堂慰劳。因谓保安曰："下官常闻古人有死生之交，今亲见之足下矣。尊夫人同令嗣远来相觅，见在驿舍。足下且往，暂叙十年之别。所需绢匹若干，吾当为足下图之。"保安曰："仆为友尽心，固其分内，奈何累及明公乎？"安居曰："慕公之义，欲成公之志耳。"保安叩首曰："既蒙明公高谊，仆不敢固辞。所少尚三分之一，如数即付，仆当亲往蛮中，赎取吾友。然后与妻孥相见，未为晚也。"时安居初到任，乃于库中撮借官绢四百匹，赠与保安，又赠他全副鞍马。保安大喜，领了这四百匹绢，并库上七百匹，共一千一百之数，骑马直到南蛮界口。寻个熟蛮，往蛮中通话，将所余百匹绢，尽数托他使费。只要仲翔回归，心满意足。正是：

应时还得见，胜是岳阳金。

却说郭仲翔在乌罗部下，乌罗指望他重价取赎，初时好生看待，饮食不缺。过了一年有余，不见中国人来讲话。乌罗心中不悦，把他饮食都裁减了，每日一餐，着他看养战象。仲翔打熬不过，思乡念切，乘乌罗出外打围，拽开脚步，望北而走。那蛮中都是险峻的山路，仲翔走了一日一夜，脚底都破了，被一般看象的蛮子，飞也似赶来，捉了回去。乌罗大怒，将他转卖与南洞主新丁蛮为奴，离乌罗部二百里之外。那新丁最恶，差使小不遂意，整百皮鞭，鞭得背都青肿，如此已非一次。仲翔熬不得痛苦，捉个空，又想逃走。争奈路径不熟，只在山凹内盘旋，又被本洞蛮子追着了，拿去献与新丁。新丁不用了，又卖到南方一洞去，一步远一步了。那洞主号"菩萨

蛮",更是厉害。晓得郭仲翔屡次逃走,乃取木板两片,各长五六尺,厚三四寸,教仲翔把两只脚立在板上,用铁钉钉其脚面,直透板内,日常带着二板行动。夜间纳土洞中,洞口用厚木板门遮盖。本洞蛮子就睡在板上看守,一毫转动不得。两脚被钉处,常流脓血,分明是地狱受罪一般。有诗为证:

身卖南蛮南更南,土牢木锁苦难堪。

十年不达中原信,梦想心交不敢谭。

却说熟蛮领了吴保安言语,来见乌罗,说知求赎郭仲翔之事。乌罗晓得绢足千匹,不胜之喜,便差人往南洞转赎郭仲翔回来。南洞主新丁,又引至菩萨蛮洞中,交割了身价,将仲翔两脚钉板,用铁钳取出钉来。那钉头入肉已久,脓水干后,如生成一般,今番重复取出,这疼痛比初钉时更自难忍,血流满地。仲翔登时闷绝,良久方醒,寸步难移。只得用皮袋盛了,两个蛮子扛抬着,直送到乌罗帐下。乌罗收足了绢匹,不管死活,把仲翔交付熟蛮,转送吴保安收领。

吴保安接着,如见亲骨肉一般。这两个朋友,到今日方才识面。未暇叙话,各睁眼看了一看,抱头而哭,皆疑以为梦中相逢也。郭仲翔感谢吴保安,自不必说。保安见仲翔形容憔悴,半人半鬼,两脚又动掸不得,好生凄惨。让马与他骑坐,自己步行随后,同到姚州城内,回复杨都督。

原来,杨安居曾在郭元振门下做个幕僚,与郭仲翔虽未厮认,却有通家之谊;又且他是个正人君子,不以存亡易心,一见仲翔,不胜之喜,教他洗沐过了,将新衣与他更换,又教随军医生医他两脚疮口。好饮好食将息,不勾一月,平复如故。

且说吴保安从蛮界回来,方才到普淜驿中,与妻儿相见。初时分别,儿子尚在襁褓,如今十一岁了。光阴迅速,未免伤感于怀。杨安居为吴保安义气上,十分敬重。他每对人夸奖,又写书与长安贵要,称他弃家赎友之事;又厚赠资粮,送他往京师补官。凡姚州一郡官府,见都督如此用情,无不厚赠。仲翔仍留为都督府判官。

保安将众人所赠,分一半与仲翔,留下使用。仲翔再三推辞,保安那里肯依,只得受了。吴保安谢了杨都督,同家小往长安进发。仲翔送出姚州界外,痛哭而别。保安仍留家小在遂州,单身到京,升补嘉州彭山丞之职。那嘉州仍是西蜀地方,迎接家小又方便,保安欢喜赴任去讫。不在话下。

再说郭仲翔在蛮中日久,深知款曲。蛮中妇女,尽有资色,价反在男子之下。仲翔在任三年,陆续差人到蛮洞购求年少美女,共有十人,自己教成歌舞,鲜衣美饰,特献与杨安居伏侍,以报其德。安居笑曰:"吾重生高义,故乐成其美耳。言及相报,得无以市井见待耶?"仲翔曰:"荷明公仁德,微躯再造,特求此蛮口奉献,必表区区。明公若见辞,仲翔死不瞑目矣!"安居见他诚恳,乃曰:"仆有幼女,最所钟爱。勉受一小口为伴,余则不敢如命。"仲翔把那九个美女,赠与杨都督帐下九个心腹将校,以显杨公之德。

时朝廷正追念代国公军功,要录用其子侄。杨安居表奏:"故相郭震嫡侄仲翔,始进谏于李蒙,预知胜败;继陷身于蛮洞,备著坚贞。十年复返于故乡,三载效劳于幕府。荫既可叙,功亦宜酬。"于是郭仲翔得授蔚州录事参军。自从离家到今,共一十五年了,他父亲和妻子在家闻得仲翔陷没蛮中,杳无音信,只道身故已久,忽见亲笔家书,迎接家小临蔚州任所,举家欢喜无限。

仲翔在蔚州做官两年,大有声誉,升迁代州户曹参军。又经三载,父亲一病而亡,仲翔扶柩回归河北。丧葬已毕,忽然叹曰:"吾赖吴公见赎,得有余生。因老亲在堂,方谋奉养,未暇图报私恩。今亲殁服除,岂可置恩人于度外乎?"访知吴保安在宦所未回,乃亲到嘉州彭山县看之。

不期保安任满家贫,无力赴京听调,就便在彭山居住;六年之前,患了疫症,夫妇双亡,藁葬在黄龙寺后隙地。儿子吴天祐,从幼母亲教训,读书识字,就在本县训蒙度日。仲翔一闻此信,悲啼不已,因制缞麻之服,腰绖执杖,步至黄龙寺内,向家号泣,具礼祭奠。奠毕,寻吴天祐相见,即将自己衣服脱与他穿了,呼之为弟,商议归葬一事。乃为文以告于保安之灵,发开土堆,止存枯骨二具,仲翔痛哭不已。旁观之人,莫不堕泪。仲翔预制下练囊二个,装保安夫妇骸骨。又恐失了次第,殓葬时一时难认,逐节用墨记下,装入练囊,总贮一竹笼之内,亲自背负而行。吴天祐道是他父母的骸骨,理合他驮,来夺那竹笼。仲翔那肯放下,哭曰:"永固为我奔走十年,今我暂时为之负骨,少尽我心而已。"一路且行且哭,每到旅店,必置竹笼于上坐,将酒饭浇奠过了,然后与天祐同食。夜间亦安置竹笼停当,方敢就寝。自嘉州到魏郡,凡数千里,都是步行。他两脚曾经钉板,虽然好了,终是血脉受伤,一连走了几日,脚面都紫肿起来,内中作痛。看看行走不动,又立心不要别人替力,勉强捱去。有诗为证：

酬恩无地只奔丧，负骨徒行日夜忙。

遥望平阳数千里，不知何日到家乡？

仲翔思想："前路正长，如何是好？"天晚就店安宿，乃设酒饭于竹笼之前，含泪再拜，虔诚哀恳："愿吴永固夫妇显灵，保祐仲翔脚患顿除，步履方便，早到武阳，经营葬事。"吴天祐也从旁再三拜祷。到次日起身，仲翔便觉两脚轻健，直到武阳县中，全不疼痛。此乃神天护佑吉人，不但吴保安之灵也。

再说仲翔到家，就留吴天祐同居。打扫中堂，设立吴保安夫妇神位，买办衣衾棺椁，重新殡敛。自己戴孝，一同吴天祐守幕受吊，顾匠造坟。凡一切葬具，照依先葬父亲一般。又立一道石碑，详纪保安弃家赎友之事，使往来读碑者，尽知其善。又同吴天祐庐墓三年。那三年中，教训天祐经书，得他学问精通，方好出仕。三年后，要到长安补官，念吴天祐无家未娶，择宗族中侲女有贤德者，替他纳聘，割东边宅院子，让他居住成亲，又将一半家财，分给天祐过活。正是：

昔年为友抛妻子，今日孤儿转受恩。
正是投瓜还得报，善人不负善心人。

仲翔起服到京，补岚州长史，又加朝散大夫。仲翔思念保安不已，乃上疏。其略曰：

"臣闻有善必劝者，固国家之典；有恩必酬者，亦匹夫之义。臣向从故姚州都督李蒙进御蛮寇，一战奏捷。臣谓深入非宜，尚当持重；主帅不听，全军覆没。臣以中华世族，为绝域穷困。蛮贼贪利，责绢还俘。谓臣宰相之侄，索至千四。而臣家绝万里，无信可通。十年之中，备尝艰苦，肌肤毁剔，靡刻不泪。牧羊有志，射雁无期。而遂州方义尉吴保安，适至姚州，与臣虽系同乡，从无一面，徒以意气相慕，遂谋赎臣。经营百端，撇家数载，形容憔悴，妻子饥寒。拔臣于垂死之中，赐臣以再生之路。大恩未报，遽尔淹殁。臣今幸沾朱绂，而保安子天祐，食藿悬鹑，臣窃愧之。且天祐年富学深，足堪任使，愿以臣官，让之天祐。庶几国家劝善之典，与下臣酬恩之义，一举两得。臣甘就退闲，没齿无怨。谨昧死披沥以闻。

时天宝十二年也。疏入，下礼部详议。此一事，哄动了举朝官员。虽然保安施恩在前，也难得郭仲翔义气，真不愧死友者矣。礼部为此复奏，盛夸郭仲翔之品，宜破格俯从，以励浇俗。吴天祐可试岚谷县尉，仲翔原官如故。这岚谷县与岚州相邻，使他两个朝夕相见，以慰其情，这是礼部官的用情处。朝廷依允。仲翔领了吴天祐告身一道，谢恩出京，回到武阳县，将告身付与天祐，备下祭奠，拜告两家坟墓。择了吉日，两家宅眷同日起程，向西京到任。

那时做一件奇事，远近传说，都道吴、郭交情，虽古之管、鲍、羊、左，不能及也。后来郭仲翔在岚州，吴天祐在岚谷县，皆有政绩，各升迁去。岚州人追慕其事，为立双义祠，祀吴保安、郭仲翔。里中凡有约誓，都在庙中祷告，香火至今不绝。有诗为证：

频频握手未为亲，临难方知意气真。
试看郭吴真义气，原非平日结交人。

第九卷

裴晋公义还原配

官居极品富千金，享用无多白发侵。

唯有存仁并积善，千秋不朽在人心。

当初汉文帝朝中，有个宠臣，叫作邓通，出则随辇，寝则同榻，恩幸无比。其时有神相许负，相那邓通之面，有纵理纹入口，必当穷饿而死。文帝闻之，怒曰："富贵由我，谁人穷得邓通？"遂将蜀道铜山赐之，使得自铸钱。当时邓氏之钱，布满天下，其富敌国。一日，文帝偶然生下个痈疽，脓血迸流，疼痛难忍。邓通跪而吮之。文帝觉得爽快，便问道："天下至爱者何人？"邓通答道："莫如父子。"恰好皇太子入宫问疾，文帝也教他吮那痈疽。太了推辞道："臣方食鲜脍，恐不宜近圣恙。"太子出宫去了。文帝叹道："至爱莫如父子，尚且不肯为我吮疽，邓通爱我胜如吾子。"由是恩宠俱加。皇太子闻知此语，深恨邓通吮疽之事。后来文帝驾崩，太子即位，是为景帝，遂治邓通之罪，说他吮疽献媚，坏乱钱法。籍其家产，闭于空室之中，绝其饮食，邓通果然饿死。又汉景帝时，丞相周亚夫也有纵理纹在口。景帝忌他威名，寻他罪过，下之于廷尉狱中。亚夫怨恨，不食而死。这两个极富极贵，犯了饿死之相，果然不得善终。然虽如此，又有一说：道是面相不如心相。假如上等贵相之人，也有做下亏心事，损了阴德，反不得好结果；又有犯着恶相的，却因心地端正，肯积阴功，反祸为福。此是人定胜天，非相法之不灵也。

如今说唐朝有个裴度，少年时，贫落未遇。有人相他纵理入口，法当饿死。后游香山寺中，于井亭栏干上，拾得三条宝带。裴度自思："此乃他人遗失之物，我岂可损人利己，坏了心术？"乃坐而守之。少顷间，只见有个妇人，啼哭而来，说道："老父陷狱，借得三条宝带，要去赎罪。偶到寺中盥手烧香，遗失在此。如有人拾取，可怜见还,全了老父之命。"裴度将三条宝带,即时交付与妇人,妇人拜谢而去。

他日,又遇了那相士。相士大惊道:"足下骨法全改,非复向日饿莩之相,得非有阴德乎?"裴度辞以没有。相士云:"足下试自思之,必有拯溺救焚之事。"裴度乃言还带一节。相士云:"此乃大阴功,他日富贵两全,可预贺也。"后来裴度果然进身及第,位至宰相,寿登耄耋。正是:

面相不如心相准,为人须是积阴功。

假饶方寸难移相,饿莩焉能享万钟?

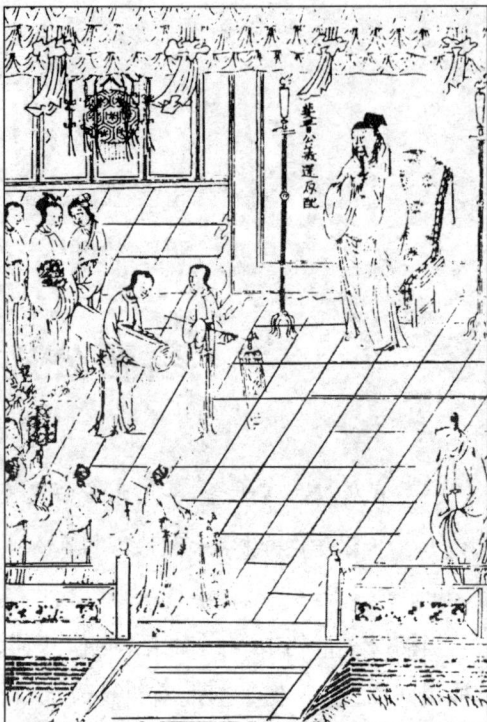

说话的,你只道裴晋公是阴德上积来的富贵,谁知他富贵以后,阴德更多。则今听我说义还原配这节故事,却也十分难得。

话说唐宪宗皇帝元和十三年,裴度领兵削平了淮西反贼吴元济,还朝拜为首相,进爵晋国公。又有两处积久负固的藩镇,都惧怕裴度威名,上表献地赎罪:恒冀节度使王承宗,原献德、隶二州;淄青节度使李师道,愿献沂、密、海三州。宪宗皇帝看见外寇渐平,天下无事,乃修龙德殿,浚龙首池,起承晖殿,大兴土木。又听山人柳泌,合长生之药。裴度屡次切谏,都不听。佞臣皇甫镈判度支,程异掌盐铁,专一刻剥百姓财物,名为羡余,以供无事之费。由是投了宪宗皇帝之意,两个佞臣并同平章事。裴度羞与同列,上表求退。宪宗皇帝不许,反说裴度好立朋党,渐有疑忌之心。裴度自念功名太盛,唯恐得罪,乃口不谈朝事,终日纵情酒色,以乐余年。四方郡牧,往往访觅歌儿舞女,献于相府,不一而足。论起裴晋公,那里要人来献,只是这班阿谀谄媚的,要博相国欢喜,自然重价购求,也有用强逼取的,鲜衣美饰,或假作家妓,或伪称侍儿,遣人殷殷勤勤的送来。裴晋公来者不拒,也只得纳了。

再说晋州万泉县,有一人,姓唐名璧,字国宝,曾举孝廉科,初任括州龙泉县尉,再任越州会稽丞。先在乡时,聘定同乡黄太学之女小娥为妻。因小娥尚在稚龄,待年未嫁。比及长成,唐璧两任游宦,都在南方。以此两下蹉跎,不曾婚配。

那小娥年方二九,生得脸似堆花,体如琢玉,又且通于音律,凡箫管琵琶之类,无所不工。晋州刺史奉承裴晋公,要在所属地方选取美貌歌姬一队进奉。已有了五人,还少一个出色掌班的。闻得黄小娥之名,又道太学之女,不可轻得,乃捐钱三十万,嘱托万泉县令求之。那县令又奉承刺史,遣人到黄太学家致意。黄太学回道:"已经受聘,不敢从命。"县令再三强求,黄太学只是不允。

时值清明,黄太学举家扫墓,独留小娥在家。县令打听的实,乃亲到黄家,搜出小娥,用肩舆抬去,着两个稳婆相伴,立刻送到晋州刺史处交割。硬将三十万钱撇在他家,以为身价。比及黄太学回来,晓得女儿被县令劫去,急往县中,知已送去州里。再到晋州,将情哀求刺史。刺史道:"你女儿才色过人,一入相府,必然擅宠,岂不胜作他人箕帚乎?况已受我聘财六十万钱,何不赠与汝婿,别图配偶?"黄太学道:"县主乘某扫墓,将钱委置,某未尝面受,况止三十万,今悉持在此。某只愿领女,不愿领钱也。"刺史拍案大怒道:"你得财卖女,却又瞒过三十万,强来絮聒,是何道理?汝女已送至晋国公府中矣,汝自往相府取索,在此无益。"黄太学看见刺史发怒,出言图赖,再不敢开口,两眼含泪而出。在晋州守了数日,欲得女儿一见,寂然无信,叹了口气,只得回县去了。

却说刺史将千金置买异样服饰,宝珠璎珞,妆扮那六个人,如天仙相似,全副乐器,整日衙中操演。直待晋国公生日将近,遣人送去,以作贺礼。那刺史费了许多心机,破了许多钱钞,要博相国一个大欢喜。谁知相国府中,歌舞成行,各镇所献美女也不计其数。这六个人,只凑得闹热,相国那里便看在眼里,留在心里?从来奉承尽有折本的,都似此类。有诗为证:

> 割肉剜肤买上欢,千金不吝备吹弹。
>
> 相公见惯浑闲事,羞杀州官与县官!

话分两头。再说唐璧在会稽任满,该得升迁,想黄小娥今已长成,且回家毕姻,然后赴京未迟。当下收拾宦囊,望万泉县进发。到家次日,就去谒见岳丈黄太学。

黄太学已知为着姻事,不等开口,便将女儿被夺情节,一五一十,备细的告诉了。唐璧听罢,呆了半晌,咬牙切齿恨道:"大丈夫浮沉薄宦,至一妻之不能保,何以生为?"黄太学劝道:"贤婿英年才望,自有好姻缘相凑,吾女儿自没福相从,遭此强暴,休得过伤怀抱,有误前程。"唐璧怒气不息,要到州官、县官处,与他争论。黄太学又劝道:"人已去矣,争论何益?况干碍裴相国,方今一人之下,万人之上,倘失其欢心,恐于贤婿前程不便。"乃将县令所留三十万钱抬出,交付唐璧道:"以此为图婚之费。当初宅上有碧玉玲珑为聘,在小女身边,不得奉还矣。贤婿须念前程为重,休为小挫以误大事。"唐璧两泪交流,答道:"某年近三旬,又失此良偶,琴瑟之事,终身已矣。蜗名微利,误人之本,从此亦不复思进取也!"言讫,不觉大恸。黄太学也还痛起来。大家哭了一场,方罢。唐璧那里肯收这钱去,径自空身回了。

次日,黄太学亲到唐璧家,再三解劝,撺掇他早往京师听调,得了官职,然后徐议良姻。唐璧初时不肯,被丈人一连数日强逼不过,思量在家气闷,且到长安走遭,也好排遣。勉强择吉,买舟起程。丈人将三十万钱暗地放在舟中,私下嘱咐从人道:"开船两日后,方可禀知主人。拿去京中,好做使用,讨个美缺。"唐璧见了这钱,又感伤了一场,吩咐苍头:"此是黄家卖女之物,一文不可动用。"

在路不一日,来到长安。雇人挑了行李,就裴相国府中左近处下个店房,早晚府前行走,好打探小娥信息。过了一夜,次早到吏部报名,送历任文簿,查验过了。回寓吃了饭,就到相府门前守候。一日最少也踅过十来遍。住了月余,那里通得半个字?这些官吏们一出一入,如马蚁相似,谁敢上前把这没头脑的事问他一声!正是:

> 侯门一入深如海,从此萧郎是路人。

一日,吏部挂榜,唐璧授湖州录事参军。这湖州,又在南方,是熟游之地,唐璧也到欢喜。等有了告敕,收拾行李,雇唤船只出京。行到潼津地方,遇了一伙强人。自古道:"慢藏海盗。"只为这三十万钱带来带去,露了小人眼目,惹起贪心,就结伙做出这事来。这伙强人从京城外直跟至潼津,背地通同了船家,等待夜静,一齐下手。也是唐璧命不该绝,正在船头上登东,看见声势不好,急忙跳水,上岸逃命。只听得这伙强人乱了一回,连船都撑去,苍头的性命也不知死活。舟中一应行李,尽被劫去,光光剩个身子。正是:

> 屋漏更遭连夜雨,船迟又被打头风。

那三十万钱和行囊,还是小事,却有历任文簿,和那告敕,是赴任的执照,也失去了，连官也做不成。唐璧那一时真个是控天无路，诉地无门。思量："我直恁时乖运蹇，一事无成！欲待回乡，有何面目？欲待再往京师，向吏部衙门投诉，奈身畔并无分文盘费，怎生是好？这里又无相识借贷，难道求乞不成？"欲待投河而死，又想："堂堂一躯，终不然如此结果。"坐在路旁，想了又哭，哭了又想，左算右算，无计可施，从半夜直哭到天明。

喜得绝处逢生，遇着一个老者携杖而来，问道："官人为何哀泣？"唐璧将赴任被劫之事，告诉了一遍。老者道："原来是一位大人，失敬了。舍下不远，请那步则个。"老者引唐璧约行一里，到于家中，重复叙礼。老者道："老汉姓苏，儿子唤做苏凤华，见做湖州武源县尉，正是大人属下。大人往京，老汉愿少助资斧。"即忙备酒饭管待，取出新衣一套，与唐璧换了；捧出白金二十两，权充路费。

唐璧再三称谢，别了苏老，独自一个上路，再往京师旧店中安下。店主人听说路上吃亏，好生凄惨。唐璧到吏部门下，将情由哀禀。那吏部官道是告敕、文簿尽空，毫无巴鼻，难辨真伪。一连求了五日，并不作准，身边银两，都在衙门使费去了。回到店中，只叫得苦，两泪汪汪的坐着纳闷。

只见外面一人，约莫半老年纪，头带软翅纱帽，身穿紫袴衫，挺带皂靴，好似押牙官模样，踱进店来。见了唐璧，作了揖，对面而坐，问道："足下何方人氏？到此贵干？"唐璧道："官人不问犹可，问我时，教我一时诉不尽心中苦情！"说未绝声，扑簌簌掉下泪来。紫衫人道："尊意有何不美？可细话之，或者可共商量也。"唐璧道："某姓唐，名璧，晋州万泉县人氏，近除湖州录事参军。不期行至潼津，忽遇盗劫，资斧一空。历任文簿和告敕都失了，难以之任。"紫衫人道："中途被劫，非关足下之事。何不以此情诉知吏部，重给告身，有何妨碍？"唐璧道："几次哀求，不蒙怜准，教我去住两难，无门恳告。"紫衫人道："当朝裴晋公每怀恻隐，极肯周旋落难之人，足下何不去求见他？"唐璧听说，愈加悲泣道："官人休题起'裴晋公'三字，使某心肠

如割。"紫衫人大惊道："足下何故而出此言？"唐璧道："某幼年定下一房亲事，因屡任南方，未成婚配，却被知州和县尹用强夺去，凑成一班女乐，献与晋公，使某壮年无室。此事虽不由晋公，然晋公受人谄媚，以致府县争先献纳，分明是他拆散我夫妻一般。我今日何忍复往见之？"紫衫人问道："足下所定之室，何姓何名？当初有何为聘？"唐璧道："姓黄，名小娥，聘物碧玉玲珑，见在彼处。"紫衫人道："某即晋公亲校，得出入内室，当为足下访之。"唐璧道："侯门一入，无复相见之期。但愿官人为我传一信息，使他知我心事，死亦瞑目。"紫衫人道："明日此时，定有好音奉报。"说罢，拱一拱手，踱出门去了。

唐璧转展思想，懊悔起来："那紫衫押牙，必是晋公亲信之人，遣他出外探事的。我方才不合议论了他几句，颇有怨望之词。倘或述与晋公知道，激怒了他，降祸不小！"心下好生不安，一夜不曾合眼。

巴到天明，梳洗罢，便到裴府窥望。只听说令公给假在府，不出外堂。虽然如此，仍有许多文书来往，内外奔走不绝，只不见昨日这紫衫人。等了许久，回店去吃了些午饭，又来守候，绝无动静。看看天晚，眼见得紫衫人已是谬言失信了。嗟叹了数声，凄凄凉凉的回到店中。

方欲点灯，忽见外面两个人似令史妆扮，慌慌忙忙的走入店来，问道："那一位是唐璧参军？"唬得唐璧躲在一边，不敢答应。店主人走来问道："二位何人？"那两个人答曰："我等乃裴府中堂吏，奉令公之命，来请唐参军到府讲话。"店主人指道："这位就是。"唐璧只得出来相见了，说道："某与令公素未通谒，何缘见召？且身穿亵服，岂敢唐突。"堂吏道："令公立等，参军休得推阻。"

两个左右腋扶着，飞也似跑进府来。到了堂上，教"参军少坐，容某等禀过令公，却来相请。"两个堂吏进去了。不多时，只听得飞奔出来，复道："令公给假在内，请进去相见。"一路转弯抹角，都点得灯烛辉煌，照耀如白日一般。两个堂吏前后引路，到一个小小厅事中。只见两行纱灯排列，令公角巾便服，拱立而待。唐璧慌忙拜伏在地，流汗浃背，不敢仰视。令公传命扶起道："私室相延，何劳过礼？"便教看坐。唐璧谦让了一回，坐于旁侧，偷眼看着令公，正是昨日店中所遇紫衫之人，愈加惶惧，捏着两把汗，低了眉头，鼻息也不敢出来。

原来裴令公闲时常在外面私行耍子，昨日偶到店中，遇了唐璧。回府去，就查黄小娥名字，唤来相见，果然十分颜色。令公问其来历，与唐璧说话相同；又讨他碧玉玲珑看时，只见他紧紧的带在臂上。令公甚是怜悯，问道："你丈夫在此，愿一见乎？"小娥流泪道："红颜薄命，自分永绝。见与不见，权在令公，贱妾安敢自专。"令公点头,教他且去。密地吩咐堂候官,备下资装千贯;又将空头告敕一道,填写唐璧名字,差人到吏部去,查他前任履历及新授湖州参军文凭,要得重新补给。件件完备,才请唐璧到府。唐璧满肚慌张,那知令公一团美意!

当日令公开谈道:"昨见所话,诚心恻然。老夫不能杜绝馈遗,以致足下久旷琴瑟之乐,老夫之罪也。"唐璧离席下拜道:"鄙人身遭颠沛,心神颠倒。昨日语言冒犯,自知死罪,伏唯相公海涵!"令公请起道:"今日颇吉,老夫权为主婚,便与足下完婚。薄有行资千贯奉助,聊表赎罪之意。成亲之后,便可于飞赴任。"唐璧只是拜谢,也不敢再问赴任之事。只听得宅内一派乐声嘹亮,红灯数对,女乐一队前导,几个押班老嬷和养娘辈,簇拥出如花如玉的黄小娥来。唐璧慌欲躲避。老嬷道:"请二位新人就此见礼。"养娘铺下红毡。黄小娥和唐璧做一对儿立了,朝上拜了四拜,令公在傍答揖。早有肩舆在厅事外,伺候小娥登舆,一径抬到店房中去了。令公吩咐唐璧速归逆旅,勿误良期。唐璧跑回店中,只听得人言鼎沸。举眼看时,摆列得绢帛盈箱,金钱满箧,就是起初那两个堂吏看守着,专等唐璧到来,亲自交割。又有个小小箧儿,令公亲判封的。拆开有时,乃官诰在内,复除湖州司户参军。唐璧喜不自胜,当夜与黄小娥就在店中,权作洞房花烛。这一夜欢情,比着寻常毕姻的,更自得意。正是:

> 运去雷轰荐福碑,时来风送滕王阁。
> 今朝婚宦两称心,不似从前情绪恶。

唐璧此时有婚有宦,又有了千贯资装,分明是十八层地狱的苦鬼,直升到三十三天去了。若非裴令公仁心慷慨,怎肯周旋得人十分满足?

次日,唐璧又到裴府谒谢。令公预先吩咐门吏辞回,不劳再见。唐璧回寓,重理冠带,再整行装。在京中买了几个童仆跟随,两口儿回到家乡,见了岳丈黄太学。好似枯木逢春,断弦再续,欢喜无限。过了几日,夫妇双双往湖州赴任。感激裴令公之恩,将沉香雕成小像,朝夕拜祷,愿其福寿绵延。后来裴令公寿过八旬,子孙蕃衍,人皆以为阴德所致。诗云:

> 无室无官苦莫论,周旋好事赖洪恩。
> 人能步步存阴德,福禄绵绵及子孙。

第 十 卷

滕大尹鬼断家私

玉树庭前诸谢，紫荆花下三田。埙篪和好弟兄贤，父母心中欢忭。

多少争财竞产，同根苦自相煎。相持鹬蚌枉垂涎，落得渔人取便。

这首词名为《西江月》，是劝人家弟兄和睦的。且说如今三教经典，都是教人为善的。儒教有《十三经》、《六经》、《五经》，释教有诸品《大藏金经》，道教有《南华冲虚经》及诸品藏经。盈箱满案，千言万语，看来都是赘疣。依我说，要做好人，只消个两字经，是"孝弟"两个字。那两字经中，又只消理会一个字，是个"孝"字。假如孝顺父母的，见父母所爱者亦爱之，父母所敬者亦敬之，何况兄弟行中，同气连枝，想到父母身上去，那有不和不睦之理？就是家私田产，总是父母挣来的，分什么尔我？较什么肥瘠？假如你生于穷汉之家，分文没得承受，少不得自家挽起眉毛，挣扎过活。见成有田有地，兀自争多嫌寡，动不动推说爹娘偏爱，分受不均。那爹娘在九泉之下，他心上必然不乐。此岂是孝子所为？所以古人说得好，道是："难得者兄弟，易得者田地。"怎么是难得者兄弟？且说人生在世，至亲的莫如爹娘；爹娘养下我来时节，极早已是壮年了，况且爹娘怎守得我同去？也只好半世相处。再说至爱的莫如夫妇，白头相守，极是长久的了；然未做亲以前，你张我李，各门各户，也空着幼年一段。只有兄弟们，生于一家，从幼相随到老，有事共商，有难共救，真像手足一般，何等情谊！譬如良田美产，今日弃了，明日又可挣得来的；若失了个弟兄，分明割了一手，折了一足，乃终身缺陷。说到此地，岂不是"难得者兄弟，易得者田地？"若是为田地上坏了手足亲情，到不如穷汉赤光光没得承受，反为干净，省了许多是非口舌。

如今在下说一节国朝的故事，乃是《滕县尹鬼断家私》。这节故事，是劝人重义

轻财,休忘了"孝弟"两字经。看官们,或是有弟兄没弟兄,都不关在下之事,各人自去摸着心头,学好做人便了。正是:

善人听说心中刺,恶人听说耳边风。

话说国朝永乐年间,北直顺天府香河县,有个倪太守,双名守谦,字益之,家累千金,肥田美宅。夫人陈氏,单生一子,名曰善继。长大婚娶之后,陈夫人身故。倪太守罢官鳏居,虽然年老,只落得精神健旺。凡收租放债之事,件件关心,不肯安闲享用。其年七十九岁。倪善继对老子说道:"'人生七十古来稀'。父亲今年七十九,明年八十齐头了,何不把家事交卸与孩儿掌管,吃些见成茶饭,岂不为美?"老头子摇着头,说出几句道:

"在一日,管一日。替你心,替你力。挣些利钱穿共吃。直待两脚壁立直,那时不关我事得。"

每年十月间,倪太守亲往庄上收租,整月的住下。庄户人家,肥鸡美酒,尽他受用。那一年,又去住了几日。偶然一日,午后无事,绕庄闲步,观看野景。忽然见一个女子同着一个白发婆婆,向溪边石上捣衣。那女子虽然村妆打扮,颇有几分姿色:

发同漆黑,眼若波明。纤纤十指似栽葱,曲曲双眉如抹黛。随常布帛,俏身躯赛着绫罗;点景野花,美丰仪不须钗钿。五短身材偏有趣,二八年纪正当时。

倪太守老兴勃发,看得呆了。那女子捣衣已毕,随着老婆婆而走。那老儿留心观看，只见他走过数家，进一个小小白篱笆门内去了。倪太守连忙转身，唤管庄的来，对他说如此如此，教他访那女子跟脚，曾否许人："若是没有人家时，我要娶他为妾，未知他肯否？"管庄的巴不得奉承家主，领命便走。原来那女子姓梅，父亲也是个府学秀才。因幼年父母双亡，在外婆身边居住。年一十七岁，尚未许人。管庄的访得的实了，就与那老婆婆说："我家老爷见你女孙儿生得齐整，意欲聘为偏房。虽说是做小，老奶奶去世已久，上面并无人拘管。嫁得成时，丰衣足食，自不须说，连你老人家年常衣服、茶、米，都是我家照顾，临终还得个好断送，只怕你老人家没福。"老婆婆听得花锦似一片说话，即时依允。

也是姻缘前定，一说便成。管庄的回复了倪太守，太守大喜。讲定财礼，讨皇历看个吉日，又恐儿子阻挡，就在庄上行聘，庄上做亲。成亲之夜，一老一少，端的好看！有《西江月》为证：

> 一个乌纱白发，一个绿鬓红妆。枯藤缠树嫩花香，好似奶公相傍。
> 一个心中凄楚，一个暗地惊慌。只愁那话忒郎当，双手扶持不上。

当夜倪太守抖擞精神，勾消了姻缘簿上。真个是：

> 恩爱莫忘今夜好，风光不减少年时。

过了三朝，唤个轿子，抬那梅氏回宅，与儿子媳妇相见。阖宅男妇，都来磕头，称为"小奶奶"。倪太守把些布帛，赏与众人，各各欢喜。

只有那倪善继，心中不美。面前虽不言语，背后夫妻两口儿议论道："这老人忒没正经，一把年纪，风灯之烛，做事也须料个前后，知道五年十年在世，却去干这样不了不当的事？讨这花枝般的女儿，自家也得精神对付他，终不然耽误他在那里，有名无实？还有一件，多少人家老汉身边，有了少妇，支持不过。那少妇熬不得，走了野路，出乖露丑，为家门之玷。还有一件，那少妇跟随老汉，分明似出外度荒年一般，等得年时成熟，他便去了。平时偷短偷长，做下私房，东三西四的寄开，又撒娇撒痴，要汉子制办衣饰与他；到得树倒鸟飞时节，他便颠作嫁人，一包儿收拾去受用。这是木中之蠹，米中之虫，人家有了这般人，最损元气的。"又说道："这女子娇模娇样，好像个妓女，全没有良家体段，看来是个做声分的头儿，擒老公的太岁。在咱爹身边，只该半妾半婢，叫声姨姐，后日还有个退步。可笑咱爹不明，就叫众人唤他做'小奶奶',难道要咱们叫他娘不成?咱们只不作准他,莫要奉承透了,讨他做大起来,明日咱们颠到受他怄气。"夫妻二人,唧唧哝哝,说个不了。早有多嘴的传话出来,倪太守知道了,虽然不乐,却也藏在肚里。幸得那梅氏秉性温良,事上接下,一团和气,众人也都相安。

过了两个月,梅氏得了身孕,瞒着众人,只有老公知道。一日三,三日九,捱到十月满足,生下一个小孩儿出来,举家大惊。这日正是九月九日,乳名取做重阳儿。到十一日,就是倪太守生日。这年恰好八十岁了,贺客盈门。倪太守开筵管待,一来为寿诞,二来小孩儿三朝,就当个汤饼之会。众宾客道:"老先生高年,又新添个小令郎,足见血气不衰,乃上寿之征也。"倪太守大喜。倪善继背后又说道:"男子六十而精绝,况是八十岁了,那见枯树上生出花来?这孩子不知那里来的杂种,绝不是咱爹嫡血,我断然不认他做兄弟。"老子又晓得了,也藏在肚里。

光阴似箭,不觉又是一年。重阳儿周岁,整备做晬盘故事。里亲外眷,又来作贺。倪善继到走了出门,不来陪客。老子已知其意,也不去寻他回来,自己陪着诸亲,吃了一日酒。虽然口中不语,心内未免有些不足之意。

自古道:"子孝父心宽。"那倪善继平日做人,又贪又狠,一心只怕小孩子长大起来,分了他一股家私,所以不肯认做兄弟;预先把恶话谣言,日后好摆布他母子。那倪太守是读书做官的人,这个关窍怎不明白?只恨自家老了,等不及重阳儿成人长大,日后少不得要在大儿子手里讨针线,今日与他结不得冤家,只索忍耐。看了这点小孩子,好生痛他;看了梅氏小小年纪,好生怜他。常时想一会,闷一会,恼一会,又懊悔一会。

再过四年,小孩子长成五岁。老子见他伶俐,又忒会玩耍,要送他馆中上学。取个学名,哥哥叫善继,他就叫善述。拣个好日,备了果酒,领他去拜师父。那师父就是倪太守请在家里教孙儿的,小叔侄两个同馆上学,两得其便。谁知倪善继与做爹的不是一条心肠。他见那孩子取名善述,与己排行,先自不像意了;又与他儿子同学读书,到要儿子叫他"叔叔",从小叫惯了,后来就被他欺压,不如唤了儿子出来,另从个师父罢。当日将儿子唤出,只推有病,连日不到馆中。

倪太守初时只道是真病。过了几日,只听得师父说:"大令郎另聘了个先生,分做两个学堂,不知何意?"倪太守不听犹可,听了此言,不觉大怒,就要寻大儿子问其缘故。又想到:"天生恁般逆种,与他说也没干,由他罢了。"含了一口闷气,回到房中,偶然脚慢,拌着门槛一跌。梅氏慌忙扶起,搀到醉翁床上坐下,已自不省人事,急请医生来看,医生说是中风。忙取姜汤灌醒,扶他上床。虽然心下清爽,却满身麻木，动掸不得。梅氏坐在床头，煎汤煎药，殷勤伏侍，连进几服，全无功效。医生切脉道：“只好延捱日子，不能全愈了。”倪善继闻知，也来看觑了几遍，见老子病势沉重，料是不起，便呼五喝六，打童骂仆，预先装出家主公的架子来。老子听得，愈加烦恼。梅氏只得啼哭，连小学生也不去上学，留在房中，相伴老子。

倪太守自知病笃，唤大儿子到面前，取出簿子一本，家中田地屋宅及人头账目总数，都在上面，吩咐道：“善述年方五岁，衣服尚要人照管；梅氏又年少，也未必能管家；若分家私与他，也是枉然，如今尽数交付与你。倘或善述日后长大成人，你可看做爹的面上，替他娶房媳妇，分他小屋一所，良田五六十亩，勿令饥寒足矣。这段话我都写绝在家私簿上，就当分家，把与你做个执照。梅氏若愿嫁人，听从其便；倘肯守着儿子度日，也莫强他。我死之后，你一一依我言语，这便是孝子。我在九泉，亦得瞑目。”倪善继把簿子揭开一看，果然开得细，写得明，满脸堆下笑来，连声应道：“爹休忧虑，怎儿一一依爹吩咐便了。”抱了家私簿子，欣然而去。

梅氏见他走得远了，两眼垂泪，指着那孩子道：“这个小冤家，难道不是你嫡血？你却和盘托出，都把与大儿子了，教我母子两口，异日把什么过活？”倪太守道：“你有所不知，我看善继，不是个良善之人，若将家私平分了，连这小孩子的性命也难保；不如都把与他，像了他意，再无妒忌。”梅氏又哭道：“虽然如此，自古道‘子无嫡庶’，忒杀厚薄不均，被人笑话。”倪太守：“我也顾他不得了。你年纪正小，趁我未死，将孩子嘱咐善继。待我去世后，多则一年，少则半载，尽你心中拣择个好头脑，自去图下半世受用，莫要在他们身边讨气吃。”梅氏道：“说那里话！奴家也是儒门之女，妇人从一而终，况又有了这小孩儿，怎割舍得抛他？好歹要守在这孩子身边的。”

倪太守道：“你果然肯守志终身吗？莫非日久生悔？”梅氏就发起大誓来。

倪太守道：“你若立志果坚，莫愁母子没得过活。”便向枕边摸出一件东西来，交与梅氏。梅氏初时只道又是一个家私簿子，却原来是一尺阔三尺长的一个小轴子。梅氏道：“要这小轴儿何用？”倪太守道：“这是我的《行乐图》，其中自有奥妙。你可悄地收藏，休露人目。直待孩子年长，善继不肯看顾他，你也只含藏于心。等得个贤明有司官来，你却将此轴去诉理，述我遗命，求他细细推详，自然有个处分，尽勾你母子二人受用。”梅氏收了轴子。

话休絮烦。倪太守又延了数日，一夜痰厥，叫唤不醒，呜呼哀哉死了，享年八十四岁。正是：

三寸气在千般用,一日无常万事休。

早知九泉将不去,作家辛苦着何由!

且说倪善继得了家私簿,又讨了各仓各库钥匙,每日只去查点家财杂物,那有功夫走到父亲房里问安。直等呜呼之后,梅氏差丫鬟去报知凶信,夫妻两口方才跑来,也哭了几声"老爹爹"。没一个时辰,就转身去了,到委着梅氏守尸。幸得衣衾、棺椁诸事都是预办下的,不要倪善继费心。殡殓成服后,梅氏和小孩子两口守着孝堂,早暮啼哭,寸步不离。善继只是点名应客,全无哀痛之意,七中便择日安葬。回丧之夜,就把梅氏房中倾箱倒箧,只怕父亲存下些私房银两在内。梅氏乖巧,恐怕收去了他的《行乐图》,把自己原嫁来的两只箱笼到先开了,提出几件穿旧衣裳,教他夫妻两口检看。善继见他大意,到不来看了。夫妻两口儿乱了一回,自去了。梅氏思量苦切,放声大哭。那小孩子见亲娘如此,也哀哀哭个不住。怎般光景:

任是泥人应堕泪,从教铁汉也酸心。

次早,倪善继又唤个做屋匠来看这房子,要行重新改造,与自家儿子做亲。将梅氏母子,搬到后园三间杂屋内栖身,只与他四脚小床一张和几件粗台粗凳,连好家火都没一件。原在房中伏侍有两个丫鬟,只拣大些的又唤去了,止留下十一二岁的小使女,每日是他厨下取饭。有菜没菜,都不照管。梅氏见不方便,索性讨些饭米,堆个土灶,自炊来吃。早晚做些针指,买些小菜,将就度日。小学生到附在邻家上学,束修都是梅氏自出。善继又屡次教妻子劝梅氏嫁人,又寻媒妪与他说亲,见梅氏誓死不从,只得罢了。因梅氏十分忍耐,凡事不言不语,所以善继虽然凶狠,也不将他母子放在心上。

光阴似箭,善述不觉长成一十四岁。原来梅氏平生谨慎,从前之事,在儿子面前一字也不题,只怕娃子家口滑,引出是非,无益有损。守得一十四岁时,他胸中渐渐泾渭分明,瞒他不得了。

一日,向母亲讨件新绢衣穿,梅氏回他没钱买得。善述道:"我爹做过太守,止生我弟兄两人。见今哥哥怎般富贵,我要一件衣服就不能够了,是怎地?既娘没钱时,我自与哥哥索讨。"说罢就走。梅氏一把扯住道:"我儿,一件绢衣,直甚大事,也去开口求人。常言道:'惜福积福','小来穿线,大来穿绢'。若小时穿了绢,到大来线也没得穿了。再过两年,等你读书进步,做娘的情愿卖身来做衣服与你穿着。

你那哥哥不是好惹的,缠他什么!"善述道:"娘说得是。"口虽答应,心下不以为然,想着:"我父亲万贯家私,少不得兄弟两个大家分受。我又不是随娘晚嫁,拖来的油瓶,怎么我哥哥全不看顾? 娘又是恁般说,终不然一匹绢儿没有我分,直待娘卖身来做与我穿着,这话好生奇怪! 哥哥又不是吃人的虎,怕他怎的?"心生一计,瞒了母亲,径到大宅里去。寻见了哥哥,叫声:"作揖。"善继到吃了一惊,问他来做甚什么。善述道:"我是个缙绅子弟,身上褴褛,被人耻笑,特来寻哥哥,讨匹绢去做衣服穿。"善继道:"你要衣服穿,自与娘讨。"善述道:"老爹爹家私是哥哥管,不是娘管。"善继听说"家私"二字,题目来得大了,便红着脸问道:"这句话,是那个教你说的?"你今日来讨衣服穿,还是来争家私?"善述道:"家私少不得有日分析,今日先要件衣服,装装体面。"善继道:"你这般野种,要什么体面! 老爹爹纵有万贯家私,自有嫡子嫡孙,干你野种屁事! 你今日是听了甚人撺掇,到此讨野火吃? 莫要惹着我性子,教你母子二人无安身之处!"善述道:"一般是老爹爹所生,怎么我是野种?惹着你性子,便怎地? 难道谋害了我娘儿两个,你就独占了家私不成?"善继大怒,骂道:"小畜生,敢挺撞我!"牵住他衣袖儿,捻起拳头,一连七八个栗暴,打得头皮都青肿了。

善述挣脱了,一道烟走出,哀哀的哭到母亲面前来,一五一十,备细述与母亲知道。梅氏抱怨道:"我教你莫去惹事,你不听教训,打得你好!"口里虽如此说,扯着青布衫,替他摩那头上肿处,不觉两泪交流。有诗为证:

> 少年孀妇拥遗孤,食薄衣单百事无。
> 只为家庭缺孝友,同枝一树判荣枯。

梅氏左思右量,恐怕善继藏怒,倒遣使女进去致意,说小学生不晓世事,冲撞长兄,招个不是。善继兀自怒气不息,次日侵早,邀几个族人在家,取出父亲亲笔分关,请梅氏母子到来,公同看了,便道:"尊亲长在上,不是善继不肯养他母子,要撵他出去,只因善述昨日与我争取家私,发许多说话,诚恐日后长大,说话一发多了,今日分析他母子出外居住。东庄住房一所,田五十八亩,都是遵依老爹爹遗命,毫不敢自专,伏乞尊亲长作证。"这伙亲族,平昔晓得善继做人厉害,又且父亲亲笔遗嘱,那个还肯多嘴做闲冤家,都将好看的话儿来说。那奉承善继的说道:"千金难买亡人笔。照依分关,再没话了。"就是那可怜善述母子的,也只说道:"男子不吃分时饭,女子不着嫁时衣,多少白手成家的,如今有屋住,有田种,不算没根基了,只要自去挣持，得粥莫嫌薄，各人自有个命在。"

梅氏料道在园屋居住，不是了日，只得听凭分析，同孩儿谢了众亲长，拜别了祠堂，辞了善继夫妇。教人搬了几件旧家伙，和那原嫁来的两只箱笼，雇了牲口骑坐，来到东庄屋内。只见荒草满地，屋瓦稀疏，是多年不修整的，上漏下湿，怎生住得？将就打扫一两间，安顿床铺，唤庄户来问时，连这五十八亩田，都是最下不堪的。大熟之年，一半收成还不能够；若荒年，只好赔粮。梅氏只叫得苦。倒是小学生有智，对母亲道："我弟兄两个，都是老爹爹亲生，为何分关上如此偏向？其中必有缘故。莫非不是老爹爹亲笔？自古道："家私不论尊卑。母亲何不告官申理？厚薄凭官府判断，到无怨心。"

梅氏被孩儿题起线索，便将十来年隐下衷情都说出来，道："我儿休疑分关之语，这正是你父亲之笔。他道你年小，恐怕被做哥的暗算，所以把家私都判与他，以安其心。临终之日，只与我《行乐图》一轴，再三嘱咐：'其中含藏哑谜，直待贤明有司在任，送他详审，包你母子两口有得过活，不致贫苦'。"善述道："既有此事，何不早说？《行乐图》在那里？快取来与孩儿一看。"梅氏开了箱儿，取出一个布包来。解开包袱，里面又有一重油纸封裹着。拆了封，展开那一尺阔、三尺长的小轴儿，挂在椅上，母子一齐下拜。梅氏通陈道："村庄香烛不便，乞恕亵慢。"善述拜罢，起来仔细看时，乃是一个坐像，乌纱白发，画得丰采如生，怀中抱着婴儿，一只手指着地下。揣摩了半晌，全然不解，只得依旧收卷包藏，心下好生烦闷。

过了数日，善述到前村要访个师父讲解，偶从关王庙前经过，只见一伙村人，抬着猪羊大礼，祭赛关圣。善述立住脚头看时，又见一个过路的老者，拄了一根竹杖，也来闲看。问着众人道："你们今日为甚赛神？"众人道："我们遭了屈官司，幸赖官府明白，断明了这公事。向日许下神道愿心，今日特来拜偿。"老者道："什么屈官司？怎生断的？"内中一人道："本县向奉上司明文，十家为甲。小人是甲首，叫作成大。同甲中，有个赵裁，是第一手针线，常在人家做夜作，整几日不归家的。忽一日出去了，月余不归。老婆刘氏，央人四下寻觅，并无踪迹。又过了数日，河内浮出一个尸首，头都打破的。地方报与官府。有人认出衣服，正是那赵裁。赵裁出门前一日，曾与小人酒后争句闲话，一时发怒，打到他家，毁了他几件家私，这是有的。谁知他老婆把这桩人命告了小人。前任漆知县，听信一面之词，将小人问成死罪。同甲不行举首，连累他们都有了罪名。

小人无处伸冤，在狱三载。幸遇新任滕爷，他虽乡科出身，甚是明白。小人因他熟审时节，哭诉其冤。他也疑惑道：'酒后争嚷，不是大仇，怎的就谋他一命，准了小人状词，出牌拘人复审。滕爷一眼看着赵裁的老婆，千不说，万不说，开口便问他：'曾否再醮?'刘氏道：'家贫难守，已嫁人了。'又问：'嫁的甚人?'刘氏道：'是班辈的裁缝，叫沈八汉。'滕爷当时飞拿沈八汉来，问道：'你几时娶这妇人?'八汉道：'他丈夫死了一个多月，小人方才娶回。'滕爷道：'何人为媒? 用何聘礼?'八汉道：'赵裁存日，曾借用过小人七八两银子。小人闻得赵裁死信，走到他家探问，就便催取这银子。那刘氏没得抵偿，情愿将身许嫁小人，准折这银两，其实不曾央媒。'滕爷又问道：'你做手艺的人，那里来这七八两银子?'八汉道：'是陆续凑与他的。'滕爷把纸笔教他细开逐次借银数目。八汉开了出来，或米或银共十三次，凑成七两八钱之数。滕爷看罢，大喝道：'赵裁是你打死的，如何妄陷平人?'便用夹棍夹起。八汉还不肯认。滕爷道：'我说出情弊，教你心服：既然放本盘利，难道再没有第二个人托得，恰好都借与赵裁? 必是平昔间与他妻子有奸，赵裁贪你东西，知情故纵。以后想做长久夫妻，便谋死了赵裁，却又教导那妇人告状，捻在成大身上。今日你开账的字，与旧时状纸笔迹相同，这人命不是你是谁?'再教把妇人拶指，要他承招。刘氏听见滕爷言语，句句合拍，分明鬼谷先师一般，魂都惊散了，怎敢抵赖? 拶子套上，便承认了，八汉只得也招了。原来八汉起初与刘氏密地相好，人都不知。后来往来勤了，赵裁怕人眼目，渐有隔绝之意。八汉私与刘氏商量，要谋死赵裁，与他做夫妻，刘氏不肯。八汉乘赵裁在人家做生活回来，哄他店上吃得烂醉，行到河边，将他推倒，用石块打破脑门，沉尸河底，只等事冷，便娶那妇人回去。后因尸骸浮起，被人认出。八汉闻得小人有争嚷之隙，却去唆那妇人告状。那妇人直待嫁后，方知丈夫是八汉谋死的。既做了夫妻，便不言语，却被滕爷审出真情，将他夫妻抵罪，释放小人宁家。多承列位亲邻斗出公分，替小人赛神。老翁，你道有这般冤事吗?"老者道："怎般贤明官府，真个难遇! 本县百姓有幸了。"

倪善述到那里，便回家学与母亲知道，如此如此，这般这般："有恁地好官府，不将《行乐图》去告诉，更待何时?"母子商议已定，打听了放告日期。梅氏起个黑早，领着十四岁的儿子，带了轴儿，来到县中叫喊。大尹见没有状词，只有一个小小轴儿，甚是奇怪，问其缘故。梅氏将倪善继平昔所为及老子临终遗嘱，备细说了。滕知县收了轴子，教他且去，"待我进衙细看。"正是：

一幅画图藏哑谜，千金家事仗搜寻。
只因孽妇孤儿苦，费尽神明大尹心。

不题梅氏母子回家。且说滕大尹放告已毕，退归私衙，取那一尺阔、三尺长的小轴，看是倪太守《行乐图》：一手抱个婴孩，一手指着地下。推详了半日，想道："这个婴孩就是倪善述，不消说了。那一手指地，莫非要有司官念他地下之情，替他出力吗？"又想道："他既有亲笔分关，官府也难做主了。他说轴中含藏哑谜，必然还有个道理。若我断不出此事，枉自聪明一世。"每日退堂，便将画图展玩，千思万想。如此数日，只是不解。

也是这事合当明白，自然生出机会来。一日午饭后，又去看那轴子。丫鬟送茶来吃，将一手去接茶瓯，偶然失挫，泼了些茶，把轴子沾湿了。滕大尹放了茶瓯，走向阶前，双手扯开轴子，就日色晒干。忽然日光中照见轴子里面有些字影，滕知县心疑，揭开看时，乃是一幅字纸，托在画上，正是倪太守遗笔。上面写道：

老夫官居五马，寿逾八旬。死在旦夕，亦无所恨。但孽子善述，方年周岁，急未成立。嫡善继素缺孝友，日后恐为所戕。新置大宅二所及一切田户，悉以授继。唯左偏旧小屋，可分与述。此屋虽小，室中左壁埋银五千，作五坛；右壁埋银五千，金一千，作六坛，可以准田园之额。后有贤明有司主断者，述儿奉酬白金三百两。八十一翁倪守谦亲笔。

年 月 日花押。

原来这《行乐图》，是倪太守八十一岁上与小孩子做周岁时，预先做下的。古人云："知子莫若父，信不虚也。"滕大尹最有机变的人看见开着许多金银，未免垂涎之意。眉头一皱，计上心来，差人"密拿倪善继来见我，自有话说。"

却说倪善继独罢家私，心满意足，日日在家中快乐。忽见县差奉着手批拘唤，时刻不容停留。善继推阻不得，只得相随到县。正直大尹升堂理事，差人禀道："倪善继已拿到了。"大尹唤到案前，问道："你就是倪太守的长子吗？"善继应道："小人正是。"大尹道："你庶母梅氏，有状告你，说你逐母逐弟，占产占房，此事真吗？"倪善继道："庶弟善述，在小人身边，从幼抚养大的。近日他母子自要分居，小人并不曾逐他。其家财一节，都是父亲临终亲笔分析定的，小人并不敢有违。"大尹道："你父亲亲笔在那里？"善继道："见在家中，容小人取来呈览。"大尹道："他状词内告有家财万贯，非同小可。遗笔真伪，也未可知。念你是缙绅之后，且不难为你。明日可唤齐梅氏母子，我亲到你家查阅家私。若厚薄果然不均，自有公道，难以私情而论。"喝教皂快押出善继，就去拘集梅氏母子，明日一同听审。公差得了善继的东道，放他回家去讫，自往东庄拘人去了。

再说善继听见官府口气厉害,好生惊恐。论起家私,其实全未分析,单单持着父亲分关执照,千钧之力,须要亲族见证方好。连夜将银两分送三党亲长,嘱托他次早都到家来,若官府问及遗笔一事,求他同声相助。这伙三党之亲,自从倪太守亡后,从不曾见善继一盘一盒,岁时也不曾酒杯相及。今日大块银子送来。正是闲时不烧香,急来抱佛脚,各各暗笑,落得受了买东西吃。明日见官,旁观动静,再作区处。时人有诗云:

休嫌庶母妄兴词,自是为兄意太私。

今日将银买三党,何如匹绢赠孤儿?

且说梅氏见县差拘唤,已知县主与他做主。过了一夜,次日侵早,母子二人,先到县中去见滕大尹。大尹道:"怜你孤儿寡妇,自然该替你说法。但闻得善继执得有亡父亲笔分关,这怎么处?"梅氏道:"分关虽写得有,却是保全孩子之计,非出亡夫本心。恩相只看家私簿上数目,自然明白。"大尹道:"常言道清官难断家事。我如今管你母子一生衣食充足,你也休做十分大望。"梅氏谢道:"若得免于饥寒足矣,岂望与善继同作富家郎乎?"

滕大尹吩咐梅氏母子:"先到善继家伺候。"倪善继早已打扫厅堂,堂上设一把虎皮交椅,焚起一炉好香。一面催请亲族:"早来守候。"梅氏和善述到来,见十亲九眷都与眼前,一一相见了,也不免说几句求情的话儿。善继虽然一肚子恼怒,此时也不好发泄。各各暗自打点见官的说话。

等不多时,只听得远远喝道之声,料是县主来了。善继整顿衣帽迎接;亲族中年长知事的,准备上前见官。其幼辈怕事的,都站在照壁背后张望,打探消耗。只见一对对执事两班排立,后面青罗伞下,盖着有才有智的滕大尹。到得倪家门首,执事跪下,吆喝一声。梅氏和倪家兄弟,都一齐跪下来迎接。门子喝声:"起去!"轿夫停了五山屏风轿子。滕大尹不慌不忙,踱下轿来。将欲进门,忽然对着空中,连连打恭;口里应对,恰像有主人相迎的一般。众人都吃惊,看他做甚模样。只见滕大尹一路揖让,直到堂中。连作数揖,口中叙许多寒温的言语。先向朝南的虎皮交椅上打个恭,恰像有人看坐的一般,连忙转身,就拖一把交椅,朝北主位排下,又向空再三谦让,方才上坐。

众人看他见神见鬼的模样,不敢上前,都两旁站立呆看。只见滕大尹在上坐拱揖,开谈道:"令夫人将家产事告到晚生手里,此事端的如何?"说罢,便作倾听之状。

良久，乃摇首吐舌道："长公子太不良了。"静听一会，又自说道："教次公子何以存活？"停一会，又说道："右偏小屋，有何活计？"又连声道："领教，领教。"又停一时，说道："这项也交付次公子？晚生都领命了。"少停又拱揖道："晚生怎敢当此厚惠？"推逊了多时，又道："既承尊命恳切，晚生勉领，便给批照与次公子收执。"乃起身，又连作数揖，口称："晚生便去。"众人都看得呆了。

只见滕大尹立起身来，东看西看，问道："倪爷那里去了？"门子禀道："没见什么倪爷。"滕大尹道："有此怪事？"唤善继问道："方才令尊老先生，亲在门外相迎；与我对坐了，讲这半日说话，你们谅必都听见的。"善继道："小人不曾听见。"滕大尹道："方才长长的身儿，瘦瘦的脸儿，高颧骨，细眼睛，长眉大耳，朗朗的三牙须，银也似白的，纱帽皂靴，红袍金带，可是倪老先生模样吗？"唬得众人一身冷汗，都跪下道："正是他生前模样。"大尹道："如何忽然不见了？他说家中有两处大厅堂，又东边旧存下一所小屋，可是有的？"善继也不敢隐瞒，只得承认道："有的。"大尹道："且到东边小屋去一看，自有话说。"众人见大尹半日自言自语，说得活龙活现，分明是倪太守模样，都信道倪太守真个出现了。人人吐舌，个个惊心。谁知都是滕大尹的巧言。他是看了《行乐图》，照依小像说来，何曾有半句是真话！有诗为证：

> 圣贤自是空题目，唯有鬼神不敢触。
> 若非大尹假装词，逆子如何肯心服？

倪善继引路，众人随着大尹，来到东偏旧屋内。这旧屋是倪太守未得第时所居，自从造了大厅大堂，把旧屋空着，只做个仓厅，堆积些零碎米麦在内，留下一房家人。看见大尹前后走了一遍，到正屋中坐下，向善继道："你父亲果是有灵，家中事体，备细与我说了。教我主张，这所旧宅子与善述，你意下何如？"善继叩头道："但凭恩台明断。"大尹讨家私簿子细细看了，连声道："也好个大家事。"看到后面遗笔分关，大笑道："你家老先生自家写定的，方才却又在我面前，说善继许多不是，这个老先儿也是没主意的。"唤倪善继过来，"既然分关写定，这些田园账目，一一给你，善述不许妄争。"

梅氏暗暗叫苦，方欲上前哀求，只见大尹又道："这旧屋判与善述，此屋中之所有，善继也不许妄争。"善继想道："这屋内破家破火，不直甚事，便堆下些米麦，一月前都粜得七八了，存不多儿，我也勾便宜了。"便连连答应道："恩台所断极明。"大尹道："你两人一言为定，各无翻悔。众人既是亲族，都来做个证见。方才倪老先生当面嘱咐说：'此屋左壁下埋银五千两，作五坛，当与次儿。'"善继不信，禀道："若果然有此，即使万金，亦是兄弟的，小人并不敢争执。"大尹道："你就争执时，我也不准。"便教手下讨锄头、铁锹等器，梅氏母子作眼，率领民壮，往东壁下掘开墙基，果然埋下五个大坛，发起来时，坛中满满的，都是光银子。把一坛银子，上秤称时，算来该是六十二斤半，刚刚一千两足数。众人看见，无不惊讶。善继益发信真了："若非父亲阴灵出现，面诉县主，这个藏银我们尚且不知，县主那里知道？"

只见滕大尹教把五坛银子，一字儿摆在自家面前，又吩咐梅氏道："右壁还有五坛，亦是五千之数。更有一坛金子，方才倪老先生有命，送我作酬谢之意，我不敢当。他再三相强，我只得领了。"梅氏同善述叩头说道："左壁五千，已出望外；若右壁更有，敢不依先人之命。"大尹道："我何以知之？据你家老先生是恁般说，想不是虚话。"再教人发掘西壁，果然六个大坛，五坛是银，一坛是金。善继看着许多黄白之物，眼里都放出火来，恨不得抢他一锭。只是有言在前，一字也不敢开口。

滕大尹写个照帖，给与善述为照，就将这房家人判与善述母子。梅氏同善述不胜之喜，一同叩头拜谢。善继满肚不乐，也只得磕几个头，勉强说句："多谢恩台主张。"大尹判几条封皮，将一坛金子封了，放在自己轿前，抬回衙内，落得受用。众人都认道真个倪太守许下酬谢他的，反以为理之当然，那个敢道个不字。这正叫作"鹬蚌相持，渔人得利"。若是倪善继存心忠厚，兄弟和睦，肯将家私平等分析，这千两黄金，弟兄大家该五百两，怎到得滕大尹之手？白白里作成了别人，自己还讨得气闷，又加个不孝不弟之名。千算万计，何曾算计得他人，只算计得自家而已。

闲话休题。再说梅氏母子，次日又到县拜谢滕大尹。大尹已将《行乐图》取去遗笔，重新裱过，给还梅氏收领。梅氏母子方悟《行乐图》上，一手指地，乃指地下所藏之金银也。此时有了这十坛银子，一般置买田园，遂成富室。后来善述娶妻，连

图文珍藏版

生三子,读书成名。倪氏门中,只有这一支极盛。善继两个儿子,都好游荡,家业耗废。善继死后,两所大宅子都卖与叔叔善述管业。里中凡晓得倪家之事本末的,无不以为天报云。诗曰:

从来天道有何私,堪笑倪郎心太痴。
忍以嫡兄欺庶母,却教死父算生儿。
轴中藏字非无意,壁下埋金属有司。
何以存些公道好,不生争竞不兴词。

第十一卷

赵伯升茶肆遇仁宗

　　三寸舌为安国剑,五言诗作上天梯。
　　青云有路终须到,金榜无名誓不归。

　　话说大宋仁宗皇帝朝间,有一个秀士,姓赵名旭,字伯升,乃是西川成都府人氏。自幼习学文章,《诗》、《书》、《礼》、《乐》,一览下笔成文,乃是个饱学的秀才。喜闻东京开选,一心要去应举,特到堂中,禀知父母。其父赵伦,字文宝,母亲刘氏,都是世代诗礼之家,见子要上京应举,遂允其请。赵旭择日束装,其父赠诗一首。诗云:

　　但见诗书频入目,莫将花酒苦迷肠。
　　来年三月桃花浪,夺取罗袍转故乡。

　　其母刘氏亦叮咛道:"愿孩儿早夺魁名,不负男儿之志。"赵旭拜别了二亲,遂携琴剑书箱,带一仆人,径望东京进发。有亲友一行人送出南门之外。赵旭口占一词,名曰《江神子》。词云:

　　旗亭谁唱《渭城》诗? 两相思,怯罗衣。野渡舟横,杨柳折残枝。怕见苍山千万里,人去远,草烟迷。
　　芙蓉秋露洗胭脂,断凤凄,晓霜微。剑悬秋水,离别惨虹霓。剩有青衫千点泪,何日里,滴休时?

赵旭词毕，作别亲友，起程而行。于路饥餐渴饮，夜住晓行。不则一日，来到东京。遂入城中，观看景致。只见楼台锦绣，人物繁华，正是龙虎风云之地。行到状元坊，寻个客店安歇，守待试期。入场赴选，三场文字已毕，回归下处，专等黄榜。赵旭心中暗喜："我必然得中也。"

次日，安排早饭已罢。店对过有座茶坊，与店中朋友同会茶之间，赵旭见案上有诗牌，遂取笔，去那粉壁上写下词一首。词云：

> 足蹑云梯，手攀仙桂，姓名已在《登科》内。马前喝道状元来，金鞍玉勒成行队。　　宴罢归来，醉游街市，此时方显男儿志。修书急报凤楼人，这回好个风流婿。

写毕，赵旭自心欢喜。至晚各归店中，不在话下。

当时仁宗皇帝早朝升殿，考试官阅卷已毕，齐到朝中。仁宗皇帝问："卿所取榜首年例三名，今不知何处人氏？"试官便将三名文卷呈上御前，仁宗亲自观览。看了第一卷，龙颜微笑，对试官道："此卷作得极好，可惜中间有一字差错。"试官俯伏在地，拜问圣上，未审何字差写，仁宗笑曰："乃是个'唯'字。原来'口'旁，如何却写'厶'旁？"试官再拜叩首，奏曰："此字皆可通用。"仁宗问道："此人姓甚名谁？何处人氏？"拆开弥封看时，乃是四川成都府人氏，姓赵名旭，见今在状元坊店内安歇。仁宗着快行急宣。

那时，赵旭在店内蒙宣，不敢久停，随使命直到朝中。借得蓝袍槐简，引见御前，叩首拜舞。仁宗皇帝问道："卿乃何处人氏？"赵旭叩头奏道："臣是四川成都府人氏，自幼习学文艺。特赴科场，幸瞻金阙。"帝又问曰："卿得何题目？作文字多少？内有几字？"赵旭叩首，一一回奏，无有差错。仁宗见此人出语如同注水，暗喜称奇，只可惜一字差写。上曰："卿卷内有一字差错。"赵旭惊惶俯伏，叩首拜问：

"未审何字差写?"仁宗云:"乃是个'唯'字。本是个'口'旁,卿如何却写作'厶'旁?"赵旭叩头回奏道:"此字皆可通用。"仁宗不悦,就御案上取文房四宝,写下八个字,递与赵旭曰:"卿家看想,写着'单单、去吉、吴矣、吕台。,卿言通用,与朕拆来!"赵旭看了半晌,无言抵对。仁宗曰:"卿可暂退读书。"赵旭羞愧出朝,回归店中,闷闷不已。

众朋友来问道:"公必然得意!"赵旭被问,言说此事,众皆大惊。遂乃邀至茶坊,啜茶解闷。赵旭蓦然见壁上前日之辞,嗟吁不已,再把文房四宝,作词一首。词云:

羽翼将成,功名欲遂,姓名已称男儿意。东君为报牡丹芳,琼林赐与他人醉。"唯"字曾差,功名落地,天公误我平生志。问归来,回首望家乡,水远山遥,三千余里。

待得出了金榜,着人看时,果然无赵旭之名。吁嗟涕泣,流落东京,羞归故里。"再待三年,必不负我。"在下处闷闷不悦,漫题四句于壁上。诗曰:

宋玉徒悲,江淹是恨。
韩愈投荒,苏秦守困。

赵旭写罢,在店中闷倦无聊,又作词一首,名《浣溪纱》,道:

秋气天寒万叶飘,蛩声唧唧夜无聊,夕阳人影卧平桥。　　菊近秋来都烂缦,从他霜后更萧条,夜来风雨似今朝。

思忆家乡,功名不就,展转不寐,起来独坐,又作《小重山》词一首,道:

独坐清灯夜不眠,寸肠千万缕,两相牵。鸳鸯秋雨傍池莲,分飞苦,红泪晚风前。　　回首雁翩翩,写来思寄去,远如天。安排心事待明年,愁难待,泪滴满青毡。

自此流落东京,至秋夜,仆人不肯守待,私奔回家去。赵旭孤身旅邸,又无盘缠，每日上街与人作文写字。争奈身上衣衫褴褛，着一领黄草布衫，被西风一吹，赵旭心中苦闷，作词一首，词名《鹧鸪天》，道：

> 黄草遮寒最不宜，况兼久敝色如灰。肩穿袖破花成缕，可奈金风早晚吹！　才挂体，泪沾衣，出门羞见旧相知。邻家女子低声问："觅与奴糊隔帛儿？"

时值秋雨纷纷，赵旭坐在店中。店小二道："秀才，你今如此穷窘，何不去街市上茶坊酒店中吹笛，觅讨些钱物，也可度日。"赵旭听了，心中焦躁，作诗一首。诗曰：

> 旅店萧萧形影孤，时挑野菜作羹蔬。
> 村夫不识调羹手，问道能吹笛也无？

光阴荏苒，不觉一载有余。忽一日，仁宗皇帝在宫中，夜至三更时分，梦一金甲神人，坐驾太平车一辆，上载着九轮红日。直至内廷。猛然惊觉，乃是南柯一梦。至来日早朝升殿，臣僚拜舞已毕，文武散班。仁宗宣问司天台苗太监曰："寡人夜来得一梦，梦见一金甲神人，坐驾太平车一辆，上载九轮红日，此梦主何吉凶？"苗太监奏曰："此九日者，乃是个'旭'字，或是人名，或是州郡。"仁宗曰："若是人名，朕今要见此人，如何得见？卿与寡人占一课。"原来苗太监曾遇异人，传授诸葛马前课，占问最灵。当下奉课，奏道："陛下要见此人，只在今日。陛下须与臣扮作白衣秀士，私行街市，方可遇之。"仁宗依奏，卸龙衣，解玉带，扮作白衣秀才，与苗太监一般打扮。出了朝门之外，径往御街并各处巷陌游行。

将及半晌，见座酒楼，好不高峻！乃是有名的樊楼。有《鹧鸪天》词为证：

城中酒楼高入天，烹龙煮凤味肥鲜。公孙下马闻香醉，一饮不惜费万钱。招贵客，引高贤，楼上笙歌列管弦。百般美物珍馐味，四面栏杆彩画檐。

仁宗皇帝与苗太监上楼饮酒，君臣二人，各分尊卑而坐。时正盛夏，天道炎热。仁宗手执一把月样白梨玉柄扇，倚着栏杆看街。将扇柄敲楹，不觉失手，堕扇楼下。急下去寻时，无有。仁宗教苗太监更占一课。苗太监领旨，发课罢，详道："此扇也只在今日重见。"二人饮酒毕，算还酒钱下楼出街。

行到状元坊，有座茶肆。仁宗道："可吃杯茶去。"二人入茶肆坐下，忽见白壁之上,有词二只,句语清佳,字画精壮。后写:"锦里秀才赵旭作。"仁宗失惊道:"莫非此人便是?"苗太监便唤茶博士问道:"壁上之词是何人写的?"茶博士答道:"告官人,这个作词的,他是一个不得第的秀才,差归故里,流落在此。"苗太监又问道:"他是何处人氏?今在何处安歇?"茶博士道:"他是西川成都府人氏,见在对过状元坊店内安歇,专与人作文度日,等候下科开选。"

仁宗想起前因,私对苗太监说道:"此人原是上科试官取中的榜首,文才尽好,只因一字差误,朕怪他不肯认错,遂黜而不用,不期流落于此。"便教茶博士:"去寻他来,我要求他文章。你若寻得他来,我自赏你。"茶博士走了一回,寻他不着。叹道:"这个秀才,真个没福,不知何处去了。"茶博士回复道:"二位官人,寻他不见。"仁宗道:"且再坐一会,再点茶来。"一边吃茶,又教茶博士去寻这个秀才来。茶博士又去店中并各处酒店寻问,不见,道:"真乃穷秀才!若遇着这二位官人,也得他些资助,好无福分!"茶博士又回复道:"寻他不见。"

二人还了茶钱,正欲起身,只见茶博士指道:"兀那赵秀才来了!"苗太监道:"在那里?"茶博士指街上:"穿破蓝衫的来者便是。"苗太监教请他来。茶博士出街,接着道:"赵秀才,我茶肆中有二位官人等着你,教我寻你两次不见。"赵旭慌忙走入茶坊,相见礼毕,坐于苗太监肩下,三人吃茶。问道:"壁上文词,可是秀才所作?"赵旭答道:"学生不才,信口胡诌,甚是笑话。"仁宗问道:"秀才是成都人,却缘何在此?"赵旭答道:"因命薄下第,差归故里。"正说之间,赵旭于袖中捞摸。苗太监道:"秀才袖中有何物?"赵旭不答,即时袖中取出,乃是月样玉柄白梨扇子,双手捧与。苗太监看时,上有新诗一首。诗道:

> 屈曲交枝翠色苍,困龙未际土中藏。
>
> 他时若得风云会,必作擎天白玉梁。

苗太监道:"此扇从何而得?"赵旭答道:"学生从樊楼下走过,不知楼上何人坠下此扇,偶然插于学生破蓝衫袖上,就去王丞相家作松诗,起笔因书于扇上。"苗太监道:"此扇乃是此位赵大官人的,因饮酒坠于楼下。"赵旭道:"既是大官人的,即当奉还。"仁宗皇帝大喜,又问秀才:"上科为何不第?"赵旭答言:"学生三场文字俱成,不想圣天子御览,看得一字差写,因此不第,流落在此。"仁宗曰:"此是今上不明。"赵旭答曰:"今上至明。"仁宗曰:"何字差写?"赵旭曰:"是'唯'字。学生写为'厶'旁,天子高明,说是'口'旁。学生奏说:'皆可通用'。今上御书八字:'单单、去吉、吴矣、吕台。'卿言通用，与朕拆来。'学生无言抵对，因此黜落，至今淹滞，此乃学生考究不精，自取其咎，非圣天子之过也。"仁宗问道："秀才家居锦里是西川了。可认得王制置吗？"赵旭答道："学生认得王制置，王制置不认得学生。"仁宗道："他是我外甥，我修封书，着人送你同去投他，讨了名分，教你发迹如何？"赵旭倒身便拜："若得二位官人提携，不敢忘恩。"苗太监道："秀才，你有缘遇着大官人抬举，你何不作诗谢之？"赵旭应诺，作诗一首。诗曰：

> 白玉隐于顽石里，黄金埋入污泥中。
> 今朝遇贵相提掇，如立天梯上九重。

仁宗皇帝见诗，大喜道："何作此诗？ 也未见我荐得你否。我也回诗一首。"诗曰：

> 一字争差因失第，京师流落误佳期。
> 与君一束投西蜀，胜似山呼拜凤墀。

赵旭得大官人诗，感恩不已。又有苗太监道："秀才，大官人有诗与你，我岂可无一言乎？"乃赠诗一首，诗曰：

> 旭临帝阙应天文，本得名魁一字浑。
> 今日束投王制置，锦衣光耀赵家门。

苗太监道："秀才，你回下处去，待来日早辰，我自催促大官人，着人将书并路费，一同送你起程。"赵旭问道："大官人第宅何处？ 学生好来拜谢。"苗太监："第宅离此甚远，秀才不劳访问。"赵旭就在茶坊中拜谢了，三人一同出门，作别而去。

到来日，赵旭早起等待。果然昨日那没须的白衣秀士，引着一个虞候，担着个衣箱包袱，只不见赵大官人来。赵旭出店来迎接，相见礼毕。苗太监道："夜来赵大官人依着我，委此人送你起程，付一锭白银五十两，与你文书，赍到成都府去。文书都在此人处，着你路上小心径往。"赵旭再三称谢，问道："官人高姓大名？"苗太监道："在下姓苗，名秀，就在赵大官人门下做个馆宾。秀士见了王制置时，自然晓得。"赵旭道："学生此去倘然得意，绝不忘犬马之报。"遂吟诗一首，写于素笺，以寓谢别之意。诗曰：

旧年曾作登科客，今日还期暗点头。

有意去寻丞相府，无心偶会酒家楼。

空中扇坠蓝衫插，袖里诗成黄阁留。

多谢贵人修尺一，西川制置径相投。

苗太监领了诗笺，作别自回，赵旭遂将此银凿碎，算还了房钱，整理衣服齐备，三日后起程。

于路饥餐渴饮，夜住晓行，不则一日，约莫到成都府地面百余里之外。听得人说差人远接新制置，军民喧闹。赵旭闻信大惊，自想："我特地来寻王制置，又离任去了，我直如此命薄！怎生是好？"遂吟诗一首，诗曰：

尺书手捧到川中，千里投人一旦空。

辜负高人相汲引，家乡虽近转忧冲。

虞候道："不须愁烦，且前进，打听的实如何。"赵旭行一步，懒一步，再行二十五里，到了成都地面。接官亭上，官员人等喧哄，都说："伺候新制置到任，接了三日，并无消息。"虞候道："秀才，我与你到接官亭上看一看。"赵旭道："不可去，我是个无倚的人。"虞候不管他说，一直将着袱包，挑着衣箱，径到接官亭上歇下。虞候道："众官在此等甚？何不接新制置？"众官失惊，问道："不见新制置来？"虞候打开袱包，拆开文书，道："这秀才便是新制置。"赵旭也吃了一惊。虞候又开了衣箱，取出紫袍金带、象简乌靴，戴上舒角袱头，宣读了圣旨。赵旭谢恩，叩首拜敕，授西川五十四州都制置。众官相见，行礼已毕。赵旭着人去寻个好寺院去处暂歇，选日上任。自思前事："我状元到手，只为一字黜落。谁知命中该发迹，在茶肆遭遇赵大官人，原来正是仁宗皇帝。"此乃是：

　　　着意种花花不活，无心栽柳柳成荫。

　　赵旭问虞候道："前者白衣人送我起程的，是何官宰？"虞候道："此是司天台苗太监，旨意吩咐着我同来。"赵旭自道："我有眼不识泰山也。"

　　择日上任，骏马雕鞍，张三檐伞盖，前面队伍摆列，后面官吏跟随，威仪整肃，气象轩昂。上任已毕，归家拜见父母。父母蓦然惊惧，合家迎接，门前车马喧天。赵旭下马入堂，紫袍金带，象简乌靴，上堂参拜父母。父母问道："你科举不第，流落京师，如何便得此职？又如何除授本处为官？"赵旭具言前事，父母闻知，拱手加额，感日月之光，愿孩儿忠心补报皇恩。赵旭作诗一首，诗曰：

　　　功名着意本抡魁，一字争差不得归。
　　　自恨禹门风浪急，谁知平地一声雷！

　　父母心中不胜之喜。合家欢悦，亲友齐来庆贺，做了好几日筵席。旧时逃回之仆，不念旧恶，依还收用。思量仁宗天子恩德，自修表章一道，进谢皇恩，从此西川做官，兼管军民。父母俱迎在衙门中奉养。所谓一子受皇恩，全家食天禄。有诗为证：

　　　相如持节仍归蜀，季子怀金又过周。
　　　衣锦还乡从古有，何如茶肆遇宸游？

第 十 二 卷

众名姬春风吊柳七

北阙休上诗,南山归敝庐。

不才明主弃,多病故人疏。

白发催年老,青阳逼岁除。

永怀愁不寐,松月下窗虚。

　　这首诗,乃唐朝孟浩然所作。他是襄阳第一个有名的诗人,流寓东京,宰相张说甚重其才,与之交厚。一日,张说在中书省入直,草应制诗,苦思不就,遣堂吏密请孟浩然到来,商量一联诗句。正尔烹茶细论,忽然唐明皇驾到。孟浩然无处躲避,伏于床后。明皇早已瞧见,问张说道:"适才避朕者,何人也?"张说奏道:"此襄阳诗人孟浩然,臣之故友。偶然来此,因布衣,不敢唐突圣驾。"明皇道:"朕亦素闻此人之名,愿一见之。"孟浩然只得出来,拜伏于地,口称:"死罪。"明皇道:"闻卿善诗,可将生平得意一首,诵与朕听?"孟浩然就诵了"北阙休上诗"这一首。明皇道:"卿非不才之流,朕亦未为明主;然卿自不来见朕,朕未尝弃卿也。"当下龙颜不悦,起驾去了。

　　次日,张说入朝,见帝谢罪,因力荐浩然之才,可充馆职。明皇道:"前朕闻孟浩然有'流星澹河汉,疏雨滴梧桐'之句,何其清新! 又闻有'气蒸云梦泽,波憾岳阳楼'之句,何其雄壮! 昨在朕前,偏述枯槁之辞,又且中怀怨望,非用世之器也。宜听归南山,以成其志!"由是终身不用,至今人称为"孟山人"。后人有诗叹云:

新诗一首献当朝,欲望荣华转寂寥。

不是不才明主弃,从来贵贱命中招。

古人中有因一言拜相的，又有一篇赋上遇主的。那孟浩然只为错念了八句诗，失了君王之意，岂非命乎？

如今我又说一桩故事，也是个有名才子，只为一首词上，误了功名，终身坎凛，后来颠到成了风流佳话。

那人是谁？说起来，是宋神宗时人，姓柳，名永，字耆卿。原是建宁府崇安县人氏。因随父亲作宦，流落东京。排行第七，人都称为柳七官人。年二十五岁，丰姿洒落，人才出众，琴棋书画，无所不通；至于吟诗作赋，尤其本等。还有一件，最其所长，乃是填词。

怎么叫作填词？假如李太白有《忆秦娥》、《菩萨蛮》，王维有《郁轮袍》，这都是词名，又谓之"诗馀"，唐时名妓多歌之。至宋时，大晟府乐官博采词名，填腔进御。这个词，比切声调，分配十二律，其某律某调，句长句短，合用平上去入四声字眼，有个一定不移之格。作词者按格填入，务要字与音协，一些杜撰不得，所以谓之填词。那柳七官人，于音律里面第一精通，将大晟府乐词，加添至二百余调，真个是词家独步。他也自恃其才，没有一个人看得入眼，所以缙绅之门，绝不去走，文字之交，也没有人。终日只是穿花街，走柳巷，东京多少名妓，无不敬慕他，以得见为荣。若有不认得柳七者，众人都笑他为下品，不列姊妹之数。所以妓家传出几句口号。道是：

不愿穿绫罗，愿依柳七哥；
不愿君王召，愿得柳七叫；
不愿千黄金，愿中柳七心；
不愿神仙见，愿识柳七面。

那柳七官人，真个是朝朝楚馆，夜夜秦楼。内中有三个出名上等的行首，往来尤密。一个唤做陈师师，一个唤做赵香香，一个唤做徐冬冬。这三个行首，赔着自己钱财，争养柳七官人。怎见得？有《戏题》一词，名《西江月》为证：

调笑师师最惯，香香暗地情多，冬冬与我煞脾和，独自窝盘三个。
"管"字下边无分，"闲"字加点如何？权将"好"字自停那，"奸"字中间着我。

这柳七官人，诗词文采，压于朝士。因此近侍官员虽闻他恃才高傲，却也多少敬慕他的。那时天下太平，凡一才一艺之士，无不录用。有司荐柳永才名，朝中又有人保奏，除授浙江管下馀杭县宰。这县宰官儿，虽不满柳耆卿之意，把做个进身之阶却也罢了。只是舍不得那三个行首。时值春暮，将欲起程，乃制《西江月》为词，以寓惜别之意：

　　凤额绣帘高卷，兽檐朱户频摇。两竿红日上花梢，春睡厌厌难觉。
　　好梦狂随飞絮，闲愁浓胜香醪。不成雨暮与云朝，又是韶光过了。

三个行首，闻得柳七官人浙江赴任，都来饯别。众妓至者如云，耆卿口占《如梦令》云：

　　郊外绿荫千里，掩映红裙十队。惜别语方长，车马催人速去。偷泪，偷泪，那得分身应你！

柳七官人别了众名姬，携着琴、剑、书箱，扮作游学秀士，迤逦上路，一路观看风景。行至江州，访问本处名妓。有人说道："此处只有谢玉英，才色第一。"耆卿问了住处，径来相访。玉英迎接了，见耆卿人物文雅，便邀入个小小书房。耆卿举目看时，果然摆设得精致。但见：

　　明窗净几，竹榻茶炉。床间挂一张名琴，壁上悬一幅古画。香风不散，宝炉中常烧沉檀；清风逼人，花瓶内频添新水。万卷图书供玩览，一枰棋局佐欢娱。

耆卿看他桌上，摆着一册书，题云："柳七新词"。检开看时，都是耆卿平日的乐府，蝇头细字，写得齐整。耆卿问道："此词何处得来？"玉英道："此乃东京才子柳七官人所作，妾平昔甚爱其词，每听人传诵，辄手录成帙。"耆卿又问道："天下词人甚多，卿何以独爱此作？"玉英道："他描情写景，字字逼真。如《秋思》一篇末云：'黯相望，断鸿声里，立尽斜阳。'《秋别》一篇云：'今宵酒醒何处？杨柳岸晓风残月。'此等语，人不能道。妾每诵其词，不忍释手，恨不得见其人耳。"耆卿道："卿要识柳七官人否？只小生就是。"玉英大惊，问其来历。耆卿将馀杭赴任之事，说了一遍。玉英拜倒在地,道:"贱妾凡胎,不识神仙,望乞恕罪。"置酒款待,殷勤留宿。

耆卿深感其意,一连住了三五日,恐怕误了凭限,只得告别。玉英十分眷恋,设下山盟海誓,一心要相随柳七官人,侍奉箕帚。耆卿道:"赴任不便。若果有此心,俟任满回日,同到长安。"玉英道:"既蒙官人不弃,贱妾从今为始,即当杜门绝客以待。切勿遗弃,使妾有"白头"之叹。"耆卿索纸,写下一词,名《玉女摇仙佩》。词云:

> 飞琼伴侣,偶别珠宫,未返神仙行缀。取次梳妆,寻常言语,有得几多姝丽?拟把名花比,恐傍人笑我,谈何容易。细思算,奇葩艳卉,唯是深红浅白而已。争如这多情,占得人间千娇百媚。　须信画堂绣阁,皓月清风,恐把光阴轻弃。自古及今,佳人才子,少得当年双美!且恁相偎倚,未消得、怜我多才多艺。愿奶奶兰心蕙性,枕前言下,表余深意。为盟誓,今生断不辜鸳被。

耆卿吟词罢,别了玉英上路。不一日。来到姑苏地方,看见山明水秀,到个路旁酒楼上,沽饮三杯。忽听得鼓声齐响,临窗而望,乃是一群儿童掉了小船,在湖上戏水采莲。口中唱着吴歌云:

> 采莲阿姐斗梳妆,好似红莲搭个白莲争。红莲自道颜色好,白莲自道粉花香。粉花香,粉花香,贪花人一见便来抢。红个也忒贵,白个也弗强。当面下手弗得,和你私下商量,好像荷叶遮身无人见,下头成藕带丝长。

柳七官人听罢,取出笔来,也做一只吴歌,题于壁上。歌云:

> 十里荷花九里红,中间一朵白松松。白莲则好摸藕吃,红莲则好结莲蓬。结莲蓬,结莲蓬,莲蓬生得忒玲珑。肚里一团清趣,外头包裹重重。有人吃着滋味,一时劈破难容。只图口甜,那得知我心里苦,开花结子一场空。

这首吴歌,流传吴下,至今有人唱之。

却说柳七官人过了姑苏,来到馀杭县上任,端的为官清正,讼简词稀。听政之暇,便在大涤、天柱、由拳诸山,登临游玩,赋诗饮酒。这馀杭县中,也有几家官妓,轮番承直。但是讼牒中犯着妓者名字,便不准行。妓中有个周月仙,颇有姿色,更通文墨。一日,在县衙唱曲侑酒,柳县宰见他似有不乐之色,问其缘故。月仙低头不语,两泪交流。县宰再三盘问,月仙只得告诉。

原来月仙与本地一个黄秀才,情意甚密。月仙一心只要嫁那秀才,奈秀才家贫,不能备办财礼。月仙守那秀才之节,誓不接客。老鸨再三逼迫,只是不从,因是亲生之女,无可奈何。黄秀才书馆与月仙只隔一条大河,每夜月仙渡船而去,与秀才相聚,至晓又回。同县有个刘二员外,爱月仙丰姿,欲与欢会。月仙执意不肯,吟诗四句道:

> 不学路旁柳,甘同幽谷兰。
>
> 游蜂若相询,莫作野花看。

刘二员外心生一计,嘱咐舟人,教他乘月仙夜渡,移至无人之处,强奸了他,取个执证回话,自有重赏。舟人贪了赏赐,果然乘月仙下船,远远撑去。月仙见不是路,喝他住舡。那舟人那里肯依?直摇到芦花深处,僻静所在,将船泊了。走入船舱,把月仙抱住,逼着定要云雨。月仙自料难以脱身,不得已而从之。云收雨散,月仙惆怅,吟诗一首:

> 自恨身为妓,遭污不敢言。
>
> 羞归明月渡,懒上载花船。

是夜,月仙仍到黄秀才馆中住宿,却不敢声告诉,至晓回家。其舟人记了这四句诗,回复刘二员外,员外将一锭银子,赏了舟人去了。便差人邀请月仙家中侑酒,酒到半酣,又去调戏月仙,月仙仍旧推阻。刘二员外取出一把扇子来,扇上有诗四句,教月仙诵之。月仙大惊! 原来却是舟中所吟四句,当下顿口无言。刘二员外道:"此处牙床锦被,强似芦花明月,小娘子勿再推托。"月仙满面羞惭,安身无地,只得从了刘二员外之命。以后刘二员外日逐在他家占住,不容黄秀才相处。

自古道:"小娘子爱俏,鸨儿爱钞。"黄秀才虽然儒雅,怎比得刘二员外有钱有钞? 虽然中了鸨儿之意,月仙心下只想着黄秀才,以此闷闷不乐。今番被县宰盘问不过,只得将情诉与。柳耆卿是风流首领,听得此语,好生怜悯。当日就唤老鸨过来,将钱八十千付作身价,替月仙除了乐籍。一面请黄秀才相见,亲领月仙回去,成其夫妇。黄秀才与周月仙拜谢不尽。正是:

> 风月客怜风月客,有情人遇有情人。

柳誉卿在馀杭三年,任满还京。想起谢玉英之约,便道再到江州。原来谢玉英初别耆卿,果然杜门绝客。过了一年之后,不见耆卿通问,未免风愁月恨,更兼日用之需无从进益。日逐车马填门,回他不脱。想着五夜夫妻,未知所言真假;又有闲汉从中撺掇,不免又随风倒舵,依前接客。有个新安大贾孙员外,颇有文雅,与他相处年余,费过千金。耆卿到玉英家询问,正值孙员外邀玉英同往湖口看船去了。耆卿到不遇。知玉英负约,怏怏不乐,乃取花笺一幅,制词名《击梧桐》。词云:

> 香靥深深,姿姿媚媚,雅格奇容天与。自识伊来便好看承,会得妖娆
> 心素。临岐再约同欢,定是都把平生相许。又恐恩情易破难成,未免千般
> 思虑   。近日重来,空房而已,苦杀叨叨言语。便认得听人教当,拟把
> 前言轻负。见说兰台宋玉,多才多艺善词赋。试与问朝朝暮暮,行云何处
> 去?

后写:"东京柳永,访玉卿不遇,漫题。"耆卿写毕,念了一遍,将词笺黏于壁上,拂袖而出。回到东京,屡有人举荐,升为屯田员外郎之职。东京这班名姬,依旧来往。耆卿所支俸钱,及一应求诗词馈送下来的东西,都在妓家销化。

一日,正在徐冬冬家积翠楼戏耍。宰相吕夷简差堂吏传命,直寻将来。说道:"吕相公六十诞辰,家妓无新歌上寿,特求员外一阕,幸即挥毫,以便演习。蜀锦二

端,吴绫四端,聊充润笔之敬,伏乞俯纳。"耆卿允了,留堂吏在楼下酒饭。问徐冬冬有好纸否,徐冬冬在箧中,取出两幅芙蓉笺纸,放于案上。耆卿磨得墨浓,蘸得笔饱,拂开一幅笺纸,不打草儿,写下《千秋岁》一阕云:

泰阶平了,又见三台耀。烽火静,櫜枪扫。朝堂耆硕辅,樽俎英雄表。福无艾,山河带砺人难老。渭水当年钓,晚应飞熊兆;同一吕,今偏早。乌纱头未白,笑把金樽倒。人争羡,二十四遍中书考。

耆卿一笔写完,还剩下芙蓉笺一纸,馀兴未尽,后写《西江月》一调云:

腹内胎生异锦,笔端舌喷长江。纵教匹绢字难偿,不屑与人称量。
我不求人富贵,人须求我文章。风流才子占词场,真是白衣卿相。

耆卿写毕,放在桌上。

恰好陈师师家差个侍儿来请,说道:"有下路新到一个美人,不言姓名,自述特慕员外,不远千里而来,今在寒家奉候,乞即降临。"耆卿忙把诗词装入封套,打发堂吏,动身去了,自己随后往陈师师家来。一见了那美人,吃了一惊。那美人是谁?正是:

着意寻不见,有时还自来。

那美人正是江州谢玉英。他从湖口看舡回来,见了壁上这只《击梧桐》词,再三讽咏,想着:"耆卿果是有情之人,不负前约。"自觉惭愧。瞒了孙员外,收拾家私,雇了船只,一径到东京来问柳七官人。闻知他在陈师师家往来极厚,特拜望师师,求其引见耆卿。当时分明是断花再接,缺月重圆,不胜之喜。陈师师问其详细,便留谢玉英同住。玉英怕不稳便,商量割东边院子另住。自到东京,从不见客,只与耆卿相处,如夫妇一般。耆卿若往别妓家去,也不阻挡,甚有贤达之称。

话分两头。再说耆卿匆忙中,将所作寿词封付堂吏,谁知忙中多有错,一时失于点检,两幅词笺都封了去。吕丞相拆开封套,先读了《千秋岁》调,到也欢喜。又见《西江月》调,少不得也念一遍。念到"纵教匹绢字难偿,不屑与人称量",笑道:"当初裴晋公修福光寺,求文于皇甫湜,湜每字索绢三匹。此子嫌吾酬仪太薄耳。"

又念到"我不求人富贵,人须求我文章",大怒道:"小子轻薄,我何求汝耶?"从此衔恨在心。柳耆卿却是疏散的人,写过词,丢在一边了,那里还放在心上。

又过了数日,正值翰林员缺,吏部开荐柳永名字;仁宗曾见他增定大晟乐府,亦慕其才,问宰相吕夷简道:"朕欲用柳永为翰林,卿可识此人否?"吕夷简奏道:"此人虽有词华,然恃才高傲,全不以功名为念。见任屯田员外,日夜留连妓馆,大失官箴。若重用之,恐士习由此而变。"遂把耆卿所作《西江月》词诵了一遍。仁宗皇帝点头。早有知谏院官打听得吕丞相衔恨柳永,欲得逢迎其意,连章参劾。仁宗御笔批着四句道:

> 柳永不求富贵,谁将富贵求之?
> 任作白衣卿相,风前月下填词。

柳耆卿见罢了官职,大笑道:"当今做官的,都是不识字之辈,怎容得我才子出头?"因改名"柳三变",人都不会其意,柳七官人自解说道:"我少年读书,无所不窥,本求一举成名,与朝家出力。因屡次不第,牢骚失意,变为词人,以文采自见,使名留后世足矣;何期被荐,顶冠束带,变为官人。然浮沉下僚,终非所好;今奉旨放落,行且逍遥自在,变为仙人。"从此益放旷不检,以妓为家。将一个手板上写道:"奉圣旨填词柳三变。"欲到某妓家,先将此手板送去,这一家便整备酒肴,伺候过宿。次日,再要到某家,亦复如此。凡所作小词,落款书名处,亦写"奉圣旨填词"五字,人无有不笑之者。

如此数年。一日,在赵香香家,偶然昼寝,梦见一黄衣吏从天而下,说道:"奉玉帝敕旨,《霓裳羽衣曲》已旧,欲易新声,特借重仙笔,即刻便往。"柳七官人醒来,便讨香汤沐浴,对赵香香道:"适蒙上帝见召,我将去矣。各家姊妹可寄一信,不能候之相见也。"言毕,瞑目而坐。香香视之,已死矣。慌忙报知谢玉英,玉英一步一跌的哭将来。陈师师、徐冬冬两个行首,一时都到。又有几家曾往来的,闻知此信也都来赵家。

原来柳七官人,虽做两任官职,毫无家计。谢玉英虽说跟随他终身,到带着一家一火前来,并不费他分毫之事。今日送终时节,谢玉英便是他亲妻一般;这几个行首,便是他亲人一般。当时陈师师为首,敛取众妓家财帛,制买衣衾棺椁,就在赵家殡殓。谢玉英衰绖做个主丧,其他三个的行首,都聚在一处,带孝守幕。一面在乐游原上,买一块隙地起坟,择日安葬。坟上竖个小碑,照依他手板上写的,增添两字，刻云："奉圣旨填词柳三变之墓。"出殡之日，官僚中也有相识的，前来送葬。只见一片缟素，满城妓家无一人不到，哀声震地。那送葬的官僚，自觉惭愧，掩面而返。

不逾两月，谢玉英过哀，得病亦死，附葬于柳墓之旁。亦见玉英贞节，妓家难得，不在话下。

自葬后，每年清明左右，春风骀荡，诸名姬不约而同，各备祭礼，往柳七官人坟上，挂纸钱拜扫，唤做"吊柳七"，又唤做"上风流冢"。未曾"吊柳七"、"上风流冢"者，不敢到乐游原上踏青。后来成了个风俗，直到高宗南渡之后，此风方止。后人有诗题柳墓云：

乐游原上妓如云，尽上风流柳七坟。
可笑纷纷缙绅辈，怜才不及众红裙。

第 十 三 卷

张道陵七试赵升

> 但闻白日升天去,不见青天走下来。
>
> 有朝一日天破了,人家都叫阿瘙瘙。

这四句诗,乃国朝唐解元所作,是讥诮神仙之说,不足为信。此乃戏谑之语。从来混沌剖判,便立下了三教:太上老君立了道教,释迦祖师立了佛教,孔夫子立了儒教。儒教中出圣贤,佛教中出佛菩萨,道教中出神仙。那三教中,儒教忒平常,佛教忒清苦,只有道教学成长生不死,变化无端,最为洒落。看官,我今日说一节故事,乃是《张道陵七试赵昇》。那张道陵便是龙虎山中历代住持道教的正一天师第一代始祖,赵昇乃其徒弟。有诗为证:

> 剖开顽石方知玉,淘尽泥沙始见金。
>
> 不是世人仙气少,仙人不似世人心。

话说张天师的始祖,讳道陵,字辅汉,沛国人氏,乃是张子房第八世孙。汉光武皇帝建武十年降生。其母梦见北斗第七星从天坠下,化为一人,身长丈余,手中托一丸仙药,如鸡卵大,香气袭人。其母取而吞之,醒来便觉满腹火热,异香满室,经月不散。从此怀孕,到十月满足,忽然夜半屋中光明如昼,遂生道陵。七岁时,便能解说《道德经》及河图谶纬之书,无不通晓。年十六,博通五经。身长九尺二寸;庞眉广颡,朱顶绿睛,隆准方颐,伏犀贯顶,垂手过膝,龙蹲虎步,望之使人可畏。举贤良方正,入太学。一旦喟然叹曰:"流光如电,百年瞬息耳;纵位极人臣,何益于年命之数乎?"遂专心修炼,欲求长生不死之术。同学有一人,姓王,名长,闻道陵之言,

深以为然，即拜道陵为师。愿相随名山访道。

行至豫章郡，遇一绣衣童子，问曰："日暮道远，二公将何之？"道陵大惊，知其非常人，乃自述访道之意。童子曰："世人论道，皆如捕风捉影，必得黄帝九鼎丹法，修炼成就，方可升天。"于是师徒二人，拜求指示，童子口授二语，道是：

左龙并右虎，其中有天府。

说罢，忽然不见。道陵记此二语，但未解其意。

一日，行至龙虎山中，不觉心动，谓王长曰："左龙右虎，莫非此地乎？'府'者，藏也，或有秘书藏于此地。"乃登其绝顶，见一石洞，名曰壁鲁洞。洞中或明或暗，委曲异常。走到尽处，有生成石门两扇。道陵想道："此必神仙之府。"乃与弟子王长端坐石门之外。凡七日，忽然石门洞开，其中石桌、石凳俱备，桌上无物，只有文书一卷。取而观之，题曰《黄帝九鼎太清丹经》。道陵举手加额，叫声："惭愧"。师徒二人，欢喜无限！取出丹经，昼夜观览，具知其法。但修炼合用药物炉火之费甚广。无从措办。道陵先年曾学得有治病符水，闻得蜀中风俗醇厚，乃同王长入蜀，结庐于鹤鸣山中，自称真人，专用符水救人疾病。投之辄验，来者渐广，又多有人拜于门下，求为弟子，学他符水之法。

真人见人心信服，乃立为条例：所居门前有水池，凡有疾病者，皆疏记生身以来所为不善之事，不许隐瞒；真人自书忏文，投池水中，与神明共盟约，不得再犯，若复犯，身当即死。设誓毕，方以符水饮之。病愈后，出米五斗为谢。弟子辈分路行法，所得米绢数目，悉开报于神明，一毫不敢私用。由是百姓有小疾病，便以为神明谴责，自来首过。病愈后，皆羞惭改行，不敢为非。

如此数年，多得钱财。乃广市药物，与王长居密室中，共炼"龙虎大丹"。三年丹成，服之。真人年六十余，自服丹药，容颜转少，如三十岁后生模样。从此能分形散影，常乘小舟，在东西二溪往来游戏；堂上又有一真人诵经不辍。若宾客来访，迎送应对;或酒杯棋局,各各有一真人,不分真假,方知是仙家妙用。

一日,有道士来言:"西城有白虎神,好饮人血,每岁其乡必杀人祭之。"真人心中不忍。将到祭祀之期,真人亲往西城,果见乡中百姓绑缚一人,用鼓乐导引,送于白虎神庙。真人问其缘故,所言与道士相合。"若一年缺祭,必然大兴风雨,毁苗杀稼,殃及六畜,所以一方惧怕。每年用重价购求一人,赤身绑缚,送至庙中。夜半,凭神吮血享用。以此为常,官府亦不能禁。"真人曰:"汝放此人去,将我代之,何如?"众乡民道:"此人因家贫无倚,情愿舍身充祭;得我们五十千钱,葬父嫁妹,花费已尽。今日之死,乃其分内,你何苦自伤性命?"真人曰:"我不信有神道吃人之事,若果有此事,我自愿承当,死而无怨。"众人商量道:"他自不信,不干我事,左右是一条性命。"便依了真人言语,把绑缚那人解放了。那人得了命,拜谢而去。众人便要来绑缚真人,真人曰:"我自情愿,绝不逃走,何用绑缚?"众人依允。

真人入得庙来,只见庙中香烟缭绕,灯烛炜煌,供养着土偶神像,狰狞可畏;案桌上摆列着许多祭品。众人叩头宣疏已毕,将真人闭于殿门之内,随将封锁。真人瞑目静坐以待。

约莫更深,忽听得一阵狂风,白虎神早到。一见真人,便来攫取。只见真人口、耳、眼、鼻中,都放出红光,罩定了白虎神,此乃是仙丹之力。白虎神大惊,忙问:"汝何人也?"真人曰:"吾奉上帝之命,管摄四海五岳诸神,命我分形查勘。汝何方孽畜,敢在此虐害生灵?罪业深重,天诛难免!"白虎神方欲抗辨,只见前后左右都是一般真人,红光遍体,唬得白虎神眼缝也开不得,叩头求哀。

原来白虎神是金神,自从五丁开道,凿破蜀山,金气发泄,变为白虎;每每出现,生灾作耗。土人立庙,许以岁时祭享,方得安息。真人炼过金丹,养就真火,金怕火克,自然制伏。当下真人与他立誓:不许生事害民!白虎神受戒而去。

次日侵晨,众乡民到庙,看见真人端然不动,骇问其由。真人备言如此如此:"今后更不妄害民命,有损无益。"众乡民拜求名姓。真人曰:"我乃鹤鸣山张道陵也。"说罢,飘然而去。众乡民在白虎庙前,另创前殿三间,供养张真人像,从此革了人祭之事。有诗为证:

> 积功累行始成仙,岂止区区服食缘。
> 白虎神藏人祭革,活人阴德在年年。

那时,广汉青石山中,有大蛇为害,昼吐毒雾,行人中毒便死。真人又去剿除了那毒蛇。山中之人，方敢昼行。

顺帝汉安元年正月十五夜，真人在鹤鸣山精舍独坐，忽闻隐隐天乐之声从东而来，銮佩珊珊渐近。真人出中庭瞻望，忽见东方一片紫云，云中有素车一乘，冉冉而下。车中端坐一神人，容若冰玉，神光照人，不可正视。车前站立一人，就是前番在豫章郡所遇的绣衣童子。童子谓真人曰："汝休惊怖，此乃太上老君也。"真人慌忙礼拜。老君曰："近蜀中有众鬼魔王，枉暴生民，深可痛惜。子其为我治之，以福生灵，则子之功德无量，而名录丹台矣。"乃授以《正一盟威秘录》，三清众经九百三十卷；《符录丹灶秘诀》七十二卷，雌雄剑二口；都功印一枚。又嘱道："与子刻期，千日之后，会于阆苑。"真人叩头领讫，老君升云而去。

真人从此日味秘文，按法遵修。闻知益州有八部鬼帅，各领鬼兵，动亿万数；周行人间，暴杀万民，枉夭无数。真人奉老君诰命，佩《盟威秘录》，往青城山，置琉璃高座，左供大道元始天尊，右置三十六部真经；立十绝灵幡，周匝法席，鸣钟叩磬；布下龙虎神兵，欲擒鬼帅。鬼帅乃驱率众鬼，挟兵刃矢石，来害真人。真人将左手竖起一指，那指头变成一大朵莲花，千叶扶疏，兵矢皆不能入。众鬼又持火千余炬来，欲行烧害。真人把袖一拂，其火即返烧众鬼。众鬼乃遥谓真人曰："吾师自住鹤鸣山中，何为来侵夺我居处？"真人曰："汝等残害众生，罪通于天，吾奉太上老君之命，是以来伐汝。汝若知罪，速避西方不毛之地，勿复行病人间，可保无事。如仍前作业，即行诛戮，不留余种。"

鬼帅不服，次日复会六大魔王，率鬼兵百万，安营下寨，来攻真人。

真人欲服其心，乃谓曰："试与尔各尽法力，观其胜负。"六魔应诺。真人乃命王长积薪放火，火势正猛。真人投身入火，火中忽生青莲花，托真人两足而出。六魔笑曰："有何难哉！"把手分开火头，拟身便跳。两个魔王，先跳下火的，须眉皆烧坏了，负痛奔回。那四个魔王，更不敢动掸。真人又投身入水，即乘黄龙而出，衣服毫不濡湿。六魔又笑道："火其实厉害！这水打甚紧？"扑通的一声，六魔齐跳入水，在水中连翻几个筋斗，忙忙爬起，已自吃了一肚子淡水。真人复以身投石，石忽开裂，真人从后而出。六魔又笑道："论我等气力，便是山也穿得过，况于石乎？"硬挺着肩胛捱进石去。真人诵咒一遍，六个魔王半身陷于石中，展动不得，哀号欲绝。其时，八部鬼帅大怒，化为八只吊睛老虎，张牙舞爪，来攫真人。真人摇身一变，变成狮子逐之。鬼帅再变八条大龙，欲擒狮子。真人又变成大鹏金翅鸟，张开巨喙，欲啄龙睛。鬼帅再变五色云雾，昏天暗地。真人变化一轮红日，升于九霄，光辉照耀，云雾即时流散。

鬼帅变化已穷。真人乃拈取片石,望空撒去,须臾化为巨石,如一座小山相似。空中一线系住,如藕丝之细,悬罩于鬼营之上;石上又有二鼠,争啮那一线,岌岌欲堕。魔王和鬼帅在高处看见,恐怕灭绝了营中鬼子鬼孙,乃同声哀告饶命:"愿往西方裘罗国居住,再不敢侵扰中土。"真人遂判令六大魔王归于北酆,八部鬼帅窜于西域。

其时,魔王身离石中,和鬼帅合成一党,兀自踌躇不去。真人知众鬼不可善遣,乃口敕神符一道,飞上层霄。须臾之间,只见风伯招风,雨师降雨,雷公兴雷,电母闪电,天将神兵,各持刃兵,一时齐集,杀得群鬼形消影绝,真人方才收了法力,谓王长曰:"蜀人今始得安寝矣。"有《西江月》为证:

> 鬼帅空施伎俩,魔王枉逞英雄。谁知大道有神通,一片精神运动。水火不加寒热,腾身陷石如空。一场风雨众妖空,才识仙家妙用。

真人复谓王长曰:"吾上升之期已近,'壁鲁洞'乃吾得道之地,不可忘本。"于是再至豫章,结庐于龙虎山中,师徒二人潜修九还七返之功。

忽一日,复聆銮佩天乐之音,与鹤鸣山所闻无二。真人急忙整身,叩伏阶前。见千乘万骑簇拥着老君,在云端徘徊不下。真人再拜,老君乃命使者告曰:"子之功业,合得九真上仙。吾昔使子入蜀,但区别人鬼,以布清净之化。子杀鬼过多,又擅兴风雨,役使鬼神,阴景翳昼,杀气秽空,殊非天道好生之意。上帝正责子过,所以吾今日不得近子也。子且退居,勤行修道。同时飞举者,数合三人。俟数到之日,吾待子于上清八景宫中。"言讫,圣驾复去。真人乃精心忏悔,再与王长回鹤鸣山去。

山中诸弟子晓得真人法力广大,只有王长一人,私得其传。纷纷议论,尽疑真人偏向,有吝法之心。真人曰:"尔辈俗气未除,安能遗世?止可得吾导引房中之术,或服食草木以延寿命耳。明年正月七日午时,有一人从东方来,方面短身,貂裘锦袄,此乃真正道中之人,不弱于王长也。"诸弟子闻言,半疑不信。

到来年正月初七日,当正午,真人乃谓王长曰:"汝师弟至矣,可使人……如此如此。"王长领了法旨,步出山门,望东而看,果见一人来至。衣服状貌,一如真人所言,诸弟子暗暗称奇。王长私谓诸弟子曰:"吾师将传法于此人,若来时,切莫与通信;更加辱骂,不容入门;彼必去矣。"诸弟子相顾,以为得计。那人到门,自称姓赵,名升,吴郡人氏,慕真人道法高妙,特来拜谒。诸弟子回言,"吾师出游去了,不敢擅留。"赵升拱立伺候，众人四散走开了。到晚，径自闭门不纳。赵升乃露宿于门外。

次日，诸弟子开门看时，赵升依前拱立，求见师长。诸弟子曰："吾师甚是私刻，我等伏侍数十年，尚无丝毫秘诀传授，想你来之何益？"赵升曰："传与不传，唯凭师长。但某远涉而来，只愿一见，以慰平生仰慕耳。"诸弟子又曰："要见亦由你，只吾师实不在此。知他何日还山？足下休得痴等，有误前程。"赵升曰："某之此来，出于积诚。若真人十日不归，愿等十日；百日不来，愿等百日。"

众人见赵升连住数日，并不转身，愈加厌恶。渐渐出言侮慢，以后竟把作乞儿看待，恶言辱骂。赵升愈加和悦，全然不校。每日只于午前往村中买一餐，吃罢，便来门前伺候。晚间众人不容进门，只就阶前露宿。如此四十余日，诸弟子私相议论道："虽然辞他不去，且喜得瞒过师父，许久尚不知觉。"只见真人在法堂鸣钟集众，曰："赵家弟子到此四十余日，受辱已足了，今日可召人相见。"众弟子大惊，才晓得师父有前知之灵也。王长受师命，去唤赵升进见。赵升一见真人，涕泣交下，叩头求为弟子。真人已知他真心求道，再欲试之。

过了数日，差往田舍中看守黍苗。赵升奉命来到田边，只有小小茅屋一间，四围无倚，野兽往来极多。赵升朝暮伺候赶逐，全不懈怠。忽一夜，月明如昼。赵升独坐茅屋中，只见一女子，美貌非常。走进屋来，深深道个万福。说道："妾乃西村农家之女，随伴出来玩月。因往田中小解，失了伴侣，追寻不着，迷路至此。两足走得疼痛，寸步难移，乞善士可怜容妾一宿，感恩非浅。"赵升正待推阻，那女子径往他床铺上，倒身睡下。口内娇啼宛转，只称脚痛。赵升认是真情，没奈何，只得容他睡了。自己另铺些乱草，和衣倒地，睡了一夜。次日，那女子又推脚痛，故意不肯行走，撒娇撒痴的要茶要饭。赵升只得管顾他。那女子到说些风话，引诱赵升。到晚来，先自脱衣上铺，央赵升与他扯被加衣。赵升心如铁石，见女子着邪，连茅屋也不进了，只在田塍边露坐到晓。至第四日，那女子已不见了，只见土墙上题诗四句，道是：

美色人皆好，如君铁石心。
少年不作乐，辜负好光阴。

字画柔媚，墨迹如新。赵升看罢，大笑道："少年作乐，能有几时？"便脱下鞋底，将字迹挞没了。正是：

落花有意随流水,流水无情恋落花。

光阴荏苒,不觉春去秋来。赵升奉真人之命,担了樵斧,去山后砍柴。偶然砍倒一株枯松,去得力大,唿喇一声,松根迸起。赵升将双手拔起松根看时,下面显出黄灿灿的一窖金子。忽听得空中有人云:"天赐赵升。"赵升想道:"我出家之人,要这黄金何用?况且无功,岂可贪天之赐?"便将山土掩覆。收拾了柴担,觉得身子困倦,靠石而坐。少憩片时。忽然狂风大作,山凹里跳出三只黄斑老虎。赵升安坐不动,那三只虎攒着赵升,咬他的衣服,只不伤身。赵升全然不惧,颜色不变,谓虎曰:"我赵升生平不作昧心之事,今弃家入道,不远千里,来寻明师,求长生不死之路。若前世欠你宿债,今生合供你唻嚼,不敢畏避;如其不然,便可速去,休在此蒿恼人。"三虎闻言,皆弭耳低头而去。赵升曰:"此必山神遣来试我者。死生有命,吾何惧哉!"当日荷柴而归,也不对同辈说知见金逢虎之事。

又一日,真人吩咐赵升往市上买绢十匹。赵升还值已毕,取绢而归。行至中途,忽闻背后有人叫喊云:"劫绢贼慢走!"赵升回头看时,乃是卖绢主人,飞奔而来,一把扯住赵升,说道:"绢价一些未还,如何将我绢去?好好还我,万事全休!"赵升也不争辩,但念:"此绢乃吾师欲用之物,若还了他,如何回复师父?"便脱下貂裘与绢主,准其绢价。绢主尚嫌其少,又脱锦袄与之,绢主方去。赵升持绢献上真人。真人问道:"你身上衣服,何处去了?"赵升道:"偶然病热,不曾穿得。"真人叹曰:"不吝己财,不谈人过,真难及也。"乃将布袍一件赐与赵升,赵升欣然穿之。

又一日,赵升和同辈在田间收谷,忽见路旁一人,叩头乞食,衣裳破弊、面目尘垢,身体疮脓,臭秽可憎,两脚皆烂,不能行走。同辈人人掩鼻,叱喝他去。赵升心中独怀不忍,乃扶他坐于茅屋之内,问其疾苦。将自己饭食省与他吃。又烧下一桶热汤,替他洗涤臭秽。那人又说身上寒冷,欲求一衣。赵升解开布袍,卸下里衣一件,与之遮寒。夜间念他无倚,亲自作伴。到半夜,那人又叫呼要解,赵升闻呼,慌忙起身,扶他解手,,又扶进来。日间省返食养他,常自半饥的过了,夜间用心照管。如此十余日,全吴倦怠。那人疮患将息渐好,忽然不辞而去。赵升也无怨心。后人有诗赞云:

> 逢人患难要施仁,望报之时亦小人。
> 不吝施仁不望报,分明天地布阳春。

　　时值初夏,真人一日会集诸弟子,同登天柱峰绝顶。那天柱峰在鹤鸣山之左,三面悬绝,其状如城。真人引弟子于峰头下视,有一桃树,傍生石壁,如人舒出一臂相似,下临不测深渊。那桃树上结下许多桃子,红得可爱。真人谓诸弟子曰:"有人能得此桃实,当告以至道之要。"那时诸弟子除了王长、赵升外,共二百三十四人。皆临崖窥瞰,莫不股战流汗,连脚头也站不定,略看一看,慌忙退步,唯恐坠下。只有一人挺然而出,乃赵昇也。对众人曰:"吾师命我取桃,必此桃有可得之理,且圣师在此,鬼神呵护,必不使我死于深谷之中。"乃看准了桃树之处,拟身望下便跳。有这等异事,那一跳不歪不斜,不上不下,两脚分开,刚刚的跨于桃树之上。将桃实恣意采摘。遥望石壁上面,悬绝二三丈,四傍又无攀缘,无从爬上,乃以所摘桃子,向上掷去。真人用手一一接之。掷了又摘,摘了又掷;下边掷,上边接,把一树桃子摘个干净。真人接完桃子,自吃了一颗,王长吃了一颗,把一颗留与赵昇,恰好余下二百三十四颗,分派诸弟子,每人一颗,不多不少。

　　真人问诸弟子中,那个有本事引得赵昇上来。诸弟子面面相觑,谁敢答应。真人自临岩上,舒出一臂,接引赵昇。那臂膊忽长二三丈,直到赵昇身边。赵昇随臂而上,众弟子莫不大惊。真人将所留桃实一颗与赵昇食毕。真人笑而言曰:"赵昇心正,能投树上,足不蹉跌。吾今欲自试投下,若心正时,当得大桃。"众弟子皆谏曰:"吾师虽然广有道法,岂可自试于不测之崖乎?方才赵昇幸赖吾师接引,若吾师坠下,更有何人接引吾师者?万万不可也。"有数人牵住衣裾苦劝,唯王长、赵昇默然无言。真人不从众人之劝,遂向空自掷。众人急觑桃树上,不见真人踪迹;看看下面,茫茫无底,又无道路可通,眼见得真人坠于深谷,不知死活存亡。诸弟子人人惊叹,个个悲啼。赵昇对王长说道:"师,犹父也,吾师自投不测之崖,吾何以自安?不若同投下去,看其下落。"于是昇、长二人,各奋身投下,刚落在真人之前。只见真人端坐于磐石之上,见昇、长坠下,大笑曰:"吾料定汝二人必来也。"

这几桩故事，小说家唤做《七试赵升》。那见得七试？

第一试，辱骂不去；第二试，美色不动心；第三试，见金不取；第四试，见虎不惧；第五试，偿绢不吝、被诬不辨；第六试，存心济物；第七试，舍命从师。

原来这七试，都是真人的主意。那黄金、美女、大虫、乞丐，都是他役使精灵变化来的；卖绢主人，也是假的。这叫作将假试真。凡入道之人，先要断除七情。那七情？喜、怒、忧、惧、爱、恶、欲。真人先前对诸弟子说过的："汝等俗气未除，安能遗世？"正谓此也。

且说如今世俗之人，骄心傲气，见在的师长说话略重了些，兀自气愤愤地，况肯为求师上，受人辱骂？着甚要紧加添四十余日露宿之苦？只这一件，谁人肯做？至于"色"之一字，人都在这里头生，在这里头死，那个不着迷的？列位看官们，假如你在闲居独宿之际，偶遇个妇人，不消一分半分颜色，管请你失魂落意，求之不得，况且十分美貌，颠倒挜身就你，你却不动心，古人中，除却柳下惠只怕没有第二个人了。又如今人为着几贯钱钞上，兄弟分颜，朋友破口；在路上拾得一文钱，却也叫声吉利眉开眼笑。眼见这一窖黄金无主之物，那个不起贪心？这件又不是难得的？今人见一只恶犬走来，心头也唬一跳；况三个大虫，全不怖畏，便是吕纯阳祖师舍身喂虎，也只好是这般了。再说买绢这一节，你看如今做买做卖的，讨得一分便宜，兀自欢喜；平日间冤枉他一言半字，便要赌神罚咒，那个肯重叠还价？随他天大冤枉加来，付之不理，脱去衣裳，绝无吝色，不是眼孔十二分大，怎容得人如此？又如父母生了恶疾，子孙在床前服事，若不是足色孝顺的，口中虽不说，心下未免憎嫌。何况路旁乞食之人，那解衣推食，又算做小事了？结末来，两遍投崖，是信得师父十分真切，虽死不悔。这七件都试过，才见得赵升七情上一毫不曾粘带，俗气尽除，方可入道。正是：

道意坚时尘趣少，俗情断处法缘生。

闲话休题。真人见升、长二人道心坚固，乃将生平所得秘诀，细细指授。如此三日三夜，二人尽得其妙。真人乃飞身上崖，二人从之，重归旧舍，诸弟子相见，惊悼不已。真人一日闭目昼坐，既觉，谓王长、赵升曰："巴东有妖，当同往除之。"师弟三人,行至巴东,忽见十二神女,笑迎于山前。真人问曰:"此地有咸泉,今在何处?"神女答曰:"前面大湫便是。近为毒龙所占,水已浊矣。"真人遂书符一道,向空掷去。那道符从空盘旋,忽化为大鹏金翅鸟,在湫上往来飞舞。毒龙大惊,舍湫而去,湫水遂清。十二神女各于怀中,探出一玉环来献,曰:"妾等仰慕仙真,愿操箕帚。"真人受其环,将手绾之,十二环合而为一。真人将环投于井中,谓神女曰:"能得此环者,应吾夙命,吾即纳之。"十二神女要取神环,争先解衣入井。真人遂书符投于井中,约曰:"千秋万世,永作井神。"即时唤集居民,汲水煎煮,皆成食盐。嘱咐今后煮盐者,必祭十二神女。那十二神女都是妖精,在一方迷惑男子,降灾降祸;被真人将神符镇压,又安享祭祀,再不出现了。从此,巴东居民,无神女之害,而有咸井之利。

真人除妖已毕,复归鹤鸣山中。一日午时,忽见一人,黑帻,绢衣,佩剑,捧一玉函,进曰:"奉上清真符,召真人游阆苑。"须臾,有黑龙驾一紫舆,玉女二人引真人登车,直至金阙。群仙毕集,谓真人曰:"今日可朝太上元始天尊也。"俄有二青童,朱衣绛节,前行引导。至一殿,金阶玉砌,真人整衣趋进,拜舞已毕。殿上敕青童持玉册,授真人正一天师之号,使以《正一盟威》之法,世世宣布,为人间天师,劝度未悟之人;又密谕以飞升之期。

真人受命回山,将《盟威》、《都功》等诸品秘箓,及斩邪二剑、玉册、玉印等物,封置一函。谓诸弟子曰:"吾冲举有日,弟子中有能举此函者,便为嗣法。"弟子争先来举,如万斤之重,休想移动得分毫。真人乃曰:"吾去后三日,自有嫡嗣至此,世为汝师也。"

至期,真人独召王长、赵升二人谓曰:"汝二人道力已深,数合冲举,尚有余丹,可分饵之,今日当随吾上升矣。"亭午,群仙仪从毕至,天乐拥导,真人与王长、赵升在鹤鸣山中,白日升天。诸弟子仰视云中,良久而没。时桓帝永寿元年九月九日事,计真年人已一百二十三岁矣。

真人升天后三日,长子张衡从龙虎山适至。诸弟子方悟嫡嗣之语,指示封函,备述真人遗命。张衡轻轻举起,揭封开看,遂向空拜受玉册、玉印。于是将诸品秘箓,尽心参讨,斩妖缚邪,其应如响。至今子孙嗣法,世世为天师。后人论七试赵升之事,有诗为证:

世人开口说神仙,眼见何人上九天?

不是仙家尽虚妄,从来难得道心坚。

第 十 四 卷

陈希夷四辞朝命

人人尽说清闲好,谁肯逢闲闲此身?
不是逢闲闲不得,清闲岂是等闲人!

则今且说个"閒"字,是"门"字中着个"月"字。你看那一轮明月,只见他忙忙的穿窗入户,那天上清光不动,却是冷淡无心。人学得他,便是闹中取静,才算得真闲。有的说:"人生在世,忙一半,闲一半。"假如日里做事是忙,夜间睡去便是闲了。却不知日里忙忙做事的,精神散乱.昼之所思,夜之所梦,连睡去的魂魄,都是忙的,那得清闲自在?

古时有个仙长,姓庄,名周,睡去梦中化为蝴蝶,栩栩而飞,其意甚乐。醒将转来,还只认做蝴蝶化身。只为他胸中无事,逍遥洒落,故有此梦。世上多少渴睡汉,怎不见第二个人梦为蝴蝶?可见梦睡中也分个闲忙在。且莫论闲忙,一入了名利关,连睡也讨不得足意。所以古诗云:

朝臣待漏五更寒,铁甲将军夜度关。

山寺日高僧未起,算来名利不如闲。

《心相篇》有云:"上床便睡,定是高人;支枕无眠,必非闲客。"如今人名利关心,上了床,千思万想,那得便睡? 比及睡去,忽然又惊醒将来。尽有一般昏昏沉沉,以昼为夜,睡个没了歇的,多因酒色过度,四肢困倦,或因愁绪牵缠,心神浊乱所致,总来不得睡趣,不是睡的乐境。

则今且说第一个睡中得趣的,无过陈抟先生。怎见得? 有诗为证:

昏昏黑黑睡中天，无暑无寒也没年。

彭祖寿经八百岁，不比陈抟一觉眠。

俗说陈抟一觉，睡了八百年。按陈抟寿止一百十八岁，虽说是尸解为仙去了，也没有一睡八百年之理。此是诨话，只是说他睡时多，醒时少。他曾两隐名山，四辞朝命，终身不近女色，不亲人事，所以步步清闲。则他这睡，也是仙家伏气之法，非他人所能学也。说话的，你道他隐在那两处的名山？辞那四朝的君命？有诗为证：

纷纷五代战尘嚣，转眼唐周又宋朝。

多少彩禽投笼罩，云中仙鹤不能招。

话说陈抟先生，表字图南，别号扶摇子，亳州真源人氏。生长五六岁，还不会说话，人都叫他"哑孩儿"。一日，在水边游戏，遇一妇人，身穿青色之衣，自称毛女，将陈抟抱去山中，饮以琼浆，陈抟便会说话，自觉心窍开爽。毛女将书一册，投他怀内，又赠以诗云：

药苗不满笥，又更上危巅。

回指归去路，相将入翠烟。

陈抟回到家中，忽然念这四句诗出来。父母大惊，问道："这四句诗，谁教你的？"陈抟说其缘故，就怀中取出书来看时，乃是一本《周易》。陈抟便能成诵，就晓得八卦的大意。自此无书不览，只这本《周易》，坐卧不离。又爱读《黄庭》、《老子》诸书，洒然有出世之志。十八岁上，父母双亡。便把家财抛散，分赠亲族乡党。自只携一石铛，往本县隐山居住。梦见毛女授以炼形归气、炼气归神、炼神归虚之法，遂奉而行之，足迹不入城市。梁唐士大夫慕陈先生之名，如活神仙，求一见而不可得。有造谒者，先生辄侧卧不与交接。人见他鼾睡不起，叹息而去。

后唐明宗皇帝长兴年间，闻其高尚之名、御笔亲书丹诏，遣官招之，使者络绎不绝。先生违不得圣旨，只得随使者取路到洛阳帝都，谒见天子，长揖不拜，满朝文武失色，明宗全不嗔怪，御手相挽，锦墩赐坐，说道："劳苦先生远来，朕今得睹清光，三生之幸。"陈抟答道："山野鄙夫，自比朽木，无用于世。过蒙陛下采录，有负圣意，乞赐放归,以全野性。"明宗道:"既荷先生不弃而来,朕正欲侍教,岂可轻去?"陈抟不应,闭目睡去了。明宗叹道:"此高士也,朕不可以常礼待之。"乃送至礼贤宾馆,饮食供帐甚设。先生一无所用,早晚只在个蒲团上打坐。明宗屡次驾幸礼贤馆,有时值他睡卧,不敢惊醒而去。明宗心知其为异人,愈加敬重,欲授以大官,陈抟那里肯就。

有丞相冯道奏道:"臣闻七情莫甚于爱欲,六欲莫甚于男女。方今冬天雨雪之际,陈抟独坐蒲团,必然寒冷,陛下差一使命,将嘉酝一樽赐之,妙选美女三人前去,与他侑酒暖足。他若饮其酒,留其女,何愁他不受官爵矣。"明宗从其言,于宫中选二八女子三人,美丽无比,装束华整,更自动人,又将尚方美酝一樽,遣内侍宣赐。内侍口传皇命道:"官家见天气奇冷,特赐美酝消遣,又赐美女与先生暖足,先生万勿推辞。"只见陈抟欣然对使开樽,一饮而尽,送来美人,也不推辞。内侍入宫复命,明宗龙颜大悦。次日早朝已毕,明宗即差冯丞相亲诣礼贤馆,请陈抟入朝见驾。只等来时加官授爵。冯丞相领了圣旨,上马前去。你道请得来,请不来? 正是:

　　神龙不贪香饵,彩凤不入雕笼。

冯丞相到礼贤宾馆看时,只见三个美女,闭在一间空室之中,已不见了陈抟。问那美女道:"陈先生那里去了?"美女答道:"陈先生自饮了御酒,便向蒲团睡去。妾等候至五更方醒。他说:'劳你们辛苦一夜,无物相赠。'乃题诗一首,教妾收留,回复天子。遂闭妾等于此室,飘然出门而去,不知何往。"冯丞相引着三个美人,回朝见驾。明宗取诗看之,诗曰:

　　雪为肌体玉为腮,多谢君王送得来。
　　处士不兴巫峡梦,空烦神女下阳台。

明宗读罢书,叹息不已。差人四下寻访陈抟踪迹,直到隐山旧居,并无影响,不在话下。

却说陈抟这一去,直走到均州武当山。原来这山初名太岳,又唤做太和山,有二十七峰,三十六岩,二十四涧,是真武修道白日升天之处。后人谓此山非真武,不足以当之,更名武当山。陈抟至武当山,隐于九石岩。

忽一日,有五个白须老叟来问《周易》八卦之义。陈抟与之剖晰微理,因见其颜如红玉，亦问以导养之方。五老告之以蛰法。怎唤做蛰法？凡寒冬时令，天气伏藏，龟蛇之类，皆蛰而不食。当初有一人因床脚损坏，偶取一龟支之，后十年移床，其龟尚活，此乃服气所致。陈抟得此蛰法，遂能辟谷。或一睡数月不起；若没有这蛰法，睡梦中腹中饥饿，肠鸣起来，也要醒了。

陈抟在武当山住了二十余年，寿已七十余岁。忽一日，五老又来，对陈抟说道："吾等五人，乃日月池中五龙也。此地非先生所栖，吾等受先生讲诲之益，当送先生到一个好所在去。"令陈抟闭目休开，五老翼之而行。觉两足腾空，耳边唯闻风雨之声。顷刻间，脚跟着地，开眼看时，不见了五老，但见空中五条龙夭矫而逝。陈抟看那去处，乃西岳太华山石上，已不知来了多少路，此乃神龙变化之妙。

陈抟遂留居于此。太华山道士见其所居没有锅灶，心中甚异，悄地察之，更无他事，唯鼾睡而已。一日，陈抟下九石岩，数月不归。道士疑他往别处去了。后于柴房中，忽见一物，近前看之，乃先生也。正不知几时睡在那里的，搬柴的堆积在上，直待烧柴将尽，方才看见。又一日，有个樵夫在山下割草，见山凹里一个尸骸，尘埃起寸。樵夫心中怜悯，欲取而埋之。提起来看时，却认得是陈抟先生。樵夫道："好个陈抟先生，不知如何死在这里。"只见先生把腰一伸，睁开双眼，说道："正睡得快活，何人搅醒我来？"樵夫大笑。

华阴令王睦亲到华山求见先生，至九石岩，见光光一片石头，绝无半间茅舍。乃问道："先生寝止在于何所？"陈抟大笑，吟诗一首答之，诗曰：

> 蓬山高处是吾宫，出即凌风跨晓风。
> 台榭不将金锁闭，来时自有白云封。

王睦要与他伐木建庵，先生固辞不要。此周世宗显德年间事也。这四句诗直达帝听，世宗知其高士，召而见之，问以国祚长短。陈抟说出四句，道是：

> 好块木头，茂盛无赛。若要长久，添重宝盖。

世宗皇帝本姓柴名荣，木头茂盛，正合姓名，又有"长久"二字，只道是佳兆，却不知赵太祖代周为帝，国号宋，"木"字添盖乃是"宋"字。宋朝享国长久，先生已预知矣。

且说世宗要加陈抟以极品之爵，陈抟不愿，坚请还山。世宗采其"来时自有白云封"之句，赐号白云先生。后因陈桥兵变，赵太祖披了黄袍，即了帝位。先生适乘驴到华阴县，闻知此事，在驴背上拍掌大笑。有人问道："先生笑甚吗？"先生道："你们众百姓造化，造化！天下是今日定了。"

原来后唐末年间，契丹兵起，百姓纷纷避乱。先生在路上闲步，看见一妇人，挑着一个竹篮而走，篮内两头坐两个孩子。先生口吟二句，道是：莫言皇帝少，皇帝上担挑。

你道那两个孩子是谁？那大的便是宋太祖赵匡胤，那小的便是宋太宗赵匡义，这妇人便是杜太后。先生二十五六年前，便识透宋朝的真命天子了。

又一日，先生游长安市上，遇赵匡胤兄弟和赵普，共是三人，在酒肆饮酒。先生亦入肆沽饮，看见赵普坐于二赵之右，先生将赵普推下去道："你不过是紫微垣边一个小小星儿，如何敢占在上位？"赵匡胤奇其言。有认得的指道："这是白云先生陈抟。"匡胤就问前程之事。陈抟道："你弟兄两的星，比他大得多哩。"匡胤自此自负，后来定了天下，屡次差官迎取陈抟入朝，陈抟不肯。后来赵太祖手诏促之，陈抟向使者说道："创业之君，必须尊崇体貌以示天下，我等以山野废人，入见天子，若下拜，则违吾性；若不下拜，则亵其体。是以不敢奉诏。"乃于诏书之尾，写四句附奏云：九重天诏，休教丹凤衔来；一片野心，已被白云留住。

使者复命，太祖笑而置之。

后太祖晏驾，太宗皇帝即位，念酒肆中之旧，召与相见，说过待以不臣之礼。又赐御诗云：

> 曾向前朝号白云，后来消息杳无闻。
> 如今若肯随征召，总把三峰乞与君。

先生见诗，乃服华阳巾，布袍草履，来到东京。见太宗于便殿，只是长揖道："山野废人,与世隔绝,不习跪拜,望陛下优容之。"太宗赐坐,问以修养之道。陈抟对道:"天子以天下为一身,假令白日升天,竟何益于百姓? 今君明臣良,兴化勤政,功德被乎八荒,荣名流于万世。修炼之道,无出于此。"太宗点头称善,愈加敬重。问道:"先生心中有何所欲? 可为朕言之。"陈抟答道:"臣无所欲,只愿求一静室。"乃赐居于建隆道观。

其时,太宗正用兵征伐河东,遣人问先生胜负消息。先生在使者掌中,写一"休"字,太宗见之不乐。因军马已发,不曾停止。再遣人问先生时,但见他闭目而睡,鼾齁之声,直达户外。明日去看,仍复如此。一连睡了三个月,不曾起身。河东军将果然无功而返。太宗正当嗟叹,忽见陈抟道冠野服,逍遥而来,直上金銮宝殿。太宗见其不召自来,甚以为异。陈抟道:"老夫今日还山,将来辞驾。"太宗闻言,如有所失,欲加抟以帝师之号,筑宫奉事,时时请教。陈抟固辞求去,呈诗一首。诗云:

> 草泽吾皇诏,图南抟姓陈。
> 三峰千载客,四海一闲人。
> 世态从来薄,诗情自得真。
> 乞全獐鹿性,何处不称臣?

又道:"二十年之后,老夫再来候见圣颜。"太宗知不可留,特赐御宴于都堂,使宰相两禁官员俱侍坐,每人制送行诗一首,以宠其归。又将太华全山,御笔判与陈抟,为修真之所,他人不得侵渔。赐号为白云洞主希夷先生,听其还山。此太平兴国元年事也。

到端拱五年,太宗皇帝管二十年的乾坤,尚不曾立得太子。长子楚王元佐,因九月九日,不曾预得御宴,纵火烧宫。太宗大怒,废为庶人。心爱第三子襄王元侃,未知他福分如何。口中不言,心下思想:"唯有希夷先生陈抟,最善相人。当初在酒肆中,就相定我兄弟二人当为皇帝,赵普为宰相。如今得他一来,决断其事便好。"转念犹未了,内侍报道:"有太华山处士陈抟叩宫门求见。"太宗大惊,即时宣进问道:"先生此来何意?"陈抟答道:"老夫知陛下胸中有疑,特来决之。"太宗大笑道:"朕固疑先生有前知之术,今果然也。朕东宫未定,有襄王元侃,宽仁慈爱,有帝王之度,但不知福分如何,烦先生到襄府一看。"陈抟领命,才到襄府门首便回。太宗问道:"朕烦先生到襄府看襄王之相,如何不去而回?"陈抟道:"老夫已看过了,襄府门前奉役奔走之人,都有将相之福,何必见襄王哉?"太宗之意遂决。即日宣诏,立襄王为太子,后来真宗皇帝就是。陈抟在京师又住了一月,忽然辞去,仍归九石岩。

其时,有门人穆伯长、种放等百余人,皆筑室于华山之下,朝夕听讲。唯有五龙蛰法,先生未尝授人。忽一日,遣门人辈于张超谷口高岩之上,凿一石室。门人不敢违命。室既凿成,先生同门人往观之。其岩最高,望下云烟如翠。先生指道:"此毛女所谓'相将人翠烟'也,吾其归于此乎?"言未毕,屈膝而坐,挥门人使去,右手支颐,闭目而逝,年一百一十八岁。门人环守其尸,至七日,容色如生,肢体温软,异香扑鼻。乃制为石匣盛之,仍用石盖;束以铁锁数丈,置于石室。门人方去,其岩自崩,遂成陡绝之势,有五色云封住谷口,弥月不散。后人因名其处为希夷峡。

到徽宗宣和年间,有闽中道士徐知常,来游华山,见峡上有铁锁垂下,知常攀缘而上,至于石室。见匣盖敧侧,启而观之,唯有仙骨一具,其色红润,香气逼人。知常再拜毕,为整其盖,复攀缘而下。其时徐知常得幸于徽宗,官拜街道录,将此事奏知天子。天子差知常赍御香一注,重到希夷峡,要取仙骨,供养在大内。来到峡边,已不见有铁锁,但见云雾重重,危岩壁立,叹息而返。至今希夷先生蜕骨在张超谷,无复有人见之者矣!有诗为证:

从来处士窃名浮,谁似希夷闲到头?
两隐名山供笑傲,四辞朝命肯淹留。
五龙蛰法前人少,八卦神机后学求。
片片白云迷峡锁,石床高卧足千秋。

第 十 五 卷

史弘肇龙虎君臣会

倦压鳌头请左符，笑寻鲤尾为西湖。

二三贤守去非远，六一清风今不孤。

四海共知霜鬓满，重阳曾插菊花无？

聚星堂上谁先到？欲傍金尊倒玉壶。

这一首诗，乃宋朝士大夫刘季孙《寄苏子瞻自翰苑出守杭州》诗。元来东坡先生苏学士凡两次到杭州：先一次，神宗皇帝熙宁二年，通判杭州；第二次，元祐年中，知杭州军州事。所以临安府多有东坡古迹诗句。后来南渡过江，文章之士极多。唯有洪内翰才名，可继东坡之作。洪内翰曾编了《夷坚》三十二志，有一代之史才。在孝宗朝，圣眷甚隆。因在禁林，乞守外郡，累次上章，圣上方允，得知越州绍兴府。是时淳熙年上，到任时遇春天，有首回文诗，做得极好，乃诗人熊元素所作。诗云：

融融日暖乍晴天，骏马雕鞍绣辔联。

风细落花红衬地，雨微垂柳绿拖烟。

茸铺草色春江曲，雪剪花梢玉砌前。

同恨此时良会罕，空飞巧燕舞翩翩。

若倒转念时，又是一首好诗：

翩翩舞燕巧飞空，罕会良时此恨同。

前砌玉梢花剪雪，曲江春色草铺茸。

烟拖绿柳垂微雨,地衬红花落细风。

联辔绣鞍雕马骏,天晴乍暖日融融。

这洪内翰遂安排筵席于镇越堂上,请众官宴会。那四司六局祗应供过的人,都在堂下,甚次第。当日果献时新,食烹异味。酒至三杯,众妓中有一妓,姓王名英。这王英以纤纤春笋柔荑,捧着一管缠金丝龙笛,当筵席品弄一曲。吹得清音嘹亮,美韵悠扬,众官听之大喜。这洪内翰令左右取文房四宝来,诸妓女供侍于面前,对众官乘兴,一时文不加点,扫一只词,唤做《虞美人》。词云:

忽闻碧玉楼头笛,声透晴空碧。宫、商、角、羽任西东,映我奇观惊起碧潭龙。数声呜咽青霄去,不舍《梁州序》。穿云裂石响无踪,惊动梅花初谢玉玲珑。

洪内翰珠玑满腹,锦绣盈肠,一只曲儿,有甚难处?做了呈众官,众官看罢,皆喜道:“语意清新,果是佳作。”

方才夸羡不已,只见一个官员,在众中呵呵大笑,言曰:“学士作此龙笛词,虽然奇妙,此词八句,偷了古人作的杂诗词中各一句也。”洪内翰看那官人,乃孔通判讳德明。洪内翰大惊道:“孔丈既知如此,可望见教否?”孔通判乃就筵上,从头一一解之。

第一句道:“忽闻碧玉楼头笛。”偷了张紫微作《道隐》诗中第四句。诗道:

试问清轩可瞰青,霜天孤月照蓬瀛。
广寒宫里琴三弄,碧玉楼头笛一声。
金井辘轳秋水冷,石床茅舍暮云清。

夜来忽作瑶池梦,十二阑干独步行。

第二句道:"声透晴空碧。"偷了骆解元作《王娇姿唱词》中第三句。诗道:

　　谢氏筵中闻雅唱,何人隔幕在帘帷?
　　一声点破晴空碧,遏住行云不敢飞。

第三句道:"宫、商、角、羽任西东。"偷了曹仙姑作《风响》诗中第二句。诗道:

　　碾玉悬丝挂碧空,宫、商、角、羽任西东。
　　依稀似曲才堪听,又被风吹别调中。

第四句道:"映我奇观惊起碧潭龙。"偷了东坡作《橹》诗中和第三、第四句。诗道:

　　伊轧江心激箭冲,天涯无际去无踪。
　　遥遥映我奇观处,料应惊起碧潭龙。

过处第五句道:"数声呜咽青霄去。"偷了朱淑真作《雁》诗中第四句。诗道:

　　伤怀遣我肠千缕,征雁南来无定据。
　　嘹嘹呖呖自孤飞,数声呜咽青霄去。

第六句道:"不舍《梁州序》。"偷了秦少游作《歌舞》诗中第四句。诗道:

　　纤腰如舞态,歌韵如莺语。
　　似锦幪厅前,不舍《梁州序》。

第七句道:"穿云裂石响无踪。"偷了刘两府作《水底火炮》诗中第三句。诗道:

　　一激轰然如霹雳,万波鼓动鱼龙息。
　　穿云裂石响无踪,却虏驱邪归正直。

临了第八句道:"惊动梅花初谢玉玲珑。"偷了士人刘改之来谒见婺州陈侍郎作《元宵望江南》词中第四句。词道:

> 元宵景,天气正融融。柳线正垂金落索,梅花初谢玉玲珑。明月映高空。贤太守,欢乐与民同。箫鼓聒残灯火市,轮蹄踏破广寒宫。良夜莫匆匆。

孔通判从头解说罢,洪内翰大喜。众官称叹道:"奇哉!奇哉!"洪内翰教左右别办一劝。劝罢,与孔通判道:"适间门下解说得甚妙,甚妙!欲求公作《龙笛》词一首,永为珍赐。"孔通判相谢罢,遂作一词,唤做《水调歌头》。词云:

> 玉人擅皓腕,纤手映朱唇。龙吟越调孤喷,清浊最堪听。欲度宁王一曲,莫学桓伊三弄,听答兀中丁。忆昔知音客,鉴别在柯亭。   至更深,宜月朗,称疏星。天高气爽,霜重水绿与山青。幸遇良宵佳景,轰起一声蕲州,耳畔觉泠泠。裂石穿云去,万鬼尽潜形。

兀的正是:

> 高才得见高才客,不枉留传纪好音。

说话的,你因甚的,头回说这《八难〈龙笛〉词》?自家今日不说别的,说两个客人将一对龙笛蕲材,来东峰东岱岳烧献。只因烧这蕲材,却教郑州奉宁军一个上厅行首,有分做两国夫人,嫁一个好汉,后来为当朝四镇令公,名标青史。直到如今,做几回花锦似话说。这未发迹的好汉,却姓甚名谁?怎地发迹变泰?直教:

> 纵横宇宙三千里,威镇华夷四百州。

有一诗单道五代兴亡。诗云:

> 自从唐季坠朝纲,天下生灵被扰攘。

社稷安危悬卒伍,朝廷轻重系藩方。

深冬寒木固不脱,未旦小星犹有光。

五十三年更五姓,始知迅扫待真王。

却说是五代唐朝里,有两个客人:王一太,王二太,乃兄弟两人。获得一对蕲州出的龙笛材,不曾开成笛,天生奇异,根似龙头之状,世所无者。特地将来兖州奉符县东峰东岱岳殿下火池内烧献。烧罢,圣帝赐与炳灵公。炳灵公遂令康、张二圣前去郑州奉宁军,唤开笛阎招亮来。康、张二圣领命,即时到郑州,变做两个凡人,径来见阎招亮。

这阎招亮正在门前开笛,只见两个人来相揖。作揖罢,道:"一个官员,有两管龙笛蕲材,欲请待诏便去开则个。这官员急性,开毕重重酬谢,便等同去。"阎招亮即时收拾了作仗,厮赶二人来。顷刻间,到一个所在。阎招亮抬头看时,只见牌上写道:"东峰东岱岳。"但见:

群山之祖,五岳为尊。上有三十八盘,中有七十二司。水帘映日,天柱插空。九间大殿,瑞光罩碧瓦凝烟。四面高峰,偃仰见金龙吐雾。竹林寺有影无形,看日山藏真隐圣。

阎招亮理会不下。康、张二圣相引去,参拜了炳灵公。将至一阁子内,已安蕲材在桌上,教阎招亮就此开笛。吩咐道:"此乃阴间,汝不可远去;倘行远失路,难以回归。"吩咐毕,二圣自去。招亮片时开成龙笛。吹其声,清幽可爱。等半响,不见康、张二圣来。招亮默思量起:"既到此间,不去看些所在,也须可惜。"遂出阁子来。行不甚远,见一座殿宇,招亮走至廊下,听得静鞭声急,遂去窗缝里偷眼看时,只见:

虾须帘卷,雉尾扇开。冕旒升殿,一人端拱坐中间;簪笏随朝,众圣趋跄分左右。金钟响动,玉磬声频。悠扬天乐五云间,引领百神朝圣帝。

圣帝降辇升殿,众神起居毕。传圣旨押过公事来。只见一个汉,项戴长枷,臂连双杻,推将来。阎招亮肚里道:"这个汉,好面熟!"一时间急省不起他是兀谁。再传圣旨,令押去换铜胆铁心,却令回阳世,为四镇令公,告戒切勿妄杀人命。招亮听得,大惊。忽然一鬼吏喝道:"凡夫怎得在此偷看公事?"当时,阎招亮听得鬼吏叫,急慌走回来开笛处阁子里坐地。

良久之间，康、张二圣来那阁子里来，见开笛了，同招亮将龙笛来呈。吹其笛，声清韵长。炳灵公大喜，道："教汝福上加福，寿上加寿。"招亮告曰："不愿加其福寿。招亮有一亲妹阎越英，见为娼妓。但求越英脱离风尘，早得从良，实所愿也。"炳灵公道："汝有此心，乃凡夫中贤人也，当令汝妹嫁一四镇令公。"招亮拜谢毕，康、张二圣送归。行至山半路高险之处，指招亮看一去处。正看里，被康、张二圣用手打一推，撷将下峭壁岩崖里去。阎待诏吃一惊，猛闪开眼，却在屋里床上，浑家和儿女都在身边。问那浑家道："做甚的你们都守着我眼泪出？"浑家道："你前日在门前正做生活里，蓦然倒地，便死去。摸你心头时，有些温，扛你在床上两日。你去下世做甚的来？"招亮从康、张二圣来叫他去许多事，一一都说。屋里人见说，尽皆骇然。自后过了几时，没话说。

时遇冬间，雪降长空，石信道有一首《雪》诗，道得好：

> 六出飞花夜不收，朝来佳景有宸州。
> 重重玉宇三千界，一一琼台十二楼。
> 庾岭寒梅何处放？章台飞絮几时休？
> 还思碧海银蟾畔，谁驾丹山碧凤游？

其雪转大。阎待诏见雪下，当日手冷，不做生活，在门前闲坐地。只见街上一个大汉过去。阎待诏见了，大惊道："这个人便是在东岳换铜胆铁心未发迹的四镇令公，却打门前过去，今日不结识，更待何时？"不顾大雪，撩衣大步赶将来。不多几步，赶上这大汉。进一步，叫道："官人拜揖。"那大汉却认得阎招亮是开笛的，还个喏，道："待诏没甚事？"阎待诏道："今日雪下，天色寒冷。见你过去，特赶来相请，同饮数杯。"便拉入一个酒店里去。这个大汉，姓史，双名弘肇，表字化元，小字憨儿。开道营长行军兵。按《五代史》本传上载道："郑州荥泽人也。为人骁勇，走及奔马。"酒罢，各自归家。

明日，阎待诏到妹子阎越英家，说道："我昨日见一个人来，今日特地来和你说。我多时曾死去两日，东岳开龙笛。见这个人换了铜胆铁心，当为四镇令公，道令你嫁这四镇令公。我日多时只省不起这个人。昨日忽然见他，我请他吃酒来。"阎越英问道："是兀谁？"阎招亮接口道："是那开道营有情的史大汉。"阎越英听得说是他，好场恶气："我元来合当嫁这般人？我不信！"

自后阎待诏见史弘肇，须买酒请他。史大汉数次吃阎待诏酒食。一日，路上相撞见，史弘肇遂请阎招亮去酒店里，也吃了几多酒共食。阎待诏要还钱，史弘肇那里肯："相扰待诏多番，今日特地还席。"阎招亮相别了，先出酒店自去。史弘肇看着量酒道："我不曾带钱来，你厮赶我去营里讨还你。"量酒只得随他去，到营门前，遂吩咐道："我今日没一文，你且去。我明日自送来还你主人。"量酒厮瘫道："归去吃骂，主人定是不肯。"史大汉道："主人不肯后，要如何？你会事时，便去；你若不去，教你吃顿恶拳。"量酒没奈何，只得且回。

这史弘肇却走去营门前卖糜糜王公处，说道："大伯，我欠了店上酒钱，没得还。你今夜留门，我来偷你锅子。"王公只当做耍话，归去和那大姆子说："世界上不曾见这般好笑，史憨儿今夜要来偷我锅子，先来说，教我留门。"大姆子见说，也笑。

当夜二更三点前后，史弘肇真个来推大门。力气大，推折了门闩。走入来，两口老的听得。大姆子道："且看他怎地。"史弘肇大惊小怪，走出灶前，掇那锅子在地上，道："若还破后，难折还他酒钱。"拿条棒敲得啯当当响。掇将起来，翻转覆在头上。不知那锅底里有些水，浇了一头一脸，和身上都湿了。史弘肇那里顾得干湿，戴着锅儿便走。王公大叫："有贼！"披了衣服，赶将来。地方听得，也赶将来。史弘肇吃赶得慌，撇下了锅子，走入一条巷去躲避。谁知筑底巷，却走了死路。鬼慌盘上去人家萧墙；吃一滑，擦将下去。地方也赶入巷来，见他擦将下去，地方叫道："阎妈妈，你后门有贼，跳入萧墙来。"阎行首听得，教奶子点蜡烛去来看时，却不见那贼，只见一个雪白异兽：

光闪烁浑疑素练，貌狰狞恍似堆银。遍身毛抖撒九秋霜，一条尾摇动三尺雪。流星眼争闪电，巨海口露血盆。

阎行首见了，吃一惊。定睛再看时，却是史大汉弯跧蹲在东司边。见了阎行首，失张失志走起来，唱个喏。这阎行首先时见他异相，又曾听得哥哥阎招亮说道他有分发迹，又道我合当嫁他，当时不叫地方捉将去，倒教他入里面藏躲。地方等了一响，不听得阎行首家里动静。想是不在了，各散去讫。阎行首开了前门，放史弘肇出去。

当夜过了。明日饭后，阎行首教人去请哥哥阎待诏来。阎行首道："哥哥，你前番说史大汉有分发迹，做四镇令公，道我合当嫁他。我当时不信你说。昨夜后门叫有贼，跳入萧墙来。我和奶子点蜡烛去照，只见一只白大虫蹲在地上。我定睛再看时,却是史大汉。我看见他这异相,必竟是个发迹的人。我如今情愿嫁他。哥哥,你怎地做个道理,与我说则个?"阎招亮道:"不妨,我只就今日便要说成这头亲。"阎待诏知道史弘肇是个发迹变泰底人,又见妹子又嫁他,肚里好欢喜,一径来营里寻他。

史弘肇昨夜不合去偷王公锅子,日里先少了酒钱,不敢出门。阎待诏寻个恰好,遂请他出来,和他说道:"有头好亲,我特来与你说。"史弘肇道:"说什么亲?"阎待诏道:"不是别人,是我妹子阎行首。他随身有若干房财,你意下如何?"史弘肇道:"好便好,只有三件事,未敢成这头亲。"阎招亮道:"有那三件事? 但说不妨。"史弘肇道:"第一,他家财由吾使;第二,我入门后,不许再着人客;第三,我有一个结拜的哥哥,并南来北往的好汉,若来寻我,由我留他饮食宿卧。如依得这三件事,可以成亲。"阎招亮道:"既是我妹子嫁你了,是事都由你。"当日说成这头亲,回复了妹子。两相情愿了,料没甚下财纳礼,拣个吉日良时,到做一身新衣服,与史弘肇穿着了,招他归来成亲。

约过了两个月,忽上司指挥差往孝义店,转递军期文字。史弘肇到那孝义店,过未得一个月,自押铺已下,皆被他无礼过。只是他身边有这钱肯使,舍得买酒请人,因此人都让他。

忽一日,史弘肇去铺屋里睡。押铺道:"我没兴添这厮来蒿恼人。"正埋冤哩,只见一个人面东背西而来,向前与押铺唱个喏,问道:"有个史弘肇可在这里?"押铺指着道:"见在那里睡。"只因这个人来寻他,有分教:史弘肇发迹变泰。这来底人姓甚名谁? 正是:

> 两脚无凭寰海内,故人何处不相逢。

这个来寻史弘肇的人,姓郭名威,表字仲文,邢州尧山县人。排行第一,唤做郭大郎。怎生模样?

> 抬左脚,龙盘浅水;抬右脚,凤舞丹墀。红光罩顶,紫雾遮身。尧眉舜目,禹背汤肩。除非天子可安排,以下诸侯压不得。

这郭大郎因在东京不如意,曾扑了潘八娘子钗子,潘八娘子看见他异相,认做兄弟,不教解去官司,倒养在家中。自好了,因去瓦里看,杀了构栏里的弟子,连夜

喻世明言

图文珍藏版

逃走。走到郑州，来投奔他结拜兄弟史弘肇。到那开道营前问人时，教来孝义店相寻。

当日史弘肇正在铺屋下睡着，押铺遂叫觉他来道："有人寻你，等多时。"史弘肇焦躁，走将起来，问："兀谁来寻我？"郭大郎便向前道："吾弟久别，且喜安乐。"史弘肇认得是他结拜的哥哥，扑翻身便拜。拜毕，相问动静了。史弘肇道："哥哥，你莫向别处去，只在我这铺屋下，权且宿卧。要钱盘缠，我家里自讨来使。"众人不敢道他甚的，由他留这郭大郎在铺屋里宿卧。郭大郎那里住得几日，遂与史弘肇无礼上下。兄弟两人在孝义店上，日逐趁赌，偷鸡盗狗，一味干颡不美，蒿恼得一村疃人过活不得，没一个人不嫌，没一个人不骂。

话分两头。却说后唐明宗归天，闵帝登位。应有内人，尽令出外嫁人。数中有掌印柴夫人，理会得些个风云气候，看见旺气在郑州界上，遂将带房奁，望旺气而来。来到孝义店王婆家安歇了，要寻个贵人。柴夫人住了几日，看街上往来之人，皆不入眼，看着王婆道："街上如何直恁地冷静？"王婆道："复夫人，要热闹容易。夫人放买市，这经纪人都来赶趁，街上便热闹。"夫人道："婆婆也说得是。"便教王婆四下说教人知：来日柴夫人买市。

郭大郎兄弟两人听得说，商量道："我们何自撰几钱买酒吃？明朝卖甚的好？"史弘肇道："只是卖狗肉。问人借个盘子和架子、砧刀，那里去偷只狗子，把来打杀了，煮熟去卖，却不须去上行。"郭大郎道："只是坊佐人家，没这狗子；寻常被我们偷去煮吃尽了，近来都不养狗了。"史弘肇道："村东王保正家，有只好大狗子，我们便去对付休。"

两个径来王保正门首，一个引那狗子；一个把条棒，等他出来，要一棒捭杀打将去。王保正看见了，便把三百钱出来道："且饶我这狗子，二位自去买碗酒吃。"史弘肇道："王保正，你好不近道理！偌大一只狗子，怎地只把三百钱出来？须亏我。"郭大郎道："看老人家面上，胡乱拿去罢。"两个连夜又去别处偷得一只狗子，挦剥干净了，煮得稀烂。

明日，史弘肇顶着盘子，郭大郎驼着架子，走来柴夫人幕次前，叫声："卖肉。"放下架子，阁那盘子在上。夫人在帘子里看见郭大郎，肚里道："何处不觅？甚处不寻？这贵人却在这里。"使人从把出盘子来，教簇一盘。郭大郎接了盘子，切那狗肉。王婆正在夫人身边，道："复夫人，这个是狗肉，贵人如何吃得？"夫人道："买市为名，不成要吃？"教管钱的，支一两银子与他。郭大郎兄弟二人接了银子，唱喏谢了自去。

少间，买市罢。柴夫人看着王婆道："问婆婆，央你一件事。"王婆道："甚的事？"夫人道："先时卖狗肉的两个汉子，姓甚的？在那里住？"王婆道："这两个最不近道理。切肉的姓郭，顶盘子姓史，都在孝义坊铺屋下睡卧。不知夫人问他两个做甚吗？"夫人说："奴要嫁这一个切肉姓郭的人，就央婆婆做媒，说这头亲则个。"王婆道："夫人偌大个贵人，怕没好亲得说，如何要嫁这般人？"夫人道："婆婆莫管，自看见他是个发迹变泰的贵人，婆婆便去说则个。"

王婆即见夫人恁地说，即时便来孝义店铺屋里寻郭大郎，寻不见。押铺道："在对门酒店里吃酒。"王婆径过来酒店门口，揭那青布帘，入来见了他弟兄两个，道："大郎，你却吃得酒下！有场天来大喜事来投奔你，划地坐得牢里！"郭大郎道："你那婆子，你见我撰得些个银子，你便来要讨钱。我钱却没与你，要便请你吃碗酒。"王婆便道："老媳妇不来讨酒吃。"郭大郎道："你不来讨酒吃，要我一文钱也没。你会事时吃碗了去。"史弘肇道："你那婆子，忒不近道理！你知我们性也不好，好意请你吃碗酒，你却不吃。一似你先时破我的肉是狗肉，几乎教我不撰一文，早是夫人教买了。你好羞人，兀自有那面颜来讨钱！你信道我和酒也没，索性请你吃一顿拳踢去了。"王婆道："老媳妇不是来酒和钱。适来夫人问了大郎，直是欢喜，要嫁大郎，教老媳妇来说。"郭大郎听得说，心中大怒，用手打王婆一个漏掌风。王婆倒在地上道："苦也！我好意来说亲，你却打我！"郭大郎道："兀谁调发你来厮取笑！且饶你这婆子，你好好地便去，不打你。他偌大个贵人，却来嫁我？"

王婆鬼慌，走起来，离了酒店，一径来见柴夫人。夫人道："婆婆说亲不易。"王婆道："教夫人知，因去说亲，吃他打来。道老媳妇去取笑他。"夫人道："带累婆婆吃亏了。没奈何，再去走一遭。先与婆婆一只金钗子，事成了，重重谢你。"王婆道："老媳妇不敢去。再去时，吃他打杀了也没人劝。"夫人道："我理会得。你空手去说亲，只道你去取笑他；我教你把这件物事将去为定，他不道得不肯。"王婆问道："却是把什么物事去？"夫人取出来，教那王婆看了一看，唬杀那王婆。这件物却是甚的物？

君不见张负有女妻陈平，家居陋巷席为门。门外多逢长者辙，丰姿不是寻常人。又不见单父吕公善择婿，一事樊侯一刘季？风云际会十年间，樊作诸侯刘作帝。从此英名传万古，自然光采生门户。君看如今嫁女家，只择高楼与豪富。

夫人取出定物来，教王婆看，乃是一条二十五两金带。教王婆把去，定这郭大郎。王婆虽然适间吃了郭大郎的亏，凡事只是利动人心，得了夫人金钗子，又有金带为定，便忍脚不住。即时提了金带，再来酒店里来。王婆路上思量道："我先时不合空手去,吃他打来。如今须有这条金带,他不成又打我?"来到酒店门前,揭起青布帘,他兄弟两个兀自吃酒未了。走向前,看着郭大郎道:"夫人教传语,恐怕大郎不信,先教老媳妇把这条二十五两金带来定大郎,却问大郎讨回定。"郭大郎肚里道:"我又没一文,你自要来说,是与不是,我且落得拿了这条金带,却又理会。"当时叫王婆且坐地,叫酒保添只盏来,一道吃酒。吃了三盏酒,郭大郎觑着王婆道:"我那里来讨物事做回定?"王婆道:"大郎身边胡乱有甚物,老媳妇将去,与夫人做回定。"郭大郎取下头巾,除下一条鏖糟臭油边子来,教王婆把去做回定。王婆接了边子,忍笑不住,道:"你的好省事!"王婆转身回来,把这边子递与夫人。夫人也笑了一笑,收过了。

自当日定亲以后,免不得拣个吉日良时,就王婆家成这亲。遂请叔叔史弘肇,又教人去郑州请婶婶阎行首来相见了。柴夫人就孝义店嫁了郭大郎,却卷帐回到家中,住了几时。

夫人忽一日,看着丈夫郭大郎道:"我夫若只在此相守,何时会得发迹?不若写一书,教我夫往西京河南府去见我母舅符令公,可求立身进步之计,若何?"郭大郎道:"深感吾妻之意。"遂依其言。柴夫人修了书,安排行装,择日教这贵人上路。

行时红光罩体,坐后紫雾随身。朝登紫陌,一条捍棒作朋俦;暮宿邮亭,壁上孤灯为伴侣。他时变豹贵非常,今日权为途路客。

这贵人路上离不得饥餐渴饮,夜住晓行,不则一日,到西京河南府,讨了个下处。这郭太郎当初来西京,指望投奔符令公,发迹变泰。怎知道却惹一场横祸,变得人命交加。正是:

> 未酬奋翼冲霄志,翻作连天大地囚。

郭大郎到西京河南府看时,但见:

> 州名豫郡,府号河南。人烟聚百万之多,形势尽一时之胜。城池广阔,六街内士女骈阗;井邑繁华,九陌上轮蹄来往。风传丝竹,谁家别院奏清音?香散绮罗,到处名园开丽景。东连巩县,西接渑池,南通洛口之饶,北控黄河之险。金城缭绕,依稀似偃月之形;雉堞巍峨,仿佛有参天之状。虎符龙节王候镇,朱户红楼将相家。休言昔日皇都,端的今时胜地。正是:春如红锦堆中过,夏若青罗帐里行。

郭大郎在安歇处过了一夜,明早,却待来将这书去见符令公。猛自思量道:"大丈夫倚着一身本事,当自立功名;岂可用妇人女子之书,以图进身乎?"依旧收了书,空手径来衙门前招人牌下,等着部署李霸遇来投见他。李霸遇问道:"你曾带得来吗?"贵人道:"带得来。"李部署问:"是甚的?"郭大郎言:"是十八般武艺。"李霸遇所说,本是见面钱,见说十八般武艺,不是头了,口里答应道:"候令公出厅,教你参谒。"比及令公出厅,却不教他进去。自从当日起,日逐去俟候,耽搁了两个来月,不曾得见令公。店都知见贵人许多日不曾见得符令公,多口道:"官人,你枉了日逐去俟候。李部署要钱,官人若不把与他,如何得见符令公?"贵人听得说,怒从心上起,恶向胆边生:"原来这贼,却是如此!"

当日,不去衙前俟候,闷闷不已,在客店前闲坐。只见一个扑鱼的在门前叫扑鱼,郭大郎遂叫住扑,只一扑,扑过了鱼。扑鱼的告那贵人道:"昨夜迫划得几文钱,买这鱼来扑,指望赢几个钱去养老娘。今日出来,不曾扑得一文;被官人一扑扑过了,如今没这钱归去养老娘。官人可以借这鱼去前面扑,赢得几个钱时,便把来还官人。"贵人见他说得孝顺,便借与他鱼去扑。吩咐他道:"如有人扑过,却来说与我知。"扑鱼的借得那鱼去扑,行到酒店门前,只见一个人叫:"扑鱼的在那里?"因是这个人在酒店里叫扑鱼,有分郭大郎拳手相交,就酒店门前变做一个小小战场。这叫扑鱼的是什么人?

从前积恶欺天,今日上苍报应。

酒店里叫住扑鱼的,是西京河南府部署李霸遇。在酒店里吃酒,见扑鱼的,遂叫入酒店里去扑,扑不过,输了几文钱,径硬拿了鱼。扑鱼的不敢和他争,走回来说向郭大郎道:"前面酒店里,被人拿了鱼,却赢他几文钱,男女纳钱还官人。"贵人听得说,道:"是什么人?好不谙事!既扑不过,如何拿了鱼?鱼是我的,我自去问他讨。"这贵人不去讨,万事俱休。到酒店里看那人时:

仇人厮见,分外眼睁。

不是别人,却是部署李霸遇。贵人一分焦躁,变做十分焦躁,在酒店门前看着李霸遇道:"你如何拿了我的鱼?"李霸遇道:"我自问扑鱼的要这鱼,如何却是你的?"贵人拍着手道:"我西京投事,你要我钱,耽搁我在这里两个来月,不教我见令公。你今日对我,有何理说?"李霸遇道:"你明日来衙门,我周全你。"贵人大骂道:

"你这砍头贼，闭塞贤路，我不算你，我和你就这里比个大哥二哥！"郭大郎先脱膊，众人喊一声。原来贵人幼时曾遇一道士，那道士是个异人，替他右项上刺着几个雀儿，左项上刺几根稻谷，说道："若要富贵足，直待雀衔谷。"从此人都唤他是郭雀儿。到登极之日，雀与谷果然凑在一处。此是后话。这日郭大郎脱膊，露出花项，众人喝采。正是：

　　近觑四川十样锦，远观洛沪一团花。

李霸遇道："你真个要厮打？你只不要走！"贵人道："你莫胡言乱语，要厮打快来！"李霸遇脱膊，露出一身乾乾辘辘的横肉，众人也喊一声。好似：
生铁铸在火池边，怪石镌来坟墓畔。
二人拳手厮打，四下人都观看。一肘二拳，三翻四合，打到分际，众人齐喊一声，一个汉子在血泺里卧地。当下却是输了兀谁？

　　作恶欺天在世间，人人背后把眉攒。
　　只知自有安身术，岂畏灾来在目前？

郭大郎正打那李霸遇，直打到血流满地。听得前面头踏指约，喝道：令公来。符令公在马上，见这贵人红光罩定，紫雾遮身，和李霸遇厮打，李霸遇那里奈何得这贵人？符令公教手下人："不要惊动，为我召来。"手下人得了钧旨，便来好好地道："两人且莫厮打，令公钧旨，教来府内相见。"二人同至厅下。符令公看这人时，生得：

　　尧眉舜目，禹背汤肩。

令公钧旨，便问郭大郎道："那里人氏？因甚行打李霸遇？"贵人复道："告令公，郭威是邢州尧山县人氏，远来贵府投事。李霸遇要郭威钱，不令郭威参见令公钧颜，耽搁在旅店两月有余。今日撞见，因此行打，有犯台颜。小人死罪死罪！"符令公问道："你既然远来投奔，会甚本事？"郭大郎复道："郭威十八般武艺尽都通晓。"令公钧旨：教李霸遇与郭威就当厅使棒。李霸遇先时已被这贵人打了一顿，奈何不得这贵人。复令公道："李霸遇使棒不得。适间被郭威暗算，打损身上。"令公钧旨:"定要使棒。"郭威看着李霸遇道:"你道我暗算你,这里比个大哥二哥!"二人把棒在手,唱了喏,部者喝教二人放对。

山东大擂,河北夹枪。山东大擂,鳌鱼口内喷来;河北夹枪,昆仑山头泻出。三转身,两撅脚。旋风响,卧乌鸣。遮拦架隔,有如素练眼前飞;打鼋支撑,不若耳边风雨过。

两人就在厅前使那棒,一上一下,一来一往,斗不得数合,令公符彦卿在厅上看见,喝采不迭。

羊祜病中推杜预,叔牙囚里荐夷吾。

堪嗟四海英雄辈,若个男儿识丈夫?

两人就厅下使棒,李霸遇那里奈何得这贵人? 被郭大郎一棒打番。符令公大喜,即时收在帐前,遂差这贵人做大部署,倒在李霸遇之上。郭大郎拜谢了令公,在河南府当职役。过了几时,没话说。

忽一日,郭部署出衙门闲干事。行至市中,只见食店前一个官人,坐在店前大惊小怪,呼左右教打碎这食店。贵人一见,遂问过卖:"这官人因甚的在此喧哄寻闹?"过卖扯着部署在背后去告诉道:"这官人乃是地方中有名的尚衙内,半月前见主人有个女儿,十八岁,大有颜色。这官人见了一面,归去教人来传语道:'太夫人教请小娘子过来,说话则个。若是你家缺少钱物,但请见谕。'主人道:'我家岂肯卖女儿? 只割舍得死!'尚衙内见主人不肯,今日来此掀打。"贵人见说:

怒从心上起,恶向胆边生。雄威动凤眼圆睁;烈性发龙眉倒竖。两条忿气,从脚底板贯到顶门。心头一把无明火,高三千丈,按捺不下。

郭部署向前与尚衙内道:"凡人要存仁义,暗室欺心,神目如电,尊官不可以女色而失正道。郭威言轻,请尊官上马若何?"衙内焦躁道:"你是何人?"贵人道:"姓郭,名威,乃是河南府符令公手下大部署。"衙内说:"各无所辖,焉能管我? 左右,为我殴打这厮!"贵人大怒道:"我好意劝你,却教左右打我,你不识我性!"用左手揪住尚衙内,右手就身边拔出压衣刀在手,手起刀落,尚衙内性命如何?

欲除天下不平事,方显人间大丈夫。

郭部署路见不平,杀了尚衙内,一行人从都走。贵人径来河南府内自首。符令公出厅,贵人复道:"告令公,郭威杀了欺压良善之贼,特来请罪。"符令公问了起末,喝左右取长枷枷了,押下司理院问罪。怎见得司理院的厉害?

古名"廷尉"，亦号"推官"。果然是事不通风，端的底令人丧胆。庞眉节级，执黄荆俨似牛头；努目押牢，持铁索浑如罗刹。枷分三等，取勘情重情轻；牢眼四方，分别当生当死。风声紧急，乌鸦鸣噪勘官厅；日影参差，绿柳遮笼萧相庙。转头逢五道，开眼见阎王。

当日，那承吏王琇承了这件公事。罪人入狱，教狱子絣在廊上，一面勘问。不多时，符令公钧旨，叫王琇来偏厅上。令公见王琇，遂吩咐几句，又把笔去那桌子面上写四字。王琇看时，乃是："宽容郭威。"王琇道："律有明条，领钧旨。"令公焦躁，遂转屏风入府堂去。王琇急慌唱了喏，闷闷不已，径回来司房伏案而睡。见一条小赤蛇儿，戏于案上。王琇道："作怪！"遂赶这蛇。急赶急走，慢赶慢走；赶到东乙牢，这蛇入牢眼去，走上贵人枷上，入鼻内从七窍中穿过。王琇看这个贵人时，红光罩定，紫雾遮身。理会未下，就司房里飒然睡觉。

原来人困后，多是肚中不好了，有那与绝不下的事，或是手头窘迫，忧愁思虑。故"困"字着个"贫"字，谓之"贫困"。"愁"字，谓之"愁困"。"忧"字，谓之"忧困"。不成"喜困"、"欢困"。王琇得了这一梦，肚里道："可知符令公教我宽容他，果然好人识好人。"王琇思量半晌，只是未有个由头出脱他。

不知这贵人直有许多撷扑：自幼便没了亲爹，随母嫁潞州常家；后来因事离了河北，筑筑磕磕，受了万千不易；甫能得符令公周全做大部署，又去闲管事，惹这场横祸。至夜，居民遗漏，王琇眉头一纵，计从心上来。只就当夜，教这贵人出牢狱。当时王琇思量出甚计来？正是：

袖中伸出拿云手，提起天罗地网人。

当夜黄昏后，忽居民遗漏。王琇急去禀令公，要就热乱里放了这贵人，只做因火狱中走了。令公大喜。原来令公日间已写下书，只要做道理放他，遂付书与王琇。王琇接了书，来狱中疏了贵人戴的枷；拿顶头巾，教贵人裹了，把符令公的书与贵人。吩咐道："令公教你去汴京见刘太尉，可便去，不宜迟。"贵人得放出，火尚未灭。趁那撩乱之际，急走去部署房里，收拾些钱物，当夜迤逦奔那汴京开封府路上来。

不则一日，到开封府，讨了安歇处。明日早，径往殿司衙门俟候下书。等候良

久,刘太尉朝殿而回。只见:

> 青凉伞招飔如云,马颔下珠缨拂火。

乃是侍卫亲军、左金吾卫、上将军、殿前都指挥使刘知远。贵人走向前应声喏,复道:"西京符令公有书拜呈,乞赐台览。"刘太尉教人接了书,随入衙。刘大尉拆开书看了,教下书人来厅前参拜了。刘太尉见郭威生得清秀,是个发迹的人,留在帐前作牙将使唤,郭威拜谢讫。

自后过来得数日,刘太尉因操军回衙,打从桑维翰丞相府前过。是日桑维翰与夫人在看街里,观着往来军民。刘知远头踏,约有三百余人,真是威严可畏。夫人看着桑维翰道:"相公见否?"桑维翰道:"此是刘太尉"。夫人说:"此人威严若此,想官大似相公。"桑维翰笑曰:"此一武夫耳,何足道哉? 看我呼至帘前,使此人鞠躬听命。"夫人道:"果如是,妾当奉劝;如不应其言,相公当劝妾一杯酒。"桑维翰即时令左右呼召刘太尉,又令人安靴在帘里,传钧旨赶上刘太尉,取复道:"相公呼召太尉。"刘知远随即到府前下马,至堂下躬身应喏。正是:

> 直饶百万将军贵,也须堂下拜靴尖。

刘太尉在堂下俟候,耽搁了半日,不闻钧旨。桑维翰与夫人饮酒,忘了发付,又没人敢去禀复。到晚,刘太尉只得且归,到衙内焦躁道:"大丈夫功名,自以弓马得之,今反被腐儒相侮。"到明日五更,至朝见处,见桑维翰下马入阁子里去。刘知远心中大怒:"昨日侮我,教我看靴尖唱喏,今日有何面目相见?"因此怀忿,在朝见处有犯桑维翰。晋帝遂令刘知远出镇太原府。那里是刘知远出镇太原府?则是那史弘肇合当出来,发迹变泰! 正是:

> 特意种花栽不活,等闲携酒却成欢。

刘知远出镇太原府,为节度使,日下朝辞出国门,择了日进发赴任。刘太尉先同帐下官属带行亲随起发,前往太原府。留郭牙将在后管押钧眷。行李担仗,当日起发。

朱旗飐飐,彩帜飘飘。带行军卒,人人腰跨剑和刀;将佐亲随,个个腕
悬鞭与简。晨鸡碛后,束装晓别孤村;红日斜时,策马暮登高岭。经野市,
过溪桥;歇邮亭,宿旅驿。早起看浮云陪晓翠,晚些见落日伴残霞。

指那万水千山,迤逦前进。刘知远方行得一程,见一所大林:

千耸千寻,根盘百里。掩映绿
阴似障,槎牙怪木如龙。下长灵芝,
上巢彩凤。柔条微动,生四野寒风;
嫩叶初开,铺半天云影。阔遮十里
地,高拂九霄云。

刘太尉方欲待过,只见前面走出一
队人马,拦住路。刘太尉吃一惊,将为道
是强人,却待教手下将佐安排去抵敌。
只见众人摆列在前,齐唱一声喏。为首
一人禀复道:"侍卫司差军校史弘肇,带
领军兵接太尉节使上太原府。"刘知远见
史弘肇生得英雄,遂留在手下为牙将。

史弘肇不则一日,随太尉到太原府。
后面钩眷到,史弘肇见了郭牙将,扑翻身
体便拜。兄弟两人再厮见,又都遭际刘
太尉,两人为左、右牙将。后因契丹灭了石晋,刘太尉起兵入汴,史、郭二人为先锋,
驱除契丹,代晋家做了皇帝,国号后汉。史弘肇自此直发迹,做到单、滑、宋、汴四镇
令公。富贵荣华,不可尽述。

碧油幢拥,皂纛旗开。壮士携鞭,佳人捧扇。冬眠红锦帐,夏卧碧纱
厨。两行红袖引,一对美人扶。

这话本是京师老郎流传。若按欧阳文忠公所编的《五代史》正传上载道:梁末
调民,七户出一兵。弘肇为兵,隶开道指挥,选为禁军,汉高祖典禁军为军校。其后

汉高祖镇太原,使将武节左右指挥,领雷州刺史。以功拜忠武军节度使,侍卫步军都指挥使。再迁侍卫亲军马步军都指挥使,领归德军节度使,同中书门下平章事。后拜中书令。周太祖郭威即位之日,弘肇已死,追封郑王。诗曰:

结交须结英与豪,劝君莫结儿女曹。
英豪际会皆有用,儿女柔脆空烦劳。

第 十 六 卷

范巨卿鸡黍死生交

　　种树莫种垂杨枝，结交莫结轻薄儿。杨枝不耐秋风吹，轻薄易结还易离。君不见昨日书来两相忆，今日相逢不相识？不如杨枝犹可久，一度春风一回首。

　　这篇言语，是《结交行》，言结交最难。今日说一个秀才，是汉明帝时人，姓张名劭，字元伯，是汝州南城人氏。家本农业，苦志读书，年三十五岁，不曾婚娶。其老母年近六旬，并弟张勤努力耕种，以供二膳。

　　时汉帝求贤。劭辞老母，别兄弟，自负书囊，来到东都洛阳应举。在路非只一日。到洛阳不远，当日天晚，投店宿歇。是夜，常闻邻房有人声唤。劭至晚，问店小二："间壁声唤的是谁？"小二答道："是一个秀才，害时症，在此将死。"劭曰："既是斯文，当以看视。"小二曰："瘟病过人，我们尚自不去看他，秀才你休去！"劭曰："死生有命，安有病能过人之理？吾须视之。"小二劝不住。劭乃推门而入，见一人仰面卧于土榻之上，面黄肌瘦，口内只叫："救人！"劭见房中书囊、衣冠，都是应举的行动，遂扣头边而言曰："君子勿忧，张劭亦是赴选之人。今见汝病至笃，吾竭力救之。药饵粥食，吾自供奉，且自宽心。"其人曰："若君子救得我病，容当厚报。"劭随即挽人请医用药调治。早晚汤水粥食，劭自供给。

　　数日之后，汗出病减，渐渐将息，能起行立。劭问之，乃是楚州山阳人氏，姓范名式，字巨卿，年四十岁。世本商贾，幼亡父母，有妻小。近弃商贾，来洛阳应举。比及范巨卿将息得无事了，误了试期。范曰："今因式病，有误足下功名，甚不自安。"劭曰："大丈夫以义气为重，功名富贵，乃微末耳，已有分定。何误之有？"范式自此与张劭情如骨肉，结为兄弟。式年长五岁，张劭拜范式为兄。

结义后,朝暮相随,不觉半年。范式思归,张劭与计算房钱,还了店家。二人同行。数日,到分路之处,张劭欲送范式。范式曰:"若如此,某又送回;不如就此一别,约再相会。"二人酒肆共饮,见黄花红叶,妆点秋光,以助别离之兴。酒座间杯泛茱萸,问酒家,方知是重阳佳节。范式曰:"吾幼亡父母,屈在商贾。经书虽则留心,奈为妻子所累。幸贤弟有老母在堂,汝母即吾母也。来年今日,必到贤弟家中,登堂拜母,以表通家之谊。"张劭曰:"但村落无可为款,倘蒙兄长不弃,当设鸡黍以待,幸勿失信。"范式曰:"焉肯失信于贤弟耶?"二人饮了数杯,不忍相舍。张劭拜别范式。范式去后,劭凝望堕泪,式亦回顾泪下,两各悒怏而去。有诗为证:

手采黄花泛酒卮,殷勤先订隔年期。

临歧不忍轻分别,执手依依各泪垂。

且说张元伯到家,参见老母。母曰:"吾儿一去,音信不闻,令我悬望,如饥似渴。"张劭曰:"不孝男于途中遇山阳范巨卿,结为兄弟,以此逗留多时。"母曰:"巨卿何人也?"张劭备述详细。母曰:"功名事皆分定。既逢信义之人结交,甚快我心。"少刻弟归,亦以此事从头说知,各各欢喜。

自此张劭在家,再攻书史,以度岁月。光阴迅速,渐近重阳。劭乃预先畜养肥鸡一只,杜酝浊酒。是日,早起洒扫草堂,中设母座,旁列范巨卿位;遍插菊花于瓶中,焚信香于座上。呼弟宰鸡炊饭,以待巨卿。母曰:"山阳至此,迢递千里,恐巨卿未必应期而至。待其来,杀鸡未迟。"劭曰:"巨卿,信士也,必然今日至矣,安肯误鸡黍之约?入门便见所许之物,足见我之待久。如候巨卿来而后宰之,不见我惓惓之意。"母曰:"吾儿之友,必是端士。"遂烹鱼以待。

是日天晴日朗,万里无云。劭整其衣冠,独立庄门而望。看看近午,不见到来。母恐误了农桑,令张勤自去田头收割。张劭听得前村犬吠,又往望之,如此六七遭。因看红日西沉,现出半轮新月。母出户,令弟唤劭曰:"儿久立倦矣!今日莫非巨卿不来?且自晚膳。"劭谓弟曰:"汝岂知巨卿不至耶?若范兄不至,吾誓不归。汝农劳矣,可自歇息。"母弟再三劝归,劭终不许。

候至更深,各自歇息,劭倚门如醉如痴,风吹草木之声,莫是范来?皆自惊讶。看见银河耿耿,玉宇澄澄,渐至三更时分,月光都没了。隐隐见黑影中一人随风而至。劭视之,乃巨卿也,再拜踊跃而大喜曰:"小弟自早直候至今,知兄非爽信也,兄果至矣。旧岁所约鸡黍之物,备之已久。路远风尘,别不曾有人同来?便请至草堂，与老母相见。"范式并不答话，径入草堂。张劭指座榻曰："特设此位，专待兄来，兄当高座。"张劭笑容满面，再拜于地曰："兄既远来，路途劳困，且未可与老母相见，杜酿鸡黍，聊且充饥。"言讫又拜。

范式僵立不语，但以衫袖反掩其面。劭乃自奔入厨下，取鸡黍并酒，列于面前，再拜以进曰："酒肴虽微，劭之心也，幸兄勿责。"但见范于影中以手绰其气而不食。劭曰："兄意莫不怪老母并弟不曾远接，不肯食之？容请母出与同伏罪。"范摇手止之。劭曰："唤舍弟拜兄，若何？"范亦摇手而止之。劭曰："兄食鸡黍后进酒，若何？"范蹙其眉，似教张退后之意。劭曰："鸡黍不足以奉长者，乃劭当日之约，幸勿见嫌。"范曰："弟稍退后，吾当尽情诉之。吾非阳世之人，乃阴魂也。"劭大惊曰："兄何故出此言？"范曰："自与兄弟相别之后，回家为妻子口腹之累，溺身商贾中。尘世滚滚，岁月匆匆，不觉又是一年。向日鸡黍之约，非不挂心，近被蝇利所牵，忘其日期。今早邻右送茱萸酒至，方知是重阳，忽记贤弟之约，此心如醉。山阳至此，千里之隔，非一日可到。若不如期，贤弟以我为何物？鸡黍之约，尚自爽信，何况大事乎？寻思无计。常闻古人有云：'人不能行千里，魂能日行千里。'遂嘱咐妻子曰：'吾死之后，且勿下葬，待吾弟张元伯至，方可入土。'嘱罢，自刎而死。魂驾阴风，特来赴鸡黍之约。万望贤弟怜悯愚兄，恕其轻忽之过，鉴其凶暴之诚，不以千里之程，肯为辞亲到山阳一见吾尸，死亦瞑目无憾矣。"言讫，泪如迸泉，急离坐榻，下阶砌。劭乃趋步逐之，不觉忽踏了苍苔，颠倒于地。阴风拂面，不知巨卿所在。有诗为证：

风吹落月夜三更，千里幽魂叙旧盟。

只恨世人多负约，故将一死见平生。

张劭如梦如醉，放声大哭。那哭声惊动母亲并弟，急起视之，见堂上陈列鸡黍酒果，张元伯昏倒于地。用水救醒，扶到堂上，半晌不能言，又哭至死。

母问曰："汝兄巨卿不来，有甚厉害？何苦自哭如此！"劭曰："巨卿以鸡黍之约，已死于非命矣。"母曰："何以知之？"劭曰："适间亲见巨卿到来，邀迎入坐，具鸡黍以迎。但见其不食，再三恳之。巨卿曰：为商贾用心，失忘了日期。今早方醒，恐负所约，遂自刎而死。阴魂千里，特来一见。母可容儿亲到山阳葬兄之尸，儿明早收拾行李便行。"母哭曰："古人有云：'囚人梦赦，渴人梦浆。'此是吾儿念念在心，故有此梦警耳。"劭曰："非梦也，儿亲见来，酒食见在；逐之不得，忽然颠倒，岂是梦乎？巨卿乃诚信之士，岂妄报耶！"

弟曰："此未可信。如有人到山阳去，当问其虚实。"劭曰："人禀天地而生，天地有五行，金、木、水、火、土，人则有五常，仁、义、礼、智、信以配之，唯信非同小可。仁所以配木，取其生意也；义所以配金，取其刚断也；礼所以配水，取其谦下也；智所以配火，取其明达也；信所以配土，取其重厚也。圣人云：'大车无輗，小车无軏，其何以行之哉？'又云：'自古皆有死，民无信不立。'巨卿既已为信而死，吾安可不信而不去哉？弟专务农业，足可以奉老母。吾去之后，倍加恭敬；晨昏甘旨，勿使有失。"遂拜辞其母曰："不孝男张劭，今为义兄范巨卿为信义而亡，须当往吊。已再三叮咛张勤，令侍养老母。母须早晚勉强饮食，勿以忧愁，自当善保尊体。劭于国不能尽忠，于家不能尽孝，徒生于天地之间耳。今当辞去，以全大信。"母曰："吾儿去山阳千里之遥，月余便回，何故出不利之语？"劭曰："生如浮沤，死生之事，旦夕难保。"恸哭而拜。弟曰："勤与兄同去，若何？"元伯曰："母亲无人侍奉，汝当尽力事母，勿令吾忧！"洒泪别弟，背一个小书囊，来早便行。有诗为证：

辞亲别弟到山阳，千里迢迢客梦长。
岂为友朋轻骨肉？只因信义迫中肠。

沿路上饥不择食，寒不思衣。夜宿店舍，虽梦中亦哭。每日早起赶程，恨不得身生两翼。行了数日，到了山阳。问巨卿何处住，径奔至其家门首。见门户锁着，问及邻人。邻人曰："巨卿死已过二七，其妻扶灵柩，往郭外去下葬。送葬之人，尚自未回。"

劭问了去处，奔至郭外，望见山林前新筑一所土墙，墙外有数十人，面面相觑，各有惊异之状。劭汗流如雨，走往观之。见一妇人，身披重孝。一子约有十七八岁，伏棺而哭。元伯大叫曰："此处莫非范巨卿灵柩乎？"其妇曰："来者莫非张元伯乎？"张曰："张劭自来不曾到此，何以知名姓耶？"妇泣曰："此夫主再三之遗言也。夫主范巨卿，自洛阳回，常谈贤叔盛德。前者重阳日，夫主忽举止失措。对妾曰：'我失却元伯之大信，徒生何益！常闻人不能行千里，吾宁死，不敢有误鸡黍之约。死后且不可葬，待元伯来见我尸，方可入土，今日已及二七，人劝云：元伯不知何日得来，先葬讫，后报知未晚。因此扶枢到此。众人拽棺入金井，并不能动，因此停住坟前，众都惊怪。见叔叔远来，如此慌速，必然是也。"元伯乃哭倒于地。妇亦大恸，送殡之人，无不下泪。

元伯于囊中取钱，令买祭物，香烛纸帛，陈列于前。取出祭文，酹酒再拜，号泣而读。文曰：

维某年月日，契弟张劭，谨以炙鸡絮酒，致祭于仁兄巨卿范君之灵曰：於维巨卿，气贯虹霓，义高云汉。幸倾盖于穷途，缔盍簪于荒店。黄花九日，肝膈相盟；青剑三秋，头颅可断。堪怜月下凄凉，恍似日间眷恋。弟今辞母，来寻碧水青松；兄亦嘱妻，伫望素车白练。故友那堪死别，谁将金石盟寒？丈夫自是生轻，欲把昆吾锷按。历千古而不磨，期一言之必践。倘灵爽之忧存，料冥途之长伴。呜呼哀哉！尚飨。

元伯发棺视之，哭声动地。回顾嫂曰："兄为弟亡，岂能独生耶？囊中已具棺椁之费，愿嫂垂怜，不弃鄙贱，将劭葬于兄侧，平生之大幸也。"嫂曰："叔何故出此言也？"劭曰："吾志已决，请勿惊疑。"言讫，掣佩刀自刎而死。众皆惊愕，为之设祭，具衣棺营葬于巨卿墓中。

本州太守闻知，将此事表奏。明帝怜其信义深重，两生虽不登第，亦可褒赠，以

励后人。范巨卿赠山阳伯，张元伯赠汝南伯。墓前建庙，号"信义之祠"，墓号"信义之墓。"旌表门闾。官给衣粮，以膳其子。巨卿子范纯绶，及第进士，官鸿胪寺卿。至今山阳古迹犹存，题咏极多。唯有无名氏《踏莎行》一词最好，词云：

　　千里途遥，隔年期远，片言相许心无变。宁将信义托游魂，堂中鸡黍空劳劝。月暗灯昏，泪痕如线，死生虽隔情何限。灵轩若候故人来，黄泉一笑重相见。

第十七卷

单符郎全州佳偶

郏鄘门开城倚天,周公拮摅挡土墙尚依然。

休言道德无关锁,一闭乾坤八百年。

这首诗,单说西京是帝王之都,左成皋,右渑池,前伊阙,后大河;真个形势无双,繁华第一,宋朝九代建都于此。今日说一桩故事,乃是西京人氏,一个是邢知县,一个是单推官。他两个都在孝感坊下,并门而居。两家宅眷,又是嫡亲姊妹,姨丈相称。所以往来甚密。虽为各姓,无异一家。先前,两家未做官时节,姊妹同时怀孕,私下相约道:"若生下一男一女,当为婚姻。"后来单家生男,小名符郎,邢家生女,小名春娘。姊妹各对丈夫说通了,从此亲家往来,非止一日。符郎和春娘幼时,常在一处游戏,两家都称他为小夫妇。以后渐渐长成,符郎改名飞英,字腾实,进馆读书;春娘深居绣阁。各不相见。

其时宋徽宗宣和七年,春三月,邢公选了邓州顺阳县知县,单公选了扬州府推官,各要挈家上任。相约任满之日,归家成亲。单推官带了夫人和儿子符郎,自往扬州去做官不题。却说邢知县到了邓州顺阳县,未及半载,值金鞑子分道入寇。金将斡离不攻破了顺阳,邢知县一门遇害。春娘年十二岁,为乱兵所掠,转卖在全州乐户杨家,得钱十七千而去。春娘从小读过经书及唐诗千首,颇通文墨,尤善应对。鸨母爱之如宝,改名杨玉,教以乐器及歌舞,无不精绝。正是:

三千粉黛输颜色,十二朱楼让舞歌。

只是一件,他终是宦家出身,举止端详。每诣公庭侍宴,呈艺毕,诸妓调笑谑

浪,无所不至,杨玉嘿然独立,不妄言笑,有良人风度。为这个上,前后官府,莫不爱之重之。

话分两头。却说单推官在任三年,时金虏陷了汴京,徽宗、钦宗两朝天子,都被他掳去。亏杀吕好问说下了伪帝张邦昌,迎康王嗣统。康王渡江而南,即位于应天府,是为高宗。高宗惧怕金虏,不敢还西京,乃驾幸扬州。单推官率民兵护驾有功,累迁郎官之职,又随驾至杭州。高宗爱杭州风景,驻跸建都,改为临安府。有诗为证:

山外青山楼外搂,西湖歌舞几时休?
暖风熏得游人醉,却把杭州作汴州。

话说西北一路地方,被金虏残害,百姓从高宗东南渡者,不计其数,皆散处吴下。闻临安建都,多有搬到杭州入籍安插。单公时在户部,阅看户籍册子,见有一邢祥名字,乃西京人。自思邢知县名祯,此人名祥,敢是同行兄弟?自从游宦以后,邢家全无音耗相通,正在悬念。乃遣人密访之,果邢知县之弟,号为"四承务"者。急忙请来相见,问其消息。四承务答道:"自邓州破后,传闻家兄举家受祸,未知的否。"因流泪不止,单公亦愀然不乐。念儿子年齿已长,意欲别图亲事;犹恐传言未的,媳妇尚在,且待干戈宁息,再行探听。从此单公与四承务仍认做亲戚,往来不绝。

再说高宗皇帝初即位,改元建炎。过了四年,又改元绍兴。此时绍兴元年,朝廷追叙南渡之功,单飞英受父荫,得授全州司户,谢恩过了,择日拜别父母起程,往全州到任。时年十八岁,一州官属,只有单司户年少,且是仪容俊秀,见者无不称羡。上任之日,州守设公堂酒会饮,大集声妓。原来宋朝有这个规矩,凡在籍娼户,谓之官妓,官府有公私筵宴,听凭点名唤来祗应。这一日,杨玉也在数内。单司户

于众妓中,只看得他上眼,大有眷爱之意。诗曰:

> 曾绾红绳到处随,佳人才子两相宜。
> 风流的是张京兆,何日临窗试画眉?

司理姓郑名安,荣阳旧族,也是个少年才子。一见单司户,便意气相投,看他顾盼杨玉,已知其意。一日,郑司理去拜单司户,问道:"足下清年名族,为何单车赴仕,不携宅眷?"单司户答道:"实不相瞒,幼时曾定下妻室,因遭虏乱,存亡未卜,至今中馈尚虚。"司理笑道:"离索之感,人孰无之?此间歌妓杨玉,颇饶雅致,且作望梅止渴何如?"司户初时逊谢不敢,被司理言之再三,说到相知的分际,司户隐瞒不得,只得吐露心腹。司理道:"既才子有意佳人,仆当为曲成之耳。"自此每遇宴会,司户见了杨玉,反觉有些避嫌,不敢注目,然心中思慕愈甚。司理有心要玉成其事,但惧怕太守严毅,做不得手脚。

如此二年,旧太守任满升去。新太守姓陈,为人忠厚至诚,且与郑司理是同乡故旧。所以郑司理屡次在太守面前,称荐单司户之才品,太守十分敬重。一日,郑司理置酒,专请单司户到私衙清话,只点杨玉一名袛候。这一日,比公堂筵宴不同,只有宾主二人,单司户才得饱看杨玉,果然美丽!有词名《忆秦娥》,词云:

> 香馥馥,樽前有个人如玉。人如玉,翠翘金凤,内家妆束。娇羞惯把
> 眉儿蹙,逢人只唱伤心曲。伤心曲,一声声是怨红愁绿。

郑司理开言道:"今日之会,并无他客,勿拘礼法。当开怀畅饮,务取尽欢。"遂斟巨觥来劝单司户,杨玉清歌侑酒。酒至半酣,单司户看着杨玉,神魂飘荡,不能自持:假装醉态不饮。郑司理已知其意,便道:"且请到书斋散步,再容奉劝。"那书斋是司理自家看书的所在,摆设着书、画、琴、棋,也有些古玩之类。单司户那有心情去看,向竹榻上倒身便睡。郑司理道:"既然仁兄困酒,暂请安息片时。"忙转身而出,却教杨玉斟下香茶一瓯送去。

单司户素知司理有玉成之美,今番见杨玉独自一个送茶,情知是放松了。忙起身把门掩上,双手抱住杨玉求欢。杨玉佯推不允,单司户道:"相慕小娘子,已非一日,难得今番机会。司理公平昔见爱,就使知觉,必不嗔怪。"杨玉也识破三分关窍,不敢固却,只得顺情。两个遂在榻上,草草的云雨一场。有诗为证:

相慕相怜二载余，今朝且喜两情舒。

虽然未得通宵乐，犹胜阳台梦是虚。

单司户私问杨玉道："你虽然才艺出色，偏觉雅致，不似青楼习气，必是一个名公苗裔。今日休要瞒我，可从实说与我知道，果是何人？"杨玉满面羞惭，答道："实不相瞒，妾本宦族，流落在此，非杨妪所生也。"司户大惊，问道："既系宦族，汝父何官何姓？"杨玉不觉双泪交流，答道："妾本姓邢，在东京孝感坊居住，幼年曾许与母姨之子结婚。妾之父授邓州顺阳县知县，不幸胡寇猖獗，父母皆遭兵刃，妾被人掠卖至此。"司户又问道："汝夫家姓甚？作何官职？所许嫁之子，又是何名？"杨玉道："夫家姓单，那时为扬州推官。其子小名符郎，今亦不知存亡如何？"说罢，哭泣不止。

司户心中已知其为春娘了，且不说破，只安慰道："汝今日鲜衣美食，花朝月夕，勾你受用。官府都另眼看觑，谁人轻贱你？况宗族远离，夫家存亡未卜，随缘快活，亦足了一生矣。何乃自生悲泣耶？"杨玉蹙颂答道："妾闻'女子生而愿为之有家'，虽不幸风尘，实出无奈。夫家宦族，即使无恙，妾亦不作团圆之望。若得嫁一小民，荆钗布裙，啜菽饮水，亦是良人家媳妇，比在此中迎新送旧，胜却千万倍矣。"司户点头道："你所见亦是。果有此心，我当与汝作主。"杨玉叩头道："恩官若能拔妾于苦海之中，真乃万代阴德也。"

说未毕，只见司理推门进来道："阳台梦醒也未？如今无事，可饮酒矣。"司户道："酒已过醉，不能复饮。"司理道："一分酒醉，十分心醉。"司户道："一分醉酒，十分醉德。"大家都笑起来，重来筵上，洗盏更酌，是日尽欢而散。

过了数日，单司户置酒，专请郑司理答席，也唤杨玉一名答应。杨玉先到，单司户不复与狎昵，遂正色问曰："汝前日有言，为小民妇亦所甘心。我今丧偶，未有正室，汝肯相随我乎？"杨玉含泪答道："枳棘岂堪凤凰所栖，若恩官可怜，得蒙收录，使得备巾栉之列，丰衣足食，不用送往迎来，固妾所愿也。但恐他日新孺人性严，不能相容然妾自当含忍，万一征色发声，妾情愿持斋侍佛，终身独宿，以报恩官之德耳。"司户闻言，不觉惨然，方知其厌恶风尘，出于至诚，非诳语也。

少停，郑司理到来，见杨玉泪痕未干，戏道："古人云，乐极生悲，信有之乎？"杨玉敛容答道："忧从中来，不可断绝耳！"单司户将杨玉立志从良说话，向郑司理说了。郑司理道："足下若有此心，下官亦愿效一臂。"这一日饮酒无话。

　　席散后，单司户在灯下修成家书一封，书中备言岳丈邢知县全家受祸，春娘流落为娼，厌恶风尘，志向可悯。男情愿复联旧约，不以良贱为嫌。单公拆书亲看，大惊，随即请邢四承务到来，商议此事，两家各伤感不已。四承务要亲往全州，主张亲事；教单公致书于太守求为春娘脱籍。单公写书，付与四承务收讫，四承务作别而行。

　　不一日，来到全州，径入司户衙中相见，道其来历。单司户先与郑司理说知其事，司理一力撺掇，道："谚云：'贵易交，富易妻。'今足下甘娶风尘之女，不以存亡易心，虽古人高义，不是过也。"遂同司户到太守处，将情节告诉。单司户把父亲书札呈上。太守看了，道："此美事也，敢不奉命。"

　　次日，四承务具状告府，求为释贱归良，以续旧婚事，太守当面批准了。候至日中，还不见发下文牒。单司户疑有他变，密使人打探消息。见厨司正在忙乱，安排筵席。司户猜道："此酒为何而设？岂欲与杨玉举离别觞耶？事已至此，只索听之。"少顷，果召杨玉祗候，席间只请通判一人。

　　酒至三巡，食供两套，太守唤杨玉近前，将司户愿续旧婚，及邢祥所告脱籍之事，一一说了。杨玉拜谢道："妾一身生死荣辱，全赖恩官提拔。"太守道："汝今日尚在乐籍，明日即为县君，将何以报我之德？"杨玉答道："恩官拔人于火宅之中，阴德如山，妾唯有日夕吁天，愿恩官子孙富贵而已。"太守叹道："丽色佳音，不可复得。"不觉前起抱持杨玉说道："汝必有以报我。"那通判是个正直之人，见太守发狂，便离席起立，正色发作道："既司户有宿约，便是孺人，我等俱有同僚叔嫂之谊。君子进退当以礼，不可苟且，以伤雅道。"太守踧踖谢道："老夫不能忘情，非判府之言，不知其为过也。今得罪于司户，当谢过以质耳。"乃令杨玉入内宅，与自己女眷相见。却教人召司理、司户二人，到后堂同席，直吃到天明方散。

　　太守也不进衙，径坐早堂，便下文书与杨家翁媪，教除去杨玉名字。杨翁、杨媪出其不意，号哭而来，拜着太守，诉道："养女十余年，费尽心力。今既蒙明判，不敢抗拒。但愿一见而别，亦所甘心。"太守遣人传语杨玉。杨玉立在后堂，隔屏对翁姬说道："我夫妻重会，也是好事！我虽承汝十年抚养之恩，然所得金帛已多，亦足为汝养老之计。从此永诀，休得相念。"姬兀自号哭不止，太守喝退了杨翁、杨姬。当时差州司人从，自宅堂中抬出杨玉，径送至司户衙中，取出私财十万钱，权佐资奁之费。司户再三推辞，太守定教受了。是日，郑司理为媒，四承务为主婚，如法成亲，做起洞房花烛。有诗为证：

风流司户心如渴,文雅娇娘意似狂。

今夜官衔寻旧约,不教人话负心郎。

次日,太守同一府官员,都来庆贺,司户置酒相待。四承务自归临安,回复单公去讫。司户夫妻相爱,自不必说。

光阴似箭,不觉三年任满。春娘对司户说道:"妾失身风尘,亦荷翁姬爱育;其他姊妹中相处,也有情分契厚的。今将远去,终身不复相见。欲具少酒食,与之话别,不识官人肯容否?"司户道:"汝之事,合州莫不闻之,何可隐讳?便治酒话别,何碍大体?"春娘乃设筵于会胜寺中,教人请杨翁、杨姬,及旧时同行姊妹相厚者十余人,都来会饮。

至期,司户先差人在会胜寺等候众人到齐,方才来禀。杨翁、杨姬先到,以后众妓陆续而来。从人点客已齐,方敢禀知司户,请孺人登舆。仆从如云,前呼后拥。到会胜寺中,与众人相见。略叙寒喧,便上了筵席。

饮至数巡,春娘自出席送酒。内中一妓,姓李名英,原与杨姬家连居。其音乐技艺,皆是春娘教导。常呼春娘为姊,情似同胞,极相敬爱。自从春娘脱籍,李英好生思想,常有郁郁之意。是日,春娘送酒到他面前,李英忽然执春娘之手,说道:"姊今超脱污泥之中,高翔青云之上,似妹子沉沦粪土,无有出期,相去不啻天堂地狱之隔,姊今何以救我?"说罢,遂放声大哭。春娘不胜凄惨,流泪不止。

原来李英有一件出色的本事,第一手好针线,能于暗中缝纫,分际不差。正是:

织发夫人昔擅奇,神针娘子古来稀。

谁人乞得天孙巧?十二楼中一李姬。

春娘道:"我司户正少一针线人,吾妹肯来与我作伴否?"李英道:"若得阿姊为我方便,得脱此门路,是一段大阴德事。若司户左右要觅针线人,得我为之,素知阿姊心性,强似寻生分人也。"春娘道:"虽然如此,但吾妹平日与我同行同辈,今日岂能居我之下乎?"李英道:"我在风尘中每自退姊一步,况今日云泥迥隔,又有嫡庶之异;即使朝夕奉侍阿姊,比于侍婢,亦所甘心。况敢与阿姊比肩耶?"春娘道:"妹既有此心,奴当与司户商之。"

当晚席散。春娘回衙,将李英之事对司户说了。司户笑道:"一之为甚,岂可再乎!"春娘再三撺掇,司户只是不允,春娘闷闷不悦,一连几日。李英遣人以问安奶奶为名，就催促那事。春娘对司户说道："李家妹情性温雅，针线又是第一，内助得如此人，诚所罕有。且官人能终身不纳姬侍则已，若纳他人，不如纳李家妹，与我少小相处，两不见笑。官人何不向守公求之，万一不从，不过拚一没趣而已，妾亦有词以回绝李氏。倘侥幸相从，岂非全美？"

司户被孺人强逼数次，不得已，先去与郑司理说知了，捉了他同去见太守，委曲道其缘故。太守笑道："君欲一箭射双雕乎？敬当奉命，以赎前此通判所责之罪。"当下太守再下文牒，与李英脱籍，送归司户。司户将太守所赠十万钱一半给与李姬，以为赎身之费；一半给与杨姬，以酬其养育之劳。自此春娘与李英姊妹相称，极其和睦。当初单飞英只身上任，今日一妻一妾，又都是才色双全，意外良缘，欢喜无限。后人有诗云：

> 官舍孤居思黯然，今朝采线喜双牵。
> 符郎不念当时旧，邢氏徒怀再世缘。
> 空手忽擎双块玉，污泥挺出并头莲。
> 姻缘不论良和贱，婚牒书来五百年。

单司户选吉起程，别了一府官僚，挈带妻妾，还归临安宅院。单飞英率春娘拜见舅姑，彼此不觉伤感，痛哭了一场。哭罢，飞英又率李英拜见。单公问是何人？飞英述其来历。单公大怒。说道："吾至亲骨肉流落失所，理当收拾，此乃万不得已之事。又旁及外人，是何道理？"飞英皇恐谢罪，单公怒气不息，老夫人从中劝解，遂引去李英于自己房中，要将改嫁。李英那里肯依允，只是苦苦哀求。老夫人见其至诚，且留作伴。过了数日，看见李氏小心婉顺，又爱他一手针线，遂劝单公收留与儿子为妾。单飞英迁授令丞。上司官每闻飞英娶娟之事，皆以为有义气；互相传说，

无不加意钦敬,累荐至太常卿。春娘无子,李英生一子,春娘抱之爱如己出。后读书登第,遂为临安名族。至今青楼传为佳话。有诗为证:

山盟海誓忽更迁,谁向青楼认旧缘?
仁义还收仁义报,宦途无梗子孙贤。

第 十 八 卷

杨八老越国奇逢

　　君不见平阳公主马前奴，一朝富贵嫁为夫？又不见咸阳东门种瓜者，昔日封侯何在也？荣枯贵贱如转丸，风云变幻诚多端。达人知命总度外，傀儡场中一例看。

　　这篇古风，是说人穷通有命，或先富后贫，先贱后贵，如云踪无定，瞬息改观，不由人意想测度。且如宋朝吕蒙正秀才，未遇之时，家道艰难。三日不曾饱餐，天津桥上赊得一瓜，在桥柱上磕之，失手落于桥下。那瓜顺水流去，不得到口。后来状元及第，做到宰相地位，起造落瓜亭，以识穷时失意之事。你说做状元宰相的人，命运未至，一瓜也无福消受。假如落瓜之时，向人说道："此人后来荣贵。"被人做一万个鬼脸，唾干了一千担吐沫，也不为过，那个信他？所以说："前程如黑漆，暗中摸不出。"又如宋朝军卒杨仁杲为丞相丁晋公治第，夏天负土运石，汗流不止。怨叹道："同是一般父母所生，那住房子的，何等安乐？我们替他做工的，何等吃苦？正是：'有福之人人伏侍；无福之人伏侍人。"这里杨仁杲口出怨声，却被管工官听得了，一顿皮鞭，打得负痛吞声。不隔数年，丁丞相得罪，贬做崖州司户。那杨仁杲从外戚起家，官至太封，号为皇亲，朝廷就将丁丞相府第，赐与杨仁杲居住。丁丞相起夫治第，分明是替杨仁杲做个工头。正是：

　　　　桑田变沧海，沧海变桑田。
　　　　穷通无定准，变换总由天。

　　闲话休题，则今说一节故事，叫作"杨八老越国奇逢。"那故事，远不出汉、唐，近不出二宋，乃出自胡元之世，陕西西安府地方。这西安府乃《禹贡》雍州之域，周曰王畿,秦曰关中,汉曰渭南,唐曰关内,宋曰永兴,元曰安西。话说元朝至大年间,一人姓杨名复,八月中秋节生日,小名八老,乃西安府盩厔县人氏。妻李氏。生子才七岁,头角秀异,天资聪敏,取名世道。夫妻两口儿爱惜,自不必说。

一日,杨八老对李氏商议道:"我年近三旬,读书不就,家事日渐消乏。祖上原在闽、广为商,我欲凑些资本,买办货物,往漳州商贩,图几分利息,以为赡家之资。不知娘子意下如何?"李氏道:"妾闻治家以勤俭为本,守株待兔,岂是良图? 乘此壮年,正堪跋涉,速整行李,不必迟疑也。"八老道:"虽然如此,只是子幼妻娇,放心不下。"李氏道:"孩儿幸喜长成,妾自能教训,但愿你早去早回。"当日商量已定。择个吉日出行,与妻子分别。带个小厮,叫作随童。出门搭了船只,往东南一路进发。昔人有古风一篇。单道为商的苦处:

> 人生最苦为行商,抛妻弃子离家乡。
> 餐风宿水多劳役,披星戴月时奔忙。
> 水路风波殊未稳,陆程鸡犬惊安寝。
> 平生豪气顿消磨,歌不发声酒不饮。
> 少赀利薄多资累,匹夫怀璧将为罪。
> 偶然小恙卧床帏,乡关万里书谁寄?
> 一年三载不回程,梦魂颠倒妻孥惊。
> 灯花忽报行人至,阖门相庆如更生。
> 男儿远游虽得意,不如骨肉长相聚。
> 请看江上信天翁,拙守何曾阙生计?

话说杨八老行至漳浦，下在檗妈妈家，专待收买番禺货物。原来檗妈妈无子，只有一女，年二十三岁。曾赘个女婿，相帮过活，那女婿也死了。已经周年之外，女儿守寡在家。檗妈妈看见杨八老本钱丰厚，且是志诚老实，待人一团和气，十分欢喜。意欲将寡女招赘，以靠终身。八老初时不肯，被檗妈妈再三劝道："杨官人，你千乡万里，出外为客，若没有切己的亲戚，那个知疼着热？如今我女儿年纪又小，正好相配官人，做个'两头大'。你归家去有娘子在家，在漳州来时，有我女儿。两边来往，都不寂寞；做生意，也是方便顺溜的。老身又不费你大钱大钞，只是单生一女，要他嫁个好人，日后生男育女，连老身门户都有依靠。就是你家中娘子知道时，料也不嗔怪。多少做客的，娼楼妓馆，使钱撒漫。这还是本分之事。官人须从长计较，休得推阻。"八老见他说得近理，只是允了。择日成亲，入赘于檗家。夫妻和顺，自此无话。不上二月，檗氏怀孕。期年之后，生下一个孩儿，合家欢喜。三朝满月，亲戚庆贺，不在话下。

却说杨八老思想故乡妻娇子幼。初意成亲后，一年半载，便要回乡看觑。因是怀了身孕，放心不下；以后生下孩儿，檗氏又不放他动身。光阴似箭，不觉住了三年。孩儿也两周岁了，取名世德。虽然与世道排行，却冒了檗氏的姓，叫作檗世德。杨八老一日对檗氏说，暂回关中，看看妻子便来。檗氏苦留不住，只得听从。八老收拾货物，打点起身。也有放下人头账目，与随童分头并日催讨。

八老为讨欠账，行至州前，只见挂下榜文，上写道："近奉上司明文：倭寇生发，沿海抢劫。各州县地方须用心巡警，以防冲犯。一应出入，俱要盘诘。城门晚开早闭……"等语。八老读罢，吃了一惊！想道："我方欲动身，不想有此寇警。倘或倭寇早晚来时，闭了城门，知道何日平静？不如趁早走路为上。"也不去讨账，径回身转来。只说："拖欠账目，急切难取，待再来催讨未迟。闻得路上贼寇生发，货物且不带去；只收拾些细软行装，来日便要起程。"檗氏不忍割舍，抱着三岁的孩儿，对丈夫说道："我母亲只为终身无靠，将奴家嫁你。幸喜有这点骨血，你不看奴家面上，须牵挂着小孩子，千万早去早回，勿使我母子悬望。"言讫，不觉双眼流泪。杨八老也命好道："娘子不须挂怀，三载夫妻，恩情不浅，此去也是万不得已。一年半载，便得相逢也。"当晚檗妈妈治杯送行。

次日清晨，杨八老起身梳洗，别了岳母和浑家，带了随童上路。未及两日，在路吃了一惊。但见：

舟车挤压，男女奔忙。人人胆丧，尽愁海寇恁猖狂；个个心惊，只恨官兵无备御。扶幼携老,难禁两脚奔波;弃子抛妻,单为一身逃命。不辨贫穷富贵,急难中总则一般;那管城市山林,藏身处只求片地。正是:宁为太平犬,莫作乱离人。

杨八老看见乡村百姓,纷纷攘攘,都来城中逃难,传说倭寇一路放火杀人,官军不能禁御,声息至近,唬得八老魂不附体。进退两难。思量无计,只得随众奔走。且到汀州城里,再作区处。

又走了两个时辰,约离城三里之地,忽听得喊声震地。后面百姓们都号哭起来,却是倭寇杀来了。众人先唬得脚软,奔跑不动。杨八老望见旁边一座林子,向斜刺里便走,也有许多人随他去林丛中躲避。谁知倭寇有智,惯是四散埋伏。林子内先是一个倭子跳将出来,众人欺他单身,正待一齐奋勇敌他。只见那倭子把海叵罗吹了一声,吹得"呜呜"的响。四围许多倭贼,一个个舞着长刀,跳跃而来,正不知那里来的。有几个粗莽汉子,平昔间有些手脚的,拚着性命,将手中器械上前迎敌。犹如火中投雪,风里扬尘,被倭贼一刀一个,分明砍瓜切菜一般。唬得众人一齐下跪,口中只叫饶命。

原来倭寇逢着中国之人,也不尽数杀戮。掳得妇女,恣意奸淫,弄得不耐烦了,活活的放了他去。也有有情的倭子,一般私有所赠。只是这妇女虽得了性命,一世被人笑话了。其男子但是老弱,便加杀害;若是强壮的,就把来剃了头发,抹上油漆,假充倭子。每遇厮杀,便推他去当头阵。官军只要杀得一颗首级,便好领赏。平昔百姓中秃发癞痢,尚然被他割头请功;况且见在战阵上拿住,那管真假,定然不饶的。这些剃头的假倭子,自知左右是死,索性靠着倭势,还有捱过几日之理,所以一般行凶出力。那些真倭子,只等假倭挡过头阵,自己却尾其后而出,所以官军屡堕其计,不能取胜。昔人有诗单道着倭寇行兵之法,诗云:

> 倭阵不喧哗,纷纷正带斜。
> 螺声飞蛱蝶,鱼贯走长蛇。
> 扇散全无影,刀来一片花。
> 更兼真伪混,驾祸扰中华。

杨八老和一群百姓们,都被倭奴擒了。好似瓮中之鳖,釜中之鱼,没处躲闪,只得随顺,以图苟活。随童已不见了,正不知他生死如何。到此地位,自身管不得,何暇顾他人。莫说八老心中愁闷。且说众倭奴在乡村劫掠得许多金宝,心满意足。闻得元朝大军将到,抢了许多船只,驱了所掳人口下船。一齐开洋,欢欢喜喜,径回日本国去了。

原来倭奴入寇,国王多有不知者,乃是各岛穷民,合伙泛海,如中国贼盗之类,彼处只如做买卖一般。其出掠亦各分部统,自称大王之号。到回去,仍复隐讳了。劫掠得金帛,均分受用;亦有将十分中一二分,献与本岛头目,互相容隐。如被中国人杀了,只作做买卖折本一般。所掳得壮健男子,留作奴仆使唤,剃了头,赤了两脚,与本国一般模样,给与刀仗,教他跳战之法。中国人惧怕,不敢不从。过了一年半载,水土习服,学起倭话来,竟与真倭无异了。

光阴似箭,这杨八老在日本国,不觉住了一十九年。每次夜私自对天拜祷:"愿神明护佑我杨复再转家乡,重会妻子。"如此寒暑无间。有诗为证:

异国飘零十九年,乡关魂梦已茫然。

苏卿困虏旄俱脱,洪皓留金雪满颠。

彼为中朝甘守节,我成俘虏获何愆?

首丘无计伤心切,夜夜虔诚祷上天。

话说元泰定年间,日本国年岁荒歉,众倭纠伙,又来入寇,也带杨八老同行。八老心中一则以喜,一则以忧。所喜者,乘此机会,到得中国,陕西、福建二处,俱有亲属。皇天护佑,万一有骨肉重逢之日,再得团圆,也未可知。所忧者,此身全是倭奴形像,便是自家照着镜子,也吃一惊,他人如何认得?况且刀枪无情,此去多凶少吉,枉送了性命。只是一说,宁作故乡之鬼,不愿为夷国之人。天天可怜,这番飘洋,只愿在陕、闽两处便好;若在他方也是枉然。

原来倭寇飘洋,也有个天数,听凭风势;若是北风,便犯广东一路;若是东风,便犯福建一路;若是东北风,便犯温州一路;若是东南风,便犯淮扬一路。此时二月天气,众倭登船离岸,正值东北风大盛。一连数日,吹个不住,径飘向温州一路而来。那时元朝承平日久,沿海备御俱疏。就有几只船,几百老弱军士,都不堪拒战,望风逃走。众倭公然登岸,少不得放火杀人。杨八老虽然心中不愿,也不免随行逐队。这一番,自二月至八月,官军连败了数阵,抢了几个市镇。转掠宁绍,又到馀杭,其凶暴不可尽述。各府、州、县写了告急表章,申奏朝廷。旨下兵部,差平江路普花元帅领兵征剿。

这普花元帅足智多谋，又手下多有精兵良将。奉命克日兴师，大刀阔斧，杀奔浙江路上来。前哨打探倭寇占住清水闸为穴，普花元帅约会浙中兵马，水陆并进。那倭寇平素轻视官军，不以为意。谁知普花元帅手下，有十个统军，都有万夫不当之勇，军中多带火器，四面埋伏，一等倭贼战酣之际，埋伏都起，火器一齐发作，杀得他走头没路，大败亏输。斩首千余级，活捉二百余人。其抢船逃命者，又被水路官兵截杀，也多有落水死者。普花元帅得胜，赏了三军。犹恐余倭未尽，遣兵四下搜获。真个是：

饶伊凶暴如狼虎，恶贯盈时定受殃。

话分两头。却说清水闸上有顺济庙，其神姓冯名俊，钱塘人氏。年十六岁时，梦见玉帝遣天神传命，割开其腹，换去五脏六腑，醒来犹觉腹痛。从幼失学，未曾知书。自此忽然开悟，无书不晓，下笔成文；又能预知将来祸福之事。忽一日，卧于家中，叫唤不起，良久方醒。自言适在东海龙王处赴宴，被他劝酒过醉。家人不信，及呕吐出来都是海错异味，目所未睹，方知真实。到三十六岁，忽对人说："玉帝命我为江涛之神，三日后，必当赴任。"至期无疾而终。是日，江中波涛大作，行舟将覆。忽见朱幡皂盖，白马红缨，簇拥一神，现形云端间，口中叱咤之声。俄顷，波恬浪息。问之土人，其形貌乃冯俊也。于是就其所居，立庙祠之，赐名顺济庙。绍定年间，累封英烈王之号。其神大有灵应。

倭寇占住清水闸时，杨八老私向庙中祈祷，问答得个大吉之兆，心中暗喜。与先年一般向被掳去的，共十三人约会，大兵到时，出首投降；又怕官军不分真假，拿去请功，狐疑不决。

到这八月二十八日，倭寇大败，杨八老与十二个人，俱潜躲在顺济庙中，不敢出头。正在两难，急听得庙外喊声大举，乃是老王千户，名唤王国雄，引着官军入来搜庙。一十三人尽被活捉，捆缚做一团儿，吊在廊下。众人口称冤枉，都说不是真倭，那里睬他。此时天色已晚，老王千户权就庙中歇宿，打点明早解官请功。

事有凑巧，老王千户带个贴身伏侍的家人，叫作王兴。夜间起来出恭，闻得廊下哀号之声，其中有一个像关中声音，好生奇异。悄地点个灯去，打一看，看到杨八老面貌，有些疑惑，问道："你们既说不是真倭，是那里人氏？如何入了倭贼伙内，又是一般形貌？"杨八老诉道："众人都是闽中百姓，只我是安西府盩厔县人。十九年前在漳浦做客，被倭寇掳去，髡头跣足，受了万般辛苦。众人是同时被难的，今番来到此地，便想要自行出首，其奈形状怪异，不遇个相识之人，恐不相信，因此狐疑不决。幸天兵得胜，倭贼败亡，我等指望重见天日，不期老将军不行细审，一概捆吊；明日解到军门，性命不保。"说罢，众人都哭起来。王兴忙摇手道："不可高声啼哭，恐惊醒了老将军，反为不美。则你这安西府汉子，姓甚名谁？"杨八老道："我姓杨，名复，小名八老。长官也带些关中语音，莫非同郡人吗？"

王兴听说，吃了一惊："原来你就是我旧主人！可记得随童吗？小人就是。"杨八老道："怎不记得！只是须眉非旧，端的对面不相认了。自当初在闽中分散，如何却在此处？"王兴道："且莫细谈。明早老将军起身发解时，我站在旁边，你只看着我，唤我名字起来，小人自来与你分解。"说罢，提了灯自去了。众人都向八老问其缘故，八老略说一二，莫不欢喜。正是：

> 死中得活因灾退，绝处逢生遇救来。

原来随童跟着杨八老之时，才一十九岁，如今又加十九年，是三十八岁人了，急切如何认得？当先与主人分散，躲在茅厕中，侥幸不曾被倭贼所掠。那时老王千户还是百户之职，在彼领兵，偶然遇见，见他伶俐，问其来历，收在身边伏侍，就便许他访问主人消息，谁知杳无音信。后来老王百户有功，升了千户，改调浙中地方做官。随童改名王兴，做了身边一个得力的家人。也是杨八老命不当尽，禄不当终，否极泰来，天教他主仆相逢。

闲话休题。却说老王千户次早点齐人众，解下一十三名倭犯，要解往军门请功。正待起身，忽见倭犯中一人，看定王兴，高声叫道："随童，我是你旧主人，可来救我！"王兴假意认了一认，两下抱头而哭。因事体年远，老王千户也忘其所以了，忙唤王兴，问其缘故。王兴一一诉说："此乃小人十九年前失散之主人也。彼时寻觅不见，不意被倭贼掳去。小人看他面貌有些相似，正在疑惑，谁想他到认得小人，唤起小人的旧名。望恩主辨其冤情，释放我旧主人，小人便死在阶前，瞑目无怨。"说罢，放声大哭。众倭犯都一齐声冤起来，各道家乡姓氏，情节相似。老王千户道："既有此冤情，我也不敢自专，解在帅府，教他自行分辩。"王兴道："求恩主将小人一齐解去、好做对证。"老王千户起初不允，被王兴哀求不过，只得允了。

当日将一十三名倭犯，连王兴解到帅府。普花元帅道："既是倭犯，便行斩首。"那一十三名倭犯，一个个高声叫冤起来，内中王兴也叫冤枉。王国雄便跪下去，将王兴所言事情，禀了一遍。普花元帅准信，就教王国雄押着一干倭犯，并王兴发到绍兴郡丞杨世道处，审明回报。

故元时节，郡丞即如今通判之职，却只下太守一肩，与太守同理府事，最有权柄。那日，郡丞杨公升厅理事，甚是齐整。怎见得？有诗为证：

> 吏书站立如泥塑，军卒分开似木雕。
> 随你凶人奸似鬼，公庭刑法不相饶。

老王千户奉帅府之命，亲押一十三名倭犯，到杨郡丞厅前。相见已毕，备言来历。杨公送出厅门，复归公座。先是王兴开一诉冤，那一班倭犯哀声动地。杨公问了王兴口词，先唤杨八老来审。杨八老将姓名家乡备细说了。杨郡丞问道："既是盩厔县人，你妻族何姓？有子无子？"杨八老道："妻族东村李氏，止生一子，取名世道。小人到漳浦为商之时，孩儿年方七岁。在漳浦住了三年，就陷身倭国，经今又十九年。自从离家之后，音耗不通，妻子不知死亡。若是孩儿抚养得长大，算来该二十九岁了。老爷不信时，移文到盩厔县中，将三党亲族姓名，一一对验，小人之冤可白矣。"再问王兴，所言皆同。众人又齐声叫冤。杨公一一细审，都是闽中百姓，同时被掳的。杨公沉吟半晌，喝道："权且收监，待行文本处查明来历，方好释放。"

当下散堂，回衙见了母亲杨老夫人，口称怪事不绝。老夫人问道："孩儿，今日问何公事？口称怪异，何也？"杨公道："有王千户解到倭犯一十三名，说起来都是我中国百姓，被倭奴掳去的，是个假倭，不是真倭。内中一人，姓杨，名复，乃关中盩厔县人氏。他说二十一年前，别妻李氏，往漳浦经商。三年之后，遭倭寇作乱，掳他到倭国去了。与妻临别之时，有儿年方七岁，到今算该二十九岁了。母亲常说孩儿七岁时，父亲往漳州为商，一去不回。他家乡、姓名正与父亲相同，其妻子姓名，又分毫不异，孩儿今年正二十九岁，世上不信有此相合之事。况且王千户有个家人王兴，一口认定是他旧主。那王兴说旧名随童，在漳浦乱军分散，又与我爷旧仆同名。所以称怪。"老夫人也不觉称道："怪事，怪事！世上相同的事也颇有，不信件件皆合，事有可疑，你明日再行吊审，我在屏后窃听，是非顷刻可决。"

杨世道领命。次日，重唤取一十三名倭犯，再行细鞠，其言与昨无二。老夫人在屏后大叫道："杨世道我儿！不须再问，则这个盩厔县人，正是你父亲！那王兴端的是随童了。"惊得郡丞杨世道手脚不迭，一跌跌下公座来，抱了杨八老，放声大哭。请归后堂，王兴也随进来。当下母子夫妻三口，抱头而哭，分明是梦里相逢一般，则这随童也哭做一堆。哭了一个不耐烦，方才拜见父亲。随童也来磕头，认旧时主人、主母。

杨八老对儿子道:"我在倭国,夜夜对天祷告,只愿再转家乡,重会妻子。今日皇天可怜,果遂所愿。且喜孩儿荣贵,万千之喜。只是那一十二人,都是闽中百姓,与我同时被掳的,实出无奈。吾儿速与昭雪,不可偏枯,使他怨望。"杨世道领了父亲言语,便把一十二人尽行开放,又各赠回乡路费三两,众人谢恩不尽。一面吩咐书吏写下文书,申复帅府;一面安排做庆贺筵席。衙内整备香汤,伏侍八老沐浴过了;通身换了新衣,顶冠束带。杨世道娶得夫人张氏,出来拜见公公。一门骨肉团圆,欢喜无限。

这一事闹遍了绍兴府前。本府檗太守听说杨郡丞认了父亲,备下羊酒,特往称贺,定要请杨太公相见。杨复只得出来,见了檗公,叙礼已毕,分宾而坐。檗太守欣羡不已。杨郡丞置酒留款,饮酒中间,檗太守问杨太公何由久客闽中,以致此祸?杨八老答道:"初意一年半载,便欲还乡。何期下在檗家,他家适有寡女,年二十三岁,正欲招夫帮家过活,老夫入赘彼家,以此淹留三载。"檗公问道:"在彼三年,曾有生育否?"八老答道:"因是檗家怀孕,生下一儿,两不相舍,不然,也回去久矣。"檗公又问道:"所生令郎可曾取名?"八老不知太守姓名,便随口应道:"因是本县小儿取名世道,那檗氏所生就取名檗世德,要见两姓兄弟之意。算来檗氏所生之子,今年也该二十二岁了,不知他母子存亡下落。"说罢,下泪如雨。檗太守也不尽欢,又饮了数杯,作别回去,与母亲檗老夫人说知如此如此:"他说在漳浦所娶檗家,与母亲同姓,年庚不差。莫非此人就是我父亲?"檗老夫人道:"你明日备个筵席,请他赴宴。待我屏后窥之,便见端的。"

次日,杨八老具个通家名帖,来答拜檗公,檗公也置酒留款。檗老夫人在屏后偷看,那时八老衣冠济楚,又不似先前倭贼样子,一发容易认了。檗老夫人听不多几句言语,便大叫道:"我儿檗世德,快请你父亲进衙相见!"杨八老出自意外,倒吃了一惊。檗太守慌忙跪下道:"孩儿不识亲颜,乞恕不孝之罪。"请到私衙,与檗老夫人相见,抱头而哭,与杨郡丞衙中无异。

正叙话间,杨郡丞遣随童到太守衙中,迎接父亲。听说太守也认了父亲,随童大惊,撞入私衙,见了檗老夫人,磕头相见。檗老夫人问起,方知就是随童。此时随童才叙出失散之后,遇了王百户始末根由,阖门欢喜无限。檗太守娶妻蒋氏,也来拜见公公。檗公命重整筵席,请杨郡丞到来,备细说明。一守一丞,到此方认做的亲兄弟。当日连杨衙小夫人张氏都请过来,做个合家欢筵席。这一场欢喜非小,分明是:

苦尽生甘，否极遇泰。丰城之剑再合，合浦之珠复回。高年学究，忽然及第连科；乞食贫儿，蓦地发财掘藏。寡妇得夫花发蕊，孤儿遇父草行根。喜胜他乡遇故知，欢如久旱逢甘雨。两弃浮萍归大海，人生何处不相逢。

杨八老在日本国受了一十九年辛苦，谁知前妻李氏所生孩儿杨世道，后妻檗氏所生孩儿檗世德，长大成人，中同年进士，又同选在绍兴一郡为官。今日天遣相逢，在枷锁中脱出性命，就认了两位夫人，两个贵子，真是古今罕有。第三日阖郡官员尽知奇事，都来贺喜。老王千户也来称贺，已知王兴是杨家旧仆，不相争执。王兴已娶有老婆，在老王千户家。老王千户奉承檗太守、杨郡丞，疾忙差人送王兴妻子到于府中完聚。檗太守和杨郡丞一齐备个文书，到普花元帅处，述其认父始末。普花元帅奏表朝廷，一门封赠。檗世德复姓归宗，仍叫杨世德。八老在任上安享荣华，寿登耆耋而终。此乃是死生有命，富贵在天；荣枯得失，尽是八字安排，不可强求。有诗为证：

才离地狱忽登天，二子双妻富贵全。
命里有时终自有，人生何必苦埋怨？

第 十 九 卷

杨谦之客舫遇侠僧

宝剑长琴四海游，浩歌自是恣风流。

丈夫莫道无知己，明月豪僧遇客舟。

杨益，字谦之，浙江永嘉人也。自幼倜傥有大节，不拘细行。博学雄文，授贵州安庄县令。安庄县地接岭表，南通巴蜀，蛮獠错杂。人好蛊毒战斗，不知礼义文字；事鬼信神，俗尚妖法，产多金银、珠翠、珍宝。原来宋朝制度：外官辞朝，皇帝临轩亲问，臣工各献诗章，以此卜为政能否。建炎二年丁卯三月，杨益承旨辞朝，高宗皇帝问杨益曰："卿为何官？"杨益奏曰："臣授贵州安庄县知县。"帝曰："卿亦询访安庄风景乎？"杨益有诗一首献上。诗云：

蛮烟寥落在东风，万里天涯迢递中。

人语殊方相识少，鸟声睨晥听来同。

桄榔连碧迷征路，象郡南天绝便鸿。

自愧年来无寸补，还将礼乐佐元功。

高宗听奏是诗，首肯久之，恻然心动，曰："卿处殊方，诚为可悯；暂去摄理，不久取卿回用也。"

杨益挥泪拜辞。出到朝外，遇见镇抚使郭仲威。二人揖毕，仲威曰："闻君荣任安庄，如何是好？"杨益道："蛮烟瘴疫，九死一生！欲待不去，奈日暮途穷。去时必陷死地，烦乞赐教。"仲威答道："要知端的，除是与你去问恩主周镇抚，方知备细。恩主见谪连州，即今也要起身。"二人同来见镇抚周望。杨益叩首再拜曰："杨某近

任安庄边县，烦望指示。"周望慌忙答礼，说道："安庄蛮獠出没之处，家户都有妖法，蛊毒魅人。若能降伏得他，财宝尽你得了；若不能处置得他，须要仔细。尊正夫人亦不可带去，恐土官无礼。"杨益见说了，双泪交流，道言："怎生是好？"周望怜杨益苦切，说道："我见谪遣连州，与公同路，直到广东界上，与你分别。一路盘缠，足下不须计念。"杨益二人拜辞出来，等了半月有余，跟着周望一同起身。郭仲威治酒送别过，自去了。

二人来到镇江，雇只大船。周望、杨益用了中间几个大舱口，其余舱口，俱是水手搭人觅钱，搭有三四十人。内有一个游方僧人，上湖广武当去烧香

的，也搭在众人舱里。这僧人说是伏牛山来的，且是粗鲁，不肯小心。共舱有十二三个人，都不喜他，他倒要人煮茶做饭与他吃。这共舱的人说道："出家人慈悲小心，不贪欲，那里反倒要讨我们的便宜？"这和尚听得说，回话道："你这一起是小人，我要你伏侍，不嫌你也就勾了。"口里千小人，万小人，骂众人。众人都气起来，也有骂这和尚的，也有打这和尚的。这僧人不慌不忙，随手指着骂他的说道："不要骂！"那骂的人，就出声不得，闭了口。又指着打他的说道："不要打！"那打的人，就动手不得，瘫了手。这几个木呆了，一堆儿坐在舱里，只白着眼看。有一辈不曾打骂和尚的人，看见如此模样，都惊张起来，叫道："不好了，有妖怪在这里！"喊天叫地，各舱人听得，都走来看。也惊动了官舱里周、杨二公。

两个走到舱口来看，果见此事，也吃惊起来。正要问和尚，这和尚见周、杨二人是个官府，便起身朝着两个打个问讯，说道："小僧是伏牛山来的僧人，要去武当随喜的。偶然搭在宝舟上，被众人欺负，望二位大人做主。"周镇抚说道："打骂你，虽是他们不是；你如此，也不是出家人慈悲的道理。"和尚见说，回话道，"既是二位大人替他讨饶，我并不计较了。"把手去摸这哑的嘴道："你自说！"这哑的人，便说得话起来。又把手去扯这瘫的手道："你自动！"这瘫的人，便抬得手起来。就如耍场

戏子一般，满船人都一齐笑起来。周镇抚悄悄的与杨益说道："这和尚必是有法的。我们正要寻这样人，何不留他去你舱里问他。"杨益道："说得是。我舱里没家眷，可以住得。"就与和尚说道："你既与众人打伙不便，就到我舱里权住罢。随茶粥饭，不要计较。"和尚说道："取扰不该！"和尚就到杨益舱里住下。

一住过了三四日，早晚说些经典或世务话，和尚都晓得。杨益时常说些路上切要话，打动和尚。又与他说道要去安庄县做知县。和尚说道："去安庄做官，要打点停当，方才可去。"杨益把贫难之事，备说与和尚，和尚说道："小僧姓李，原籍是四川雅州人，有几房移在威清县住。我家也有弟兄姊妹。我回去，替你寻个有法术手段得的人，相伴你去，才无事；若寻不得人，不可轻易去。我且不上武当去了，陪你去广里去。"杨益再三致谢，把心腹事，备细与和尚说知。这和尚见杨益开心见诚，为人平易本分，和尚愈加敬重杨公；又知道杨公甚贫，去自己搭连内取十来两好赤金子，五六十两碎银子，送与杨公做盘缠。杨公再三推辞不肯受，和尚定要送，杨公方才受了。

不觉在船中半个月余，来到广东琼州地方。周镇抚与杨公说："我往东去是连州，本该在这里相陪足下，如今有这个好善心的长老在这里，可托付他，不须得我了。我只就此作别，后日天幸再会。"又再三嘱咐长老道："凡事全仗。"长老说："不须吩咐，小僧自理会得。"周镇抚又安排些酒食，与杨公、和尚作别。饮了半日酒，周望另讨个小船自去了。

且说杨公与长老在船中，又行了几日，来到偏桥县地方。长老来对杨公说道："这是我家的地方了，把船泊在马头去处，我先上去寻人，端的就来下船，只在此等。"和尚自驼上搭连禅杖，别了自去。一连去了七八日，并无信息，等得杨公肚里好焦。虽然如此，却也谅得过这和尚是个有信行的好汉，决无诳言之事，每日只悬悬而望。到第九日上，只见这长老领着七八个人，挑着两担箱笼，若干吃食东西；又抬着一乘有人的轿子，来到船边。掀起轿帘儿，看着船舱口，扶出一个美貌佳人，年近二十四五岁的模样。看这妇人生得如何？诗云：

> 独占阳台万点春，石榴裙染碧湘云。
> 眼前秋水浑无底，绝胜襄王紫玉君。

又诗云：

海棠枝上月三更，醉里杨妃自出群。

马上琵琶催去急，阿蛮空恨艳阳春。

　　说这长老与这妇人，与杨公相见已毕，又叫过有媳妇的一房老小，一个义女，两个小厮，都来叩头。长老指着这妇人说道："他是我的嫡堂侄女儿，因寡居在家里，我特地把他来伏事大人。他自幼学得些法术，大人前路，凡百事都依着他，自然无事。"就把箱笼东西，叫人着落停当。天色已晚，长老一行人权在船上歇了。这媳妇、丫鬟去火舱里安排些茶饭，与各人吃了。李氏又自赏了五钱银子与船家。杨公见不费一文东西，白得了一个佳人并若干箱笼人口，拜谢长老，说道："荷蒙大恩，犬马难报。"长老道："都是缘法，谅非人为。"饮酒罢。长老与众人自去别舱里歇了。杨公自与李氏到官舱里同寝。一夜绸缪，言不能尽。

　　次日，长老起来，与众人吃了早饭，就与杨公、李氏作别。又吩咐李氏道："我前日已吩咐了，你务要小心在意，不可托大。荣迁之日再会。"长老直看得开船去了，方才转身。

　　且说这李氏，非但生得妖娆美貌，又兼禀性温柔，百能百俐，也是天生的聪明。与杨公彼此相爱，就如结发一般。

　　又行过十数日，来到牂牁江了。说这个牂牁江，东通巴蜀川江，西通滇池夜郎。诸江会割，水最湍急厉害。无风亦浪，舟楫难济。船到江口，水手待要吃饭饱了，才好开船过江。开了船时，风水大，住手不得；况兼江中都是尖锋石插，要随着河道放去，若遇着时，这船就罢了。

　　船上人打点端正，才要发号开船，只见李氏慌对杨公说："不可开船。还要躲风三日，才好放过去。"杨公说道："如今没风，怎的倒不要开船？"李氏说道："这大风只在顷刻间来了。依我说，把船快放入浦里去躲这大风。"杨公正要试李氏的本事，就叫水手问道："这里有个浦子吗？"水手禀道："前面有个石圮浦，浦西北角上有个罗市，人家也多.诸般皆有，正好歇船。"杨公说："怎的把船快放入去。"水手一齐把船撑动。刚刚才要撑入浦子口，只见那风从西北角上吹将来。初时扬尘，次后拔木，一江绿水都乌黑了。那浪掀天括地，鬼哭神号，惊怕杀人。这阵大风不知坏了多少船只，直颠狂到日落时方息。李氏叫过丫环、媳妇，做茶饭吃了，收拾宿了。

　　次日，仍又发起风来。到午后风定了。有几只小船儿，载着市上土物来卖。杨公见李氏非但晓得法术，又晓得天文，心中欢喜，就叫船上人买些新鲜果品土物，奉承李氏。又有一只船上叫卖蒟酱。这蒟酱滋味如何？有诗为证：

白玉盘中簇绛茵,光明金鼎露丰神。

椹精八月枝头熟,酿就人间琥珀新。

　　杨公说道:"我只闻得说,蒟酱是滇蜀美味,也不曾得吃,何不买些与奶奶吃?"叫水手去问那卖蒟酱的:"这一罐子要多少钱,"卖蒟酱的说:"要五百贯足钱。"杨公说:"恁的,叫小厮进舱里,问奶奶讨钱数与他。"

　　小厮进到舱里,问奶奶取钱买酱。李氏说:"这酱不要买他的,买了有口舌。"小厮出来回复杨公。杨公说:"买一罐酱值得甚的,便有口舌!奶奶只是见贵了,不舍得钱,故如此说。"自把些银子与这蛮人,买了这罐酱,拿进舱里去。揭开罐子看时,这酱端的香气就喷出来,颜色就如红玛瑙一般可爱;吃些在口里,且是甜美得好。李氏慌忙讨这罐子酱盖了,说道:"老爹不可吃他的,口舌就来了。这蒟酱我这里没有的,出在南越国。其木似谷树,其叶如桑椹,长二三寸,又不肯多生。九月后,霜里方熟。土人采之,酿酝成酱;先进王家,诚为珍味。这个是盗出来卖的,事已露了。"

　　原来这蒟酱是都堂着县官差富户去南越国用重价购求来的,都堂也不敢自用,要进朝廷的奇味。富户吃了千辛万苦,费了若干财物,破了家,才设法得一罐子。正要换个银罐子盛了,送县官转送都堂,被这蛮子盗出来。富户因失了酱,举家慌张,四散缉获,就如死了人的一般。有人知风,报与富户。富户押着正牌,驾起一只快船,二三十人,各执刀枪,鸣锣击鼓,杀奔杨知县船上来,要取这酱。那兵船离不远,只有半箭之地。

　　杨知县听得这风色慌了,躲在舱里说道:"奶奶,如何是好?"李氏说道:"我教老爹不要买他的,如今惹出这场大事来。蛮子去处,动不动便杀起来,那顾礼法!"李氏又道:"老爹不要慌。"连忙叫小厮拿一盆水进舱来,念个咒,望着水里一画,只见那只兵船就如钉钉在水里的一般,随地撑也撑不动。上前也上前不得,落后也落后不得,只钉住在水中间。兵船上人都慌起来,说道:"官船上必然有妖法,快去请人来斗法。"这里李氏已叫水手过去,打着乡谈说道:"列位不要发恼!官船偶然在贵地躲风,歇船在此;因有人拿蒟酱来卖,不知就里,一时间买了这酱,并不曾动。送还原物便罢,这价钱也不要了。"兵船上人见说得好,又知道酱不曾吃他的,说道:"只要还了原物,这原银也送还。"水手回来复杨知县,拿这罐酱送过去。兵船上还了原银,两边都不动刀兵。李氏把手在水盆里连画几画,那兵船便轻轻撑了去,把这偷酱的贼送去县里问罪。杨知县说道："亏杀奶奶，救得这场祸。"李氏说道："今后只依着我，管你没事。"次日，风也不发了。正是：

金波不动鱼龙寂，玉树无声鸟雀栖。

众人吃了早饭，便把船放过江。一路上要行便行，要止便止，渐渐近安庄地方。本县吏书门皂人役接着，都来参拜。原来安庄县只有一知一典，有个徐典史，也来迎接相见了，先回县里去。到得本次，人夫接着，把行李扛抬起来，把乘四人轿抬了奶奶，又有二乘小轿，几匹马，与从人使女，各乘骑了，先送到县里去。杨知县随后起身，路上打着些蛮中鼓乐。远近人听得新知县到任，都来看。杨知县到得县里，径进后堂衙里，安稳了奶奶家小，才出到后堂，与典史拜见。礼华，就吃公堂酒席。

饮酒之间，杨知县与徐典史说："我初到这里，不知土俗民情，烦乞指教。"徐典史回话道："不才还要长官扶持，怎敢当此。"因说道："这里地方与马龙连接，马龙有个薛宣尉司，他是唐朝薛仁贵之后，其富敌国。獠蛮犵狫，只服薛尉司约束。本县虽与宣尉司表里，衙门常规，长官行香后，先去看望他，他才答礼，彼此酒礼往来。烦望长官在意。"杨知县说道："我都知得。"又问道："这里与马龙多远？"徐典史回话道："离本县四十余里。"又说些县里事务。

饮酒已毕，彼此都散入衙去。

杨知县对奶奶说这宣尉司的缘故。李氏说："薛宣尉年纪小，极是作聪的。若是小心与他相好，钱财也得了他的，我们回去，还在他手里，不可托大，说他是土官，不可怠慢他。"又说道："这三日内，有一个穿红的妖人无礼，来见你时，切不可被他哄起身来，不要采他。"杨知县都记在心里了。

等待三日，城隍庙行香到任，就坐堂，所属都来参见，发放已毕。只见阶下有个穿红布员领戴顶方头巾的土人，走到杨知县面前，也不下跪，口里说道："请起来，老人作揖。"知县相公问道："你是那县的老人？与我这衙门有相干也无相干？"老人也不回报什么，口里又说道："请起来，老人作揖。"知县相公虽不采他，被他三番两次在面前如此侮弄，又见两边看的人多了，亵威损重，又恐人耻笑，只记得奶奶说不要立起身来。那时气发了，那里顾得甚吗？就叫皂隶："拿这老人下去，与我着实打！"只见跑过两个皂隶来，要拿下去打时，那老人硬着腰，两个人那里拿得到！口里又说道："打不得！"知县相公定要打。众皂隶们一齐上，把这老人拿下，打了十板。众吏典都来讨饶，杨公叱道："赶出去！"这老人一头走，一头说道："不要慌！"

知县相公坐堂是个好日子,止望发头顺利。撞出这个歹人来,恼这一场,只得勉强发落些事,投文画卯了,闷闷的就散了堂,退入衙里来,李奶奶接着,说道:"我吩咐老爹不要睬这个穿红的人,你又与他计较!"杨公说道:"依奶奶言语,并不曾起身,端端的坐着;只打得他十板。"奶奶又说道:"他正是来斗法的人,你若起身时,他便夜来变妖作怪,百般惊吓你;你却怕死讨饶,这县官只当是他做了。那门皂吏书,都是他一路,那里有你我做主?如今被打了,他却不来弄神通惊你,只等夜里来害你性命。"杨公道:"怎生是好?"奶奶说道:"不妨事,老爹且宽心,晚间自有道理。"杨公又说道:"全仗奶奶。"

待到晚,吃了饭,收拾停当。李奶奶先把白粉灰按着四方,画四个符;中间空处也画个符。就教老爹坐在中间符上,吩咐道:"夜里有怪物来惊吓你,你切不可动身,只端端坐在符上,也不要怕他。"李奶奶也结束,箱里取出一个三四寸长的大金针来,把香烛砕符,供养在神前,贴贴的坐在白粉圈子外等候。

约莫着到二更时分,耳边听得风雨之声,渐渐响近;来到房檐口,就如裂帛一声响,飞到房里来。这个恶物,如茶盘大,看不甚明白,望着杨公扑将来。扑到白圈子外,就做住,绕着白圈子飞,只扑不进来。杨公惊得捉身不住。李奶奶念动咒,把这道符望空烧了。却也有灵,这恶物就不似发头飞得急捷了。说时迟,那时快,李奶奶打起精神,双眼定睛,看着这恶物,喝声:"住!"疾忙拿起右手来,一把去抢这恶物,那恶物就望着地扑将下来。这李奶奶随着势,就低身把手按住在地上,双手拿这恶物起来看时,就如一个大蝙蝠模样,浑身黑白花纹,一个鲜红长嘴,看了怕杀人。杨公惊得呆了,半晌,才起得身来。李氏对老爹说:"这恶物是老人化身来的,若把这恶物打死在这里,那老人也就死了。恐不好解手,他的子孙也多了,必来报仇。我且留着他。"把两片翼翅双叠做一处,拿过金针钉在白圈子里符上,这恶物动也动不得,拿个篮儿盖好了,恐猫鼠之类害他。李氏与老爹自来房里睡了。

次日,起来升堂。只见有二十来个老人,衣服齐整,都来跪在知县相公面前,说道:"小人都是庞老人的亲邻,庞某不知高低,夜来冲激老爹,被老爹拿了,烦望开恩,只饶恕这一遭,小人与他自来孝顺老爹。"知县相公说道:"你们既然晓得,我若没本事,也不敢来这里做官。我也不杀他,看他怎生脱身!"众老人们说道:"实不敢瞒老爹,这县里自来是他与几个把持,不由官府做主。如今晓得老爹的法了,再也不敢冒犯老爹。饶放庞老人一个,满县人自然归顺。"知县相公又说道:"你众人且起来,我自有处。"众人喏喏连声而退。知县散了堂,来衙里见李奶奶,备说讨饶一事。李氏道:"待明日这干人再来讨饶,才可放他。"

又过了一夜。次日,知县相公坐堂,众老人又来跪着讨饶,此时哀告苦切。知县说:"看你众人面上,且姑恕他这一次。下次再无礼,绝不饶了。"众老人拜谢而去。知县退入衙里来,李氏说:"如今可放他了。"到夜来,李氏走进白圈子里,拔起金针,那个恶物就飞去了。

这恶物飞到家里,那庞老人就在床上爬起来,作谢众老人,说道:"几乎不得与列位见了。这知县相公犹可,这奶奶厉害。他的法术,不知那里学来的,比我们的不同。过日同列位备礼去叩头,再不要去惹他了。"请众老人吃些酒食,各人相别,说道:"改日约齐了,同去参拜。"

且说杨公退入衙里来,向李氏称谢。李氏道:"老爹,今日就可去看薛宣尉了。"杨公道:"容备礼方好去得。"李氏道:礼已备下了:金花金段,两匹文葛,一个名人手卷,一个古砚。预备的,取出来就是,不要杨公费一些心。杨公出来,拨些人夫轿马,连夜去。天明时分,到马龙地方。这宣尉司偌大一个衙门,周围都是高砖城裹着;城里又筑个圈子,方圆二十余里;圈子里厅堂池榭,就如王者。知县相公到得宣尉司府门首,着人通报入去。

一会间,有人出来请入去。薛宣尉自也来接,到大门上,二人相见,各逊揖同进。到堂上行礼毕,就请杨知县去后堂坐下吃茶。彼此通道寒温已毕,请到花园里厅上赴宴。薛宣尉见杨知县人品虽是瘦小,却有学问,又善谈吐,能诗能饮。饮酒间,薛宣尉要试杨知县才思,叫人拿出一面紫金古镜来。薛宣尉说道:"这镜是紫金铸的,冲莹光洁,悉照秋毫。镜背有四卦,按卦扣之,各应四位之声,中则应黄钟之声。汉成帝尝持镜为飞燕画眉,因用不断胶,临镜呢呢而崩。"杨公持看古镜,果然奇古,就作一铭。铭云:

狎与兹器,肇制轩辕。大冶范金,炎帝秉虔;凿开混沌,大明中天。伏氏画卦,四象乃全。因时制律,师旷审焉。高下清浊,宫征周旋。形色既具,效用不怨。君子视则,冠裳俨然;淑婉临之,朗然而天。妍媸毕见,不为少迁;喜怒在彼,我何与焉?

杨公写毕,文不加点,送与薛宣尉看。薛宣尉把这文章番复细看,又见写得好,不住口称赞。说是汉文晋字,天下奇才,王、杨、卢、骆之流。又取出一面小古镜来,比前更加奇古,再要求一铭。杨公又作一铭,铭云:

察见渊鱼,实唯不祥;靡聪靡明,顺帝之光。全神返照,内外两忘。

薛宣尉看了这铭,说道:"辞旨精拔,愈出愈奇。"更加敬服杨公。一连留住五日,每日好筵席款洽杨公。薛宣尉问起庞老人之事,杨公备说这来历,二人都笑起来。杨公苦死告辞要回县来,薛宣尉再三不忍抛别,问杨公道:"足下尊庚?"杨公道:"不才虚度三十六岁。"薛宣尉道:"在下今年二十六岁,公长弟十岁。"就拜扬公为兄。二人结义了,彼此欢喜。又摆酒席送行,赠杨公二千余两金银酒器。杨公再三推辞,薛宣尉说道:"我与公既为兄弟,不须计较。弟颇得过,兄乃初任,又在不足中。时常要送东西与兄,以后再不必推却。"

杨公拜谢,别了薛宣尉,回到县里来。只见庞老人与一干老人,备羊酒段匹,每人一百两银子,共有二千余两,送入县里来。杨知县看见许多东西,说道:"生受你们,恐不好受么!"众老人都说道:"小人们些须薄意,老爹不比往常来的知县相公。这地方虽是夷人难治,人最老实一性的,小人们归顺,概县人谁敢梗化? 时常还有孝顺老爹。"杨公见如此殷勤,就留这一干人在吏舍里吃些酒饭。众老人拜谢去了。

旧例:夷人告一纸状子,不管准不准,先纳三钱纸价。每限状子多,自有若干银子。如遇人命,若愿讲和,里邻干证估凶身家事厚薄,请知县相公把家私分作三股。一股送与知县,一股给与苦主,留一股与凶身。如此就说好官府。蛮夷中另是一种风俗,如遇时节,远近人都来馈送。杨知县在安庄三年有余,得了好些财物。凡有所得,就送到薛宣尉寄顿。这知县相公宦囊也颇盛了。一日,对薛宣尉说道:"知足不辱。杨益在此,蒙兄顾爱,尝叨厚赐;况俸资也可过得日子了,杨益已告致仕。只是有这些俸资,如何得到家里? 烦望兄长救济。"薛宣尉说道:"兄既告致仕,我也留你不得了。这里积下的财物,我自着人送去下船,不须兄费心。"杨公就此相别,薛宣尉又摆酒席送行,又送千金进赆礼,俱预先送在船里。

杨公回到县里来,叫众老人们都到县里来,说道:"我在此三年,生受你们多了。

我已致仕,今日与你们相别,我也分些东西与你众人,这是我的意思。我来时这几个箱笼,如今去也只是这几个箱笼,当堂上你们自看。"众老人又禀道:"没甚孝顺老爷,怎敢倒要老爷的东西?"各人些小受了些,都欢喜拜谢了自去。起身之日,百姓都摆列香花灯烛送行。县里人只见杨公没甚行李,那晓得都是薛宣尉预先送在船里停当了,杨公只像个没东西的一般。杨公与李氏下了船,照依旧路回来。

一路平安。行了一月有余,来到旧日泊船之处,近着李氏家了。泊到岸边,只见那个长老并几个人伴,都在那里等。都上船来与杨公相见,彼此欢天喜地。李氏也来拜见长老。杨公就教摆酒来,聊叙久别之情。杨公把在县的事,都说与长老。长老回话道:"我都晓得了,不必说。今日小僧来此,别无甚话,专为舍侄女一事。他原有丈夫,我因见足下去不得,以此不顾廉耻,使侄女相伴足下,到那县里。谢天地,无事故回来,十分好了。侄女其实不得去了,还要送归前夫。财物凭你处。"

杨公听得说,两泪交流,大哭起来,拜倒在奶奶、长老面前,说道:"丢得我好苦!我只是死了罢。"拔出一把小解手刀来,望着咽喉便刎。李氏慌忙抱住,夺了刀,也就啼哭起来。长老来劝,说道:"不要苦了,终须一别。我原许还他丈夫,出家人不说谎。"杨知县带着眼泪说道:"财物凭长老、奶奶取去,只是痛苦不得过。"长老见这杨公如此情真,说道:"我自有处。且在船里宿了,明日作别。"

杨公与李氏一夜不曾合眼,泪不曾干,说了一夜。到明日早起来,梳洗饭毕。长老主张把宦资作十分,说:"杨大人取了六分,侄女取了三分,我也取了一分。"各人都无话说。李氏与杨公两个抱住,那里肯舍! 真个是生离死别。李氏只得自上岸去了,杨公也开了船。那个长老又说道:"这条水路最是难走,我直送你到临安才回来。我们不打劫别人的东西也好了,终不成倒被别人打劫了去。"这和尚且送杨知县到临安,杨知县苦死留这僧人在家住了两月。杨公又厚赠这长老,又修书致意李氏。自此信使不绝。有诗为证:

> 蛮邦薄宦一孤身,全赖高僧觅好音。
> 随地相逢休傲慢,世间何处没奇人?

第 二 十 卷

陈从善梅岭失浑家

> 君骑白马连云栈,我驾孤舟乱石滩。
>
> 扬鞭举棹休相笑,烟波名利大家难。

话说大宋徽宗宣和三年上春间,黄榜招贤,大开选场。去这东京汴梁城内虎异营中,一秀才姓陈名辛,字从善,年二十岁,故父是殿前太尉。这官人不幸父母早亡,只单身独自。自小好学,学得文武双全。正是:文欺孔孟,武赛孙吴;五经三史,六韬三略,无所不晓。新娶得一个浑家,乃东京金梁桥下张待诏之女,小字如春,年方二八,生得如花似玉。比花花解语,比玉玉生香。夫妻二人,如鱼似水,且是说得着,不愿同日生,只愿同日死。这陈辛一心向善,常好斋供僧道。

一日,与妻言说:"今黄榜招贤,我欲赴选,求得一官半职,改换门闾,多少是好!"如春答曰:"只恐你命运不通,不得中举。"陈辛曰:"我正是学成文武艺,货与帝王家。"不数日,去赴选场,偕众伺候挂榜。旬日之间,金榜题名,已登三甲进士,琼林宴罢,谢恩,御笔除授广东南雄沙角镇巡检司巡检。回家说与妻如春道:"今我蒙圣恩,除做南雄巡检之职,就要走马上任。我闻广东一路,千层峻岭,万叠高山,路途难行,盗贼烟瘴极多。如今便要收拾前去,如之奈何?"如春曰:"奴一身嫁与官人,只得同受甘苦;如今去做官,便是路途险难,只得前去,何必忧心?"陈辛见妻如此说,心下稍宽。正是:

> 青龙与白虎同行,吉凶事全然未保。

当日,陈巡检唤当直王吉吩咐曰:"我今得授广东南雄巡检之职,争奈路途险

峻，好生艰难，你与我寻一个使唤的，一同前去。"王吉领命，往街市寻觅，不在话下。

却说陈巡检吩咐厨下使唤的："明日是四月初三日，设斋多备斋供。不问云游全真道人，都要斋他，不得有缺。"

不说这里斋主备办。且说大罗仙界有一真人，号曰紫阳真君，于仙界观见陈辛奉真斋道，"好生志诚！今投南雄巡检，争奈他妻有千日之灾。"吩咐大慧真人化作道童，"听吾法旨：你可假名罗童，权与陈辛作伴当，护送夫妻二人，他妻若遇妖精，你可护送。"

道童听旨，同真君到陈辛宅中，与陈巡检相见礼毕。斋罢，真君问陈辛曰："何故往日设斋欢喜，今日如何烦恼？"陈辛叉手告曰："听小生诉禀：今蒙圣恩，除南雄巡检；争奈路远难行，又无兄弟，因此忧闷也。"真人曰："我有这个道童，唤做罗童，年纪虽小，有些能处。今日权借与斋官，送到南雄沙角镇，便着他回来。"夫妻二人拜谢曰："感蒙尊师降临，又赐道童相伴，此恩难报。"真君曰："贫道物外之人，不思荣辱，岂图报答？"拂袖而去了。陈辛曰："且喜添得罗童做伴。"收拾琴剑书箱，辞了亲戚邻里，封锁门户，离了东京。十里长亭，五里短亭，迤逦而进。一路上，但见：

> 村前茅舍，庄后竹篱。村醪香透磁缸，浊酒满盛瓦瓮。架上麻衣，昨日芒郎留下当；酒帘大字，乡中学究醉时书，沽酒客暂解担囊，趱路人不停车马。

陈巡检骑着马，如春乘着轿，王吉、罗童挑着书箱行李，在路少不得饥餐渴饮，夜住晓行。罗童心中自忖："我是大罗仙中大慧真人，今奉紫阳真君法旨，教我跟陈巡检往南雄沙角镇去。吾故意妆风做痴，教他不识咱真相。"遂乃行走不动，上前退后。如春见罗童如此嫌迟，好生心恼，再三要赶回去，陈巡检不肯，恐背了真人重恩。罗童正行在路，打火造饭，哭哭啼啼不肯吃，连陈巡检也厌烦了。如春孺人执性,定要赶罗童回去。罗童越耍风,叫:"走不动!"王吉搀扶着,行不五里叫腰疼,大哭不止。如春说与陈巡检:"当初指望得罗童用,今日不曾得他半分之力,不如教他回去。"陈巡检不合听了孺人言语,打发罗童回去。有分教如春争些个做了失乡之鬼。正是:

　　　　鹿迷郑相应难辨,蝶梦周公未可知。

　　当日打发罗童回去,且得耳根清净。陈巡检夫妻和王吉三人前行。
　　且说梅岭之北有一洞,名曰申阳洞。洞中有一怪,号曰申阳公,乃猢狲精也。弟兄三人:一个是通天大圣,一个是弥天大圣,一个是齐天大圣。小妹便是泗州圣母。这齐天大圣神通广大,变化多端,能降各洞山魈,管领诸山猛兽。兴妖作法,摄偷可意佳人;啸月吟风,醉饮非凡美酒。与天地齐休,日月同长。这齐天大圣在洞中,观见岭下轿中,抬着一个佳人,娇嫩如花似玉,意欲取他。乃唤山神吩咐:"听吾号令:便化客店,你做小二哥,我做店主人。他必到此店投宿。更深夜静,摄此妇人入洞中。"山神听令,化作一店,申阳公变作店主,坐在店中。却好至黄昏时分,陈巡检与孺人如春并王吉至梅岭下,见天色黄昏,路逢一店,唤招商客店。王吉向前去敲门。店小二问曰:"客长有何勾当?"王吉答道:"我主人乃南雄沙角巡检之任,到此赶不着馆驿,欲借店中一宿,来早便行。"申阳公迎接陈巡检夫妻二人入店,头房安下。申阳公说与陈巡检曰:"老夫今年八十余岁,今晚多口,劝官人一句:前面梅岭,好生僻静!虎狼、劫盗极多;不如就老夫这里安下孺人,官人自先去到任,多差弓兵人等来取,却好?"陈巡检答曰:"小官三代将门之子,通晓武艺,常怀报国之心,岂怕虎狼盗贼?"申公情知难劝,便不敢言,自退去了。
　　且说陈巡检夫妻二人,到店房中吃了些晚饭,却好一更,看看二更。陈巡检先上床脱衣而卧。只见就中起一阵风,正是:

　　　　吹折地狱门前树,刮起酆都顶上尘。

　　那阵风过处,吹得灯半灭而复明。陈巡检大惊,急穿衣起来看时,就房中不见了孺人。开房门叫得王吉。那王吉睡中叫将起来,不知头由,慌张失势。陈巡检说与王吉:"房中起一阵狂风,不见了孺人。"主仆二人急叫店主人时,叫不应了。仔细看时,和店房都不见了,连王吉也吃一惊。看时,二人立在荒郊野地上,止有书箱、

行李并马在面前,并无灯火。客店、店主人皆无踪迹。只因此夜,直教陈巡检三年不见孺人之面。未知久后如何?正是:

> 雨里烟村雾里都,不分南北路程途。
> 多疑看罢僧繇画,收起丹青一轴图。

陈巡检与王吉听谯楼更鼓,正打四更。当夜月明星光之下,主仆二人,前无客店,后无人家,惊得魂飞天外,魄散九霄。只得教王吉挑了行李,自跳上马,月光之下,依路径而行。在路,陈巡检寻思:"不知是何妖法,化作客店,摄了我妻去?从古至今,不见闻此异事!"巡检一头行,一头哭:"我妻不知着落。"迤逦而行,却好天明。王吉劝官人:"且休烦恼,理会正事。前面梅岭,望着好生险峻崎岖,凹凸难行,只得捱过此岭,且去沙角镇上了任,却来打听,寻取孺人不迟。"陈巡检听了王吉之言,只得勉强而行。

且说申阳公摄了张如春,归于洞中,惊得魂飞魄散,半晌醒来,泪如雨下。元来洞中先有一娘子,名唤牡丹,亦被摄在洞中日久,向前来劝如春不要烦恼。申公说与如春:"娘子,小圣与娘子前生有缘。今日得到洞中,别有一个世界。你吃了我仙桃、仙酒、胡麻饭,便是长生不死之人。你看我这洞中仙女,尽是凡间摄将来的。娘子休闷,且共你兰房同床云雨。"如春见说,哀哀痛哭,告申公曰:"奴奴不愿洞中快乐,长生不死,只求早死。若说云雨,实然不愿。"申公见说如此,自思:"我为他春心荡漾;他如今烦恼,未可归顺,其妇人性执,若逼令他,必定寻死,却不可惜了这等端妍少貌之人,"乃唤一妇人,名唤金莲,洞主也是日前摄来的,在洞中多年矣。申公吩咐:"好好劝如春,早晚好待他,将好言语诱他,等他回心。"

金莲引如春到房中,将酒食管待。如春酒也不吃,食也不吃,只是烦恼。金莲、牡丹二妇人再三劝他:"你既被他摄到此间,只得无奈何。自古道:'在他矮檐下,怎敢不低头?'"如春告金莲云:"姐姐,你岂知我今生夫妻分离,被这老妖半夜摄将到此,强要奴家云雨,绝不依随,只求快死,以表我贞洁。古云:'烈女不更二夫,'奴今宁死而不受辱。"金莲说:"要知山下事,请问过来人。这事我也曾经来。我家在南雄府住,丈夫富贵,也被申公摄来洞中五年。你见他貌恶,当初我亦如此,后来惯熟,方才好过。你既到此,只得没奈何,随顺了他罢。"如春大怒,骂云:"我不似你这等淫贱,贪生受辱,枉为人在世,泼贱之女!"金莲云:"好言不听,祸必临身。"遂自回报申公说:"新来佳人,不肯随顺,恶言诽谤,劝他不从。"申公大怒而言:"这个贱人,如此无礼！本待将铜锤打死,为他花容无比,不忍下手,可奈他执意不从。"交付牡丹娘子:"你管押着他,将这贱人剪发齐眉,蓬头赤脚,罚去山头挑水,浇灌花木。一日与他三顿淡饭。"牡丹依言,将张如春剪发齐眉,赤了双脚,把一副水桶与他,如春自思:"欲投岩洞中而死,万一天可怜见,苦尽甘来,还有再见丈夫之日。"不免含泪而挑水。正是:

> 宁为困苦全贞妇,不作贪淫下贱人。

不说张氏如春在洞中受苦。且说陈巡检与同王吉自离东京,在路两月余,至梅岭之北,被申阳公摄了孺人去,千方无计寻觅。王吉劝官人且去上任,巡检只得弃舍而行。乃望面前一村酒店,巡检到店门前下马,与王吉入店买酒饭吃了,算还酒饭钱,再上马而去。见一个草舍,乃是卖卦的,在梅岭下,招牌上写:"杨殿干请仙下笔,吉凶有准,祸福无差。"陈巡检到门前,下马离鞍,入门与杨殿干相见已毕。殿干问:"尊官何来?"陈巡检将昨夜失妻之事,从头至尾,说了一遍。杨殿干焚香请圣,陈巡检跪拜祷祝。只见杨殿干请仙至,降笔判断四句。诗曰:

> 千日逢灾厄,佳人意自坚。
> 紫阳来到日,镜破再团圆。

杨殿干断曰:"官人且省烦恼,孺人有千日之灾。三年之后,再遇紫阳,夫妇团圆。"陈巡检自思:"东京曾遇紫阳真人,借罗童为伴;因罗童呕气,打发他回去。此间相隔数千里路,如何得紫阳到此?"遂乃心中少宽,还了卦钱,谢了杨殿干,上马同王吉并众人上梅岭来。陈巡检看那岭时,真个险峻:

> 欲问世间烟障路,大庾梅岭苦心酸。
> 磨牙猛虎成群走,吐气巴蛇满地攒。

陈巡检并一行人过了梅岭,岭南二十里,有一小亭,名唤做接官亭。巡检下马,入亭中暂歇。忽见王吉报说:"有南雄沙角镇巡检衙门弓兵人等,远来迎接。"陈巡检唤入,参拜毕。过了一夜,次日同弓兵、吏卒走马上任,至于衙中升厅,众人参贺已毕。陈巡检在沙角镇做官,且是清正严谨。光阴似箭,正是:

窗外日光弹指过，席前花影坐间移。

候忽在任，不觉一载有余。差人打听孺人消息，并无踪迹。端的：

好似石沉东海底，犹如线断纸风筝。

陈巡检为因孺人无有消息，心中好闷，思忆浑家，终日下泪。正思念张如春之际，忽弓兵上报："相公，祸事！今有南雄府府尹札付来报军情：有一强人，姓杨，名广，绰号'镇山虎'，聚集五七百小喽啰，占据南林村，打家劫舍，杀人放火，百姓遭殃。札付巡检火速带领所管一千人马，关领军器，前去收捕，毋得迟误。"陈巡检听知，火速收拾军器鞍马，披挂已了，引着一千人马，径奔南林村来。

却说那南林村镇山虎正在寨中饮酒，小喽啰报说："官军到来。"急上马持刀，一声锣响，引了五百小喽啰，前来迎敌。陈巡检与镇山虎并不打话，两马相交，那草寇怎敌得陈巡检过？斗无十合，一矛刺镇山虎于马下，枭其首级，杀散小喽啰。将首级回南雄府，当厅呈献，府尹大喜，重赏了当。自回巡检衙，办酒庆贺已毕。只因斩了镇山虎，真个是：

威名大振南雄府，武艺高强众所钦。

这陈巡检在任，候忽却早三年官满。新官交替，陈巡检收拾行装，与王吉离了沙角镇，两程并作一程行，相望庾岭之下，红日西沉，天色已晚。陈巡检一行人，望见远远松林间有一座寺。王吉告官人："前面有一座寺，我们去投宿则个。"陈巡检勒马向前，看那寺时，额上有"红莲寺"三个大金字。巡检下马，同一行人入寺。

元来这寺中长老，名号旆大惠禅师，佛法广大，德行清高，是个古佛出世。当时行者报与长老："有一过往官人投宿。"长老教行者相请。巡检入方丈参见长老。礼毕，长老问："官人何来？"陈巡检备说前事，"万望长老慈悲，指点陈辛，寻得孺人回乡，不忘重恩。"长老曰："官人听禀：此怪是白猿精，千年成器，变化难测。你孺人性贞烈，不肯依随，被他剪发赤脚，挑水浇花，受其苦楚。此人号曰申阳公，常到寺中听说禅机，讲其佛法。官人若要见孺人，可在我寺中住几时。等申阳公来时，我劝化他回心，放还你妻如何？"陈巡检见长老如此说，心中喜欢，且在寺中歇下。正是：

五里亭亭一小峰，上分南北与西东。

世间多少迷途客，一指还归大道中。

陈巡检在红莲寺中，一住十余日。忽一日，行者报与长老："申阳公到寺来也。"巡检闻之，躲于方丈中屏风后面。只见长老相迎，申阳公入方丈叙礼毕，分位而坐，行者献茶。茶罢，申阳公告长老曰："小圣无能断除爱欲，只为色心迷恋本性，谁能虎项解金铃？"长老答曰："尊圣要解虎项金铃，可解色心本性，色即是空，空即是色，一尘不染，万法皆明。莫怪老僧多言相劝，闻知你洞中有一如春娘子，在洞三年。他是贞节之妇，可放他一命还乡，此便是断却欲心也。"申阳公听罢回言："长老，小圣心中正恨此人，罚他挑水三年，不肯回心。这等愚顽，绝不轻放！"陈巡检在屏风后听得说，正是：

提起心头火，咬碎口中牙。

陈巡检大怒，拔出所佩宝剑，劈头便砍。申阳公用手一指，其剑反着自身。申阳公曰："吾不看长老之面，将你粉骨碎身，此冤必报。"道罢，申阳公别了长老，回去了。自洞中叫张如春在面前，欲要剖腹取心，害其性命。得牡丹、金莲二人救解，依旧挑水浇花，不在话下。

且说陈巡检不知妻子下落，到也罢了，既晓得在申阳洞中，心下倍加烦恼。在红莲寺方丈中拜告长老："怎生得见我妻之面？"长老曰："要见不难。老僧指一条径路。上山去寻。"长老叫行者引巡检去山间寻访，行者自回寺。只说陈辛去寻妻，未知寻得见寻不见？正是：

凤定始知蝉在树，灯残方见月临窗。

当日，陈巡检带了王吉，一同行者到梅岭山头，不顾崎岖峻险，走到山岩潭畔，见个赤脚挑水妇人。慌忙向前看时，正是如春。夫妻二人抱头而哭，各诉前情，莫非梦中相见，一一告诉。如春说："昨日申公回洞，几乎一命不存。"巡检乃言："谢红莲寺长老指路来寻，不想却好遇你，不如共你逃走了罢。"如春道："走不得。申公妖法广大，神通莫测。他若知我走，赶上时，和官人性命不留。我闻申公平日只怕紫阳真君,除非求得他来,方解其难。官人可急回寺去,莫待申公知之,其祸不小。"

陈巡检只得弃了如春,归寺中拜谢长老,说已见娇妻,言:"申公只怕紫阳真君,他在东京曾与陈辛相会,今此间遥远,如何得他来救?"长老见他如此哀告,乃言:"等我与你入定去看,便见分晓。"长老教行者焚香,入定去了一晌。出定回来,说与陈巡检曰:"当初紫阳真人与你一个道童,你到半路赶了他回去。你如今便可往,急走三日,必有报应。"陈巡检见说,依其言,急急步行出寺,迤逦行了两日,并无踪迹。

且说紫阳真人在大罗仙境与罗童曰:"吾三年前,那陈巡检去上任时,他妻合有千日之灾,今已将满。吾怜他养道修真,好生虔心,吾今与汝同下凡间,去梅岭救取其妻回乡。"罗童听旨,一同下凡,往广东路上行来。这日,却好陈巡检撞见真君同罗童远远而来,乃急急向前跪拜,哀告曰:"真君,望救度!弟子妻张如春被申阳公妖法摄在洞中三年,受其苦楚,望真君救难则个!"真君笑曰:"陈辛,你可先去红莲寺中等,我便到也。"陈辛拜别,先回寺中备办香案,迎接真君救难。正是:

> 法箓持身不等闲,立身起业有多般。
> 千年铁树开花易,一日酆都出世难。

陈巡检在寺中等了一日,只见紫阳真君行至寺中,端的道貌非凡。长老直出寺门迎接,入方丈叙礼毕,分宾主坐定。长老看紫阳真君,端的有神仪八极之表,道貌堂堂,威仪凛凛。陈巡检拜在真君面前,告曰:"望真君慈悲,早救陈辛妻张如春性命还乡,自当重重拜答深恩。"真君乃于香案前,口中不知说了几句言语,只见就方丈里起一阵风。但见:

> 无形无影透人怀,二月桃花被绰开。
> 就地撮将黄叶去,入山推出白云来。

那风过处,只见两个红巾天将出现,甚是勇猛。这两员神将朝着真君声喏道:"吾师有何法旨?"紫阳真君曰:"快与我去申阳洞中,擒拿齐天大圣前来,不可有失。"

两员天将去不多时,将申公一条铁索锁着,押到真君面前。申公跪下,紫阳真君判断,喝令天将将申公押入酆都天牢问罪。教罗童入申阳洞中,将众多妇女各各救出洞来,各令发付回家去讫。张如春与陈辛,夫妻再得团圆,向前拜谢紫阳真人。真人别了长老、陈辛,与罗童冉冉腾空而去了。这陈巡检将礼物拜谢了长老,与一寺僧行别了。收拾行李轿马,王吉并一行从人离了红莲寺。迤逦在路,不则一日,回到东京故乡。夫妻团圆,尽老百年而终。有诗为证:

> 三年辛苦在申阳,
> 恩爱夫妻痛断肠。
> 终是妖邪难胜正,
> 贞名落得至今扬。

第二十一卷

临安里钱婆留发迹

贵逼身来不自由，
几年辛苦踏山丘。
满堂花醉三千客，
一剑霜寒十四州。
莱子衣裳宫锦窄，
谢公篇咏绮霞羞。
他年名上凌云阁，
岂羡当时万户侯？

这八句诗，乃是晚唐时贯休所作。那贯休是个有名的诗僧，因避黄巢之乱，来于越地，将此诗献与钱王求见。钱王一见此诗，大加叹赏，但嫌其"一剑霜寒十四州"之句，殊无恢廓之意，遣人对他说，教和尚改"十四州"为"四十州"，方许相见。贯休应声'吟诗四句'。诗曰：

不羡荣华不惧威，添州改字总难依。
闲云野鹤无常住，何处江天不可飞？

吟罢，飘然而入蜀。钱王懊悔，追之不及。真高僧也。后人有诗讥诮钱王，云：

文人自古傲王侯，沧海何曾择细流？
一个诗僧容不得，如何安□望添州？

此诗是说钱王度量窄狭,所以不能恢廓霸图,止于一十四州之主。虽如此说,像钱王生于乱世,独霸一方,做了一十四州之王,称孤道寡,非通小可。你道钱王是谁,他怎生样出身?有诗为证:

> 项氏宗衰刘氏穷,一朝龙战定关中。纷纷肉眼看成败,谁向尘埃识骏雄?

话说钱王,名镠,表字具美,小名婆留,乃杭州府临安县人氏。其母怀孕之时,家中时常火发,及至救之,又复不见,举家怪异。忽一日,黄昏时候,钱公自外而来,遥见一条大蜥蜴,在自家屋上婉蜒而下,头垂及地,约长丈余,两目熠熠有光。钱公大惊,正欲声张,忽然不见。只见前后火光亘天,钱公以为失火,急呼邻里求救。众人也有已睡的,未睡的,听说钱家火起,都爬起来,收拾挠钩水桶来救火时,那里有什么火!但闻房中呱呱之声,钱妈妈已产下一个孩儿。钱公因自己错呼救火,蒿恼了邻里,十分惭愧,止不过意,又见了这条大蜥蜴,都是怪事,想所产孩儿,必然是妖物,留之无益,不如溺死,以绝后患。

也是这小孩儿命不该孩绝,东邻有个王婆,平生念佛好善,与钱妈妈往来最厚。这一晚,因钱公呼唤救火,也跑来看。闻说钱妈妈生产,进房帮助,见养下孩儿,欢天喜地,抱去盆中洗浴。被钱公劈手夺过孩儿,按在浴盆里面,要将溺死。慌得王婆叫起屈来,倒身护住,定不容他下手。连声道:"罪过,罪过!这孩子一难一度,投得个男身。作何罪业,要将他溺死!自古道:'虎狼也有父子之情。'你老人家是何意故?"钱妈妈也在床褥上嚷将起来。钱公道:"这孩子临产时,家中有许多怪异,只恐不是好物,留之为害。"王婆道:"一点点血块,那里便定得好歹。况且贵人生产,多有奇异之兆,反为祥瑞,也未可知。你老人家若不肯留这孩子时,待老身领去,过继与没孩儿的人家养育,也是一条性命,与你老人家也免了些罪业。"钱公被王婆苦劝不过,只得留了,取个小名,就唤做婆留。有诗为证:

五月佳儿说孟尝，又因光怪误钱王。

试看斗文并后稷，君相从来岂天亡！

　　古时姜嫄感巨人迹而生子，惧而弃之于野，百鸟皆舒翼覆之，三日不死。重复收养，因名曰弃。比及长大，天生圣德，能播种五谷。帝尧任为后稷之官，使主稼穑，是为周朝始祖。到武王之世，开了周家八百年基业。又春秋时，楚国大夫斗伯比与邧子之女偷情，生下一儿。其母邧夫人以为不雅，私弃于梦泽之中。邧子出猎，到于梦泽，见一虎跪下，将乳喂一小儿，心中怪异。那虎乳罢孩儿，自去了。邧子教人抱此儿回来，对夫人夸奖此儿："必是异人。"夫人认得己女所生，遂将实情说出，邧子就将女配与斗伯比为妻，教他抚养此儿。楚国土语唤"乳"做"縠"，唤"虎"做"於菟"。因有虎乳之异，取名曰縠於菟。后来长大为楚国令尹，则今传说的楚令尹子文就是。所以说："贵人无死法。"又说："大难不死，必有后禄。"今日说钱公满意要溺死孩儿，又被王婆留住，岂非天命？

　　话休絮烦。再说钱婆留长成五六岁，便头角渐异，相貌雄伟，膂力非常，与里中众小儿游戏厮打，随你十多岁的孩儿，也弄他不过，只索让他为尊。这临安里中有座山，名石镜山。山有圆石，其光如镜，照见人形。钱婆留每日同众小儿在山边游戏，石镜中照见钱婆留头带冕旒，身穿蟒衣玉带。众小儿都吃一惊，齐说神道出现。偏是婆留全不骇惧，对小儿说道："这镜中神道就是我，你们见我都该下拜。"众小儿罗拜于前，婆留安然受之，以此为常。一日回去，向父亲钱公说知其事。钱公不信，同他到石镜边照验，果然如此。钱公吃了一惊，对镜暗暗祷告道："我儿婆留果有富贵之日，昌大钱宗，愿神灵隐蔽镜中之形，莫被人见，恐惹大祸。"祷告方毕，教婆留再照时，只见小孩儿的模样，并无王者衣冠。钱公故意骂道："孩子家眼花说谎，下次不可如此！"

　　次日，婆留再到石镜边游戏。众小儿不见了神道，不肯下拜了。婆留心生一计。那石镜旁边，有一株大树，其大百围，枝叶扶疏，可荫数亩；树下有大石一块，有七八尺之高。婆留道："这大树权做个宝殿，这大石权做个龙案。那个先爬上龙案坐下的，便是登宝殿了，众人都要拜贺他。"众小儿齐声道："好！"一齐来爬时，那石高又高，峭又峭，滑又滑，怎生爬得上？天生婆留身材矫捷，又且有智。他想着大树本子上，有几个乾䉉，好借脚力，相在肚里了，跳上树根，一步步攀缘而上。约莫离地丈许，看得这块大石亲切，放手望下只一跳，端端正正坐于石上。众小儿发一声喊，都拜倒在地。婆留道："今日你们服也不服？"众小儿都应道："服了。"婆留道："既然服我，便要听我号令。"当下折些树枝，假做旗幡，双双成对，摆个队伍，不许混乱。自此为始，每早排衙行礼。或剪纸为青红旗，分作两军交战，婆留坐石上指挥。一进一退，都有法度；如违了他便打。众小儿打他不过，只得依他，无不惧怕。正是：

> 天挺英豪志量开，休教轻觑小儿孩。
> 未施济世安民手，先见惊天动地才。

再说婆留到十七八岁时，顶冠束发，长成一表人材；生得身长力大，腰阔膀开，十八般武艺，不学自高。虽曾进学堂读书，粗晓文义便抛开了，不肯专心，又不肯做农商经纪。在里中不干好事，惯一偷鸡打狗，吃酒赌钱。家中也有些小家私，都被他赌博，消费得七八了。爹娘若说他不是，他就憋着气，三两日出去不归。因是管辖他不下，只得由他。此时，里中都唤他做"钱大郎"，不敢叫他小名了。

一日，婆留因没钱使用，忽然想起："顾三郎一伙，尝来打合我去贩卖私盐。我今日身闲无事，何不去寻他？"行到释迦院前，打从戚汉老门首经过。那戚汉老是钱塘县第一个开赌场的。家中养下几个娼妓，招引赌客。婆留闲时，也常在他家赌钱住宿。这一日，忽见戚汉老左手上横着一把行秤，右手提了一只大公鸡、一个猪头回来。看了婆留便道："大郎，连日少会。"婆留问道："有甚好赌客在家？"汉老道："不瞒大郎说，本县录事老爷有两位郎君，好的是赌博，也肯使花酒钱，有多嘴的，对他说了，引到我家坐地，要寻人赌双陆。人听说是见在官府的儿，没人敢来上桩。大郎有采时，进去赌对一局。他们都是见采，分文不欠的。"婆留口中不语，心下思量道："两日正没生意，且去淘摸几贯钱钞使用。"便向戚汉老道："别人弱他官府，我却不弱他。便对一局，打甚紧？只怕采头短少，须吃他财主笑话。少停赌对时，我只说有在你处，你与我招架一声，得采时平分便了。若还输去，我自赔你。"汉老素知婆留平日赌性最直，便应道："使得。"

当下汉老同婆留进门，与二钟相见。这二钟一个叫作钟明，一个叫作钟亮，他父亲是钟起，见为本县录事之职。汉老开口道："此间钱大郎，年纪虽少，最好拳棒，兼善博戏。闻知二位公子在小人家里，特来进见。"原来二钟也喜拳棒，正投其机；又见婆留一表人材，不胜欢喜。当下叙礼毕，闲讲了几路拳法。钟明就讨双陆盘摆下，身边取出十两重一锭大银，放在桌上，说道："今日与钱兄初次相识，且只赌这锭银子。"婆留假意向袖中一摸,说道:"在下偶然出来拜一个朋友,遇戚老说公子在此,特来相会,不曾带得什么采来。"回头看着汉老道:"左右有在你处,你替我答应则个。"汉老时应承了,只得也取出十两银子,做一堆儿放着。便道:"小人今日不方便,在此只有这十两银子,做两局赌吗?"

自古道:稍粗胆壮。婆留自己没一分钱钞,却教汉老应出银子,胆已自不壮了。着了急,一连两局都输。钟明收起银子,便道:"得罪,得罪。"教小厮另取一两银子,送与汉老,作为头钱。汉老虽然还有银子在家,只怕钱大郎又输去了,只得认着晦气,收了一两银子。将双陆盘掇过一边,摆出酒肴留款。婆留那里有心饮酒,便道:"公子宽坐,容在下回家去,再取稍来决赌。何如?"钟明道:"最好。"钟亮道:"既钱兄有兴,明日早些到此,竟日取乐;今日知己相逢,且共饮酒。"婆留只得坐了。两个妓女唱曲侑酒。正是:

> 赌场逢妓女,银子当砖块。
> 牡丹花下死,还却风流债。

当日正在欢饮之际,忽闻叩门声。开看时,却是录事衙中当直的,说道:"老爷请公子议事。教小的们那处不寻到,却在这里!"钟明、钟亮便起身道:"老父呼唤,不得不去。钱兄,明日须早来玩耍。"嘱罢,向汉老说声"相扰",同当直的一齐去了。婆留也要出门,被汉老双手拉住道:"我应的十两银子,几时还我?"婆留一手劈开便走,口里答道:"来日送还。"出得门来,自言自语的道:"今日手里无钱,却赌得不爽利。还去寻顾三郎,借几贯钞,明日来翻本。"带着三分酒兴,径往南门街上而来。向一个僻静巷口撒溺,背后一人将他脑后一拍,叫道:"大郎,甚风吹到此?"婆留回头看时,正是贩卖私盐的头儿顾三郎。婆留道:"三郎,今日相访,有句话说。"顾三郎道:"甚话?"婆留道:"不瞒你说,两日赌得没兴,与你告借百十贯钱去翻本。"顾三郎道:"百十贯钱却易,只今夜随我去,便有。"婆留道:"那里去?"顾三郎道:"莫问,莫问,同到城外便知。"

两个步出城门,恰好日落西山,天色渐暝。约行二里之程,到个水港口,黑影里见缆个小船,离岸数尺。船上芦席满满冒住,密不通风,并无一人。顾三郎捻起泥块,向芦席上一撒,撒得声响。忽然芦席开处,船舱里钻出两个人来,咳嗽一声。顾三郎也咳嗽相应。那边两个人,即便撑船拢来。顾三郎同婆留下了船舱,船舱还藏得有四个人。这里两个人下舱,便问道:"三郎,你与谁人同来?"顾三郎道:"请得主将在此,休得多言,快些开船去。"说罢,众人拿橹动篙,把这船儿弄得梭子般去了。婆留道:"你们今夜又走什么道路?"顾三郎道:"不瞒你说,两日不曾做得生意,手头艰难。闻知有个王节使的家小船,今夜泊在天目山下,明早要进香。此人巨富,船中必然广有金帛,弟兄们欲待借他些使用。只是他手下有两个苍头,叫作张龙、赵虎,大有本事,没人对付得他。正思想大郎了得,天幸适才相遇,此乃天使其便,大胆相邀至此。"婆留道:"做官的贪赃枉法得来的钱钞,此乃不义之财,取之无碍!"

正说话间,听得船头前荡桨响,又有一个小抟船来到。船上共有五条好汉在上,两船上一般咳嗽相应。婆留已知是同伙,更不问他。只见两船帮近,顾三郎悄悄问道:"那话儿歇在那里?"划船上人应道:"只在前面一里之地,我们已是着眼了。"当下,众人将船摇入芦苇中歇下,敲石取火。众好汉都来与婆留相见,船中已备得酒肉,各人大碗酒、大块肉吃了一顿。分拨了器械,两只船,十三筹好汉,一齐上前进发。

遥见大船上灯光未灭,众人摇船拢去,发声喊,都跳上船头。婆留手执铁棱棒打头,正遇着张龙,早被婆留一棒打落水去。赵虎望后艄便跑。满船人都唬得魂飞魄散,那个再敢挺敌?一个个跪倒船舱,连声饶命。婆留道:"众兄弟听我吩咐:只许收拾金帛,休杀害他性命。"众人依言,将舟中辎重恣意搬取。嗯哨一声,众人仍分作两队,下了小船,飞也是摇去了。

原来王节使另是一个座船,他家小先到一日。次日,王节使方到,已知家小船被盗。细开失单,往杭州府告状。杭州刺史董昌准了,行文各县,访拿真赃真盗。文书行到临安县来,知县差县尉协同缉捕使臣,限时限日的擒拿,不在话下。

再说顾三郎一伙,重泊船于芦苇丛中,将所得利物,众人十三分均分。因婆留出力,议定多分一分与他。婆留共得了三大锭元宝,百来两碎银,及金银酒器首饰又十余件。此时天色渐明,城门已开。婆留怀了许多东西,跳上船头,对顾三郎道:"多谢作成,下次再当效力。"说罢,进城径到戚汉老家。

汉老兀自床上翻身,被婆留叫唤起来,双手将两眼揩抹,问道:"大郎何事来得恁早?"婆留道:"钟家兄弟如何还不来?我寻他翻本则个。"便将元宝、碎银及酒器、首饰,一顿交付与戚汉老。说道:"恐怕又烦累你应采,这些东西都留你处,慢慢的支销。咋日借你的十两头,你就在里头除了罢。今日二钟来,你替我将几两碎银做个东道,就算我请他一席。"戚汉老见了许多财物,心中欢喜,连声应道:"这小事,但凭大郎吩咐。"婆留道:"今日起早些,既二钟未来,我要寻个静办处,打个盹。"戚汉老引他到一个小小阁儿中白木床上，叫道："大郎任意安乐，小人去梳洗则个。"

却说钟明、钟亮在衙中早饭过了，袖了几锭银子，再到戚汉老家来。汉老正在门首买东买西，见了二钟，便道："钱大郎今日做东道相请。在此专候久了，在小阁中打盹。二位先请进去，小人就来陪奉。"钟明、钟亮两个私下称赞道："难得这般有信义之人。"走进堂中。只听得打鼾的之声，如霹雳一般的响。二钟吃一惊，寻到小阁中，猛见个丈余长一条大蜥蜴，据于床上，头生两角，五色云雾罩定。钟明、钟亮一齐叫道："作怪！"只这声"作怪"，便把云雾冲散，不见了蜥蜴。定睛看时，乃是钱大郎直挺挺的睡着。

弟兄两个心下想道："常闻说异人多有变相。明明是个蜥蜴，如何却是钱大郎？此人后来必然有些好处。我们趁此未遇之先，与他结交，有何不美？"两下商量定。等待婆留醒来，二人更不言其故，只说："我弟兄相慕信义，情愿结桃园之义，不知大郎允否？"婆留也爱二钟为人爽慨，当下就在小阁内，八拜定交。因婆留年最小，做了三弟。这日也不赌钱，大家畅饮而别。临别时，钟明把昨日赌赢的十两银子，送还婆留。婆留那里肯收，便道："戚汉老处小弟自己还过了，这银，大哥权且留下，且待小弟手中乏时，相借未迟。"钟明只得收去了。

自此日为始，三个人时常相聚。因是吃酒打人，饮博场中出了个大名，号为"钱塘三虎"。这句话，吹在钟起耳朵里来，好生不乐。将两个儿子禁约在衙中，不许他出外游荡。婆留连日不见二钟，在录事衙前探听，已知了这个消息，害了一怕，好几日不敢去寻二钟相会。正是：

取友必须端，休将戏谑看。

家严儿学好，子孝父心宽。

再说钱婆留与二钟疏了，少不得又与顾三郎这伙亲密，时常同去贩盐为盗，此等不法之事，也不知做下几十遭。原来走私商道路的，第一次胆小，第二次胆大，第三第四次浑身都是胆了。他不犯本钱，大锭银、大贯钞的使用，侥幸其事不发，落得快活受用，且到事发再处，他也拼得做得。自古道：若要不知，除非莫为。只因顾三郎伙内陈小乙，将一对赤金莲花杯，在银匠家倒换银子，被银匠认出是李十九员外库中之物，对做公的说了。做公的报知县尉，访着了这一伙姓名，尚未挨拿。

忽一日，县尉请钟录事父子在衙中饮酒。因钟明写得一手好字，县尉邀至书房，求他写一幅单条。钟明写了李太白《少年行》一篇，县尉展看称美。钟明偶然一眼觑见大端石砚下，露出些纸脚，推开看时，写得有多人姓名。钟明有心，捉个冷眼，取来藏于袖中。背地偷看，却是所访盐盗的单儿，内中有钱婆留名字。钟明吃了一惊，上席后不多几杯酒，便推腹痛先回。县尉只道真病，由他去了，谁知却是钟明的诡计。

当下钟明也不回去，急急跑到戚汉老家，教他转寻婆留说话，恰好婆留正在他场中铸牌赌色。钟明见了也无暇作揖，一只臂膊牵出门外，到个僻静处，说道如此如此，"幸我看见，偷得访单在此。兄弟快些藏躲，恐怕不久要来缉捕，我须救你不得。一面我自着人替你在县尉处上下使钱，若三个月内不发作时，方可出头。兄弟千万珍重。"婆留道："单上许多人，都是我心腹至友。哥哥若营为时，须一例与他解宽。若放一人到官，众人都是不干净的。"钟明道："我自有道理。"说罢，钟明自去了。

这一个信息急得婆留脚也不停，径跑到南门寻见顾三郎，说知其事，也教他一伙作速移开，休得招风揽火。顾三郎道："我们只下了盐船，各镇市四散撑开，没人知觉。只你守着爹娘，没处去得，怎么好？"婆留道："我自不妨事，珍重珍重。"说罢别去。从此婆留装病在家，准准住了三个月。早晚只演习枪棒，并不敢出门。连自己爹娘也道是个异事，却不知其中缘故。有诗为证：

> 钟明欲救婆留难，又见婆留转报人。
> 同乐同忧真义气，英雄必不负交亲。

却说县尉次日正要勾摄公事，寻砚底下这幅访单，已不见了，一时乱将起来。将书房中小厮吊打，再不肯招承。一连乱了三日，没些影响，县尉没做道理处。此时钟明、钟亮拼却私财，上下使用，缉捕使臣都得了贿赂；又将白银二百两，央使臣转送县尉，教他阁起这宗公事。幸得县尉性贪，又听得使臣说道，录事衙里替他打点。只疑道那边先到了录事之手，我也落得放松，做个人情。收受了银子，假意立限与使臣缉访。过了一月两月，把这事都放慢了。正是："官无三日紧"，又道是"有钱使得鬼推磨"，不在话下。

话分两头。再表江西洪州有个术士。此人善识天文，精通相术。

> 白虹贯日，便知易水奸谋；宝气腾空，预辨丰城神物。决班超封侯之贵，刻邓通饿死之期。袂祥有准半神仙，占候无差高术士。

这术士唤做廖生，预知唐季将乱，隐于松门山中。忽一日夜坐，望见斗、牛之墟，隐隐有龙文五采，知是王气。算来该是钱塘分野。特地收拾行囊，来游钱塘。再占云气，却又在临安地面。乃装做相士，隐于临安市上。每日市中人求相者甚多，都是等闲之辈，并无异人在内。忽然想起："录事钟起，是我故友，何不去见他？"即忙到录事衙中通名。

钟起知是故人廖生到此，倒屣而迎。相见礼毕，各叙寒温。钟起叩其来意，廖生屏去从人，私向钟起耳边说道："不肖夜来望气，知有异人在于贵县。求之市中数日，杳不可得。看足下尊相，虽然贵显，未足以当此也。"钟起乃召明、亮二子，求他一看。廖生道："骨法皆贵，然不过人臣之位。所谓异人，上应着斗牛间王气，唯天子足以当之，最下亦得五霸诸侯，方应其兆耳。"钟起乃留廖生在衙中过宿。

次日，钟起只说县中有疑难事，欲共商议，备下酒席在英山寺中，悉召本县有名目的豪杰来会，令廖生背地里一个个看过。其中贵贱不一，皆不足以当大贵之兆。当日席散，钟起再邀廖生到衙，欲待来日，更搜寻乡村豪杰，教他饱看。此时天色将晚，二人并马而回。

却说钱婆留在家，已守过三个月无事，欢喜无限。想起二钟救命之恩，大着胆，来到县前，闻得钟起在英山寺宴会，悄地到他衙中，要寻二钟兄弟拜谢。钟明、钟亮知是婆留相访，乘着父亲不在，慌忙出来，相迎聚话。忽听得马铃声响，钟起回来了。婆留望见了钟起，唬得心头乱跳，低着头，望外只顾跑。钟起问是甚人，喝教拿下。廖生急忙向钟起说道："奇哉，怪哉！所言异人，乃应在此人身上，不可慢之。"钟起素信廖生之术，便改口教人好好请来相见。婆留只得转来，钟起问其姓名，婆留好像泥塑木雕的，那里敢说。钟起焦燥，乃唤两个儿子问："此人何姓何名？住居何处？缘何你与他相识？"钟明料瞒不过，只得说道："此人姓钱，小名婆留，乃临安里人。"钟起大笑一声，扯着廖生背地说道："先生错矣！此乃里中无赖子，目下幸逃法网，安望富贵乎？"廖生道："我已决定不差。足下父子之贵，皆因此人而得。"乃向婆留说道："你骨法非常，必当大贵，光前耀后，愿好生自爱。"又向钟起说道："我所以访求异人者，非贪图日后挈带富贵，正欲验我术法之神耳。从此更十年，吾言必验，足下识之。只今日相别，后会未可知也。"说罢，飘然而去。

钟起才信道婆留是个异人，钟明、钟亮又将戚汉老家所见蜥蜴生角之事，对父亲述之，愈加骇然。当晚钟起便教儿子留款婆留，劝他"勤学枪棒，不可务外为非，致损声名。家中乏钱使用，我当相助。"自此钟明、钟亮仍旧与婆留往来不绝，比前

更加亲密。有诗为证:

> 堪嗟豪杰混风尘,谁向贫穷识异人?
> 只为廖生能具眼,顿令录事款嘉宾。

话说唐僖宗乾符二年,黄巢兵起,攻掠浙东地方。杭州刺史董昌,出下募兵榜文。钟起闻知此信,对儿子说道:“即今黄寇猖獗,兵锋至近,刺史募乡勇杀贼。此乃壮士立功之秋,何不劝钱婆留一去?”钟明、钟亮道:“儿辈皆愿同他立功。”钟起欢喜。当下请到婆留,将此情对地说了。婆留磨拳撑掌,踊跃愿行。一应衣甲器仗,都是钟起支持;又将银二十两,助婆留为安家之费改名钱镠,表字具美,取“留”“镠”二音相同故也。三人辞家上路,直到杭州,见了刺史董昌。董昌见他器岸魁梧,试其武艺,果然熟闲,不胜之喜。皆署为裨将,军前听用。

不一日,探子报道:“黄巢兵数万将犯临安,望相公策应。”董昌就假钱镠以兵马使之职,使领兵往救。问道:“此行用兵几何?”钱镠答道:“将在谋不在勇,兵贵精不贵多。愿得二钟为助,兵三百人足矣。”董昌即命钱镠于本州军伍,自行挑选三百人,同钟明、钟亮率领,望临安进发。

到石鉴镇,探听贼兵离镇止十五里。钱镠与二钟商议道:“我兵少,贼兵多,只可智取,不可力敌,宜出奇兵应之。”乃选弓弩手二十名,自家率领,多带良箭,伏山谷险要之处;先差炮手二人,伏于贼兵来路。一等贼兵过险,放炮为号,二十张强弓,一齐射之。钟明、钟亮各引一百人左右埋伏,准备策应。余兵散布山谷,扬旗呐喊,以助兵势。

分拨已定,黄巢兵早到。原来石鉴镇山路险隘,止容一人一骑。贼先锋率前队兵度险,皆单骑鱼贯而过。忽听得一声炮响,二十张劲弩齐发。贼人大惊,正不知多少人马。贼先锋身穿红锦袍,手执方天画戟,领插令字旗,跨一匹瓜黄战马,正扬威耀武而来,却被弩箭中了颈项,倒身颠下马来,贼兵大乱。钟明、钟亮引着二百人,呼风喝势,两头杀出。贼兵着忙,又听得四围呐喊不绝,正不知多少军马,自相蹂踏。斩首五百余级,余贼溃散。

钱镠全胜了一阵,想道:“此乃侥幸之计,可一用不可再也。若贼兵大至,三百人皆为齑粉矣。”此去三十里外,有一村,名八百里。引兵屯于彼处。乃对道旁一老媪说道:“若有人问你临安兵的消息,但言屯八百里就是。”

却说黄巢听得前队在石鉴镇失利,统领大军,弥山蔽野而来。到得镇上,不见一个官军,遣人四下搜寻居民问信。少停,拿得老媪到来。问道:"临安军在那里?"老媪答道:"屯八百里。"再三问时,只是说:"屯八百里"。黄巢不知"八百里"是地名,只道官军四集,屯了八百里路之远,乃叹道:"向者二十弓弩手,尚然敌他不过,况八百里屯兵乎? 杭州不可得也。"于是贼兵不敢停石鉴镇上,径望越州一路而去。临安赖以保全。有诗为证:

> 能将少卒胜多人,良将机谋妙若神。
> 三百兵屯八百里,贼军骇散息烽尘。

再说越州观察使刘汉宏,听得黄巢兵到,一时不曾做得准备,乃遣人打话,情愿多将金帛犒军,求免攻掠。黄巢受其金帛,亦径过越州而去。原来刘汉宏先为杭州刺史,董昌在他手下做稗将,充募兵使。因平了叛贼王郢之乱,董昌有功,就升做杭州刺史,刘汉宏却升做越州观察使。汉宏因董昌在他手下出身,屡屡欺侮。董昌不能堪,渐生嫌隙。今日巢贼经过越州,虽然不曾杀掠,却费了许多金帛;访知杭州到被董昌得胜报功,心中愈加不平。有门下宾客沈苛献计道:"临安退贼之功,皆赖兵马使钱镠用谋取胜。闻得钱镠智勇足备,明公若驰咫尺之书,厚具礼币,只说越州贼寇未平,向董昌借钱镠来此征剿。哄得钱镠到此,或优待以结其心,或寻事以斩其首。董昌割去右臂,无能为矣。方今朝政颠倒,宦官弄权,官家威令不行,天下英雄,皆有割据一方之意。若吞并董昌,奄有杭越,此霸王之业也。"刘汉宏为人志广才疏,这一席话,正投其机,以手抚沈苛之背,连声赞道:"吾心腹人所见极明,妙哉,妙哉!"即忙修书一封:

"汉宏再拜,奉书于故人董公麾下:顷者巢贼猖獗,越州兵微将寡,难以备御。闻麾下有兵马使钱镠,谋能料敌,勇称冠军。今贵州已平,乞念唇齿之义,遣镠前来,协力拒贼。事定之后,功归麾下。聊具金甲一副,名马二匹,权表微忱,伏乞笑纳。"

原来董昌也有心疑忌刘汉宏,先期差人打听越州事情,已知黄巢兵退。如今书上反说巢寇猖獗,其中必有缘故,即请钱镠来商议。钱镠道:"明公与刘观察隙嫌已构,此不两立之势也。闻刘观察自托帝王之胄,欲图非望;巢贼在境,不发兵相拒,乃以金帛买和,其意不测。明公若假精兵二千付镠,声言相助。汉宏无谋,必欣然见纳。乘便图之,越州可一举而定。于是表奏朝廷,坐汉宏以和贼谋叛之罪。朝廷方事姑息,必重奖明公之功。明公勋垂于竹帛,身安于泰山,岂非万全之策乎?"董昌欣然从之,即打发回书,着来使先去。随后发精兵二千,付与钱镠,临行嘱道:"此去见机而作,小心在意。"

却说刘汉宏接了回书,知道董昌已遣钱镠到来,不胜之喜,便与宾客沈苛商议。沈苛道:"钱镠所领二千人,皆胜兵也,苦纵之入城,实为难制。今俟其未来,预令人迎之,使屯兵于城外,独召钱镠相见。彼既无羽翼,唯吾所制。然后遣将代领其兵,厚加恩劳,使倒戈以袭杭州。疾雷不及掩耳,董昌可克矣。"刘汉宏又赞道:"吾心腹人所见极明。妙哉,妙哉!"即命沈苛出城迎候钱镠。不在话下。

再说钱镠领了二千军马,来到越州城外,沈苛迎住,相见礼毕。沈苛道:"奉观察之命:城中狭小,不能容客兵,权于城外屯札,单诸将军入城相会。"

钱镠已知刘汉宏掇赚之计,便将计就计,假意发怒道:"钱某本一介匹夫,荷察使不嫌愚贱,厚币相招,某感察使知己之恩,愿以肝脑相报。董刺史与察使外亲内忌,不欲某来;又只肯发兵五百人,某再三勉强,方许二千之数。某挑选精壮,一可当百,特来辅助察使,成百世之功业。察使不念某勤劳,亲行犒劳,乃安坐城中,呼某相见,如呼下隶,此非敬贤之道。某便引兵而回,不愿见察使矣。"说罢,仰面叹云:"钱某一片壮心,可惜,可惜!"沈苛只认是真心,慌忙收科道:"将军休要错怪,观察实不知将军心事。容某进城对观察说知,必当亲自劳军,与将军相见。"说罢,飞马入城去了。钱镠吩咐手下心腹将校,如此如此,各人暗做准备。

且说刘汉宏听沈苛回话,信以为然,乃杀牛宰马,大发刍粮,为犒军之礼。旌旗鼓乐前导,直到北门外馆驿中坐下,等待钱镠入见,指望他行偏裨见主将之礼。谁知钱镠领着心腹二十余人,昂然而入,对着刘汉宏拱手道:"小将甲胄在身,恕不下拜了。"气得刘汉宏面如土色。沈苛自觉失信,满脸通红,上前发怒道:"将军差矣!常言:'军有头,将有主。'尊卑上下,古之常礼。董刺史命将军来与观察助力,将军便是观察麾下之人;况董刺史出身观察门下,尚然不敢与观察敌体;将军如此倨傲,岂小觑我越州无军马乎?"

说声未绝,只见钱镠大喝道:"无名小子,敢来饶舌。"将头巾望上一揿,二十余人,一齐发作。说时迟,那时快,钱镠拔出佩剑,沈苛不曾防备,一刀剁下头来。刘汉宏望馆驿后便跑,手下跟随的,约有百余人,一齐上前,来拿钱镠。怎当钱镠神威雄猛,如砍瓜切菜,杀散众人,径往馆驿后园来寻刘汉宏,并无踪迹。只见土墙上缺了一角,已知爬墙去了。钱镠懊悔不迭,率领二千军众,便想攻打越州,看见城中已有准备,自己后军无继,孤掌难鸣,只得拨转旗头,重回旧路。城中刘汉宏闻知钱镠回军,即忙点精兵五千,差骁将陆萃为先锋,自引大军随后追袭。

却说钱镠也料定越州军马必来追赶,昼夜兼行,来到白龙山下。忽听得一棒锣声,山中拥出二百余人,一字儿拨开。为头一个好汉,生得如何?怎生打扮?

　　头裹金线唐巾,身穿绿锦衲袄。腰拴搭膊,脚套皮靴。挂一副弓箭袋,拿一柄泼风刀。生得浓眉大眼,紫面拳须。私商船上有名人,厮杀场中无敌手。

钱镠出马上前观看,那好汉见了钱镠,撇下刀,纳头便拜。钱镠认得是贩盐为盗的顾三郎,名唤顾全武,乃滚鞍下马,扶起道:"三郎久别,如何却在此处?"顾全武道:"自蒙大郎活命之恩,无门可补报,闻得黄巢兵到,欲待倡率义兵,保护地方,就便与大郎相会。后闻大郎破贼成功,为朝廷命官,又闻得往越州刘观察处效用。不才聚起盐徒二百余人,正要到彼相寻帮助,何期此地相会。不知大郎回兵,为何如此之速?"钱镠把刘汉宏事情,备细说了一遍,便道:"今日天幸得遇三郎,正有相烦之处。小弟算定刘汉宏必来追赶,因此连夜而行。他自恃先达,不以董刺史为意,又杭州是他旧治,追赶不着,必然直趋杭州,与董家索斗。三郎率领二百人,暂住白龙山下,待他兵过,可行诈降之计。若兵临杭州,只看小弟出兵迎敌,三郎从中而起,汉宏可斩也。若斩了汉宏,便是你进身之阶。小弟在董刺史前一力保荐,前程万里,不可有误。"顾全武道:"大郎吩咐,无有不依。"两人相别,各自去了。正是:

　　太平处处皆生意,衰乱时时尽杀机。
　　我正算人人算我,战场能得几人归?

　　却说刘汉宏引兵追到越州界口,先锋陆萃探知钱镠星夜走回,来禀汉宏回军。汉宏大怒道:"钱镠小卒,吾为所侮,有何面目回见本州百姓!杭州吾旧时管辖之地,董昌吾所荐拔;吾今亲自引兵到彼,务要董昌杀了钱镠,输情服罪,方可恕饶。不然,誓不为人!"当下喝退陆萃,传令起程,向杭州进发。

　　行至富阳白龙山下,忽然一棒锣声,涌出二百余人,一字儿摆开。为头一个好汉,手执大刀,甚是凶勇。汉宏吃了一惊,正欲迎敌,只见那汉约住刀头,厉声问道:"来将可是越州刘察使吗?"汉宏回言:"正是。"那好汉慌忙撇刀在地,拜伏马前,道:"小人等候久矣。"刘汉宏问其来意。那汉道:"小人姓顾,名全武,乃临安县人氏,因贩卖私盐,被州县访名擒捉,小人一向在江湖上逃命。近闻同伙兄弟钱镠出头做官,小人特往投奔,何期他妒贤嫉能,贵而忘贱,不相容纳,只得借白龙山权住落草。昨日钱镠到此经过,小人便欲杀之;争奈手下众寡不敌,怕不了事。闻此人得罪于察使,小人愿为前部,少效犬马之劳。"刘汉宏大喜,便教顾全武代了陆萃之职,分兵一千前行,陆萃改作后哨。

不一日,来到杭州城下。此时钱镠已见过董昌,预作准备。闻越州兵已到,董昌亲到城楼上,叫道:"下官与察使同为朝廷命官,各守一方,下官并不敢得罪,察使不知到此何事?"刘汉宏大骂道:"你这背恩忘义之贼,若早识时务,斩了钱镠,献出首级,免动干戈。"董昌道:"察使休怒,钱镠自来告罪了。"只见城门开处,一军飞奔出来,来将正是钱镠,左有钟明,右有钟亮,径冲入敌阵,要拿刘汉宏。汉宏着了忙,急叫:"先锋何在?"旁边一将应声道:"先锋在此!"手起刀落,斩汉宏于马下。把刀一招,钱镠直杀入阵来,大呼:"降者免死!"五千人不战而降,陆萃自刎而亡。斩汉宏者,乃顾全武也。正是:

> 有谋无勇堪资画,有勇无谋易丧生;
> 必竟有谋兼有勇,伫看百战百成功。

董昌看见斩了刘汉宏,大开城门收军。钱镠引顾全武见了董昌,董昌大喜。即将汉宏罪状,申奏朝廷,并列钱镠以下诸将功次。那时朝廷多事,不暇究问,乃升董昌为越州观察使,就代刘汉宏之位;钱镠为杭州刺史,就代董昌之位;钟明、钟亮及顾全武俱有官爵。钟起将亲女嫁与钱镠为夫人。董昌移镇越州,将杭州让与钱镠。钱公、钱母都来杭州居住,一门荣贵,自不必说。

却说临安县有个农民,在天目山下锄田,锄起一片小小石碑,镌得有字几行。农民不识,把与村中学究罗平看之。罗学究拭土辨认,乃是四句谶语。道是:

> 天目山垂两乳长,龙飞凤舞到钱塘。
> 海门一点巽峰起,五百年间出帝王。

后面又镌"晋郭璞记"四字。罗学究以为奇货,留在家中。次日怀了石碑,走到杭州府,献与钱镠刺史,密陈天命。钱镠看了,大怒道:"匹夫,造言欺我,合当斩首!"罗学究再三苦求方免。喝教乱棒打出,其碑就庭中毁碎。原来钱镠已知此是吉谶,合应在自己身上,只恐声扬于外,故意不信,乃见他心机周密处。

再说罗学究被打，深恨刺史无礼，好意反成恶意。心生一计，不若将此碑献与越州董观察，定有好处。想此碑虽然毁碎，尚可凑看，乃私赂守门吏卒，在庭中拾将出来，原来只破作三块，将字迹凑合，一毫不损。罗平心中大喜，依旧包裹石碑，取路到越州去。

行了二日，路上忽逢一簇人，攒拥着一个十二三岁的孩儿。那孩子手中提着一个竹笼，笼外覆着布幕，内中养着一只小小翠鸟。罗平挨身上前，问其缘故。众人道："这小鸟儿，又非鹦哥，又非鸲鹆，却会说话。我们要问这孩子买他玩耍，还了他一贯足钱，还不肯。"话声未绝，只见那小鸟儿，将头颠两颠，连声道："皇帝董！皇帝董！"罗平问道："这小鸟儿还是天生会话？还是教成的？"孩子道："我爹在乡里砍柴，听得树上说话，却是这畜生。将栖竿栖得来，是天生会话的。"罗平道："我与你两贯足钱，卖与我罢。"孩子得了两贯钱，欢欢喜喜的去了。罗平捉了鸟笼，急急赶路。

不一日，来到越州，口称有机密事要见察使。董昌唤进，屏开从人，正要问时，那小鸟儿又在笼中叫道："皇帝董！皇帝董！"董昌大惊，问道："此何鸟也？"罗平道："此鸟不知名色，天生会话，宜呼曰'灵鸟'。"因于怀中取出石碑，备陈来历"自晋初至今，正合五百之数。方今天子微弱，唐运将终，梁晋二王，互相争杀，天下英雄，皆有割据一方之意。钱塘原是察使创业之地，灵碑之出，非无因也。况灵鸟吉祥，明示天命。察使先破黄巢，再斩汉宏，威名方盛，远近震悚，若乘此机会，用越杭之众，兼并两浙，上可以窥中原，下亦不失为孙仲谋矣。"

原来董昌见天下纷乱，久有图霸之意，听了这一席话，大喜道："足下远来，殆天赐我立功也。事成之日，即以本州观察相酬。"于是拜罗平为军师，招集兵马，又于民间科敛，以充粮饷。命巧匠制就金丝笼子，安放"灵鸟"，外用蜀锦为衣罩之。又写密书一封，差人送到杭州钱镠，教他募兵听用。

钱镠见书，大惊道："董昌反矣。"乃密表奏朝廷，朝廷即拜钱镠为苏、杭等州观察。于是钱镠更造杭城，自秦望山至于范浦，周围七十里。再奉表闻，加镇海军节度使，封开国公。

董昌闻知朝迁累加钱镠官爵，心中大怒，骂道："贼狗奴，敢卖吾得官耶？吾先取杭州，以泄吾恨。"罗平谏道："钱镠异志未彰，且新膺宠命，讨之无名。不若诈称朝命，先正王位。然后以尊临卑，平定睦州，广其兵势，假道于杭，以临湖州。待钱镠不从，乘间图之；若出兵相助，是明公不战而得杭州矣，又何求乎？"董昌依其言，乃假装朝廷诏命，封董昌为越王之职，使专制两浙诸路军马，旗帜上都换了越王字号。又将灵碑及"灵鸟"宣示州中百姓，使知天意。民间三丁抽一，得兵五万，号称十万，浩浩荡荡，杀奔睦州来。睦州无备，被董昌攻破了。停兵月余，改换官吏。又选得精兵三万人，军威甚盛。自谓天下无敌，谋称越帝。征兵杭州，欲攻湖州。钱镠道："越兵正锐，不可当也，不如迎之。待其兵顿湖州，遂乘其弊，无不胜矣。"于是先遣钟明卑词犒师，续后亲领五千军马，愿为前部自效，董昌大喜。行了数日，钱镠伪称有疾，暂留途中养病。董昌更不疑惑，催兵先进。有诗为证：

> 勾践当年欲蓁吴，卑辞厚礼破姑苏。
> 董昌不识钱镠意，犹恃兵威下太湖。

却说钱镠打听越州兵去远，乃引兵而归，挑选精兵千人，假做越州军旗号，遣顾全武为先锋，来袭越州。又吩咐钟明、钟亮，各引精兵五百，潜屯余杭之境。吩咐不可妄动，直待董昌还救越州时节，兵从此过，然后自后掩袭。他无心恋战，必获全胜。分拨已定，乃对宾客钟起道："守城之事，专以相委。越州乃董贼巢穴，吾当亲往观变。若巢穴既破，董昌必然授首无疑矣。"乃自引精兵二千，接应顾全武军马。

却说顾全武打了越州兵旗号，一路并无阻碍，直到越州城下。只说催攒攻城火器，赚开城门。顾全武大喝道："董昌僭号，背叛朝廷，钱节使奉诏来讨，大军十万已在城外矣。"越州城中军将，都被董昌带去，留的都是老弱，谁敢拒敌？顾全武径入府中，将伪世子董荣及一门老幼三百余人，拘于一室，分兵守之。恰好杭州大军已到，闻知顾全武得了城池，整军而入，秋毫无犯。顾全武迎钱镠入府，出榜安民已定，写书一封，遣人往董昌军中投递。书曰：

> "镠闻天无二日，土无二王。今唐运虽衰，天命未改。而足下妄自矜大，僭号称兵，凡为唐臣，谁不愤疾？镠迫于公义，辄遣副将顾全武率兵讨逆。兵声所至，越人倒戈。足下全家，尽已就缚。若能见机伏罪，尚可全活，乞早自裁，以救一家之命。"

却说董昌攻打湖州不下，正在帐中纳闷，又听得"灵鸟"叫声："皇帝董，皇帝董！"董昌揭起锦罩看时，一个眼花，不见"灵鸟"，只见一个血淋淋的人头，在金丝笼内挂着。认得是刘汉宏的面庞，唬得魂不附体，大叫一声，蓦然倒地。众将急来救醒，定睛半晌，再看笼子内，都是点点血迹，果然没了"灵鸟"。

董昌心中大恶，急召罗军师商议，告知其事，问道："主何吉凶？"罗平心知不祥之兆，不敢直言，乃说道："大越帝业，因斩刘汉宏而起，今汉宏头现，此乃克敌之征也。"说犹未了，报道杭州差人下书。董昌拆开看时，知道越州已破，这一惊非小。罗平道："兵家虚虚实实，未可尽信。钱镠托病回兵，必有异谋，故造言以煽惑军心，明公休得自失主张。"董昌道："虽则真伪未定，亦当回军，还顾根本。"罗平叫将来使斩讫，恐泄漏消息，再教传令，并力攻城，使城中不疑，夜间好办走路。

是日攻打湖州，至晚方歇。捱到二更时分，拔寨都起。骁将薛明、徐福各引一万人马先行，董昌中军随后进发，却将睦州带来的三万军马，与罗平断后。湖州城中见军马已退，恐有诡计，不敢追袭。

且说徐、薛二将引兵昼夜兼礼，早到馀杭山下。正欲埋锅造饭，忽听得山凹里连珠炮响，鼓角齐鸣，钟明、钟亮两枝人马，左右杀将出来。薛明接住钟明厮杀，徐福接住钟亮厮杀。徐、薛二将，虽然英勇，争奈军心惶惑，都无心恋战，且昼夜奔走，俱已疲倦，怎当虎狼般这两枝生力军？自古道："兵离将败。"薛明看见军伍散乱，心中着忙，措手不迭，被钟明斩于马下，拍马来夹攻徐福，徐福敌不得二将，亦被钟亮斩之，众军都弃甲投降。二钟商议道："越兵前部虽败，董昌大军随后即至，众寡不敌。不若分兵埋伏，待其兵已过去，从后击之。彼知前部有失，必然心忙思窜，然后可获全胜矣。"当下商量已定，将投降军众纵去，使报董昌消息。

却说董昌大军正行之际，只见败军纷纷而至，报道："徐、薛二将，俱已阵亡。"董昌心胆俱裂，只得抖擞精神，麾兵而进。过了余杭山下，不见敌军。正在疑虑，只听后面连珠炮响，两路伏兵齐起，正不知多少人马。越州兵争先逃命，自相蹂躏，死者不计其数。直奔了五十余里，方才得脱。收拾败军，三停又折一停，只等罗平后军消息。谁知睦州兵虽然跟随董昌，心中不顺。今日见他回军，几个裨将商议，杀了罗平，将首级向二钟处纳降，并力来追董昌。董昌闻了此信，不敢走杭州大路，打宽转打从临安、桐庐一路而行。

这里钱镠早已算定，预先取钟起来守越州，自起兵回杭州，等候董昌。却教顾全武领一千人马，在临安山险处埋伏，以防窜逸。董昌行到临安，军无队伍，正当爬山过险，却不提防顾全武一支军冲出。当先顾全武一骑马，一把刀，横行直撞，逢人便杀。大喝："降者免死！"军士都拜伏于地，那个不要性命的，敢来交锋！董昌见时势不好，脱去金盔金甲，逃往村农家逃难，被村中绑缚献出。顾全武想道："越兵虽降，其势甚众，怕有不测。"一刀割了董昌首级，以绝越兵之意。重赏村农。

正欲下寨歇息，忽听得山凹中鼓角震天，尘头起处，军马无数而来。顾全武道：

"此必越州军后队也。"绰刀上马,准备迎敌。马头近处,那边拥出二员大将,不是别人,正是钟明、钟亮,为追赶董昌到此。三人下马相见,各叙功勋。是晚同下寨于临安地方。次日,拔寨都起。行了二日,正迎着钱镠军马。原来钱镠哨探得董昌打从临安远转,怕顾全武不能了事,自起大军来接应。已知两路人马,都已成功,合兵回杭州城来。真个是:

喜孜孜鞭敲金镫响,笑吟吟齐唱凯歌回。

顾全武献董昌首级,二钟献薛明、徐福、罗平首级。钱镠传令,向越州监中取董昌家属三百口,尽行诛戮,写表报捷。此乃唐昭宗皇帝乾宁四年也。

那时中原多事,吴越地远,朝廷力不能及,闻钱镠讨叛成功,上表申奏,大加叹赏,锡以铁券诰命,封为上柱国彭城郡王,加中书令。未几,进封越王,又改封吴王,润、越等十四州得专封拜。此时钱镠志得意满,在杭州起造王府宫殿,极其壮丽。父亲钱公已故,钱母尚存,奉养宫中,锦衣玉食,自不必说。钟氏册封王妃,钟起为国相,同理政事。钟明、钟亮及顾全武俱为各州观察使之职。

其年大水,江潮涨溢,城垣都被冲击。乃大起人夫,筑捍海塘,累月不就。钱镠亲往督工,见江涛汹涌,难以施功。钱镠大怒,喝道:"何物江神?敢逆吾意!"命强弩数百,一齐对潮头射去,波浪顿然敛息。不勾数日,捍海塘筑完,命其门曰候潮门。

钱镠叹道:"闻古人有云:'富贵不归故乡,如衣锦夜行耳。'乃择日往临安,展拜祖父坟茔,用太牢祭享,旌旗鼓吹,振耀山谷。改临安县为衣锦军,石鉴山名为衣锦山,用锦绣为被,蒙覆石镜。设兵看守,不许人私看。初时所坐大石,封为衣锦石,大树封为衣锦将军,亦用锦绣遮缠。风雨毁坏,更换新锦。旧时所居之地,号为衣锦里,建造牌坊。贩盐的担儿,也裁个锦囊韬之,供养在旧居堂屋之内,以示不忘本之意。杀牛宰马,大排筵席,遍召里中故旧,不拘男妇,都来宴会。

其时有一邻妪,年九十余岁,手提一壶白酒、一盘角黍,迎着钱镠,呵呵大笑说道:"钱婆留今日直恁长进,可喜,可喜!"左右正欲吆喝,钱镠道:"休得惊动了他。"慌忙拜倒在地,谢道:"当初若非王婆相救,留此一命,怎有今日?"王婆扶起钱镠,将白酒满斟一瓯送到,钱镠一饮而尽;又将角黍供去,镠亦啗之。说道:"钱婆留今日有得吃,不劳王婆费心,老人家好去自在。"命县令拨里中肥田百亩,为王婆养终之资。王婆称谢而去。只见里中男妇毕集,见了钱镠蟒衣玉带,天人般妆束,一齐下

跪。钱镠扶起,都教坐了,亲自执觞送酒。八十岁以上者饮金杯,百岁者饮玉杯,那时饮玉杯者也有十余人,钱镠送酒毕,自起歌曰:

> 三节还乡挂锦衣,吴越一王驷马归。
>
> 天明明兮爱日挥,百岁荏兮会时稀。

父老皆是村民,不解其意,面面相觑,都不做声。钱镠觉他意不欢畅,乃改为吴音再歌。歌曰:

> 你辈见侬底欢喜,别是一般滋味子。
>
> 长在我侬心子里,我侬断不忘记你。

歌罢,举座欢笑,都拍手齐和。是日尽欢而罢。明日又会,如此三日,各各有绢帛赏赐。开赌场的戚汉老已故,召其家,厚赐之。仍归杭州。

后唐王禅位于梁,梁主朱全忠改元开平,封钱镠为吴越王,寻授天下兵马都元帅。钱镠虽受王封,其实与皇帝行动不殊,一般出警入跸,山呼万岁。据欧阳公《五代史》叙说,吴越亦曾称帝改元,至今杭州各寺院有天宝、宝大、宝正等年号,皆吴越所称也。

自钱镠王吴越,终身无邻国侵扰,享年八十有一而终,谥曰武肃。传子元瓘,元瓘携传子佐,佐传弟俶。宋太祖陈桥受禅之后,钱俶来朝。到宋太宗嗣位,钱俶除纳土归朝,改封邓王。钱氏独霸吴越凡九十八年,天目山石碑之谶,应于此矣。后人有诗赞云:

将相本无种，帝王自有真。
昔年盐盗辈，今日锦衣人。
石鉴呈形异，廖生决相神。
笑他"皇帝董"，碑谶枉残身。

第二十二卷

木绵庵郑虎臣报冤

荷花桂子不胜悲,江介年华忆昔时。
天目山来孤凤歇,海门潮去六龙移。
贾充误世终无策,庾信哀时尚有词。
莫向中原夸绝景,西湖遗恨是西施。

这一首诗,是张志远所作。只为宋朝南渡以后,绍兴、淳熙年间,息兵罢战,君相自谓太平,纵情佚乐,士大夫赏玩湖山,无复恢复中原之志,所以末一联诗说道:"莫向中原夸绝景,西湖遗恨是西施。"那时西湖有三秋桂子,十里荷香,青山四围,中涵绿水,金碧楼台相间,说不尽许多景致。苏东坡学士有诗云:"若把西湖比西子,淡妆浓抹总相宜。"因此君臣耽山水之乐,忘社稷之忧,恰如吴宫被西施迷惑一般。

当初吴王夫差宠幸一个妃子,名曰西施,日逐在百花洲、锦帆、姑苏台,流连玩赏。其时有个佞臣伯嚭,逢君之恶,劝他穷奢极欲,诛戮忠臣。以致越兵来袭,国破身亡。今日宋朝南渡之后,虽然夷狄猖獗,中原人心不忘赵氏,尚可乘机恢复。也只为听用了几个奸臣,盘荒懈惰,以致于亡。那几个奸臣?秦桧,韩侂胄,史弥远,贾似道。秦桧居相位一十九年,力主和议,杀害岳飞,解散张、韩、刘诸将兵柄。韩侂胄居相位一十四年,陷害了赵汝愚丞相,罢黜道学诸臣,轻开边衅,辱国殃民。史弥远在相位二十六年,谋害了济王竑,专任憸壬以居台谏,一时正人君子,贬斥殆尽。那时蒙古盛强,天变屡见,宋朝事势已去了七八了。也是天数当尽,又生出个贾似道来。他在相位一十五年,专一蒙蔽朝廷,偷安肆乐;后来虽贬官黜爵,死于木绵庵,不救亡国之祸。有诗为证:

奸邪自古误人多，无奈君王轻信何。

朝论若分忠佞字，太平玉烛永调和。

话说南宋宁宗皇帝嘉定年间，浙江台州一个官人，姓贾名涉。因往临安府听选，一主一仆，行至钱塘，地名叫作凤口里。行路饥渴，偶来一个村家歇脚，打个中火。那人家竹篱茅舍，甚是荒凉。贾涉叫声："有人吗？"只见芦帘开处，走个妇人出来。那妇人生得何如？

面如满月，发若乌云。薄施脂粉，尽有容颜。不学妖娆，自然丰韵。鲜眸玉腕，生成福相端严；裙布钗荆，任是村妆希罕。分明美玉藏顽石，一似明珠坠堑渊。随他呆子也消魂，况是客边情易动。

那妇人见了贾涉，不慌不忙，深深道个万福。贾涉看那妇人是个福相，心下踌躇道："吾今壮年无子，若得此妇为妾，心满意足矣。"便对妇人说道："下官往京候选，顺路过此，欲求一饭，未审小娘子肯为炊爨否？自当奉谢。"那妇人答道："奴家职在中馈，炊爨当然；况是尊官荣顾，敢不遵命。但丈夫不在，休嫌怠慢。"贾涉见他应对敏捷，愈加欢喜。那妇人进去不多时，捧两碗熟豆汤出来，说道："村中乏茶，将就救渴。"少停，又摆出主仆两个的饭来。贾涉自带得有牛脯、干菜之类，取出嗄饭。那妇人又将大瓷壶盛着滚汤，放在桌上，道："尊官净口。"

贾涉见他殷勤，便问道："小娘子尊姓？为何独居在此？"那妇人道："奴家胡氏，丈夫叫作王小四。因连年种田折本，家贫无奈，要同奴家去投靠一个财主过活。奴家立誓不从，丈夫拗奴不过，只得在左近人家趁工度日，奴家独自守屋。"贾涉道："下官有句不识进退的言语，未知可否？"那妇人道："但说不妨。"贾涉道："下官颇通相术，似小娘子这般才貌，绝不是下贱之妇。你今屈身随着个村农，岂不耽误终身？况你丈夫家道艰难，顾不得小娘子体面。下官壮年无子，正欲觅一侧室。小娘子若肯相从，情愿多将金帛，赠与贤夫，别谋婚娶，可不两便？"那妇人道："丈夫也曾几番要卖妾身，是妾不肯。既尊官有意见怜，待丈夫归时，尊官自与他说，妾不敢擅许。"

说犹未了，只见那妇人指着门外道："丈夫回也。"只见王小四戴一顶破头巾，披一件旧白布衫，吃得半醉，闯进门来。贾涉便起身道："下官是往京听选的，偶借此中火，甚是搅扰。"王小四答道："不妨事。"便对胡氏说道："主人家少个针线娘，我见你平日好手针线，对他说了。他要你去教导他女娘生活，先送我两贯足钱。这遍要你依我去去。"胡氏半倚着芦帘内外，答道："后生家脸皮，羞答答地，怎到人家去趁饭？不去，不去。"王小四发个喉急，便道："你不去时，我没处寻饭养你。"贾涉见他说话凑巧，便诈推解手，却吩咐家童将言语勾搭他道："大伯，你花枝般娘子，怎舍得他往别人家去？"王小四道："小哥，你不晓得我穷汉家事体：一日不识羞，三日不忍饿。却比不得大户人家，吃安闲茶饭。似此乔模乔样，委的我家住不了。"家童道："假如有个大户人家，肯出钱钞，讨你这位小娘子去，你舍得吗？"王小四道："有甚舍不得！"家童道："只我家相公要讨一房侧室，你若情愿时，我撺掇多把几贯钱钞与你。"王小四应允。家童将言语回复了贾涉，贾涉便教家童与王小四讲就四十两银子身价。王小四在村中央个教授来，写了卖妻文契，落了十字花押。一面将银子兑过，王小四收了银子，贾涉收了契书。王小四还只怕婆娘不肯，甜言劝谕，谁知那妇人与贾涉先有意了。也是天配姻缘，自然情投意合。

当晚，贾涉主仆二人，就在王小四家歇了。王小四也打铺在外间相伴，妇人自在里面铺上独宿。明早贾涉起身，催妇人梳洗完了，吃了早饭，央王小四在村中另雇个牲口，驮那妇人一路往临安去。有诗为证：

> 夫妻配偶是前缘，千里红绳暗自牵。
> 况是荣华封两国，村农岂得伴终年？

贾涉领了胡氏住在临安寓所，约有半年，谒选得九江万年县丞，迎接了孺人唐氏，一同到任。原来唐氏为人妒悍，贾涉平昔有个惧内的毛病；今日唐氏见丈夫娶了小老婆，不胜之怒，日逐在家淘气。又闻胡氏有了三个月身孕，思想道："丈夫向来无子，若小贱人生子，必然宠用，那时我就争他不过了，我就是养得出孩儿，也让他做哥哥，日后要被他欺侮。不如及早除了祸根方妙。"乃寻个事故，将胡氏毒打一顿,剥去衣衫,贬他在使婢队里,一般烧茶煮饭,扫地揩台铺床叠被。又禁住丈夫,不许与他睡。每日寻事打骂。要想堕落他的身孕。贾涉满肚子恶气,无可奈何。

一日,县宰陈履常请贾涉饮酒。贾涉与陈履常是同府人,平素通家往来,相处得极好的。陈履常请得贾涉到衙,饮酒中间,见他容颜不悦,叩其缘故。贾涉抵讳不得,将家中妻子妒妾事情,细细告诉了一遍。又道:"贾门宗嗣,全赖此妇。不知堂尊有何妙策,可以保全此妾? 倘日后育得一男,实为万幸,贾氏祖宗也当衔恩于地下。"

陈履常想了一会,便道:"要保全却也容易,只怕足下舍不得他离身。"贾涉道:"左右如今也不容相近,咫尺天涯一般,有甚舍不得处?"陈履常附耳低言:"若要保全身孕,只除如此如此……"乃取红帛花一朵,悄悄递与贾涉,教他把与胡氏为暗记。这个计策,就在这朵花上,后来便见。有诗为证:

> 吃醋捻酸从古有,覆宗绝嗣甘出丑。
> 红花定计有堂尊,巧妇怎出男子手?

忽一日,陈县宰打听得丞厅请医,云是唐孺人有微恙。待其病痊,乃备了四盒茶果之类,教奶奶到丞厅问安。唐孺人留之宽坐,整备小饭相款,诸婢罗侍在侧。说话中间,奶奶道:"贵厅有许多女使伏侍,且是伶俐。寒舍苦于无人,要一个会答应的也没有,甚不方便。急切没寻得,若借得一个小娘子,与寒舍相帮几时,等讨得个替力的来,即便送还,何如?"唐氏道:"通家怎说个'借'字? 只怕粗婢不中用。奶奶看得如意,但凭选择,即当奉赠。"

奶奶称谢了,看那诸婢中间,有一个生得齐整,鬓边正插着这朵红帛花,心知是胡氏,便指定了他,说道:"借得此位小娘子甚好。"唐氏正在吃醋,巴不得送他远远离身。却得此句言语,正合其意,加添县宰之势,丞厅怎敢不从? 料道丈夫也难埋怨。连声答应道:"这小婢姓胡,在我家也不多时。奶奶既中意时,即今便教他跟随奶奶去。"当时席散,奶奶告别。胡氏拜了唐氏四拜,收拾随身衣服,跟了奶奶轿子,到县衙去讫。唐氏方才对贾涉说知,贾涉故意叹惜。正是:

> 算得通时做得凶,将他瞒在鼓当中。
> 县衙此去方安稳,绝胜存孤赵氏宫。

胡氏到了县衙,奶奶将情节细说,另打扫个房铺与他安息。光阴似箭,不觉十月满足。到八月初八日,胡氏腹痛,产下一个孩儿。奶奶只说他婢所生,不使丞厅知道。那时贾涉适在他郡去检校一件公事,到九月方归。与县宰陈履常相见,陈公悄悄的报个喜信与他,贾涉感激不尽,对陈公说要见新生的孩儿一面。陈公教丫鬟去请胡氏立于帘内,丫鬟抱出小孩子,递与贾涉。贾涉抱了孩儿,心中虽然欢喜,觑着帘内,不觉堕下泪来。两下隔帘说了几句心腹话儿,胡氏教丫鬟接了孩儿进去,贾涉自回。自此,背地里不时送些钱钞与胡氏买东买西,阖家通知,只瞒过唐氏一人。

光阴荏苒,不觉二载有余。那县宰任满升迁,要赴临安。贾涉只得将情告知唐氏,要领他母子回家。唐氏听说,一时乱将起来,聒噪个不住。连县宰的奶奶,也被他"奉承"了几句。乱到后面,定要丈夫将胡氏嫁出,方许把小孩子领回。贾涉听说嫁出胡氏一件,到也罢了;单只怕领回儿子,被唐氏故意谋害,或是绝其乳食,心下怀疑不决。

正在两难之际,忽然门上报道:"台州有人相访。"贾涉忙去迎时,原来是亲兄贾濡。他为朝廷妙择良家女子,养育宫中,以备东宫嫔嫱之选;女儿贾氏玉华,已选入数内。贾濡思量要打刘八太尉的关节,扶持女儿上去,因此特到兄弟任所,与他商议。贾涉在临安听选时,赁的正是刘八太尉的房子,所以有旧。贾涉见了哥哥,心下想道:"此来十分凑巧。"便将娶妾生子,并唐氏嫉妒事情,细细与贾濡说了。"如今陈公将次离任,把这小孩子没送一头处。哥哥若念贾门宗嗣,领他去养育成人,感恩非浅!"贾濡道:"我今尚无子息。同气连枝,不是我领去,教谁看管?"贾涉大喜,私下雇了奶娘,问宰衙要了孩子,交付奶娘。嘱咐哥哥好生抚养。就写了刘八太尉书信一封,赍发些路费,送哥哥贾濡起身。胡氏托与陈公领去,任从改嫁。那贾涉、胡氏虽然两不相舍,也是无可奈何。

唐孺人听见丈夫说子母都发开,十分像意了。只是苦了胡氏:又去了小孩子,又离了丈夫。跟随陈县宰的上路,好生凄惨,一路只是悲哭。奶奶也劝解他不住,陈履常也厌烦起来。行至维扬,吩咐水手就地方唤个媒婆,教他寻个主儿,把胡氏嫁去。只要对头老实忠厚,一分财礼也不要。你说白送人老婆,那一个不肯上桩?不多时,媒婆领一个汉子到来,说是个细工石匠,夸他许多志诚老实。你说偌大一个维扬,难道寻不出个好对头?偏只有这石匠?是有个缘故。常言道:"三姑六婆,嫌少争多。"那媒婆最是爱钱的,多许了他几贯谢礼,就玉成其事了。石匠见了陈县宰,磕了四个头,站在一边。陈履常看他衣衫济楚,年力少壮,又是从不曾婚娶的,且有手艺，养得老婆过活，便将胡氏许他。石匠真个不费一钱，白白里领了胡氏去，成其夫妇。不在话下。

再说贾涉自从胡氏母子两头分散，终日闷闷不乐。忽一日，唐孺人染病上床，服药不痊，呜呼哀哉死了。贾涉买棺入殓已毕，弃官扶柩而回。到了故乡，一喜一悲：喜者是见那小孩子比前长大，悲者是胡氏嫁与他人，不得一见。正是：

> 花开遭雨打，雨止又花残。
>
> 世间无全美，看花几个欢？

却说贾家小孩子，长成七岁，聪明过人，读书过目成诵。父亲取名似道，表字师宪。贾似道到十五岁，无书不读，下笔成文。不幸父亲贾涉，伯伯贾濡，相继得病而亡。殡葬已过，自此无人拘管，恣意旷荡，呼卢六博，斗鸡走马，饮酒宿娼，无所不至。不勾四五年，把两分家私荡尽。初时听得家中说道："嫡母胡氏嫁在维扬，为石匠之妻。姐姐贾玉华，选入宫中。"思量："维扬路远，又且石匠手艺，没甚出产。闻得姐姐选入沂王府中，今沂王做了皇帝，宠一个妃子姓贾，不知是姐姐不是？且到京师，观其动静。"此时理宗端平初年，也是贾似道时运将至，合当发迹。将家中剩下家火，变卖几贯钱钞，收拾行李，径往临安。

那临安是天子建都之地，人山人海；况贾似道初到，并无半个相识，没处讨个消息。镇日只在湖上游荡。闲时未免又在赌博场中玩耍，也不免平康巷中走走。不勾几日，行囊一空，衣衫褴褛，只在西湖帮闲趁食。

一日醉倦，小憩于栖霞岭下，遇一个道人，布袍羽扇，从岭下经过。见了贾似道，站定脚头，瞪目看了半晌，说道："官人可自爱重，将来功名不在韩魏公之下。"那个韩魏公是韩蕲王讳世忠的，他位兼将相，夷夏钦仰，是何等样功名，古今有几个人及得他，贾似道闻此言，只道是戏侮之谈，全不准信。那道人自去了。

过了数日，贾似道在平康巷赵二妈家，酒后与人赌博相争，失足跌于阶下，磕损其额，血流满面。虽然没事，额上结下一个瘢痕。一日，在酒肆中又遇了前日的道人，顿足而叹，说道："可惜，可惜！天堂破损！虽然功名盖世，不得善终矣。"贾似道扯住道人衣服，问道："我果有功名之分？若得一日称心满意，就死何恨。但目今流落无依，怎得个遭际？富贵从何而来？"道人又看了气色，便道："滞色已开，只在三日内自有奇遇，平步登天。但官人得意之日，休与秀才作对，切记切记。"说罢，道人自去了。贾似道半信不信。

看看捱到第三日，只见赌博场中的陈二郎来寻贾似道，对他说道："朝廷近日册立了贾贵妃，十分宠爱，言无不从。贾贵妃自言家住台州，特差刘八太尉往台州访问亲族。你时常说有个姐姐在宫中，莫非正是贵妃？特此报知。果有瓜葛，可去投刘八太尉，定有好处。"贾似道闻言，如梦初觉，想道："我父亲存日，常说曾在刘八太尉家作寓，往来甚厚。姐姐入宫近御，也亏刘八太尉扶持。一到临安，就该投奔他才是，却闲荡过许多日子，岂不好笑！虽然如此，我身上褴褛，怎好去见刘八太尉？"心生一计：在典铺里赁件新鲜衣服穿了，折一顶新头巾，大模大样，摇摆在刘八太尉府中去。自称故人之子台州姓贾的，有话求见。

　　刘八太尉正待打点动身，往台州访问贾贵妃亲族。闻知此言又只怕是冒名而来的，唤个心腹亲随，先叩来历分明，方准相见。不一时，亲随回话道："是贾涉之了贾似道。"刘八太尉道："快请进。"原来内相衙门，规矩最大，寻常只是呼唤而已，那个"请"字，也不容易说的。此乃是贵妃面上。当时贾似道见了刘八太尉，慌忙下拜。太尉虽然答礼，心下尚然怀疑。细细盘问，方知是实。留了茶饭，送在书馆中安宿。

　　次早入宫，报与贾贵妃知道。贵妃向理宗皇帝说了，宣似道入宫，与贵妃相见。说起家常，姐弟二人抱头而哭。贵妃引贾似道就宫中见驾，哭道："妾只有这个兄弟，无家无室，伏乞圣恩重瞳看觑。"理宗御笔，除授籍田令。即命刘八太尉在临安城中，拨置甲第一区；又选宫中美女十人，赐为妻妾；黄金三千两，白金十万两，以备家资。

　　似道谢恩已毕，同刘八太尉出宫去了。似道叮嘱刘八太尉道："蒙圣恩赐我住宅，必须近西湖一带，方称下怀。"此时刘八太尉在贵妃面上，巴不得奉承贾似道。只拣湖上大宅院，自赔钱钞，倍价买来，与他做第宅。奴仆器用，色色皆备。次日，宫中发出美女十名，贵妃又私赠金银宝玩器皿，共十余车。似道一朝富贵，将百金赏了陈二郎，谢了报信之故；又将百金赏赐典铺中，偿其赁衣。典铺中那里敢受？反备盛礼来贺喜。自此贾贵妃不时宣召似道入宫相会，圣驾游湖，也时常幸其私第。或同饮博游戏，相待如家人一般，恩幸无比。似道恃着椒房之宠，全然不惜体面，每日或轿或马，出入诸名妓家。遇着中意时，不拘一五一十，总拉到西湖上与宾客乘舟游玩。若宾客众多，分船并进。另有小艇往来，载酒肴不绝。你说贾似道起自寒微，有甚宾客？有句古诗说得好，道是："贫贱亲戚离，富贵他人合。"贾似道做了国戚，朝廷恩宠日隆，那一个不趋奉他？只要一人进身，转相荐引，自然其门如市了。文人如廖莹中、翁应龙、赵分如等，武臣如夏贵、孙虎臣等，这都是门客中出色有名的,其余不可尽述也。

一日理宗皇帝游苑,登凤皇山。至夜,望见西湖内灯火辉煌,一片光明,向左右说道:"此必贾似道也。"命飞骑探听,果然是似道游湖。天子对贵妃说了,又将金帛一车,赠为酒资。以此似道愈加肆恣,全无忌惮。诗曰:

> 天子偷安无远猷,纵容贵戚恣遨游。
>
> 问他无赛西湖景,可是安边第一筹?

那时宋朝仗蒙古兵力,灭了金人。又听了赵范、赵葵之计,与蒙古构难,要守河据关,收复三京。蒙古引兵入寇,责我败盟,淮汉骚动,天子忧惶。贾似道自思无功受宠,怎能勾超官进爵? 又恐被人弹议;要立个盖世功名,以取大位,除非是安边荡寇,方是目前第一个大题目。乃自荐素谙韬略,愿往淮扬招兵破贼,为天子保障东南。理宗大喜,遂封为两淮制置大使,建节淮扬。贾似道谢恩辞朝,携了妻妾宾客,来淮扬赴任。

三日后,密差门下心腹访问生母胡氏,果然跟个石匠,在广陵驿东首住居。访得亲切,回复了似道。似道即差轿马人夫摆着仪从去迎接。本衙门听事官率领人夫,向胡氏磕头,到把胡氏险些唬倒。听事官致了制使之命,方才心下安稳。胡氏道:"身既从夫,不可自专。"急教人去寻石匠回家,对他说了。石匠也要跟去,胡氏不能阻当,只得同行。胡氏乘轿在前,石匠骑马在后,前呼后拥,来到制使府。似道请母亲进私衙相见,抱头而哭。算来母子分散时,似道止三岁,胡氏二十余岁,到今又三十多年了,方才会面相识,岂不伤感? 似道闻得石匠也跟随到来,不好相见,即将白金三百两,差个心腹人伴他往江上兴贩。暗地授计,半途中将石匠灌醉,推坠江中,只将病死回报。胡氏也感伤了一场。自此母子团圆,永无牵带。

似道镇守淮扬六年,侥幸东南无事。天子因贵妃思想兄弟,乃钦取似道还朝,加同枢密院事。此时丁大全罢相,吴潜代之。那吴潜号履斋,为人豪隽自喜,引进兄弟,俱为显职。贾似道忌他位居己上,乃造成飞谣,教宫中小内侍于天子面前歌之。谣云:大蜈公,小蜈公,尽是人间业毒虫。夤缘攀附百虫丛,若使飞天便食龙。

天子闻得,乃问似道云:"闻街坊小儿尽歌此谣,主何凶吉?"似道奏道:"谣言皆荧惑星化为小儿,教人间童子歌之,此乃天意,不可不察。'蜈'与'吴'同,以臣愚见推之,'大蜈公,小蜈公',乃指吴潜兄弟,专权乱国。若使养成其志,必为朝廷之害。陛下飞龙在天,故天意以食龙示警。为今之计,不若罢其相位,另择贤者居之,可以免咎。"天子听信了,即命翰林草制,贬吴潜循州安置,弟兄都削去官职。似道即代吴潜为右丞相,又差心腹人命循州知州刘宗申,日夜拾摭其短。吴潜被逼不过,伏毒而死。此乃似道狠毒处。

却说蒙古主蒙哥屯合州城下,遣太弟忽必烈,分兵围鄂州、襄阳一带,人情汹惧。枢密院一日间连接了三道告急文书,朝廷大惊,乃以贾似道兼枢密使京湖宣抚大使,进师汉阳,以救鄂州之围。似道不敢推辞,只得拜命。闻得太学生郑隆文武兼全,遣人招致于门下。郑隆素知似道奸邪,怕他难与共事,乃具名刺,先献一诗云:

> 收拾乾坤一担担,上肩容易下肩难。
> 劝君高着擎天手,多少旁人冷眼看。

这首诗明说似道位高望重,要他虚己下贤,小心做事。他若见了诗,欣然听纳,不枉在他门下走动一番。谁知似道见诗中有规谏之意,骂为狂生,把诗扯得粉碎。不在话下。

再说贾似道同了门下宾客,文有廖莹中、赵分如等,武有在夏贵、孙虎臣等,精选羽林军二十万,器仗铠甲,任意取办,择日辞朝出师。真个是威风凛凛,杀气腾腾。不一日,来到汉阳驻扎。此时蒙古攻城甚急,鄂州将破,似道心胆俱裂,那敢上前? 乃与廖莹中诸人商议,修书一封,密遣心腹人宋京诣蒙古营中,求其退师,情愿称臣纳币。忽必烈不许,似道遣人往复三四次。适值蒙古主蒙哥死于合州钓鱼山下,太弟忽必烈一心要篡大位,无心恋战,遂从似道请和,每年纳币、称臣、奉贡。两下约誓已定,遂拔寨北去,奔丧即位。

贾似道打听得蒙古有事北归,鄂州围解,遂将议和称臣纳币之事,瞒过不题。上表夸张己功,只说蒙古惧己威名,闻风远遁。使廖莹中撰为露布,又撰《福华编》以记鄂州之功。蒙古差使人来议岁币,似道怕他破坏己事,命软监于真州地方。只要蒙蔽朝廷,那顾失信夷虏? 理宗皇帝谓似道有再造之功,下诏褒美,加似道少师,赐予金帛无算;又赐葛岭周围田地,以广其居;母胡氏封两国夫人。

似道偃然以中兴功臣自任,居之不疑。日夕引歌姬舞妾,于湖上取乐。四方贡献,络绎不绝。凡门客都布置显要,或为大郡,掌握兵权。真个是:一人之下,万人之上。每年八月八日,似道生辰,作词颂美者,以数千计。似道一一亲览,第其高下。一时传诵誊写,为之纸贵。时陆景思《八声甘州》一词,称为绝唱。词云:

满清平世界，庆秋成，看斗米三钱。论从来，活国抡功第一，无过丰年。办得民间安饱，余事笑谈间。若问平戎策，微妙难传。　　玉帝要留公住，把西湖一曲，分入林园。有茶炉丹灶，更有钓鱼船。觉秋风未曾吹着，但砌兰长倚北堂萱。千千岁，上天将相，平地神仙。

其他谄谀之词，不可尽述。

一日，似道同诸姬在湖上倚楼闲玩，见有二书生，鲜衣羽扇，丰致翩翩，乘小舟游湖登岸。旁一姬低声赞道："美哉，二少年！"似道听得了，便道："汝愿嫁彼二人，当使彼聘汝。"此姬惶恐谢罪。不多时，似道唤集诸姬，令一婢捧盒至前。似道说道："适间某姬爱湖上书生，我已为彼受聘矣。"众姬不信，启盒视之，乃某姬之首也，众姬无不股栗。其待姬妾，惨毒悉如此类。

又常差人贩盐百般，至临安发卖。太学生有诗云：

　　昨夜江头长碧波，满船都载相公醝。

　　虽然要作调羹用，未必调羹用许多。

似道又欲行富国强兵之策，御史陈尧道献计，要措办军饷，便国便民，无如限田之法。怎叫作限田之法？如今大户田连阡陌，小民无立锥之地，有田者不耕，欲耕者无田；宜以官品大小，限其田数。某等官户止该田若干，其民户止该田若干。余在限外者，或回买，或派买，或官买。回买者，原系其人所卖，不拘年远，许其回赎。派买者：拣殷实人户，不满限者派去，要他用价买之。官买者：官出价买之，名为"公田"，雇人耕种，收租以为军饷之费。先行之浙右，候有端绪，然后各路照式举行。大率回买，派买的都是下等之田，又要照价抽税入官；其上等好田，官府自买，又未免亏损原价。浙中大扰，无不破家者，其时怨声载道。太学生又诗云：

　　胡尘暗日鼓鼙鸣，高卧湖山不出征。

　　不识咽喉形势地，公田枉自害苍生。

贾似道恐其法不行，先将自己浙田万余亩入官为公田。朝中官员要奉承宰相，人人闻风献产。翰林院学士徐经孙条具公田之害，似道讽御史舒有开劾奏罢官。

又有著作郎陈著亦上疏论似道欺君瘠民之罪,似道亦寻事黜之于外。公田官陈茂濂目击其非,弃官而去。又有钱塘人叶李者,字太白,素与似道相知,上书切谏。似道大怒,黥其面流之于漳州。因此满朝钳口,谁敢道个不字?

似道又立推排打量之法。何为推排打量之法?假如一人有田若干,要他契书,查勘买卖来历,及质对四址明白。若对不来时,即系欺诳,没入其田,这便是推排。又去丈量尺寸,若是有余,即名隐匿田数,也要没入,这便是打量。行了这法,白白的没入人产,不知其数。太学生又有诗云:

> 三分天下二分亡,犹把山河寸寸量。
> 纵使一丘添一亩,也应不似旧封疆。

又有人作《沁园春》词云:

> 道过江南,泥墙粉壁,右具在前。述何县何乡里,住何人地,佃何人田。气象萧条,生灵憔悴,经界从来未必然。唯何甚?为官为己,不把人怜。思量几许山川,况土地分张又百年。西蜀巉岩,云迷鸟道;两淮清野,日警狼烟。宰相弄权,奸人罔上,谁念干戈未息肩?掌大地,何须经理,万取千焉。

似道屡闻太学生讥讪,心中大怒,与御史陈伯大商议,奏立士籍。凡科场应举,及免举人,州县给历一道,亲书年貌世系,及所肄业于历首,执以赴举。过省参对笔迹异同,以防伪滥。乃密令人四下查访,凡有词华文采,能诗善词者,便疑心他造言生谤,就于参对时寻其过误,故意黜罢。由是谄谀进身,文人丧气。时人有诗云:

> 戎马掀天动地来,荆襄一路哭声哀。
> 平章束手全无策,却把科场恼秀才。

又有人作《沁园春》词云:

> 士籍令行,条件分明,逐一排连。问子孙何习?父兄何业?明经词赋?右具如前。最是中间,娶妻某氏,试问于妻何与焉?乡保举,那堪着

押，开口论钱。　　祖宗立法于前，又何必更张万万千？算行关改会，限田放籴。生民凋瘵，膏血俱胲。只有士心，仅存一脉，今又艰难最可怜。谁作俑？陈伯大附势专权！

陈伯大收得此词，献与似道。似道密访其人不得，知是秀才辈所为，乘理宗皇帝晏驾，奏停是年科举。自此太学、武学、宗学三处秀才，恨入骨髓。其中又有一班无耻的，倡率众人，称功颂德。似道欲结好学校，一一厚酬。一般也有感激贾平章之恩，愿为之用的。此见秀才中人心不一，所以公论不伸。也不在话下。

却说理宗皇帝传位度宗，改元咸淳。那度宗在东宫时，似道曾为讲官，兼有援立之恩。及即位，加似道太师，封魏国公。每朝见，天子必答拜，称为师相而不名。又诏他十日一朝，赴都堂议事，其余听从自便。大小朝政，皆就私第取决。当时传下两句口号，道是：

> 朝中无宰相，湖上有平章。

一日，似道招右丞相马廷鸾，枢密使叶梦鼎，于湖中饮酒。似道行令，要举一物，送与一个古人，那人还诗一联。似道首令云：

> 我有一局棋，送与古人奕秋。奕秋得之，予我一联诗："自出洞来无敌手，得饶人处且饶人。"

马廷鸾云：

> 我有一竿竹，送与古人吕望，吕望得之，予我一联诗："夜静水寒鱼不食，满船空载月明归。"

叶梦鼎云：

> 我有一张犁，送与古人伊尹。伊尹得之，予我一联诗："但存方寸地，留与子孙耕。"

似道见二人所言，俱有讥讽之意，明日寻事，奏知天子，将二人罢官而去。

那时蒙古强盛，改国号曰元，遣兵围襄阳、樊城，已三年了。满朝尽知，只瞒着天子一人而已。似道心知国势将危，乃汲汲为行乐之计。尝于清明日游湖，作绝句云：

寒食家家插柳枝，留春春亦不多时。

人生有酒须当醉，青冢儿孙几个悲？

于葛岭起建楼台亭榭，穷工极巧。凡民间美色，不拘娼尼，都取来充实其中。闻得宫人叶氏色美，勾通了穿宫太监，径取出为妾，昼夜淫乐无度。又造多宝阁，凡珍奇宝玩，百方购求，充积如山。每日登阁一遍，任意取玩，以此为常。有人言及边事者，即加罪责。忽一日，度宗天子问道："闻得襄阳久困，奈何？"似道对云："北兵久已退去，陛下安得此语？"天子道："适有女嫔言及，料师相必知其实。"似道奏云："此讹言，陛下不必信之。万一有事，臣当亲率大军，为陛下诛尽此虏耳。"说罢退朝。似道乃令穿宫太监，密查女嫔名姓，将他事诬陷他，赐死宫中。正是：

是非只为多开口，烦恼皆因强出头。
堪笑当时众台谏，不如女嫔肯分忧。

自宫嫔死后，内外相戒，无言及边事者，养成虏患，非一朝一夕之故也。

似道又造半闲堂，命巧匠塑己像于其中。旁室数百间，招致方术之士及云水道人，在内停宿。似道暇日，到中堂打坐，与术士道人谈讲。门客中献词，颂那半闲堂的极多，只有一篇名《糖多令》，最为似道所称赏。词云：

天上摘星班，青牛度关。幻出蓬莱新院宇，花外竹，竹边山。轩冕倘来间，人生闲最难，算真闲不到人间。一半神仙先占取，留一半，与公闲。

有一术士，号富春子，善风角鸟占，贾似道招之，欲试其术，问以来日之事。富春子乃密写一纸，封固嘱道："至晚方开。"次日，似道宴客湖山，晚间于船头送客，偶见明月当头，口中歌曹孟德，"月明星稀，乌鹊南飞"二句，时廖莹中在旁说道："此际可拆书观之矣。"纸中更无他事，唯写"月明星稀，乌鹊南飞"八个字。似道大惊，方知其术神验，遂叩以终身祸福。富春子道："师相富贵，古今莫及，但与姓郑人不相宜，当远避之。"

原来似道少时，曾梦自己乘龙上天，却被一勇士打落，堕于坑堑之中，那勇士背心上绣成"荥阳"二字。"荥阳"却是姓郑的郡名，与富春子所言相合，怎敢不信？似道自此检阅朝籍，凡姓郑之人，极力挤排，不容他在位，宦籍中竟无一姓郑者。

有门客揣摩似道之意，说道："太学生郑隆惯作诗词，讥讪朝政，此人不可不除。"似道想起昔日献诗规谏之恨，吩咐太学博士，寻他没影的罪过，将他黥配恩州。郑隆在路上怄气而死。又有一人善能拆字，决断如神。似道富贵已极，渐蓄不臣之志，又恐虏信渐迫，瞒不到头，朝廷必须见责。于是欲行董卓、曹操之事。召拆字者，以杖画地，作"奇"字，使决休咎。拆字的相了一回，说道："相公之事不谐矣；道是'立'，又不'可'；道是'可'，又不'立'。"似道默然无语，厚赠金帛而遣之，恐他泄漏机关，使人于中途谋害。自此反谋遂沮。富春子见似道举动非常，惧祸而逃，可谓见机而作者矣。

却说两国夫人胡氏，受似道奉养，将四十年，直到咸淳十年三月某日，寿八十余方死。衣衾棺椁，穷极华侈，斋醮追荐，自不必说。过了七七四十九日，扶柩到台州，与贾涉合葬。举襄之日，朝廷以卤簿送之。自皇太后以下，凡贵戚朝臣，一路摆设祭馔，争高竞胜。有累高至数丈者，装祭之次，至攧死数人。百官俱戴孝，追送百里之外，天子为之罢朝。那时天降大雨，平地水深三尺。送丧者都冒雨踏水而行，水没及腰膝，泥淖满面，无一人敢退后者。葬毕，又饭僧三万口，以资冥福。有一僧饭罢，将钵盂覆地而去。众人揭不起来，报与似道。似道不信，亲自来看，将手轻轻揭起，见钵盂内覆着两行细字，乃白土写成，字画端楷。似道大惊看时，却是两句诗。道是：

得好休时便好休，开花结子在绵州。

正惊讶间，字迹忽然灭没不见。似道遍召门客，问其诗意，都不能解。直到后来，死于木绵庵，方应其语。大凡大富贵的人，前世来历必奇，非比等闲之辈。今日圣僧来点化似道，要他回头免祸，谁知他富贵薰心，迷而不悟。从来有权有势的，多不得善终，都是如此。

闲话休题。再说似道葬母事毕，写表谢恩。天子下诏，起复似道入朝。似道假意乞许终丧，却又讽御史们上疏，虚相位以待己。诏书连连下来，催促起程。七月初，似道应命，入朝面君，复居旧职。其月下旬，度宗晏驾，皇太子㬎即位，是为恭宗。此时元左丞相史天泽，右丞相伯颜，分兵南下，襄、邓、淮、扬，处处告急。贾似道料定恭宗年少胆怯，故意将原兵消息，张皇其事，奏闻天子，自请统军行边。却又私下吩咐御史们上疏留己，说道："今日所恃，只师臣一人。若统军行边，顾了襄汉一路，顾不得淮扬；若顾了淮扬一路，顾不得襄汉。不如居中以运天下，运筹帷幄之中，方能决胜于千里之外。倘师臣出外，陛下有事商量，与何人议之？"恭宗准奏道："师相岂可一日离吾左右耶？"

不隔几月，樊城陷了，鄂州破了。吕文焕死守襄阳五年，声援不通，城中粮尽，力不能支，只得以城降元。元师乘胜南下，贾似道遮瞒不过，只得奏闻。恭宗闻报，大惊，对似道说道："元兵如此逼近，非师相亲行不可。"似道奏道："臣始初便请行边，陛下不许；若早听臣言，岂容胡人得志若此？"恭宗于是下诏，以贾似道都督诸路军马。似道荐吕师夔参赞都督府军事。其明年为恭宗皇帝德祐元年，似道上表出师。旌旗蔽天，舳舻千里，水陆并进。领着两个儿子，并妻妾辎重，凡百余舟。门客俱带家小而行。参赞吕师夔先到江州以城降元，元兵乘势破了池州。似道闻此信，不敢进前，遂次于鲁港。步军招讨使孙虎臣，水军招讨使夏贵，都是贾似道门客，平昔间谈天说地，似道倚之为重，其实原没有张、韩、刘、岳的本事；今日遇了大战阵，如何侥幸得去？

却说孙虎臣屯兵于丁家洲，元将阿术来攻，孙虎臣抵敌不过，先自跨马逃命，步军都四散奔溃。阿术遣人绕宋舟大呼道："宋家步军已败，你水军不降，更待何时？"水军见说，人人丧胆，个个心惊，不想厮杀，只想逃命，一时乱将起来。舳舻簸荡，乍分乍合，溺死者不可胜数。似道禁押不住，急召夏贵议事。夏贵道："诸军已溃，战守俱难。为师相计，宜入扬州，招溃兵，迎驾海上。贵不才，当为师相死守淮西一路。"说罢自去。

少顷，孙虎臣下船，抚膺恸哭道："吾非不欲血战，奈手下无一人用命者，奈何？"

似道尚未及对,哨船来报道:"夏招讨舟已解缆先行,不知去向。"时军中更鼓正打四更,似道茫然无策。又见哨船报道:"元兵四围杀将来也。"急得似道面如土色,慌忙击锣退师,诸军大溃。孙虎臣扶着似道,乘单舸奔扬州。堂吏翁应龙抢得都督府印信,奔还临安。到次日,溃兵蔽江而下。似道使孙虎臣登岸,扬旗招之,无人肯应者。只听得骂声嘈杂,都道:"贾似道奸贼,欺蔽朝廷,养成贼势,误国蠹民,害得我们今日好苦!"又听得说道:"今日先杀了那伙奸贼,与万民出气。"说声未绝,船上乱箭射来,孙虎臣中箭而倒。似道看见人心已变,急催船躲避,走入扬州城中,托病不出。

话分两头。却说右丞相陈宜中,平昔谄事似道,无所不至,似道扶持他做到相位。宜中见翁应龙奔还,问道:"师相何在?"应龙回言不知。宜中只道已死于乱军之中,首上疏论似道丧师误国之罪,乞族诛以谢天下。于是御史们又趋奉宜中,交章劾奏。恭宗天子方悟似道奸邪误国,乃下诏暴其罪,略云:

> 大臣具四海之瞻,罪莫大于误国;都督专阃外之寄,律尤重于丧师。具官贾似道,小才无取,大道未闻。历相两朝,曾无一善:变田制以伤国本,立士籍以阻人才。匿边信而不闻,旷战功而不举。至于寇逼,方议师征,谓当缨冠而疾趋,何为抱头而鼠窜?遂致三军解体,百将离心,社稷之势缀旒,臣民之言切齿。姑示薄罚,俾尔奉祠。呜呼!膺狄惩荆,无复周公之望;放兜殛鲧,尚宽《虞典》之诛。可罢平章军马重事及都督诸路军马。

廖莹中举家亦在扬州,闻似道褫职,特造府中问慰。相见时一言不能发,但索酒与似道相对痛饮,悲歌雨泣,直到五鼓方罢。莹中回至寓所,遂不复寝命爱姬煎茶,茶到,又遣爱姬取酒去,私服冰脑一握。那冰脑是最毒之物,服之无不死者。药力未行,莹中只怕不死,急催热酒到来,袖中取出冰脑,连进数握。爱姬方知吃的是毒药,向前夺救,已不及了,乃抱莹中而哭。莹中含着双泪,说道:"休哭,休哭!我从丞相二十年,安享富贵,今日事败,得死于家中,也算做善终了。"说犹未毕,九窍流血而死。可怜廖莹中聪明才学,诗字皆精,做了权门犬马,今日死于非命。诗云:

> 不作无求蚓,甘为逐臭蝇。
> 试看风树倒,谁复有荣藤?

再说贾似道罢相,朝中议论纷纷,谓其罪不止此。台臣复交章劾奏,请加斧钺之诛。天子念他是三朝元老,不忍加刑,谪为高州团练副使,仍命于循州安置。其田产园宅,尽数籍没,以充军饷。谪命下日,正是八月初八日,值似道生辰建醮,乃自撰青词祈祐略云:

老臣无罪,何众议之不容? 上帝好生,奈死期之已迫。适当悬弧之旦,预陈易箦之词。窃念臣似道际遇三朝,始终一节,为国任怨,遭世多艰。属丑虏之不恭,驱孱兵而往御。士不用命,功竟无成。众口皆抵其非,百啄难明此谤。四十年劳悴,悔不效留侯之保身;三千里流离,犹恐置霍光于赤族。仰惭覆载,俯愧勤劳。伏望皇天后土之鉴临,理考度宗之昭格。三宫霁怒,收瘴骨于江边;九庙阐灵,扫妖氛于境外。

故宋时立法,凡大臣安置远州,定有个监押官,名为护送,实则看守,如押送犯人相似。今日似道安置循州,朝议斟酌个监押官,须得有力量的,有手段的,又要平日有怨隙的,方才用得。只因循州路远,人人怕去。独有一位官员,慨然请行。那官员是谁? 姓郑名虎臣,官为会稽尉,任满到京。此人乃是太学生郑隆之子。郑隆被似道黥配而死,虎臣衔恨在心,无门可报,所以今日愿去。朝中察知其情,遂用为监押官。

似道虽然不知虎臣是郑隆之子,却记得幼年之梦,和那富春子的说话,今日正遇了姓郑的人,如何不慌。临行时,备下盛筵,款待虎臣。虎臣巍然上坐。似道称他是天使,自称为罪人,将上等宝玩,约值数万金献上,为进见之礼,含着两眼珠泪,凄凄惶惶的哀诉,述其幼时所梦,"愿天使大发菩萨之心,保全蝼蚁之命,生生世世,不敢忘报。"说罢,屈膝跪下。郑虎臣微微冷笑,答应道:"团练且起,这宝玩是殃身之物,下官如何好受? 有话途中再讲。"似道再三哀求,虎臣只是微笑,似道心中愈加恐惧。

次日,虎臣催促似道起程。金银财宝,尚十余车;婢妾童仆,约近百人。虎臣初时并不阻当。行了数日,嫌他行李太重,耽误行期,将他童仆辈日渐赶逐,其金宝之类,一路遇着寺院,逼他布施。似道不敢不依。约行半月,止剩下三个车子,老年童仆数人,又被虎臣终日打骂,不敢亲近。似道所坐车子,插个竹竿,扯帛为旗,上写着十五个大字,道是"奉旨监押安置循州误国奸臣贾似道"。似道羞愧,每日以袖掩面而行。一路受郑虎臣凌辱，不可尽言。

又行了多日，到泉州洛阳桥上，只见对面一个客官，匆匆而至，见了旗上题字，大呼："平章，久违了！一别二十余年，何期在此相会？"似道只道是个相厚的故人，放下衣袖看时，却是谁来？那客官姓叶，名李，字太白，钱塘人氏，因为上书切谏似道，被他黥面流于漳州。似道事败，凡被其贬窜者，都赦回原籍。叶李得赦还乡，路从泉州经过，正与似道相遇，故意叫他。似道羞惭满面，下车施礼，口称得罪。叶李问郑虎臣讨纸笔来，作词一首相赠，词云：

　　君来路，吾归路，来来去去何曾住？公田关子竟何如？国事当时谁与误？　　雷州户，崖州户，人生会有相逢处。客中颇恨乏蒸羊，聊赠一篇长短句。

当初北宋仁宗皇帝时节，宰相寇准有澶渊退虏之功，却被奸臣丁谓所谮，贬为雷州司户。未几，丁谓奸谋败露，亦贬于崖州。路从雷州经过，寇准遣人送蒸羊一只，聊表地主之礼。丁谓惭愧，连夜偷行过去，不敢停留。今日叶李词中，正用这个故事，以见天道反复，冤家不可做尽也。

似道得词，惭愧无地，手捧金珠一包，赠与叶李，聊助路资。叶李不受而去。郑虎臣喝道："这不义之财，犬豕不顾，谁人要你的！"就似道手中夺来，抛散于地，喝教车仗快走，口内骂声不绝。似道流泪不止。

郑虎臣的主意，只教贾似道受辱不过，自寻死路，其如似道贪恋余生。比及到得漳州，童仆逃走俱尽，单单似道父子三人。真个是身无鲜衣，口无甘味，贱如奴隶，穷比乞儿，苦楚不可尽说。

漳州太守赵分如，正是贾似道旧时门客，闻得似道到来，出城迎接。看见光景凄凉，好生伤感。又见郑虎臣颜色不善，不敢十分殷勤。是日，赵分如设宴馆驿，管待郑虎臣，意欲请似道同坐，虎臣不许。似道也谦让道："天使在此，罪人安敢与席？"到教赵分如过意不去，只得另设一席于别室，使通判陪侍似道，自己陪虎臣。饮酒中间，分如察虎臣口气，衔恨颇深，乃假意问道："天使今日押团练至此，想无生理，何不教他速死，免受菁恼，却不干净？"虎臣笑道："使是这恶物事，偏受得许多苦恼，要他好死却不肯死。"赵分如不敢再言。次日五鼓，不等太守来送，便催趱起程。

离城五里，天尚未大明，到个庵院，虎臣教歇脚，且进庵梳洗早膳。似道看这庵中扁额写着"木绵庵"三字，大惊道："二年前，神僧钵盂中赠诗，有'开花结子在绵州'句,莫非应在今日?我死必矣!"进庵,急呼二子吩咐说话,已被虎臣拘囚于别室。似道自分必死,身边藏有冰脑一包,因洗脸,就掬水吞之。觉腹中痛极,讨个虎子坐下,看看命绝。虎臣料他服毒,乃骂道:"奸贼,奸贼!百万生灵死于汝手,汝延捱许多路程,却要自死,到今日,老爷偏不容你!"将大槌连头连脑打下二三十,打得希烂,呜呼死了。却教人报他两个儿子说道:"你父亲中恶,快来看视。"儿子见老子身死,放声大哭。虎臣奋怒,一槌一个,都打死了,却教手下人拖去一边,只说逃走去了。虎臣投槌于地,叹道:"吾今日上报父仇,下为万民除害,虽死不恨矣。"就用随身衣服,将草荐卷之,埋于木绵庵之侧。埋得定当,方将病状关白太守赵分如。赵分如明知是虎臣手脚,见他凶狠,那敢盘问?只得依他开病状,申报各司去讫。直待虎臣动身去后,方才备下棺木,掘起似道尸骸,重新殡殓,埋葬成坟,为文祭之。辞曰:

> 呜呼!履斋死蜀,死于宗申;先生死闽,死于虎臣。哀哉,尚飨!

那履斋是谁?姓吴名潜,是理宗朝的丞相。因贾似道谋代其位,造下谣言,诬之以罪,害他循州安置,却教循州知州刘宗申逼他服毒而死。今日似道下贬循州,未及到彼,先死于木绵庵,比吴潜之祸更惨。这四句祭文,隐隐说天理报应。赵分如虽然出于似道门下,也见他良心不泯处。

闲话休题。再说似道既贬之后,家私田产,虽说入官,那葛岭大宅,谁人管业?高台曲池,日就荒落,墙颓壁倒,游人来观者,无不感叹。多有人题诗于门壁。今录得二首,诗云:

> 深院无人草已荒,漆屏金字尚辉煌。
> 底知事去身宜去?岂料人亡国亦亡?
> 理考发身端有自,郑人应梦果何祥?
> 卧龙不肯留渠住,空使晴光满画墙。

又诗云：

事到穷时计亦穷，此行难倚鄂州功。
木绵庵里千年恨，秋壑亭中一梦空。
石砌苔稠猿步月，松亭叶落鸟呼风。
客来不着多惆怅，试向吴山望故宫。

第二十三卷

张舜美灯宵得丽女

大平时节元宵夜，千里灯球映月轮。

多少王孙并士女，绮罗丝里尽怀春。

话说东京汴梁，宋天子徽宗放灯买市，十分富盛。且说在京一个贵官公子，姓张名生，年方十八，生得十分聪俊，未娶妻室。因元宵到乾明寺看灯，忽于殿上拾得一红绢帕子，帕角系一个香囊。细看帕上，有诗一首云：

囊里真香心事封，鲛绡一幅泪流红。

殷勤聊作江妃佩，赠与多情置袖中。

诗尾后又有细字一行云："有情者拾得此帕，不可相忘。请待来年正月十五夜，于相篮后门一会，车前有鸳鸯灯是也。"张生吟讽数次，叹赏久之，乃和其诗曰：

浓麝因知玉手封，轻绡料比杏腮红。

虽然未近来春约，已胜襄王魂梦中。

自此之后，张生以时挨日，以日挨月，以月挨年。倏忽间乌飞电走，又换新正。将近元宵，思赴去年之约，乃于十四日晚，候于相篮后门。果见车一辆，灯挂双鸳鸯，呵卫甚众。张生惊喜无措，无因问答，乃诵诗一首，或先或后，近车吟咏，云：

何人遗下一红绡？暗遣吟怀意气饶。

料想佳人初失去，几回纤手摸裙腰。

车中女子闻生吟讽，默念昔日遗香囊之事谐矣，遂启帘窥生。见生容貌皎洁，仪度闲雅，愈觉动情。遂令侍女金花者，通达情款，生亦会意。须臾，香车远去，已失所在。

次夜，生复伺于旧处。俄有青盖旧车，迤逦而来，更无人从，车前挂双鸳鸯灯。生睹车中非昨夜相遇之女，乃一尼耳。车夫连称："送师归院去。"生迟疑问，见尼转手而招生，生潜随之至乾明寺，老尼迎门谓曰："何归迟也？"尼入院，生随入小轩，轩中已张灯列宴。尼乃卸去道装，忽见绿鬓堆云，红裳映月。生女联坐，老尼侍旁。酒行之后，女曰："愿见去年相约之媒。"生取香囊红绡，付女视之，女方笑曰："京都往来人众，偏落君手，岂非天赐尔我姻缘耶？"生曰："当时得之，亦曾奉和。"因举其诗。女喜曰："真我夫也。"于是与生就枕，极尽欢娱。

顷而鸡声四起，谓生曰："妾乃霍员外家第八房之妾。员外老病，经年不到妾房。妾每夜焚香祝天，愿遇一良人，成其夫妇。幸得见君子，足慰平生。妾今用计脱身，不可复入。此身已属之君，情愿生死相随；不然，将置妾于何地也？"生曰："我非木石，岂忍分离？但寻思无计。若事发相连，不若与你悬梁同死，双双做风流之鬼耳。"说罢，相抱悲泣。

老尼从外来，曰："你等要成夫妇，但恨无心耳，何必做没下梢事！"生女双双跪拜求计。老尼曰："汝能远涉江湖，变更姓名于千里之外，可得尽终世之情也。"女与生俯首受计。老尼遂取出黄白一包付生曰："此乃小娘子平日所寄，今送还官人，以为路资。"生亦回家，收拾细软，打做一包。是夜，拜别了老尼，双双出门，走到通津邸中借宿。次早顾舟，自汴涉淮，直至苏州平江，创第而居。两情好合，谐老百年。正是：

意似鸳鸯飞比翼，情同鸾凤舞和鸣。

今日为甚说这段话？却有个波俏的女子，也因灯夜游玩，撞着个狂荡的小秀才，惹出一场奇奇怪怪的事来。未知久后成得夫妇也不？且听下回分解。正是：

灯初放夜人初会，梅正开时月正圆。

且道那女子遇着甚人？那人是越州人氏，姓张，双名舜美，年方弱冠，是一个轻俊标致的秀士，风流未遇的才人。偶因乡试来杭，不能中选，遂淹留邸舍中，半年有余。正逢着上元佳节，舜美不免关闭房门，游玩则个。况杭州是个热闹去处，怎见得杭州好景？柳耆卿有首《望海潮》词，单道杭州好处。词云：

　　东南形胜，三吴都会，钱塘自古繁华。烟柳画桥，风帘翠幕，参差十万人家。云树绕堤沙。怒涛卷霜雪，天堑无涯。市列珠玑，户盈罗绮，竞豪奢。　　重湖叠巘清佳，有三秋桂子，十里荷花。羌管弄晴，菱歌泛夜，嬉嬉钓叟莲娃。千骑拥高牙，乘时听箫鼓，吟赏烟霞。异日图将好景，归去凤池夸。

舜美观看之际，勃然兴发，遂口占《如梦令》一词以解怀，云：

　　明月娟娟筛柳，春色溶溶如酒。今夕试华灯，约伴六桥行走。回首，回首，楼上玉人知否？

且诵且行之次，遥见灯影中，一个丫鬟，肩上斜挑一盏彩鸾灯，后面一女子，冉冉而来。那女子生得凤髻铺云，蛾眉扫月，生成媚态，出色娇姿。舜美一见了那女子，沉醉顿醒。竦然整冠，汤瓶样摇摆过来。为甚的做如此模样？元来调光的人，只在初见之时，就便使个手段。凡萍水相逢，有几般讨探之法。做子弟的，听我把调光经表白几句：

　　雅容卖俏，鲜服夸豪。远觑近观，只在双眸传递；揾肩擦背，全凭健足跟随。我既有意，自当送情；他若留心，必然答笑。点头领会，咳嗽便知。紧处不可放迟，闲中偏宜着闹。讪语时，口要紧；刮涎处，脸须皮。冷面撇清，还察其中真假；回头揽事，定知就里应承。说不尽百计讨探，凑成来十分机巧。假饶心似铁，弄得意如糖。

说那女子被舜美撩弄，禁持不住，眼也花了，心也乱了，腿也苏了，脚也麻了。痴呆了半晌，四目相眄，面面有情，那女子走得紧；舜美也跟得紧：走得慢，也跟得慢；但不能交接一语。不觉又到众安桥，桥上做卖做买，东来西去的，挨挤不过。过得众安桥，失却了女子所在，只得闷闷而回。开了房门，风儿又吹，灯儿又暗，枕儿又寒，被儿又冷，怎生睡得？心里丢不下那个女子，思量再得与他一会也好。你看世间有这等的痴心汉子，实是好笑。正是：

　　半窗花影模糊月，一段春愁着摸人。

　　舜美甫能勾挨到天明，起来梳裹了。三餐已毕，只见街市上人，又早收拾看灯。舜美身心按捺不下，急忙关闭房门，径往夜来相遇之处。立了一会，转了一会，寻了一会，靠了一会，呆了一会，只是等不见那女子来。遂调《如梦令》一词消遣，云：

　　燕赏良宵无寐，笑倚东风残醉。未审那人儿，今夕玩游何地？留意，留意，几度欲归还滞。

　　吟毕，又等了多时。正尔要回，忽见小鬟挑着彩鸾灯，同那女子从人丛中挨将出来。那女子瞥见舜美，笑容可掬，况舜美也约摸着有五六分上手。那女子径往盐桥，进广福庙中拈香。礼拜已毕，转入后殿。舜美随于后，那女子偶尔回头，不觉失笑一声。舜美呆着老脸，陪笑起来。他两个挨挨擦擦，前前后后，不复顾忌。那女子回身揣袖中，遗下一个同心方胜儿。舜美会意，俯而拾之，就于灯下拆开一看，乃是一幅花笺纸。不看万事全休，只因看了，直教一个秀才，害了一二年鬼病相思，险些送了一条性命。你道花笺上写的什么文字？原来也是个《如梦令》，词云：

　　邂逅相逢如故，引起春心追慕。高挂彩鸾灯，正是儿家庭户。那步，那步，千万来宵垂顾。

词后复书云:"女之敝居,十官子巷中,朝南第八家。明日父母兄嫂赶江干舅家灯会,十七日方归,止妾与侍儿小英在家。敢邀仙郎惠然枉驾,少慰鄙怀,妾当焚香扫门迎候翘望。妾刘素香拜柬。"舜美看了多时,喜出望外。那女子已去了,舜美步归邸舍,一夜无眠。

次早又是十五日。舜美捱至天晚,便至其处。不敢造次突入,乃成《如梦令》一词,来往歌云:

> 漏滴铜壶声唱咽,风送金猊香烈。一见彩鸾灯,顿使狂心烦热。应说,应说,昨夜相逢时节。

女于听得歌声,掀帘而出,果是灯前相见可意人儿。遂迎迓到于房中,吹灭银灯,解衣就枕。他两个正是旷夫怨女,相见如饿虎逢羊,苍蝇见血,那有工夫问名叙礼? 且做一班半点儿事。有《南乡子》词一首,单题着交欢趣的,道是:

> 粉汗湿罗衫,为雨为云底事忙? 两只脚儿肩上阁,难当。颦蹙春山入醉乡。　　忒杀太颠狂,口口声声叫我郎,舌送丁香娇欲滴,初尝甘露,非蜜非糖滋味长。

两个讲欢已罢,舜美曰:"仆乃途路之人,荷承垂盼,以凡遇仙。自思白面书生,愧无纤毫奉报。"素香抚舜美背曰:"我因爱子胸中锦绣,非图你囊里金珠。"舜美称谢不已。素香忽然长叹,流泪而言曰:"今日已过,明日父母回家,不能复相聚矣,如之奈何?"两个沉吟半晌,计上心来。素香曰:"你我莫若私奔他所,免使两地永抱相思之苦,未知郎意何如?"舜美大喜曰:"我有远族,见在镇江五条街,开个招商客店,可往依焉。"素香应允。

是夜素香收拾了一包金珠,也妆做一个男儿打扮,与舜美携手迤逦而行。将及二鼓,方才行到北关门下。你道因何三四里路,走了许多时光? 只那女子小小一双脚儿,只好在屦廊缓步,芳径轻移,擎抬绣阁之中,出没湘裙之下,脚又穿着一双大靴,教他跋长途,登远道,心中又慌,怎地的拖得动? 且又城中人要出城,城外人要入城,两下不免撒手,前后随行。出得第二重门,被人一涌,各不相顾。那女子径出城门,从半塘横去了。舜美虑他是妇人,身体柔弱,挨挤不出去,还在城里,也不见

得，急回身寻问把门军士。军士说道："适间有个少年秀才，寻问同辈，回未半里多地。"舜美自思：一条路往钱塘门，一条路往师姑桥，一条路往褚家堂，三四条叉路，往那一条好？踌躇半晌只得依旧路赶去。至十官子巷，那女子家中，门已闭了，悄无人声。急急回至北关门，门又闭了。整整寻了一夜。

巴到天明，捱门而出。至新马头，见一伙人围得紧紧的，看一只绣花鞋儿。舜美认得是女子脱下之鞋，不敢开声。众人说："不知何人家女孩儿，为何事来，溺水而死，遗鞋在此。"舜美听罢，惊得浑身冷汗。复到城中探信，满城人喧嚷，皆说十官子巷内刘家女儿，被人拐去，又说投水死了，随处做公的缉访。这舜美自因受了一昼夜辛苦，不曾吃些饭食；况又痛伤那女子死于非命，回至店中，一卧不起，寒热交作，病势沉重将危。正是：

相思相见知何日？多病多愁损少年。

且不说舜美卧病在床，却说刘素香自北关门失散了舜美，从二更直走到五更，方至新马头。自念：舜美寻我不见，必然先往镇江一路去了。遂暗暗地脱下一只绣鞋在地。为甚的？他唯恐家中有人追赶，故托此相示，以绝父母之念。素香乘天未明，赁舟沿流而去。数日之间，虽水火之事，亦自谨慎，稍人亦不知其为女人也。比至镇江，打发舟钱登岸，随路物色，访张舜美亲族。又忘其姓名居止，问来问去，看看日落山腰，又无宿处。偶至江亭，少憩之次。此时乃是正月二十二日，况是月出较迟。是夜夜色苍然，渔灯隐映，不能辨认咫尺。素香自思，为他抛离乡井，父母兄弟，又无消息，不若从浣纱女游于江中。哭了多时，只恨那人不知妾之死所。不觉半夜光景，亭隙中射下月光来。遂移步凭栏，四顾澄江，渺茫千里。正是：

一江流水三更月，两岸青山六代都。

素香呜呜咽咽，自言自语，自悲自叹，不觉亭角暗中，走出一个尼师，向前问曰："人耶？鬼耶？何自苦如此？"素香听罢，答曰："荷承垂问，敢不实告。妾乃浙江人也，因随良人之任，前往新丰。却不思慢藏海盗，稍子因瞰良人囊金、贱妾容貌，辄起不仁之心。良人、婢仆皆被杀害，独留妾一身。稍子欲淫污妾，妾誓死不从。次日稍子饮酒大醉，妾遂着先夫衣冠，脱身奔逃，偶然至此。"素香难以私奔相告，假托此一段说话。尼师闻之，愀然曰："老身在施主家，渡江归迟，天遣到此亭中与娘子

250

相遇，真是前缘。娘子肯从我否？"素香曰："妾身回视家乡，千山万水，得蒙提挚，乃再生之赐。"尼师曰："出家人以慈悲方便为本，此分内事，不必虑也。"素香拜谢。

天明，随至大慈庵。屏去俗衣，束发簪冠，独处一室。诸品经咒，目过辄能成诵。旦夕参礼神佛，拜告白衣大士，并持大士经文，哀求再会。尼师见其贞顺，自谓得人。不在话下。

再说舜美在那店中，延医调治，日渐平复。不肯回乡，只在邸舍中温习经史。光阴荏苒，又逢着上元灯夕。舜美追思去年之事，仍往十官子巷中一看，可怜景物依然，只是少个人在目前，闷闷归房，因诵秦少游学士所作《生查子》词云：

> 去年元夜时，花市灯如昼。月在柳梢头，人约黄昏后。
>
> 今年元夜时，月与灯依旧；不见去年人，泪湿春衫袖。

舜美无情无绪，洒泪而归。惭愧物是人非，怅然绝望，立誓终身不娶，以答素香之情。

在杭州倏忽三年，又逢大比，舜美得中首选解元。赴鹿鸣宴罢，驰书归报父母，亲友贺者填门。数日后，将带琴剑书箱，上京会试。一路风行露宿，舟次镇江江口，将欲渡江，忽狂风大作。移舟傍岸，少待风息。其风数日不止，只得停泊在彼。

且说刘素香在大慈庵中，荏苒首尾三载。是夜，忽梦白衣大士报云："尔夫明日来也。"恍然惊觉，汗流如雨。自思平素未尝如此，真是奇怪！不言与师知道。

舜美等了一日又是一日，心中好生不快，遂散步独行，沿江闲看。行至一松竹林中，中有小庵，题目"大慈之庵"，清雅可爱。趋身入内，庵主出迎，拉至中堂供茶。也是天使其然，刘素香向窗棂中一看，唬得目睁口呆，宛如酒醒梦觉。尼师忽入换茶，素香乃具道其由。尼师出问曰："相公莫非越州张秀才乎？"舜美骇然曰："仆与吾师，素昧平生，何缘垂识？"尼师又问曰："曾娶妻否？"舜美簌簌泪下，乃应曰："曾

国学经典文库

中国二十大名著

喻世明言

图文珍藏版

有妻刘氏素香,因三载前元宵夜观灯失去,未知存亡下落。今仆虽不才,得中解元,便到京得进士,终身亦誓不再娶也。"师遂呼女子出见。两个抱头恸哭,多时,收泪而言曰:"不意今生再得相见!"悲喜交集,拜谢老尼。乃沐浴更衣,诣大士前,焚香百拜。次以白金百两,段绢二端,奉尼师为寿。两下相别,双双下舟。真个似缺月重圆,断弦再续,大喜不胜。

一路至京,连科进士,除授福建兴化府莆田县尹。谢恩回乡,路经镇江,二人复访大慈庵,赠尼师金一笏。回至杭州,径到十官子巷,投帖拜望。刘公看见车马临门,大红帖于上写着"小婿张舜美",只道误投了,正待推辞,只见少年夫妇,都穿着朝廷命服,双双拜于庭下。父母兄嫂见之大惊,悲喜交集。丈母道:"因元宵失却我儿,闻知投水身死,我们苦得死而复生。不意今日再得相会,况得此佳婿,刘门之幸。"乃大排筵会,作贺数日,令小英随去。二人别了丈人、丈母,到家见了父母。舜美告知前事,令妻出拜公姑。张公、张母大喜过望,作宴庆贺。不数日,同妻别父母,上任去讫。久后,舜美官至天官侍郎,子孙贵盛。有诗为证:

间别三年死复生,润州城下念多情。

今宵然烛频频照,笑眼相看分外明。

第二十四卷

杨思温燕山逢故人

一夜东风,不见柳梢残雪。御楼烟暖,对鳌山彩结。箫鼓向晚,凤辇初回宫阙。千门灯火,九衢风月。　　绣阁人人,乍嬉游困又歇。艳妆初试,把珠帘半揭。娇羞向人,手捻玉梅低说。相逢长是,上元时节。

这一首词,名《传言玉女》。乃胡浩然先生所作。道君皇帝朝宣和年间,元宵最盛。每年上元:正月十四日,车驾幸五岳观凝祥池,每常驾出,有红纱贴金烛笼二百对;元夕加以琉璃玉柱掌扇,快行客各执红纱珠珞灯笼。至晚还内,驾入灯山,御辇院人员,辇前唱《随竿媚》来。御辇旋转一遭,倒行观灯山,谓之"鹁鸽旋",又谓"踏五花儿",则辇官有赏赐矣。驾登宣德楼,游人奔赴露台下。十五日,驾幸上清宫,至晚还内。上元后一日,进早膳讫,车驾登门卷帘,御座临轩,宣百姓,先到门下者,得瞻天表。小帽红袍独坐,左右侍近,帘外金扇执事之人。须臾下帘,则乐作,纵万姓游赏。华灯宝烛,月色光辉,霏霏融融,照耀远迩。至三鼓,楼上以小红纱灯缘索而至半,都人皆知车驾还内。当时御制《夹钟宫·小重山》词,道:

罗绮生香娇艳呈,金莲开陆海,绕都城。宝舆四望翠峰青。东风急,吹下半天星。　　万井贺升平。行歌花满格,月随人。纱笼一点御灯明。箫韶远,高宴在蓬瀛。

今日说一个官人,从来只在东京看这元宵;谁知时移事变,流寓在燕山看元宵。那燕山元宵却如何?

虽居北地,也重元宵。未闻鼓乐喧天,只听胡笳聒耳。家家点起,应无陆地金莲;处处安排,那得玉梅雪柳? 小番鬓边挑大蒜,歧婆头上带生葱。汉儿谁负一张琴? 女们尽敲三棒鼓。

每年燕山市井,如东京制造,到己酉岁方成次第。当年那燕山装那鳌山,也赏元宵,士大夫百姓皆得观看。这个官人,本身是肃王府使臣,在贵妃位掌笺奏,姓杨,双名思温,排行第五,呼为杨五官人。因靖康年间,流寓在燕山。犹幸相逢姨夫张二官人,在燕山开客店,遂寓居焉。杨思温无可活计,每日肆前与人写文字,得些胡乱度日。忽值元宵,见街上的人皆去看灯,姨夫也来邀思温看灯,同去消遣旅况。思温情绪索然,辞姨夫道:"看了东京的元宵,如何看得此间元宵? 姨夫自稳便先去,思温少刻追陪。"张二官人先去了。

杨思温挨到黄昏,听得街上喧闹,静坐不过,只得也出门来看燕山元宵。但见:

> 莲灯灿烂,只疑吹下半天星;士女骈阗,便是列成王母队。一轮明月婵娟照,半是京华流寓人。

见街上往来游人无数。思温行至昊天寺前,只见真金身铸五十三参,铜打成幡竿十丈,上有金书"敕赐昊天悯忠禅寺"。思温入寺看时,佛殿两廊,尽皆点照。信步行到罗汉堂,乃浑金铸成五百尊阿罗汉。入这罗汉堂,有一行者,立在佛座前化香油钱,道:"诸位看灯檀越,布施灯油之资,祝延福寿。"思温听其语音,类东京人,问行者道:"参头,仙乡何处?"行者答言:"某乃大相国寺河沙院行者,今在此间复为行者,请官人坐于凳上,闲话则个。"思温坐凳上,正看来往游人,睹一簇妇人,前遮后拥,入罗汉堂来。内中一个妇人,与思温四目相盼,思温睹这妇人打扮,好似东京人。但见:

轻盈体态,秋水精神。四珠环胜内家妆,一字冠成宫里样。未改宣和妆束,犹存帝里风流。

思温认得是故乡之人,感慨情怀,闷闷不已,因而困倦,假寐片时。那行者叫得醒来,开眼看时,不见那妇人。杨思温嗟呀道:"我却待等他出来,恐有亲戚在其间,相认则个,又挫过了。"对行者道:"适来入院妇女何在?"行者道:"妇女们施些钱去了。临行道:'今夜且归,明日再来做些功德,追荐亲戚则个。'官人莫闷,明日却来相候不妨。"思温见说,也施些油钱,与行者相辞了,离罗汉院。绕寺寻遍,忽见僧堂壁上,留题小词一首,名《浪淘沙》:

尽日倚危栏,触目凄然,乘高望处是居延。忍听楼头吹画角,雪满长川。荏苒又经年,暗想南园,与民同乐午门前。僧院犹存宣政字,不见鳌山。

杨思温看罢留题,情绪不乐。归来店中,一夜睡不着。巴到天明起来,当日无话得说。

至晚,吩咐姨夫,欲往昊天寺,寻昨夜的妇人。走到大街上,人稠物攘,正是热闹。正行之间,忽然起一阵雷声。思温恐下雨,惊而欲回,抬头看时,只见:

银汉现一轮明月,天街点万盏华灯。宝烛烧空,香风拂地。

仔细看时,却见四围人从,拥着一轮大车,从西而来。车声动地。跟随番官,有数十人,但见:

呵殿喧天,仪仗塞路。前面列十五对红纱照道,烛焰争辉;两下摆二十柄画杆金枪,宝光交际。香车似箭,侍从如云。

车后有侍女数人。其中有一妇女穿紫者,腰佩银鱼,手持净巾,以帛拥项。思温于月光之下,仔细看时,好似哥哥国信所掌仪韩思厚妻,嫂嫂郑夫人意娘。这郑夫人,原是乔贵妃养女,嫁得韩掌仪。与思温都是同里人,遂结拜为表兄弟,思温呼意娘为嫂嫂。自后睽离,不复相问。着紫的妇人见思温,四目相睹,不敢公然招呼。

思温随从车子,到燕市秦楼住下,车尽入其中。贵人上楼去,番官人从楼下坐。原来秦楼最广大,便似东京白樊楼一般,楼上有六十个阁儿,下面散铺七八十副桌凳。当夜卖酒,合堂热闹。

杨思温等那贵家入酒肆,去秦楼里面坐地,叫过卖至前。那人见了思温便拜。思温扶起道:"休拜。"打一认时,却是东京白樊楼过卖陈三儿。思温甚喜,就教三儿坐,三儿再三不敢,思温道:"彼此都是京师人,就是他乡遇故知,同坐不妨。"唱喏了方坐。思温取出五两银子与过卖,吩咐:收了银子,好好供奉数品荤素酒菜上来。"与三儿一面吃酒说话。三儿道:"自丁未年至此,拘在金吾宅作奴仆。后来鼎建秦楼,为思旧日樊楼过卖,乃日纳买工钱八十,故在此做过卖。幸与官人会面。"

正说话间,忽听得一派乐声。思温道:"何处动乐?"三儿道:"便是适来贵人,上楼饮酒的韩国夫人宅眷。"思温问韩国夫人事体,三儿:"这夫人极是照顾人,常常夜间将带宅眷来此饮酒,和养娘各坐。三儿常上楼供过伏事,常得夫人赏赐钱钞使用。"思温又问三儿:"适间路边遇韩国夫人,车后宅眷丛里,有一妇人,似我嫂嫂郑夫人,不知是否?"三儿道:"即要复官人。三儿每上楼供过众宅眷时,常见夫人,又恐不是,不敢厮认。"思温遂告三儿道:"我有件事相烦你,你如今上楼供过韩国夫人宅眷时,就寻郑夫人。做我传语道:'我在楼下专候夫人下来,问哥哥详细。'"三儿应命上楼去,思温就座上等。一时,只见三儿下楼,以指住下唇。思温晓得京师人市语,恁地乃了事也。思温问:"事如何?"三儿道:"上楼得见郑夫人,说道:'五官人在下面等夫人下来,问哥哥消息。'夫人听得,便垂泪道:'叔叔原来也在这里。传与五官人,少刻便下楼,自与叔叔说话。'"

思温谢了三儿,打发酒钱。乃出秦楼门前,伫立悬望。不多时,只见祗候人从入去。少刻,番官人从簇拥一辆车子出来。思温候车子过,后面宅眷也出来,见紫衣佩银鱼、项缠罗帕妇女,便是嫂嫂。思温进前,共嫂嫂叙礼毕。遂问道:"嫂嫂,因何与哥哥相别在此?"郑夫人揾泪道:"妾自靖康之冬,与兄赁舟下淮楚,将至盱眙,不幸箭穿驾手,刀中稍公。"姜有乐昌破镜之忧,汝兄被缧绁缠身之苦,为虏所掠。其酋撒八太尉相逼,我义不受辱,为其执虏至燕山。撒八太尉恨妾不从,见妾骨瘦如柴,遂鬻妾身于祖氏之家。后知是娼户。自思是品官妻,命官女,生如苏小卿何荣,死如孟姜女何辱?暗抽裙带自缢梁间。被人得知,将妾救了。撒八太尉妻韩夫人闻而怜我,亟令救命,留我随侍。项上疮痕,至今未愈,是故项缠罗帕。仓皇别良人,不知安往?新得良人音耗:当时更衣遁走,今在金陵,复还旧职。至今四载,未忍重婚。妾燃香炼顶,问卜求神,望金陵之有路,脱生计以无门。今从韩国夫人至此游宴,既为奴仆之躯,不敢久语。叔叔叮咛,蓦遇江南人,倩教传个音信。"

　　杨思温欲待再问其详,俄有番官手持八楞抽攘,向思温道:"我家奴婢,更夜之间,怎敢引诱?"拿起抽攘,迎脸便打。思温一见来打,连忙急走。那番官脚旷行迟,赶不上。走得脱,一身冷汗,慌忙归到姨夫客店。张二官见思温走回喘吁吁地,问道:"做什么直恁慌张?"思温将前事一一告诉。张二官见说,嗟呀不已。安排三杯与思温曬索,思温想起哥哥韩忠翊嫂嫂郑夫人,那里吃得酒下。

　　愁闷中过了元宵。又是三月。张二官向思温道:"我出去两三日即归,你与我照管店里则个。"思温问:"出去何干?"张二官人道:"今两国通和,奉使至维扬,买些货物便回。"杨思温见姨夫张二官出去,独自无聊,昼长春困,散步大街至秦楼,入楼闲望一晌。乃见一过卖至前唱喏,便叫:"杨五官!"思温看时,好生面熟,却又不是陈三。是谁? 过卖道:"男女东京寓仙酒楼过卖小王。前时陈三儿被左金吾叫去,不令出来。"思温不见三儿在秦楼,心下越闷,胡乱买些点心吃。便问小王道:"前次上元夜韩国夫人来此饮酒,不知你识韩国夫人住处吗?"小王道:"男女也曾问他府中来,道是天王寺后。"说犹未了,思温抬头一看,壁上留题,墨迹未干。仔细读之,题道:"昌黎韩思厚舟发金陵,过黄天荡。因感亡妻郑氏,船中作相吊之词",名《御阶行》:

　　　　合和朱粉千余两,捻一个,观音样。大都却似两三分,少付玲珑五脏。等待黄昏,寻好梦底,终夜空劳攘。　　香魂媚魄知何往?料只在,船儿上。无言倚定小门儿,独对滔滔雪浪。若将愁泪,还做水算,几个黄天荡。

　　杨思温读罢,骇然魂不附体。"题笔正是哥哥韩思厚,怎地是嫂嫂没了。我正月十五日秦楼亲见,共我说话,道在韩国夫人宅为侍妾,今却没了。这事难明。"惊疑未决,遂问小王道:"墨迹未干,题笔人何在?"小王道:"不知。如今两国通和,奉使至此,在本道馆驿安歇。适来四五人来此饮酒,遂写于此。"说话的,错说了! 使命入国,岂有出来闲走买酒吃之理? 按《夷坚志》载:那时法禁未立,奉使官听从与外人往来。当日是三月十五日,杨思温问本道馆在何处,小王道:"在城南。"思温还了酒钱下楼,急去本道馆,寻韩思厚。

　　到得馆道,只见苏、许二掌仪在馆门前闲看。二人都是旧日相识,认得思温,近前唱喏,还礼毕。问道:"杨兄何来?"思温道:"待来寻哥哥韩掌仪。"二人道:"在里面会文字,容入去唤他出来。"二人遂入去,叫韩掌仪出到馆前。思温一见韩掌仪,连忙下拜，一悲一喜，便是他乡遇契友，燕山逢故人。思温问思厚："嫂嫂安乐？"思厚听得说，两行泪下，告诉道："自靖康之冬，与汝嫂顾船，将下淮楚。路至盱眙，不幸箭穿篙手，刀中稍公。尔嫂嫂有乐昌破镜之忧，兄被缧绁缠身之苦。我被虏执于野寨，夜至三鼓，以苦告得脱。然亦不知尔嫂嫂存亡。后有仆人周义，伏在草中，见尔嫂被虏撒八太尉所逼，尔嫂义不受辱，以刀自刎而死。我后奔走行在，复还旧职。"思温问道："此事还是哥哥目击否？"思厚道："此事周义亲自报我。"思温道："只恐不死。今岁元宵，我亲见嫂嫂同韩国夫人出游，宴于秦楼。思温使陈三儿上楼寄信，下楼与思温相见。所说事体，前面与哥哥一同。也说道哥哥复还旧职，到今四载，未忍重婚。"思厚听得说，理会不下。思温道："容易决其死生。何不同往天王寺后，韩国夫人宅前打听，问个明白？"思厚道："也说得是。"乃入馆中，吩咐同事，带当直随后，二人同行。

俟忽之间，走至天王寺后。一路上悄无人迹，只见一所空宅，门生蛛网，户积尘埃，荒草盈阶，绿苔满地，锁着大门。杨思温道："多是后门。"沿墙且行数十步，墙边只有一家。见一个老儿在里面打丝线，向前唱喏道："老丈，借问韩国夫人宅那里进去？"老儿禀性躁暴，举止粗疏，全不采人。二人再四问他，只推不知。

顷间，忽有一老妪提着饭篮，口中喃喃埋冤，怨畅那大伯，二人遂与婆婆唱喏，婆子还个万福，语音类东京人。二人问："韩国夫人宅在那里？"婆子正待说，大伯又埋怨多口。婆子不管大伯，向二人道："媳妇是东京人，大伯是山东拗蛮，老媳妇没兴嫁得此畜生，全不晓事。逐日送些茶饭，嫌好道歹，且是得人憎。便做到官人问句话，就说何妨！"那大伯口中又哓哓的不住，婆子不管他，向二人道："韩国夫人宅，前面锁着空宅便是。"二人吃一惊，问："韩夫人何在？"婆子道："韩夫人前年化去了。他家搬移别处，韩夫人埋在花园内。官人不信时，媳妇同去看一看，好吗？"大伯又说："莫得入去，官府知道，引惹事端带累我。"

婆子不睬，同二人便行。路上就问："韩国夫人宅内有郑义娘，今在否？"婆子便道："官人不是信国所韩掌仪，名思厚？这官人不是杨五官，名思温吗？"二人大惊，问："婆婆如何得知？"婆子道："媳妇见郑夫人说。"思厚又问："婆婆如何认得？拙妻今在甚处？"婆婆道："二年前时，有撒八太尉，曾于此宅安下。其妻韩国夫人崔氏，仁慈恤物，极不可得。常唤媳妇入宅，见夫人说，撒八太尉自盱眙掠得一妇人，姓郑，小字义娘，甚为太尉所喜。义娘誓不受辱，自刎而死。夫人悯其贞节，与火化，收骨盛匣。以后韩夫人死，因随葬在此园内。虽死者，与活人无异，媳妇入园内去，常见郑夫人出来，初时也有些怕，夫人道：'婆婆莫怕，不来损害婆婆，有些衷曲间告诉则个。'夫人说道是京师人,姓郑,名义娘。幼年进入乔贵妃位做养女,后出嫁忠翊郎韩思厚。有结义叔叔杨五官,名思温。——与老媳妇说。又说盱眙事迹,'丈夫见在金陵为官,我为他守节而亡。'寻常阴雨时,我多入园中,与夫人相见闲话。官人要问仔细,见了自知。"

三人走到适来锁着的大宅,婆婆逾墙而入;二人随后,也人里面去,只见打鬼净净的一座败落花园。三人行步间,满地残英芳草;寻访妇人,全没踪迹。正面三间大堂,堂上有个屏风,上面山水,乃郭熙所作。思厚正看之间,忽然见壁上有数行字。思厚细看字体柔弱,全似郑义娘夫人所作。看了大喜道:"五弟,嫂嫂只在此间。"思温问:"如何见得?"思厚打一看,看其笔迹,乃一词,词名《好事近》:

　　往事与谁论?无语暗弹泪血。何处最堪怜?肠断黄昏时节。　　倚楼凝望又徘徊,谁解此情切?何计可同归雁?趁江南春色。

后写道:"季春望后一日作。"二人读罢道:"嫂嫂只今日写来,可煞惊人。"行至侧首,有一座楼,二人共婆婆扶着栏杆登楼。至楼上,又有巨屏一座,字体如前,写着《忆良人》一篇,歌曰:

　　孤云落日春云低,良人宵宵羁天涯。
　　东风蝴蝶相交飞,对景令人益惨凄。
　　尽日望郎郎不至,素质香肌转憔悴。
　　满眼韶华似酒浓,花落庭前鸟声碎。
　　孤帏悄悄夜迢迢,漏尽灯残香已销。
　　秋千院落久停戏,双悬彩索空摇摇。
　　眉兮眉兮春黛蹙,泪兮泪兮常满掬。
　　无言独步上危楼,倚遍栏杆十二曲。
　　荏苒流光疾似梭,滔滔逝水无回波;
　　良人一过不复返,红颜欲老将如何?

韩思厚读罢,以手拊壁而言:"我妻不幸为人驱虏。"正看之间,忽听杨思温急道:"嫂嫂来也!"思厚回头看时,见一妇人,项拥香罗而来。思温仔细认时,正是秦楼见的嫂嫂。那婆婆也道:"夫人来了!"三人大惊!急走下楼来寻,早转身入后堂左廊下，趁入一阁子内去。二人惊惧。婆婆道："既已到此，可同去阁子里看一看。"

婆子引二人到阁前，只见关着阁子门，门上有牌面写道："韩国夫人影堂。"婆子推开槅子，三人入阁子中看时，却是安排供养着一个牌位，上写着："亡室韩国夫人之位。"侧边有一轴画，是义娘也；牌位上写着："侍妾郑义娘之位。"面前供桌，尘埃尺满。韩思厚看见影神上衣服容貌，与思温元夜所见的无二，韩思厚泪下如雨。婆子道："夫人骨匣，只在桌下。夫人常提起教媳妇看，是个黑漆匣，有两个鍮石环儿。每遍提起，夫人须哭一番，和我道：'我与丈夫守节丧身，死而无怨。'"思厚听得说，乃恳婆子同揭起砖，取骨匣归葬金陵，当得厚谢。婆婆道："不妨。"三人同掇起供桌，揭起花砖，去掇匣子。用力掇之，不能得起，越掇越牢。思温急止二人："莫掇，莫掇！哥哥，须晓得嫂嫂通灵。今既取去，也要成礼。且出此间，备些祭仪，作文以白嫂嫂，取之方可。"韩思厚道："也说得是。"

三人再逾墙而去，到打线婆婆家，令仆人张谨买下酒脯、香烛之物，就婆婆家做祭文。等至天明，一同婆婆、仆人搬挈祭物，逾墙而入。在韩国夫人影堂内，铺排供养讫。

等至三更前后，香残烛尽，杯盘零落，星宿渡河汉之候，酌酒奠餐，三奠已毕。思厚当灵筵下披读祭文。读罢流泪如倾，把祭文同纸钱烧化。忽然起一阵狂风，这风吹得烛有光似无光，灯欲灭而不灭，三人浑身汗颤。风过处，听得一阵哭声。风定烛明，三人看时，烛光之下，见一妇女，媚脸如花，香肌似玉，项缠罗帕，步蹙金莲，敛袂向前，道声："叔叔万福。"二人大惊，叙礼。韩思厚执手向前，哽咽流泪。哭罢，郑夫人向着思厚道："昨者盱眙之事，我夫今已明矣。只今元夜秦楼，与叔叔相逢，不得尽诉衷曲。当时妾若贪生，必须玷辱我夫。幸而全君清德若瑾瑜，弃妾性命如土芥；致有今日，生死之隔，终天之恨。"说罢，又哭一次。

婆婆劝道："休哭，且理会迁骨之事。"郑夫人收哭而坐，三人进些饮馔，夫人略飨些气味。思温问："元夜秦楼下相逢，嫂嫂为韩国夫人宅眷，车后许多人，是人是鬼？"郑夫人道："太平之世，人鬼相分；今日之世，人鬼相杂。当时随车，皆非人也。"思厚道："贤妻为吾守节而亡，我当终身不娶，以报贤妻之德。今愿迁贤妻之香骨，共归金陵可乎？"夫人不从道："婆婆与叔叔在此，听奴说：今蒙贤夫念妾孤魂在此，岂不愿从夫？然须得常常看我，庶几此情不隔冥漠。倘若再娶，必不我顾，则不如不去为强。"三人再三力劝，夫人只是不肯，向思温道："叔叔岂不知你哥哥心性？我在生之时，他风流性格，难以拘管。今妾已作故人，若随他去，怜新弃旧，必然之理。"思温再劝道："嫂嫂听思温说，哥哥今来不比往日，感嫂嫂贞节而亡，绝不再娶。今哥哥来取,安忍不随回去?愿从思温之言。"

夫人向二人道:"谢叔叔如此苦苦相劝。若我夫果不昧心,愿以一言为誓,即当从命。"说罢,思厚以酒沥地为誓:"若负前言,在路盗贼杀戮,在水巨浪覆舟。"夫人急止思厚:"且住,且住!不必如此发誓。我夫既不重娶,愿叔叔为证见。"道罢,忽地又起一阵香风,香过,遂不见了夫人。三人大惊讶,复添上灯烛,去供桌底下揭起花砖,款款掇起匣子,全不费力。收拾逾墙而出,至打残婆婆家。

次晚,以白银三两,谢了婆婆;又以黄金十两,赠与思温,思温再辞方受。思厚别了思温,同仆人张谨,带骨匣归本驿。俟月余方得回书,令奉使归。思温将酒钱别,再三叮咛:"哥哥无忘嫂嫂之言。"

思厚同一行人从,负夫人骨匣,出燕山丰宜门,取路而归,月余,方抵盱眙。思厚到驿中歇泊,忽一人唱喏便拜。思厚看时,乃是旧仆人周义,今来谢天地,在此做个驿子。遂引思厚入房,只见挂一幅影神,画着个妇人;又有牌位儿上写着:"亡主母郑夫人之位。"思厚怪而问之,周义道:"夫人贞节,为官人而死。周义亲见,怎的不供奉夫人?"思厚因把燕山韩夫人宅中事,从头说与周义;取出匣子,教周义看了。周义展拜啼哭。思厚是夜与周义抵足而卧。

至次日天晓,周义与思厚道:"旧日二十余口,今则唯影是伴,情愿伏事官人去金陵。"思厚从其请,将带周义归金陵。思厚至本所,将回文呈纳。周义随着思厚,卜地于燕山之侧,备礼埋葬夫人骨匣毕。思厚不胜悲感,三日一诣坟所飨祭,至暮方归,遂令周义守坟茔。

忽一日,苏掌仪、许掌仪说:"金陵土星观观主刘金坛,虽是个女道士,德行清高。何不同往观中,做些功德,追荐令政?"思厚依从。选日同苏、许二人到土星观,来访刘金坛时,你说怎生打扮?但见:

> 顶天青巾,执象牙简,穿白罗袍,著翡翠履。不施朱粉,分明是梅萼凝霜;淡伫精神,仿佛如莲花出水。仪容绝世,标致非凡。

思厚一见,神魂散乱,目睁口呆。叙礼毕,金坛吩咐一面安排做九幽醮,且请众官到里面看灵芝。三人同入去,过二清殿、翠华轩,从八封坛房内,转入绛绡馆,原来灵芝在绛绡馆。众人去看灵芝,唯思厚独入金坛房内闲看。但见明窗净几,铺陈玩物。书案上文房四宝,压纸界方下露出些纸,信手取看时,是一幅词,上写着《浣溪沙》:

　　标致清高不染尘，星冠云氅紫霞裙。门掩斜阳无一事，抚瑶琴。

　　虚馆幽花偏惹恨，小窗闲月最消魂。此际得教还俗去，谢天尊！

　　韩思厚初观金坛之貌，已动私情；后观纸上之词，尤增爱念。乃作一词，名《西江月》。词道：

　　玉貌何劳朱粉，江梅岂类群花？终朝隐几论黄芽，不顾花前月下！

　　冠上星簪北斗，杖头经挂《南华》。不知何日到仙家，曾许彩鸾同跨。

　　拍手高唱此词。金坛变色焦躁说："是何道理？欺我孤弱，乱我观宇！命人取轿来，我自去见恩官，与你理会。"苏、许二人再四劝住，金坛不允。韩思厚就怀中取出金坛所作之词，教众人看，说："观主不必焦躁，这个词儿，是谁做的？"唬得金坛安身无地，把怒色都变做笑容，安排筵席，请众官共坐，饮酒作乐。都不管做功德追荐之事，酒阑，二人各有其情，甚相爱慕，尽醉而散。

　　这刘金坛原是东京人，丈夫是枢密院冯六承旨。因靖康年间同妻刘氏雇舟避难，来金陵去淮水上，冯六承旨被冷箭落水身亡。其妻刘氏发愿，就土星观出家，追荐丈夫。朝野知名，差做观主。此后韩思厚时常往来刘金坛处。

　　忽一日，苏、许二掌仪酿金备礼，在观中请刘金坛、韩思厚。酒至数巡，苏、许二人把盏劝思厚与金坛道："哥哥既与金坛相爱，乃是宿世因缘。今外议藉藉，不当稳便。何不还了俗，用礼通媒，娶为嫂嫂，岂不美哉！"思厚、金坛从其言。金坛以钱买人告还俗，思厚选日下定，娶归成亲。一个也不追荐丈夫，一个也不看顾坟墓。倚窗携手，惆怅论心。

　　成亲数日，看坟周义不见韩官人来上坟，自诣宅前探听消息。见当直在门前，问道："官人因甚这几日不来坟上？"当直道："官人娶了土星观刘金坛做了孺人，无工夫上坟。"周义是北人，性直，听说气忿忿地。恰好撞见思厚出来，周义唱喏毕，便着言语道："官人，你好负义！郑夫人为你守节丧身，你怎下得别娶孺人？"一头骂，一头哭夫人。韩思厚与刘金坛新婚，恐不好看，喝教当直们打出周义。周义闷闷不已，先归坟所。当日是清明，周义去夫人坟前哭着告诉许多。是夜，睡至三更，郑夫人叫周义道："你韩掌仪在那里住？"周义把思厚辜恩负义娶刘氏事，一一告诉他一番："如今在三十六丈街住，夫人自去寻他理会。"夫人道："我去寻他。"周义梦中惊觉，一身冷汗。

且说那思厚共刘氏新婚欢爱，月下置酒赏玩。正饮酒间，只见刘氏柳眉剔竖，杏眼圆睁，以手揪住思厚不放，道："你忒煞亏我，还我命来！"身是刘氏，语音是郑夫人的声气。吓得思厚无计可施，道："告贤妻饶恕。"那里肯放。正摆拨不下，忽报苏、许二掌仪步月而来望思厚。见刘氏揪住思厚不放二人解脱得手，思厚急走出，与苏、许二人商议，请笪桥铁索观朱法官来救治，即时遣张谨请到朱法官。法官见了刘氏道："此冤抑不可治之，只好劝谕。"刘氏自用手打掴其口与脸上，哭着告诉法官以燕山踪迹。又道："望法官慈悲做主。"朱法官再三劝道："当做功德追荐超生。如坚执不听，冒犯天条！"刘氏见说，哭谢法官："奴奴且退。"少刻，刘氏方苏。法官书符与刘氏吃，又贴符房门上，法官辞去，当夜无事。

次日，思厚赍香纸诣笪桥谢法官，方坐下，家中人来报说："孺人又中恶。"思厚再告法官，同往家中救治。法官云："若要除根好时，须将燕山坟发掘，取其骨匣，弃于长江，方可无事。"思厚只得依从所说，募土工人等，同往掘开坟墓，取出郑夫人骨匣，到扬子江边，抛放水中。自此，刘氏安然。恁地时，负心的无天理报应，岂有此理！

思厚负了郑义娘，刘金坛负了冯六承旨。至绍兴十一年，车驾幸钱塘，官民百姓皆从。思厚亦挈家离金陵，到于镇江，思厚因想金山胜景，乃赁舟同妻刘氏江岸下船，行到江心，忽听得舟人唱《好事近》词，道是：

往事与谁论？无语暗弹泪血。何处最堪怜？肠断黄昏时节。　　倚门凝望又徘徊，谁解此情切？何计可同归雁？趁江南春色。

思厚审听所歌之词，乃燕山韩国夫人郑氏义娘题屏风者，大惊，遂问稍公："此曲得自何人?"稍公答曰:"近有使命入国至燕山,满城皆唱此词,乃一打线婆婆,自韩国夫人宅中屏上录出来的。说是江南一官人浑家,姓郑,名义娘,因贞节而死,后来郑夫人丈夫私挈其骨归江南。此词传播中外。"思厚听得说,如万刀攒心,眼中泪下。须臾之间,忽见江中风浪俱生,烟涛并起,异鱼出没,怪兽掀波。见水上一人波心涌出,顶万字巾,把手揪刘氏云鬟,掷入水中。侍妾高声喊叫:"孺人落水!"急唤思厚救,那里救得!俄顷,又见一妇人,项缠罗帕,双眼圆睁,以手揪思厚,拽入波心而死。舟人欲救不能,遂惆怅而归。叹古今负义人皆如此,乃传之于人。诗曰:

> 一负冯君罹水厄,一亏郑氏丧深渊。
> 宛如孝女寻尸死,不若三闾为主愆。

第二十五卷

晏平仲二桃杀三士

大禹涂山御座开，诸侯玉帛走如雷。

防风谩有专车骨，何事兹辰最后来？

此篇言语，乃胡曾诗。昔三皇禅位，五帝相传；舜之时，洪水滔天，民不聊生。舜使鲧治水，鲧无能，其水横流。舜怒，将鲧殛于羽山，后使其子禹治水。禹疏通九河，皆流入海。三过其门而不入。会天下诸侯于会稽涂山，迟到误期者斩。唯有防风氏后至，禹怒而斩之，弃其尸于原野。后至春秋时，越国于野外，掘得一骨专车，言一车只载得一骨节，诸人不识，问于孔子，孔子曰："此防风氏骨也。被禹王斩之，其骨尚存。"有如此之大人也，当时防风氏正不知长大多少。古人长者最多，其性极淳，丑陋如兽者亦多，神农氏顶生肉角。岂不闻昔人有云："古人形似兽，却有大圣德；今人形似人，兽心不可测。"

今日说三个好汉，被一个身不满三尺之人，聊用微物，都断送了性命。昔春秋列国时，齐景公朝有三个大汉，一人姓田，名开疆，身长一丈五尺。其人生得面如噀血，目若朗星，雕嘴鱼腮，板牙无缝。比时曾随景公猎于桐山。忽然于西山之中，赶起一只猛虎来。其虎奔走，径扑景公之马。马见虎来，惊倒景公在地。田开疆在侧，不用刀枪，双拳直取猛虎。左手揪住项毛，右手挥拳而打，用脚望面门上踢，一顿打死那只猛虎，救了景公。文武百官，无不畏惧。景公回朝，封为寿宁君，是齐国第一个行霸道的。

却说第二个，姓顾名冶子，身长一丈三尺，面如泼墨，腮吐黄须，手似铜钩，牙如锯齿。此人曾随景公渡黄河，忽大雨骤至，波浪汹涌，舟船将覆。景公大惊，见云雾中火块闪烁，戏于水面。顾冶子在侧，言曰："此必是黄河之蛟也。"景公曰："如之

奈何？"顾冶子曰："主公勿虑，容臣斩之。"拔剑裸衣下水。少刻风浪俱息，见顾冶子手提蛟头，跃水而出。景公大骇，封为武安君，这是齐国第二个行霸道的。

第三个姓公孙名接，身长一丈二尺，头如累塔，眼生三角，板肋猿背，力举千斤。一日秦兵犯界，景公引军马出迎，被秦兵杀败，引军赶来，围住在凤鸣山。公孙接用铁阙一条，约至一百五十斤，杀入秦兵之内。秦兵十万，措手不及，救出景公。封为威远君，这是齐国第三个行霸道的。

这三个结为兄弟，誓说生死相托。三个不知文墨礼让，在朝廷横行，视君臣如同草木。景公见三人上殿，如芒刺在背。

一日，楚国使中大夫靳尚前来本国求和。原来齐、楚二邦乃是邻国，二国交兵二十余年，不曾解和。楚王乃命靳尚为使入见景公，奏曰："齐、楚不和，交兵岁久，民有倒悬之患。今特命臣入国讲和，永息刀兵。俺楚国襟三江而带五湖，地方千里，粟支数年，足食足兵，可为上国。王可裁之，得名获利。"

却说田、顾、公孙三人大怒，叱靳尚曰："量汝楚国，何足道哉！吾三人亲提雄兵，将楚国践为平地，人人皆死，个个不留。"喝靳尚下殿，教金瓜武士斩讫报来。

阶下转过一人，身长三尺八寸，眉浓目秀，齿白唇红，乃齐国丞相，姓晏名婴，字平仲，前来喝住武士，备问其详。靳尚说了，晏子便教放了靳尚，先回本国，吾当亲至讲和。乃上殿奏知景公。

三人大怒曰："吾欲斩之，汝何故放还本国？"晏子曰："岂不闻'两国战争，不斩来使'？他独自到这里，擒住斩之，邻国知道，万世笑端。晏婴不才，凭三寸舌，亲到楚国，令彼君臣，皆顿首谢罪于阶下，尊齐为上国，并不用刀兵士马，此计若何？"三士怒发冲冠，皆叱曰："汝乃黄口侏儒小儿，国人无眼，命汝为相，擅敢乱开大口！吾三人有诛龙斩虎之威，力敌万夫之勇，亲提精兵，平吞楚国。要汝何用？"景公曰："丞相既出大言，必有广学。且待入楚之后，若果获利，胜似典兵。"三士曰："且看侏儒小儿这回为使，若折了我国家气概，回来时砍为肉泥！"三士出朝。景公曰："丞相此行，不可轻忽。"晏子曰："主上放心，至楚邦，视彼君臣如土壤耳。"遂辞而行，从者十余人跟随。

车马已至郢都，楚国臣宰奏知。君臣商议曰："齐晏子乃舌辨之士，可定下计策，先塞其口，令不敢来说词。"君臣定计了，宣晏子入朝。晏子到朝门，见金门不开，下面闸板止留半段，意欲令晏子低头钻入，以显他矮小辱之。晏子望见下面便钻，从人急止之曰："彼见丞相矮小，故以辱之，何中其计？"晏子大笑曰："汝等岂知之耶？吾闻人有人门，狗有狗窦。使于人，即当进人门；使于狗，即当进狗窦。有何疑焉？"楚臣听之，火急开金门而接。晏子旁若无人，昂然而入。

至殿下，礼毕，楚王问曰："汝齐国地狭人稀乎？"晏子曰："臣齐国东连海岛，西跨魏秦，北拒赵燕，南吞吴楚，鸡鸣犬吠相闻，数千里不绝，安得为地狭耶？"楚王曰："地土虽阔，人物却少。"晏子曰："臣国中人呵气如云，沸汗如雨，行者摩肩，立者并迹，金银珠玉，堆积如山，安得人物稀少耶？"楚王曰："既然地广人稠，何故使一小儿来吾国中为使耶？"晏子答曰："使于大国者，则用大人；使于小国者，则当用小儿。因此特命晏婴到此。"楚王视臣下，无言可答。请晏婴上殿，命座。侍臣进酒，晏子欣然畅饮，不以为意。

少刻，金瓜簇拥一人至筵前，其人口称冤屈。晏子视之，乃齐国带来从者，问得何罪，楚臣对曰："来筵前作贼，盗酒器而出，被户尉所获，乃真赃正犯也。"其人曰："实不曾盗，乃户尉图赖。"晏子曰："真赃正犯，尚敢抵赖，速与吾牵出市曹斩之。"楚臣曰："丞相远来，何不带诚实之人？令从者作贼，其主岂不羞颜？"晏子曰："此人自幼跟随，极知心腹，今日为盗，有何难见？昔在齐国是个君子，今到楚国却为小人，乃风俗之所变也。吾闻江南洞庭有一树，生一等果，其名曰橘，其色黄而香，其味甜而美，若将此树移于北方，结成果木，乃名枳实，其色青而臭，其味酸而苦。名谓南橘北枳，便分两等，乃风俗之不等也。以此推之，在齐不为盗，在楚为盗，更复何疑？"

楚王大惭，急离御座，拱手于晏子曰："真乃贤士也。吾国中大小公卿，万不及一。愿赐见教，一听严命。"

晏子曰："王上安坐，听臣一言。齐国中有三士，皆万夫不当之勇，久欲起兵来吞楚国。吾力言不可：齐楚不睦，苍生受害，心何忍焉？今臣特来讲和，王上可亲诣齐国和亲，结为唇齿之邦，歃血为盟。若邻国加兵，互相救应，永无侵扰，可保万年之基业。若不听臣，祸不远矣。非臣相吓，愿王裁之。"王曰："闻公之才，寡人情愿和亲。但所患者,齐三士皆无仁义之人,吾不敢去。"晏子曰:"王上放心,臣愿保驾。聊施小计,教三士死于大王之前,以绝两国之患。"楚王曰:"若三士俱亡,吾宁为小邦,年朝岁贡而无怨。"晏子许之。楚王乃大设筵席,送令先去,随后收拾进献礼物而至。

晏子先使人归报,齐景公闻之大喜,令大小公卿:"尽随吾出郭迎接丞相。"三士闻之,转怒。晏子至,景公下车而迎,慰劳已毕,同载而回,齐国之人看者塞途。晏子辞景公回府。

次日入宫,见三士在阁下博戏,晏子进前施礼。三士亦不回顾,傲忽之气,旁若无人。晏子侍立久之,方自退。入见景公,说三士如此无礼。景公曰:"此三人如常带剑上殿,视吾如小儿,久必篡位矣。素欲除之,恨力不及耳。"晏子曰:"主上宽心,来朝楚国君臣皆至,可大张御宴。待臣于筵间,略施小计,令三士皆自杀,何如?"景公曰:"计将安出?"晏子曰:"此三人者皆一勇匹夫,并无谋路,若……如此如此,祸必除矣。"景公喜。

次日,楚王引文武官僚百余员,车载金珠玩好之物,亲至朝门。景公请入,楚王先下拜,景公忙答礼罢,二君分宾主而坐。楚王令群臣罗拜阶下,楚王拱手伏罪曰:"二十年间,多有凶犯。今因丞相之言,特来请罪。薄礼上贡,望乞恕纳。"齐景公谢讫,大设筵宴,二国君臣相庆。三士带剑立于殿下,昂昂自若。晏子进退揖让,并不诣于三士。

酒至半酣,景公曰:"御园金桃已熟,可采来筵间食之。"须臾,一宫监金盘内捧出五枚。齐王曰:"园中桃树,今岁止收五枚,味甜气香,与他树不同。丞相捧杯进酒,以庆此桃。"上古之时,桃树难得,今园中有此五枚,为希罕之物。晏子捧玉爵行酒,先进楚王。饮毕,食其一桃。又进齐王,饮毕,食其一桃。齐主曰:"此桃非易得之物,丞相合二国和好,如此大功,可食一桃。"晏子跪而食之,赐酒一爵。

齐王曰:"齐、楚二国公卿之中,言其功勋大者,当食此桃。"田开疆挺身而出,立于筵上而言曰:"昔从主公猎于桐山,力诛猛虎,其功若何?"齐王曰:"擎王保驾,功莫大焉。"晏子慌忙进酒一爵,食桃一枚,归于班部。

顾冶子奋然便出,曰:"诛虎者未为奇,吾曾斩长蛟于黄河,救主上回故国,觑洪波巨浪,如登平地,此功若何?"王曰:"此概世之功也,进酒赐桃,又何疑哉?"晏子慌忙进酒赐桃。

公孙接撩衣破步而出,曰:"吾曾于十万军中,手挥铁阗,救主公出,军中无敢近者,此功若何?"齐王曰:"据卿之功,极天际地,无可比者;争奈无桃可赐,赐酒一杯,以待来年。"晏子曰:"将军之功最大,可惜言之太迟,以此无桃,掩其大功。"公孙接按剑而言曰:"诛龙斩虎,小可事耳。吾纵横于十万军中,如入无人之境,力救主上,建立大功,反不能食桃,受辱于两国君臣之前,为万代之耻笑,安有面目立于朝廷耶?"言讫,遂拔剑自刎而死。田开疆大惊,亦拔剑而言曰:"我等微功而食桃,兄弟功大反不得食,吾之羞耻,何日可脱?"言讫,自刎而死。顾冶子奋气大呼曰:"吾三人义同骨肉,誓同生死;二人既亡,吾安能自活?"言讫,亦自刎而亡。晏子笑曰:"非二桃不能杀三士,今已绝虑,吾计若何?"楚王下坐,拜伏而叹曰:"丞相神机妙策,安敢不伏耶?自今以后,永尊上国,誓无侵犯。"齐王将三士敕葬于东门外。

自此齐、楚连和,绝其士马。齐为霸国。晏子名杨万世,宣圣亦称其善。后来诸葛孔明曾为《梁父吟》,单道此事。吟曰:

> 步出齐城门,遥望汤阴里;里中有三坟,累累正相似。问是谁家冢?田疆古冶子。力能排南山,文能绝地纪;一朝被谗言,二桃杀三士。谁能为此谋? 相国齐晏子。

又《满江红》词一篇,古人单道此事。词云:

> 齐景雄风,因习战海滨畋猎。正驱驰忽逢猛兽,众皆惊绝。壮士开疆能奋勇,双拳杀虎身流血。救君危、拜爵宠恩荣,真豪杰! 古冶子,除妖孽;强秦战,公孙接。笑三人恃勇,在齐猖獗。只被晏婴施小巧,二桃中计皆身灭。齐东门、累累有三坟,荒郊月。

第二十六卷

沈小官一鸟害七命

飞禽惹起祸根芽,七命相残事可嗟。

奉劝世人须鉴戒,莫教儿女不当家。

话说大宋徽宗朝,宣和三年,海宁郡武林门外北新桥下,有一机户,姓沈名昱,字必显。家中颇为丰足,娶妻严氏,夫妇恩爱。单生一子,取名沈秀,年长一十八岁,未曾婚娶。其父专靠织造段匹为活,不想这沈秀不务本分生理,专好风流闲耍,养画眉过日。父母因惜他一子,以此教训他不下。街坊邻里取他一个浑名,叫作"沈鸟儿"。每日五更,提了画眉,奔入城中柳林里来拖画眉,不只一日。

忽至春末夏初,天气不暖不寒,花红柳绿之时。当日沈秀侵晨起来,梳洗罢,吃了些点心,打点笼儿,盛着个无比赛的画眉。这畜生只除天上有,果系世间无,将他各处去斗,俱斗他不过,成百十贯赢得。因此十分爱惜他,如性命一般。做一个金漆笼儿:黄铜钩子,哥窑的水食罐儿,绿纱罩儿。提了在手,摇摇摆摆,径奔入城,往柳林里去拖画眉。不想这沈秀一去,死于非命。好似:

猪羊进入宰生家,一步步来寻死路。

当时沈秀提了画眉,径到柳林里来。不意来得迟了些,众拖画眉的俱已散了,净荡荡黑阴阴,没一个人往来。沈秀独自一个,把画眉挂在柳树上,叫了一回。沈秀自觉没情没绪,除了笼儿,正要回去,不想小肚子一阵疼,滚将上来,一块儿蹲到在地上。原来沈秀有一件病在身上,叫作"主心馄饨",一名"小肠疝气",每常一发一个小死。其日想必起得早些,况又来迟,众人散了,没些情绪,闷上心来。这一次

甚是发得凶。一跤倒在柳树边，有两个时辰不醒人事。

你道事有凑巧，物有偶然。这日有个箍桶的，叫作张公，挑着担儿，径往柳林里，穿过褚家堂做生活。远远看见一个人，倒在树边，三步那做两步，近前歇下担儿。看那沈秀，脸色腊查黄的，昏迷不醒，身边并无财物，止有一个画眉笼儿，这畜生此时越叫得好听。所以一时见财起意，穷极计生，心中想道："终日括得这两分银子，怎地得快活？"只是这沈秀当死，这画眉见了张公，分外叫得好。张公道："别的不打紧，只这个画眉，少也值二三两银子。"便提在手，却待要走。不意沈秀正苏醒，开眼见张公提着笼儿，要挣身子不起，只一里骂道："老王八，将

我画眉那里去？"张公听骂，"这小狗人的，忒也嘴尖！我便拿去，他倘爬起赶来，我倒反吃他亏。一不做，二不休，左右是歹了。"却去那桶里取出一把削桶的刀来，把沈秀按住一勒，那湾刀又快，力又使得猛，那头早滚在一边。张公也慌张了，东观西望，恐怕有人撞见。却抬头见一株空心杨柳树，连忙将头提起，丢在树中。将刀放在桶内，笼儿挂在担上，也不去褚家堂做生活，一道烟径走。穿街过巷，投一个去处。你道只因这个画眉，生生的害了几条性命。正是：

　　人间私语，天闻若雷。暗室亏心，神目如电。

当时张公一头走，一头心里想道："我见湖州墅里客店内，有个客人，时常要买虫蚁，何不将去卖与他？"一径望武林门外来。

也是前生注定的劫数，却好见三个客人，两个后生跟着，共是五人，正要收拾货物回去，却从门外进来客人，俱是东京汴梁人。内中有个姓李名吉，贩卖生药。此人平昔也好养画眉，见这箍桶担上，好个画眉，便叫张公，借看一看。张公歇下担子，那客人看那画眉，毛衣并眼，生得极好，声音又叫得好，心里爱他，便问张公："你

肯卖吗?"此时张公巴不得脱祸,便道:"客官,你出多少钱?"李吉转看转好,便道:"与你一两银子。"张公自道着手了,便道:"本不当计较,只是爱者如宝,添些便罢。"那李吉取出三块银子,秤秤看到有一两二钱,道:"也罢。"递与张公。张公接过银子,看一看,将来放在荷包里,将画眉与了客人,别了便走。口里道:"发脱得这祸根,也是好事。"不上街做生理,一直奔回家去,心中也自有些不爽利。正是:

> 作恶恐遭天地责,欺心犹怕鬼神知。

原来,张公正在涌金门城脚下住,止婆老两口儿,又无儿子。婆儿见张公回来,便道:"篾子一条也不动,缘何又回来得早?有甚事干?"张公只不答应,挑着担子,径入歇下,转身关上大门,道:"阿婆,你来,我与你说话。恰才……"如此如此,"谋得这一两二钱银子,与你权且快活使用。"两口儿欢天喜地,不在话下。

却说柳林里无人来往,直至巳牌时分,两个挑粪庄家,打从那里过,见了这没头尸首挡在地上,吃了一惊,声张起来。当坊里甲邻佑,一时嚷动。本坊申呈本县,本县申府。次日,差官吏仵作人等,前来柳荫里,检验得浑身无些伤痕,只是无头,又无苦主。官吏回复本府,本府差应捕挨获凶身。城里城外,纷纷乱嚷。

却说沈秀家,到晚不见他回来,使人去各处寻不见。天明,央人入城寻时,只见湖州墅嚷道:"柳林里杀死无头尸首。"沈秀的娘听得说,想道:"我的儿子昨日入城拖画眉,至今无寻他处,莫不得是他?"连叫:"丈夫,你必须自进城打听。"沈昱听了一惊,慌忙自奔到柳林里。看了无头尸首,仔细定睛,上下看了衣服,却认得是儿子,大哭起来。本坊里甲道:"苦主有了,只无凶身。"其时沈昱径到临安府告说:"是我的儿子,昨日五更入城拖画眉,不知怎的被人杀了?望老爷做主!"本府发放各处应捕及巡捕官,限十日内要捕凶身着。

沈昱具棺木盛了尸首,放在柳林里。一径回家,对妻说道:"是我儿子,被人杀了,只不知将头何处去了。我已告过本府,本府着捕人各处捉获凶身。我且自买棺木盛了,此事如何是好?"严氏听说,大哭起来,一跤跌倒。不知五脏何如,先见四肢不举。正是:

> 身如五鼓衔山月,气似三更油尽灯。

当时众人灌汤,救得苏醒,哭道:"我儿日常不听好人之言,今日死无葬身之地。

我的少年的儿,死得好苦!谁想我老来无靠!"说了又哭,哭了又说,茶饭不吃。丈夫再三苦劝,只得勉强。过了半月,并无消息。

沈昱夫妻二人商议:"儿子平昔不依教训,致有今日祸事,吃人杀了,没捉获处,也只得没奈何,但得全尸也好。不若写个帖子,告禀四方之人,倘得见头,全了尸首,待后又作计较。二人商议已定,连忙便写了几张帖子,满城去贴,上写:"告知四方君子,如有寻获得沈秀头者,情愿赏钱一千贯;捉得凶身者,愿赏钱二千贯。"将此情告知本府,本府亦限捕人寻获,亦出告示道:"如有人寻得沈秀头者,官给赏钱五百贯;如捉获凶身者,赏钱一千贯。"告示一出,满城哄动不题。

且说南高峰脚下,有一个极贫老儿,姓黄,浑名叫作黄老狗。一生为人鲁拙,抬轿营生。老来双目不明,止靠两个儿子度日。大的叫作大保,小的叫作小保。父子三人,正是衣不遮身,食不充口,巴巴急急,口食不敷。一日,黄老狗叫大保、小保到来,"我听得人说,什么财主沈秀吃人杀了,没寻头处。今出赏钱,说有人寻得头者,本家赏钱一千贯,本府又给赏五百贯。我今叫你两个别无话说。"我今左右老了,又无用处,又不看见,又没趁钱。做我着,教你两个发迹快活。你两个今夜将我的头割了,埋在西湖水边。过了数日,待没了认色,却将去本府告赏,共得一千五百贯钱,却强似今日在此受苦。此计大妙,不宜迟,倘被别人先做了,空折了性命。"只因这老狗失志,说了这几句言语,况兼两个儿子,又是愚蠢之人,不省法度的。正是:

口是祸之门,舌是斩身刀;
闭口深藏舌,安身处处牢。

当时,两个出到外面商议。小保道:"我爷设这一计大妙,便是做主将元帅,也没这计策。好便好了,只是可惜没了一个爷。"大保做人又狠又呆,道:"看他左右只在早晚要死,不若趁这机会杀了,去山下掘个坑埋了,又无踪迹,那里查考?这个叫作'趁汤推',又唤做'一抹光'。天理人心,又不是我们逼他,他自叫我们如此如此。"小保道:"好倒好,只除等睡熟了,方可动手。"

二人计较已定,却去东奔西走,赊得两瓶酒来。父子三人,吃得大醉,东倒西歪。一觉直到三更,两人爬将起来,看那老子正齁齁睡着。大保去灶前摸了一把厨刀,去爷的项上一勒,早把这颗头割下了。连忙将破衣包了,放在床边。便去山脚下掘个深坑,扛去埋了。也不等天明,将头去南屏山藕花居湖边浅水处埋了。

过半月入城,看了告示,先走到沈昱家报说道:"我二人昨日因捉虾鱼,在藕花居边,看见一个人头,想必是你儿子头。"沈昱见说道:"若果是,便赏你一千贯钱,一分不少。"便去安排酒饭吃了,同他两个径到南屏山藕花居湖边。浅土隐隐盖着一头,提起看时,水浸多日,澎涨了,也难辨别。想必是了。若不是时,那里又有这个人头在此?

沈昱便把手帕包了,一同两个,径到府厅告说:"沈秀的头有了。"知府再三审问,二人答道:"因捉虾鱼,故此看见,并不晓别项情由。"本府准信,给赏五百贯,二人领了,便同沈昱将头到柳林里,打开棺木,将头凑在项上,依旧钉了,就同二人回家。严氏见说儿子头有了,心中欢喜,随即安排酒饭,管待二人,与了一千贯赏钱。二人收了,作别回家,便造房屋,买农具家生。二人道:"如今不要似前抬轿。我们勤力耕种,挑卖山柴,也可度日。"不在话下。正是光阴似箭,日月如梭,不觉过了数月,官府也懈了,日远日疏,俱不题了。

却说沈昱是东京机户,轮该解段匹到京。待各机户段匹完日,到府领了解批,回家吩咐了家中事务起身。此一去,只因沈昱看见了自家虫蚁,又屈害了一条性命。正是:

> 非理之财莫取,非理之事莫为;
> 明有刑法相系,暗有鬼神相随。

却说沈昱在路,饥餐渴饮,夜住晓行,不只一日,来到东京。把段匹一一交纳过了,取了批回,心下思量:"我闻京师景致,比别处不同,何不闲看一遭,也是难逢难遇之事。"其名山胜概,庵观寺院,出名的所在,都走了一遭。偶然打从御用监禽鸟房门前经过,那沈昱心中是爱虫蚁的,意欲进去一看。因门上用了十数个钱,得放进去闲看。只听得一个画眉,十分叫得巧好,仔细看时,正是儿子不见的画眉。那画眉见了沈昱眼熟,越发叫得好听,又叫又跳,将头颠沈昱数次。沈昱见了,想起儿子,千行泪下,心中痛苦,不觉失声,叫起屈来,口中只叫得:"有这等事!"

那掌管禽鸟的校尉喝道:"这厮好不知法度,这是什么所在,如此大惊小怪起来!"沈昱痛苦难伸,越叫得响了。那校尉恐怕连累自己,只得把沈昱拿了,送到大理寺。大理寺官便喝道:"你是那里人,敢进内御用之处,大惊小怪?有何冤屈之事?好好直说,便饶你罢。"沈昱就把儿子拖画眉被杀情由,从头诉说了一遍。

大理寺官听说,呆了半晌,想这禽鸟是京民李吉进贡在此,缘何有如此一节隐情。"便差人火速捉拿李吉到官,审问道:"你为何在海宁郡将他儿子谋杀了,却将他的画眉来此进贡？——明白供招，免受刑罚。"李吉道："先因往杭州买卖，行至武林门里，撞见一个箍桶的担上，挂着这个画眉，是吉因见他叫得巧，又生得好，用价一两二钱，买将回来。因他好巧，不敢自用，以此进贡上用。并不知人命情由。"勘官问道："你却赖与何人！这画眉就是实迹了，实招了罢。"李吉再三哀告道："委的是问个箍桶的老儿买的，并不知杀人情由，难以屈招。"勘官又问："你既是问老儿买的，那老儿姓甚名谁？那里人氏？供得明白，我这里行文拿来，问理得实，即便放你。"李吉道："小人是路上逢着买的，实不知姓名，那里人氏？"勘官骂道："这便是含糊了，将此人命推与谁偿？据这画眉，便是实迹，这厮不打不招！"再三拷打，打得皮开肉绽。李吉痛苦不过，只得招做"因见画眉生得好巧，一时杀了沈秀，将头抛弃"情由。遂将李吉送下大牢监候。大理寺官具本奏上朝廷，圣旨道：李吉委的杀死沈秀，画眉见存，依律处斩。将画眉给还沈昱，又给了批回，放还原籍，将李吉押发市曹斩首。正是：

> 老龟煮不烂，移祸于枯桑。

当时恰有两个同与李吉到海宁郡来做买卖的客人，踌躇不下，"有这等冤屈事！明明是买的画眉。我欲待替他申诉，争奈卖画眉的人虽认得，我亦不知其姓名，况且又在杭州。冤倒不辩得，和我连累了，如何出豁？只因一个畜生，明明屈杀了一条性命。除我们不到杭州，若到，定要与他讨个明白。"也不在话下。

却说沈昱收拾了行李，带了画眉，星夜奔回。到得家中，对妻说道："我在东京替儿讨了命了。"严氏问道："怎生得来？"沈昱把在内监见画眉一节，从头至尾，说了一遍。严氏见了画眉，大哭了一场，睹物伤情，不在话下。

次日，沈昱提了画眉，本府来销批，将前项事情，告诉了一遍。知府大喜道："有这等巧事。"正是：

> 劝君莫作亏心事，古往今来放过谁。

休说人命关天，岂同儿戏。知府发放道："既是凶身获着斩首，可将棺木烧化。"沈昱叫人将棺木烧了，就撒了骨殖。不在话下。

却说当时同李吉来杭州卖生药的两个客人，一姓贺，一姓朱，有些药材，径到杭州湖墅客店内歇下，将药材一一发卖讫。当为心下不平，二人径入城来，探听这个箍桶的人。寻了一日，不见消耗。二人闷闷不已，回归店中歇了。

次日，又进城来，却好遇见一个箍桶的担儿。二人便叫住道："大哥，请问你，这里有一个箍桶的老儿，这般这般模样，不知他姓甚名谁，大哥你可认得吗？"那人便道："客官，我这箍桶行里，止有两个老儿：一个姓李，住在石榴园巷内；一个姓张，住在西城脚下。不知那一个是？"二人谢了，径到石榴园来寻。只见李公正在那里劈篾，二人看了，却不是他。又寻他到西城脚下，二人来到门首，便问："张公在吗？"张婆道："不在，出去做生活去了。"二人也不打话，一径且回。正是未牌时分，二人走不上半里之地，远远望见一个箍桶担儿来。有分直教此人偿了沈秀的命，明白了李吉的事。正是：

恩义广施，人生何处不相逢？ 冤仇莫结，路逢狭处难回避。

其时，张公望南回来，二人朝北而去，却好劈面撞见。张公不认得二人，二人却认得张公，便拦住问道："阿公高姓？"张公道："小人姓张。"又问道："莫非是在西城脚下住的？"张公道："便是，问小人有何事干？"二人便道："我店中有许多生活要箍，要寻个老成的做，因此问你。你如今那里去？"张公道："回去。"三人一头走，一头说，直走到张公门首。张公道："二位请坐吃茶。"二人道："今日晚了，明日再来。"张公道："明日我不出去了，专等专等。"

二人作别，不回店去，径投本府首告。正是本府晚堂，直入堂前跪下。把沈昱认画眉一节，李吉被杀一节，撞见张公买画眉一节，一一诉明。"小人两个不平，特与李吉讨命，望老爷细审张公，不知怎地得画眉？"府官道："沈秀

盗回百鸟公偿，比沈秀

的事，俱已明白了，凶身已斩了，再有何事？"二人告道："大理寺官不明，只以画眉为实，更不推详来历，将李吉明白屈杀了。小人路见不平，特与李吉讨命。如不是实，

怎敢告扰？望乞怜悯做主。"知府见二人告得苦切，随即差捕人连夜去捉张公。好似：

数只皂雕追紫燕，一群猛虎啖羊羔。

其夜众公人奔到西城脚下，把张公背剪绑了，解上府去，送大牢内监了。次日，知府升堂，公人于牢中取出张公跪下。知府道："你缘何杀了沈秀，反将李吉偿命？今日事露，天理不容。"喝令好生打着。直落打了三十下，打得皮开肉绽，鲜血淋漓。再三拷打，不肯招承。两个客人并两个伴当齐说："李吉便死了，我四人见在，眼同将一两二钱银子，买你的画眉，你今推却何人？你若说不是你，你便说这画眉从何来？实的虚不得，支吾有何用处？"张公犹自抵赖。知府大喝道："画眉是真赃物，这四人是真证见，若再不招，取夹棍来夹起。"张公惊慌了，只得将前项盗取画眉，勒死沈秀一节，一一供招了。知府道："那头彼时放在那里？"张公道："小人一时心慌，见侧边一株空心柳树，将头丢在中间。随提了画眉，径出武林门来，偶撞见三个客人，两个伴当，问小人买了画眉，得银一两二钱，归家用度。所供是实。"

知府令张公画了供，又差人去拘沈昱，一同押着张公，到于柳林里寻头。哄动街市上之人无数，一齐都到柳林里来看寻头。只见果有一株空心柳树，众人将锯放倒，众人发一声喊，果有一个人头在内。提起看时，端然不动。沈昱见了这头，定睛一看，认得是儿子的头，大哭起来，昏迷倒地，半饷方醒。遂将帕子包了。押着张公，径上府去。知府道："既有了头，情真罪当。"取具大枷枷了，脚镣手杻钉了，押送死囚牢里，牢固监候。

知府又问沈昱道："当时那两个黄大保、小保，又那里得这人头来请赏？事有可疑。今沈秀头又有了，那头却是谁人的？"随即差捕人去拿黄大保兄弟二人，前来审问来历。沈昱眼同公人，径到南山黄家，捉了弟兄两个，押到府厅，当厅跪下。知府道："杀了沈秀的凶身，已自捉了，沈秀的头见已追出。你弟兄二人谋死何人，将头请赏？一一承招，免得吃苦。"大保、小保被问，口隔心慌，答应不出。知府大怒，喝令吊起拷打半日，不肯招承，又将烧红烙铁烫他，二人熬不过死去，将水喷醒，只得口吐真情，说道："因见父亲年老，有病伶仃，一时不合将酒灌醉，割下头来，埋在西湖藕花居水边，含糊请赏。"知府道："你父亲尸骸埋在何处？"两个道："就埋在南高峰脚下。"当时押发二人到彼，掘开看时，果有没头尸骸一副，埋藏在彼。依先押二人到于府厅，回话道："南山脚下，浅土之中，果有没头尸骸一副。"知府道："有这等事！真乃逆天之事，世间有这等恶人！口不欲说，耳不欲闻，笔不欲书，就一顿打死他倒干净，此恨怎的消得！"喝令手下不要计数，先打一会，打得二人死而复醒者数次。讨两面大枷枷了，送入死囚牢里，牢固监候。沈昱并原告人，宁家听候。

随即具表申奏，将李吉屈死情由奏闻。奉圣旨着刑部及都察院，将原问李吉大理寺官好生勘问，随贬为庶人，发岭南安置。李吉平人屈死，情实可矜，着官给赏钱一千贯，除子孙差役。张公谋财故杀，屈害平人，依律处斩，加罪凌迟，剐割二百四十刀，分尸五段。黄大保、小保，贪财杀父，不分首从，俱各凌迟处死，剐二百四十刀，分尸五段，枭首示众。"正是：

　　湛湛青天不可欺，未曾举意早先知。
　　劝君莫作亏心事，古往今来放过谁？

一日文书到府，差官吏仵作人等，将三人押赴木驴上，满城号令三日，律例凌迟分尸，枭首示众。其时张婆听得老儿要剐，来到市曹上，指望见一面。谁想仵作见了行刑牌，各人动手碎剐，其实凶险，惊得婆儿魂不附体，折身便走。不想被一绊，跌得重了，伤了五脏，回家身死。正是：

　　积善逢善，积恶逢恶。
　　仔细思量，天地不错。

第二十七卷

金玉奴棒打薄情郎

枝在墙东花在西,自从落地任风吹。

枝无花时还再发,花若离枝难上枝。

这四句,乃昔人所作《弃妇词》,言妇人之随夫,如花之附于枝;枝若无花,逢春再发;花若离枝,不可复合。劝世上妇人,事夫尽道,同甘同苦,从一而终;休得慕富嫌贫,两意三心,自贻后悔。

且说汉朝一个名臣,当初未遇时节,其妻有眼不识泰山,弃之而去,到后来,悔之无及。你说那名臣何方人氏?姓甚名谁?那名臣姓朱,名买臣,表字翁子,会稽郡人氏。家贫未遇,夫妻二口,住于陋巷蓬门。每日买臣向山中砍柴,挑至市中,卖钱度日。性好读书,手不释卷。肩上虽挑却柴担,手里兀自擒着书本,朗诵咀嚼,且歌且行。市人听惯了,但闻读书之声,便知买臣挑柴担来了,可怜他是个儒生,都与他买。更兼买臣不争价钱,凭人估值,所以他的柴比别人容易出脱。一般也有轻薄少年及儿童之辈,见他又挑柴,又读书,三五成群,把他嘲笑戏侮,买臣全不为意。一日,其妻出门汲水,见群儿随着买臣柴担,拍手共笑,深以为耻。买臣卖柴回来,其妻劝道:"你要读书,便休卖柴;要卖柴,便休读书。许大年纪,不痴不颠,却做出恁般行径,被儿童笑话,岂不羞死!"买臣答道:"我卖柴以救贫贱,读书以取富贵,各不相妨,由他笑话便了。"其妻笑道:"你若取得富贵时,不去卖柴了。自古及今,那见卖柴的人做了官?却说这没把鼻的话!"买臣道:"富贵贫贱,各有其时。有人算我八字,到五十岁上,必然发迹。常言'海水不可斗量',你休料我。"其妻道:"那算命先生,见你痴颠模样,故意耍笑你,你休听信。到五十岁时,连柴担也挑不动,饿死是有分的,还想做官!除是阎罗王殿上,少个判官,等你去做!"买臣道:"姜太公

图文珍藏版

金玉奴棒打薄情郎

八十岁，尚在渭水钓鱼。遇了周文王，以后车载之，拜为尚父。本朝公孙弘丞相，五十九岁上还在东海牧豕。整整六十岁，方才际遇今上，拜将封侯。我五十岁上发迹，比甘罗虽迟，比那两个还早，你须耐心等去。"其妻道："你休得攀今吊古。那钓鱼牧豕的，胸中都有才学；你如今读这几句死书，便读到一百岁，只是这个嘴脸，有甚出息？晦气做了你老婆！你被儿童耻笑，连累我也没脸皮。你不听我言，抛却书本，我绝不跟你终身，各人自去走路，休得两相耽误了。"买臣道："我今年四十三岁了，再七年便是五十。前长后短，你就等耐，也不多时。直恁薄情，舍我而去，后来须要懊悔！"其妻道："世上少甚挑柴担的汉子，懊悔甚么来？我若再守你七年，连我这骨头不知饿死于何地了。你倒放我出门，做个方便，活了我这条性命。"买臣见其妻决意要去，留他不住，叹口气道："罢，罢，只愿你嫁得丈夫，强似朱买臣的便好。"其妻道："好歹强似一分儿。"说罢，拜了两拜，欣然出门而去，头也不回。买臣感慨不已，题诗四句于壁上云：

嫁犬逐犬，嫁鸡逐鸡。

妻自弃我，我不弃妻。

买臣到五十岁时，值汉武帝下诏求贤。买臣到西京上书，待诏公车。同邑人严助荐买臣之才。天子知买臣是会稽人，必知本土民情利弊，即拜为会稽太守，驰驿赴任。会稽长吏闻新太守将到，大发人夫，修治道路。买臣妻的后夫亦在役中，其妻蓬头跣足，随伴送饭。见太守前呼后拥而来，从旁窥之，乃故夫朱买臣也。买臣在车中，一眼瞧见，还认得是故妻，遂使人招之，载于后车。到府第中，故妻羞惭无地，叩头谢罪。买臣教请他后夫相见。不多时，后夫唤到，拜伏于地，不敢仰视。买臣大笑，对其妻道："似此人，未见得强似我朱买臣也。"其妻再三叩谢，自悔有眼无珠,愿降为婢妾,伏事终身。买臣命取水一桶,泼于阶下,向其妻说道:"若泼水可复收,则汝亦可复合。念你少年结发之情,判后园隙地,与汝夫妻耕种自食。"其妻随后夫走出府第,路人都指着说道:"此即新太守夫人也。"于是羞极无颜,到于后园,遂投河而死。有诗为证:

漂母尚知怜饿士,亲妻忍得弃贫儒。早知覆水难收取,悔不当初任读书。

又有一诗说欺贫重富,世情皆然,不止一买臣之妻也。诗曰:

尽看成败说高低,谁识蛟龙在污泥?
莫怪妇人无法眼,普天几个负羁妻!

这个故事,是妻弃夫的。如今再说一个夫弃妻的,一般是欺贫重富,背义忘恩,后来徒落得个薄幸之名,被人讲论。

话说故宋绍兴年间,临安虽然是个建都之地,富庶之乡,其中乞丐的依然不少。那丐户中有个为头的,名曰"团头",管着众丐。众丐叫化得东西来时,团头要收他日头钱。若是雨雪时,没处叫化,团头却熬些稀粥,养活这伙丐户,破衣破袄,也是团头照管。所以这伙丐户,小心低气,服着团头,如奴一般,不敢触犯。那团头见成收些常例钱,一般在众丐户中放债盘利,若不嫖不赌,依然做起大家事来。他靠此为生,一时也不想改业。只是一件:"团头"的名儿不好。随你挣得有田有地,几代发迹,终是个叫化头儿,比不得平等百姓人家。出外没人恭敬,只好闭着门,自屋里做大。虽然如此,若数着"良贱"二字,只说娼、优、隶、卒,四般为贱流,到数不着那乞丐。看来乞丐只是没钱,身上却无疤瘢。假如春秋时伍子胥逃难,也曾吹箫于吴市中乞食;唐时郑元和做歌郎,唱《莲花落》;后来富贵发达,一床锦被遮盖,这都是叫化中出色的。可见此辈虽然被人轻贱,到不比娼、优、隶、卒。

闲话休题,如今且说杭州城中一个团头,姓金,名老大。祖上到他,做了七代团头了,挣得个完完全全的家事。住的有好房子,种的有好田园,穿的有好衣,吃的有好食;真个廒多积粟,囊有余钱,放债使婢。虽不是顶富,也是数得着的富家了。那金老大有志气,把这团头让与族人金癞子做了,自己见成受用,不与这伙丐户歪缠。然虽如此,里中口顺,还只叫他是团头家,其名不改。金老大年五十余,丧妻无子,

止存一女,名唤玉奴。那玉奴生得十分美貌,怎见得? 有诗为证:

> 无瑕堪比玉,有态欲羞花。
>
> 只少宫妆扮,分明张丽华。

金老大爱此女如同珍宝,从小教他读书识字。到十五六岁时,诗赋俱通,一写一作,信手而成。更兼女工精巧,亦能调筝弄管,事事伶俐。金老大倚着女儿才貌,立心要将他嫁个士人。论来就名门旧族中,急切要这一个女子也是少的,可恨生于团头之家,没人相求。若是平常经纪人家,没前程的,金老大又不肯扳他了。因此高低不就,把女儿直捱到一十八岁,尚未许人。

偶然有个邻翁来说:"太平桥下有个书生,姓莫名稽,年二十岁,一表人才,读书饱学。只为父母双亡,家穷未娶。近日考中,补上太学生,情愿入赘人家。此人正与令爱相宜,何不招之为婿?"金老大道:"就烦老翁作伐何如?"邻翁领命,径到太平桥下,寻那莫秀才,对他说了:"实不相瞒,祖宗曾做个团头的,如今久不做了。只贪他好个女儿,又且家道富足。秀才若不弃嫌,老汉即当玉成其事。"莫稽口虽不语,心下想道:"我今衣食不周,无力婚娶,何不俯就他家,一举两得? 也顾不得耻笑。"乃对邻翁说道:"大伯所言虽妙,但我家贫乏聘,如何是好?"邻翁道:"秀才但是允从,纸也不费一张,都在老汉身上。"邻翁回复了金老大,择个吉日,金家到送一套新衣穿着,莫秀才过门成亲。莫稽见玉奴才貌,喜出望外,不费一钱,白白的得了个美妻,又且丰衣足食,事事称怀。就是朋友辈中,晓得莫稽贫苦,无不相谅,到也没人去笑他。

到了满月,金老大备下盛席,教女婿请他同学会友饮酒,荣耀自家门户。一连吃了六七日酒,何期恼了族人金癞子。那癞子也是一班正理,他道:"你也是团头,我也是团头,只你多做了几代,挣得钱钞在手,论起祖宗一脉,彼此无二。侄女玉奴招婿,也该请我吃杯喜酒。如今请人做满月,开宴六七日,并无三寸长一寸阔的请帖儿到我。你女婿做秀才,难道就做尚书、宰相,我就不是亲叔公,坐不起凳头? 直恁不觑人在眼里! 我且去蒿恼他一场,教他大家没趣!"叫起五六十个丐户,一齐奔到金老大家里来。但见:

开花帽子,打结衫儿。旧席片对着破毡条,短竹根配着缺糙碗。叫爹叫娘叫财主,门前只见喧哗;弄蛇弄狗弄猢狲,口内各呈伎俩。敲板唱杨花,恶声聒耳;打砖搭粉脸,丑态逼人。一班泼鬼聚成群,便是钟馗收不得。

金老大听得闹吵，开门看时，那金癞子领着众丐户，一拥而入，嚷做一堂。癞子径奔席上，拣好酒好食只顾吃，口里叫道："快教侄婿夫妻，来拜见叔公！"唬得众秀才站脚不住，都逃席去了，连莫稽也随着众朋友躲避。金老大无可奈何，只得再三央告道："今日是我女婿请客，不干我事。改日专治一杯，与你陪话。"又将许多钱钞分赏众丐户，又抬出两瓮好酒和些活鸡、活鹅之类，教众丐户送去癞子家，当个折席。直乱到黑夜，方才散去。玉奴在房中气得两泪交流。这一夜，莫稽在朋友家借宿，次早方回。金老大见了女婿，自觉出丑，满面含羞。莫稽心中未免也有三分不乐，只是大家不说出来。正是：

哑子尝黄柏，苦味自家知。

却说金玉奴只恨自己门风不好，要挣个出头，乃劝丈夫刻苦读书。凡古今书籍，不惜价钱，买来与丈夫看；又不吝供给之费，请人会文会讲；又出资财，教丈夫结交延誉。莫稽由此才学日进，名誉日起。二十三岁发解，连科及第。

这日琼林宴罢，乌帽宫袍，马上迎归。将到丈人家里，只见街坊上一群小儿争先来看，指道："金团头家女婿做了官也。"莫稽在马上听得此言，又不好揽事，只得忍耐。见了丈人，虽然外面尽礼，却包着一肚子忿气，想道："早知有今日富贵，怕没王侯贵戚招赘成婚？却拜个团头做岳丈，可不是终身之玷！养出儿女来，还是团头的外孙，被人传作话柄。如今事已如此，妻又贤慧，不犯七出之条，不好决绝得。正是事不三思，终有后悔。"为此心中怏怏，只是不乐。玉奴几遍问而不答，正不知什么意故。好笑那莫稽，只想着今日富贵，却忘了贫贱的时节，把老婆资助成名一段功劳，化为春水，这是他心术不端处。

不一日，莫稽谒选，得授无为军司户。丈人治酒送行，此时众丐户，料也不敢登门闹吵了。喜得临安到无为军，是一水之地。莫稽领了妻子，登舟赴任。行了数日，到了采石江边，维舟北岸。其夜月明如昼，莫稽睡不能寐，穿衣而起，坐于船头玩月。四顾无人，又想起团头之事，闷闷不悦。忽然动一个恶念，除非此妇身死，另娶一人，方免得终身之耻。心生一计，走进船舱，哄玉奴起来看月华。玉奴已睡了，莫稽再三逼他起身。玉奴难逆丈夫之意，只得披衣，走至马门口，舒头望月。被莫稽出其不意，牵出船头，推堕江中。悄悄唤起舟人，吩咐快开船前去，重重有赏，不可迟慢。舟子不知明白，慌忙撑篙荡桨，移舟于十里之外，住泊停当，方才说："适间奶奶因玩月坠水，捞救不及了。"却将三两银子，赏与舟人为酒钱。舟人会意，谁敢开口？船中虽跟得有几个蠢婢子，只道主母真个坠水，悲泣了一场，丢开了手。不在话下。有诗为证：

只为团头号不香，忍因得意弃糟糠。
天缘结发终难解，赢得人呼薄幸郎。

你说事有凑巧，莫稽移船去后，刚刚有个淮西转运使许德厚，也是新上任的，泊舟于采石北岸，正是莫稽先前推妻坠水处。许德厚和夫人推窗看月，开怀饮酒，尚未曾睡。忽闻岸上啼哭，乃是妇人声音，其声哀怨，好生不忍。忙呼水手打看，果然是个单身妇人，坐于江岸。便教唤上船来，审其来历。原来此妇正是无为军司户之妻金玉奴。初坠水时，魂飞魄荡，已拼着必死。忽觉水中有物，托起两足，随波而行，近于江岸。玉奴挣扎上岸，举目看时，江水茫茫，已不见了司户之船，才悟道丈夫贵而忘贱，故意欲溺死故妻，别图良配。如今虽得了性命，无处依栖，转思苦楚，以此痛哭。见许公盘问，不免从头至尾，细说一遍。说罢，哭之不已。连许公夫妇都感伤堕泪，劝道："汝休得悲啼，肯为我义女，再作道理。"玉奴拜谢。许公吩咐夫人取干衣替他通身换了，安排他后舱独宿。教手下男女都称他小姐，又吩咐舟人，不许泄漏其事。

不一日，到淮西上任。那无为军正是他所属地方，许公是莫司户的上司，未免随班参谒。许公见了莫司户，心中想道："可惜一表人才，干恁般薄幸之事。"

约过数月，许公对僚属说道："下官有一女，颇有才貌，年纪及笄，欲择一佳婿赘之。诸君意中，有其人否？"众僚属都闻得莫司户青年丧偶，齐声荐他才品非凡，堪作东床之选。许公道："此子吾亦属意久矣，但少年登第，心高望厚，未必肯赘吾家。"众僚属道："彼出身寒门，得公收拔，如兼葭倚玉树，何幸如之，岂以入赘为嫌乎？"许公道："诸君既酌量可行，可与莫司户言之。但云出自诸君之意，以探其情，莫说下官，恐有妨碍。"

众人领命，遂与莫稽说知此事，要替他做媒。莫稽正要攀高，况且联姻上司，求之不得，便欣然应道："此事全仗玉成，当效衔结之报。"众人道："当得，当得。"随即将言回复许公。许公道："虽承司户不弃，但下官夫妇，钟爱此女，娇养成性，所以不舍得出嫁。只怕司户少年气概，不相饶让，或致小有嫌隙，有伤下官夫妇之心。须是预先讲过，凡事容耐些，方敢赘入。"众人领命，又到司户处传话，司户无不依允。此时司户不比做秀才时节，一般用金花彩币为纳聘之仪，选了吉期，皮松骨痒，整备做转运使的女婿。

却说许公先教夫人与玉奴说,老相公怜你寡居,欲重赘一少年进士,你不可推阻。玉奴答道:"奴家虽出寒门,颇知礼数。既与莫郎结发,从一而终。虽然莫郎嫌贫弃贱,忍心害理,奴家各尽其道,岂肯改嫁,以伤妇节?"言毕,泪如雨下。夫人察他志诚,乃实说道:"老相公所说少年进士,就是莫郎。老相公恨其薄幸,务要你夫妻再合。只说有个亲生女儿,要招赘一婿,却教众僚属与莫郎议亲,莫郎欣然听命,只今晚入赘吾家。等他进房之时,须是……如此如此,与你出这口怄气。"玉奴方才收泪,重匀粉面,再整新妆,打点结亲之事。

到晚,莫司户冠带齐整,帽插金花,身披红锦,跨着雕鞍骏马,两班鼓乐前导,众僚属都来送亲。一路行来,谁不喝采!正是:

> 鼓乐喧阗白马来,风流佳婿实奇哉。团头喜换高门眷,采石江边未足哀。

是夜,转运司铺毡结彩,大吹大擂,等候新女婿上门。莫司户到门下马,许公冠带出迎,众官僚都别去。莫司户直入私宅,新人用红帕覆首,两个养娘扶将出来。掌礼人在槛外喝礼,双双拜了天地,又拜了丈人、丈母,然后交拜礼毕,送归洞房做花烛筵席。莫司户此时心中,如登九霄云里,欢喜不可形容,仰着脸,昂然而入。

才跨进房门,忽然两边门侧里,走出七八个老妪、丫鬟,一个个手执篱竹细棒,劈头劈脑打将下来。把纱帽都打脱了,肩背上棒如雨下,打得叫喊不迭,正没想一头处。莫司户被打,慌做一堆蹭倒,只得叫声:"丈人,丈母,救命!"只听房中娇声宛转吩咐道:"休打杀薄情郎,且唤来相见。"众人方才住手。七八个老妪、丫鬟,扯耳朵,拽胳膊,好似六贼戏弥陀一般,脚不点地,拥到新人面前。司户口中还说道:"下官何罪?"开眼看时,画烛辉煌,照见上边端端正正坐着个新人,不是别人,正是故妻金玉奴。莫稽此时魂不附体,乱嚷道:"有鬼!有鬼!"众人都笑起来。

只见许公自外而入,叫道:"贤婿休疑。此乃吾采石江头所认之义女,非鬼也。"莫稽心头方才住了跳,慌忙跪下,拱手道:"我莫稽知罪了,望大人包容之。"许公道:"此事与下官无干,只吾女没说话就罢了。"玉奴唾其面,骂道:"薄幸贼!你不记宋弘有言:'贫贱之交不可忘,糟糠之妻不下堂。'当初你空手赘入吾门,亏得我家资财,读书延誉,以致成名,侥幸今日。奴家亦望夫荣妻贵,何期你忘恩负本,就不念结发之情,恩将仇报,将奴推堕江心。幸然天天可怜,得遇恩爹提救,收为义女。倘然葬江鱼之腹,你别娶新人,于心何忍?今日有何颜面,再与你完聚?"说罢,放声而哭,千薄幸,万薄幸,骂不住口。莫稽满面羞惭,闭口无言,只顾磕头求恕。

许公见骂得够了,方才把莫稽扶起,劝玉奴道:"我儿息怒。如今贤婿悔罪,料然不敢轻慢你了。你两个虽然旧日夫妻,在我家只算新婚花烛。凡事看我之面,闲言闲语,一笔都勾罢。"又对莫稽说道:"贤婿,你自家不是,休怪别人。今宵只索忍耐,我教你丈母来解劝。"说罢,出房去。少刻夫人来到,又调停了许多说话,两个方才和睦。

次日,许公设宴,管待新女婿,将前日所下金花彩币,依旧送还,道:"一女不受二聘。贤婿前番在金家已费过了,今番下官不敢重叠收受。"莫稽低头无语。许公又道:"贤婿常恨令岳翁卑贱,以致夫妇失爱,几乎不终。今下官备员如何?只怕爵位不高,尚未满贤婿之意。"莫稽涨得面皮红紫,只是离席谢罪。有诗为证:

> 痴心指望缔高姻,谁料新人是旧人。
> 打骂一场羞满面,问他何取岳翁新?

自此莫稽与玉奴夫妇和好,比前加倍。许公共夫人待玉奴如真女,待莫稽如真婿。玉奴待许公夫妇,亦与真爹妈无异。连莫稽都感动了,迎接团头金老大在任所,奉养送终。后来许公夫妇之死,金玉奴皆制重服,以报其恩。莫氏与许氏,世世为通家兄弟,往来不绝。诗云:

> 宋弘守义称高节,黄允休妻骂薄情。
> 试看莫生婚再合,姻缘前定枉劳争。

第二十八卷

李秀卿义结黄贞女

眈日攀今吊古,从来几个男儿,履危临难有神机,不被他人算计?男子尽多慌错,妇人反有权奇。若还智量胜蛾眉,便带头巾何愧?

常言:"有智妇人,赛过男子。"古来妇人赛男子的也尽多。除着吕太后、武则天,这一班大手段的歹人不论;再除却卫庄姜、曹令女,这班大贤德、大贞烈的好人也不论;再除却曹大家、班婕妤、苏若兰、沈满愿、李易安、朱淑真,这一班大学问、大才华的文人也不论;再除却锦车夫人冯氏、浣花夫人任氏、锦繖夫人洗氏、和那军中娘子、绣旗女将,这一班大智谋、大勇略的奇人也不论。如今单说那一种奇奇怪怪、蹊蹊跷跷,没阳道的假男子,带头巾的真女人,可钦可爱,可笑可歌。正是:

说处裙钗添喜色,话时男子减精神。

据唐人小说,有个木兰女子,是河南睢阳人氏。因父亲被有司点做边庭戍卒,木兰可怜父亲多病,扮女为男,代替其役,头顶兜鍪,身披铁铠,手执戈矛,腰悬弓矢,击柝提铃,餐风宿草,受了百般辛苦。如此十年,役满而归,依旧是个童身。边廷上万千军士,没一人看得出她是女子。后人有诗赞云:

缇萦救父古今稀,代父从戎事更奇。
全孝全忠又全节,男儿几个不亏移?

又有个女子,叫作祝英台,常州义兴人氏,自小通书好学,闻余杭文风最盛,欲往游学。其哥嫂止之曰："古者男女七岁不同席，不共食，你今一十六岁，却出外游学，男女不分，岂不笑话！"英台道："奴家自有良策。"乃裹巾束带，扮作男子模样，走到哥嫂面前，哥嫂亦不能辨认。英台临行时，正是夏初天气，榴花盛开，乃手摘一支，插于花台之上，对天祷告道："奴家祝英台出外游学，若完名全节，此枝生根长叶，年年花发；若有不肖之事，玷辱门风，此枝枯萎。"

祷毕出门，自称祝九舍人。遇个朋友，是个苏州人氏，叫作梁山伯，与他同馆读书，甚相爱重，结为兄弟。日则同食，夜则同卧，如此三年。英台衣不解带，山伯屡次疑惑盘问，都被英台将言语支吾过了。读了三年书，学问成就，相别回家，约梁山伯二个月内，可来见访。英台归时，仍是初复，那花台上所插榴枝，花叶并茂，哥嫂方信了。

同乡三十里外，有个安乐村，那村中有个马氏，大富之家。闻得祝九娘贤慧，寻媒与他哥哥议亲。哥哥一口许下，纳彩问名都过了，约定来年二月娶亲。原来英台有心于山伯，要等他来访时，露其机括；谁知山伯有事，稽迟在家。英台只恐哥嫂疑心，不敢推阻。

山伯直到十月，方才动身，过了六个月了。到得祝家庄，问祝九舍人时，庄客说道："本庄只有祝九娘，并没有祝九舍人。"山伯心疑，传了名刺进去，只见丫鬟出来，请梁兄到中堂相见。山伯走进中堂，那祝英台红妆翠袖，别是一般妆束了。山伯大惊，方知假扮男子，自愧愚鲁，不能辨识。寒温已罢，便谈及婚姻之事。英台将哥嫂做主，已许马氏为辞。山伯自恨来迟，懊悔不迭。

分别回去，遂成相思之病，奄奄不起，至岁底身亡。嘱咐父母："可葬我于安乐村路口。"父母依言葬之。

明年，英台出嫁马家，行至安乐村路口，忽然狂风四起，天昏地暗，舆人都不能行。英台举眼观看，但见梁山伯飘然而来，说道："吾为思贤妹，一病而亡，今葬于此

地。贤妹不忘旧谊,可出轿一顾。"英台果然走出轿来。忽然一声响亮,地上裂开丈余,英台从裂中跳下。众人扯其衣服,如蝉蜕一般,其衣片片而飞。顷刻天清地明,那地裂处,只如一线之细。歇轿处,正是梁山伯坟墓。乃知生为兄弟,死作夫妻。再看那飞的衣服碎片,变成两般花蝴蝶,传说是二人精灵所化。红者为梁山伯,黑者为祝英台。其种到处有之,至今犹呼其名为梁山伯、祝英台也。后人有诗赞云:

> 三载书帏共起眠,活姻缘作死姻缘。
> 非关山伯无分晓,还是英台志节坚。

又有一个女子,姓黄名崇嘏,是西蜀临邛人氏。生成聪明俊雅,诗赋俱通,父母双亡,亦无亲族。时宰相周庠镇蜀,崇嘏假扮做秀才,将平日所作诗卷呈上。周庠一见,篇篇道好,字字称奇,乃荐为郡掾。吏事精敏,地方凡有疑狱,累年不决者,一经崇嘏剖断,无不洞然。屡摄府县之事,到处便有声名,胥徒畏服,士民感仰。周庠首荐于朝,言其才可大用,欲妻之以女,央太守作媒,崇嘏只微笑不答。周庠乘他进见,自述其意。崇嘏索纸笔,作诗一首献上。诗曰:

> 一辞拾翠碧江湄,贫守蓬茅但赋诗;
> 自服蓝袍居郡掾,永抛鸾镜画蛾眉。
> 立身卓尔青松操,挺志坚然白璧姿。
> 幕府若教为坦腹,愿天速变作男儿。

庠见诗,大惊,叩其本末,方知果然是女子。因将女作男,事关风化,不好声张其事,教他辞去郡掾,隐于郭外。乃于郡中择士人嫁之。后来士人亦举进士及第,位致通显,崇嘏累封夫人。据如今搬演《春桃记》传奇,说黄崇嘏中过女状元,此是增藻之词。后人亦有诗赞云:

> 珠玑满腔彩生毫,更服烹鲜手段高。
> 若使生时逢武后,君臣一对女中豪。

那几个女子,都是前朝人,如今再说个近代的,是大明朝弘治年间的故事。南京应天府上元县有个黄公,以贩线香为业,兼带卖些杂货,惯走江北一带地方。江北人见他买卖公道，都唤他做"黄老实"。家中止一妻二女，长女名道聪，幼女名善聪。道聪年长，嫁与本京青溪桥张二哥为妻去了。止有幼女善聪在家，方年一十二岁。母亲一病而亡，殡葬已毕，黄老实又要往江北卖香生理。思想："女儿在家，孤身无伴，况且年幼未曾许人，怎生放心得下？待寄在姐夫家，又不是个道理。若不做买卖，撇了这走熟的道路，又那里寻几贯钱钞养家度日？"左思右想，去住两难。香货俱已定下，只有这女儿没安顿处。

一连想了数日，忽然想着道："有计了。我在客边没人作伴，何不将女假充男子，带将出去？且待年长，再作区处。只是一件，江北主顾人家，都晓得我没儿，今番带着孩子去，倘然被他盘问，露出破绽，却不是个笑话？我如今只说是张家外甥，带出来学做生理，使人不疑。"计较已定，与女儿说通了，制副道袍净袜，教女儿穿着，头上裹个包巾，妆扮起来，好一个清秀孩子。正是：

眉目生成清气，资性那更伶俐。

若还伯道相逢，十个九个过继。

黄老实爹女两人，贩着香货，趁船来到江北庐州府，下了主人家。主人家见善聪生得清秀，无不夸奖，问黄老实道："这个孩子，是你什么人？"黄老实答道："是我家外甥，叫作张胜。老汉没有儿子，带他出来走走，认了这起主顾人家，后来好接管老汉的生意。"众人听说，并不疑惑。黄老实下个单身客房，每日出去发货讨账，留下善聪看房。善聪目不妄视，足不乱移。众人都道："这张小官比外公愈加老实。"个个欢喜。

自古道："天有不测风云，人有旦夕祸福。"黄老实在庐州，不上两年，害个病症，医药不痊，呜呼哀哉。善聪哭了一场，买棺盛殓，权寄于城外古寺之中；思想年幼孤女，往来江湖不便。间壁客房中下着的，也是个贩香客人，又同是应天府人氏，平昔间看他少年诚实，问其姓名来历。那客人答道："小生姓李，名英，字秀卿，从幼跟随父亲出外经纪。今父亲年老，受不得风霜辛苦，因此把本钱与小生，在此行贩。"善聪道："我张胜跟随外祖在此，不幸外祖身故，孤寡无依。足下若不弃，愿结为异姓兄弟，合伙生理，彼此有靠。"李英道："如此最好。"李英年十八岁，长张胜四年，张胜因拜李英为兄，甚相友爱。过了几日，弟兄两个商议，轮流一人往南京贩货，一人住在庐州发货讨账；一来一去，不致耽误了生理，甚为两便。善聪道："兄弟年幼，况外祖灵柩无力奔回，何颜归于故乡？让哥哥去贩货罢。"于是收拾资本，都交付与李英。李英剩下的货物,和那账目,也交付与张胜。但是两边买卖,毫厘不欺。从此李英、张胜两家行李,并在一房。李英到庐州时,只在张胜房住,日则同食,夜则同眠。但每夜张胜只是和衣而睡,不脱衫裤,亦不去鞋袜,李英甚以为怪。张胜答道:"兄弟自幼得了个寒疾,才解动里衣,这病就发作,所以如此睡惯了。"李英又问道:"你耳朵子上,怎的有个环眼?"张胜道:"幼年间爹娘与我算命,说有关煞难养,为此穿破两耳。"李英是个诚实君子,这句话,便被他瞒过,更不疑惑。张胜也十分小心在意,虽泄溺亦必等到黑晚,私自去方便,不令人瞧见。以此客居虽久,并不露一些些马脚。有诗为证:

> 女相男形虽不同,全凭心细谨包笼。
>
> 只憎一件难遮掩,行步踆踆三寸弓。

黄善聪假称张胜,在庐州府做生理,初到时止十二岁,光阴似箭,不觉一住九年,如今二十岁了。这几年勤苦营运,手中颇颇活动,比前不同。思想父亲灵柩暴露他乡,亲姐姐数年不会,况且自己终身,也不是个了当,乃与李英哥哥商议,只说要搬外公灵柩,回家安葬。李英道:"此乃孝顺之事。只灵柩不比他件,你一人如何担带?做哥的相帮你同走,心中也放得下。待你安葬事毕,再同来就是。"张胜道:"多谢哥哥厚意。"当晚定议,择个吉日,顾下船只,唤几个僧人,做个起灵功德,抬了黄老实的灵柩下船。一路上,风顺则行,风逆则止,不一日到了南京。在朝阳门外,觅个空闲房子,将柩寄顿,俟吉下葬。

闲话休叙。再说李英同张胜进了城门,东西分路。李英问道:"兄弟高居何处?做哥的好来拜望。"张胜道:"家下傍着秦淮河清溪桥居住,来日专候哥哥降临茶话。"两个分别。

张胜本是黄家女子,那认得途径?喜得秦淮河是个有名的所在,不是个僻地,还好寻问。张胜行至清溪桥下,问着了张家,敲门而入。其日姐夫不在家,望着内里便走。姐姐道聪骂将起来,道:"是人家各有内外,什么花子,一些体面不存,直入内室,是何道理? 男子汉在家时,瞧见了,好歹一百孤拐奉承你,还不快走!"张胜不慌不忙,笑嘻嘻的作一个揖下去,口中叫道:"姐姐,你自家嫡亲兄弟,如何不认得了?"姐姐骂道:"油嘴光棍! 我从来那有兄弟?"张胜道:"姐姐,九年前之事,你可思量得出?"姐姐道:"思量什么? 前九年我还记得。我爹爹并没儿子,止生下我姊妹二人。我妹子小名善聪,九年前带往江北贩香,一去不回。至今音问不通,未审死活存亡。你是何处光棍,却来冒认别人做姐姐!"张胜道:"你要问善聪妹子,我即是也。"说罢,放声大哭,姐姐还不信是真,问道:"你既是善聪妹子,缘何如此妆扮?"张胜道:"父亲临行时,将我改扮为男,只说是外甥张胜,带出来学做生理。不期两年上父亲一病而亡,你妹子虽然殡殓,却恨孤贫,不能扶柩而归。有个同乡人李秀卿,志诚君子,你妹子万不得已,只得与他八拜为交,合伙营生。淹留江北,不觉又六七年,今岁始办归计。适才到此,便来拜见姐姐,别无他故。"姐姐道:"原来如此。你同个男子合伙营生,男女相处许多年,一定配为夫妇了。自古明人不做暗事,何不带顶髻儿? 还好看相。恁般乔打扮回来,不雌不雄,好不羞耻人!"张胜道:"不欺姐姐,奴家至今还是童身,岂敢行苟且之事,玷辱门风。"

　　道聪不信,引入密室验之。你说怎么验法? 用细细干灰铺放余桶之内,却教女子解了下衣,坐于桶上。用绵纸条栖入鼻中,要他打喷嚏。若是破身的,上气泄,下气亦泄,干灰必然吹动,若是童身,其灰如旧。朝廷选妃,都用此法。道聪生长京师,岂有不知? 当时试那妹子,果是未破的童身。于是姊妹两人,抱头而哭。道聪慌忙开箱,取出自家裙袄,安排妹子香汤沐浴,教他更换衣服。妹子道:"不欺姐姐,我自从出去,未曾解衣露体。今日见了姐姐,方才放心耳。"那一晚,张二哥回家,老婆打发在外厢安歇。姊妹两人,同被而卧,各诉衷肠,整整的叙了一夜说话,眼也不曾合缝。

　　次日起身,黄善聪梳妆打扮起来,别自一个模样,与姐夫姐姐重新叙礼。道聪在丈夫面前,夸奖妹子贞节,连李秀卿也称赞了几句:"若不是个真诚君子,怎与他相处得许多时?"

　　话犹未绝,只听得门外咳嗽一声,问道:"里面有人吗?"黄善聪认得是李秀卿声音,对姐姐说:"教姐夫出去迎他,我今番不好相见了。"道聪道:"你既与他结义过来,又且是个好人,就相见也不妨。"善聪颠倒怕羞起来,不肯出去。道聪只得先教丈夫出去迎接,看他口气,觉也不觉。张二哥连忙趋出,见了李秀卿,叙礼已毕,分宾而坐。秀卿开言道:"小生是李英,将来此访张胜兄弟,不知阁下是他何人?"张二哥笑道:"是在下至亲,只怕他今日不肯与足下相会,枉劳尊驾。"李秀卿道:"说那里话? 我与他是异姓骨肉,最相爱契,约定我今日到此。特特而来,那有不会之理?"张二哥道:"其中有个缘故,容从容奉告。"秀卿性急,连连的催促,迟一刻只待发作出来了。慌得张二哥便往内跑,教老婆苦劝姨姐,与李秀卿相见。善聪只是不肯出房。他夫妻两口躲过一边,倒教人将李秀卿请进内宅。

　　秀卿一见了黄善聪,看不仔细,倒退下七八步。善聪叫道:"哥哥不须疑虑,请来叙话。"秀卿听得声音,方才晓得就是张胜,重走上前作揖道:"兄弟,如何恁般打扮?"善聪道:"一言难尽,请哥哥坐了,容妹子从容告诉。"两人对坐了,善聪将十二岁随父出门始末根由,细细述了一遍,又道:"一向承哥哥带契提携,感谢不尽。但在先有兄弟之好,今后有男女之嫌,相见只此一次,不复能再聚矣。"秀卿听说,驮了半晌,自思五六年和他同行同卧,竟不晓得他是女子,好生懵懂!便道:"妹子,听我一言。我与你相契许久,你知我知,往事不必说了。如今你既青年无主,我亦壮而未娶,何不推八拜之情,合二姓之好?百年谐老,永远团圆,岂不美哉!"善聪羞得满面通红,便起身道:"妾以兄长高义,今日不避形迹,厚颜请见。兄乃言及于乱,非妾所以待兄之意也。"说罢,一头走进去,一头说道:"兄宜速出,勿得停滞,以招物议。"

秀卿被发作一场,好生没趣。回到家中,如痴如醉,颠倒割舍不下起来。乃央媒妪去张家求亲说合。张二哥夫妇,到也欣然。无奈善聪立意不肯,道:"嫌疑之际,不可不谨。今日若与配合,无私有私,把七年贞节,一旦付之东流,岂不惹人嘲笑?"媒妪与姐姐两口交劝,只是不允。那边李秀卿执意定要娶善聪为妻,每日缠着媒妪,要他奔走传话。三回五转,徒惹得善聪焦燥,并不见松了半分口气。似恁般说,难道这头亲事,就不成了?且看下回分解。正是:

> 七年兄弟意殷勤,今日重逢局面新。
> 欲表从前清白操,故甘薄幸拒姻亲。

天下只有三般口嘴,极是利害:秀才口,骂遍四方;和尚口,吃遍四方;媒婆口,传遍四方。且说媒婆口,怎地传遍四方?那做媒的有几句口号:

东家走,西家走,两脚奔波气常吼。牵三带四有商量,走进人家不怕狗。前街某,后街某,家家户户皆朋友。相逢先把笑颜开,惯报新闻不待叩。说也有,话也有,指长话短舒开手。一家有事百家知,何曾留下隔宿口?要骗茶,要吃酒,脸皮三寸三分厚。若还羡他说作高,拌干涎沫七八斗。

那黄善聪女扮男妆,千古奇事,又且恁地贞节,世世罕有,这些媒妪,走一遍,说一遍,一传十,十传百,霎时间,满京城通知道了。人人夸美,个个称奇。虽缙绅之中,谈及此事,都道:"难得,难得。"

有守备太监李公,不信其事,差人缉访,果然不谬。乃唤李秀卿来盘问,一一符合。因问秀卿:"天下美妇人尽多,何必黄家之女?"秀卿道:"七年契爱,意不能舍。

除却此女,皆非所愿。"李公意甚悯之,乃藏秀卿于衙门中。次日唤前媒妪来,吩咐道:"闻知黄家女贞节可敬,我有个侄儿,欲求他为妇,汝去说合,成则有赏。"那时守备太监,正有权势,谁敢不依?媒妪回复,亲事已谐了。李公自出己财,替秀卿行聘;又赁下一所空房,密地先送秀卿住下。李公亲身到彼,主张花烛,笙萧鼓乐,取那黄善聪进门成亲。交拜之后,夫妻相见,一场好笑。善聪明知落了李公圈套,事到其间,推阻不得。李公就认秀卿为侄,大出资财,替善聪备办妆奁。又对合城官府说了,五府、六部及府尹、县官,各有所助。一来看李公面上,二来都道是一桩奇事,人人要玉成其美。秀卿自此遂为京城中富室,夫妻相爱,连育二子,后来读书显达。有好事者,将此事编成唱本说唱,其名曰《贩香记》,有诗为证,诗曰:

> 七载男妆不露针,归来独守岁寒心。
>
> 编成小说垂闺训,一洗桑间濮上音。

又有一首诗,单道太监李公的好处,诗曰:

> 节操恩情两得全,宦官谁似李公贤?
>
> 虽然没有风流分,种得来生一段缘。

第二十九卷

月明和尚度柳翠

万里新坟尽少年,修行莫待鬓毛斑。

前程黑暗路头险,十二时中自著研。

这四句诗,单道著禅和子打坐参禅,得成正果,非同容易,有多少先作后修、先修后作的和尚。自家今日说这南渡宋高宗皇帝在位,绍兴年间,有个官人,姓柳,双名宣教,祖贯温州府永嘉县崇阳镇人氏。年方二十五岁,胸藏千古史,腹蕴五车书。自幼父母双亡,早年孤苦,宗族又无所依,只身笃学,赘于高判使家。后一举及第,御笔授得宁海军临安府府尹。恭人高氏,年方二十岁,生得聪明智慧,容貌端严。新赘柳府尹在家,未及一年,欲去上任。遂带一仆,名赛儿,一日辞别了丈人、丈母,前往临安府上任。饥餐渴饮,夜住晓行,不则一日,已到临安府接官亭。早有所属官吏师生,粮里耆老,住持僧道,行首人等,弓兵隶卒,轿马人夫,俱在彼处,迎接入城。到府中,搬移行李什物,安顿已完。这柳府尹出厅到任,厅下一应人等,参拜已毕。柳府尹遂将参见人员花名手本,逐一点过不缺,止有城南水月寺竹林峰住持玉通禅师,乃四川人氏,点不到。府尹大怒道:“此秃无礼!”遂问五山十刹禅师:“何故此僧不来参接?拿来问罪!”当有各寺住持禀复相公:“此僧乃古佛出世,在竹林峰修行已五十二年,不曾出来。每遇迎送,自有徒弟。望相公方便。”柳府尹虽依僧言不拿,心中不忿。各人自散。

当日府堂公宴,承应歌妓,年方二八,花容娇媚,唱韵悠扬。府尹听罢,大喜。问妓者何名,答言:“贱人姓吴,小字红莲,专一在上厅祇应。”当日酒筵将散,柳府尹唤吴红莲低声吩咐:“你明日用心去水月寺内,哄那玉通和尚云雨之事。如了事,就将所用之物前来照证,我这里重赏,判你从良;如不了事,定当记罪。”红莲答言:“领

月明和尚度柳翠

相公钧旨。"出府一路自思,如何是好?眉头一蹙,计上心来。回家将柳府尹之事,一一说与娘知,娘儿两个商议一夜。

至次日午时,天阴无雨,正是十二月冬尽天气。吴红莲一身重孝,手提羹饭,出清波门。走了数里,将及近寺,已是申牌时分,风雨大作。吴红莲到水月寺山门下,倚门而立,进寺,又无人出。直等到天晚。只见个老道人出来关山门。红莲向前道个万福。那老道人回礼道:"天色晚了,娘子请回,我要关山门。"红莲双眼泪下,拜那老道人:"望公公可怜,妾在城住,夫死百日,家中无人,自将羹饭祭奠。哭了一回,不觉天晚雨下,关了城门,回家不得,只得投宿寺中。望公公慈悲,告知长老,容妾寺中过夜,明早入城,免虎伤命。"言罢两泪交流,拜倒于山门地下,不肯走起。

那老道人乃言:"娘子请起,我与你裁处。"红莲见他如此说,便立起来。

那老道人关了山门,领着红莲到僧房侧首一间小屋,乃是老道人卧房,教红莲坐在房内。那老道人连忙走去长老禅房里法座下,禀复长老道:"山门下有个年少妇人,一身重孝,说道丈夫死了,今日到坟上做羹饭,风雨大作,关了城门,进城不得,要在寺中权歇,明早入城。特来禀知长老。"长老见说,乃言:"此是方便之事,天色已晚,你可教他在你房中过夜,明日五更打发他去。"道人领了言语,来说与红莲知道,红莲又拜谢:"公公救命之恩,生死不忘大德。"言罢,坐在老道人房中板凳上。那老道人自去收拾,关门闭户已了,来房中土榻上和衣而睡。这老道人日间辛苦,一觉便睡着。

原来水月寺在桑菜园里,四边又无人家。寺里有两个小和尚,都去化缘,因此寺中冷静,无人走动。这红莲听得更鼓已是二更,心中想道:"如何事了?"心乱如麻。遂乃轻移莲步,走至长老房边。那间禅房关着门,一派是大槅窗子,房中挂着一碗琉璃灯,明明亮亮。长老在禅椅之上打坐,也看见红莲在门外。红莲看着长老,遂乃低声叫道:"长老慈悲为念,救度妾身则个。"长老道:"你可去道人房中权宿,来早入城,不可在此搅扰我禅房,快去,快去!"红莲在窗外深深拜了十数拜道:"长老慈悲为本,方便为门,妾身衣服单薄,夜寒难熬,望长老开门,借与一两件衣服,遮盖身体。救得性命,自当拜谢。"道罢,哽哽咽咽哭将起来。这长老是个慈悲善人,心中思忖道:"倘若寒禁,身死在我禅房门首,不当稳便。自古道:'救人一命,胜造七级浮屠。'"从禅床上走下来,开了槅子门,放红莲进去。长老取一领破旧禅衣把与他,自己依旧上禅床上坐了。红莲走到禅床边,深深拜了十数拜,哭哭啼啼道:"肚疼死也。"这长老并不采他,自己瞑目而坐。怎当红莲哽咽悲哀,将身靠在长老身边,哀声叫疼叫痛,就睡倒在长老身上,或坐在身边,或立起叫唤不止。约莫也是三更,长老忍口不住,乃问红莲曰:"小娘子,你如何只顾哭泣?那里疼痛?"红莲告长老道:"妾丈夫在日,有此肚疼之病,我夫脱衣将妾搂于怀内,将热肚皮贴着妾冷肚皮,便不疼了。不想今夜疼起来,又值寒冷,妾死必矣。怎地得长老肯救妾命,将热肚皮贴在妾身上,便得痊可。若救得妾命,实乃再生之恩。"长老见他苦告不过,只得解开衲衣,抱那红莲在怀内。这红莲赚得长老肯时,便慌忙解了自的衣服,赤了下截身体,倒在怀内道:"望长老一发去了小衣,将热肚皮贴一贴,救妾性命。"长老初时不肯,次后三回五次,被红莲尖尖玉手解了裙裤。此时不由长老禅心不动。这长老看了红莲如花如玉的身体,春心荡漾起来,两个就在禅床上两相欢洽。正是:

岂顾如来教法?难遵佛祖遗言。一个色眼横斜,气喘声嘶,好似莺穿柳影;一个淫心荡漾,言娇语涩,浑如蝶戏花阴。和尚枕边诉云情雨意,红莲枕上说海誓山盟。玉通房内,翻为快活道场;永月寺中,变作极乐世界。

长老搂着红莲问道:"娘子高姓何名?那里居住?因何到此?"红莲曰:"不敢隐讳,妾乃上厅行首,姓吴,小字红莲,在于城中南新桥居住。"长老此时被魔障缠害,心欢意喜,吩咐道:"此事只可你知我知,不可泄于外人。"少刻,云收雨散,被红莲将口扯下白布衫袖一只,抹了长老精污,收入袖中,这长老困倦不知。

长老虽然如此,心中疑惑,乃问红莲曰:"姐姐此来,必有缘故,你可实说。"再三逼迫,要问明白。红莲被长老催逼不过,只得实说:"临安府新任柳府尹,怪长老不出寺迎接,心中大恼,因此使妾来与长老成其云雨之事。"长老听罢大惊,悔之不及,道:"我的魔障到了,吾被你赚骗,使我破了色戒,堕于地狱。"此时东方已白,长老教道人开了寺门,红莲别了长老,急急出寺回去了。

国学经典文库

中国二十大名著

喻世明言

图文珍藏版

297

却说这玉通禅师教老道人烧汤："我要洗浴。"老道人自去厨下烧汤，长老磨墨捻笔，便写下八句《辞世颂》，曰：

> 自入禅门无挂碍，五十二年心自在；
> 只因一点念头差，犯了如来淫色戒。
> 你使红莲破我戒，我欠红莲一宿债；
> 我身德行被你亏，你家门风还我坏。

写毕折了，放在香炉足下压着。道人将汤入房中，伏侍长老洗浴罢，换了一身新禅衣，叫老道人吩咐道："临安府柳府尹差人来请我时，你可将香炉下简帖把与来人，教他回复，不可有误。"道罢，老道人自去殿上烧香扫地，不知玉通禅师已在禅椅上圆寂了。

话分两头。却说红莲回到家中，吃了早饭，换了色衣，将着布衫袖，径来临安府见柳府尹。府尹正坐厅，见了红莲，连忙退入书院中，唤红莲至面前，问和尚事了得否。红莲将夜来事，备细说了一遍，袖中取出衫袖递与看了。柳府尹大喜，教人去堂中取小小墨漆盒儿一个，将白布衫袖子放在盒内，上面用封皮封了。捻起笔来，写一简子，乃诗四句，其诗云：

> 水月禅师号玉通，多时不下竹林峰；
> 可怜数点菩提水，倾入红莲两瓣中。

写罢，封了简子，差一个承局，送与水月寺玉通和尚，要讨回字，不可迟误。承局去了。柳府尹赏红莲钱五百贯，免他一年官唱。红莲拜谢，将了钱自回去了，不在话下。

却说承局赍着小盒儿并简子，来到水月寺中，只见老道人在殿上烧香。承局问长老在何处，老道人遂领了承局，径到禅房中时，只见长老已在禅椅上圆寂去了。老道人言："长老曾吩咐道：'若柳相公差人来请我，将香炉下简子去回复。'"承局大惊道："真是古佛，预先已知此事。"当下承局将了回简并小盒儿，再回府堂，呈上回简并原简，说长老圆寂一事。柳宣教打开回简一看，乃是八句《辞世颂》。看罢，吃了一惊，道："此和尚乃真僧也，是我坏了他德行。"懊悔不及。差人去叫匠人合一个龛子，将玉通和尚盛了，教南山净慈寺长老法空禅师，与玉通和尚下火。

却说法空径到柳府尹厅上，取覆相公，要问备细。柳府尹将红莲事情说了一遍。法空禅师道："可惜，可惜！此僧差了念头，堕落恶道矣。此事相公坏了他德行，贫僧去与他下火，指点教他归于正道，不堕畜生之中。"言罢，别了府尹，径到水月寺，吩咐抬龛子出寺后空地。法空长老手捻火把，打个圆相，口中道：

> 自到川中数十年，曾在毗卢顶上眠。
>
> 欲透赵州关捩子，好姻缘做恶姻缘。
>
> 桃红柳绿还依旧，石边流水冷渌渌。
>
> 今朝指引菩提路，再休错意念红莲。

恭唯圆寂玉通大和尚之觉灵曰：唯灵五十年来古拙，心中皎如明月，有时照耀当空，大地乾坤清白。可惜法名玉通，今朝作事不通；不去灵山参佛祖，却向红莲贪淫欲。本是色即是空，谁想空即是色！无福向狮子光中，享天上之逍遥；有分去驹儿隙内，受人间之劳碌。虽然路径不迷，争奈去之太速，大众莫要笑他，山僧指引不俗。噫！一点灵光透碧霄，兰堂画阁添澡浴。

法空长老道罢，掷下火把，焚龛将尽。当日，看的人不知其数，只见火焰之中，一道金光冲天而去了。法空长老与他拾骨入塔，各自散去。

却说柳宣教夫人高氏，于当夜得一梦，梦见一个和尚，面如满月，身材肥壮，走入卧房。夫人吃了一惊，一身香汗惊醒。自此不觉身怀六甲。光阴似箭，看看十月满足，夫人临盆分娩，生下一个女儿。当时侍妾报与柳宣教，且喜夫人生得一个小姐。三朝满月，取名唤做翠翠。百日周岁，做了多少筵席。正是：

> 窗外日光弹指过，席前花影座间移。

这柳翠翠长成八岁，柳宣教官满将及，收拾还乡。端的是：

> 世间好物不坚牢，彩云易散琉璃脆。

柳宣教感天行时疫病，无旬日而故。这柳府尹做官清如水，明似镜，不贪贿赂，囊箧淡薄。夫人具棺木盛贮，挂孝看经，将灵柩寄在柳州寺内。

夫人与仆赛儿并女翠翠,欲回温州去,路途遥远,又无亲族投奔,身边些小钱财,难供路费。乃于在城白马庙前,赁一间房屋,三口儿搬来住下。又无生理,一住八年,囊箧消疏,那仆人逃走。这柳翠翠长成,年纪一十六岁,生得十分容貌。这柳妈妈家中娘儿两个,日不料生,口食不敷,乃央间壁王妈妈,问人借钱。借得羊坝头杨孔目课钱,借了三千贯钱,过了半年,债主索取要紧,这柳妈妈被讨不过,出于无奈,只得央王妈妈做媒,情愿把女儿与杨孔目为妾,言过我要他养老。不数日,杨孔目入赘在柳妈妈家,说:"我养你母子二人,丰衣足食,做个外宅。"

不觉过了两月,这杨孔目因早晚不便,又两边家火,忽一日回家,与妻商议,欲搬回家。其妻之父,告女婿停妻取妾,临安府差人捉柳妈妈并女儿一干人到官,要追原聘财礼。柳妈妈诉说贫乏无措,因此将柳翠翠官卖。

却说有个工部邹主事,闻知柳翠翠丰姿貌美,聪明秀丽,去问本府讨了,另买一间房子,在抱剑营街,搬那柳妈妈并女儿去住下,养做外宅。又讨个奶子并小厮,伏事走动。这柳翠翠改名柳翠。

原来南渡时,临安府最盛。只这通和坊这条街,金波桥下,有座花月楼,又东去为熙春楼、南瓦子;又南去为抱剑营、漆器墙、沙皮巷、融和坊,其西为太平坊、巾子巷、狮子巷,这几个去处,都是瓦子。这柳翠是玉通和尚转世,天生聪明,识字知书,诗词歌赋,无所不通;女工针指,无有不会。这邹主事十日半月,来得一遭,千不合,万不合,住在抱剑营,是个行首窟里。这柳翠每日清闲自在,学不出好样儿。见邻妓家有孤老往来,他心中欢喜,也去门首卖俏,引惹子弟们来观看。眉来眼去,渐渐来家宿歇。柳妈妈说他不下,只得随女儿做了行首。多有豪门子弟爱慕他,饮酒作乐,殆无虚日。邹主事看见这般行径,好不雅相,索性与他个决绝,再不往来。这边柳翠落得无人管束,公然大做起来。只因柳宣教不行阴骘,折了女儿,此乃一报还一报,天理昭然。后人观此,不可不戒。有诗为证,诗曰:

用巧计时伤巧计,爱便宜处落便宜。

莫道自身侥幸免,子孙必定受人欺。

后来直使得一尊古佛,来度柳翠,归依正道,返本还原,成佛作祖。你道这尊古佛是谁? 正是月明和尚。他从小出家,真个是五戒具足,一尘不染,在皋亭山显孝寺住持。当先与玉通禅师,俱是法门契友。闻知玉通圆寂之事,呵呵大笑道:"阿婆立脚跟不牢,不免又去做媳妇也。"后来闻柳翠在抱剑营,色艺擅名,心知是玉通禅师转世,意甚怜之。一日,净慈寺法空长老到显孝寺来看月明和尚,坐谈之次,月明和尚谓法空曰:"老通堕落风尘已久,恐积渐沉迷,遂失本性,可以相机度他出世,不可迟矣。"

原来柳翠虽堕娼流,却也有一种好处,从小好的是佛法。所得缠头金帛之资,尽情布施,毫不吝惜,况兼柳妈妈亲生之女,谁敢阻挡? 在万松岭下造石桥一座,名曰柳翠桥;凿一井于抱剑营中,名曰柳翠井。其他方便济人之事,不可尽说。又制下布衣一袭,每逢月朔月望,卸下铅华,穿着布素,闭门念佛;虽宾客如云,此日断不接见,以此为常。那月明和尚只为这节上,识透他根器不坏,所以立心要度他。正是:

悭贪二字能除却,终是西方路上人。

却说法空长老,当日领了月明和尚言语,到次日,假以化缘为因,直到抱剑营柳行首门前,敲着木鱼,高声念道:

欲海轮回,沉迷万劫。眼底荣华,空花易灭。一旦无常,四大消歇。
及早回头,出家念佛。

这日,正值柳翠西湖上游要刚回,听得化缘和尚声口不俗,便教丫鬟唤入中堂,问道:"师父,你有何本事,来此化缘?"法空长老道:"贫僧没甚本事,只会说些因果。"柳翠问道:"何为因果?"法空长老道:"前为因,后为果;作者为因,受者为果。假如种瓜得瓜,种豆得豆,种是因,得是果。不因种下,怎得收成? 好因得好果,恶因得恶果。所以说:要知前世因,今生受者是;要知后世因,今生作者是。"

柳翠见说得明白,心中欢喜,留他吃了斋饭。又问道:"自来佛门广大,也有我辈风尘中人成佛作祖否?"法空长老道:"当初观音大士,见尘世欲根深重,化为美色之女,投身妓馆,一般接客。凡王孙公子,见其容貌,无不倾倒。一与之交接,欲心顿淡。因彼有大法力故,自然能破除邪网。后来无疾而死,里人买棺埋葬。有胡僧见其冢墓,合掌作礼,口称:'善哉,善哉!'里人说道:'此乃娼妓之墓,师父错认了。'胡僧说道:'此非娼妓,乃观世音菩萨化身,来度世上淫欲之辈,归于正道。如若不信,破土观之,其形骸必有奇异。'里人果然不信,忙劚土破棺,见骨节联络,交锁不断,色如黄金,方始惊异。因就冢立庙,名为黄金锁子骨菩萨。这叫作清净莲花,污泥不染。小娘子今日混于风尘之中,也因前生种了欲根,所以今生堕落。若今日仍复执迷不悔,把倚门献笑认作本等生涯,将生生世世,浮沉欲海,永无超脱轮回之日矣。"

这席话,说得柳翠心中变喜为愁,翻热作冷,顿然起追前悔后之意,便道:"奴家闻师父因果之说,心中如触。倘师父不弃贱流,情愿供养在寒家,朝夕听讲,不知允否?"法空长老道:"贫僧道微德薄,不堪为师;此间皋亭山显孝寺,有个月明禅师,是活佛度世,能知人过去未来之事,小娘子若坚心求道,贫僧当引拜月明禅师。小娘子听其讲解,必能洞了夙因,立地明心见性。"柳翠道:"奴家素闻月明禅师之名,明日便当专访,有烦师父引进。"法空长老道:"贫僧当得。明日侵晨,在显孝寺前相候,小娘子休得失言。"柳翠舒出尖尖玉手,向乌云鬓边拔下一对赤金凤头钗,递与长老道:"些须小物,权表微忱,乞师父笑纳。"法空长老道:"贫僧虽则募化,一饱之外,别无所需,出家人要此首饰何用?"柳翠道:"虽然师父用不着,留作山门修理之费,也见奴家一点诚心。"法空长老那里肯受,合掌辞谢而去。有诗为证:

> 追欢卖笑作生涯,抱剑营中第一家。
> 终是法缘前世在,立谈因果倍嗟呀。

再说柳翠自和尚去后,转展寻思,一夜不睡。次早起身,梳洗已毕,浑身上下换了一套新衣。只说要往天竺进香,妈妈谁敢阻当? 教丫鬟唤个小轿,一径抬到皋亭山显孝寺来。那法空长老早在寺前相候,见柳翠下轿,引入山门,到大雄宝殿,拜了如来,便同到方丈,参谒月明和尚。正值和尚在禅床上打坐,柳翠一见,不觉拜倒在地,口称:"弟子柳翠参谒。"月明和尚也不回礼,大喝道:"你二十八年烟花债,还偿不够,待要怎吗?"吓得柳翠一身冷汗,心中恍惚,如有所悟。再要开言问时,月明和尚又大喝道:"恩爱无多,冤仇有尽,只有佛性,常明不灭。你与柳府尹打了平火,该收拾自己本钱回去了。"说得柳翠肚里恍恍惚惚,连忙磕头道:"闻知吾师大智慧、大光明,能知三生因果;弟子至愚无识,望吾师明言指示则个。"月明和尚又大喝道:"你要识本来面目,可去水月寺中,寻玉通禅师,与你证明。快走,快走! 走迟时,老僧禅杖无情,打破你这粉骷髅。"这一回话,唤做"显孝寺堂头三喝"。正是:

> 欲知因果三生事,只在高僧棒喝中。

柳翠被月明师父连喝三遍,再不敢开言,慌忙起身。依先出了寺门,上了小轿,吩咐轿夫,径抬到水月寺中,要寻玉通禅师证明。

却说水月寺中行者,见一乘女轿远远而来,内中坐个妇人。看看抬入山门,急忙唤集火工道人,不容他下轿。柳翠问其缘故,行者道:"当初被一个妇人,断送了我寺中老师父性命。至今师父们吩咐,不容妇人入寺。"柳翠又问道:"什么妇人?如何有恁样做作?"行者道:"二十八年前,有个妇人,夜来寺中投宿,十分哀求。老师父发起慈心,容他过夜。原来这妇人不是良家,是个娼妓,叫作吴红莲,奉柳府尹钧旨,特地前来,哄诱俺老师父。当夜假装肚疼,要老师父替他偎贴,因而破其色戒。老师父惭愧,题了八句偈语,就圆寂去了。"柳翠又问道:"你可记得他偈语吗?"行者道:"还记得。"遂将偈语八句,念了一遍。柳翠听得念到:"我身德行被你亏,你家门风还我坏。"心中豁然明白,恰像自家平日做下的一般。又问道:"那位老师父唤什么法名?"行者道:"是玉通禅师。"柳翠点头会意,急唤轿夫抬回抱剑营家里,吩咐丫鬟:"烧起香汤,我要洗澡。"当时丫鬟伏侍,沐浴已毕,柳翠挽就乌云,取出布衣穿了,掩上房门。桌上见列着文房四宝,拂开素纸,题下偈语二首。偈云:

> 本因色戒翻招色,红裙生把缁衣革。
> 今朝脱得赤条条,柳叶莲花总无迹。

又云:

> 坏你门风我亦羞,冤冤相报甚时休?
> 今朝卸却恩仇担,廿八年前水月游。

后面又写道:"我去后随身衣服入殓,送到皋亭山下,求月明师父一把无情火烧却。"写毕,掷笔而逝。丫鬟推门进去,不见声息。向前看时,见柳翠盘膝坐于椅上。叫呼不应,已坐化去了。慌忙报知柳妈妈。柳妈妈吃了一惊,呼儿叫肉,啼哭将来。乱了一回,念了二首偈词,看了后面的遗嘱,细问丫鬟天竺进香之事,方晓得在显孝寺参师,及水月寺行者一段说话。分明是丈夫柳宣教不行好事,破坏了玉通禅师法体,以致玉通投胎柳家,败其门风。冤冤相报,理之自然。今日被月明和尚指点破了,他就脱然而去。他要送皋亭山下,不可违之。但遗言火厝,心中不忍。所遗衣饰尽多,可为造坟之费,当下买棺盛殓,果然只用随身衣服,不用锦绣金帛之用。入殓已毕,合城公子王孙平昔往来之辈,都来探丧吊孝。闻知坐化之事,无不嗟叹。柳妈妈先遣人到显孝寺,报与月明和尚知道,就与他商量埋骨一事。月明和尚将皋亭山下隙地一块,助与柳妈妈,择日安葬。合城百姓,闻得柳翠死得奇异,都道活佛显化,尽来送葬。造坟已毕,月明和尚向坟合掌作礼,说偈四句。偈云:

二十八年花柳债,一朝脱卸无拘碍。
红莲柳翠总虚空,从此老通长自在。

至今皋亭山下,有个柳翠墓古迹。有诗为证:

柳宣教害人自害,通和尚因色堕色。
显孝寺三喝机锋,皋亭山青天白日。

第三十卷

明悟禅师赶五戒

昔为东土寰中客,今作菩提会上人。

手把杨枝临净土,寻思往事是前身。

话说昔日唐太祖,姓李名渊,承隋天下,建都陕西长安,法令一新。仗着次子世民,打清七十二处狼烟,收伏一十八处蛮洞,改号武德,建文学馆以延一十八学士,造凌烟阁以绘二十三功臣,相魏征、杜如晦、房玄龄等辈,以治天下。贞观、治平、开元,这几个年号,都是治世。只因玄宗末年,宠任奸臣李林甫、卢杞、杨国忠等,以召安禄山之乱。后来虽然平定,外有藩镇专制,内有宦官弄权,君子退,小人进,终唐之世,不得太平。

且说洛阳有一人,姓李名源,字子澄,乃饱学之士,腹中记诵五车书,胸内包藏千古史。因见朝政颠倒,退居不仕,与本处慧林寺首僧圆泽为友,交游甚密。泽亦诗名遍洛,德行满野,乃宿世古佛,一时豪杰皆敬慕之。每与源游山玩水,吊古寻幽,赏月吟风,怡情遣兴,诗赋文词,山川殆遍。忽一日,相约同舟往瞿塘三峡,游天开图画寺。源带一仆人,泽携一弟子,共四人发舟。不半月间,至三峡,舟泊于岸,振衣而起。忽见一妇人,年约三旬,外服旧衣,内穿锦裆,身怀六甲,背负瓦罂而汲清泉。圆泽一见,愀然不悦,指谓李源曰:"此孕妇乃某托身之所也,明早吾即西行矣。"源愕然曰:"吾师此言,是何所主也?"圆泽曰:"吾今圆寂,自有相别言语。"四人乃入寺,寺僧接入。茶毕,圆泽备道所由,众皆惊异。泽乃香汤沐浴,吩咐弟子已毕,乃与源决别。说道:"泽今幸生四旬,与君交游甚密;今大限到来,只得分别。后三日,乞到伊家相访,乃某托身之所。三日浴儿,以一笑为验,此晚吾亦卒矣。再后十二年,到杭州天竺寺相见。"乃取纸笔,作《辞世颂》曰:

四十年来体性空，多于诗酒乐心胸。

今朝别却故人去，日后相逢下竺峰。

咦！幻身复入红尘内，赢得君家再与逢。

偈毕，跏趺而化。本寺僧众具衣龛，送入后山岩中，请本寺月峰长老下火。僧众诵经已毕，月峰坐在轿上，手执火把，打个问讯，念云：

三教从来本一宗，吾师全具得灵通。

今期觉化归西去，且听山僧道本风。

恭唯圆寂圆泽禅师堂头大和尚之觉灵曰：唯灵生于河南，长在洛阳。自入空门，心无挂碍。酒吞江海，诗泣鬼神。唯思玩水寻山，不厌粗衣藜食。交至契之李源，游瞿塘之三峡。因见孕妇而负罂，乃思托身而更出。再世杭州相见，重会今日交契。如今送入离宫，听取山僧指秘。咄！

三生共会下竺峰，葛洪井畔寻踪迹。

颂毕，茶毗之次，见火中一道青烟，直透云端，烟中显出圆泽全身本相，合掌向空而去。少焉，舍利如雨，众僧收骨入塔，李源不胜悲怆。

首僧留源在寺，闲住数日。至第三日，源乃至寺前，访于居民。去寺不半里有一人家，姓张，已于三日前生一子。今正三朝，在家浴儿。源乃恳求一见，其人不许，源告以始末，赂以金帛，乃令源至中堂。妇人抱子正浴，小儿见源，果然一笑，源大喜而返。是晚，小儿果卒。源乃别长老回家不题。

日往月来，星移斗换，不觉又十载有余。时唐十六帝僖宗乾符三年，黄巢作乱，天下骚动,万姓流离。君王幸蜀,民舍宫室悉遭兵火,一无所存。亏着晋王李克用,兴兵灭巢,僖宗龙归旧都,天下稍定,道路始通。源因货殖,来至江浙路杭州地方。时当清明,正是良辰美景,西湖北山,游人如蚁。源思十二年前圆泽所言:下天竺相会。乃信步随众而行,见两山夹川,清流可爱,赏心不倦。不觉行入下竺寺西廊,看葛洪炼丹井。转入寺后,见一大石临溪,泉流其畔。源心大喜,少坐片时。

忽闻隔川歌声,源见一牧童,年约十二三岁,身骑牛背,隔水高歌。源心异之,侧耳听其歌云:

> 三生石上旧精魂,赏月吟风不要论。
> 惭愧情人远相访,此身虽异性常存。

又云:

> 身前身后事茫茫,欲话当时恐断肠。
> 吴越山川游已遍,却寻烟棹上瞿塘。

歌毕,只见小童远远的看着李源,拍手大笑。源惊异之,急欲过川相问而不可得。遥望牧童,渡柳穿林,不知去向。李源不胜惆怅,坐于石上久之。问于僧人,答道:"此乃葛稚川石也。"源深详其诗,乃十二年圆泽之语,并月峰下火文记。至此在下竺相会,恰好正是三生!访问小儿住处,并言无有,源心怏怏而返。后人因呼源所坐葛稚川之石为"三生石",至今古迹犹存。后来瞿宗吉有诗云:

> 清波下映紫裀鲜,邂逅相逢峡口船。
> 身后身前多少事,三生石上说烟缘。

王元瀚又有诗云:

> 处世分明一梦魂,身前身后孰能论?
> 夕阳山下三生石,遗得荒唐迹尚存。

这段话文,叫作"三生相会"。如今再说个两世相逢的故事,乃是"明悟禅师赶五戒"，又说是"佛印长老度东坡"。

话说大宋英宗治平年间，去那浙江路宁海军钱塘门外，南山净慈孝光禅寺，乃名山古刹。本寺有两个得道高僧，是师兄师弟，一个唤做五戒禅师，一个唤作明悟禅师。这五戒禅师，年三十一岁，形容古怪，左边瞽一目，身不满五尺。本贯西京洛阳人，自幼聪明，举笔成文，琴棋书画，无所不通。长成出家，禅宗释教，如法了得，参禅访道。俗姓金，法名五戒。且问何谓之"五戒"？

　　第一戒者，不杀生命；
　　第二戒者，不偷盗财物；
　　第三戒者，不听淫声美色；
　　第四戒者，不饮酒茹荤；
　　第五戒者，不妄言造语。

此谓之"五戒"。

忽日云游至本寺，访大行禅师。禅师见五戒佛法晓得，留在寺中，做了上色徒弟。不数年，大行禅师圆寂，本寺僧众立他做住持，每日打坐参禅。那第二个唤做明悟禅师，年二十九岁，生得头圆耳大，面阔口方，眉清目秀，丰彩精神，身长七尺，貌类罗汉，本贯河南太原府人氏，俗姓王，自幼聪明，笔走龙蛇，参禅访道，出家在本处沙陀寺，法名明悟。后亦云游至宁海军，到净慈寺来访五戒禅师。禅师见他聪明了得，就留于本寺做师弟。二人如一母所生，且是好。但遇着说法，二人同升法座，讲说佛教，不在话下。

忽一日，冬尽春初，天道严寒，阴云作雪，下了两日。第三日雪霁天晴，五戒禅师清早在方丈禅椅上坐，耳内远远的听得小孩儿啼哭声。当时便叫身边一个知心腹的道人，唤做清一，吩付道："你可去山门外各处看有甚事来与我说。"清一道："长老，落了两日雪，今日方晴，料无甚事。"长老道："你可快去看了来回话。"清一推托不过，只得走到山门边，那时天未明，山门也不曾开。叫门公开了山门，清一打一看时，吃了一惊，道："善哉，善哉！"正所谓：

　　日日行方便，时时发道心。
　　但行平等事，不用问前程。

当时清一见山门外松树根雪地上,一块破席,放一个小孩儿在那里。口里道:"苦哉,苦哉!甚人家将这个孩儿丢在此间?不是冻死,便是饿死。"走向前仔细一看,却是五六个月一个女儿,将一个破衲头包着,怀内揣着个纸条儿,上写生年月日时辰。清一口里不说,心下思量:"古人有云:'救人一命,胜造七级浮屠。'"连忙走回方丈,禀复长老道:"不知甚人家,将个五七个月女孩儿,破衣包着,撇在山门外松树根头。这等寒天,又无人来往,怎的做个方便,救他则个!"长老道:"善哉,善哉!清一,难是你善心,你如今抱了回房,早晚把些粥饭与他,喂养长大,把与人家,救他性命,胜做出家人。"

当时清一急急出门去,抱了女儿到方丈中,回复长老。长老看道:"清一,你将那纸条儿我看。"清一递与长老。长老看时,却写道:"今年六月十五日午时生,小名红莲。"长老吩咐清一,好生抱去房里,养到五七岁,把与人家去,也是好事。清一依言,抱到千佛殿后,一带三间四椽平屋房中,放些火,在火围内烘他,取些粥喂了。似此日往月来,藏在空房中,无人知觉,一向长老也忘了。不觉红莲已经十岁。清一见他生得清秀,诸事见便,藏匿在房里。出门锁了,入门关了,且是谨慎。

光阴似箭,日月如梭,倏忽这红莲女长成一十六岁,这清一如自生的女儿一般看待。虽然女子,却只打扮如男子,衣服鞋袜,头上头发,前齐眉,后齐项,一似个小头陀,且是生得清楚,在房内茶饭针线。清一指望寻个女婿,要他养老送终。

一日,时遇六月炎天,五戒禅师忽想十数年前之事,洗了浴,吃了晚粥,径走到千佛阁后来。清一道:"长老希行。"长老道:"我问你:那年抱的红莲,如今在那里?"清一不敢隐匿,引长老到房中一见,吃了一惊,却似:

分开八块顶阳骨,倾下半桶冰雪来。

长老一见红莲,一时差讹了念头,邪心遂起,嘻嘻笑道:"清一,你今晚可送红莲到我卧房中来,不可有误。你若依我,我自抬举你。此事切不可泄漏,只教他做个小头陀,不要使人识破他是女子。"清一口中应允,心内想道:"欲待不依长老又难,依了长老,今夜去到房中,必坏了女身,千难万难。"长老见清一应不爽利,便道:"清一,你锁了房门跟我到房里去。"清一跟了长老,径到房中。长老去衣箱里,取出十两银子,把与清一道:"你且将这些去用,我明日与你讨道度牒,剃你做徒弟,你心下如何?"清一道:"多谢长老抬举。"只得收了银子,别了长老。回到房中,低低说与红莲道:"我儿,却才来的,是本寺长老,他见你,心中喜爱。你今等夜静,我送你去伏事长老。你可小心仔细,不可有误。"红莲见父亲如此说,便应允了。

到晚,两个吃了晚饭。约莫二更天气,清一领了红莲,径到长老房中,门窗无些阻当。原来长老有两个行者在身边伏事,当晚吩咐:"我要出外闲走乘凉,门窗且未要关。"因此无阻。长老自在房中等清一送红莲来。候至二更,只见清一送小头陀来房中。长老接入房内,吩咐清一:"你到明日此时,来领他回房去。"清一自回房中去了。

且说长老关了房门,灭了琉璃灯,携住红莲手,一将将到床前,教红莲脱了衣服,长老向前一搂,搂在怀中,抱上床去。却便似:

> 戏水鸳鸯,穿花鸾凤。喜孜孜枝生连理,美甘甘带绾同心。恰恰莺声,不离耳畔;津津甜唾,笑吐舌尖。杨柳腰,脉脉春浓;樱桃口,微微气喘。星眼朦胧,细细汗流香玉体;酥胸荡漾,涓涓露滴牡丹心。一个初侵女色,犹如饿虎吞羊;一个乍遇男儿,好似渴龙得水。

> 可惜菩提甘露水,倾入红莲两瓣中。

当日长老与红莲云收雨散,却好五更,天色将明。长老思量一计,怎生藏他在房中。房中有口大衣厨,长老开了锁,将厨内物件都收拾了,却教红莲坐在厨中,吩咐道:"饭食我自将来与你吃,可放心宁耐则个。"红莲是女孩儿家,初被长老淫勾,心中也喜,躲在衣厨内,把锁锁了。少间,长老上殿诵经毕,入房闭了房门,将厨开了锁,放出红莲,把饮食与他吃了,又放些果子在厨内,依先锁了。至晚,清一来房中领红莲回房去了。

却说明悟禅师,当夜在禅椅上入定回来,慧眼已知五戒禅师差了念头,犯了色戒,淫了红莲,把多年清行,付之东流。"我今劝省他,不可如此,也不说出。"至次日,正是六月尽,门外撒骨池内,红白莲花盛开。明悟长老令行者采一朵白莲花,将回自己房中,取一花瓶插了,教道人备杯清茶在房中。却教行者去请五戒禅师:"我与他赏莲花,吟诗谈话则个。"不多时,行者请到五戒禅师。两个长老坐下,明悟道:"师兄,我今日见莲花盛开,对此美景,折一朵在瓶中,特请师兄吟诗清话。"五戒道:"多蒙清爱。"行者捧茶至,茶罢,明悟禅师道:"行者,取文房四宝来。"行者取至面前,五戒道:"将何物为题?"明悟道:"便将莲花为题。"五戒捻起笔来,便写四句诗道:

一支菡萏瓣初张，相伴葵榴花正芳。

似火石榴虽可爱，争如翠盖芰荷香？

五戒诗罢，明悟道："师兄有诗，小僧岂得无语乎？"落笔便写四句诗曰：

春来桃杏尽舒张，万蕊千花斗艳芳。

夏赏荪荷真可爱，红莲争似白莲香？

明悟长老依韵诗罢，呵呵大笑。

五戒听了此言，心中一时解悟，面皮红一回，青一回，便转身辞回卧房，对行者道："快与我烧桶汤来洗浴。"行者连忙烧汤与长老洗浴罢，换了一身新衣服，取张禅椅到房中，将笔在手，拂开一张素纸，便写八句《辞世颂》曰：

吾年四十七，万法本归一；

只为念头差，今朝去得急。

传与悟和尚，何劳苦相逼？

幻身如雷电，依旧苍天碧。

写罢《辞世颂》，教焚一炉香在面前，长老上禅椅上，左脚压右脚，右脚压左脚，合掌坐化。

行者忙去报与明悟禅师。禅师听得大惊，走到房中看时，见五戒师兄已自坐化去了。看了面前《辞世颂》，道："你好却好了，只可惜差了这一着。你如今虽得个男子身，长成不信佛、法、僧三宝，必然灭佛谤僧，后世却堕落苦海，不得皈依佛道，深可痛哉！真可惜哉！你道你走得快，我赶你不着不信！"当时也教道人烧汤洗浴，换了衣服，到方丈中，上禅椅跏趺而坐，吩咐徒众道："我今去赶五戒和尚，汝等可将两个龛子盛了，放三日一同焚化。"嘱罢圆寂而去。众僧皆惊，有如此异事！城内城外听得本寺两个禅师同日坐化，各皆惊讶，来烧香礼拜布施者，人山人海，男子妇人不计其数。嚷了三日，抬去金牛寺焚化，拾骨撒了。

这清一遂浼人说议亲事，将红莲女嫁与一个做扇子的刘待诏为妻，养了清一在家，过了下半世，不在话下。

且说明悟一灵真性，直赶至四川眉州眉山县城中，五戒已自托生在一个人家。

311

这个人家,姓苏名洵,字明允,号老泉居士,诗礼之人。院君王氏,夜梦一瞽目和尚,走入房中,吃了一惊。明旦分娩一子,生得眉清目秀,父母皆喜。三朝满月,百日一周,不在话下。

却说明悟一灵,也托生在本处,姓谢名原,字道清。妻章氏,亦梦一罗汉,手持一印,来家抄化。因惊醒,遂生一子。年长,取名谢瑞卿。自幼不吃荤酒,一心只爱出家。父母是世宦之家,怎么肯?勉强送他学堂攻书资性聪明,过目不忘,吟诗作赋,无不出人头地。喜看的是诸经内典,一览辄能解会。随你高僧讲论,都不如他。可惜一肚子学问,不屑应举求官,但说着功名之事,笑而不答。这也不在话下。

却说苏老泉的孩儿,年长七岁,教他读书写字,十分聪明,目视五行书。后至十岁来,五经三史,无所不通,取名苏拭,字子瞻。此人文章冠世,举笔珠玑,从幼与谢瑞卿同窗相厚,只是志趣不同。那东坡志在功名,偏不信佛法,最恼的是和尚,常言:"不秃不毒,不毒不秃;转毒转秃,转秃转毒。我若一朝管了军民,定要灭了这和尚们,方遂吾愿。"见谢瑞卿不用荤酒,便大笑道:"酒肉乃养生之物,依你不杀生,不吃肉,羊、豕、鸡、鹅,填街塞巷,人也没处安身了。况酒是米做的,又不害性命,吃些何伤?"每常二人相会,瑞卿便劝子瞻学佛,子瞻便劝瑞卿做官。瑞卿道:"你那做官,是不了之事,不如学佛三生结果。"子瞻道:"你那学佛,是无影之谈,不如做官,实在事业。"终日议论,各不相胜。

仁宗天子嘉祐改元,子瞻往东京应举,要拉谢瑞卿同去,瑞卿不从。子瞻一举成名,御笔除翰林学士,锦衣玉食,前呼后拥,富贵非常。思念窗友谢瑞卿,不肯出仕,"吾今接他到东京,他见我如此富贵,必然动了功名之念。"于是修书一封,差人到眉山县接谢瑞卿到来。谢瑞卿也恐怕子瞻一旦富贵,果然谤佛灭僧,也要劝化他回心改念,遂随着差人到东京,与子瞻相见。两人终日谈论,依旧各执己见,不相上下。

你说事有凑巧,物有偶然。适值东京大旱,赤地千里。仁宗天子降旨,特于内庭修建七日黄罗大醮,为万民祈雨。仁宗一日亲自行香二次,百官皆素服奔走执事。翰林官专管撰青词,子瞻奉旨修撰,要拉瑞卿同去,共观胜会,瑞卿心中却不愿行,子瞻道:"你平昔最喜佛事,今日朝廷请下三十六处名僧,建下祈场,诵经设醮,你不去随喜,却不挫过?"瑞卿道:"朝廷设醮,虽然仪文好看,都是套数,那有什么高僧谈经说法,使人倾听?"看起来,也是子瞻法缘该到,自然生出机会来。当日子瞻定要瑞卿作伴同往,瑞卿拗他不过,只得从命。二人到了佛场,子瞻随班效劳,瑞卿打扮个道人模样,往来观看法事。

忽然仁宗天子驾到,众官迎入,在佛前拈香下拜。瑞卿上前一步,偷看圣容,被仁宗龙目观见。瑞卿生得面方耳大,丰仪出众。仁宗金口玉言,问道:"这汉子何人?"苏轼一时着了忙,使个急智,跪下奏道:"此乃大相国寺新来一个道人,为他深通经典,在此供香火之役。"仁宗道:"好个相貌,既然深通经典,赐你度牒一道,钦度为僧。"谢瑞卿自小便要出家做和尚,恰好圣旨吩咐,正中其意,当下谢恩已毕,奏道:"既蒙圣恩剃度,愿求御定法名。"仁宗天子问礼部取一道度牒,御笔判定"佛印"二字。瑞卿领了度牒,重又叩谢。候圣驾退了,瑞卿就于醮坛佛前祝发,自此只叫佛印,不叫谢瑞卿了。那大相国寺众僧,见佛印参透佛法,又且圣旨剃度,苏学士的乡亲好友,谁敢怠慢?都称他做"禅师",不在话下。

且说苏子瞻特地接谢瑞卿来东京,指望劝他出仕,谁知带他到醮坛行走,累他落发改名为僧,心上好不过意。谢瑞卿向来劝子瞻信心学佛,子瞻不从,今日到是子瞻作成他落发,岂非天数,前缘注定?那佛印虽然心爱出家,故意埋怨子瞻许多言语,子瞻惶恐无任,只是谢罪,再不敢说做和尚的半个字儿不好。任凭佛印谈经说法,只得悉心听受;若不听受时,佛印就发恼起来。听了多遍,渐渐相习,也觉佛经讲得有理,不似向来水火不投的光景了。朔望日,佛印定要子瞻到相国寺中礼佛奉斋,子瞻只得依他。又子瞻素爱佛印谈论,日常无事,便到寺中与佛印闲讲,或分韵吟诗。佛印不动荤酒,子瞻也随着吃素,把个毁僧谤佛的苏学士,变做了护法敬僧的苏子瞻了。佛印乘机又劝子瞻弃官修行。子瞻道:"待我宦成名就,筑室寺东,与师同隐。"因此别号东坡居士,人都称为苏东坡。

那苏东坡在翰林数年,到神宗皇帝熙宁改元,差他知贡举,出策题内讥消了当朝宰相王安石。安石在天子面前谮他恃才轻薄,不宜在史馆,遂出为杭州通判。与佛印相别,自去杭州赴任。一日,在府中闲坐,忽见门吏报说,有一和尚说是本处灵隐寺住持,要见学士相公。东坡教门吏出问何事要见相公。佛印见问,于门吏处借纸笔墨来,便写四字送入府去。东坡看其四字:"诗僧谒见。"东坡取笔来批一笔云:"诗僧焉敢谒王侯?"教门吏把与和尚,和尚又写四句诗道:

大海尚容蛟龙隐,高山也许凤皇游。
笑却小人无度量,诗僧焉敢谒王侯!

东坡见此诗,方才认出字迹,惊讶道:"他为何也到此处?快请相见。"你道那和尚是谁?正是佛印禅师,因为苏学士谪官杭州,他辞下大相国寺,行脚到杭州灵隐寺住持,又与东坡朝夕往来。后来东坡自杭州迁任徐州,又自徐州迁任湖州,佛印到处相随。

神宗天子元丰二年,东坡在湖州做知府,偶感触时事,做了几首诗,诗中未免含着讥讽之意。御史李定、王珪等交章劾奏苏轼诽谤朝政,天子震怒,遣校尉拿苏轼来京,下御史台狱,就命李定勘问。李定是王安石门生,正是苏家对头,坐他大逆不道,问成死罪。东坡在狱中,思想着甚来由,读书做官,今日为几句诗上,便丧了性命? 乃吟诗一首自叹,诗曰:

> 人家生子愿聪明,我为聪明丧了生;
> 但愿养儿皆愚鲁,无灾无祸到公卿。

吟罢,凄然泪下,想道:"我今日所处之地,分明似鸡鸭到了庖人手里,有死无活。想鸡鸭得何罪,时常烹宰他来吃? 只为他不会说话,有屈莫伸。今日我苏轼枉了能言快语,又向那处伸冤? 岂不苦哉! 记得佛印时常劝我戒杀持斋,又劝我弃官修行,今日看来,他的说话,句句都是,悔不从其言也。"叹声未绝,忽听得数珠索落一声,念句"阿弥陀佛"。东坡大惊,睁眼看时,乃是佛印禅师。东坡忘其身在狱中,急起身迎接,问道:"师兄何来?"佛印道:"南山净慈孝光禅寺,红莲花盛开,同学士去玩赏。"东坡不觉相随而行,到于孝光禅寺。

进了山门,一路僧房曲折,分明是熟游之地;法堂中摆设钟磬经典之类,件件认得,好似自家家里一般,心下好生惊奇。寺前寺后,走了一回,并不见有莲花,乃问佛印禅师道:"红莲在那里?"佛印向后一指道:"这不是红莲来也?"东坡回头看时,只见一个少年女子,从千佛殿后,冉冉而来,走到面前,深深道个万福,东坡看那女子,如旧日相识。那女子向袖中摸出花笺一幅,求学士题诗。佛印早取到笔砚,东坡遂信手写出四句。道是:

> 四十七年一念错,贪却红莲甘堕却。
> 孝光禅寺晓钟鸣,这回抱定如来脚。

那女子看了诗,扯得粉碎,一把抱定东坡,说道:"学士休得忘恩负义!"东坡正没奈何,却得佛印劈手拍开,惊出一身冷汗,醒将转来,乃是南柯一梦,狱中更鼓正打五更。东坡寻思,此梦非常四句诗一字不忘,正不知什么缘故。忽听得远远晓钟声响,心中顿然开悟:"分明前世在孝光寺出家,为色欲堕落,今生受此苦楚。若得佛力覆庇,重见天日,当一心护法,学佛修行。"

少顷天明,只见狱官进来称贺,说圣旨赦学士之罪,贬为黄州团练副使。东坡得赦,才出狱门,只见佛印禅师在于门首,上前问讯道:"学士无恙?贫僧相候久矣!"原来被逮之日,佛印也离了湖州,重来东京大相国寺住持,看取东坡下落。闻他问成死罪,各处与他分诉求救,却得吴充、王安礼两个正人,在天子面前竭力保奏。太皇太后曹氏,自仁宗朝便闻苏轼才名,今日也在宫中劝解。天子回心转意,方有这道赦书。东坡见了佛印,分明是再世相逢,倍加欢喜。东坡到五凤楼下谢恩过了,便来大相国寺,寻佛印说其夜来之梦。说到中间,佛印道:"住了,贫僧昨夜亦梦如此。"也将所梦说出后一段,与东坡梦中无二,二人互相叹异。

次日,圣旨下,苏轼谪守黄州。东坡与佛印相约,且不上任,迂路先到宁海军钱塘门外来访孝光禅寺。比及到时,路径门户,一如梦中熟识。访问僧众,备言五戒私污红莲之事。那五戒临化去时,所写《辞世颂》,寺僧兀自藏着。东坡索来看了,与自己梦中所题四句诗相合,方知佛法轮回,并非诳语,佛印乃明悟转生无疑。此时东坡便要削发披缁,跟随佛印出家。佛印到不允从,说道:"学士宦缘未断,二十年后,方能脱离尘俗。但愿坚持道心,休得改变。"东坡听了佛印言语,复来黄州上任。自此不杀生,不多饮酒,浑身内外,皆穿布衣,每日看经礼佛。在黄州三年,佛印仍朝夕相随,无日不会。

哲宗皇帝元祐改元,取东坡回京,升做翰林学士,经筵讲官。不数年,升做礼部尚书,端明殿大学士。佛印又在大相国寺相依,往来不绝。

到绍圣年间,章惇做了宰相,复行王安石之政,将东坡贬出定州安置。东坡到相国寺相辞佛印,佛印道:"学士宿业未除,合有几番劳苦。"东坡问道:"何时得脱?"佛印说出八个字来,道是:

逢永而返，逢玉而终。

又道："学士牢记此八字者！学士今番跋涉忒大，贫僧不得相随，只在东京等候。"

东坡怏怏而别。到定州未及半年，再贬英州；不多时，又贬惠州安置；在惠州年余，又徙儋州；又自儋州移廉州；自廉州移永州；踪迹无定，方悟佛印"跋涉忒大"之语。

在永州不多时，赦书又到，召还提举玉局观。想着："'逢永而返'，此句已应了；'逢玉而终'，此乃我终身结局矣。"乃急急登程，重到东京，再与佛印禅师相会。佛印道："贫僧久欲回家，只等学士同行。"东坡此时大通佛理，便晓得了。当夜两个在相国寺，一同沐浴了毕，讲论到五更，分别而去。这里佛印在相国寺圆寂，东坡回到寓中，亦无疾而逝。

至道君皇帝时，有方士道："东坡已作大罗仙。亏了佛印相随一生，所以不致堕落。佛印是古佛出世。"这两世相逢，古今罕有，至今流传做话本。有诗为证：

禅宗法教岂非凡，佛祖流传在世间。
铁树开花千载易，坠落阿鼻要出难。

第三十一卷

闹阴司司马貌断狱

扰扰劳生，待足何时是足？据见定，随家丰俭，便堪龟缩。得意浓时休进步，须防世事多番覆。枉教人，白了少年头，空碌碌。谁不愿，黄金屋？谁不愿，千钟粟？算五行，不是这般题目。枉使心机闲计较，儿孙自有儿孙福。又何须采药访蓬莱？但寡欲。

这篇词，名《满江红》，是晦庵和尚所作，劝人乐天知命之意。凡人万事莫逃乎命，假如命中所有，自然不求而至；若命里没有，枉自劳神，只索罢休。你又不是司马重湘秀才，难道与阎罗王寻闹不成？说话的，就是司马重湘，怎地与阎罗王寻闹？毕竟那个理长，那个理短？请看下回便见。诗曰：

世间屈事万千千，欲觅长梯问老天。
休怪老天公道少，生生世世宿因缘。

话说东汉灵帝时，蜀郡益州，有一秀才，复姓司马，名貌，表字重湘。资性聪明，一目十行俱下。八岁纵笔成文，本郡举他应神童，起送至京。因出言不逊，冲突了试官，打落下去。及年长，深悔轻薄之非，更修端谨之行，闭户读书，不问外事。双亲死，庐墓六年，人称其孝。乡里中屡次举他孝廉、有道及博学宏词，都为有势力者夺去，悒悒不得志。

自光和元年，灵帝始开西邸，卖官鬻爵，视官职尊卑，入钱多少，各有定价：欲为三公者，价千万；欲为卿者，价五百万。崔烈讨了傅母的人情，入钱五百万，得为司徒。后受职谢恩之日，灵帝顿足懊悔道："好个官，可惜贱卖了。若小小作难，千万必可得也。"又置鸿都门学,敕州、郡、三公,举用富家郎为诸生,若人得钱多者,出为刺史,入为尚书。士君子耻与其列。司马重湘家贫,因此无人提挈,淹滞至五十岁,空负一腔才学,不得出身,屈埋于众人之中,心中怏怏不平。乃因酒醉,取文房四宝,且吟且写,遂成《怨词》一篇。词曰:

> 天生我才兮,岂无用之?豪
> 杰自期兮,奈此数奇。五十不遇
> 兮,因迹蓬纚。纷纷金紫兮,彼何
> 人斯?胸无一物兮,囊有余资。
> 富者乘云兮,贫者堕泥。贤愚颠
> 倒兮,题雄为雌。世运沧夷兮,俾
> 我嵚崎。天道何知兮,将无有私?
> 欲叩末曲兮,悲涕淋漓。

写毕,讽咏再四。余情不尽,又题八句:

> 得失与穷通,前生都注定;
> 问彼注定时,何不判忠佞?
> 善士叹沉埋,凶人得暴横;
> 我若作阎罗,世事皆更正。

　　不觉天晚,点上灯来,重湘于灯下,将前诗吟哦了数遍,猛然怒起,把诗稿向灯焚了,叫道:"老天,老天!你若还有知,将何言抵对?我司马貌一生鲠直,并无奸佞,便提我到阎罗殿前,我也理直气壮,不怕甚的!"说罢,自觉身子困倦,倚桌而卧。
　　只见七八个鬼卒,青面獠牙,一般的三尺多长,从桌底下钻出,向重湘戏侮了一回,说道:"你这秀才有何才学,辄敢怨天尤地,毁谤阴司!如今我们来拿你去见阎罗王,只教你有口难开。"重湘道:"你阎罗王自不公正,反怪他人谤毁,是何道理?"

众鬼不由分说，一齐上前，或扯手，或扯脚，把重湘拖下坐来，便将黑索子望他颈上套去。重湘大叫一声，醒将转来，满身冷汗。但见短灯一盏，半明半灭，好生凄惨。

重湘连打几个寒噤，自觉身子不快，叫妻房汪氏点盏热茶来吃。汪氏点茶来，重湘吃了，转觉神昏体倦，头重脚轻。汪氏扶他上床。次日昏迷不醒，叫唤也不答应，正不知什么病症。捱至黄昏，口中无气，直挺挺的死了。汪氏大哭一场，见他手脚尚软，心头还有些微热，不敢移动他，只守在他头边，哭天哭地。

话分两头。原来重湘写了《怨词》，焚于灯下，被夜游神体察，奏知玉帝。玉帝见了大怒，道："世人爵禄深沉，关系气运。依你说，贤者居上，不肖者居下，有才显荣，无才者黜落，天下世世太平，江山也永不更变了，岂有此理！小儒见识不广，反说天道有私。速宜治罪，以儆妄言之辈。"时有太白金星启奏道："司马貌虽然出言无忌，但此人因才高运蹇，抑郁不平，致有此论。若据福善祸淫的常理，他所言未为无当，可谅情而恕之。"玉帝道："他欲作阎罗，把世事更正，甚是狂妄。阎罗岂凡夫可做？阴司案牍如山，十殿阎君，食不暇给。偏他有甚本事，一一更正来？"金星又奏道："司马貌口出大言，必有大才。若论阴司，果有不平之事。几百年滞狱，未经判断的，往往地狱中怨气上冲天庭。以臣愚见，不若押司马貌到阴司，权替阎罗王半日之位，凡阴司有冤枉事情，着他剖断。若断得公明，将功恕罪；倘若不公不明，即时行罚，他心始服也。"玉帝准奏。即差金星奉旨，到阴司森罗殿，命阎君即勾司马貌到来，权借王位与坐。只限一晚六个时辰，容他放告理状。若断得公明，来生注他极富极贵，以酬其今生抑郁之苦；倘无才判问，把他打落酆都地狱，永不得转人身。

阎君得旨，便差无常小鬼，将重湘勾到地府。重湘见了小鬼，全然无惧，随之而行。到森罗殿前。小鬼喝教下跪，重湘问道："上面坐者何人，我去跪他？"小鬼道："此乃阎罗天子。"重湘闻说，心中大喜，叫道："阎君，阎君，我司马貌久欲见你，吐露胸中不平之气，今日幸得相遇。你贵居王位，有左右判官，又有千万鬼卒，牛头、马面，帮扶者甚众。我司马貌只是个穷秀才，孑然一身，生死出你之手。你休得把势力相压，须得平心论理，理胜者为强。"阎君道："寡人忝为阴司之主，凡事皆依天道而行。你有何德能，便要代我之位？所更正者何事？"重湘道："阎君，你说奉天行道，天道以爱人为心，以劝善惩恶为公。如今世人有等悭吝的，偏教他财积如山。有等肯做好事的，偏教他手中空乏。有等刻薄害人的，偏教他处富贵之位，得肆其恶，有等忠厚肯扶持人的，偏教他吃亏受辱，不遂其愿。作善者常被恶者欺瞒；有才者反为无才者凌压，有冤无诉，有屈无伸，皆由你阎君判断不公之故。即如我司马貌,一生苦志读书,力行孝弟,有甚不合天心处,却教我终身蹭蹬,屈于庸流之下?似此颠倒贤愚,要你阎君何用?若让我司马貌坐于森罗殿上,怎得有此不平之事?"

阎君笑道:"天道报应,或迟或早,若明若暗;或食报于前生,或留报于后代。假如富人悭吝,其富乃前生行苦所致;今生悭吝,不种福田,来生必受饿鬼之报矣。贫人亦由前生作业,或横用非财,受享太过,以致今生穷苦;若随缘作善,来生依然丰衣足食。由此而推,刻薄者虽今生富贵,难免堕落;忠厚者虽暂时亏辱,定注显达。此乃一定之理,又何疑焉?人见目前,天见久远。人每不能测天,致汝纷纭议论,皆由浅见薄识之故也。"重湘道:"既说阴司报应不爽,阴间岂无冤鬼?你敢取从前案卷,与我一一稽查吗?若果事事公平,人人心服,我司马貌甘服妄言之罪。"阎君道:"上帝有旨,将阎罗王位权借你六个时辰,容放理狱。若断得公明,还你来生之富贵;倘无才判问,永堕酆都地狱,不得人身。"重湘道:"玉帝果有此旨,是吾之愿也。"

当下,阎君在御座起身,唤重湘入后殿,戴平天冠,穿蟒衣,束玉带,装扮出阎罗天子气象。鬼卒打起升堂鼓,报道:"新阎君升殿!"善恶诸司、六曹法吏、判官小鬼,齐齐整整,分立两边。重湘手执玉简,昂然而出,升于法座。诸司吏卒参拜已毕,禀问要抬出放告牌。重湘想道:"五岳四海,多少生灵?上帝只限我六个时辰管事,倘然判问不结,只道我无才了,取罪不便。"心生一计,便教判官吩咐:"寡人奉帝旨管事,只六个时辰,不及放告。你可取从前案卷来查,若有天大疑难事情,累百年不决者,寡人判断几件,与你阴司问事的做一个榜样。"判官禀道:"只有汉初四宗文卷,至今三百五十余年,未曾断结,乞我王拘审。"重湘道:"取卷上来看。"判官捧卷呈上,重湘揭开看时,一宗屈杀忠臣事,原告:容信、彭越、英布。被告:刘邦、吕氏。一宗恩将仇报事,原告:丁公。被告:刘邦。一宗专权夺位事,原告:戚氏。被告:吕氏。一宗乘危逼命事,原告:项羽。被告:王翳、杨喜、夏广、吕马童、吕胜、杨武。重湘览毕,呵呵大笑道:"恁样大事,如何反不问决?你们六曹吏司,都该究罪。这都是向来阎君因循耽搁之故,寡人今夜都与你判断明白。"随叫直日鬼吏,照单开四宗文卷原被告姓名,一齐唤到,挨次听审。那时振动了地府,闹遍了阴司。有诗为证:

　　每逢疑狱便因循,地府阳间事体均。

　　今日重湘新气象,千年怨气一朝伸。

鬼吏禀道:"人犯已拘齐了,请爷发落。"重湘道:"带第一起上来。"判官高声叫道:"第一起犯人听点。"原被共五名,逐一点过,答应。原告:韩信有,彭越有,英布有。被告:刘邦有,吕氏有。

重湘先唤韩信上来,问道:"你先事项羽,位不过郎中,言不听,计不从。一遇汉祖,筑坛拜将,捧毂推轮,后封王爵以酬其功。如何又起谋叛之心,自取罪戮,今日反告其主!"韩信道:"阎君在上,容信一一告诉。某受汉王筑坛拜将之恩,使尽心机,明修栈道,暗度陈仓,与汉王定了三秦;又救汉皇于荥阳,虏魏王豹,破代兵,禽赵王歇;北定燕,东定齐,下七十余城;南败楚兵二十万,杀了名将龙且。九里山排下十面埋伏,杀尽楚兵;又遣六将,逼死项王于乌江渡口。造下十大功劳,指望子子孙孙,世享富贵。谁知汉祖得了天下,不念前功,将某贬爵。吕后又与萧何定计,哄某长乐宫,不由分说,叫武士缚某斩之;诬以反叛,夷某三族。某自思无罪,受此惨祸。今三百五十余年,衔冤未报,伏乞阎君明断。"重湘道:"你既为元帅,有勇无谋,岂无商量帮助之人? 被人哄诱,如缚小儿,今日却怨谁来?"韩信道:"曾有一个军师,姓蒯名通,奈何有始无终,半途而去。"

重湘叫鬼吏,快拘蒯通来审。霎时间,蒯通唤到。重湘道:"韩信说你有始无终,半途而逃,不尽军师之职,是何道理?"蒯通道:"非我有始无终,是韩信不听忠言,以致于此。当初韩信破走了齐王田广,是我进表洛阳,与他讨个假王名号,以镇齐人之心。汉王骂道:'胯下夫,楚尚未灭,便想王位!'其时张子房在背后,轻轻蹑汉皇之足,附耳低言:'用人之际,休得为小失大。'汉皇便改口道:'大丈夫要便为真王,何用假也?'乃命某赍印封信为三齐王。某察汉王,终有疑信之心,后来必定负信,劝他反汉,与楚连和,三分天下,以观其变。韩信道:'筑坛拜将之时,曾设下大誓:汉不负信,信不背汉。今日我岂可失信于汉皇!'某反复陈说厉害,只是不从,反怪某教唆谋叛。某那时惧罪,假装风魔,逃回田里。后来助汉灭楚,果有长乐宫之祸,悔之晚矣。"重湘问韩信道:"你当初不听蒯通之言,是何主意?"韩信道:"有一算命先生许复,算我有七十二岁之寿,功名善终,所以不忍背汉。谁知夭亡,只有三十二岁。"

重湘叫鬼吏,再拘许复来审。道:"韩信只有三十二岁,你如何许他七十二岁?你做术士的,妄言祸福,只图哄人钱钞,不顾误人终身。可恨,可恨!"许复道:"阎君听禀:'常言'人有可延之寿,亦有可折之寿。所以星家偏有寿命难定。韩信应该七十二岁,是据理推算。何期他杀机太深,亏损阴骘,以致短折,非某推算无准也。"重湘问道:"他那几处阴骘亏损? 可一一说来。"许复道:"当初韩信弃楚归汉时,迷踪失路,亏遇两个樵夫,指引他一条径路,往南郑而走。韩信恐楚王遣人来追,被樵夫

走漏消息,拔剑回步,将两个樵夫都杀了。虽然樵夫不打紧,却是有恩之人。天条负恩忘义,其罚最重。诗曰:

> 亡命心如箭离弦,迷津指引始能前。
> 有恩不报翻加害,折堕青春一十年。”

重湘道:“还有三十年呢?”许复道:“萧何丞相三荐韩信,汉皇欲重其权,筑了三丈高坛,教韩信上坐,汉皇手捧金印,拜为大将,韩信安然受之。诗曰:

> 大将登坛阃外专,一声军令赛皇宣。
> 微臣受却君皇拜,又折青春一十年。

重湘道:“臣受君拜,果然折福。还有二十年呢?”许复道:“辩士郦生,说齐王田广降汉。田广听了,日日与郦生饮酒为乐。韩信乘其无备,袭击破之。田广只道郦生卖己,烹杀郦生。韩信得了大功劳,辜负了齐王降汉之意,掩夺了郦生下齐之功。诗曰:

> 说下三齐功在先,乘机掩击势无前。
> 夺他功绩伤他命,又折青春一十年。

重湘道:“这也说得有理。还有十年?”许复道:“又有折寿之处。汉兵追项王于固陵,其时楚兵多,汉兵少,又项王有拔山举鼎之力,寡不敌众,弱不敌强。韩信九里山排下绝机阵,十面埋伏,杀尽楚兵百万,战将千员,逼得项王匹马单枪,逃至乌江口,自刎而亡。诗曰:

> 九里山前怨气缠,雄兵百万命难延。
> 阴谋多杀伤天理,共折青春四十年。

韩信听罢许复之言,无言可答。重湘问道:“韩信,你还有辩吗?”韩信道:“当初是萧何荐某为将,后来又是萧何设计,哄某入长乐宫害命;成也萧何,败也萧何,某心上至今不平。”重湘道:“也罢,一发唤萧何来与你审个明白。”少顷,萧何当面,重湘问道:"萧何,你如何反复无常,又荐他,又害他?"萧何答道:"有个缘故。当初韩信怀才未遇,汉皇缺少大将,两得其便。谁知汉皇心变,忌韩信了得。后因陈豨造反,御驾亲征,临行时,嘱咐娘娘,用心防范。汉皇行后,娘娘有旨,宣某商议。说韩信谋反,欲行诛戮。某奏道:'韩信是第一个功臣,谋反未露。臣不敢奉命。'娘娘大怒道:'卿与韩信敢是同谋吗?卿若没诛韩信之计,待圣驾回时,一同治罪!'其时某惧怕娘娘威令,只得画下计策,假说陈豨已破灭了,赚韩信入宫称贺,喝教武士拿下斩讫。某并无害信之心。"重湘道:"韩信之死,看来都是刘邦之过。"吩咐判官,将众人口词录出。"审得汉家天下,大半皆韩信之力;功高不赏,千古无此冤苦,转世报冤明矣。"立案且退一边。

再唤大梁王彭越听审:"你有何罪,吕氏杀你?"彭越道:"某有功无罪。只为高祖征边去了,吕后素性淫乱,问太监道:'汉家臣子,谁人美貌?'太监奏道:'只有陈平美貌。'娘娘道:'陈平在那里?'太监道:'随驾出征。'吕后道:'还有谁来?'太监道:'大梁王彭越,英雄美貌。'吕后听说,即发密旨,宣大梁王入朝。某到金銮殿前,不见娘娘。太监道:'娘娘有旨,宣入长信宫议机密事。'某进得宫时,宫门落锁,只见吕后降阶相迎,邀某入宫赐宴。三杯酒罢,吕后淫心顿起,要与某讲枕席之欢,某惧怕礼法,执意不从。吕后大怒,喝教铜锤乱下打死,煮肉作酱,枭首悬街,不许收葬。汉皇归来,只说某谋反,好不冤枉!"吕后在傍听得,叫起屈来,哭告道:"阎君,休听彭越一面之词,世间只有男戏女,那有女戏男?那时妾唤彭越入宫议事,彭越见妾宫中富贵,辄起调戏之心。臣戏君妻,理该处斩。"彭越道:"吕后在楚军中,惯与审食其私通。我彭越一生刚直,那有淫邪之念!"重湘道:"彭越所言是真,吕氏是假饰之词,不必多言。审得彭越,乃大功臣。正直不淫,忠节无比。来生仍作忠正之士,与韩信一同报仇。"存案。

再唤九江王英布听审。英布上前诉道:"某与韩信、彭越三人,同功一体,汉家江山,都是我三人挣下的,并无半点叛心。一日,某在江边玩赏,忽传天使到来:吕娘娘懿旨,赐某肉酱一瓶。某谢恩已毕,正席尝之,觉其味美。偶吃出人指一个,心中疑惑,盘问来使,只推不知。某当时发怒,将来使拷打,说出真情,乃大梁王彭越之肉也。某闻言凄惨,便把手指插入喉中,向江中吐出肉来,变成小小螃蟹。至今江中有此一种,名为'蟛蜞',乃怨气所化。某其时无处泄怒,即将使臣斩讫。吕后知道,差人将三般朝典,宝剑、药酒、红罗三尺,取某首级回朝。某屈死无申,伏望阎君明断。"重湘道:"三贤果是死得可怜!寡人做主,把汉家天下三分,与你三人,各掌一国,报你生前汗马功劳,不许再言。"画招而去。

　　第一起人犯权时退下，唤第二起听审。第二起恩将仇报事，原告：丁公有。被告：刘邦有。丁公诉道："某在战场上围住汉皇，汉皇许我平分天下，因此开放。何期立帝之后，反加杀害。某心中不甘，求阎爷作主。"重湘道："刘邦怎么说？"汉皇道："丁公为项羽爱将，见仇不取，有背主之心。朕故诛之，为后人为臣不忠者之戒，非枉杀无辜也。"丁公辨道："你说我不忠，那纪信在荥阳替死，是忠臣了，你却无一爵之赠，可见你忘恩无义。那项伯是项羽亲族，鸿门宴上，通同樊哙，拔剑救你，是第一个不忠于项氏，如何不加杀戮，反得赐姓封侯？还有个雍齿，也是项家爱将，你平日最怒者，后封为什方侯；偏与我做冤家，是何意故？"汉皇顿口无言。重湘道："此事我已有处分了，可唤项伯、雍齿与丁公做一起，听候发落。暂且退下。

　　再带第三起上来。"第三起专权夺位事，原告：戚氏有。被告：吕氏有。重湘道："戚氏，那吕氏是正宫，你不过是宠妃，天下应该归于吕氏之子，你如何告他专权夺位，此何背理？"戚氏诉道："昔日汉皇在睢水大战，被丁公、雍齿赶得无路可逃，单骑走到我戚家庄，吾父藏之。其时妾在房鼓瑟，汉皇闻而求见，悦妾之貌，要妾衾枕，妾意不从。汉皇道：'若如我意时，后来得了天下，将你所生之子立为太子。'扯下战袍一幅，与妾为记，奴家方才依允。后生一子，因名如意。汉皇原许万岁之后，传位如意为君。因满朝大臣都惧怕吕后，其事不行。未几汉皇驾崩，吕后自立己子，封如意为赵王，妾母子不敢争。谁知吕后心犹不足，哄妾母子入宫饮宴，将鸩酒赐与如意，如意九窍流血，登时身死。吕后假推酒醉，只做不知。妾心怀怨恨，又不敢啼哭，斜看了他一看。他说我一双凤眼，迷了汉皇。即叫宫娥，将金针刺瞎双眼，又将红铜熔，水灌入喉中，断妾四肢，抛于坑厕。妾母子何罪，枉受非刑？至今含冤未报，乞阎爷做主。"说罢，哀哀大哭。重湘道："你不须伤情，寡人还你个公道，教你母子来生为后为君，团圆到老。"画招而去。

　　再唤第四起乘危逼命事，人犯到齐，唱名已毕。重湘问项羽道："灭项兴刘，都是韩信，你如何不告他，反告六将？"项羽道："是我空有重瞳之目，不识英雄，以致韩信弃我而去，实难怪他。我兵败垓下，溃围逃命，遇了个田夫，问他左右两条路，那一条是大路，田夫回言：'左边是大路。'某信其言，望左路而走，不期走了死路，被汉兵追及。那田夫乃汉将夏广，装成计策。某那时仗生平本事，杀透重围，来到乌江渡口，遇了故人吕马童，指望他念故旧之情，放我一路。他同着四将，逼我自刎，分裂支体，各去请功。以此心中不服。"重湘点头道："审得六将，原无斗战之功，止乘项羽兵败力竭，逼之自刎，袭取封侯，侥幸甚矣。来生当发六将，仍使项羽斩首，以报其怨。"立案讫，且退一边。

唤判官将册过来，一一与他判断明白：恩将恩报，仇将仇报，分毫不错。重湘口里发落，判官在傍用笔填注，何州何县何乡，姓甚名谁，几时生，几时死，细细开载。将人犯逐一唤过，发去投胎出世："韩信，你尽忠报国，替汉家夺下大半江山，可惜衔冤而死，发你在谯乡曹嵩家托生，姓曹，名操，表字孟德。先为汉相，后为魏王，坐镇许都，享有汉家山河之半。那时威权盖世，任从你谋报前世之仇。当身不得称帝，明你无叛汉之心，子受汉禅，追尊你为武帝，偿十大功劳也。"

又唤过汉祖刘邦发落："你来生仍投入汉家，立为献帝，一生被曹操欺侮，胆战魂惊，坐卧不安，度日如年。因前世君负其臣，来生臣欺其君以相报。"

唤吕后发落："你在伏家投胎，后日仍做献帝之后，被曹操千磨百难，将红罗勒死宫中，以报长乐宫杀信之仇。"韩信问道："萧何发落何处？"重湘道："萧何有恩于你，又有怨于你。"

叫萧何发落："你在杨家投胎，姓杨名修，表字德祖。当初沛公入关之时，诸将争取金帛，偏你只取图籍。许你来生聪明盖世，悟性绝人，官为曹操主簿，大俸大禄，以报三荐之恩。不合参破曹操兵机，为操所杀。前生你哄韩信入长乐宫，来生偿其命也。"判官写得明白。

又唤九江王英布上来："发你在江东孙坚家投胎，姓孙名权，表字仲谋。先为吴主，后为吴帝，坐镇江东，享一国之富贵。"

又唤彭越上来："你是个正直之人，发你在涿郡楼桑村刘弘家为男，姓刘，名备，字玄德。千人称仁，万人称义。后为蜀帝，抚有蜀中之地，与曹操、孙权三分鼎足。曹氏灭汉，你续汉家之后，乃表汝之忠心也。"彭越道："三分天下，是大乱之时，西蜀一隅之地，怎能敌得吴、魏？"重湘道："我判几个人扶助你就是。"

乃唤蒯通上来："你足智多谋，发你在南阳托生，复姓诸葛，名亮，表字孔明，号为卧龙。为刘备军师，共立江山。"

又唤许复上来："你算韩信七十二岁之寿，只有三十二岁，虽然阴骘折堕，也是命中该载的。如今发你在襄阳投胎，姓庞，名统，表字士元，号为凤雏，帮刘备取西川。注定三十二岁，死于落凤坡之下，与韩信同寿，以为算命不准之报。今后算命之人，胡言哄人，如此折寿，必然警醒了。"彭越道："军师虽有，必须良将帮扶。"

重湘道："有了。"唤过樊哙："发你范阳涿州张家投胎，名飞，字翼德。"

又唤项羽上来："发你在蒲州解良关家投胎，只改姓不改名，姓关名羽，字云长。你二人都有万夫不当之勇，与刘备桃园结义，共立基业。樊哙不合纵妻吕须帮助吕后为虐，妻罪坐夫，项羽不合杀害秦王子婴，火烧咸阳，二人都注定凶死。但樊哙生前忠勇,并无谄媚,项羽不杀太公,不污吕后,不于酒席上暗算人,有此三德,注定来生俱义勇刚直,死而为神。"

再唤纪信过来:"你前生尽忠刘家,未得享受一日富贵,发你来生在常山赵家出世,名云,表字子龙,为西蜀名将。当阳、长坂百万军中救主,大显威名。寿年八十二,无病而终。"

又唤戚氏夫人:"发你在甘家出世,配刘备为正宫。吕氏当初慕彭王美貌,求淫不遂,又妒忌汉皇爱你,今断你与彭越为夫妇,使他妒不得也。赵王如意,仍与你为子,改名刘禅,小字阿斗,嗣位为后主,安享四十二年之富贵,以偿前世之苦。"

又唤丁公上来:"你去周家投胎,名瑜,字公瑾。发你孙权手下为将,被孔明气死,寿止三十五而卒。原你事项羽不了,来生事孙权亦不了也。"

再唤项伯、雍齿过来:"项伯背亲向疏,贪图富贵,雍齿受仇人之封爵。你两人皆项羽之罪人:发你来生一个改名颜良,一个改名文丑,皆为关羽所斩,以泄前世之恨。"项羽问道:"六将如何发落?"

重湘发六将于曹操部下,守把关隘。杨喜改名卞喜,王翳改名王植,夏广改名孔秀,吕胜改名韩福,杨武改名秦琪,吕马童改名蔡阳,关羽过五关,斩六将,以泄前生乌江逼命之恨。重湘判断明白已毕,众人无不心服。

重湘又问楚、汉争天下之时,有兵将屈死不甘者,怀才未尽者,有恩欲报、有怨欲伸者,一齐许他自诉,都发在三国时投胎出世。其刻薄害人、阴谋惨毒、负恩不报者,变作战马,与将帅骑坐。"如此之类,不可细述。判官一一细注明白,不觉五更鸡叫。

重湘退殿,卸了冠服,仍旧是个秀才。将所断簿籍,送与阎罗王看了。阎罗王叹服,替他转呈上界,取旨定夺。

玉帝见了,赞道:"三百余年久滞之狱,亏他六个时辰断明,方见天地无私,果报不爽，真乃天下之奇才也。众人报冤之事，一一依拟。司马貌有经天纬地之才，今生屈抑不遇，来生宜赐王侯之位，改名不改姓，仍托生司马之家，名懿，表字仲达。一生出将入相，传位子孙，并吞三国，国号曰晋。曹操虽系韩信报冤，所断欺君弑后等事，不可为训。只怕后人不悟前因，学了歹样，就教司马懿欺凌曹氏子孙，一如曹操欺凌献帝故事，显其花报，以警后人，劝他为善不为恶。"玉帝颁下御旨，阎王开读罢，备下筵席，与重湘送行。重湘启告阎王："荆妻汪氏，自幼跟随穷儒，受了一世辛苦，有烦转乞天恩，来生仍判为夫妻，同享荣华。"阎王依允。

那重湘在阴间与阎王作别，这边床上忽然番身，挣开双眼，见其妻汪氏，兀自坐在头边啼哭。司马貌连叫怪事，便将大闹阴司之事，细说一遍："我今已奉帝旨，不敢久延，喜得来生复得与你完聚。"说罢，瞑目而逝。汪氏已知去向，心上到也不苦了，急忙收拾后事。殡殓方毕，汪氏亦死。到三国时，司马懿夫妻，即重湘夫妇转生。至今这段奇闻，传留世间。后人有诗为证：

　　半日阎罗判断明，冤冤相报气皆平。
　　劝人莫作亏心事，祸福昭然人自迎。

第三十二卷

游酆都胡母迪吟诗

自古机深祸亦深，休贪富贵昧良心。

檐前滴水毫无错，报应昭昭自古今。

话说宋朝第一个奸臣，姓秦名桧，字会之，江宁人氏。生来有一异相，脚面连指长一尺四寸，在太学时，都唤他做"长脚秀才"。后来登科及第，靖康年间，累官至御史中丞。其时金兵陷汴，徽、钦二帝北迁。秦桧亦陷在虏中，与金酋挞懒郎君相善，对挞懒说道："若放我南归，愿为金邦细作。侥幸一朝得志，必当主持和议，使南朝割地称臣，以报大金之恩。"挞懒奏知金主，金主教四太子兀术与他私立了约誓，然后纵之南还。

秦桧同妻王氏，航海奔至临安行在，只说道杀了金家监守之人，私逃归宋。高宗皇帝信以为真，因而访问他北朝之事。秦桧盛称金家兵强将勇，非南朝所能抵敌。高宗果然惧怯，求其良策。秦桧奏道："自石晋臣事夷敌，中原至今丧气，一时不能振作。靖康之变，宗社几绝，此殆天意，非独人力也。今行在草创，人心惶惶，而诸将皆握重兵在外，倘一人有变，陛下大事去矣！为今之计，莫若息兵讲和，以南北分界，各不侵犯，罢诸将之兵权陛下高枕而享富贵，生民不致涂炭，岂不美哉！"高宗道："朕欲讲和，只恐金人不肯。"秦桧道："臣在虏中，颇为金酋所信服。陛下若以此事专委之臣，臣自有道理，保为陛下成此和议，可必万全不失。"高宗大喜，即拜秦桧为尚书仆射。未几，遂为左丞相。桧乃专主和议，用勾龙如渊为御史中丞，凡朝臣谏沮和议者，上疏击去之。赵鼎、张浚、胡铨、晏敦复、刘大中、尹焞、王居正、吴师古、张九成、喻樗等，皆被贬逐。

其时岳飞累败金兵，杀得兀术四太子奔走无路。兀术情急了，遣心腹王进，蜡丸内藏着书信,送与秦桧,书中写道:"既要讲和,如何边将却又用兵? 此乃丞相之不信也。必须杀了岳飞,和议可成。"秦桧写了回书,许以杀飞为信,打发王进去讫。一日发十二道金牌,召岳飞班师。军中皆愤怒,河南父老百姓无不痛哭。飞既还,罢为万寿观使。秦桧必欲置飞于死地,与心腹张俊商议,访得飞部下统制王俊,与副都统制张宪有隙,将厚赏诱致王俊,教他妄告张宪谋据襄阳,还飞兵权。王俊依言出首,桧将张宪执付大理狱,矫诏遣使召岳飞父子,与张宪对理。御史中丞何铸,鞫审无实,将冤情白知秦桧。桧大怒,罢去何铸不用,改命万俟卨。那万俟卨素与岳飞有隙,遂将无作有,构成其狱,说岳飞、岳云父子,与部将张宪、王贵通谋造反。大理寺卿薛仁辅等讼飞之冤;判宗正寺士傪,请以家属百口,保飞下反;枢密使韩世忠,愤愤不平,亲诣桧府争论;俱各罢斥。

狱既成,秦桧独坐于东窗之下,踌躇此事:"欲待不杀岳飞,恐他阻挠和议,失信金邦,后来朝廷觉悟,罪归于我;欲待杀之,奈众人公论有碍。"心中委绝不下。其妻长舌夫人王氏适至,问道:"相公有何事迟疑?"秦桧将此事与之商议,王氏向袖中,摸出黄柑一只,双手劈开,将一半奉与丈夫,说道:"此柑一劈两开,有何难决? 岂不闻古语云:'擒虎易,纵虎难,乎?'"只因这句话,提醒了秦桧,其意遂决。将片纸写几个密字封固,送大理寺狱官。是晚就狱中缢死了岳飞。其子岳云与张宪、王贵,皆押赴市曹处斩。

金人闻飞之死,无不置酒相贺,从此和议遂定。以淮水中流,及唐、邓二州为界。北朝为大邦,称伯父;南朝为小邦,称侄。秦桧加封太师魏国公,又改封益国公,赐第于望仙桥,壮丽比于皇居。其子秦熺,十六岁上状元及第,除授翰林学士,专领史馆。熺生子名埙,襁褓中便注下翰林之职。熺女方生,即封崇国夫人。一时权势,古今无比。

且说崇国夫人六七岁时,爱弄一个狮猫。一日偶然走失,责令临安府府尹,立限挨访。府尹曹泳差人遍访,数日间拿到狮猫数百,带累猫主吃苦使钱,不可尽述。押送到相府,检验都非。乃图形千百幅,张挂茶坊酒肆,官给赏钱一千贯。此时闹动了临安府,乱了一月有余,那猫儿竟无踪影。相府遣官督责,曹泳心慌,乃将黄金铸成金猫,重赂奶娘,送与崇国夫人,方才罢手。只这一节,桧贼之威权,大概可知。

晚年谋篡大位,为朝中诸旧臣未尽,心怀疑忌,欲兴大狱,诬陷赵鼎、张浚、胡铨等五十三家,谋反大逆。吏写奏牍已成,只待秦桧署名进御。是日,桧适游西湖,正饮酒间,忽见一人披发而至,视之乃岳飞也。厉声说道:"汝残害忠良,殃民误国,吾已诉闻上帝,来取汝命。"桧大惊,问左右,都说不见。桧因此得病归府。次日,吏将奏牍送览。众人扶桧坐于格天阁下，桧索笔署名，手颤不止，落墨污坏了奏牍。立刻教重换来，又复污坏，究竟写不得一字。长舌妻王夫人在屏后摇手道："勿劳太师！"须臾桧仆于几上，扶进内室，已昏愦了，一语不能发，遂死。此乃五十三家不该遭在桧贼手中，亦见天理昭然也。有诗为证：

忠简流亡武穆诛，又将善类肆阴图。

格天阁下名难署，始信忠良有嘿扶。

桧死不多时，秦熺亦死。长舌王夫人设醮追荐，方士伏坛奏章，见秦熺在阴府荷铁枷而立。方士问："太师何在?"秦熺答道："在酆都。"方士径至酆都，见秦桧、万俟卨、王俊披发垢面，各荷铁枷，众鬼卒持巨梃驱之而行，其状甚苦。桧向方士说道："烦君传语夫人，东窗事发矣。"方士不知何语，述与王氏知道，王氏心下明白，吃了一惊。果然是人间私语，天闻若雷，暗室亏心，神目如电。因这一惊，王氏亦得病而死。未几，秦埙亦死。不勾数年，秦氏遂衰。后因朝廷开浚运河，畚土堆积府门。有人从望仙桥行走，看见丞相府前，纵横堆着乱土，题诗一首于墙上，诗曰：

格天阁在人何在? 偃月堂深恨亦深。

不向洛阳图白发，却于郿坞贮黄金。

笑谈便解兴罗织，咫尺那知有照临?

寂寞九原今已矣，空余泥泞积墙阴。

宋朝自秦桧主和，误了大计，反面事仇，君臣贪于佚乐。元太祖铁木真，起自沙漠，传至世祖忽必烈灭金及宋。宋丞相文天祥，号文山，天性忠义，召兵勤王。有志不遂，为元将张弘范所执，百计说他投降不得。至元十九年，斩于燕京之柴市。子道生、佛生、环生，皆先丞相而死。其弟名璧，号文溪，以其子升嗣天样之后，璧、升父子俱附元贵显。当时有诗云：

江南见说好溪山，兄也难时弟也难。

可惜梅花各心事，南枝向暖北枝寒。

元仁宗皇帝皇庆年间，文升仕至集贤阁大学士。

话分两头。且说元顺宗至元初年间，锦城有一秀才，复姓胡母，名迪。为人刚直无私。常说："我若一朝际会风云，定要扶持善类，驱尽奸邪，使朝政清明，方遂其愿。"何期时运未利，一气走了十科不中，乃隐居威凤山中，读书治圃，为养生计。然感愤不平之意，时时发露，不能自禁于怀也。

一日，独酌小轩之中。饮至半酣，启囊探书而读，偶得《秦桧东窗传》，读未毕，不觉赫然大怒，气涌如山，大骂奸臣不绝。再抽一书观看，乃《文文山承丞遗藁》，朗诵了一遍，心上愈加不平，拍案大叫道："如此忠义之人，偏教他杀身绝嗣，皇天，皇天，好没分晓！"闷上心来，再取酒痛饮，至于大醉。磨起墨来，取笔题诗四句于《东窗传》上。诗云：

> 长脚邪臣长舌妻，忍将忠孝苦诛夷。
> 愚生若得阎罗做，剥此奸雄万劫皮！

吟了数遍，撇开一边。再将文丞相集上，也题四句：

> 只手擎天志已违，带间遗赞日争辉。
> 独怜血胤同时尽，飘泊忠魂何处归？

吟罢，余兴未尽，再题四句于后：

> 桧贼奸邪得善终，羡他孙子显荣同。
> 文山酷死兼无后，天道何曾识佞忠！

写罢掷笔，再吟数过，觉得酒力涌上，和衣就寝。

俄见皂衣二吏，至前揖道："阎君命仆等相邀，君宜速往。"胡母迪正在醉中，不知阎君为谁，答道："吾与阎君素昧平生，今见召，何也？"皂衣吏笑道："君到彼自知，不劳详问。"胡母迪方欲再拒，被二吏挟之而行。

离城约行数里，乃荒郊之地，烟雨霏微，如深秋景象。再行数里，望见城郭，居人亦稠密，往来贸易不绝，如市廛之状。行到城门，见榜额乃"酆都"二字，迪才省得是阴府。业已至此，无可奈何。既入城，则有殿宇峥嵘，朱门高敞，题曰"曜灵之府"，门外守者甚严。皂衣吏令一人为伴，一人先入。少顷复出，招迪曰："阎君召

子。"迪乃随吏入门，行至殿前，榜曰"森罗殿"。殿上王者，衮衣冕旒，类人间神庙中绘塑神像。左右列神吏六人，绿袍皂履，高幞广带，各执文簿。阶下侍立百余人，有牛头马面，长喙朱发，狰狞可畏。

胡母迪稽颡于阶下，冥王问道："子即胡母迪耶？"迪应道："然也。"冥王大怒道："子为儒流，读书习礼，何为怨天怒地，谤鬼侮神乎？"胡母迪答道："迪乃后进之流，早习先圣先贤之道，安贫守分，循理修身，并无怨天尤人之事。"冥王喝道："你说：'天道何曾识佞忠'，岂非怨谤之谈乎？"迪方悟醉中题诗之事，再拜谢罪道："贱子酒酣，罔能持性，偶读忠奸之传，致吟忿憾之辞。颙望神君，特垂宽宥。"冥王道："子试自述其意，怎见得天道不辨忠佞？"胡母迪道："秦桧卖国和番，杀害忠良，一生富贵善终，其子秦大喜，状元及第，孙秦埙，翰林学士，三代俱在史馆。岳飞精忠报国，父子就戮；文天祥宋末第一个忠臣，三子俱死于流离，遂至绝嗣；其弟降虏，父子贵显。福善祸淫，天道何在？贱子所以拊心致疑，愿神君开示其故。"

冥王呵呵大笑："子乃下士腐儒，天意微渺，岂能知之？那宋高宗原系钱镠王第三子转生，当初钱镠独霸吴越，传世百年，并无失德。后因钱俶入朝，被宋太宗留住，逼之献土。到徽宗时，显仁皇后有孕，梦见一金甲贵人，怒目言曰：'我吴越王也。汝家无故夺我之国，吾今遣第三子托生，要还我疆土。'醒后遂生皇子构，是为高宗。他原索取旧疆，所以偏安南渡，无志中原。秦桧会逢其适，力主和议，亦天数当然也。但不该诬陷忠良，故上帝斩其血胤。秦熺非桧所出，乃其妻兄王焕之子，长舌妻冒认为儿，虽子孙贵显，秦氏魂魄，岂得享异姓之祭哉！岳飞系三国张飞转生，忠心正气，千古不磨。一次托生为张巡，改名不改姓；二次托生为岳飞，改姓不改名。虽然父子屈死，子孙世代贵盛，血食万年。文天祥父子夫妻，一门忠孝节义，传扬千古。文升嫡侄为嗣，延其宗祀，居官清正，不替家风，岂得为无后耶？夫天道报应，或在生前，或在死后；或福之而反祸，或祸之而反福。须合幽明古今而观之，方知毫厘不爽。子但据目前,譬如以管窥天,多见其不知量矣。"

胡母迪顿首道:"承神君指教,开示愚蒙,如拨云见日,不胜快幸。但愚民但据生前之苦乐,安知身后之果报哉?以此冥冥不可见之事,欲人趋善而避恶,如风声水月,无所忌惮,宜乎恶人之多,而善人之少也。贱子不才,愿得遍游地狱,尽观恶报,传语人间,使知儆惧自修,未审允否?"冥王点头道是,即呼绿衣吏,以一白简书云:"右仰普掠狱官,即启狴牢,引此儒生,遍观泉扃报应,毋得违错。"

吏领命,引胡母迪从西廊而进。过殿后三里许,有石垣高数仞,以生铁为门,题曰"普掠之狱"。吏将门缳叩三下,俄顷门开,夜叉数辈突出,将欲擒迪。吏化道:"此儒生也,无罪。"便将阎君所书白简,教他看了。夜叉道:"吾辈只道罪鬼入狱,不知公是书生,幸勿见怪。"乃揖迪而入。其中广袤五十余里,日光惨淡,风气萧然。四围门牌,皆榜名额:东曰"风雷之狱"。南曰"火车之狱",西曰"金刚之狱",北曰"溟泠之狱"。男女荷铁枷者千余人。

又至一小门,则见男子二十余人,皆被发裸体,以巨钉钉其手足于铁床之上,项荷铁枷,举身皆刀杖痕,脓血腥秽不可近。旁一妇人,裳而无衣,罩于铁笼中,一夜叉以沸汤浇之,皮肉溃烂,号呼之声不绝。绿衣吏指铁床上三人,对胡母迪说道:"此即秦桧、万俟卨、王俊。这铁笼中妇人,即桧妻长舌王氏也。其他数人,乃章惇、蔡京父子、王黼、朱勔、耿南仲、丁大全、韩侂胄、史弥远、贾似道,皆其同奸党恶之徒。王遣施刑,令君观之。"即驱桧等至风雷之狱,缚于钢柱。一卒以鞭扣其环,即有风刀乱至,绕刺其身。桧等体如筛底。良久,震雷一声,击其身如齑粉,血流凝地。少顷,恶风盘旋,吹其骨肉,复聚为人形。吏向迪道:"此震击者阴雷也,吹者业风也。"又呼卒驱至金刚、火车、溟泠等狱,将桧等受刑尤甚,饥则食以铁丸,渴则饮以铜汁。吏说道:"此曹凡三日,则遍历诸狱,受诸苦楚。三年之后,变为牛、羊、犬、豕,生于世间,为人宰杀,剥皮食肉。其妻亦为牝豕,食人不洁,临终亦不免刀烹之苦。今此众已为畜类于世五十余次了。"迪问道:"其罪何时可脱?"吏答道:"除是天地重复混沌,方得开除耳。"

复引迪到西垣一小门,题曰"奸回之狱"。荷桎梏者百余人,举身插刃,浑类蝟形。迪问此辈皆何等人,吏答道:"是皆历代将相,奸回党恶,欺君罔上,蠹国害民,如梁冀、董卓、卢杞、李林甫之流,皆在其中。每三日,亦与秦桧等同受其刑。三年后,变为畜类,皆同桧也。"

复至南垣一小门,题曰"不忠内臣之狱"。内有牝牛数百,皆以铁索贯鼻,系于铁柱,四围以火炙之。迪问道:"牛畜类也,何罪而致是耶?"吏摇手道:"君勿言,姑侯观之。"即呼狱卒,以巨扇拂火,须臾烈焰亘天,皆不胜其苦,哮吼踯躅,皮肉焦烂。良久,大震一声,皮忽绽裂,其中突出个人来。视之俱无须髯,寺人也。吏呼夜叉掷于镬汤中烹之,但见皮肉消融,止存白骨。少顷,复以冷水沃之,白骨相聚,仍复人形。吏指道:"此皆历代宦官:秦之赵高,汉之十常侍,唐之李辅国、仇士良、王守澄、田令孜,宋童贯之徒,从小长养禁中,锦衣玉食,欺诱人主,妒害忠良,浊乱海内。今受此报,累劫无已。"

复至东壁,男女数千人,皆裸体跣足,或烹剥剐心,或剉烧舂磨,哀呼之声,彻闻数里。吏指道:"此皆在生时为官为吏,贪财枉法,刻薄害人,及不孝不友,悖负师长,不仁不义,故受此报。"迪见之人喜!叹曰:"今日方知天地无私,鬼神明察,吾一生不平之气始出矣。"吏指北面云:"此去一狱,皆僧尼哄骗人财,奸淫作恶者。又一狱,皆淫妇、妒妇、逆妇、狠妇等辈。"迪答道:"果报之事,吾已悉知,不消去看了。"吏笑携迪手偕出,仍入森罗殿。迪再拜,叩首称谢,呈诗四句。诗曰:

> 权奸当道任恣睢,果报原来总不虚。
>
> 冥狱试看刑法惨,应知今日悔当初。

迪又道:"奸回受报,仆已目击,信不诬矣。其他忠臣义士,在于何所?愿希一见,以适鄙怀,不胜欣幸。"冥王俯首而思,良久,乃曰:"诸公皆生人道,为王公大人,享受天禄。寿满天年,仍还原所,以俟缘会,又复托生。子既求见,吾躬导之。"于是登舆而前,吩咐从者,引迪后随。

行五里许,但见琼楼玉殿,碧瓦参横,朱牌金字,题曰"天爵之府"。既入,有仙童数百,皆衣紫绡之衣,悬丹霞玉珮,执彩幢绛节,持羽葆花旌,云气缤纷,天花飞舞,龙吟凤吹,仙乐铿锵,异香馥郁,袭人不散。殿上坐者百余人,头带通天之冠,身穿云锦之衣,足蹑朱霓之履,玉珂琼佩,光彩射人。绛绡玉女五百余人,或执五明之扇,或捧八宝之盂,环侍左右。见冥王来,各各降阶迎迓,宾主礼毕,分东西而坐。仙童献茶已毕,冥王述胡母迪来意,命迪致拜。诸公皆答之尽礼,同声赞道:"先生可谓仁者,能好人,能恶人矣。"乃别具席于下,命迪坐,迪谦让再三不敢。王曰:"诸公以子斯文,能持正论,故加优礼,何用苦辞?"迪乃揖谢而坐。冥王拱手道:"座上皆历代忠良之臣,节义之士,在阳则流芳史册,在阴则享受天乐。每遇明君治世,则生为王侯将相,扶持江山,功施社稷。今天运将转,不过数十年,真人当出,拨乱反正。诸公行且先后出世,为创功立业之名臣矣。"迪即席又呈诗四句。诗曰:

时从窗下阅遗编，每恨忠良福不全。

目击冥司天爵贵，皇天端不负名贤！

诸公皆举手称谢。冥王道："子观善恶报应，忠佞分别不爽。假令子为阎罗，恐不能复有所加耳。"迪离席下拜谢罪。诸公齐声道："此生好善嫉恶，出于至性，不觉见之吟咏，不足深怪。"冥王大笑道："诸公之言是也。"迪又拜问道："仆尚有所疑，求神君剖示。仆自小苦志读书，并无大过，何一生无科第之分？岂非前生有罪业乎？"冥王道："方今胡元世界，天地反复。子秉性刚直，命中无夷狄之缘，不应为其臣子。某冥任将满，想子善善恶恶，正堪此职。某当奏知天廷，荐子以自代。子暂回阳世，以享余龄，更十余年后，端当奉迎耳。"言毕，即命朱衣二吏，送迪还家。迪大悦，再拜称谢，及辞诸公而出。

约行十余里，只见天色渐明，朱衣吏指向迪道："日出之处，即君家也。"迪挽住二吏之衣，欲延归谢之，二吏坚却不允。迪再三挽留，不觉失手，二吏已不见了。迪即展臂而寤，残灯未灭，日光已射窗纸矣。

迪自此绝意干进，修身乐道。再二十三年，寿六十六。一日午后，忽见冥吏持牒来，迎迪赴任。车马仪从，俨若王者。是夜迪遂卒。又十年，元祚遂倾，天下仍归于中国，天爵府诸公已知出世为卿相矣。后人有诗云：

王法昭昭犹有漏，冥司隐隐更无私。

不须亲见酆都景，但请时吟胡母诗。

第三十三卷

张古老种瓜娶文女

长空万里彤云作，迤逦祥光遍斋阁。
未教柳絮舞千球，先使梅花开数萼。
入帘有韵自飕飕，点水无声空漠漠。
夜来阁向古松稍，向晓朔风吹不落。

这八句诗题雪。那雪下相似三件物事：似盐，似柳絮，似梨花。

雪怎地似盐？谢灵运曾有一句诗咏雪道："撒盐空中差可拟。"苏东坡先生有一词，名《江神子》：

黄昏犹自雨纤纤，晓开帘，玉平檐。江阔天低，无处认青帘。独坐闲吟谁伴我？呵冻手，捻衰髯。　　使君留客醉恹恹，水晶盐，为谁甜？手把梅花，东望忆陶潜。雪似古人人似雪，虽可爱，有人嫌。

这雪又怎似柳絮？谢道韫曾有一句咏雪道："未若柳絮因风起。"黄鲁直有一词，名《踏莎行》：

堆积琼花，铺陈柳絮，晓来已没行人路。长空尤未绽彤云，飘摇尚逐回风舞。　　对景衔杯，迎风索句，回头却笑无言语。为何终日未成吟？前山尚有青青处。

又怎见得雪似梨花？李易安夫人曾道："行人舞袖拂梨花。"晁叔用有一词，名

《临江仙》:

　　万里彤云密布,长空琼色交加。飞如柳絮落泥沙。前村归去路,舞袖拂梨花。　　此际堪描何处景? 江湖小艇渔家。旋斟香酝过年华。披蓑乘远兴,顶笠过溪沙。

　　雪似三件物事,又有三个神人掌管。那三个神人? 姑射真人、周琼姬、董双成。周琼姬掌管芙蓉城。董双成掌管贮雪琉璃净瓶,瓶内盛着数片雪。每遇彤云密布,姑射真人用黄金箸敲出一片雪来,下一尺瑞雪。当日紫府真人安排筵会,请姑射真人、董双成,饮得都醉。把金箸敲着琉璃净瓶,待要唱只曲儿。错敲破了琉璃净瓶,倾出雪来,当年便好大雪。曾有只曲儿,名做《忆瑶姬》:

　　姑射真人,宴紫府,双成去破琼苞。零珠碎玉,被蕊宫仙子,撒向空抛。乾坤皓彩中宵,海月流光色共交。向晓来,银压琅玕,数枝斜坠玉鞭梢。　　荆山隈,碧水曲,际晚飞禽,冒寒归去无巢。檐前为爱成簪箸,不许儿童使杖敲。待效他当日袁安谢女,才词咏嘲。

　　姑射真人是掌雪之神。又有雪之精,是一匹白骡子,身上抖下一根毛,下一丈雪。却有个神仙是洪崖先生管着,用葫芦儿盛着白骡子。赴罢紫府真人会,饮得酒醉,把葫芦塞得不牢,走了白骡子,却在番人界里退毛。洪崖先生因走了白骡子,下了一阵大雪。

　　且说一个官人,因雪中走了一匹白马,变成一件蹊跷神仙的事,举家白日上升,至今古迹尚存。萧梁武帝普通六年,冬十二月,有个谏议大夫,姓韦名恕,因谏萧梁武帝奉持释教得罪,贬在滋生驷马监做判院。这官人:

中心正直，秉气刚强。有回天转日之言，怀逐佞去邪之见。

这韦官人受得滋生驷马监判院，这座监在真州六合县界上。萧梁武帝有一匹白马，名作"照殿玉狮子"：

> 蹄如玉削，体若琼妆。荡胸一片粉铺成。摆尾万条银缕散。能驰能载。走得千里程途，不喘不嘶，跳过三重阔涧。浑似狻猊生世上，恰如白泽下人间。

这匹白马，因为萧梁武帝追赶达摩禅师，到今时长芦界上有失，罚下在滋生驷马监，教牧养。当日大雪下，早晨起来，只见押槽来禀复韦谏议道："有件祸事！昨夜就槽头不见了那照殿玉狮子。"吓得韦谏议慌忙叫将一监养马人来，却是如何计结？就中一个押槽出来道："这匹马容易寻，只看他雪中脚迹，便知着落。"韦谏议道："说得是。"即时差人随着押槽，寻马脚迹。迤逦间行了数里田地，雪中见一座花园，但见：

> 粉妆台榭，琼锁亭轩。两边斜压玉栏杆，一径平钩银绶带。太湖石陷，恍疑盐虎深埋；松柏枝盘，好似玉龙高耸。径里草枯难辨色，亭前梅绽只闻香。

却是一座篱园。押槽看着众人道："这匹马在这庄里。"即时敲庄门。见一个老儿出来。押槽相揖道："借问则个。昨夜雪中滋生驷马监里，走了一匹白马。这匹白马，是梁皇骑的御马，名唤做'照殿玉狮子'。看这脚迹时，却正跳入篱国内来。老丈若还收得之时，却教谏议自备钱酒相谢。"老儿听得道："不妨，马在家里。众人且坐，老夫请你们食件物事了去。"

众人坐定，只见大伯子去到篱园根中，去那雪里面，用手取出一个甜瓜来。看这瓜时，真个是：

> 绿叶和根嫩，黄花向顶开。
> 香从辛里得，甜向苦中来。

那甜瓜藤蔓枝叶都在上面。众人心中道："莫是大伯子收下的？"看那瓜颜色又新鲜。大伯取一把刀儿，削了瓜皮，打开瓜顶，一阵异气喷人。请众人吃了一个瓜，又再去雪中取出三个瓜来，道："你们做老拙传话谏议，道张公教送这瓜来。"众人接了甜瓜。大伯从篱园后地，牵出这匹白马来，还了押槽。押槽拢了马儿，谢了公公，众人都回滋生驷马监。见韦谏议，道："可煞作怪！大雪中如何种得这甜瓜？"即时请出恭人来，和这十八岁的小娘子都出来，打开这瓜，合家大小都食了。恭人道："却罪过这老儿，与我收得马，又送瓜来，着个甚道理谢他？"

捻指过了两月，至次年春半，景色清明。恭人道："今日天色晴和，好去谢那送瓜的张公，谢他收得马。"谏议即时教安排酒樽，食垒，暖荡，撩锅，办几件食次。叫出十八岁女儿来，道："我今日去谢张公，一就带你母子去游玩闲走则个。"谏议乘着马，随两乘轿子，来到张公门前，使人请出张公来。大伯连忙出来唱喏。恭人道："前日相劳你收下马，今日谏议置酒，特来相谢。"就草堂上铺陈酒器，摆列杯盘，请张公同坐。大伯再三推辞，掇条凳子，横头坐地。

酒至三杯，恭人问张公道："公公贵寿？"大伯言："老拙年已八十岁。"恭人又问："公公几口？"大伯道："孑然一身。"恭人说："公公，也少不得个婆婆相伴。"大伯应道："便是没怎么巧头脑。"恭人道："也是说个七十来岁的婆婆？"大伯道："年纪须老，道不得个：

百岁光阴如捻指，人生七十古来稀。"

恭人道："也是说一个六十来岁的？"大伯道："老也，月过十五光明少，人到中年万事休。"

恭人道："也是说一个五十来岁的？"大伯又道："老也。三十不荣，四十不富，五十看看寻死路。"

恭人忍不得，自道，看我取笑他，：："公公，说个三十来岁的？"大伯道："老也。"恭人说："公公如今要说几岁的？"大伯抬起身来，指定十八岁小娘子道："若得此女以为匹配，足矣。"

韦谏议当时听得说，怒从心上起，恶向胆边生，却不听他说话，叫那当直的都来，要打那大伯。恭人道："使不得，特地来谢他，却如何打他？这大伯年纪老，说话颠狂，只莫管他。"收拾了酒器自归去。

话里却说张公，一并三日不开门。六合县里有两个扑花的，一个唤做王三，一个唤做赵四，各把着大蒲篓，来寻张公打花。见他不开门，敲门叫他，见大伯一行说话，一行咳嗽，一似害痨病相思，气丝丝地。怎见得？曾有一《夜游宫》词：

　　四百四病人皆有，只有相思难受。不疼不痛在心头，魆魆地教人瘦。愁逢花前月下，最怕黄昏时候。心头一阵痒将来，一两声咳嗽咳嗽。

看那大伯时，喉咙哑飒飒地出来道："罪过你们来，这两日不欢，要花时打些个去，不要你钱。有件事相烦你两个：与我去寻两个媒人婆子。若寻得来时，相赠二百足钱，自买一角酒吃。"二人打花了自去。一时之间，寻得两个媒人来。这两个媒人：

　　开言成匹配，举口合和谐。掌人间凤只鸾孤，管宇宙孤眠独宿。折莫三重门户，选甚十二楼中？男儿下惠也生心，女子麻姑须动意。传言玉女，用机关把手拖来；侍香金童，下说辞拦腰抱住。引得巫山偷汉子，唆教织女害相思。

叫得两个媒婆来，和公公厮叫，张公道："有头亲相烦说则个。这头亲，曾相见，则是难说。先各与你三两银子，若讨得回报，各人又与你五两银子。说得成时，教你两人撰个小小富贵。"张媒、李媒便问："公公，要说谁家小娘子？"张公道："滋生驷马监里韦谏议有个女儿，年纪一十八岁，相烦你们去与我说则个。"两个媒婆含着笑笑，接了三两银子出去。

行半里田地，到一个土坡上，张媒看着李媒道："怎地去韦谏议宅里说？"张媒道："容易！我两人先买一角酒吃，教脸上红拂拂地，走去韦谏议门前旋一遭，回去说与大伯，只道说了，还未有回报。"道犹未了，则听得叫道："且不得去！"回头看时，却是那张公赶来。说道："我猜你两个买一角酒，吃得脸上红拂拂地，韦谏议门前旋一遭回来，说与我道未有回报，还是恁地吗？你如今要得好，急速便去，千万讨回报。"两个媒人见张公恁地说道，做着只得去。

两人同到滋生驷马监，倩人传报与韦谏议。谏议道："教入来。"张媒、李媒见了，谏议道："你两莫是来说亲吗？"两个媒人笑嘻嘻的，怕得开口。韦谏议道："我有个大的儿子，二十二岁，见随王僧辩征北，不在家中。有个女儿，一十八岁，清官家贫，无钱嫁人。"两个媒人则在阶下拜，不敢说。韦谏议道："不须多拜，有事但说。"张媒道："有件事，欲待不说，为他六两银；欲待说，恐激恼谏议，又有些个好笑。"韦谏议问如何？张媒道："种瓜的张老，没来历，今日使人来叫老媳妇两人，要说谏议的小娘子。得他六两银子，见在这里。"怀中取出那银子，教谏议看，道："谏议周全时，得这银；若不周全，只得还他。"谏议道："大伯子莫是风？我女儿才十八岁,不曾要说亲。如今要我如何周全你这六两银子?"张媒道:"他说来,只问谏议觅得回报,便得六两银子。"谏议听得说,用指头指着媒人婆道:"做我传话那没见识的老子,要得成亲,来日办十万贯见钱为定礼,并要一色小钱,不要金钱准折。"教讨酒来劝了媒人,发付他去。

两个媒人拜谢了出来。到张公家,见大伯伸着脖项,一似望风宿鹅。等得两个媒人回来。道:"且坐。生受不易!"且取出十两银子来,安在桌上,道:"起动你们,亲事圆备。"张媒问道:"如何了?"大伯道:"我丈人说,要十万贯钱为定礼,并要小钱,方可成亲。"两个媒人道:"猜着了,果是谏议恁地说。公公,你却如何对副?"那大伯取出一掇酒来开了,安在桌子上,请两个媒人各吃了四盏。将这媒人转屋山头边来,指着道:"你看!"两个媒人用五轮八光左右两点瞳人,打一看时,只见屋山头堆垜着一便价十万贯小钱儿。道:"你们看,先准备在此了。"只就当日,教那两个媒人先去回报谏议,然后发这钱来。媒人自去了。

这里安排车仗,从里面叫出几个人来,都着紫衫,尽戴花红银撲子,推数辆太平车:

> 平川如雷吼,旷野似潮奔。猜疑地震天摇,仿佛星移日转。初观形象,似秦皇塞海鬼驱山;乍见威仪,若夏禹行舟临陆地。满川寒雁叫,一队锦鸡鸣。

车子上旗儿插着,写道:"张公纳韦谏议宅财礼。"众人推着车子,来到谏议宅前,喝起三声喏来,排着两行车子,使人入去,报与韦谏议。谏议出来看了车子,开着口则合不得。使人入去,说与恭人,却怎地对副?"恭人道:"你不合勒他讨十万贯见钱。不知这大伯如今哪里擘划将来? 待不成亲,是言而无信,待与他成亲,岂有衣冠女子,嫁一园叟乎?"夫妻二人倒断不下,恭人道:"且叫将十八岁女儿前来,问这事却是如何。"女孩儿怀中取出一个锦囊来。原来这女子七岁时,不会说话。一日,忽然间道出四句言语来:

> 天意岂人知? 应于南楚畿。
> 寒灰热如火,枯杨再生稊。

自此后便会行文,改名文女。当时着锦囊盛了这首诗,收十二年。今日将来教爹爹看道："虽然张公年纪老,恐是天意,却也不见得。"恭人见女儿肯,又见他果有十万贯钱,此必是奇异之人,无计奈何,只得成亲。拣吉日良辰,做起亲来,张公喜欢。正是:

> 旱莲得雨重生藕,枯木无芽再遇春。

做成了亲事,卷帐回,带那儿女归去了。韦谏议戒约家人,不许一人去张公家去。

普通七年,夏六月间,谏议的儿子,姓韦名义方,文武双全,因随王僧辩北征回归,到六合县。当日天气热,怎见得?

> 万里无云贺六龙,千林不放鸟飞空。
> 地燃石裂江湖沸,不见南来一点风。

相次到家中,只见路旁篱园里,有个妇女,头发蓬松,腰系青布裙儿,脚下拖双毈鞋,在门前卖瓜。这瓜:

> 西园摘处香和露,洗尽南轩暑。莫嫌坐上适无蝇,只恐怕寒难近玉壶冰。井花浮翠金盆小,午梦初回了。诗翁自是不归来,不是青门无地可移栽。

韦义方觉走得渴,向前要买个瓜吃。抬头一觑,猛叫一声道:"文女!你如何在这里?"文女叫:"哥哥,我爹爹嫁我在这里。"韦义方道:"我路上听得人说道,爹爹得十万贯钱,把你卖与卖瓜人张公,却是为何?"那文女把那前面的来历,对着韦义方从头说一遍。韦义方道:"我如今要与他相见如何?"文女道:"哥哥要见张公,你且少待。我先去说一声,却相见。"文女移身,已挺脚步入去房里,说与张公。复身出来,道:"张公道你性如烈火,意若飘风,不肯教你相见。哥哥,如今要相见却不妨,只得勿生恶意。"说罢,文女引义方入去相见。

大伯即时抹着腰出来,韦义方见了,道:"却不叵耐!怎么模样,却有十万贯钱娶我妹子,必是妖人。"一会子揑出太阿宝剑,觑着张公,劈头便剁将下去。只见剑靶搭在手里,剑却折做数段。张公道:"可惜又减了一个神仙!"文女推那哥哥出来,道:"教你勿生恶意,如何把剑剁他?"韦义方归到家中,参拜了爹爹妈妈,便问,如何将文女嫁与张公?韦谏议道:"这大伯是个作怪人。"韦义方道:"我也疑他,把剑剁他不着,到坏了我一把剑。"

次日早,韦义方起来,洗漱罢,系裹停当,向爹爹妈妈道:"我今日定要取这妹子归来。若取不得这妹子,定不归来见爹爹妈妈。"相辞了,带着两个当直,行到张公住处,但见平原旷,踪迹荒凉。问那当方住的人,道:"是有个张公,在这里种瓜。住二十来年,昨夜一阵乌风猛雨,今日不知所在。"韦义方大惊抬头,只见树上削起树皮,写着四句诗道:

> 两枚篾袋世间无,盛尽瓜园及草庐。
>
> 要识老夫居止处,桃花庄上乐天居。

韦义方读罢了书,教当直四下搜寻,当直回来报道:"张公骑着匹蹇驴,小娘子也骑着匹蹇驴儿,带着两枚篾袋,取真州路上而去。"韦义方和当直三人,一路赶上,则见路上人都道:"见大伯骑着蹇驴,女孩儿也骑驴儿。那小娘子不肯去,哭告大伯道:'教我归去相辞爹妈。'那大伯把一条杖儿在手中,一路上打将这女孩儿去。好悽惶人,令人不忍见!"韦义方听得说,两条忿气,从脚板灌到顶门;心上一把无明火,高三千丈,按捺不下。带着当直,迤逦去。约莫去不得数十里,则是赶不上。直赶到瓜洲渡口,人道见他方过江去。韦义方教讨船渡江,直赶到茅山脚下。问人时,道他两个上茅山去。韦义方吩咐了当直,寄下行李,放客店中了,自赶上山去。

行了半日,哪里得见桃花庄?正行之次,见一条大溪拦路,但见:

> 寒溪湛湛,流水冷冷。照人清影澈冰壶,极目浪花番瑞雪。垂杨掩映长堤岸,也俗行人绝往来。

韦义方到溪边,自思量道:"赶了许多路,取不得妹子归去,怎地见得爹爹妈妈?不如跳在溪水里死休。"迟疑之间,着眼看时,则见溪边石壁上,一道瀑布泉流将下来,有数片桃花,浮在水面上。韦义方道:"如今是六月,怎得桃花片来?上面莫是桃花庄,我那妹夫张公住处?"则听得溪对岸一声哨笛儿响,看时,见一个牧童骑着蹇驴,在那里吹这哨笛儿。但见:

> 浓绿成阴古渡头,牧童横笛倒骑牛。
> 笛中一曲《升平乐》,唤起离人万种愁!

牧童近溪边来,叫一声:"来者莫是韦义方?"义方应道:"某便是。"牧童说:"奉张真人法旨,教请舅舅过来。"牧童教蹇驴渡水,令韦官人坐在驴背上渡过溪去。牧童引路,到一所庄院。怎见得?有《临江仙》为证:

> 快活无过庄家好,竹篱茅舍清幽。春耕夏种及秋收。冬间观瑞雪,醉倒被蒙头。门外多栽榆柳树,杨花落满溪头。绝无闲闷与闲愁。笑他名利客,役役市廛游。

到得庄前,小童入去,从篱园里走出两个朱衣吏人来,接见这韦义方,道:"张真人方治公事,未暇相待,令某等相款。"遂引到一个大四望亭子上,看这牌上写着"翠竹亭",但见:

> 茂林郁郁,修竹森森。翠阴遮断屏山,密叶深藏轩槛。烟锁幽亭仙鹤唳,云迷深谷野猿啼。

亭子上铺陈酒器,四下里都种夭桃艳杏,异卉奇葩,簇着这座亭子。朱衣吏人与义方就席饮宴。义方欲待问张公是何等人,被朱衣吏人连劝数杯,则问不得。及到筵散,朱衣相辞自去,独留韦义方在翠竹轩,只教少待。

韦义方等待多时无信,移步下亭子来。正行之间,在花木之外,见一座殿屋,里面有人说话声。韦义方把舌头舔开朱红球路亭隔看时,但见:

朱栏玉砌,峻宇雕墙。云屏与珠箔齐开,宝殿共琼楼对峙。灵芝丛畔,青鸾彩凤交飞;琪树阴中,白鹿玄猿并立。玉女金童排左右,祥烟瑞气散氤氲。

　　见这张公顶冠穿履,佩剑执圭,如王者之服,坐于殿上。殿下列两行朱衣吏人,或神或鬼。两面铁枷;上手枷着一个紫袍金带的人,称是某州城隍,因境内虎狼伤人,有失检举;下手枷着一个顶盔贯甲,称是某州某县山神,虎狼损害平人,部辖不前。看这张公书断,各有罪名。韦义方就窗眼内望见,失声叫道:"怪哉,怪哉!"殿上官吏听得,即时差两个黄巾力士,捉将韦义方来,驱至阶下。

　　官吏称韦义方不合漏泄天机,合当有罪,急得韦义方叩头告罪。真人正怎么说,只见屏风后一个妇人,凤冠霞帔,珠履长裙,转屏风背后出来,正是义方妹子文女,跪告张公道:"告真人,念是妾亲兄之面,可饶恕他。"张公道:"韦义方本合为仙,不合以剑刺吾,吾以亲戚之故,不见罪。今又窥觑吾之殿宇,欲泄天机。看你妹妹面,饶你性命。我与你十万钱,把件物事与你为照去支讨。"张公移身,已挺脚步入殿里。去不多时,取出一个旧席帽儿,付与韦义方,教往扬州开明桥下,寻开生药铺申公,凭此为照,取钱十万贯。张公道:"仙凡异路,不可久留。"令吹哨笛的小童,送韦舅乘蹇驴,出这桃花庄去。到溪边,小童就驴背上把韦义方一推,头掉脚掀,撅将下去。义方如醉醒梦觉,却在溪岸上坐地。看那怀中,有个帽儿,似梦非梦,迟疑未决。且只得携着席帽儿,取路下山来。

　　回到昨所寄行李店中,寻两个当直不见。只见店二哥出来,说道:"二十年前有个韦官,寄下行李,上茅山去耽搁,两个当直等不得,自归去了。如今恰好二十年,是隋炀帝大业二年。"韦义方道:"昨日才过一日,却是二十年。我且归去六合县滋生驷马监,寻我二亲。"便别了店主人。

　　来到六合县。问人时,都道:"二十年前,滋生驷马监里,有个韦谏议,一十三口白日上升,至今升仙台古迹尚存;道是有个直阁,去了不归。韦义方听得说,仰面大哭:二十年则一日过了,父母俱不见,一身无所归。如今没计奈何,且去寻申公讨这十万贯钱。

　　当时从六合县取路,迤逦直到扬州。问人寻到开明桥下,果然有个申公,开生药铺。韦义方来到生药铺前,见一个老儿:

　　生得形容古怪,装束清奇。颔边银剪苍髯,头雪堆白发。鸢肩龟背,有如天降明星；鹤骨松形，好似化胡老子。多疑商岭逃秦客，料是磻溪执钓人。

在生药铺里坐。韦义方道："老丈拜揖！这里莫是申公生药铺？"公公道："便是。"韦义方着眼看生药铺厨里：

四个苍莕三个空，一个盛着西北风。

韦义方肚里思量道："却哪里讨十万贯钱支与我？"且问大伯，买三文薄荷。公公道："好薄荷！《本草》上说凉头明目，要买几文？"韦义方道："回三钱。"公公道："恰恨缺。"韦义方道："回些个百药煎。"公公道："百药煎能消酒面，善润咽喉，要买几文？"韦义方道："回三钱。"公公道："恰恨卖尽。"韦义方道："回些甘草。"公公道："好甘草！性平无毒，能随诸药之性，解金石草木之毒，市语叫作'国老'，要买几文？"韦义方道："问公公回五钱。"公公道："好教官人知，恰恨也缺。"

韦义方对着公公道："我不来买生药。一个人传语，是种瓜的张公。"申公道："张公却没事，传语我做甚吗？"韦义方道："教我来讨十万贯钱。"申公道："钱却有，何以为照？"韦义方去怀里摸索一和，把出席帽儿来。申公看着青布帘里，叫浑家出来看。青布帘起处，见个十七八岁的女孩儿出来，道："丈夫叫则甚？"韦义方心中道："却和那张公一般，爱娶后生老婆。"申公教浑家看这席帽儿，是也不是？女孩儿道："前日张公骑着塞驴儿，打门前过，席帽儿绽了，教我缝。当时没皂线，我把红线缝着顶上。"翻过来看时，果然红线缝着顶。申公即时引韦义方入去家里，交还十万贯钱。韦义方得这项钱，把来修桥作路，散与贫人。

忽一日，打一个酒店前过。见个小童，骑只驴儿。韦义方认得是当日载他过溪的，问小童道："张公在哪里？"小童道，"见在酒店楼上，共申公饮酒。"韦义方上酒店楼上来，见申公与张公对坐，义方便拜。张公道："我本上仙长兴张古老，文女乃上天玉女，只因思凡，上帝恐被凡人点污，故令吾托此态取归上天。韦义方本合为仙，不合杀心太重，止可受扬州城隍都土地。"道罢，用手一招，叫两只仙鹤。申公与张古老各乘白鹤，腾空而去。则见半空遗下一幅纸来，拂开看时，只见纸上题着八句儿诗，道：

一别长兴二十年，锄瓜隐迹暂居廛。
因嗟世上凡夫眼，谁识尘中未遇仙？
授职义方封土地，乘鸾文女得升天。
从今跨鹤楼前景，壮观维扬尚俨然。

第三十四卷

李公子救蛇获称心

劝人休诵经,念甚悄灾咒!
经咒总慈悲,冤业如何救?
种麻还得麻,种豆还得豆。
报应本无私,作了还自受。

这八句言语,乃徐神翁所作,言人在世,积善逢善,积恶逢恶。古人仑云:积金以遗子孙,子孙未必能守;积书以遗子孙,子孙未必能读;不如积阴德于冥冥之中,以为子孙长久之计。昔日孙叔敖晓出,见两头蛇一条,横截其路,孙叔敖用砖打死而埋之。归家告其母曰:"儿必死矣!"母曰:"何以知之?"敖曰:"尝闻人见两头蛇者必死,儿今日见之。"母曰:"何不杀乎?"叔敖曰:"儿已杀而埋之,免使后人再见,以伤其命。儿宁一身受死。"母曰:"儿有救人之心,此乃阴骘,必然不死。"后来叔敖官拜楚相。今日说一个秀才,救一条蛇,亦得后报。

南宋神宗朝熙宁年间,汴梁有个官人,姓李,名懿,由杞县知县,除金杭州判官。本官世本陈州人氏,有妻韩氏。子李元,字伯元,学习儒业。李懿到家收拾行李,不将妻子,只带两个仆人,到杭州赴任。在任倏忽一年。猛思子李元在家攻书,不知近日学业如何?写封家书,使王安往陈州,取孩儿李元来杭州,早晚作伴,就买书籍。王安辞了本官,不一日,至陈州,参见恭人,呈上家书。书院中唤出李元,令读了父亲家书,收拾行李。李元在前曾应举不第,近日琴书意懒,止游山玩水,以自娱乐。闻父命呼召,收拾琴剑书箱,拜辞母亲,与王安登程。沿路觅船,不一日,到扬子江。李元看了江山景物,观之不足,乃赋诗曰:

西出昆仑东到海，惊涛拍岸浪掀天。

月明满耳风雷吼，一派江声送客船。

渡江至润州，迤逦到常州，过苏州，至吴江。是日申牌时分，李元舟中看见吴江风景，不减潇湘图画，心中大喜，令稍公泊舟近长桥之侧。元登岸上桥，来垂虹亭上，凭栏而坐，望太湖晚景。李元观之不足。忽见桥东一带粉墙中有殿堂，不知何所。却值渔翁卷网而来，揖而问之："桥东粉墙，乃是何家？"渔人曰："此三高士祠。"李元问曰："三高何人也？"渔人曰："乃范蠡、张翰、陆龟蒙三个高士。"元喜，寻路渡一横桥，至三高士祠。入侧门，观石碑。上堂，见三人列坐，中范蠡，左张翰，右陆龟蒙。李元寻思间，一老人策杖而来，问之，乃看祠堂之人。李元曰："此祠堂几年矣？"老人曰："近千余年矣！"元曰："吾闻张翰在朝，曾为显官，因思鲈鱼莼菜之美，弃官归乡，彻老不仕，乃是急流中涌退之人，世之高士也。陆龟蒙绝代诗人，隐居吴淞江上，唯以养鸭为乐，亦世之高士。此二人立祠，正当其理，范蠡乃越国之上卿，因献西施于吴王夫差，就中取事，破了吴国。后见越王义薄，扁舟遨游五湖，自号鸱夷子。此人虽贤，乃吴国之仇人，如何于此受人享祭？"老人曰："前人所建，不知何意。"李元于老人处借笔砚，题诗一绝于壁间，以明鸱夷子不可于此受享。诗曰：

地灵人杰夸张陆，共预清祠事可宜。

千载难消亡国恨，不应此地着鸱夷！

题罢，还了老人笔砚，相辞出门。见数个小孩儿，用竹杖于深草中戏打小蛇。李元近前视之，见小蛇生得奇异，金眼黄口，赭身锦鳞，体如珊瑚之状，腮下有绿毛，可长寸余。其蛇长尺余,如瘦竹之形,元见尚有游气,慌忙止住小童休打,"我与你铜钱百文,可将小蛇放了,卖与我。"小童簌定要钱。李元将朱蛇用衫袖包裹,引小童到船边,与了铜钱自去。唤王安开书箱取艾叶煎汤,少等温贮于盘中,将小蛇洗去污血。命稍公开船,远望岸上草木茂盛之处,急无人到,就那里将朱蛇放了。蛇乃回头数次,看着李元。元曰:"李元今日放了你,可于僻静去处躲避,休再教人见。"朱蛇游入水中,穿波底而去。李元令移舟望杭州而行。

三日已到,拜见父亲,言讫家中之事。父问其学业,李元一一对答,父心甚喜。在衙中住了数日,李元告父曰:"母亲在家,早晚无人侍奉,儿欲归家,就赴春选。"父乃收拾俸余之资,买些土物,令元回乡,又令王安送归。行李已搬下船,拜辞父亲,与王安二人离了杭州。出东新桥官塘大路,过长安坝,至嘉禾,近吴江。从旧岁所观山色湖光,意中不舍。到长桥时,日已平西。李元教暂住行舟,且观景物,宿一宵来早去。就桥下湾住船,上岸独步。上桥,登垂虹亭,凭阑伫目。遥望湖光潋滟,山色空濛,风定渔歌聚,波摇雁影分。

正观玩间,忽见一青小衣童,进前作揖,手执名榜一纸,曰:"东人有名榜在此,欲见解元,未敢擅便。"李元曰:"汝东人何在?"青衣曰:"在此桥左,拱听呼唤。"李元看名榜纸上一行书云"学生朱伟谨谒。"元曰:"汝东人莫非误认我乎?"青衣曰:"正欲见解无,安得误耶!"李无曰:"我自来江左,并无相识,亦无姓朱者来往为友,多敢同姓者乎?"青衣曰:"正欲见通判相公李衙内李伯元,岂有误耶!"李元曰:"既然如此,必是斯文,请来相见何碍。"

青衣去不多时,引一秀才至,眉清目秀,齿白唇红,飘飘然有凌云之气。那秀才见李元先拜,元慌忙答礼。朱秀才曰:"家尊与令祖相识甚厚,闻先生自杭而回,特命学生伺候已久。倘蒙不弃,少屈文旆,至舍下与家尊略叙旧谊,可乎?"李元曰:"元年幼,不知先祖与君家有旧,失于拜望,幸乞恕察。"朱秀才曰:"蜗居只在咫尺,幸勿见却。"李元见朱秀才坚意叩请,乃随秀才出垂虹亭,至长桥尽处,柳荫之中,泊一画舫,上有数人,容貌魁梧,衣装鲜丽。邀元下船,见船内五彩装画,裀褥铺设,皆极富贵。元早惊异。朱秀才教开船,从者荡桨,舟去如飞,两边搅起浪花,如雪飞舞。

须臾之间,船已到岸。朱秀才请李元上岸。元见一带松柏,亭亭如盖,沙草滩头,摆列着紫衫银带约二十余人,两乘紫藤兜轿。李元问曰:"此公吏何府第之使也?"朱秀才曰:"此家尊之所使也。请上轿,咫尺便是。"李元惊惑之甚,不得已上轿,左右呵喝入松林。

　　行不一里，见一所宫殿，背靠青山，面朝绿水。水上一桥，桥上列花石栏干，宫殿上盖琉璃瓦，两廊下皆捣红泥墙壁。朱门三座，上有金字牌，题曰："玉华之宫"。轿至宫门，请下轿。李元不敢挪步，战栗不已。宫门内有两人出迎，皆头顶貂蝉冠，身披紫罗襕，腰系黄金带，手执花纹简，进前施礼，请曰："王上有命，谨请解元。"李元半晌不能对答。朱秀才在侧曰："吾父有请，慎勿惊疑。"李元曰："此何处也？"秀才曰："先生到殿上便知也。"李元勉强随二臣宰行，从东廊历阶而进，上月台，见数十个人皆锦衣，簇拥一老者出殿上。其人蝉冠大袖，朱履长裾，手执玉圭，进前迎迓。李元慌忙下拜，王者命左右扶起，王曰："坐邀文斾，甚非所宜，幸沐来临，万乞情恕。"李元但只唯唯答应而已。左右迎引入殿，王升御座，左手下设一个绣墩，请解元登席。元再拜于地，曰："布衣寒生，王上御前，安敢侍坐？"王曰："解元于吾家有大恩。今令长男邀请至此，坐之何碍。"二臣宰请曰："王上敬礼，先生勿辞。"李元再三推却，不得已，低首躬身，坐于绣墩。王乃唤小儿来拜恩人。

　　少顷，屏风后宫女数人，拥一郎君至。头戴小冠，身穿绛衣，腰系玉带，足蹑花靴，面如傅粉，唇似涂脂，立于王侧。王曰："小儿外日游于水际，不幸为顽童所获；若非解元一力救之，则身为薤粉矣。众族感戴，未尝忘报。今既至此，吾儿可拜谢之。"小郎君近前下拜，李元慌忙答礼，王曰："君是吾儿之大恩人也，可受礼。"命左右扶定，令儿拜讫。

　　李元仰视王者，满面虹髯，目有神光。左右之人，形容皆异。方悟此处是水府龙宫，所见者龙君也；旁立年少郎君，即向日三高士祠后所救小蛇也。元慌忙稽颡，拜于阶下。王起身曰："此非待恩人处，请入宫殿后，少进杯酌之礼。"李元随王转玉屏，花砖之上，皆铺绣褥，两旁皆绷锦步障。出殿后，转行廊，至一偏殿。但见金碧交辉，内列龙灯凤烛，玉炉喷沉麝之香，绣幕飘流苏之带。中设二座，皆是蛟绡拥护，李元惊怕而不敢坐，王命左右扶李元上座。两边仙音缭绕，数十美女，各执乐器，依次而入。前面执宝杯盘进酒献果者，皆绝色美女。但闻异香馥郁，瑞气氤氲，李元不知手足所措，如醉如痴。王命二子进酒，二子皆捧觞再拜。台上果桌，眝目观之，器皿皆是玻璃、水晶、琥珀、玛瑙为之，曲尽巧妙，非人间所有。王自起身与李元劝酒，其味甚佳，肴馔极多，不知何物。王令诸宰臣轮次举杯相劝，李元不觉大醉，起身拜王曰："臣实不胜酒矣。"俯伏在地而不能起。王命侍从扶出殿外，送至客馆安歇。

　　李元酒醒，红日已透窗前。惊起视之，房内床榻帐幔，皆是蛟绡围绕。从人安排洗漱已毕，见夜来朱秀才来房内相邀，并不穿世之儒服，裹球头帽，穿降绡袍，玉带皂靴,从者各执斧钺。李元曰:"夜来大醉,甚失礼仪。"朱伟曰:"无可相款,幸乞情恕,父王久等,请恩人到偏殿进膳。"引李元见王曰:"解元且宽心怀,住数日去亦不迟。"李元再拜曰:"荷王上厚意。家尊令李元归乡侍母,就赴春选,日已逼近。更

兼仆人久等,不见必忧;倘回杭报父得知,必生远虑。因此不敢久留,只此告退。"王曰:"既解元要去,不敢久留。虽有纤粟之物,不足以报大恩,但欲者当一一奉纳。"李元曰:"安敢过望,平生但得称心足矣!"王笑曰:"解元既欲吾女为妻,敢不奉命。但三载后,须当复回。"王乃传言,唤出称心女子来。

须臾,众侍女簇拥一美女至前,元乃偷眼视之,雾鬓云鬟,柳眉星眼,有倾国倾城之貌,沉鱼落雁之容。王指此女曰:"此是吾女称心也。君既求之,愿奉箕帚。"李元拜于地曰:"臣所欲称心者,但得一举登科,以称此心,岂敢望天女为配偶耶?"王曰:"此女小名称心,既以许君,不可悔矣。若欲登科,只问此女,亦可办也。"王乃唤

朱伟,送此妹与解元同去,李元再拜谢。

朱伟引李元出宫,同到船边,见女子已改素妆,先在船内。朱伟曰:"尘世阻隔,不及亲送,万乞保重。"李元曰:"君父王何贤圣也? 愿乞姓名。"朱伟曰:"吾父乃西海群龙之长,多立功德,奉玉帝敕命,令守此处。幸得水洁波澄,足可荣吾子孙。君此去切不可泄漏天机,恐遭大祸。吾妹处亦不可问仔细。"元拱手听罢,作别上船,朱伟又将金珠一包相送。但耳畔闻风雨之声,不觉到长桥边。从人送女子并李元登岸,与了金珠,火急开船,两浆如飞,倏忽不见。

李元似梦中方觉,回观女子在侧,惊喜。元语女子曰:"汝父令汝与我为夫妇,你还随我去否?"女子曰:"妾奉王命,令吾侍奉箕帚,但不可以告家中人,若泄漏则妾不能久住矣!"李元引女子同至船边,仆人王安惊疑,接入舟中曰:"东人一夜不回,小人何处不寻? 竟不知所在。"李元曰:"吾见一友人,邀于湖上饮酒,就以此女与我为妇。"王安不敢细问情由,请女子下船,将金珠藏于囊中,收拾行船。

一路涉河渡坝，看看来到陈州。升堂参见老母，说罢父亲之事，跪而告曰："儿在途中娶得一妇，不曾得父母之命，不敢参见。"母曰："男婚女聘，古之礼也。你既娶妇，何不领归？"母命引称心女子拜见老母，合家大喜。自搬回家。

不过数日，已近试期。

李元见称心女子聪明智慧，无有不通，乃问曰："前者汝父曾言，若欲登科，必问于汝。来朝吾入试院，你有何见识教我？"女子曰："今晚吾先取试题，汝在家中先做了文章，来日依本去写。"李元曰："如此甚妙。此题目从何而得？"女子曰："吾闭目作用，慎勿窥戏。"李元未信。女子归房，坚闭其门。但闻一阵风起，帘幕皆卷。约有更余，女子开户而出，手执试题与元。元大喜，恣意检本，做就文章。来日入院，果是此题，一挥而出。后日亦如此，连三场皆是女子飞身入院，盗其题目。待至开榜，李元果中高科。初任江州金判，闾里作贺，走马上任。一年，改除奏院。三年任满，除江南吴江县令，引称心女子，并仆从五人，辞父母来本处之任。

到任上不数日，称心女子忽一日辞李元曰："三载之前，为因小弟蒙君救命之恩，父母教奉箕帚。今已过期，即当辞去，君宜保重。"李元不舍，欲向前拥抱，被一阵狂风，女子已飞于门外，足底生云，冉冉腾空而去。李元仰面大哭。女子曰："君勿误青春，别寻佳配。官至尚书，可宜退步。妾若不回，必遭重责。聊有小诗，永为表记。"空中飞下花笺一幅，有诗云：

　　三载酬恩已称心，妾身归去莫沉吟。
　　玉华宫内浪埋雪，明月满天何处寻？

李元终日悒怏。后三年官满，回到陈州，除秘书，王丞相招为婿，累官至吏部尚书。直至如今，吴江西门外有龙王庙尚存，乃李元旧日所立。有诗云：

　　昔时柳毅传书信，今日李元逢称心。
　　测隐仁慈行善事，自然天降福星临。

第三十五卷

简帖僧巧骗皇甫妻

白苎轻衫入嫩凉，春蚕食叶响长廊。禹门已准桃花浪，月殿先收桂子香。　　鹏北海，凤朝阳，又携书剑路茫茫。明知此日登云去，却笑人间举子忙。

长安京北有一座县，唤做咸阳县，离长安四十五里。一个官人，复姓宇文，名绥，离了咸阳县，来长安赴试，一连三番试不遇。有个浑家王氏，见丈夫试不中归来，把复姓为题，做一个词儿嘲笑丈夫，名唤做《望江南》词，道是：

公孙恨，端木笔俱收。枉念西门分手处，闻人寄信约深秋，拓拔泪交流。　　宇文弃，闷驾独孤舟。不望手勾龙虎榜，慕容颜好一齐休，甘分守闾丘。

那王氏意不尽，看着丈夫，又做四句诗儿：

良人得意负奇才，何事年年被放回？
君面从今羞妾面，此番归后夜间来。

宇文解元从此发愤道："试不中，定是不回。"到得来年，一举成名了，只在长安住，不肯归去。

浑家王氏，见了丈夫不归，理会得，道："我曾作诗嘲他，可知道不归。"修一封书，叫当直王吉来，"你与我将这书去四十五里，把与官人。"书中前面略叙寒暄，后

面做只词儿,名唤《南柯子》。词道:

> 鹊喜噪晨树,灯开半夜花。果然音信到天涯,报道玉郎登第出京华。 旧恨消眉黛,新欢上脸霞。从前都是误疑他,将谓经年狂荡不归家。

这词后面,又写四句诗道:

> 长安此去无多地,郁郁葱葱佳气浮。
> 良人得意正年少,今夜醉眠何处楼?

宇文绶接得书,展开看,读了词,看罢诗,道:"你前回作诗,教我从今归后夜间来;我今试遇了,却要我回!"就旅邸中取出文房四宝,做了只曲儿,唤做《踏莎行》:

> 足蹑云梯,手攀仙桂,姓名高挂登科记。马前喝道状元来,金鞍玉勒成行缀。 宴罢归来,恣游花市,此时方显平生志。修书速报凤楼人,这回好个风流婿。

做毕这词,取张花笺,折叠成书,待要写了付与浑家。正研墨,觉得手重,惹翻砚,水滴儿打湿了纸。再把一张纸折叠了,写成一封家书,付与当直王吉,教吩咐家中孺人:"我今在长安试遇了,到夜了归来。急去传与孺人,不到夜我不归来。"王吉接得书,唱了喏,四十五里田地,直到家中。

话里且说宇文绶发了这封家书,当日天晚,客店中无甚的事,便去睡。方才朦胧睡着,梦见归去,到咸阳县家中,见当直王吉在门前一壁脱下草鞋洗脚。宇文绶问道:"王吉,你早归了?"再四问他不应。宇文绶焦躁,抬起头来看时,见浑家王氏,把着蜡烛入去房里。宇文绶赶上来,叫:"孺人,我归了。"浑家不采他。又说一声,浑家又不采。宇文绶不知身是梦里，随浑家入房去。看这王氏放烛在桌子上，取早间这一封书，头上取下金篦儿，一剔剔开封皮，看时，却是一幅白纸。浑家含笑，就烛下把起笔来，于白纸上写了四句：

> 碧纱窗下启缄封，一纸从头彻底空。
>
> 知汝欲归情意切，相思尽在不言中。

写毕，换个封皮，再来封了。那浑家把金篦儿去剔那烛烬，一剔剔在宇文绶脸上，吃了一惊，撒然睡觉，却在客店里床上睡，烛犹未灭。桌子上看时，果然错封了一幅白纸归去，取一幅纸写这四句诗。到得明日早饭后，王吉把那封回书来，拆开看时，里面写着四句诗，便是夜来梦见那浑家做的一般。当便安排行李，即时回家去。

这便唤做"错封书"。下来说的便是"错下书"；有个官人，夫妻两口儿，正在家坐地，一个人送封简帖儿来，与他浑家。只因这封简帖儿，变出一本跷蹊作怪的小说来。正是：

> 尘随马足何年尽？事系人心早晚休。

有《鹧鸪》词一首，单道着佳人：

> 淡画眉儿斜插梳，不欢拈弄绣工夫。云窗雾阁深深处，静拂云笺学草书。 多艳丽，更清姝，神仙标格世间无。当时只说梅花似，细看梅花却不如。

东京汴州开封府枣槊巷里，有个官人，复姓皇甫，单名松，本身是左班殿直，年二十六岁，有个妻子杨氏，年二十四岁。一个十三岁的丫鬟，名唤迎儿。只这三口，别无亲戚。当时皇甫殿直官差去押衣袄上边，回来是年节了。

这枣槊巷口一个小小的茶坊，开茶坊的唤做王二。当日茶市已罢，已是日中，只见一个官人入来。那官人生得：

> 浓眉毛，大眼睛，蹶鼻子，略绰口。头上裹一顶高样大桶子头巾，着一

领大宽袖斜襟褶子,下面衬贴衣裳,甜鞋净袜。

入来茶坊里坐下。开茶坊的王二,拿着茶盏,进前唱喏奉茶。那官人接茶吃罢,看着王二,道:"少借这里等个人。"王二道:"不妨。"等多时,只见一个男女,名叫僧儿,托个盘儿,口中叫:"卖鹌鹑馉饳儿!"官人把手打招,叫买馉饳儿。"僧儿见叫,托盘儿入茶坊内,放在桌上。将条篾黄穿那馉饳儿,捏些盐放在官人面前,道:"官人,吃馉饳儿。"官人道:"我吃!先烦你一件事。"僧儿道:"不知要做什吗?"那官人指着枣槊巷里第四家,问僧儿:"认得这人家吗?"僧儿道:"认得,那是皇甫殿直家里。殿直押衣袄上边,方才回家。"官人问道:"他家有几口?"僧儿道:"只是殿直,一个小娘子,一个小养娘。"官人道:"你认得那小娘子也不?"僧儿道:"小娘子寻常不出帘儿外面,有时叫僧儿买馉饳儿,常去认得。问他做甚吗?"官人去腰里取下版金线篋儿,抖下五十来钱,安在僧儿盘子里。僧儿见了,可煞喜欢,又手不离方寸:"告官人,有何使令?"官人道:"我相烦你则个。"袖中取出一张白纸,包着一对落索环儿,两只短金钗子,一个简帖儿,付与僧儿,道:"这三件物事,烦你送去适间问的小娘子。你见殿直,不要送与他。见小娘子时,你只道官人再三传语,将这三件物来与小娘子,万望笑留。你便去,我只在这里等你回报。"

那僧儿接了三件物事,把盘子寄在王二茶坊柜上,僧儿托着三件物事,入枣槊巷来。到皇甫殿直门前,把青竹帘掀起,探一探。当时皇甫殿直正在前面交椅上坐地,只见卖馉饳儿的小厮掀起帘子,猖猖狂狂,探了一探,便走。皇甫殿直看着那厮,震威一喝,便是:

当阳桥上张飞勇,一喝曹公百万兵。

喝那厮一声,问道:"做甚吗?"那厮不顾便走。皇甫殿直拽开脚,两步赶上,捽那厮回来,问道:"甚意思,看我一看了便走。"那厮道:"一个官人,教我把三件物事与小娘子,不教把来与你。"殿直问道:"什么物事?"那厮道:"你莫问,不要把与你。"皇甫殿直捻得拳头没缝,去顶门上屑那厮一暴,道:"好好的把出来教我看!"那厮吃了一暴,只得怀里取出一个纸裹儿,口里兀自道:"教我把与小娘子,又不教把与你,你却打我则甚?"皇甫殿直劈手夺了纸包儿,打开看,里面一对落索环儿,一双短金钗,一个简帖儿。皇甫殿直接得三件物事,拆开简帖看时:

某惶恐再拜,上启小娘子妆前:即日孟春初时,恭唯懿处起居万福。某外日荷蒙持杯之款,深切仰思,未尝少替。某偶以薄干,不及亲诣,聊有小词,名《诉衷情》,以代面禀,伏乞懿览。"

词道是:

知伊夫婿上边回,懊恼碎情杯。落索环儿一对,简子与金钗。　　伊收取,莫疑猜,且开怀。自从别后,孤怖冷落,独守书斋。

皇甫殿直看了简帖儿,劈开眉下眼,咬碎口中牙,问僧儿道:"谁教你把来?"僧儿用手指着巷口王二哥茶坊里道:"有个粗眉毛、大眼睛、蹶鼻子、略绰口的官人,教我把来与小娘子,不教我把与你。"皇甫殿直一只手揪住僧儿狗毛,出这枣槊巷,径奔王二哥茶坊前来。僧儿指着茶坊道:"恰才在这里面打的床铺上坐地的官人,教我把来与小娘子,又不教把与你,你却打我!"皇甫殿直见茶坊没人,骂声:"鬼话!"再揪僧儿回来,不由开茶坊的王二分说。

当时到家里,殿直把门来关上,掀来掀去,唬得僧儿战做一团。殿直从里面叫出二十四岁花枝也似浑家出来,道:"你且看这件物事!"那小娘子又不知上件因依,去交椅上坐地。殿直把那简帖儿和两件物事度与浑家看,那妇人看着简帖儿上言语,也没理会处。殿直道:"你见我三个月日押衣袄上边,不知和甚人在家中吃酒?"小娘子道:"我和你从小夫妻,你去后,何曾有人和我吃酒?"殿直道:"既没人,这三件物从哪里来?"小娘子道:"我怎知?"殿直左手指,右手举,一个漏风掌打将去。小娘子则叫得一声,掩着面,哭将入去。

皇甫殿直再叫将十三岁迎儿出来,去壁上取下一把箭簳子竹来,放在地上,叫过迎儿来。看着迎儿,生得:

短胳膊,琵琶脚。劈得柴,打得水。会做饭,能窝屎。

皇甫松去衣架上取下一条绦来,把妮子缚了两只手,掉过屋梁去,直下打一抽,吊将妮子起去。拿起箭子竹来,问那妮子道:"我出去三个月,小娘子在家中和甚人吃酒?"妮子道:"不曾有人。"皇甫殿直拿起箭簳子竹,去妮子腿上便捽,捽得妮子杀猪也似叫。又问又打。那妮子吃不得打,口中道出一句来:"三个月殿直出去,小娘子夜夜和个人睡。"皇甫殿直道:"好也!"放下妮子来,解了绦,道:"你且来,我问你,是和兀谁睡?"那妮子揩着眼泪道:"告殿直,实不敢相瞒,自从殿直出去后,小娘子夜夜和个人睡,不是别人,却是和迎儿睡。"皇甫殿直道:"这妮子,却不弄我!"喝将过去。带一管锁,走出门去,拽上那门,把锁锁了。

走去转湾巷口,叫将四个人来,是本地方所由,如今叫作"连手",又叫作"巡军"。张千、李万、董超、薛霸四人,来到门前,用钥匙开了锁,推开门。从里面扯出卖馉饳的僧儿来,道:"烦上名收领这厮。"四人道:"父母官使令,领台旨。"殿直道:"未要去,还有人哩。"从里面叫出十三岁的迎儿,和二十四岁花枝的浑家,道:"和他都领去。"四人唱喏道:"告父母官,小人怎敢收领孺人?"殿直发怒道:"你们不敢领他,这件事干人命。"唬倒四个所由,只得领小娘子和迎儿并卖馉饳的僧儿三个同去。解到开封钱大尹厅下,皇甫殿直就厅下唱了大尹喏,把那简帖儿呈复了。钱大尹看罢,即时教押下一个所属去处,叫将山前行山定来。当时山定承了这件文字,叫僧儿问时,应道:"则是茶坊里见个粗眉毛、大眼睛、蹶鼻子、略绰口的官人,他把这封简子来与小娘子,打杀也只是恁地供招。"问这迎儿,迎儿道:"既不曾有人来同小娘子吃酒,亦不知付简帖儿来的是何人,打杀也只是恁地供招!"却待问小娘子,小娘子道:"自从少年夫妻,都无一个亲戚往来,只有夫妻二人,亦不知把简帖儿来的是何等人。"山前行山定看着小娘子,生得恁地瘦弱,怎禁得打勘?怎地讯问他?从里面交拐将过来两个狱卒,押出一个罪人来,看这罪人时:

> 面长皴轮骨,胲生渗癞腮。
>
> 犹如行病鬼,到处降人灾。

这罪人原是个强盗头儿,绰号"静山大王"。小娘子见这罪人,把两只手掩着面,哪里敢开眼。山前行喝着狱卒道:"还不与我施行!"狱卒把枷稍一纽,枷稍在上,罪人头向下,拿起把荆子来,打得杀猪也似叫。山前行问道:"你曾杀人也不曾?"静山大王应道:"曾杀人!"又问:"曾放火不曾?"应道:"曾放火!"教两个狱卒把静山大王押入牢里去。山前行回转头来,看着小娘子道:"你见静山大王,吃不得几杖子,杀人放火都认了。小娘子,你有事,只好供招了。你却如何吃得这般杖子?"小娘子簌地两行泪下,道:"告前行,到这里隐讳不得。觅幅纸和笔,只得与他供招。"小娘子供道:"自从少年夫妻,都无一个亲戚来往,即不知把简帖儿来的是甚色样人。如今看要侍儿吃甚罪名,皆出赐大尹笔下。"便怎么说,五回三次问他,供说得一同。

似此三日，山前行正在州衙门前立，倒断不下。猛抬头看时，却见皇甫殿直在面前相揖，问及这件事："如何三日理会这件事不下？莫是接了寄简帖的人钱物，故意不与决这件公事？"山前行听得，道："殿直，如今台意要如何？"皇甫松道："只是要休离了。"

当日山前行入州衙里，到晚衙，把这件文字呈了钱大尹。大尹叫将皇甫殿直来，当厅问道："捉贼见赃，捉奸见双，又无证见，如何断得他罪？"皇甫松告钱大尹："松如今不愿同妻子归去，情愿当官休了。"大尹台判："听从夫便。"殿直自归。僧儿、迎儿喝出，各自归去。只有小娘子见丈夫不要他，把他休了，哭出州衙门来，口中自道："丈夫又不要我，又没一个亲戚投奔，教我哪里安身？不若我自寻个死休！"至天汉州桥，看着金水银堤汴河，恰待要跳将下去，则见后面一个人，把小娘子衣裳一捽捽住。回转头来看时，恰是一个婆婆，生得：

眉分两道雪，鬓挽一窝丝。眼昏一似秋水微浑，发白不若楚山云淡。

婆婆道："孩儿，你却没事寻死做甚吗？你认得我也不？"小娘子道："不识婆婆。"婆婆道："我是你姑姑，自从你嫁了老公，我家寒，攀陪你不着，到今不来往。我前日听得你与丈夫官司，我日逐在这里伺候。今日听得道休离了，你要投水做甚吗？"小姐子道："我上无片瓦，下无立锥，丈夫又不要我，又无亲戚投奔，不死更待何时？"婆婆道："如今且同你去姑姑家里，看后如何。"妇女自思量道："这婆子知他是我姑姑也不是，我如今没投奔处，且只得随他去了，却再理会。"即时随这姑姑家去看时，家里莫什么活计，却好一个房舍，也有粉青帐儿，有交椅、桌凳之类。

在这姑姑家里过了两三日，当日方才吃罢饭，则听得外面一个官人，高声大气叫道："婆子，你把我物事去卖了，如何不把钱来还。"那婆子听得叫，失张失志，出去迎接来叫的官人，请入来坐地。小娘子着眼看时，见入来的人：

粗眉毛，大眼睛，蹶鼻子，略绰口。头上裹一顶高样大桶子头巾，着一领大宽袖斜襟褶子，下面衬贴衣裳，甜鞋净袜。

小娘子见了，口喻心，心喻口，道："好似那僧儿说的寄简帖儿官人。"只见官人入来，便坐在凳子上，大惊小怪道："婆子，你把我三百贯钱物事去卖了，今经一个月日，不把钱来还？"婆子道："物事自卖在人头，未得钱。支得时，即便付还官人。"官人道："寻常交关钱物东西，何尝挨许多日子？讨得时，千万送来。"官人说了自去。

婆子入来,看着小娘子,簌地两行泪下,道:"却是怎好?"小娘子问道:"有什么事?"婆子道:"这官人原是蔡州通判,姓洪,如今不做官,却卖些珠翠头面。前日一件物事教我把去卖,吃人交加了,到如今没这钱还他,怪他焦躁不得。他前日央我一件事,我又不曾与他干得。"小娘子问道:"却是什么事?"婆子道:"教我讨个细人,要生得好的。若得一个似小娘子模样去嫁与他,那官人必喜欢。小娘子,你如今在这里,老公又不要你,终不然罢了? 不若听姑姑说合,你去嫁了这官人,你终身不致耽误,挈带姑姑也有个倚靠。不知你意如何?"小娘子沉吟半响,不得已,只得依允。婆子去回复了。不一日,这官人娶小娘子来家,成其夫妇。

逡巡过了一年,当年是正月初一日。皇甫殿直自从休了浑家,在家中无好况。正是:

　　时间风火性,烧了岁寒心。

自思量道:"每年正月初一日,夫妻两个,双双地上本州大相国寺里烧香。我今年却独自一个,不知我浑家哪里去了?"簌地两行泪下,闷闷不已。只得勉强着一领紫罗衫,手里把着银香盒,来大相国寺里烧香。

到寺中烧了香,恰待出寺门,只见一个官人领着一个妇女。看那官人时,粗眉毛,大眼睛,蹶鼻子,略绰口;领着的妇女,却便是他浑家。当时丈夫看着浑家,浑家又觑着丈夫,两个四目相视,只是不敢言语。那官人同妇女两个,入大相国寺里去。皇甫松在这山门头正沉吟间,见一个打香油钱的行者,正在那里打香油钱。看见这两人入去,口里道:"你害得我苦,你这汉,如今却在这里!"大踏步赶入寺来。

皇甫殿直见行者赶这两人,当时呼住行者道:"五戒,你莫待要赶这两个人上去?"那行者道:"便是。说不得,我受这汉苦,到今日抬头不起,只是为他。"皇甫殿直道:"你认得这个妇女吗?"行者道:"不识。"殿直道:"便是我的浑家。"行者问:"如何却随着他?"皇甫殿直把送简帖儿和休离的上件事,对行者说了一遍。行者道:"却是怎地!"行者却问皇甫殿直:"官人认得这个人吗?"殿直道:"不认得。"行者道:"这汉原是州东墦台寺里一个和尚,苦行便是墦台寺里行者。我这本师,却是墦台寺里监院,手头有百十钱,剃度这厮做小师。一年已前时,这厮偷了本师二百两银器,逃走了,累我吃了好些拷打。如今赶出寺来,没讨饭吃处。罪过这大相国寺里知寺厮认,留苦行在此间打化香油钱。今日撞见这厮,却怎地休得!"方才说罢,只见这和尚将着他浑家,从寺廊下出来。行者牵衣拔步,却待去捽这厮,皇甫殿直扯住行者,闪那身已在山门一壁,道:"且不要摔他,我和你尾这厮去,看那里着落,却与他官司。"两个后地尾将来。

话分两头。且说那妇人见了丈夫,眼泪汪汪,入去大相国寺里烧了香出来。这汉一路上却问这妇人道:"小娘子,如何你见了丈夫,便眼泪出?我不容易得你来。我当初从你门前过,见你在帘子下立地,见你生得好有心在你处。今日得你做夫妻,也非通容易。"两个说来说去,恰到家中门前。入门去,那妇人问道:"当初这个简帖儿,却是兀谁把来?"这汉道:"好教你得知,便是我教卖馉饳的僧儿把来你的。你丈夫中了我计,真个便把你休了。"妇人听得说,摔往那汉,叫声屈,不知高低。那汉见那妇人叫将起来,却慌了,就把只手去克着他脖项,指望坏他性命。外面皇甫殿直和行者尾着他,两人来到门首,见他们入去,听得里面大惊小怪,抢将入去看时,见尅着他浑家,阄阄性命。皇甫殿直和这行者两个,即时把这汉来捉了,解到开封府钱大尹厅下。这钱大尹是谁?出则壮士携鞭,入则佳人捧臂。世世靴踪不断,子孙出入金门。他是两浙钱王子,吴越国王孙。

大尹升厅,把这件事解到厅下。皇甫殿直和这浑家,把前面说过的话,对钱大尹历历从头说了一遍。钱大尹大怒,教左右索长枷把和尚枷了。当厅讯一百腿花,押下左司理院,教尽情根勘这件公事。勘正了,皇甫松责领浑家归去,再成夫妻,行者当厅给赏。和尚大情小节,一一都认了:不合设谋奸骗,后来又不合谋害这妇人性命。准《杂犯》断,合重杖处死,这婆子不合假妆姑姑,同谋不首,亦合编管邻州。当日推出这和尚来,一个书会先生看见,就法场上做了一只曲儿,唤做《南乡子》:

怎见一僧人,犯滥铺摸受典刑。案款已成招状了,遭刑。棒杀髡囚示万民。沿路众人听,犹念高王观世音。护法喜神齐合掌,低声,果谓金刚不环身。

第三十六卷

宋四公大闹禁魂张

钱如流水去还来，恤寡周贫莫吝财。

试览石家金谷地，于今荆棘昔楼台。

话说晋朝有一人，姓石名崇，字季伦。当时未发迹时，专一在大江中，驾一小船，只用弓箭射鱼为生。

忽一日，至三更，有人扣船言曰："季伦救吾则个！"石崇听得，随即推篷，探头看时，只见月色满天，照着水面；月光之下，水面之上立着一个年老之人。石崇问老人："有何事故，夜间相恳？"老人又言："相救则个！"石崇当时就令老人上船，问有何缘故。老人答曰："吾非人也，吾乃上江老龙王。年老力衰，今被下江小龙欺我年老，与吾斗敌，累输与他，老拙无安身之地。又约我明日大战，战时又要输与他。今特来求季伦：明日午时弯弓在江面上，江中有两个大鱼相战，前走者是我，后赶者乃是小龙；但望君借一臂之力，可将后赶大鱼一箭，坏了小龙性命，老拙自当厚报重恩。"石崇听罢，谨领其命。那老人相别而回，涌身一跳，入水而去。

石崇到明日午时，备下弓箭。果然将傍午时，只见大江水面上，有二大鱼追赶将来。石崇扣上弓箭，望着后面大鱼，风地一箭，正中那大鱼腹上。但见满江红水，其大鱼死于江上。此时风浪俱息，并无他事。夜至三更，又见老人扣船来谢，道："蒙君大恩，今得安迹。来日午时，你可将船泊于蒋山脚下南岸第七株杨柳树下相候，当有重报。"言罢而去。

石崇明日依言，将船去蒋山脚下杨柳树边相候。只见水面上有鬼使三人出，把船推将去，不多时船回，满载金银珠玉等物。又见老人出水，与石崇曰："如君再要珍珠宝贝，可将空船来此相候取物。"相别而去。

这石崇每每将船于柳树下等，便是一船珍宝，因致敌国之富。将宝玩买嘱权贵，累升到太尉之职，真是富贵两全。遂买一所大宅于城中，宅后造金谷园，园中亭台楼馆。用六斛大明珠，买得一妾，名曰绿珠。又置偏房姨奶侍婢，朝欢暮乐，极其富贵。结识朝臣国戚，宅中有十里锦帐，天上人间，无比奢华。

忽一日排筵，独请国舅王恺，这人姐姐是当朝皇后。石崇与王恺饮酒半酣，石崇唤绿珠出来劝酒，端的十分美貌。王恺一见绿珠，喜不自胜，便有奸淫之意。石崇相待宴罢，王恺谢了自回，心中思慕绿珠之色，不能勾得会。王恺常与石崇斗宝，王恺宝物，不及石崇，因此阴怀毒心，要害石崇。每每受石崇厚待，无因为之。

忽一日，皇后宣王恺入内御宴。王恺见了姐姐，就流泪，告言："城中有一财主富室，家财巨万，宝贝奇珍，言不可尽。每每请弟设宴斗宝，百不及他一二。姐姐可怜与弟争口气，于内库内那借奇宝，赛他则个。"皇后见弟如此说，遂召掌内库的太监，内库中借他镇库之宝，乃是一株大珊瑚树，长三尺八寸。不曾启奏天子，令人扛抬往王恺之宅。王恺谢了姐姐，便回府用蜀锦做重罩罩了。

翌日，广设珍馐美馔，使人移在金谷园中，请石崇会宴，先令人扛抬珊瑚树去园上开空闲阁子里安了。王恺与石崇饮酒半酣，王恺道："我有一宝，可请一观，勿笑为幸。"石崇教去了锦袱，看着微笑，用杖一击，打为粉碎。王恺大惊，叫苦连天，道："此是朝廷内库中镇库之宝，自你赛我不过，心怀妒恨，将来打碎了，如何是好？"石崇大笑道："国舅休虑，此亦未为至宝。"石崇请王恺到后园中看珊瑚树，大小三十余株，有长至七八尺者。内一株一般三尺八寸，遂取来赔王恺填库，更取一株长大的送与王恺。王恺羞惭而退，自思国中之宝，敌不得他过，遂乃生计嫉妒。

一日，王恺朝于天子，奏道："城中有一富豪之家，姓石名崇，官居太尉，家中敌国之富，奢华受用，虽我王不能及他快乐。若不早除，恐生不测。"天子准奏，口传圣旨，便差驾上人去捉拿太尉石崇下狱，将石崇应有家资，皆没入宫。王恺心中只要图谋绿珠为妾，使兵围绕其宅欲夺之。绿珠自思道："丈夫被他诬害性命，不知存亡。今日强要夺我，怎肯随他？虽死不受其辱！"言讫，遂于金谷园中坠楼而死，深可悯哉！王恺闻之，大怒，将石崇戮于市曹。石崇临受刑时叹曰："汝辈利吾家财耳。"刽子曰："你既知财多害己，何不早散之？"石崇无言可答，挺颈受刑。胡曾先生有诗曰：

> 一自佳人坠玉楼，晋家宫阙古今悉。
> 唯余金谷园中树，已向斜阳叹白头。

方才说石崇因富得祸，是夸财炫色，遇了王恺国舅这个对头。如今再说一个富家，安分守己，并不惹事生非；只为一点悭吝未除，便弄出非常大事，变做一段有笑声的小说。这富家姓甚名谁？听我道来：这富家姓张名富，家住东京开封府，积祖开质库，有名唤做张员外。这员外有件毛病，要去那：

> 虱子背上抽筋，鹭鸶腿上割股，古佛脸上剥金，黑豆皮上刮漆，痰唾留
> 着点灯，拧松将来炒菜。

这个员外平日发下四条大愿：

> 一愿衣裳不破，二愿吃食不消，
> 三愿拾得物事，四愿夜梦鬼交。

是个一文不使的真苦人。他还地上拾得一文钱，把来磨做镜儿，捍做磬儿，掐做锯儿，叫声"我儿"，做个嘴儿，放入箧儿。人见他一文不使，起他一个异名，唤做"禁魂张员外。"

当日是日中前后，员外自入去里面，白汤泡冷饭吃点心。两个主管在门前数见钱，只见一个汉，浑身赤膊，一身锦片也似文字，下面熟白绢绳拽扎着，手把着个笊篱，觑着张员外家里，唱个大喏了教化，口里道："持绳把索，为客周全。"主管见员外不在门前，把两文撒在他笊篱里。张员外恰在水瓜心布帘后望见，走将出来道："好也，主管！你做什么，把两文撒与他？一日两文，千日便两贯。"大步向前，赶上捉笊

篱的,打一夺把他一笊篱钱都倾在钱堆里,却教众当直打他一顿。路行人看见也不忿。那捉笊篱的哥哥吃打了,又不敢和他争,在门前指着了骂。只见一个人叫道:"哥哥,你来,我与你说句话。"捉笊篱的回过头来,看那个人,却是狱家院子打扮一个老儿。两个唱了喏,老儿道:"哥哥,这禁魂张员外,不近道理,不要共他争。我与你二两银子,你一文价卖生萝卜,也是经纪人。"捉笊篱的得了银子,唱喏自去,不在话下。

那老儿是郑州泰宁军人,姓宋,排行第四,人叫他做宋四公,是小番子闲汉。宋四公夜至三更前后,向金梁桥上四文钱买两只焦酸馅,揣在怀里,走到禁魂张员外门前。路上没一个人行,月又黑。宋四公取出蹊跷作怪的动使,一挂挂在屋檐上,从上面打一盘盘在屋上,从天井里一跳跳将下去。两边是廊屋,去侧首见一碗灯,听着里面时,只听得有个妇女声道:"你看三哥怎么早晚,兀自未来。"宋四公道:"我理会得了,这妇女必是约人在此私通。"看那妇女时,生得:

黑丝丝的发儿,白莹莹的额儿,翠弯弯的眉儿,溜度度的眼儿,正隆隆的鼻儿,红艳艳的腮儿,香喷喷的口儿,平坦坦的胸儿,白堆堆的奶儿,玉纤纤的手儿,细袅袅的腰儿,弓弯弯的脚儿。

那妇女被宋四公把两只衫袖掩了面,走将上来,妇女道:"三哥,做什么遮了脸子唬我?"被宋四公向前一揸,揸住腰里,取出刀来道:"悄悄地!高则声,便杀了你!"那妇女颤做一团道:"告公公,饶奴性命!"宋四公道:"小娘子,我来这里做不是。我问你则个,他这里到上库有多少关闭?"妇女道:"公公,出得奴房,十来步,有个陷马坑,两只恶狗;过了,便有五个防土库的,在那里吃酒赌钱,一家当一更,便是土库;入得那土库;一个纸人,手里托着个银球,底下做着关棙子,踏着关棙子,银球脱在地下,有条合溜,直滚到员外床前,惊觉,教人捉了你。"宋四公道:"却是恁地。小娘子,背后来的是你兀谁?"妇女不知是计,回过头去,被宋四公一刀,从肩头上劈将下去,见道血光倒了。那妇女被宋四公杀了。

宋四公再出房门来,行十来步,沿西手走过陷马坑,只听得两个狗子吠。宋四公怀中取出酸馅,着些个不按君臣作怪的药,入在里面,觑得近了,撇向狗子身边去。狗子闻得又香又软,做两口吃了,先摆番两个狗子。又行过去,只听得人喝么么六六,约莫也有五六人在那里掷骰。宋四公怀中取出一个小罐儿,安些个作怪的药在中面,把块撒火石,取些火烧着,喷鼻馨香。那五个人闻得道:"好香!员外日早晚兀自烧香。"只管闻来闻去，只见脚在下头在上，一个倒了，又一个倒。看见那五个男女，闻那香，一霎间都摆番了。宋四公走到五人面前，见有半掇儿吃剩的酒，也有果菜之类，被宋四公把来吃了。只见五个人眼睁睁地，只是则声不得。便走到土库门前，见一具胳膊来大三簧锁，锁着土库门。宋四公怀里取个钥匙，名唤做"百事和合"，不论大小粗细锁都开得。把钥匙一斗，斗开了锁，走入土库里面去。入得门，一个纸人手里，托着个银球。宋四公先拿了银球，把脚踏过许多关捩子，觅了他五万贯锁赃物，都是上等金珠，包裹做一处。怀中取出一管笔来，把津唾润教湿了，去壁上写着四句言语，道：

> 宋国逍遥汉，四海尽留名。
> 曾上大平鼎，到处有名声。

写了这四句言语在壁上，土库也不关，取条路出那张员外门前去。宋四公思量道："梁园虽好，不是久恋之家。"连更彻夜，走归郑州去。

且说张员外家，到得明日天晓，五个男女苏醒，见土库门开着，药死两个狗子，杀死一个妇女，走去复了员外。员外去使臣房里下了状，滕大尹差王七殿直王遵，看贼踪由。做公的看了壁上四句言语，数中一个老成的叫作周五郎周宣，说道："告观察，不是别人，是宋四。"观察道："如何见得？"周五郎周宣道："'宋国逍遥汉'，只做着上面个'宋'字；'四海尽留名'，只做着个'四'字；'曾上太平鼎'，只做着个'曾'字；'到处有名声'，只做着个'到'字。上面四字道：'宋四曾到'。"王殿直道："我久闻得做道路的，有个宋四公，是郑州人氏，最高手段。今番一定是他了。"便教周五郎周宣，将带一行做公的去郑州干办宋四。

众人路上离不得饥餐渴饮，夜住晓行。到郑州，问了宋四公家里，门前开着一个小茶坊。众人入去吃茶，一个老子上灶点茶。众人道："一道请四公出来吃茶。"老子道："公公害些病未起在，等老子入去传话。"老子走进去了，只听得宋四公里面叫起来道："我自头风发，教你买三文粥来，你兀自不肯。每日若干钱养你，讨不得替心替力，要你何用？"刮刮地把那点茶老子打了几下。只见点茶的老子，手把只粥碗出来道："众上下少坐，宋四公教我买粥，吃了便来。"

众人等个意休不休，买粥的也不见回来，宋四公也竟不见出来。众人不奈烦，入去他房里看时，只见缚着一个老儿。众人只道宋四公，来收他。那老儿说道："老汉是宋公点茶的，恰才把碗去买粥的，正是宋四公。"众人见说，吃了一惊，叹口气道:"真个是好手,我们看不仔细,却被他瞒过了。"只得出门去赶,哪里赶得着?众做公的只得四散,分头各去,挨查缉获,不在话下。

原来众人吃茶时,宋四公在里面,听得是东京人声音,悄地打一望,又像个干办公事的模样,心上有些疑惑,故意叫骂埋怨。却把点茶老儿的儿子衣服,打换穿着,低着头,只做买粥,走将出来,因此众人不疑。

却说宋四公出得门来,自思量道:"我如今却是去哪里好?我有个师弟是平江府人,姓赵名正。曾得他信道,如今在谟县。我不如去投奔他家也罢。"宋四公便改换色服,妆做一个狱家院子打扮,把一把扇子遮着脸,假做瞎眼,一路上慢腾腾地,取路要来谟县。来到谟县前见个小酒店,但见:

> 云拂烟笼锦旆扬,太平时节日舒长。
> 能添壮士英雄胆,会解佳人愁闷肠。
> 三尺晓垂杨柳岸,一竿斜刺杏花傍。
> 男儿未遂平生志,且乐高歌入醉乡。

宋四公觉得肚中饥饿,入那酒店去,买些个酒吃。酒保安排将酒来,宋四公吃了三两杯酒。只见一个精精缴缴的后生,走入酒店来。看那人时,却是如何打扮?

> 砖顶背系带头巾,皂罗文武带背儿,下面宽口裤,侧面丝鞋。

叫道:"公公拜揖。"宋四公抬头看时,不是别人,便是他师弟赵正。宋四公人面前,不敢师父师弟厮叫,只道:"官人少坐。"赵正和宋四公叙了间阔就坐,教酒保添只盏来筛酒,吃了一杯。赵正却低低地问道:"师父一向疏阔。"宋四公道:"二哥,几时有道路也没?"赵正道:"是道路却也自有,都只把来风花雪月使了。闻知师父入东京去,得拳道路。"宋四公道:"也没什么,只有得个四五万钱。"又问赵正道:"二哥,你如今哪里去?"赵正道:"师父,我要上东京闲走一遭,一道赏玩则个,归平江府去做话说。"宋四公道:"二哥,你去不得。"赵正道:"我如何上东京不得?"宋四公道:"有三件事,你去不得:第一,你是浙右人,不知东京事,行院少有认得你的,你去投奔阿谁?第二,东京百八十里罗城,唤做'卧牛城',我们只是草寇,常言:'草入牛口,其命不久。'第三,是东京有五千个眼明手快做公的人,有三都捉事使臣。"赵正道:"这三件事都不妨,师父你只放心,赵正也不到得胡乱吃输。"宋四公道:

"二哥,你不信我口,要去东京时,我觅得禁魂张员外的一包儿细软,我将归客店里去,安在头边,枕着头;你觅得我的时,你便去上东京。"赵正道:"师父,恁地时不妨。"

两个说罢,宋四公还了酒钱,将着赵正归客店里。店小二见宋四公将着一个官人归来,唱了喏,赵正同宋四公入房里走一遭,道了"安置",赵正自去。当下天色晚,如何见得:

> 暮烟迷远岫,薄雾卷晴空。群星共皓月争光,远水与山光斗碧。深林古寺,数声种韵悠扬;曲岸小舟,几点渔灯明灭。枝上子规啼夜月,花间粉蝶宿芳丛。

宋四公见天色晚,自思量道:"赵正这汉手高,我做他师父,若还真个吃他觅了这般细软,好吃人笑! 不如早睡。"宋四公却待要睡,又怕吃赵正来后如何,且只把一包细软安放头边,就床上掩卧。只听得屋梁上知知兹兹地叫,宋四公道:"作怪! 未曾起更,老鼠便出来打闹人。"仰面向梁上看时,脱些个屋尘下来,宋四公打两个喷涕。少时老鼠却不则声,只听得两个猫儿,乜凹乜凹地厮咬了叫,溜些尿下来,正滴在宋四公口里,好臊臭! 宋四公渐觉困倦,一觉睡去。

到明日天晓起来,头边不见了细软包儿。正在那里没摆拨,只见店小二来说道:"公公,昨夜同公公来的官人来相见。"宋四公出来看时,却是赵正。相揖罢,请他入房里,去关上房门。赵正从怀里取出一个包儿,纳还师父。宋四公道:"二哥,我问你则个,壁落共门都不曾动,你却是从哪里来,讨了我的包儿?"赵正道:"实瞒不得师父,房里床面前一带黑油纸槛窗,把那学书纸糊着。吃我先在屋上,学一和老鼠;脱下来屋尘,便是我的作怪药,撒在你眼里鼻里,教你打几个喷涕;后面猫尿,便是我的尿。"宋四公道:"畜生,你好没道理!"赵正道:"是吃我盘到你房门前,揭起学书纸,把小锯儿,锯将两条窗栅下来;我便挨身而入,到你床边,偷了包儿,再盘出窗外去,把窗栅再接住,把小钉儿钉着,再把学书纸糊了,恁地便没踪迹。"宋四公道:"好,好! 你使得,也未是你会处。你还今夜再觅得我这包儿,我便道你会。"赵正道:"不妨,容易的事。"赵正把包儿还了宋四公道:"师父,我且归去,明日再会。"漾了手自去。

宋四公口里不说,肚里思量道:"赵正手高似我,这番又吃他觅了包儿,越不好看,不如安排走休!"宋四公便叫将店小二来说道:"店二哥,我如今要行,二百钱在

图文珍藏版

这里，烦你买一百钱燋肉，多讨椒盐，买五十钱蒸饼，剩五十钱，与你买碗酒吃。"店小二谢了公公，便去谟县前买了燋肉和蒸饼。却待回来。离客店十来家，有个茶坊里，一个官人叫道："店二哥，哪里去?"店二哥抬头看时，便是和宋四公相识的官人，店二哥道："告官人，公公要去，教男女买燋肉共蒸饼。"赵正道："且把来看。"打开荷叶看了一看，问道："这里几文钱肉?"店二哥道："一百钱肉。"赵正就怀里取出二百钱来，道："哥哥，你留这燋肉蒸饼在这里，我与你二百钱，一道相烦，依这样与我买来，与哥哥五十钱买酒吃。"店二哥道："谢官人。"道了便去。不多时，便买回来。赵正道："甚劳烦哥哥，与公公再裹了那燋肉。见公公时，做我传语他，只教他今夜小心则个。"店二哥唱喏了自去。到客店里，将燋肉和蒸饼递还宋四公。宋四公接了道："罪过哥哥。"店二哥道："早间来的那官人，教再三传语，今夜小心则个。"

宋四公安排行李，还了房钱，脊背上背着一包被卧，手里提着包裹，便是觅得禁魂张员外的细软，离了客店。行一里有余，取八角镇路上来。到渡头看那渡船，却在对岸，等不来。肚里又饥，坐在地上，放细软包儿在面前，解开燋肉裹儿，擘开一个蒸饼，把四五块肥底燋肉，多蘸些椒盐，卷做一卷，嚼得两口，只见天在下，地在上，就那里倒了。宋四公只见一个丞局打扮的人，就面前把了细软包儿去。宋四公眼睁睁地见他把去，叫又不得，赶又不得，只得由他。那个丞局拿了包儿，先过渡去了。

宋四公多样时苏醒起来，思量道："那丞局是阿谁? 捉我包儿去，店二哥与我买的燋肉里面，有作怪物事!"宋四公忍气吞声走起来，唤渡船过来。过了渡，上了岸，思量哪里去寻那丞局好。肚里又闷，又有些饥渴，只见个村酒店，但见:

柴门半掩，破箭低垂。村中量酒，岂知有涤器相处? 陋质蚕姑，难效彼当炉卓氏。壁间大字，村中学究醉时题; 架上麻衣，好饮芒郎留下当。酸醨破瓮土床排，彩画醉仙尘土暗。

宋四公且入酒店里去，买些酒消愁解闷则个。酒保唱了喏，排下酒来。一杯两盏，酒至三杯，宋四公正闷里吃酒，只见外面一个妇女入酒店来:

　　油头粉面，白齿朱唇。锦帕齐眉，罗裙掩地。鬓边斜插些花朵，脸上微堆着笑容。虽不比闺里佳人，也当得垆头少妇。

那个妇女入着酒店，与宋四公道个万福，拍手唱一只曲儿。宋四公仔细看时，有些个面熟，道这妇女是酒店擦桌儿的，请小娘子坐则个。妇女在宋四公根底坐定,教量酒添只盏儿来,吃了一盏酒。宋四公把那妇女抱一抱,撮一撮,拍拍惜惜,把手去摸那胸前道:"小娘子,没有奶儿!"又去摸他阴门,只见累累垂垂一条价。宋四公道:"热牢,你是兀谁?"那个妆做妇女打扮的,叉手不离方寸道:"告公公,我不是擦桌儿顶老,我便是苏州平江府赵正。"宋四公道:"打脊的检才!我是你师父,却教我摸你爷头!原来却才丞局便是你。"赵正道:"可知便是赵正。"宋四公道:"二哥,我那细软包儿,你却安在那里?"赵正叫量酒道:"把适来我寄在这里包儿还公公。"量酒取将包儿来,宋四公接了道:"二哥,你怎地拿下我这包儿?"赵正道:"我在客店隔几家茶坊里坐地,见店小二哥提一裹燻肉。我讨来看,便使转他也与我去买,被我安些汗药在里面裹了,依然教他把来与你。我妆做丞局,后面踏将你来。你吃摆番了,被我拿得包儿,到这里等你。"宋四公道:"恁地你真个会,不枉了上得东京去。"即时还了酒钱。两个同出酒店。去空野处除了花朵,溪水里洗了面,换一套男子衣裳着了,取一顶单青纱头巾裹了。宋四公道:"你而今要上京去,我与你一封书,去见个人,也是我师弟。他家住汴河岸上,卖人肉馒头。姓侯,名兴,排行第二,便是侯二哥。"赵正道:"谢师父。"到前面茶坊里,宋四公写了书,吩咐赵正,相别自去。宋四公自在谟县。

赵正当晚去客店里安歇,打开宋四公书来看时,那书上写道:"师父信上贤师弟二郎、二娘子:别后安乐否?今有姑苏贼人赵正,欲来京做买卖,我特地使他来投奔你。这汉与行院无情,一身线道,堪作你家行货使用。我吃他三次无礼,可千万剿除此人,免为我们行院后患。"

赵正看罢了书,伸着舌头缩不上。"别人便怕了,不敢去,我且看他,如何对付我!我自别有道理。"再把那书折叠,一似原先封了。

明日天晓,离了客店,取八角镇;过八角镇,取板桥,到陈留县。沿那汴河行,到日中前后,只见汴河岸上,有个馒头店。门前一个妇女,玉井栏手巾勒着腰,叫道:"客长,吃馒头点心去。"门前牌儿上写着:"本行侯家,上等馒头点心。"赵正道:"这里是侯兴家里了。"走将入去,妇女叫了万福,问道:"客长用点心?"赵正道:"少待则个。"就脊背上取将包裹下来。一包金银钗子,也有花头的,也有连二连三的,也有素的,都是沿路上觅得的。侯兴老婆看见了,动心起来,道:"这客长,有二三百只钗子!我虽然卖人肉馒头,老公虽然做赞老子,到没许多物事。你看少间问我买馒头吃,我多使些汗火,许多钗子都是我的。"

赵正道:"嫂嫂,买五个馒头来。"侯兴老婆道:"着!"槿个碟子,盛了五个馒头,就灶头合儿里多撮些物料在里面。赵正肚里道:"这合儿里便作怪物事了。"赵正怀里取出一包药来,道:"嫂嫂,觅些冷水吃药。"侯兴老婆将半碗水来,放在桌上。赵正道:"我吃了药,却吃馒头。"赵正吃了药,将两只箸一拨,拨开馒头馅,看了一看,便道:"嫂嫂,我爷说与我道:'莫去汴河岸上买馒头吃,哪里都是人肉的。'嫂嫂,你看这一块有指甲,便是人的指头,这一块皮上许多短毛儿,须是人的不便处。"侯兴老婆道:"官人体耍,那得这话来!"赵正吃了馒头,只听得妇女在灶前道:"倒也!"指望摆番赵正,却又没些事。赵正道:"嫂嫂,更添五个。"

侯兴老婆道:"想是恰才汗火少了,这番多把些药倾在里面。"赵正怀中又取包儿,吃些个药。侯兴老婆道:"官人吃什么药?"赵正道:"平江府提刑散的药,名唤做'百病安丸',妇女家八般头风,胎前产后,脾血气痛,都好服。"侯兴老婆道:"就官人觅得一服吃也好。"赵正去怀里别搠换包儿来,撮百十丸与侯兴老婆吃了,就灶前颠番了。赵正道:"这婆娘要对付我,却到吃我摆番。别人漾了去,我却不走。"特骨地在那里解腰捉虱子。

不多时,见个人挑一担物事归。赵正道:"这个便是侯兴,且看他如何?"侯兴共赵正两个唱了喏,侯兴道:"客长吃点心也未?"赵正道:"吃了。"侯兴叫道:"嫂子,会钱也未?"寻来寻去,寻到灶前,只见浑家倒在地下,口边溜出痰涎,说话不真,喃喃地道:"我吃摆番了。"侯兴道:"我理会得了,这婆娘不认得江湖上相识,莫是吃那门前客长摆番了?"侯兴向赵正道:"法兄,山妻眼拙,不识法兄,切望恕罪。"赵正道:"尊兄高姓?"侯兴道:"这里便是侯兴。"赵正道:"这里便是姑苏赵正。"两个相揖了。侯兴自把解药与浑家吃了。赵正道:"二兄,师父宋四公有书上呈。"侯兴接着,拆开看时,书上写着许多言语,未稍道:"可剿除此人。"侯兴看罢,怒从心上起,恶向胆边生,道:"师父兀自三次无礼,今夜定是坏他性命!"向赵正道:"久闻清德,幸得相会!"即时置酒相待,晚饭过了,安排赵正在客房里睡,侯兴夫妇在门前做夜作。

赵正只闻得房里一阵臭气,寻来寻去,床底下一个大缸。探手打一摸,一颗人头;又打一摸,一只人手共人脚。赵正搬出后门头,都把索子缚了,挂在后门屋檐上。关了后门,再入房里,只听得妇女道:"二哥,好下手!"侯兴道:"二嫂,使未得!更等他落忽些个。"妇女道:"二哥,看他今日把出金银钗子,有二三百只。今夜对付他了,明日且把来做一头戴,教人喝采则个。"赵正听得道:"好也!他两个要恁地对副我性命,不妨得。"

侯兴一个儿子,十来岁,叫作伴哥,发脾寒,害在床上。赵正去他房里,抱那小的安在赵正床上,把被来盖了,先走出后门去。不多时,侯兴浑家把着一碗灯,侯兴把一把劈柴大斧头,推开赵正房门,见被盖着个人在那里睡,和被和人,两下斧头,砍做三段。侯兴揭起被来看了一看,叫声:"苦也!二嫂,杀了的是我儿子伴哥!"两夫妻号天洒地哭起来。赵正在后门叫道:"你没事自杀了儿子则甚?赵正却在这里。"侯兴听得焦躁,拿起劈柴斧赶那赵正,慌忙走出后门去,只见扑地撞着侯兴额头,看时却是人头、人脚、人手挂在屋檐上,一似闹竿儿相似。侯兴教浑家都搬将入去,直上去赶。

赵正见他来赶,前头是一派溪水,赵正是平江府人,会弄水,打一跳,跳在溪水里。后头侯兴也跳在水里来赶。赵正一分一蹬,顷刻之间,过了对岸。侯兴也会水,来得迟些个。赵正先走上岸,脱下衣裳挤教干。侯兴赶那赵正,从四更前后,到五更二点时候,赶十一二里,直到顺天新郑门一个浴堂。赵正入那浴堂里洗面,一道烘衣裳。正洗面间,只见一个人把两只手去赵正两腿上打一掣,掣番赵正。赵正见侯兴来掣他,把两秃膝桩番侯兴,倒在下面,只顾打。

只见一个狱家院子打扮的老儿进前道:"你们看我面放手罢。"赵正和侯兴抬头看时,不是别人,却是师父宋四公,一家唱个大喏,直下便拜。宋四公劝了,将他两个去汤店里吃盏汤。侯兴与师父说前面许多事。宋四公道:"如今一切休论。则是赵二哥明朝入东京去,那金梁桥下,一个卖酸馅的,也是我们行院,姓王,名秀。这汉走得楼阁没赛,起个浑名,唤做'病猫儿'。他家在大相国寺后面院子里住。他那卖酸馅架儿上一个大金丝罐,是定州中山府窑变了烧出来的,他惜似气命。你如何去拿得他的?"赵正道:"不妨。"等城门开了,到日中前后,约师父只在侯兴处。

赵正打扮做一个砖顶背系带头巾,皂罗文武带背儿,走到金梁桥下,见一抱架儿,上面一个大金丝罐,根底立着一个老儿:

> 郓州单青纱现顶儿头巾,身上着一领粉杨柳子布衫,腰里玉井栏手巾,抄着腰。

赵正道:"这个便是王秀了。"赵正走过金梁桥来,去米铺前撮几颗红米,又去菜担子上摘些个叶子,和米和叶子,安在口里,一处嚼教碎。再走到王秀才架子边,漾下六文钱,买两个酸馅,特骨地脱一文在地下。王秀去拾那地上一文钱,被赵正吐那米和菜在头巾上,自把了酸馅去。却在金梁桥顶上立地,见个小的跳将来,赵正道:"小哥,与你五文钱,你看那卖酸馅王公头巾上一堆虫蚁屎,你去说与他,不要道我说。"那小的真个去说道:"王公,你看头巾上!"王秀除下头巾来,只道是虫蚁屎,入去茶坊里揩抹了。走出来架了上看时，不见了那金丝罐。

原来赵正见王秀入茶坊去揩那头巾，等他眼慢，拿在袖子里便行，一径走往侯兴家去。宋四公和侯兴看了，吃一惊。赵正道："我不要他的，送还他老婆休！"赵正去房里换了一顶搭飒头巾，底下旧麻鞋，着领旧布衫，手把着金丝罐，直走去大相国寺后院子里。见王秀的老婆，唱个喏了道："公公教我归来，问婆婆取一领新布衫、汗衫、裤子、新鞋袜，有金丝罐在这里表照。"婆子不知是计，收了金丝罐，取出许多衣裳，吩咐赵正。赵正接得了，再走去见宋四公和侯兴道："师父，我把金丝罐去他家换许多衣裳在这里。我们三个少间同去送还他，博个笑声。我且着了去闲走一回耍子。"

赵正便把王秀许多衣裳着了，再入城里，去桑家瓦里，闲走一回，买酒买点心吃了，走出瓦子外面来。

却待过金梁桥，只听得有人叫："赵二官人！"赵正回过头来看时，却是师父宋四公和侯兴。三个同去金梁桥下，见王秀在那里卖酸馅。宋四公道："王公拜茶。"王秀见了师父和侯二哥，看了赵正，问宋四公道："这个客长是兀谁？"宋四公恰待说，被赵正拖起去，教宋四公"未要说我姓名，只道我是你亲戚，我自别有道理。"王秀又问师父："这客长高姓？"宋四公道："是我的亲戚，我将他来京师闲走。"王秀道："如此。"即时寄了酸馅架儿在茶坊，四个同出顺天新郑门外僻静酒店，去买些酒吃。

入那酒店去，酒保筛酒来，一杯两盏，酒至三巡。王秀道："师父，我今朝怄气。方才挑那架子出来，一个人买酸馅，脱一钱在地下。我去拾那一钱，不知甚虫蚁屙在我头巾上。我入茶坊去揩头巾出来，不见了金丝罐。一日好闷！"宋四公道："那人好大胆，在你跟前卖弄得，也算有本事。你休要气闷，到明日闲暇时，大家和你查访这金丝罐。又没三件两件，好歹要讨个下落，不到得失脱。"赵正肚里，只是暗暗的笑。四个都吃得醉，日晚了，各自归。

且说王秀归家去，老婆问道："大哥，你恰才教人把金丝罐归来？"王秀道："不曾。"老婆取来道："在这里，却把了几件衣裳去。"王秀没猜道是谁，猛然想起今日宋四公的亲戚，身上穿一套衣裳，好似我家的。心上委绝不下，肚里又闷，提一角酒，索性和婆子吃个醉，解衣卸带了睡。王秀道："婆婆，我两个多时不曾做一处。"婆子道："你许多年纪了，兀自鬼乱！"王秀道："婆婆，你岂不闻：后生犹自可，老的急似火。"王秀早移过共头，在婆子头边，做一班半点儿事，兀自未了当。

原来赵正见两个醉，拨开门躲在床底下，听得两个鬼乱，把尿盆去房门上打一撺。王秀和婆子吃了一惊，鬼慌起来。看时，见个人从床底下趱将出来，手提一包儿。王秀就灯光下仔细认时，却是和宋四公、侯兴同吃酒的客长。王秀道："你做甚吗?"赵正道："宋四公教还你包儿。"王秀接了看时，却是许多衣裳。再问："你是甚人?"赵正道："小弟便是姑苏平江府赵正。"王秀道："如此，久闻清名。"因此拜识，便留赵正睡了一夜。

次日，将着他闲走。王秀道："你见白虎桥下大宅子，便是钱大王府，好一拳财。"赵正道："我们晚些下手。"王秀道："也好。"到三鼓前后，赵正打个地洞，去钱大王土库偷了三万贯钱正赃，一条暗花盘龙羊脂白玉带。王秀在外接应，共他归去家里去躲。明日，钱大王写封简子与滕大尹，大尹看了，大怒道："帝辇之下，有这般贼人!"即时差缉捕使臣马翰，限三日内要捉钱府做不是的贼人。

马观察马翰得了台旨，吩咐众做公的落宿，自归到大相国寺前，只见一个人背系带砖顶头巾，也着上一领紫衫，道："观察拜茶。"同入茶坊里，上灶点茶来。那着紫衫的人，怀里取出一裹松子胡桃仁，倾在两盏茶里。观察问道："尊官高姓?"那个人道："姓赵，名正，昨夜钱府做贼的便是小子。"马观察听得，脊背汗流，却待等众做公的过捉他。吃了盏茶，只见天在下，地在上，吃摆番了。赵正道："观察醉也。"扶住他，取出一件作怪动使剪子，剪下观察一半衫襟，安在袖里，还了茶钱。吩咐茶博士道："我去叫人来扶观察。"赵正自去。

两碗饭间，马观察肚里药过了，苏醒起来。看赵正不见了，马观察走归去。睡了一夜，明日天晓，随大尹朝殿。大尹骑着马，恰待入宣德门去。只见一个人裹顶弯角帽子，着上一领皂衫，拦着马前，唱个大喏，道："钱大王有札目上呈。"滕大尹接了，那个人唱喏自去。大尹就马上看时，腰裹金鱼带不见挣尾，简上写道："姑苏贼人赵正，拜票大尹尚书:所有钱府失物，系是正偷了。若是大尹要来寻赵正家里，远则十万八千，近则只在目前。"大尹看了越焦躁，朝殿回衙，即时升厅，引放民户词状。词状人抛箱，大尹看到第十来纸状，有状子上面也不依式论诉什么事，去那状子只写一只《西江月》曲儿，道是:

> 是水归于大海，闲汉总入京都。三都捉事马司徒，衫褾难为作主。盗了亲王玉带，剪除大尹金鱼。要知闲汉姓名无? 小月傍边足土。

大尹看罢道："这个又是赵正，直恁地手高。"即唤马观察马翰来，问他捉贼消息。马翰道："小人因不认得贼人赵正，昨日当面挫过。这贼委的手高。小人访得他是郑州宋四公的师弟，若拿得宋四，便有了赵正。"滕大尹猛然想起，那宋四因盗了张富家的土库，见告失状未获。即唤王七殿直王遵，吩咐他协同马翰访捉贼人宋四、赵正。王殿直王遵禀道："这贼人踪迹难定，求相公宽限时日。又须官给赏钱，出榜悬挂，那贪着赏钱的便来出首，这公事便容易了办。"滕大尹听了，立限一个月缉获；依他写下榜文，如有缉知真赃来报者，官给赏钱一千贯。

马翰和王遵领了榜文，径到钱大王府中，禀了钱大王，求他添上赏钱，钱大王也注了一千贯。两个又到禁魂张员外家来，也要他出赏。张员外见在失了五万贯财物，哪里肯出赏钱？众人道："员外休得为小失大！捕得着时，好一主大赃追还你。府尹相公也替你出赏，钱大王也注了一千贯；你却不肯时，大尹知道，却不好看相。"张员外说不过了，另写个赏单，勉强写足了五百贯。马观察将去府前张挂，一面与王殿直约会，分路挨查。

那时，府前看榜的人山人海，宋四公也看了榜，去寻赵正来商议。赵正道："可奈王遵、马翰，日前无怨，定要加添赏钱，缉获我们；又可奈张员外悭吝，别的都出一千贯，偏你只出五百贯，把我们看得怎贱！我们如何去蒿恼他一番，才出得气。"宋四公也怪前番王七殿直领人来拿他，又怪马观察当官禀出赵正是他徒弟，当下两人你商我量，定下一条计策，齐声道："妙哉！"赵正便将钱大王府中这条暗花盘龙羊脂白玉带，递与宋四公。四公将禁魂张员外家金珠一包就中检出几件有名的宝物，递与赵正。两下分别各自去行事。

且说宋四公才转身，正遇着向日张员外门首捉笊篱的哥哥，一把扯出顺天新郑门，直到侯兴家里歇脚。便道："我今日有用你之处。"那捉笊篱的便道："恩人有何差使？并不敢违。"宋四公道："作成你趁一千贯钱养家则个。"那捉笊篱的到吃一惊，叫道："罪过！小人没福消受。"宋四公道："你只依我，自有好处。"取出暗花盘龙羊脂白玉带，教侯兴扮作内官模样，"把这条带，去禁魂张员外解库里去解钱。这带是无价之宝，只要解他三百贯，却对他说：'三日便来取赎，若不赎时，再加绝二百贯。你且放在铺内，慢些子收藏则个。'"侯兴依计去了。

张员外是贪财之人，见了这带，有些利息，不问来由，当去三百贯足钱。侯兴取钱回复宋四公。宋四公却教捉笊篱的到钱大王门上揭榜出首。钱大王听说获得真赃，便唤捉笊篱的面审。捉笊篱的说道："小的去解库中当钱，正遇那主管，将白玉带卖与北边一个客人，索价一千五百两。有人说是大王府里来的，故此小的出首。"钱大王差下百十名军校，教捉笊篱的做眼，飞也似跑到禁魂张员外家，不由分说，到解库中一搜，搜出了这条暗花盘龙羊脂白玉带。张员外走出来分辩时，这些个众军校，哪里来管你三七二十一，一条索子扣头，和解库中两个主管，都拿来见钱大王。

钱大王见了这条带，明是真赃，首人不虚，便写个钧帖，付与捉笯篱的，库上支一千贯赏钱。

钱大王打轿，亲往开封府拜滕大尹，将玉带及张富一干人送去拷问。大尹自己缉获不着，到是钱大王送来，好生惭愧，便骂道："你前日到本府告失状，开载许多金珠宝贝。我想你庶民之家，那得许多东西？却原来放线做贼！你实说这玉带甚人偷来的？"张富道："小的祖遗财物，并非做贼窝赃。这条带是昨日申牌时分，一个内官拿来，解了三百贯钱去的。"大尹道："钱大王府里，失了暗花盘龙羊脂白玉带，你岂不晓得？怎肯不审来历，当钱与他？如今这内官何在？明明是一派胡说！"喝教狱卒，将张富和两个主管一齐用刑，都打得皮开肉绽，鲜血迸流。张富受苦不过，情愿责限三日，要出去挨获当带之人。三日获不着，甘心认罪。滕大尹心上也有些疑虑，只将两个主管监候。却差狱卒押着张富，准他立限三日回话。

张富眼泪汪汪，出了府门，到一个酒店里坐下，且请狱卒吃三杯。方才举盏，只见外面踱个老儿入来，问道："那一个是张员外？"张富低着头，不敢答应。狱卒便问："阁下是谁，要寻张员外则甚？"那老儿道："老汉有个喜信要报他，特到他解库前，闻说有官事在府前，老汉跟寻至此。"张富方才起身道："在下便是张富，不审有何喜信见报？请就此坐讲。"那老儿捱着张员外身边坐下，问道："员外土库中失物，曾缉知下落否？"张员外道："在下不知。"那老儿道："老汉到晓得三分，特来相报员外。若不信时，老汉愿指引同去起赃。见了真正赃物，老汉方敢领赏。"张员外大喜道："若起得这五万贯赃物，便赔偿钱大王，也还有余。挤些上下使用，身上也得干净。"便问道："老丈既然的确，且说是何名姓？"那老儿向耳边低低说了几句，张员外大惊道："怕没此事。"老儿道："老汉情愿到府中出个首状，若起不出真赃，老汉自认罪。"张员外大喜道："且屈老丈同在此吃三杯，等大尹晚堂，一同去禀。"

当下四人饮酒半醉。恰好大尹升厅，张员外买张纸，教老儿写了首状，四人一齐进府出首。滕大尹看了王保状词，却是说马观察、王殿直做贼，偷了张富家财，心中想道："他两个积年捕贼，那有此事？"便问王保道："你莫非挟仇陷害吗？有什么证据？"王保老儿道："小的在郑州经纪，见两个人把许多金珠子在彼兑换。他说家里还藏得有，要换时再取来。小的认得他是本府差来缉事的，他如何有许多宝物？心下疑惑。今见张富失单，所开宝物相像，小的情愿跟同张富到彼搜寻，如若没有，甘当认罪。"滕大尹似信不信，便差李观察李顺，领着眼明手快的公人，一同王保、张富前去。

此时马观察马翰与王七殿直王遵，俱在各县挨缉两宗盗案未归。众人先到王殿直家，发声喊，径奔入来。王七殿直的老婆，抱着三岁的孩子，正在窗前吃枣糕，引着耍子。见众人罗唣，吃了一惊，正不知什么缘故。恐怕吓坏了孩子，把袖褶子掩了耳朵，把着进房。众人随着脚跟儿走，围住婆娘问道："张员外家赃物，藏在哪里？"婆娘只光着眼，不知哪里说起。众人见婆娘不言不语，一齐掀箱倾笼，搜寻了一回。虽有几件银钗饰和些衣服，并没赃证。李观察却待埋怨王保，只见王保低着头，向床底下钻去，顺贴壁床脚下解下一个包儿，笑嘻嘻的捧将出来。众人打开看时，却是八宝嵌花金杯一对，金镶玳瑁杯十只，北珠念珠一串。张员外认得是土库中东西，还痛起来，放声大哭。连婆娘也不知这物事哪里来的，慌做一堆，开了口合不得，垂了手抬不起。众人不由分说，将一条索子，扣了婆娘的颈。婆娘哭哭啼啼，将孩子寄在邻家，只得随着众人走路。众人再到马观察家，混乱了一场。又是王保点点搠搠，在屋檐瓦楞内搜出珍珠一包，嵌宝金钏等物，张员外也都认得。

两家妻小都带到府前。滕大尹兀自坐在厅上，专等回话。见众人蜂拥进来，阶下列着许多赃物，说是床脚上、瓦楞内搜出，见有张富识认是真。滕大尹大惊道："常闻得捉贼的就做贼，不想王遵、马翰真个做下这般勾当！"喝教将两家妻小监候，立限速拿正贼，所获赃物暂寄库。首人在外听候，待赃物明白，明额领赏。张富磕头禀道："小人是有碗饭吃的人家，钱大王府中玉带跟由，小人委实不知。今小的家中被盗赃物，既有的据，小人认了悔气，情愿将来赔偿钱府。望相公方便，释放小人和那两个主管，万代阴德。"滕大尹情知张富冤枉，许他召保在外。王保跟张员外到家，要了他五百贯赏钱去了。原来王保就是王秀，浑名"病猫儿"，他走得楼阁没赛。宋四公定下计策，故意将禁魂张员外家土库中赃物，预教王秀潜地理藏两家床头屋檐等处，却教他改名王保，出首起赃。官府哪里知道？

却说王遵、马翰正在各府缉获公事，闻得妻小吃了官司，急忙回来见滕大尹。滕大尹不由分说，用起刑法，打得希

烂,要他招承张富赃物,二人那肯招认? 大尹教监中放出两家的老婆来,都面面相觑,没处分辩,连大尹也委绝不下,都发监候。次日,又拘张富到官,劝他且将己财赔了钱大王府中失物,待从容退赃还你。张富被官府逼勒不过,只得承认了。归家思想,又恼又闷,又不舍得家财,在土库中自缢而死。可惜有名的禁魂张员外,只为"悭吝"二字,惹出大祸,连性命都丧了。那王七殿直王遵、马观察马翰,后来俱死于狱中。这一班贼盗,公然在东京做歹事,饮美酒,宿名娼,没人奈何得他。那时节东京扰乱,家家户户不得太平。直待包龙图相公做了府尹,这一带贼盗,方才惧怕,各散去讫,地方始得宁静。有诗为证,诗云:

只因贪吝惹非殃,引到东京盗贼狂。

亏杀龙图包大尹,始知好官自民安。

第三十七卷

梁武帝累修成佛

香雨琪园百尺梯，不知窗外晓莺啼；

觉来悟定胡麻熟，十二峰前月未西。

这诗为齐明帝朝盱眙县光化寺一个修行的，姓范，法名普能而作。这普能，前世原是一条白颈曲蟮，生在千佛寺大通禅师关房前天井里面。那大通禅师坐关时刻，只诵《法华经》。这曲蟮偏有灵性，闻诵经便舒头而听。那禅师诵经三载，这曲蟮也听经三载。忽一日，那禅师关期完满出来，修斋礼佛。偶见关房前草深数尺，久不芟除，乃唤小沙弥将锄去草。小沙弥把庭中的草去尽了，到墙角边，这一锄去得力大，入土数寸，却不知曲蟮正在其下，挥为两段。小沙弥叫声："阿弥陀佛！今日伤了一命，罪过，罪过！"掘些土来埋了曲蟮，不在话下。

这曲蟮得了听经之力，便讨得人身，生于范家。长大时，父母双亡，舍身于光化寺中，在空谷禅师座下做一个火工道人。其人老实，居香积厨下，煮茶做饭，殷勤伏事长老，便是众僧，也不分彼此，一体相待。普能虽不识字，却也硬记得些经典，只有《法华经》一部，背诵如流。晨昏早晚，一有闲空之时，着实念诵修行，在寺三十余年，闻得千佛寺大通禅师坐化去了，去得甚是脱洒，动了个念头，来对长老说："范道在寺多年，一世奉斋，并不敢有一毫贪欲，也不敢狼籍天物。今日拜辞长老回首，烦乞长老慈悲，求个安身去处。"说了，下拜跪着。长老道："你起来，我与你说。你虽是空门修行，还不晓得灵觉门户。你如今回首去，只从这条寂静路上去，不可落在富贵套子里，差了念头，求个轮回也不可得。"范道受记了，相辞长老，自来香积厨下沐浴，穿些洁净衣服，礼拜诸佛天地父母，又与众僧作别，进到龛子里，盘膝坐下，便闭着双眼去了。

众僧都与他念经,叫工人扛这龛子到空地上,正要去请长老下火。只听得殿上撞起钟来,长老忙使人来说道:"不要下火。"长老随即也抬乘轿子,来到龛子前。叫人开了龛子门,只见范道又醒转来了,依先开了眼,只立不起来,合掌向长老说:"适才弟子到一个好去处,进在红锦帐中,且是安稳。又听得钟鸣起来,有个金身罗汉,把弟子一推,跌在一个大白莲池里。吃这一惊,就醒转来。不知有何法旨?"长老说道:"因你念头差了,故投落在物类。我特地唤醒你来,再去投胎。"又与众僧说:"山门外银杏树下掘开那青石来看。"众僧都来到树下,掘起那青石来看,只见一条小火赤链蛇,才生出来的,死在那里。

众僧见了,都惊异不已,来回复长老,说果有此事。长老叫上首徒弟,与范道说:"安净坚守,不要妄念,去投个好去处。轮回转世,位列侯王帝主,修行不怠,方登极乐世界。"范道受记了,阇着高高的念声:"南无阿弥陀佛",便合了眼。众僧来请长老下火,长老穿上如来法衣,一乘轿子,抬到范道龛子前,吩咐范道如何? 偈曰:

> 范道范道,每日厨灶。
> 火里金莲,颠颠倒倒。

长老念毕了偈,就叫人下火,只见括括杂杂的着将起来。众僧念声佛,只见龛子顶上一道青烟,从火里卷将出来,约有数十丈高,盘旋回绕,竟往东边一个所在去了。

说这盱眙县东,有个乐安村,村中有个大财主,姓黄名岐,家资殷富,不用大秤小斗,不违例克剥人财,坑人陷人,广行方便,普积阴功。其妻孟氏,身怀六甲,正要分娩。范道乘着长老指示,这道灵光竟投到孟氏怀中。这里范道圆寂,那里孟氏就生下这个孩儿来。说这孩儿相貌端然,骨格秀拔。黄员外四十余岁无子,生得这个孩儿,就如得了若干珍宝一般,举家欢喜。好却十分好了,只是一件,这孩儿生下来,昼夜啼哭,乳也不肯吃。夫妻二人忧惶,求神祈佛,全然不验。

　　家中有个李主管,对员外说道:"小官人啼哭不已,或有些缘故,不可知得。离此间二十里,山里有个光化寺,寺里空谷长老,能知过去未来,见在活佛。员外何不去拜求他,必然有个道理。"黄员外听说,连忙备盒礼信香,起身往光化寺来。其寺如何?诗云:

> 山寺钟鸣出谷西,溪阴流水带烟齐。
> 野花满地闲来往,多少游人过石堤。

　　进到方丈里,空谷禅师迎接着,黄员外慌忙下拜,说:"新生小孩儿,昼夜啼哭,不肯吃乳,危在须臾。烦望吾师慈悲,没世不忘。"长老知是范道要求长老受记,故此昼夜啼哭。长老不说出这缘故来。长老对黄员外说道:"我须亲自去看他,自然无事。"就留黄员外在方丈里吃了素斋,与黄员外一同乘轿,连夜来到黄员外家里。请长老在厅上坐了,长老叫抱出令郎来。黄员外自抱出来。长老把手摸着这小儿的头,在着小儿的耳朵,轻轻的说几句,众人都不听得。长老又把手来摸着这小儿的头,说道:"无灾无难,利益双亲,道源不替。"只见这小儿便不哭了。众人惊异,说道:"何曾见这样异事!真是活佛超度。"黄员外说:"待周岁送到上刹,寄名出家。"长老说:"最好。"就与黄员外别了,自回寺里来。黄员外幸得小儿无事,一家爱惜抚养。

　　光阴捻指,不觉又是周岁。黄员外说:"我曾许小儿寄名出家。"就安排盒子表礼,叫养娘抱了孩儿,两乘轿子,抬往寺里。来到方丈内,请见长老拜谢,送了礼物。长老与小儿取个法名,叫作黄复仁,送出一件小法衣、僧帽,与复仁穿戴,吃些素斋,黄员外仍与小儿自回家去。来来往往,复仁不觉又是六岁。员外请个塾师教他读书。这复仁终是有根脚的,聪明伶俐,一村人都晓得他是光化寺里范道化身来的,日后必然富贵。

　　这县里有个童太尉,见复仁聪明俊秀,又见黄家数百万钱财,有个女儿,与复仁同年,使媒人来说,要把女儿许聘与复仁。黄员外初时也不肯定这太尉的女儿,被童太尉再三强不过,只得下三百个盒子,二百两金首饰,一千两银子,若干段匹色丝定了。也是一缘一会,说这女子聪明过人,不曾上学读书,便识得字,又喜诵诸般经卷。为何能得如此?他却是摩诃迦叶祖师身边一个女侍,降生下来了道缘的。初

中国二十大名著

喻世明言

图文珍藏版

时男女两个幼小，不理人事。到十五六岁，年纪渐长，两个一心只要出家修行，各不愿嫁娶。黄员外因复仁年长，选日子要做亲。童小姐听得黄家有了日子，要成亲，心中慌乱，忙写一封书，使养娘送上太太。书云：

切唯《诗》重《摽梅》，礼端合卺。奈世情不一，法律难齐。紫玉志向禅门，不乐唱随之偶；心悬觉岸，宁思伉俪之偕？一虑百空，万缘俱尽。禅灯一点，何须花烛之辉煌；梵磬数声，奚取琴瑟之嘹亮？破盂甘食，敝衲为衣。泯色象于两忘，齐生死于一彻。伏望母亲大人，大发慈悲，优容苦志。未谢为云神女，宁迫奔月嫦娥。佛果倘成，亲恩可报。莫问琼箫之响，长寒玉杵之盟。干冒台慈，幸唯怜鉴。

养娘拿着小姐书，送上太太。太太接得这书，对养娘道："连日因黄家要求做亲，不曾着人来看小姐。我女儿因甚事，叫你送书来？"养娘把小姐不肯成亲，闲常只是看经念佛要出家的事，说了一遍。太太听了这话，心中不喜，就使人请老爷来看书。太太把小姐的书，送与太尉。太尉看了，说道："没教训的婢子！男婚女嫁，人伦常道。只见孝弟通于神明，那曾见修行做佛？"把这封书扯得粉碎，骂道："放屁，放屁！"太尉只依着黄家的日子，把小姐嫁过去。

黄复仁与童小姐两个，那日拜了花烛，虽同一房，二人各自歇宿。一连过了半年有余，夫妇相敬相爱，就如宾客一般。黄复仁要辞了小姐，出去云游。小姐道："官人若出去云游，我与你正好同去出家。自古道：'妇人嫁了从夫。'身子绝不敢坏了。"复仁见小姐坚意要修行，又不肯改嫁，与小姐说道："恁的，我与你结拜做兄姊，一同双修罢。"小姐欢喜，两个各在佛前礼拜，誓毕，二人换了粗布衣服，粗茶淡饭，在家修行。黄员外看见这个模样，都不欢喜，恐怕被人笑耻，员外只得把复仁夫妻二人，连一个养娘，两个梅香，都打发到山里西庄上冷落去处住下。夫妻二人，只是看经念佛，参禅打坐。

三年有余，两个正在佛前长明灯下坐禅，黄复仁忽然见个美貌佳人，妖娇袅娜，走到复仁面前，道个万福，说道："妾是童太尉府中唱曲儿的如翠，太太因大官人不与小姐同床，必然绝了黄家后嗣，二来不碍大官人修行，并无一人知觉。"说罢，与复仁眷恋起来。复仁被这美貌佳人亲近如此，又听说道绝了黄门后嗣，不觉也有些动心。随又想道："童小姐比他十分娇美，我尚且不与他沾身，怎么因这个女子，坏了我的道念？"才然自忖，只听得一声响亮，万道火光，飞腾缭绕。复仁惊醒来，这小姐也却好放参。复仁连忙起来礼拜菩萨，又来礼拜小姐，说道："复仁道念不坚，几乎着魔，望姐姐指迷。"说这小姐，聪明过人，智慧圆通，反胜复仁。小姐就说道："兄弟被色魔迷了，故有此幻象。我与你除是去见空谷祖师，求个解脱。"次日两个来到光

化寺中,来见长老。空谷说道:"欲念一兴,四大无着。再求转脱,方始圆明。"因与复仁夫妻二人口号,如何:

> 跳出爱欲渊,渴饮灵山泉。
> 夫也亡去住,妻也履福田。
> 休休同泰寺,荷荷极乐天。

夫妻二人拜辞长老,回到西庄来,对养娘、梅香说:"我姊妹二人,今夜与你们别了,各要回首。"养娘说道:"我伏事大官人小姐数载,一般修行,如何不带挈养娘同回首?"复仁说道:"这个勉强不得,恐你缘分不到。"养娘回话道:"我也自有分晓。"夫妻二人沐浴了,各在佛前礼拜,一对儿坐化了。这养娘也在房里不知怎么也回首去了。黄员外听得说,自来收拾。不在话下。

且说黄大官人精灵,竟来投在萧家,小姐来投在支家。渔湖有个萧二郎,在齐为世胄之家,萧懿、萧坦之俱是一族。萧二郎之妻单氏,最仁慈积善,怀娠九个月,将要分娩之时,这里复仁却好坐化。单氏夜里梦见一个金人,身长丈余,衮服冕旒,旌旗羽雉,辉耀无比。一伙绯衣人,车从簇拥,来到萧家堂上歇下。这个金身人,独自一个,进到单氏房里,望着单氏下拜。单氏惊惶,正要问时,恍惚之间,单氏梦觉来,就生下一个孩儿来。

这孩儿生下来便会啼啸,自与常儿不群,取名萧衍。八九岁时,身上异香不散。聪明才敏,文章书翰,人不可及。亦且长于谈兵,料敌制胜,谋无遗策。衍以五月五日生,齐时俗忌伤克父母,多不肯举。其母密养之,不令其父知之,至是始令见父。父亲说道:"五月儿刑克父母,养之何为?"衍对父亲说道:"若五月儿有损父母,则萧衍已生九岁,九年之间,曾有害于父母吗? 九岁之间,不曾伤克父母,则九岁之后,岂能刑克父母哉? 请父亲勿疑。"其父异其说,其惑稍解。其叔萧懿闻之,说道:"此儿识见超卓,他日必大吾宗。"由此知其为不凡,每事亦与计议。

时有刺史李贲谋反,僭称越帝,置立官属。朝命将军杨瞟讨贲。杨瞟见李贲势大,恐不能取胜,每每来问计于萧懿。懿说:"有侄萧衍,年虽幼小,智识不凡,命世之才。我着人去请来,与他计议,必有个善处。"萧懿忙使人召萧衍来见杨瞟。瞟见衍举止不常,遂致礼敬,虚心请问,要求破贲之策。衍说:"李贲蓄谋已久,兵马精强,士众归向。足下以一旅之师与彼交战,犹如以肉投虎,立见其败。闻贲跨据淮南,近逼广州。孙囧逗遛取罪,子雄失律赐死。贲志骄意满,不复顾忌。足下引大军屯于淮南,以一军与陈霸先抄贲之后,略出数千之众,与贲接战,勿与争强,佯败而走,引至淮南大屯之所。且淮南芦苇深曲,更兼地湿泥泞,不易驰骋。足下深沟高垒,不与接战,坐毙其锐。候得天时,因风纵火,霸先从后断其归路,诈为贲军逃溃,袭取其城。贲进退无路,必成擒矣。"瞟闻衍言,叹异惊伏,拜辞而去。杨瞟依衍计策,随破了李贲。萧衍名誉益彰,远近羡慕,人乐归向。

衍有大志。一日,齐明帝要起兵灭魏,又恐高欢这枝人马强众,不敢轻发,特遣黄门召衍入朝问计。萧衍随着使者进到朝里,见明帝,拜舞已毕。明帝虽闻萧衍大名,却见衍年纪幼小,说道:"卿年幼望重,何才而能?"萧衍回奏道:"学问无穷,智识有限,臣不敢以才事陛下。"明帝悚然启敬,不以小儿待之。因与衍计议:"要伐魏,灭尔朱氏,只是高欢那厮士众兵强,故与卿商议。"衍奏道:"所谓众者,得众人之死;所谓强者,得天下之心。今尔朱氏凶暴狡猾,淫恶滔天,高欢反复挟诈,窃窥不轨,名虽得众,实失士心。况君臣异谋,各立党与,不能固守其常也。陛下选将练兵,声言北伐。便攻其东,彼备其东,我罢其战。今年一师,明年一旅,日肆侵扰,使彼不安,自然困毙。且上下不和,国必内乱。陛下因其乱而乘之,蔑不胜矣。"明帝闻言大悦,留衍在朝,引入宫内,皇后妃嫔时常相见,与衍日亲日近。衍赞画既多,勤劳日积,累官至雍州刺史。

后至齐主宝卷,唯喜游嬉,荒淫无度,不接朝士,亲信宦官。萧衍闻之,谓张弘策曰:"当今始安王遥光、徐孝嗣等,六贵同朝,势必相乱。况主上慓虐嫌忌,赵王伦反迹已形。一朝祸发,天下土崩,不可不为自备。"于是衍乃密修武备,招聚骁勇数万,多伐竹木,沉之檀溪,积茅如冈阜。齐主知萧衍有异志,与郑植计议,欲起兵诛衍。郑植奏道:"萧衍图谋日久,士马精强,未易取也。莫若听臣之计,外假加爵温旨,衍必见臣,因而刺杀之,一匹夫之力耳,省了许多钱粮兵马。"齐主大喜,即便使郑植到雍州来,要刺杀萧衍。

惊动了光化寺空谷长老,知道此事,就托个梦与萧衍。长老拿着一卷天书,书里夹着一把利刃,递与萧衍。衍醒来,自想道:"明明的一个僧人,拿这夹刀的一卷天书与我,莫非有人要来刺我吗?明日且看如何。"只见次日有人来报道,朝廷使郑植赍诏书要加爵一事。萧衍自说道:"是了。"且不与郑植相见,先使人安排酒席,在宁蛮长史郑绍寂家里,都埋伏停当了,与郑植相见,说道:"朝廷使卿来杀我,必有诏书。"郑植赖道:"没有此事。"萧衍喝一声道:"与我搜看。"只见帐后跑出三、四十个力士,就把郑植拿下,身边搜出一把快刀来,又有杀衍的密诏。萧衍大怒,说道:"我有甚亏负朝廷,如何要刺杀我?"连夜召张弘策计议起兵,建牙树旗,选集甲士二万余人,马千余匹,船三十余艘,一齐杀出檀溪来。昔日所贮下竹木、茅草,葺束立办。又命王茂、曹景宗为先锋,军至汉口,乘着水涨,顺流进兵,就袭取了嘉湖地方。

且说郢城与鲁城,这两个城是嘉湖的护卫,建康的门户。今被王先锋袭取了嘉湖,这两处守城官,心胆惊落,料道敌不过,彼此相约投降。这建康就如没了门户的一般,无人敢敌,势如破竹,进克建康。兵至近郊,齐主游骋如故,遣将军王珍国等,将精兵十万陈于朱雀航。被吕僧珍纵火焚烧其营,曹景宗大兵乘之,将士殊死战,鼓噪震天地。珍国等不能抗,军遂大败。衍军长驱,进至宣阳门,萧衍兄弟子侄皆集。将军徐元瑜以东府城降,李居士以新亭降。十二月,齐人遂弑宝卷。萧衍以太后令,追废宝卷为东昏侯,加衍为大司马,迎宣德太后入宫称制。衍寻自为国相,封梁国公,加九锡。黄复仁化生之时,却原来养娘转世为范云,二女侍一转世为沈约,一转世为任昉,与梁公同在竟陵王西府为官,也是缘会,自然义气相合。至是梁公引云为谘议,约为侍中,昉为参谋。二年夏四月,梁公萧衍受禅,称皇帝,废齐主为巴陵王,迁太后于别宫。

梁主虽然马上得了天下,终是道缘不断,杀中有仁,一心只要修行。梁主因兵兴多故,与魏连和。一日,东魏遣散骑常侍李谐来聘。梁主与谐谈久,命李谐出得朝,更深了不及还宫,就在便殿斋阁中宿歇。散了宫嫔诸官,独自一个默坐,在阁儿里开着窗看月。约莫三更时分,只见有三五十个青衣使人,从甬巷中走到阁前来,内有一个口里唱着歌,歌:

> 从入牢笼羁绊多,也曾雁毕走洪波。
>
> 可怜明日庖丁解,不复辽东《白蹄歌》。

梁主听这歌,心中疑惑,这一班人走近,朝着梁主叩头奏道:"陛下仁民爱物,恻隐慈悲,我等俱是太庙中祭祀所用牲体,百万生灵,明日一时就杀。伏愿陛下慈悲,救宥某等苦难,陛下功德无量。"梁主与青衣使人说道:"太庙一祭,朕如何知道杀戮这许多牲体?朕实不忍。来日朕另有处。"这青衣人一齐叩头哀祈,涕泣而去。梁主次日早朝,与文武各官说昨夜斋阁中见青衣之事,又说道:"宗庙致敬,固不可已;杀戮屠毒,朕亦不忍。自今以后,把粉面代做牺牲,庶使祀典不废,仁恻亦存,两全无害。"永为定制,谁敢违背?

梁主每日持斋奉佛,忽夜间梦见一伙绛衣神人,各持旌节,祥麟凤辇,千百诸神,各持执事护卫,请梁主去游冥府。游到一个大宝殿内,见个金冠法服神人,相陪游览。每到一殿,各有主事者都来相见。有等善人,安乐从容,优游自在,仙境天堂,并无罣碍;有等恶人,受罪如刀山血海,拔舌油锅,蛇伤虎咬,诸般罪孽。又见一伙褴褛贫人,蓬头跣足,疮毒遍体,种种苦恼,一齐朝着梁主哀告:"乞陛下慈悲超救!某等俱是无主孤魂,饥饿无食,久沉地狱。"梁主见说,回曰:"善哉,善哉!待朕回朝,即超度汝等。"诸罪人皆哀谢。

末后,到一座大山,山有一穴,穴中伸出一个大蟒蛇的头来,如一间殿屋相似,对着梁主昂头而起。梁主见了,吃一大惊,正欲退走,只见这蟒蛇张开血池般口,说起话来,叫道:"陛下休惊,身乃郗后也。只为生前嫉妒心毒,死后变成蟒身,受此业报。因身躯过大,旋转不便,每苦腹饥,无计求饱,陛下如念夫妇之情,乞广作佛事,使妾脱离此苦,功德无量。"原来郗后是梁主正宫,生前最妒,凡帝所幸宫人,百般毒害,死于其手者,不计其数。梁主无可奈何。闻得鸧鹒鸟作羹,饮之可以治妒。乃命猎户每月责取鸧鹒百头,日日煮羹,充入御馔进之,果然其妒稍减。后来郗后闻知其事,将羹泼了不吃,妒复如旧。今日死为蟒蛇,阴灵见帝求救,梁主道:"朕回朝时,当与汝忏悔前业。"蟒蛇道:"多谢陛下仁德,妾今送陛下还朝,陛下勿惊。"说罢,那蟒蛇舒身出来,大数百围,其长不知几百丈。梁主吓出一身冷汗,醒来乃南柯一梦,咨嗟到晓。

次日朝罢,与众僧议设盂兰盆大斋,又造《梁皇宝忏》。说这盂兰盆大斋者,犹中国言普食也,盖为无主饿鬼而设也,《梁皇忏者》,梁主所造,专为郗后忏悔恶业,兼为众生解释其罪。冥府罪人,因梁主设斋造经二事,即得超救一切罪业,地狱为彼一空。梦见郗后如生前装束,欣然来谢道:"妾得陛下宝忏之力,已脱蟒身生天,特来拜谢。"又梦见百万狱囚,皆朝着梁主拜谢,齐道:"皆赖陛下功德,幸得脱离地狱。"

梁主以此奉佛益专,屡诏寻访高僧礼拜,阐明其教,未得其人。闻得有个榼头和尚,精通释典,遣内侍降敕,召来相见。榼头和尚随着使命而来,武帝在便殿,正与侍中沈约弈棋,内侍禀道:"奉敕唤榼头师已在午门外听旨。"适值武帝用心在围棋上,算计要杀一段棋子,这里连禀三次,武帝全不听得,手持一个棋子下去,口里说道:"杀了他罢。"武帝是说杀那棋子,内侍只道要杀榼头和尚!应道:"得旨。"便传旨出午门外,将榼头和尚斩讫。武帝完了这局围棋,沈约奏道:"榼头师已唤至,听宣久矣!"武帝忙呼内侍,教请和尚进殿相见。内侍奏道:"已奉旨杀了。"武帝大惊!方悟杀棋时误听之故,乃问内侍道:"和尚临刑有何言语?"内侍奏道:"和尚说前劫为小沙弥时,将锄去草,误伤一曲蟮之命。帝那时正做曲蟮。今生合偿他命,乃理之当然也。"武帝叹惜良久,益信轮回报应之理。乃传旨厚葬榼头和尚。一连数日,心中怏怏不乐。

沈约窥知帝意,乃遣人遍访名僧。忽闻得有个圣僧法号道林支长老,在建康十里外结茅而居,在那里修行。乃奏知梁主。梁主即命侍中沈约去访其僧。约旌旗车马,仆从都盛,势如山岳,惊动远近,一路传呼,道林自在庵中打坐,寂然不动。沈约走到榻前说道:"和尚知侍中来乎?"道林张目说道:"侍中知和尚坐乎?"沈约又说道:"和尚安身处所哪里得来的?"道林回话道:"出家人去住无碍。"只说得这一声,这个庵连里面僧人一切都不见了,只剩得一片白地。沈约吃这一惊不小,晓得真是圣僧,慌忙望空下拜,道:"弟子肉眼凡庸,烦望吾师慈悲。非约僭妄,乃朝廷所使,约不得不如此。"支公乃见沈约,就留沈约吃些斋饭。沈约恳求禅旨指迷,支公与沈约口号云:

> 栗事护前,断舌何缘?
> 欲解阴事,赤章奏天。
> 纸后又写十来个"隐"字。

为何支公有此四句口号?一日,豫州献二寸五分大栗子,梁主与沈约各默书栗子故事,沈约故意少书三事,乃云:"不及陛下。"出朝语人曰:"此公护前。"盖言梁主护短也。后梁主知道,以此憾约。断舌之事:约与范云劝武帝受禅,约病中梦齐和帝以剑割其舌。约恐惧,命道士密为赤章奏天,以禳其孽。都是沈约的心事,无人知得,被支公说着了。沈约惊得一身冷汗,魂不附体,木呆了一会,又再三拜问"隐"字之义。支公为何连写这十来个"隐"字?日后沈约身死,朝议欲谥沈约为文侯。梁主恨约,不肯谥为文侯,说道:"情怀不尽为'隐'。"改其谥为隐侯。支公所书前二事,是沈约已往之事;后谥法一事,是沈约未来之事。沈约如何便悟得出来?再三拜求,定要支公明示。支公说道:"天机不可尽泄?侍中日后自应。"说罢,依先闭着眼坐去了。

沈约怅然而归,回见武帝,把支公变化之事,备细奏上武帝。武帝说道:"世上真有仙佛,但俗人未晓耳。"武帝传旨,来日銮舆幸其庵。命集文武大臣,起二万护卫兵,仪从卤簿,旗幡鼓吹,一齐出城,竟到庵里来迎支公。支公已先知了,庵里都收拾停当,似有个起行的模样。武帝与沈约到得庵里,相见支公。武帝屈尊下拜,尊礼支公为师。行礼已毕,支公说道:"陛下请坐,受和尚的拜。"武帝说道:"那曾见师拜弟?"支公答道:"亦不曾见妻抗夫。"只这一句话头,武帝听了,就如提一桶冷水,从顶门上浇下来,遍身苏麻。此时武帝心地不知怎地忽然开明,就省悟前世黄复仁、童小姐之事,二人点头解意,眷眷不已。武帝就请支公一同在銮舆里回朝,供养在便殿斋阁里。武帝每日退朝,便到阁子中,与支公参究禅理,求解了悟。支公与武帝道:"我在此终是不便,与陛下别了,仍到庵里去住。"武帝道:"离此间三十里,有个白鹤山,最是清幽仙境之所。朕去建造个寺刹,请师傅到那里去住。"支公应允了。武帝差官督造这个山寺,大兴工作,极土木之美,殿刹禅房,数千百间,资费百万,取名同泰寺,夫妇同登佛地之意。四方僧人来就食者,千百余人。支公供养在同泰寺,一年有余。

梁主有个昭明太子,年方六岁,能默诵五经,聪明仁孝。一日,忽然四肢不举,口眼紧闭,不知人事,合宫慌张,来告梁主。遍召诸医,皆不能治。梁主道:"朕得此子聪明,若是不醒,朕亦不愿生了。"举朝惊恐,东宫一班宫嫔官属奏道:"太子虽然不省人事,身体犹温,陛下何不去见支太师,问个备细如何?"

武帝忙排驾,到同泰寺见支公,说太子死去缘故。支公道:"陛下不须惊张,太子非死也,是尸蹶也。昔秦穆公曾游天府,闻钧天之乐,七日而苏。赵简子必游于天,五日而苏。射熊之事,符契扁鹊之言,命董安于书于宫。今太子亦在天上已四日矣,因忉利天有恒伽阿做青梯优迦会,为听仙乐忘返,被三足神乌啄了一口,西王母已杀是乌,太子还在天上,我为陛下取来。"梁主下拜道:"若是太子更生,朕情愿与太子一同舍身在寺出家。"支公言:"陛下第还宫,太子已苏矣。"

梁主急回朝,见太子复生,搂抱太子,父子大哭起来。又说道:"我儿,因你蹶了这几日,惊得我死不得死,生不得生,好苦!"太子回话道:"我在天上看做会,被神乌啄了手,上帝命天医与我敷药。正要在那里耍,被个僧人抱了下来。"梁主说道:"这个师傅,是支长老,明日与你去礼拜长老。"又说舍身之事。梁主致斋三日,先着天厨官来寺里办下大斋,普济群生,报答天地。梁主与太子就舍身在寺里。太子有诗一首,云:

粹宇迎阊阖,天衢尚未央。

鸣辂和鸾凤,飞筛入羊肠

谷静泉通峡,林深树奏琅。

火树含日炫,金刹接天长。

月迥塔全见,烟生楼半藏。

法雨香林泽，仁风颂圣王。

皈依唯上乘，宿化喜陶唐。

且进香胡饭，山樱处处芳。

长生容有外，诸福被遐方。

梁主、太子在寺里一住二十余日，文武臣僚、耆老百姓，都到寺里请梁主回朝，梁主不允。太后又使宦官来请回朝，梁主也不肯回去。支公夜里与梁主说道："爱欲一念，转展相侵，与陛下还有数年魔债未完，如何便能解脱得去？陛下必须还朝，了这孽缘，待时日到来，自无住碍。"梁主见说依允。

次日，各官又来请梁主回朝，梁主与各官说："朕已发誓舍身，今日又没缘故，便回了朝，这是虚语。朕有个善处；如要朕回朝，须是各出些钱财，赎朕回去才可。朕舍得一万两，各官舍一万两，太后舍一万两，都送在寺里来供佛斋僧，朕方可与太子回朝。"各官太后都送银子在寺里，梁主也发一万银子，送到寺里来，梁主才回朝。

无多时，适有海西一个大秦犁鞬国，辖下有个条枝国，其人长八九尺，食生物，最猛悍，如禽兽一般；又善为妖妄眩惑，如吞刀吐火，屠人截马之术。闻得梁主受禅，他却要起倾国人马，来与大梁归并。边海守备官闻知这个消息，飞报与梁主知道。梁主见报，与文武官员商议："别的要厮杀都不打紧，若说这条枝国人马，怎生与他对敌？如何是好？各官有能为朕领兵去敌得他，重加官职。"各官听得说，都面面相看，无人敢去迎敌。侍中范云奏道："臣等去同泰寺，与道林长老求个善处道理。"梁主道："朕须自去走一遭。"

梁主慌忙命驾来到寺里，礼拜支长老，把条枝国要来厮杀归并，备说一遍。支公说道："不妨事。条枝国要过西海方才转洋入大海，一千七百里到得明州；明州过二三条江，才到得建康。明州有个释迦真身舍利塔，是阿育王所造，藏释迦佛爪发舍利于塔中。这塔寺非是无故而设，专为镇西海口子，使彼不得来暴中国，说不尽的好处。今塔已倒坏了，陛下若把这塔依先修起来，镇压风水，老僧上祝释迦阿育王佛力护持，条枝国人马，如何过得海来？"梁王见说，连忙差官修造释迦塔，要增高做九十丈，刹高十丈，与金陵长干塔一般。钱粮工力，不计其数。

这里正好修造。说这大秦犁鞬王，催促条枝国，兴起十万人马，海船千艘，精兵猛将，都过大海，要来厮并。道林长老入定时，见这景象。次日，来请梁主在寺里，打个释迦阿育王大会。长老拜佛忏祝，武帝也释去御服，持法衣，行清净大舍，素床瓦器，亲为礼拜讲经。你看这佛力浩大，非同小可！这里祈佛做会，那条枝国人马，下得海,开船不到三四日,就阻了飓风,各船几乎覆没。躲得在海中一个阿耨屿岛里住下,等了十余日,风息了,方敢开船。不到一会间,风又发了,白浪滔天,如何过得来?仍旧回洋,躲在岛里。不开船便无风,若要开船就有风。条枝国大将军乾笃说道:"却不是古怪!不开船便无风,一要开船风就发起来,还是中国天子福分?天若容我们去厮并,看这光景,便过得海,也未必取胜他们。不若回了兵罢。"把船回得洋时,风也没了,顺顺的放回去。乾笃领着众头目,来见大秦国王满屈,备说这缘故。满屈说道:"中国天子弘福,我们终是小邦,不可与大国抗礼。"令乾笃领几个头目,修一通降表,进贡狮子、犀牛、孔雀、三足雉、长鸣鸡,一班夷官来朝拜进贡。梁主见乾笃说阻风不敢过海一事,自知修塔的佛力,以此深信释教,奉事益谨。

梁王恃中国财力,欲并二魏,遂纳侯景之降。景事东魏高欢,景左足偏短,不长弓马,而谋算诸将莫及。尝与高欢言:"愿得精兵三万,横行天下,渡江缚取萧老,公为太平主。"欢大喜,使将兵十万,专制河南。适欢死,梁主因欢子高澄素与景不和,用反间高澄。澄果疑景,作为欢书召景。景发书知澄诈,遂据河南叛魏。景遂使郎中丁和奉降表于梁主,举河南十三州归附。梁主正月丁卯夜,梦中原牧守皆以地来降。次日,见朱异说梦中之事,异奏道:"此宇内混一之兆也。"及丁和奉降表见梁主,言景定降计,实是正月乙卯。梁主益神其事,遂纳景降,封景为河南王,又发兵马助景。哪里晓得侯景反复凶人,他知道临贺王萧正德,屡以贪暴得罪于梁主,正德阴养死士,只愿国家有变,景因致书于正德,书云:

> 天子年尊,奸臣乱国。大王属当储贰,今被废黜,景虽不才,实思自效。

正德得书大喜,暗地与景连和,又致书与景,书云:"仆其内,公为其外,何为不济?事机在速,今其时矣。"

说这侯景与正德密约,遂诈称出猎起兵。十月,袭谯州,执刺史萧泰。又攻破历阳,太守庄铁以城投降,因说侯景曰:"国家承平岁久,人不习战斗,大王举兵,内外震骇。宜乘此际,速趋建康,兵不血刃,而成大功。若使朝廷徐得为备,使赢兵千人,直据采石,虽有精甲百万,不能济矣。"景闻大悦,遂以铁为导引。梁主不知正德与景暗通,反令正德督军屯丹阳。正德遣大船数十艘,诈称载荻,暗济景众。侯景得渡,遂围台城,昼夜攻城不息。被董勋引景众登城,就据了台城,把梁主拘于太极东堂,以五百甲士防卫内外,周围铁桶相似。

景遂入宫，恣意肆取宫中宝玩珍鼎前代法器之类，又选美好宫嫔，名姬千数，悉归于己。景阴体弘壮，淫毒无度，夜御数十人，犹不遂其所欲。闻溧阳公主音律超众，容色倾国，欲纳为妃。遂使小黄门田香儿，以紫玉软丝同心结儿一襆，并合欢水果，盛以金泥小盒，密封遗公主。公主启看，左右皆怒，劝主碎其盒，拒而不纳。公主曰："不然，非尔辈所知。侯王天下豪杰，父王昔曾梦猕猴升御榻，正应今日。我不束身归侯王，则萧氏无遗类矣。"遂以双凤名锦被，珊瑚嵌金交莲枕，遗侯景。景见田香儿回奏，大悦，遣亲近左右数十人迎公主。定情之夕，景虽狠毒万端，主亦曲为忍受。日亲不移，致景宠结，得以颠倒是非，妨于朝务，保全公族，主之力也。后王伟劝景废立，尽除衍族，主与伟忤，爱弛。

梁主既为侯景所制，不得来见支公。所求多不遂意，饮膳亦为所裁节。忧愤成疾。口苦索蜜不得，荷荷而殂，年八十六岁。景秘不发丧。支长老早已知道，况时节已至，不可待也，在寺里坐化了。

且说梁湘东王绎痛梁主被景幽死，遂自称假黄钺大都督中外诸军，承制起兵，来诛侯景。先使竟陵太守王僧辩领五千人马，来复台城。军到湘州地方，僧辩暗令赵伯超，来探听侯景消息。伯超恐路上不好行，装做个平常商人，行到柏桐尖山边深林里走过，望见梁主与支公二人，各倚着一杖，缓缓的行来。伯超走近，见了梁主，吃这一惊不小，连忙跪下奏道："陛下与长老，因甚到此？今要往何处去？"梁主回答道："朕功行已满，与长老往西天竺极乐国去。有封书寄与湘东王，正没人可寄，卿可仔细收好，与朕寄去。"说了，梁主就袖中取出书，递与赵伯超。伯超刚接得书，就不见了梁主与支公。后伯超探听侯景消息，回复王僧辩，忙将书送上湘东王，说见梁主一事。湘东王拆开书看，是一首古风。诗云：

　　奸虏窃神器，毒痛流四海。

嗟哉萧正德,为景所愚卖。

凶逆贼君父,不复为翊戴。

唯彼湘东王,愤起忠勤在。

落星霸先谋,使景台城败。

窜身依答仁,为鹋所屠害,

身首各异处,五子诛夷外。

暴尸陈市中,争食民心快!

今我脱敝履,去住两无碍。

极乐为世尊,自在兜利界。

篡逆安在哉? 铁钺诛千载!

　　湘东王读罢是诗,泪涕潜流,不胜呜咽。后王僧辩、陈霸先攻破侯景,景竟欲走吴依答仁。羊侃二子羊鹋杀之,暴景尸于市,民争食之,并骨亦尽。溧阳公主亦食其肉,雪冤于天,期以自死。景五子皆被北齐杀尽。于诗无一不验。诗曰:

　　堪笑世人眼界促,只就目前较祸福。

　　台城去路是西天,累世证明有空谷。

第三十八卷

任孝子烈性为神

参透"风流"二字禅,好姻缘作恶姻缘。

痴心做处人人爱,冷眼观时个个嫌。

闲花野草且休拈,赢得身安心自然。

山妻本是家常饭,不害相思不费钱。

这首词,单道着色欲乃忘身之本,为人不可苟且。话说南宋光宗朝绍熙元年,临安府在城清河坊南首升阳库前,有个张员外,家中巨富,门首开个川广生药铺。年纪有六旬,妈妈已故。止生一子,唤着张秀一郎,年二十岁,聪明标致。每日不出大门,只务买卖。父母见子年幼,抑且买卖其门如市,打发不开。

铺中有个主管,姓任名珪,年二十五岁。母亲早丧,止有老父,双目不明,端坐在家。任珪大孝,每日辞父出,到晚才归参父,如此孝道。祖居在江干牛皮街上。是年冬间,凭媒说合,娶得一妻,年二十岁,生得大有颜色,系在城内日新桥河下做凉伞的梁公之女儿,小名叫作圣金。自从嫁与任珪,见他笃实本分,只是心中不乐,怨恨父母;千不嫁万不嫁,把我嫁在江干,路又远,早晚要归家不便。终日眉头不展,面带忧容,妆饰皆废。这任珪又向早出晚归,因此不满妇人之意。

原来这妇人未嫁之时,先与对门周待诏之子名周得有奸。此人生得丰姿俊雅,专在三街两巷,贪花恋酒,趋奉得妇人中意。年纪三十岁,不要娶妻,只爱偷婆娘。周得与梁姐姐暗约偷期,街坊邻里,那一个不晓得。因此梁公、梁婆又无儿子,没奈何只得把女儿嫁在江干,省得人是非。这任珪是个朴实之人,不曾打听仔细,胡乱娶了。不想这妇人身虽嫁了任珪,一心只想周得,两人余情不断。荏苒光阴,正是:

看见垂杨柳，回头麦又黄。

蝉声犹未断，孤雁早成行。

忽一日，正值八月十八日潮生日。满城的佳人才子，皆出城看潮。这周得同两个弟兄，俱打扮出候潮门。只见车马往来，人如聚蚁。周得在人丛中丢撇了弟兄，潮也不看，一径投到牛皮街那任珪家中来。原来任公每日只闭着大门，坐在楼檐下念佛。周得将扇子柄敲门，任公只道儿子回家，一步步摸出来，把门开了。周得知道是任公，便叫声："老亲家，小子施礼了。"任公听着不是儿子声音，便问："足下何人？有何事到舍下？"周得道："老亲家，小子是梁凉伞姐姐之子。有我姑表妹嫁在宅上，因看潮特来相访。令郎姐夫在家吗？"任公双目虽不明，见说是媳妇的亲，便邀他请坐。就望里面叫一声："娘子，有你阿舅在此相访。"

这妇人在楼上正纳闷，听得任公叫，连忙浓添脂粉，插戴钗环，穿几件色服，三步那做两步，走下楼来。布帘内瞧一瞧："正是我的心肝情人！多时不曾相见。"走出布帘外，笑容可掬，向前相见。这周得一见妇人，正是：

分明久旱逢甘雨，赛过他乡遇故知。

只想洞房欢会日，那知公府献头时？

两个并肩坐下。这妇人见了周得，神魂飘荡，不能禁止。遂携周得手揭起布帘，口里胡说道："阿舅，上楼去说话。"这任公依旧坐在楼檐下板凳上念佛。

这两个上得楼来，就抱做一团，妇人骂道："短命的！教我思量得你成病，因何一向不来看我？负心的贼！"周得笑道："姐姐，我为你嫁上江头来，早晚不得见面，害了相思病，争些儿不得见你。我如常要来，只怕你老公知道，因此不敢来望你。"一头说，一头搂抱上床，解带卸衣，叙旧日海誓山盟，云情雨意。正是：

情兴两和谐,搂定香肩脸贴腮。手捻香酥奶,软实奇哉。退了袴儿脱绣鞋。玉体靠郎怀。舌送丁香口便开,倒凤颠鸾云雨罢,嘱多才,明朝千万早些来。

这词名《南乡子》,单道其日间云雨之事。这两个霎时云收雨散,各整衣巾。妇人搂住周得在怀里道:"我的老公早出晚归,你若不负我心,时常只说相访。老子又瞎,他晓得什么! 只顾上楼和你快活,切不可做负心的。"周得答道:"好姐姐,心肝肉,你既有心于我,我绝不负于你。我若负心,教我堕阿鼻地狱,万劫不得人身。"这妇人见他设咒,连忙捧过周得脸来,舌送丁香,放在他口里道:我心肝,我不枉了有心爱你。从今后频频走来相会,切不可使我倚门而望。"道罢,两人不忍分别,只得下楼别了任公,一直去了。

妇人对任公道:"这个是我姑娘的儿子,且是本分淳善,话也不会说,老实的人。"任公答道:"好,好。"妇人去灶前安排中饭与任公吃了,自上楼去了,直睡到晚。任珪回来,参了父亲,上楼去了。夫妻无话,睡到天明,辞了父亲,又入城而去。俱各不题。

这周得自那日走了这遭,日夜不安,一心想念。歇不得两日,又去相会,正是情浓似火。此时牛皮街人烟稀少,因此走动,只有数家邻舍,都不知此事。不想周得为了一场官司,有两个月不去相望。这妇人淫心似火,巴不得他来。只因周得不来,恹恹成病,如醉如痴。正是:

乌飞兔劫,朝来暮往何时歇? 女娲只会炼石补青天,岂会熬胶粘日月?

倏忽又经元宵,临安府居民门首,扎缚灯棚,悬挂花灯,庆贺元宵。不期这周得官事已了,打扮衣巾,其日巳牌时分,径来相望。却好任公在门首念佛,与他施礼罢,径上楼来。袖中取出烧鹅熟肉,两人吃了,解带脱衣上床如糖似蜜,如胶似漆,恣意颠鸾倒凤,出于分外绸缪。日久不曾相会,两个搂做一团,不舍分开。耽搁长久了,直到申牌时分,不下楼来。

这任公肚中又饥,心下又气,想道:"这阿舅今日如何在楼上这一日?"便在楼下叫道:"我肚饥了,要饭吃!"妇人应道:"我肚里疼痛,等我便来。"任公忍气吞声,自去门前坐了,心中暗想:"必有蹊跷,今晚孩儿回来问他。"这两人只得分散,轻轻移步下楼,款款开门,放了周得去了。那妇人假意叫肚痛,安排些饭与任公吃了,自去楼上思想情人。不在话下。

却说任珪到晚回来,参见父亲,任公道:"我儿且休要上楼去,有一句话要回你。"任珪立住脚听,任公道:"你丈人丈母家,有个甚么姑舅的阿舅,自从旧年八月十八日看潮来了这遭,以后不时来望,径直上楼去说话,也不打紧;今日早间上楼,直到下午,中饭也不安排我吃。我忍不住叫你老婆,那阿舅听见我叫,慌忙去了。我心中十分疑惑,往日常要问你,只是你早出晚回,因此忘了。我想男子汉与妇人家在楼上一日,必有奸情之事。我自年老,眼又瞎,管不得。我儿自己慢慢访问则个。"

任珪听罢,心中大怒,火急上楼。端的是:

> 口是祸之门,舌为斩身刀。
> 闭口深藏舌,安身处处牢。

当时任珪大怒上楼,口中不说,心下思量:"我且忍住,看这妇人分豁。"只见这妇人坐在楼上,便问道:"父亲吃饭也未?"答应道:"吃了。"便上楼点灯来,铺开被,脱了衣裳,先上床睡了。任珪也上床来,却不倒身睡去,坐在枕边,问那妇人道:"我问你家那有个姑长阿舅,时常来望你?你且说是那个。"妇人见说,爬将起来,穿起衣裳,坐在床上,柳眉剔竖,娇眼圆睁,应道:"他便是我爹爹结义的妹子养的儿子。我的爹娘记挂我,时常教他来望我。有什么半丝麻线!"便焦躁发作道:"兀谁在你面前说长道短来?老娘不是善良君子,不裹头巾的婆婆!洋块砖儿也要落地,你且说是谁说黄道黑?我要和你会同问得明白。"任珪道:"你不要嚷!却才父亲与我说,今日什么阿舅在楼上一日,因此问你则个。没事便罢休,不消得便焦躁。"一头说,一头便脱衣裳自睡了。那妇人气喘气促,做神做鬼,假意儿装妖作势,哭哭啼啼,道:"我的父母没眼睛,把我嫁在这里。没来由教他来望,却教别人说是道非。"又哭又说,任珪睡不着,只得爬起来,那妇人头边搂住了,抚恤道:"便罢休,是我不是。看往日夫妻之面,与你陪话便了。"那妇人倒在任珪怀里,两个云情雨意,狂了半夜,俱不题了。

任珪天明起来,辞了父亲入城去了。每日巴巴结结,早出晚回。那痴婆一心只想要偷汉子,转转寻思:"要待何计脱身?只除寻事回到娘家,方才和周得做一块儿,要个满意。"日夜挂心,捻指又过了半月。

忽一日饭后,周得又来,拽开门儿径入,也不与任公相见,一直上楼。那妇人向前搂住,低声说道:"叵耐这瞎老驴,与儿子说道你常来楼上坐定说话,教我分说得口皮都破,被我葫芦提瞒过了。你从今不要来,怎地教我舍得你? 可寻思计策,除非回家去,与你方才快活。"周得听了,眉头一簇,计上心来:"如今屋上猫儿正狂,叫来叫去。你可漏屋处抱得一个来,安在怀里,必然抓碎你胸前。却放了猫儿,睡在床上啼哭。等你老公回来,必然问你,你说:'你的好爷,却来调戏我;我不肯顺他,他将我胸前抓碎了。'你放声哭起来,你的丈夫,必然打发你归家去。我每日得和你同欢同乐,却强如偷鸡吊狗,暂时相会。且在家中住了半年三个月,却又再处,此计大妙!"妇人伏道:"我不枉了有心向你,好心肠有见识!"二人和衣倒在床上调戏了。云雨罢,周得慌忙下楼去了。正是:

> 老龟烹不烂,移祸于枯桑。

那妇人伺候了几日,忽一日,捉得一个猫儿,解开胸膛,包在怀里。这猫儿见衣服包笼,舒脚乱抓。妇人忍着疼痛,由他抓得胸前两奶粉碎。解开衣服,放他自去。此是申牌时分,不做晚饭,和衣倒在床上,把眼揉得绯红,哭了叫,叫了哭。将近黄昏,任珪回来,参了父亲。到里面不见妇人,叫道:"娘子,怎么不下楼来?"那妇人听得回了,越哭起来。任珪径上楼,不知何意,问道:"吃晚饭也未? 怎地又哭?"连问数声不应。那淫妇巧生言语,一头哭,一头叫道:"问什么! 说起来妆你娘的谎子。快写休书,打发我回去,做不得这等猪狗样人! 你若不打发我回家去,我明日寻个死休!"说了又哭。任珪道:"你且不要哭,有甚事对我说。"这妇人爬将起来,抹了眼泪,擘开胸前,两奶抓得粉碎,有七八条血路,教丈夫看了,道:"这是你好亲爷干下的事! 今早我送你出门,回身便上楼来。不想你这老驴老畜生,轻手轻脚跟我上楼,一把双手搂住,摸我胸前,定要行奸。吃我不肯,他便将手把我胸前抓得粉碎,哪里肯放! 我慌忙叫起来,他没意思,方才摸下楼去了。教我眼巴巴地望你回来。"说罢,大哭起来,道:"我家不见这般没人伦畜生驴马的事。"任珪道:"娘子低声! 邻舍听得,不好看相。"妇人道:"你怕别人得知,明日讨乘轿子,抬我回去便罢休。"任珪虽是大孝之人,听了这篇妖言,不由得:

> 怒从心上起,恶向胆边生。

正是画虎画皮难画骨，知人知面不知心。罢罢，原来如此！可知道前日说你与什么阿舅有奸，眼见得没巴鼻，在我面前胡说。今后眼也不要看这老禽兽！娘子休哭，且安排饭来吃了睡。"这妇人见丈夫听他虚说，心中暗喜，下楼做饭，吃罢去睡了。正是：

娇妻唤做枕边灵，十事商量九事成。

这任珪被这妇人情色昏迷，也不问爷却有此事也无。过了一夜，次早起来，吃饭罢，叫了一乘轿子，买了一只烧鹅，两瓶好酒，送那妇人回去。妇人收拾衣包，也不与任公说知，上轿去了。抬得到家，便上楼去。周得知道便过来，也上楼去，就搂做一团，倒在梁婆床上，云情雨意。周得道："好计吗？"妇人道："端的你好计策！今夜和你放心快活一夜，以遂两下相思之愿。"两个狂罢，周得下楼去，要买办些酒馔之类。妇人道："我带得有烧鹅美酒，与你同吃。你要买时，只觅些鱼菜时果足矣。"周得一霎时买得一尾鱼，一只猪蹄，四色时新果儿，又买下一大瓶五加皮酒，拿来家里，教使女春梅安排完备。已是申牌时分。妇人摆开桌子，梁公、梁婆在上坐了，周得与妇人对席坐了，使女筛酒，四人饮酒，直至初更。吃了晚饭，梁公，梁婆二人下楼去睡了。这两个在楼上，正是：欢来不似今日，喜来更胜当初。

正要称意停眠整宿，只听得有人敲门。正是：

日间不做亏心事，半夜敲门不吃惊。

这两个指望做一夜快活夫妻，谁想有人敲门。春梅在灶前收拾未了，听得敲门，执灯去开门。见了任珪，惊得呆了，立住脚头，高声叫道："任姐夫来了！"周得听叫，连忙穿衣径走下楼，思量无处躲避，想空地里有个东厕，且去东厕躲闪。这妇人慢慢下楼，道："你今日如何这等晚来？"任珪道："便是出城得晚，关了城门。欲去张员外家歇，又夜深了，因此来这里歇一夜。"妇人道："吃晚饭了未？"任珪道："吃了，只要些汤洗脚。"春梅连忙掇脚盆来，教任珪洗了脚。妇人先上楼，任珪却去东厕里净手。时下有人拦住，不与他去便好，只因来上厕，争些儿死于非命。正是：

恩义广施，人生何处不相逢？

冤仇莫结,路逢狭处难回避。

任珪刚跨上东厕,被周得劈头揪住,叫道:"有贼!"梁公、梁婆、妇人、使女各拿一根柴来乱打。任珪大叫道:"是我,不是贼!"众人不由分说,将任珪痛打一顿,周得就在闹里一径走了。任珪叫得喉咙破了,众人方才放手。点灯来看,见了任珪,各人都呆了。任珪道:"我被这贼揪住,你们颠倒打我,被这贼走了。"众人假意埋冤道:"你不早说! 只道是贼,贼到却走了。"说罢,各人自去。

任珪忍气吞声道:"莫不是藏什么人在里面,被我冲破,到打我这一顿? 且不要慌,慢慢地察访。"听那更鼓已是三更,去梁公床上睡了。心中胡思乱想,只睡不着。捱到五更,不等天明,起来穿了衣服便走。梁公道:"待天明吃了早饭去。"任珪被打得浑身疼痛,那里好气? 也不应他,开了大门,拽上了,趁星光之下,直望候潮门来。

却试早了些,城门未开。城边无数经纪行贩,挑着盐担,坐在门下等开门。也有唱曲儿的,也有说闲话的,也有做小买卖的。任珪混在人丛中,坐下纳闷。你道事有凑巧,物有偶然。正所谓:

　　吃食少添盐醋,不是去处休去。
　　要人知重勤学,怕人知事莫做。

当时任珪心下郁郁不乐,与绝不下。内中忽有一人说道:"我那里有一邻居梁凉伞家,有一件好笑的事。"这人道:"有什么事?"那人道:"梁家有一个女儿,小名圣金,年二十余岁,未曾嫁时,先与对门周待诏之子周得通奸。旧年嫁在城外牛皮街卖生药的主管叫作任珪。这周得一向去那里来往,被瞎阿公识破,去那里不得了。昨日归在家里,昨晚周得买了嘎饭好酒,吃到更尽。两个正在楼上快活,有这等的巧事,不想那女婿更深夜静,赶不出城,径来丈人家投宿。奸夫惊得没躲避处,走去东厕里躲了。任珪却去东厕净手,你道好笑吗? 那周得好手段,走将起来劈头将任珪揪住,到叫:'有贼!'丈人、丈母、女儿,一齐把任珪烂酱打了一顿,奸夫逃走了。世上有这样的异事!"众人听说了,一齐拍手笑起来,道:"有这等没用之人! 被奸夫淫妇安排,难道不晓得?"这人道:"若是我,便打一把尖刀,杀做两段! 那人必定不是好汉,必是个煨脓烂板乌龟。"又一个道:"想那人不晓得老婆有奸,以致如此。"说了又笑一场。正是:

情知语是钩和线,从头钓出是非来。

当时任珪却好听得备细,城门正开,一齐出城,各分路去了。此时任珪不出城,复身来到张员外家里来,取了三五钱银子,到铁铺里买了一柄解腕尖刀,和鞘插在腰间。思量钱塘门晏公庙神明最灵,买了一只白公鸡,香烛纸马,提来庙里,烧香拜告:"神圣显灵,任珪妻梁氏,与邻人周得通奸,夜来⋯⋯如此如此,前话一一祷告罢,将刀出鞘,提鸡在手,问天买卦:"如若杀得一个人,杀下的鸡在地下跳一跳;杀他两个人,跳两跳。"说罢,一刀剁下鸡头,那鸡在地下一连跳了四跳,重复从地跳起,直从梁上穿过,坠将下来,却好共是五跳。当时任珪将刀入鞘,再拜,望神明助力报仇。化纸出庙上街,东行西走,无计可施。到晚回张员外家歇了。没情没绪,买卖也无心去管。

次日早起,将刀插在腰间,没做理会处。欲要去梁家干事,又恐撞不着周得,只杀得老婆也无用,又不了事。转转寻思,恨不得咬他一口。径投一个去处,有分教任珪小胆番为大胆,善心改作恶心;大闹了日新桥,鼎沸了临安府。正是:

青龙与白虎同行,吉凶事全然未保。

这任珪东撞西撞,径到美政桥姐姐家里,见了姐姐说道:"你兄弟这两日有些事故,爹在家没人照管,要寄托姐姐家中住几时,休得推故。"姐姐道:"老人家多住些时也不妨。"姐姐果然教儿子去接任公,扶着来家。

这日,任珪又在街坊上串了一回,走到姐姐家,见了父亲,将从前事,一一说过,道:"儿子被这泼淫妇虚言巧语,反说父亲如何如何,儿子一时被惑,险些堕他计中,这口气如何消得?"任公道:"你不要这淫妇便了,何须怄气?"任珪道:"有一日撞在我手里,决无干休!"任公道:"不可造次。从今不要上他门,休了他,别讨个贤会的便罢。"任珪道:"儿子自有道理。"辞了父亲并姐姐,气忿忿的入城。恰好是黄昏时候,走到张员外家,将上件事一一告诉:"只有父亲在姐姐家,我也放得心下。"张员外道:"你且忍耐,此事须要三思而行。自古道:'捉奸见双,捉贼见赃,倘或不了事,枉受了苦楚。若下在死囚牢中,无人管你。你若依我说话,不强如杀害人性命。冤家只可解,不可结。"任珪听得劝他,低了头,只不言语。员外教养娘安排酒饭相待,教去房里睡,明日再作计较。任珪谢了,到房中寸心如割,和衣倒在床上,番来复去,延捱到四更尽了,越想越恼,心头火按捺不住。起来抓扎身体急捷,将刀插在腰间,摸到厨下,轻轻开了门,靠在后墙。那墙苦不甚高,一步爬上墙头。其时夏末秋初,其夜月色正明如昼。将身望下一跳,跳在地上。道:"好了!"一直望丈人家来。

隔十数家,黑地里立在屋檐下,思量道:"好却好了,怎地得他门开?"踌躇不决。

只见卖烧饼的王公,挑着烧饼担儿,手里敲着小小竹筒过来。忽然丈人家门开,走出春梅,叫住王公。将钱买烧饼。任珪自道:"那厮当死!"三步作一步,奔入门里,径投胡梯边梁公房里来。掇开房门,拔刀在手,见丈人、丈母俱睡着。心里想道:"周得那厮必然在楼上了。"按住一刀一个,割下头来,丢在床前。正要上楼,却好春梅关了门,走到胡梯边。被任珪劈头揪住,道:"不要高声!若高声,便杀了你。你且说周得在哪里?"那女子认得是任珪声音,情知不好了,见他手中拿刀,大叫:"任姐夫来了!"任珪气起,一刀砍下头来,倒在地下,慌忙大踏步上楼,去杀奸夫淫妇。正是:

> 种瓜得瓜,种豆得豆。
> 天网恢恢,疏而不漏。

当时任珪跨上楼来。原来这两个正在床上狂荡,听得王公敲竹筒,唤起春梅买烧饼,房门都不闭,桌上灯尚明。径到床边,妇人已知,听得春梅叫,假做睡着。任珪一手按头,一手将刀去咽喉下切下头来,丢在楼板上。口里道:"这口怒气出了,只恨周得那厮不曾杀得,不满我意。"猛想神前杀鸡五跳,杀了丈人、丈母、婆娘、使女,只应得四跳。那鸡从梁上跳下来,必有缘故。抬头一看,却见周得赤条条的伏在梁上。任珪叫道:"快下来,饶你性命!"那时周得心慌,爬上去了,一见任珪,战战兢兢,慌了手脚,禁了爬不动。任珪性起,从床上直爬上去,将刀乱砍,可怜周得从梁上倒撞下来。任珪随势跳下,踏住胸脯,搠了十数刀,将头割下,解开头发,与妇人头结做一处。将刀入鞘,提头下楼。到胡梯边,提了使女头,来寻丈人、丈母头,解开头发,五个头结做一块,放在地上。

此时东方大亮,心中思忖:"我今杀得快活,称心满意。逃走被人捉住,不为好汉。不如挺身首官,便吃了一剐,也得名扬于后世。"遂开了门,叫两边邻舍,对众人道:"婆娘无礼,人所共知。我今杀了他一家,并奸夫周得。我若走了,连累高邻吃官司。如今起烦和你们同去出首。"众人见说未信,慌忙到梁公房里看时,老夫妻两口俱没了头。胡梯边使女尸倒在那里。上楼看时,周得被杀死在楼上,遍身刀搠伤痕数处,尚在血里。妇人杀在床上。众人吃了一惊,走下楼来,只见五颗头结做一处，都道："真好汉子！我们到官，依直与他讲就是。"道犹未了，嚷动邻舍、街坊、里正、缉捕人等，都来缚住任珪。任珪道："不必缚我，我自做自当，并不连累你们。"说罢，两手提了五颗头，出门便走。众邻舍一齐跟定，满街男子妇人，不计其数来看，哄动满城人。只因此起，有分教任珪，正是：

生为孝子肝肠烈，死作明神姓字香。

众邻舍同任珪到临安府，大尹听得杀人公事，大惊，慌忙升厅。两下公吏人等排立左右，任珪将五个人头、行凶刀一把，放在面前，跪下告道："小人姓任名珪，年二十八岁，系本府百姓，祖居江头牛皮街上。母亲早丧，止有老父，双目不明。前年冬间，凭媒说合，娶到在城日新桥河下梁公女儿为妻，一向到今。小人因无本生理，在卖生药张员外家做主管。早去晚回，日常间这妇人只是不喜。至去年八月十八日，父亲在楼下坐定念佛。原来梁氏未嫁小人之先，与邻人周得有奸。其日本人来家，称是姑舅哥哥来访，径自上楼说话。日常来往，痛父眼瞎不明。忽日父与小人说道：'什么阿舅常常来楼上坐，必有奸情之事。'小人听得说，便骂婆娘。一时小人见不到，被这婆娘巧语虚言，说道老父上楼调戏。因此三日前，小人打发妇人回娘家去了。至日，小人回家晚了，关了城门，转到妻家投宿。不想奸夫见我去，逃躲东厕里。小人临睡，去东厕净手，被他劈头揪住，喊叫有贼。当时丈人、丈母、婆娘、使女，一齐执柴乱打小人，此时奸夫走了。小人忍痛归家，思想这口气没出处。不合夜来提刀入门，先杀丈人、丈母，次杀使女，后来上楼杀了淫妇，猛抬头，见奸夫伏在梁上，小人爬上去，乱刀砍死。今提五个首级首告，望相公老爷明镜。"大尹听罢，呆了半晌，遂问排邻，委果供认是实。所供明白，大尹钧旨，令任珪亲笔供招。随即差个县尉，并公吏仵作人等，押着任珪到尸边检验明白。其日人山人海来看。

险道神脱了衣裳，这场话非同小可。

当日一齐同到梁公家，将五个尸首一一检验讫，封了大门。县尉带了一干人犯，来府堂上回话道："检得五个尸，并是凶身自认杀死。"大尹道："虽是自首，难以免责。"交打二十下，取具长枷枷了，上了铁镣手肘，令狱卒押下死囚牢里去。一干排邻回家。教地方公同作眼，将梁公家家财什物变卖了，买下五具棺材，盛下尸首，听候官府发落。

且说任珪在牢内，众人见他是个好男子，都爱敬他。早晚饭食，有人管顾。不在话下。

临安府大尹，与该吏商量：任珪是个烈性好汉，只可惜下手忒狠了，周旋他不得。只得将文书做过，申呈刑部，刑部官奏过天子，令勘官勘得本犯奸夫淫妇，理合杀死，不合杀了丈人、丈母、使女，一家非死三人。着令本府待六十日限满，将犯人就本地方凌迟示众。梁公等尸首烧化，财产入官。

文书到府数日，大尹差县尉率领仵作、公吏、军兵人等，当日去牢中取出任珪。大尹将朝廷发落文书，教任珪看了。任珪自知罪重，低头伏死。大尹教去了锁枷镣肘，上了木驴。只见：

四道长钉钉，三条麻索缚。
两把刀子举，一朵纸花摇。

县尉人等，两棒鼓，一声锣，簇拥推着任珪，前往牛皮街示众。但见犯由牌前引，棍棒后随。当时来到牛皮街，围住法场，只等午时三刻。其日看的人，两行如堵。将次午时，真可作怪，一时间天昏地黑，日色无光，狂风大作，飞沙走石，播土扬泥，你我不能相顾。看的人惊得四分五落，魄散魂飘。

少顷，风息天明，县尉并刽子众人看任珪时，绑索长钉，俱已脱落，端然坐化在木驴之上。众人一齐发声道："自古至今，不曾见有这般奇异的怪事。"监斩官惊得木麻，慌忙令仵作、公吏人等，看守任珪尸首。自己忙拍马到临安府，禀知大尹。大尹见说，大惊，连忙上轿，一同到法场看时，果然任珪坐化了。大尹径来刑部禀知此事，着令排邻地方人等，看守过夜。明早奏过朝廷，凭圣旨发落。次日巳牌时分，刑部文书到府，随将犯人任珪尸首，即时烧化，以免凌迟。县尉领旨，就当街烧化。城里城外,人有千千万万来看,都说:"这样异事,何曾得见! 何曾得见?"

却说任公与女儿,知得任珪死了,安排些羹饭,外甥挽了瞎公公,女儿抬着轿子,一齐径到当街祭祀了,痛哭一场。任珪的姐姐,教儿子挽扶着公公,同回家奉亲过世。

话休絮烦。过了两月余,每遇黄昏,常时出来显灵。来往行人看见者,回去便患病,备下羹饭纸钱当街祭献,其病即痊。忽一日,有一小儿来牛皮街闲耍,被任珪附体起来。众人一齐来看,小儿说道:"玉帝怜吾是忠烈孝义之人,各坊城隍、土地保奏,令做牛皮街土地。汝等善人可就我屋基立庙,春秋祭祀,保国安民。"说罢,小儿遂醒。当坊邻佑,看见如此显灵,那敢不信? 即日敛出财物,买下木植,将任珪基地盖造一所庙宇。连忙请一个塑佛高手,塑起任珪神像,坐于中间处,虔备三牲福礼祭献。自此香火不绝,祈求必应,其庙至今尚存。后人有诗题于庙壁,赞任珪坐化为神之事。诗云:

　　　铁销石朽变更多,只有精神永不磨。
　　　除却奸淫挤自死,刚肠一片赛阎罗。

第三十九卷

汪信之一死救全家

白发苏堤老妪,不知生长何年?相随宝驾共南迁,往事能言旧汴。前度君王游幸,一时询旧凄然。鱼羹妙制味犹鲜,双手擎来奉献。

话说大宋乾道淳熙年间,孝宗皇帝登极,奉高宗为太上皇。那时金邦和好,四郊安静,偃武修文,与民同乐。孝宗皇帝时常奉着太上乘龙舟来西湖玩赏。湖上做买卖的,一无所禁,所以小民多有乘着圣驾出游,赶趁生意。只卖酒的,也不止百十家。

且说有个酒家婆姓宋,排行第五,唤做宋五嫂。原是东京人氏,造得好鲜鱼羹,京中最是有名的。建炎中随驾南渡,如今也侨寓苏堤赶趁。一日太上游湖,泊船苏堤之下,闻得有东京人语音,遣内官召来,乃一年老婆婆。有老太监认得他是汴京樊楼下住的宋五嫂,善煮鱼羹,奏知太上。太上题起旧事,凄然伤感,命制鱼羹来献。太上尝之,果然鲜美,即赐金钱一百文。此事一时传遍了临安府,王孙公子,富家巨室,人人来买宋五嫂鱼羹吃,那老妪因此遂成巨富。有诗为证:

> 一碗鱼羹值几钱?旧京遗制动天颜。
> 时人倍价来争市,半买君恩半买鲜。

又一日,御舟经过断桥,太上舍舟闲步,看见一酒肆精雅,坐启内设个素屏风,屏风上写《风入松》词一首,词云:

> 一春常费买花钱,日日醉湖边。玉骢惯识西湖路,骄嘶过沽酒楼前。
> 红杏香中歌舞,绿杨影里秋千。

暖风十里丽人天,花压鬓云偏。画船载得春归去,余情付湖水湖烟。明日星移

405

残酒,来寻陌上花钿。

太上览毕,再三称赏,问酒保此词何人所作? 酒保答言:"此乃太学生于国宝醉中所题。"太上笑道:"此词虽然做得好,但末句'重移残酒',不免带寒酸之气。"因索笔就屏上改云:"明日重扶残醉"。即日宣召于国宝见驾,钦赐翰林待诏。那酒家屏风上添了御笔,游人争来观看,因而饮酒,其家亦致大富。后人有诗,单道于国宝际遇太上之事。诗曰:

素屏风上醉题词,不道君王盼睐奇。

若问姓名谁上达? 酒家即是魏无知。

又有诗赞那酒家云:

御笔亲删墨未干,满城闻说尽争看。
一般酒肆偏腾涌,始信皇家雨露宽。

那时南宋承平之际,无意中受了朝廷恩泽的不知多少。同时又有文武全才,出名豪侠,不得际会风云,被小人诬陷,激成大祸,后来做了一场没捺煞的笑括,此乃命也,时也,运也。正是:

时来风送滕王阁,运退雷轰荐福碑。

话说乾道年间,严州遂安县有个富家,姓汪名孚,字师中。曾登乡荐,有财有势,专一武断乡曲,把持官府,为一乡之豪霸。因杀死人命,遇了对头,将汪孚问配吉阳军去。他又夤缘魏国公张浚,假以募兵报效为由,得脱罪籍回家,益治资产,复致大富。

他有个嫡亲兄弟汪革,字信之,是个文武全才。从幼只在哥哥身边居住,因与哥哥汪孚酒中争论一句闲话,憋口气只身径走出门,口里说道:"不致千金,誓不还乡!"身边只带得一把雨伞,并无财物,思想:"哪里去好? 我闻得人说,淮庆一路有耕冶可业,甚好经营;且到彼地,再作道理。只是没有盘缠。"心生一计;自小学得些枪棒拳法在身,那时抓缚衣袖,做个把势模样。逢着马头聚处,使几路空拳,将这伞权为枪棒,撇个架子。一般有人喝采,赍发几文钱,将就买些酒饭用度。

不一日,渡了扬子江,一路相度地势,直至安庆府。过了宿松,又行三十里,地名麻地坡。看见荒山无数,只有破古庙一所,绝无人居,山上都是炭材。汪革道:"此处若起个铁冶。炭又方便,足可擅一方之利。"于是将古庙为家,在外纠合无籍之徒,因山作炭,卖炭买铁,就起个铁冶,铸成铁器,出市发卖。所用之人,各有职掌,恩威并著,无不钦服。数年之间,发个大家事起来。遣人到严州取了妻子,来麻地居住。起造厅屋千间,极其壮丽。又占了本处酤坊,每岁得利若干。又打听望江县有个天荒湖,方圆七十余里,其中多生鱼蒲之类。汪革承佃为己业,湖内渔户数百,皆服他使唤,每岁收他鱼租,其家益富。独霸麻地一乡,乡中有事,俱由他武断。出则佩刀带剑,骑从如云,如贵官一般。四方穷民,归之如市。解衣推食,人人愿出死力。又将家财交结附近郡县官吏,若与他相好的,酒杯来往;若与他作对的,便访求他过失,轻则遣人评讼,败其声名;重则私令亡命等于沿途劫害,无处踪迹。以此人人惧怕,交欢恐后,分明是:

> 郭解重生,朱家再出。
> 气压乡邦,名闻郡国。

话分两头。却说江淮宣抚使皇甫倜,为人宽厚,颇得士心。招致四方豪杰,就中选骁勇的,厚其资粮,朝夕训练,号为"忠义军"。宰相汤思退忌其威名,要将此缺替与门生刘光祖。乃阴令心腹御史,劾奏皇甫倜糜费钱粮,招致无赖凶徒,不战不征,徒为他日地方之害。朝廷将皇甫倜革职,就用了刘光祖代之。那刘光祖为人又畏懦,又刻薄,专一阿奉宰相。乃悉反皇甫倜之所为,将忠义军散遣归田,不许占住地方生事。可惜皇甫倜几年精力,训练成军,今日一朝而散。这些军士,也有归乡的,也有结伙走绿林中道路的。

就中单表二人:程彪、程虎,荆州人氏。弟兄两个,都学得一身好武艺,被刘光祖一时驱逐,平日有的请受都花消了,无可存活,思想投奔谁好。猛然想起洪教头洪恭,今住在太湖县南门仓巷口,开个茶坊。他也曾做军校,昔年相处得好,今日何不去奔他,共他商议资身之策?"二人收拾行李,一径来太湖县寻取洪恭。洪恭恰好在茶坊中,相见了,各叙寒温,二人道其来意。洪恭自思家中蜗窄,难以相容。当晚杀鸡为黍,管待二人,送在近处庵院歇了一晚。次日,洪恭又请二人到家中早饭,取出一封书信,说道:"多承二位远来,本当留住几时,争奈家贫待慢。今指引到一个去处,管取情投意合,有个小小富贵。"二人谢别而行,将书札看时,上面写道:"此书送至宿松县麻地坡汪信之十二爷开拆。"二人依言,来到麻地坡,见了汪革,将洪恭书札呈上。汪革拆开看时,上写道:

　　侍生洪恭再拜,字达信之十二爷阁下:自别台颜,时切想念。兹有程彪、程虎兄弟,武艺超群,向隶籍忠义军。今为新统帅散遣不用,特奉荐至府,乞留为馆宾,令郎必得其资益。外敝县有湖荡数处,颇有出产,阁下屡约来看,何迟迟耶? 专候拨冗一临。若得之,亦美业也。

　　汪革看毕大喜,即唤儿子汪世雄出来相见。置酒款待,打扫房屋安歇。自此程彪、程虎住在汪家,朝夕与汪世雄演习弓马,点拨枪棒。
　　不觉三月有余,汪革有事欲往临安府去。二程闻汪革出门,便欲相别。汪革问道:"二兄今往何处?"二程答道:"还到太湖会洪教头则个。"汪革写下一封回书,寄与洪恭,正欲赍发二程起身,只见汪世雄走来,向父亲说道:"枪棒还未精熟,欲再留二程过几时,讲些阵法。"汪革依了儿子言语,向二程说道:"小儿领教未全,且屈宽住一两个月,待不才回家奉送。"二程见汪革苦留,只得住了。
　　却说汪革到了临安府,干事已毕。朝中讹传金虏败盟,诏议战守之策。汪革投匦上书,极言向来和议之非。且云:"国家虽安,忘战必危。江淮乃东南重地,散遣忠义军,最为非策。"末又云:"臣虽不才,愿倡率两淮忠勇,为国家前驱,恢复中原,以报积世之仇,方表微臣之志。"天子览奏,下枢密院会议。这枢密院官都是怕事的,只晓得临渴掘井,那会得未焚徙薪? 况且布衣上书,谁肯破格荐引? 又未知金虏子真个杀来也不,且不复奏,只将温言好语,款留汪革在本府候用。汪革因此逗留临安,急切未回。正是:

　　将相无人国内虚,布衣有志枉嗟吁。
　　黄金散尽貂裘敝,悔向咸阳去上书。

　　话分两头。再说程彪、程虎二人住在汪家,将及一载,胸中本事倾倒得授与汪世雄,指望他重重相谢。那汪世雄也情愿厚赠,奈因父亲汪革,一去不回。二程等得不耐烦,坚执要行。汪世雄苦苦相留了几遍,到后来,毕竟留不住了。一时手中又值空乏,打并得五十两银子,分送与二人,每人二十五两,衣服一套,置酒作别。席上汪世雄说道:"重承二位高贤屈留赐教,本当厚赠,只因家父久寓临安,二位又坚执要去,世雄手无利权,只有些小私财,权当路费。改日两位若便道光顾,尚容补谢。"

二人见银两不多，大失所望。口虽不语，心下想道："洪教头说得汪家父子，万分轻财好义，许我个小富贵。特特而来，淹留一载，只这般赍发起身，比着忠义军中请受，也争不多。早知如此，何不就汪革在家时，即便相辞，也少不得助些盘费。如今汪革又不回来，欲待再住些时，又吃过了送行酒了。"只得快快而别。临行时，与汪世雄讨封回书与洪教头。汪世雄文理不甚通透，便将父亲先前写下这封书，递与二程，托他致意，二程收了。汪世雄又送一程，方才转去。

当日二程走得困乏，到晚寻店歇宿，沽酒对酌，各出怨望之语。程虎道："汪世雄不是个三岁孩儿，难道百十贯钱钞，做不得主？直恁装穷推故，将人小觑！"程彪道："那孩子虽然轻薄，也还有些面情。可恨汪革特地相留，不将人为意，数月之间，书信也不寄一个。只说待他回家奉送，难道十年不回，也等他十年？"程虎道："那些倚着财势，横行乡曲，原不是什么轻财好客的孟尝君。只看他老子出外，儿子就支不动钱钞，便是小家样子。"程彪道："那洪教头也不识人，难道别没个相识，偏荐到这三家村去处？"

二个一递句，说了半夜，吃得有八九分酒了，程虎道："汪革寄与洪教头书，书中不知写甚言语，何不拆来一看？"程彪真个解开包裹，将书取出，湿开封处看时，上写道：

> 侍生汪革再拜，复书子敬教师门下：久别怀念，得手书如对面，喜可知也。承荐二程，即留与小儿相处。奈彼欲行甚促，仆又有临安之游，不得厚赠。有负来意，惭愧，惭愧！

书尾又写细字一行，云：

> 别谕俟从临安回即得践约，计期当在秋凉矣。革再拜。

程虎看罢，大怒道："你是个富家，特地投奔你一场，便多将金帛结识我们，久后也有相逢处。又不是雇工代役，算甚日子久近？却说道，欲行甚促，不得厚赠，主意原自轻了。"程虎便要将书扯烧毁，却是程彪不肯，依旧收藏了。说道："洪教头荐我兄弟一番，也把个回信与他，使他晓得没甚汤水。"程虎道："也说得是。"当夜安歇无话。

次早起身，又行了一日，第三日赶到太湖县，见了洪教头，洪恭在茶坊内坐下，各叙寒温。原来洪恭向来娶下个小老婆，唤做细姨，最是帮家做活，看蚕织绢，不辞辛苦，洪恭十分宠爱。只是一件，那妇人是勤苦作家的人，水也不舍得一杯与人吃的。前次程彪、程虎兄弟来时，洪恭虽然送在庵院安歇，却费了他朝暮两餐，被那妇人絮聒了好几日。今番二程又来,洪恭不敢延款了,又乏钱相赠;家中存得几匹好绢,洪恭要赠与二程。料是细姨不肯,自到房中,取了四匹,揣在怀里。刚出房门,被细姨撞见,拦住道:"老无知,你将这绢往哪里去?"洪恭遮掩不过,只得央道:"程家兄弟,是我好朋友。今日远来,别我还乡,无物表情。你只当权借这绢与我,休得违拗。"细姨道:"老娘千辛万苦,织成这绢,不把来白送与人的。你自家有绢,自家做人情,莫要干涉老娘。"洪恭又道:"他好意远来看我,酒也不留他吃三杯了,这四匹绢怎省得?我的娘,好歹让我做主这一遭儿,待送他转身,我自来陪你的礼。"说罢就走。

细姨扯住衫袖,道:"你说他远来,有甚好意?前番白白里吃了两顿,今番又做指望。这几匹绢,老娘自家也不舍得做衣服穿;他有甚亲情往来,却要送他?他要绢时,只教他自与老娘取讨。"洪恭见小老婆执意不肯,又怕二程等久,只得发个狠,洒脱袖子,径奔出茶坊来。惹得细姨喉急,发起话来道:"什么没廉耻的光棍,非亲非眷,不时到人家莴恼!各人要达时务便好,我们开茶坊的人家,有甚大出产?常言道:'贴人不富自家穷'。有我们这样老无知老禽兽,不守本分,惯一招引闲神野鬼,上门闹炒!看你没饭在锅里时节有那个好朋友,把一斗五升来资助你?"故意走到屏风背后,"千禽兽、万禽兽"的骂。

原来细姨在内争论时,二程一句句都听得了,心中十分焦燥。又听得后来骂詈,好没意思,不等洪恭作别,取了包裹便走。洪恭随后赶来,说道:"小妾因两日有些反目,故此言语不顺,二位休得计较。这粗绢四匹,权折一饭之敬,休嫌微鲜。"程彪、程虎哪里肯受,抵死推辞。洪恭只得取绢自回,细姨见有了绢,方才住口。正是:

> 从来阴性吝啬,一文割舍不得。
> 剥尽老公面皮,恶断朋友亲戚。

大抵妇人家勤俭惜财,固是美事,也要通乎人情。比如细姨一味悭吝,不存丈夫体面,他自躲在房室之内,做男子的免不得出外,如何做人?为此恩变为仇,招非揽祸,往往有之。所以古人说得好,道是:"妻贤夫祸少,子孝父心宽。"

闲话休题。再说程彪、程虎二人,初意来见洪教头,指望照前款留,他便细诉心腹,再求他荐到个好去处,又作道理。不期反受了一场辱骂,思量没处出气。所带汪革回书未投,想起:"书中有别谕候秋凉践约等话,不知何事?心里正恨汪革,何不陷他谋叛之情,两处气都出了?好计,好计!只一件,这书上原无实证,难以出首,除非如此如此……"二人离了太湖县,行至江州,在城外觅个旅店,安放行李。

次日,弟兄两个改换衣装,到宣抚司衙门前蹅了一回。回来吃了早饭,说道:

"多时不曾上浔阳楼,今日何不去一看?"两个锁上房门,带了些散碎银两,径到浔阳楼来。那楼上游人无数,二人倚栏观看。忽有人扯着程彪的衣袂,叫道:"程大哥,几时到此?"程彪回头看,认得是府内惯缉事的,诨名叫作"张光头"。程彪慌忙叫兄弟程虎,一齐作揖,说道:"一言难尽。且同坐吃三杯,慢慢的告诉。"当下三人拣副空座头坐下,吩咐酒保取酒来饮。

张光头道:"闻知二位在安庆汪家做教师,甚好际遇!"程彪道:"什么际遇!几乎弄出大事来!"便附耳低言道:"汪革久霸一乡,渐有谋叛之意。从我学弓马战阵,庄客数千,都教演精熟了,约太湖洪教头洪恭,秋凉一同举事。教我二人,纠合忠义军旧人为内应,我二人不从,逃走至此。"张光头道:"有甚证验?"程虎道:"见有书札托我回复洪恭,我不曾替他投递。"张光头道:"书在何处?借来一看。"程彪道:"在下处。"三人饮了一回,还了酒钱。张光头直跟二程到下处,取书看了道:"这是机密重情,不可泄漏。不才即当禀知宣抚司,二位定有重赏。"说罢,作别去了。

次日,张光头将此事密密的禀知宣抚使刘光祖。光祖即捕二程兄弟置狱,取其口词,并汪革复洪恭书札,密地飞报枢密府。枢密府官大惊,商量道:"汪革见在本府候用,何不擒来鞫问?"差人去拿汪革时,汪革已自走了。原来汪革素性轻财好义,枢密府里的人,一个个和他相好。闻得风声,预先报与他知道,因此汪革连夜逃回。枢密府官见拿汪革不着,愈加心慌,便上表奏闻天子。天子降诏,责令宣抚使捕汪革、洪恭等。宣抚司移文安庆李太守,转行太湖、宿松二县,拿捕反贼。

却说洪恭在太湖县广有耳目,闻风先已逃避无获。只有汪革家私浩大,一时难走。此时宿松县令正缺,只有县尉姓何名能,是他权印。奉了郡檄,点起土兵二百余人,望麻地进发。行未十里,何县尉在马上思量道:"闻得汪家父子骁勇,更兼冶户鱼户,不下千余。我这一去可不枉送了性命?"乃与土兵都头商议,向山谷僻处屯住数日,回来禀知李太守,道:"汪革反谋,果是真的。庄上器械精利,整备拒捕,小官寡不敌众,只得回军。伏乞钧旨,别差勇将前去,方可成功。"李公听信了,便请都监郭择商议。郭择道:"汪革武断一乡,目无官府,已非一日。若说反叛,其情未的。据称拒捕,何曾见官兵杀伤?依起愚见,不须动兵,小将不才,情愿挺身到彼,观其动静。若彼无叛情,要他亲到府中分辩。他若不来,剿除未晚。"李公道:"都监所言极当,即烦一行。须体察仔细,不可被他瞒过。"郭择道:"小将理会得。"李公又问道:"将军此行,带多少人去?"郭择道:"只亲随十余人足矣。"李公道:"下官将一人帮助。"即唤缉捕使臣王立到来。王立朝上唱个喏,立于傍边。李公指着道:"此人胆力颇壮,将军同他去时,缓急有用。"原来郭择与汪革素有交情,此行轻身而往,本要劝谕汪革,周全其事。不期太守差王立同去,他倚着上官差遣,便要夸才卖智,七嘴八张,连我也不好做事了。欲待推辞不要他去,又怕太守疑心。只得领诺,怏怏而别。

次早，王立抓扎停当，便去催促郭择起身。又向郭择道："郡中捕贼文书，须要带去。汪革这厮，来便来，不来时，小人带着都监一条麻绳扣他颈皮。王法无亲，那怕他走上天去！"郭择早有三分不乐，便道："文书虽带在此，一时不可说破，还要相机而行。"王立定要讨文书来看，郭择只得与他看了。王立便要拿起，却是郭择不肯，自己收过，藏在袖里。当日郭择和王立都骑了马，手下跟随的，不上二十个人，离了郡城，望宿松而进。

却说汪革自临安回家，已知枢密院行文消息，正不知这场是非，从何而起。却也自恃没有反叛实迹，跟脚牢实，放心得下。前番何县尉领兵来捕，虽不曾到麻地，已自备细知道。这番如何不打探消息？闻知郡中又差郭都监来，带不满二十人，只怕是诱敌之计，预戒庄客，大作准备。吩咐儿子汪世雄，埋伏壮丁伺候。倘若官兵来时，只索抵敌。

却说世雄妻张氏，乃太湖县盐贾张四郎之女，平日最有智数。见其夫装束，问知其情，乃出房对汪革说道："公公素以豪侠名，积渐为官府所忌。若其原非反叛，官府亦自知之。为今之计，不若挺身出辨，得罪犹小，尚可保全家门。倘一有拒捕之名，弄假成真，有口难诉，悔之无及矣！"汪革道："郭都监，吾之故人，来时定有商量。"遂不从张氏之言。

再说郭择到了麻地，径至汪革门首，汪革早在门外迎候，说道："不知都监驾临荒僻，失于远接。"郭择道："郭某此来，甚非得已，信之必然相谅。"两个揖让升厅，分宾坐定，各叙寒温。郭择看见两厢廊庄客往来不绝，明晃晃摆着刀枪，心下颇怀悚惧。又见王立跟定在身旁，不好细谈，汪革开言问道："此位何人？"郭择道，"此乃太守相公所遣王观察也。"汪革起身，重与王立作揖，道："失瞻，休罪！"便请王立在厅侧小阁儿内坐下，差个主管相陪，其余从人俱在门首空房中安扎。

一时间备下三席大酒：郭择客位一席，汪革主位相陪一席，王立另自一席。余从满盘肉，大瓮酒，尽他醉饱。饮酒中间，汪革又移席书房中小坐，却细叩郭择来意。郭择隐却郡檄内言语，只说道："太守相公深知信之被诬，命郭某前来劝谕。信之若藏身不出，便是无丝有线了；若肯至郡分辩，郭某一力担当。"汪革道："且请宽饮，却又理会。"郭择真心要周全汪革，乘王立不在眼前，正好说话，连次催并汪革决计。汪革见逼得慌，愈加疑惑。此时六月天气，暑气蒸人，汪革要郭择解衣畅饮，郭择不肯。郭择连次要起身，汪革也不放。只管斟着大觥相劝，自巳牌至申牌时分，席还不散。

郭择见天色将晚，恐怕他留宿，决意起身，说道："适郭某所言，出于至诚，并无半字相欺。从与不从，早早裁决，休得两相耽误。"汪革带着半醉，唤郭择的表字道："希颜是我故人，敢不吐露心腹！某无辜受谤，不知所由。今即欲入郡参谒，又恐郡守不分皂白，阿附上官，强入人罪。鼠雀贪生，人岂不惜命？今有楮券四百，聊奉希颜表意，为我转限两三个月，我当向临安借贵要之力，与枢密院讨个人情。上面先说得停妥，方敢出头。希颜念吾平日交情，休得推委。"郭择本不欲受，只恐汪革心疑生变，乃佯笑道："平昔相知，自当效力，何劳厚赐？暂时领爱，容他日璧还。"却待舒手去接那楮券，谁知王观察王立站在窗外，听得汪革将楮券送郭择，自己却没甚贿赂，带着九分九厘醉态，不觉大怒，拍窗大叫道："好都监！枢密院奉圣旨着本郡取谋反犯人，乃受钱转限，谁人敢担这干系？"

原来汪世雄率领壮丁，正伏在壁后，听得此语，即时跃出，将郭择一索捆番，骂道："吾父与你何等交情，如何藏匿圣旨文书，吃骗吾父入郡，陷之死地？是何道理？"王立在窗外听见势头不好，早转身便走，正遇着一条好汉，提着朴刀拦住。那人姓刘名青，绰号"刘千斤"，乃汪革手下第一个心腹家奴，喝道："贼子哪里走！"王立拔出腰刀厮斗，夺路向前，早被刘青左臂上砍上一刀。王立负痛而奔，刘青紧步赶上。只听得庄外喊声大举，庄客将从人乱砍，尽皆杀死。王立肩胛上又中了一朴刀，情知逃走不脱，便随刀仆地，妆做僵死。庄客将挠钩拖出，和众死尸一堆儿堆向墙边。汪革当厅坐下，汪世雄押郭择，当面搜出袖内文书一卷。汪革看了大怒，喝教斩首。郭择叩头求饶道："此事非关小人，都因何县尉妄禀拒捕，以致太守发怒。小人奉上官差委，不得已而来。若得何县尉面对明白，小人虽死不恨。"汪革道："留下你这驴头也罢，省得那狗县尉没有了证见。"吩咐权锁在耳房中。教汪世雄即时往炭山冶坊等处，凡壮丁都要取齐听令。

却说炭山都是村农怕事，闻说汪家造反，一个个都向深山中藏躲。只有冶坊中大半是无赖之徒，一呼而集，约有三百余人。都到庄上，杀牛宰马，权做赏军。庄上原有骏马三匹，日行数百里，价值千金。那马都有名色，叫作：

惺惺骝，小骢骒，番婆子。

又平日结识得四个好汉，都是胆勇过人的。那四个？

龚四八，董三，董四，钱四二。

其时也都来庄上，开怀饮酒，直吃到四更尽，五更初。众人都醉饱了，汪革扎缚起来，真像个好汉：

头总旋风髻，身穿白锦袍；鞜鞋兜脚紧，裹肚系身牢；
多带穿杨箭，高擎斩铁刀；雄威真罕见，麻地显英豪。

汪革自骑着番婆子，控马的用着刘青，又是一个不良善的，怎生模样？

> 刚须环眼威风凛，八尺长躯一片锦。
> 千斤铁骨敢相持，好汉逢他打寒噤。

汪革引着一百人为前锋。董三、董四、钱四二共引三百人为中军。汪世雄骑着小骢骒，却教龚四八骑着惺惺骝相随，引一百余人，押着郭都监为后队。分发已定，连放三个大硫硫，一齐起身，望宿松进发，要拿何县尉。正是：

> 人无害虎心，虎有伤人意。

离城约五里之近，天色大明。只见钱四二跑上前，向汪革说道："要拿一个县尉，何须惊天动地；只消数人突然而入，缚了他来就是。"汪革道："此言有理。"就教钱四二押着大队屯住，单领董三、董四、刘青和二十余人前行，望见城濠边一群小儿连臂而歌，歌曰：

> 二六佳人姓汪，偷个船儿过江。
> 过江能几日？一杯热酒难当。

歌之不已。汪革策马近前叱之，忽然不见，心下甚疑。

到县前时，已是早衙时分，只见静悄悄地，绝无动静。汪革却待下马，只见一个直宿的老门子，从县里面唱着"哩哩花儿"的走出，被刘青一把拿住，问道："何县尉在哪里？"老门子答道："昨日往东村勾摄公事未回。"汪革就教他引路，径出东门。约行二十余里，来到一所大庙，唤做福应侯庙，乃是一邑之香火，本邑奉事甚谨，最有灵应。老门子指道："每常官府下乡，只在这庙里歇宿，可以问之。"汪革下马入庙。庙祝见人马雄壮，刀仗鲜明，正不知甚人，唬得尿流屁滚，跪地迎接。汪革问他县尉消息，庙祝道："昨晚果然在庙安歇，今日五更起马，不知去向。"汪革方信老门子是实话，将他放了。就在庙里打了中火，遣人四下踪迹县尉，并无的信。看看挨至申牌时分，汪革心中十分焦燥，教取火来，把这福应侯庙烧做白地，引众仍回旧路。刘青道："县尉虽然不在，却有妻小在官廨中。若取之为质，何愁县尉不来？"汪革点头道："是。"行至东门，尚未昏黑，只见城门已闭。却是王观察王立不曾真死，负痛逃命入城，将事情一一禀知巡检。那巡检唬得面如土色，一面吩咐闭了城门，防他罗唣；一面申报郡中，说汪革杀人造反，早早发兵剿捕。再说汪革见城门闭了，便欲放火攻门。忽然一阵怪风，从城头上旋将下来。那风好不厉害！吹得人毛骨

俱悚,惊得那匹番婆子也直立嘶鸣,倒退几步。汪革在马上大叫一声,直跌下地来。正是:

　　　　未知性命如何,先见四肢不举。

　　刘青见汪革坠马,慌忙扶起看时,不言不语,好似中恶模样,不省人事。刘青只得抱上雕鞍,董三、董四左右防护,刘青控马而行。转到南门,却好汪世雄引着二三十人,带着火把接应,合为一处。又行二里,汪革方才苏醒,叫道:"怪哉!分明见一神人,身长数丈,头如车轮,白袍金甲,身坐城堵上,脚垂至地,神兵簇拥,不计其数,旗上明写'福应侯'三字。那神人舒左脚踢我下马。想是神道怪我烧毁其庙,所以为祸也。明早引大队到来,白日里攻打,看他如何?"汪世雄道:"父亲还不知道,钱四二恐防累及,已有异心,不知与众人如何商议了,他先洋洋而去。以后众人陆续走散,三停中已去了二停。父亲不如回到家中,再作计较。"汪革听罢,懊恨不已。

　　行至屯兵之地,见龚四八,所言相同。郭择还锁押在彼,汪革一时性起,拔出佩刀,将郭择劈做两截。引众再回麻地坡来,一路上又跑散了许多人。到庄点点人数,止存六十余人。汪革叹道:"吾素有忠义之志,忽为奸人所陷,无由自明。初意欲擒拿县尉,究问根由,报仇雪耻。因借府库之资,招徕豪杰,跌宕江淮,驱除这些贪官污吏,使威名盖世,然后就朝廷恩抚,为国家出力,建万世之功业。今吾志不就,命也!"对龚四八等道:"感众兄弟相从不舍,吾何忍负累,今罪犯必死,此身已不足惜,众兄弟何不将我绑去送官,自脱其祸?"龚四八等齐声道:"哥哥说哪里话!我等平日受你看顾大恩,今日患难之际,生死相依,岂有更变,哥哥休将钱四二一例看待。"汪革道:"虽然如此,这麻地坡是个死路,若官兵一到,没有退步。大抵朝廷之事,虎头蛇尾,且暂为逃难之计,倘或天天可怜,不绝尽汪门宗祀,此地还是我子孙故业。不然,我汪革魂魄,亦不复到此矣!"言讫,扑簌簌两行泪下。汪世雄放声大哭,龚四八等皆泣下,不能仰视。

　　汪革道:"天明恐有军马来到,事不宜迟矣,天荒湖有渔户可依,权且躲避。"乃尽出金珠,将一半付与董三、董四,教他变姓易名,往临安行都为贾,布散流言,说何县尉迫胁汪革,实无反情。只当公道不平,逢人分析。那一半付与龚四八,教他领了三岁的孙子,潜往吴郡藏匿。官府只虑我北去通虏,绝不疑在近地。事平之后,径到严州遂安县,寻我哥哥汪师中,必然收留。乃将三匹名马分赠三人。龚四八道:"此马毛色非凡,恐被人识破,不可乘也。"汪革道:"若遗与他人,有损无益。"提起大刀,一刀一匹,三马尽皆杀死。庄前庄后,放起一把无情火,必必剥剥,烧得烈焰腾天。汪革与龚、董三人,就火光中洒泪分别。世雄妻张氏,见三岁的孩儿去了,

415

大哭一场,自投于火而死。若汪革早听其言,岂有今日? 正是:

> 良药苦口,忠言逆耳。有智妇人,赛过男子。

汪革伤感不已,然无可奈何了。天色将明,吩咐庄客:不愿跟随的,听其自便。引了妻儿老少,和刘青等心腹三十余人,径投望江县天荒湖来,取五只渔船,分载人口,摇向芦苇深处藏躲。

话分两头。却说安庆李太守,见了宿松县申文,大惊,忙备文书各上司处申报。一面行文各县,招集民兵剿贼。江淮宣抚司刘光祖将事情装点大了,奏闻朝廷。旨意倒下枢密院,着本处统帅约会各郡军马,合力剿捕,毋致蔓延。刘光祖各郡调兵,到者约有四五千之数;已知汪革烧毁房舍,逃入天荒湖内,又调各处船兵水陆并进。又支会平江,一路用兵邀截,以防走逸。那领兵官无非是都监、提辖、县尉、巡检之类,素闻汪革骁勇,党与甚众,人有畏怯之心。陆军只屯住在望江城外,水军只屯在里湖港口,抢掳民财,消磨粮饷,那个敢下湖捕贼?

住了二十余日,湖中并无动静。有几个大胆的,乘个小挫船,哨探出去,望见芦苇中烟火不绝,远远的鼓声敲响。不敢近视,依旧挫转。又过了几日,烟火也没了,鼓声也不闻了。水哨禀知军官,移船出港,筛锣摇鼓,摇旗呐喊而前,荡入湖中。连打鱼的小船都四散躲过,并不见一只。向芦苇烟起处搜看时,鬼脚迹也没一个了。但见几只破船上堆却木屑和草根,煨得船板焦黑。浅渚上有两三面大鼓,鼓上缚着羊,连羊也饿得半死了。原来鼓声是羊蹄所击,烟火乃木屑。汪革从湖入江,已顺流东去,正不知几时了。军官惧罪,只得将船追去。

行出江口,只见五个渔船,一字儿泊在江边,船上立着个汉子,有人认得这船是天荒湖内的渔船。拢船去拿那汉子查问时,那汉子噙着眼泪,告诉道:"小人姓樊名速,川中人氏,因到此做些小商贩,买卖已毕,与一个乡亲同坐一只大船,三日前来此江口,撞着这五个渔船。船上许多好汉,自称汪十二爷,要借我大船安顿人口,将这五个小船相换。我不肯时,腰间拔出雪样的刀来便要杀害,只得让与他去了。你看这个小船,怎过得川江? 累我重复觅船,好不苦也!"船上两个军官商量道:"眼见得换船的汪十二爷,便是汪革了。他人众已散,只有两只大船,容易算计了,且放心赶去。"

行至采石矶边,见江面上摆列战舰无数,却是太平郡差出军官,领水军把截采石,盘诘行船,恐防反贼汪革走逸。打听的实,两处军官相会。安庆军官说起:"汪革在湖中逃走入江,劫了两只大客船,装载家小之事。料他必从此过,小将跟寻下来,如何不见?"采石军官听说,大惊,顿足道:"我被这奸贼瞒过了也! 前两日辰牌时分,果有两只大客船,船中满载家小。其人冠带来谒,自称姓王,名中一,为蜀中参军,任满赴行都升补。想来'汪'字半边是'王'字,'革'字下截是'中一'二字,此人正是汪革。今已过去,不知何往矣!"两处军官度道:"失了汪革正贼,料瞒不过,只得从实申报上司。"

上司见汪革踪迹神出鬼没,愈加疑虑,请枢密院悬下赏格,画影图形,各处张挂。有能擒捕汪革者,给赏一万贯,官升三级;获其嫡亲家属一口者,赏三千贯,官升一级。

却说汪革乘着两只客船,径下太湖。过了数日,闻知官府挨捕紧急,料是藏躲不了,将客船凿沉湖底,将家小寄顿一个打鱼人家,多将金帛相赠,约定一年后来取。却教刘青跟随儿子汪世雄,间道往无为州漕司出首,说父亲原无反情,特为县尉何能陷害,见今逃难行都,乞押去追寻,免致兴兵调饷。此乃保定家门之计,不可迟滞。世雄被父亲所逼,只得去了。漕司看了汪世雄首词,问了备细,差官锁押到临安府,挨获汪革,一面禀知枢密等院衙门去讫。

却说汪革发脱家小,单单剩得一身,改换衣装,径望临安而走。在城外住了数日,不见儿子世雄消息。想起城北厢官白正,系向年相识,乃夜入北关,叩门求见。白正见是汪革,大惊,便欲走避。汪革扯住说道:"兄长勿疑,某此来束手投罪,非相累也。"白正方才心稳,开言问道:"官府捕足下甚急,何为来此?"汪革将冤情告诉了一遍,如今愿借兄长之力,得诣阙自明,死亦无恨。白正留汪革住了一宿,次早报知枢密府,遂下于大理院狱中。狱官拷问他家属何在,及同党之人姓名。汪革道:"妻小都死于火中,只有一子名世雄,一向在外做客,并不知情。庄丁俱是村民,各各逃命去讫,亦不记姓名。"狱官严刑拷讯,终不肯说。

却说白正不愿领赏,记功升官,心下十分可怜汪革,一应狱中事体,替他周旋。临安府闻说反贼汪革投到,把做异事传播。董三、董四知道了,也来暗地与他使钱。大尹院上官下吏都得了贿赂,汪革稍得宽展,遂于狱中上书。大略云:

> "臣汪革,于某年某月投匦献策,愿倡率两淮忠义,为国家前驱破虏,恢复中原。臣志在报国如此,岂有贰心?不知何人谤臣为反,又不知所指何事。愿得其人与臣面质,使臣心迹明白,虽死犹生矣。"

天子见其书,乃诏九江府押送程彪、程虎二人,到行都并下大理鞫问。其时无为州漕司文书亦到,汪世雄也来了。

那会审一日,好不热闹。汪革父子相会,一段悲伤,自不必说。看见对头,却是二程兄弟,出自意外,到吃一惊,方晓得这场是非的来历。刑官审问时,二程并无他话,只指汪革所寄洪恭之书为据。汪革辨道:"书中所约秋凉践约,原欲置买太湖县湖荡,并非别情。"刑官道:"洪恭已在逃了有何对证?"汪世雄道:"闻得洪恭见在宣城居住,只拿他来审,便知端的。"刑官一时不能决,权将四人分头监候,行文宁国府去了。

不一日,本府将洪恭解到。刘青在外面已自买嘱解子,先将程彪、程虎根由备细与洪恭说了。洪恭料得没事,大着胆进院。遂将写书推荐二程,约汪革来看湖荡,及汪家赍发薄了,二人不悦,并赠绢不受之故,始末根由,说了一遍。汪革回书,被程彪、程虎藏匿不付。两头怀恨,遂造此谋,诬陷平人,更无别故。

堂上官录了口词,向狱中取出汪家父子、二程兄弟面证。程彪、程虎见洪恭说得的实了,无言可答。汪革又将何县尉停泊中途,诈称拒捕,以致上司激怒等因,说了一遍。问官再四推鞫无异,又且得了贿赂,有心要周旋其事。当时判出审单,略云:

"审得犯人一名汪革,颇有侠名,原无反状。始因二程之私怨,妄解书词;继因何尉之讹言,遂开兵衅。察其本谋,实非得已。但不合不行告辨,纠合凶徒,擅杀职官郭择及士兵数人。情虽可原,罪实难宥。思其束手自投,显非抗拒。但行凶非止一人,据革自供,当时逃散,不记姓名。而郡县申文,已有刘青名字。合行文本处访拿治罪,不可终成漏网。革子世雄,知情与否,亦难悬断。然观无为州首词,与同恶相济者不侔,似宜准自首例,姑从末减。汪革照律该凌迟处死,仍枭首示众,绝不待时。汪世雄杖脊,发配二千里外。程彪、程虎首事妄言,杖脊发配一千里外。俱俟凶党刘青等到后发遣。洪恭供明释放。县尉何能捕贼无才,罢官削籍。"

狱具,复奏天子。圣旨依拟。刘青一闻这个消息,预先漏与狱中,只劝汪革服毒自尽。

汪革这一死,正应着宿松城下小儿之歌,他说"二六佳人姓汪",汪革排行十二也;"偷个船儿过江",是指劫船之事;"过江能几日?一杯热酒难当",汪革今日将热酒服毒,果应其言矣。古来说,童谣乃天上荧惑星化成小儿预言祸福。看起来汪革虽不曾成什么大事,却被官府大惊小怪,起兵调将,骚扰几处州郡,名动京师,忧及天子,便有童谣预兆,亦非偶然也。

闲话休题。再说汪革死后,大理院官验过,仍将死尸枭首,悬挂国门。刘青先将尸骸藏过,半夜里偷其头去藁葬于临安北门十里之外。次日,私对董三说知其处,然后自投大理院,将一应杀人之事,独自承认,又自诉偷葬主人之情。大理院官用刑严讯,备诸毒苦,要他招出葬尸处,终不肯言。是夜受苦不过,死于狱中。后人有诗赞云:

从容就狱申王法，慷慨捐生报主恩。

多少朝中食禄者，几人殉义似刘青？

大理院官见刘青死了，就算个完局。狱中取出汪世雄及程彪、程虎，决断发配。董三、董四在外，已自使了手脚，买嘱了行杖的，汪世雄皮肤也不曾伤损。程彪、程虎着实吃了大亏，又兼解子也受了买嘱，一路上将他两个难为。行至中途，程彪先病故了；只将程虎解去，不知下落。那解汪世雄的得了许多银两，刚行得三、四百里，将他纵放。汪世雄躲在江湖上，使枪棒卖药为生。不在话下。

再说董三、董四收拾了本钱，往姑苏寻着了龚四八，领了小孩子；又往太湖打鱼人家，寻了汪家老小。三个人扮作仆者模样，一路跟随，直送至严州遂安县汪师中处。汪孚问知详细，感伤不已，拨宅安顿。龚、董等都移家附近居住。却有汪孚卫护，地方上谁敢道个不字。

过了半载，事渐冷了。汪师中遣龚四八、董四二人，往麻地坡查理旧时产业。那边依旧有人造炭冶铁。问起缘故，却是钱四二为主，倡率乡民做事，就顶了汪革的故业。只有天荒湖渔户不肯从顺。董四大怒，骂道："这反复不义之贼，恁般享用得好，心下何安？我拚着性命，与汪信之哥哥报仇。"提了朴刀，便要寻钱四二赌命。龚四八止住道："不可，不可。他既在此做事，乡民都帮助他的，寡不敌众，枉惹人笑。不如回复师中，再作道理。"二人转至宿松。何期正在郭都监门首经过，有认得董四的，闲着口，对郭都监的家人郭兴说道："这来的矮胖汉，便是汪革的心腹帮手，叫作董学，排行第四。"郭兴听罢，心下想道："家主之仇，如何不报？"让一步过去，出其不意，从背心上狠的一拳，将董四抑倒，急叫道："拿得反贼汪革手下杀人的凶徒在此！"宅里奔出四五条汉子来，街坊上人一拥都来，唬得龚四八不敢相救，一道烟走了。郭兴招引地方将董四背剪绑起，头发都搏得干干净净，一步一棍，解到宿松县来。此时新县官尚未到任，何县尉又坏官去了，却是典史掌印，不敢自专，转解到安庆李太守处。李太守因前番汪革反情不实，轻事重报，被上司埋怨了一场，不胜懊悔。今日又说起汪革，头也疼将起来，反怪地方多事，骂道："汪革杀人一事，奉圣旨处分了当。郭择性命已偿过了，如何又生事扰害？那典史与他起解，好不晓事！"嘱教将董四放了。郭兴和地方人等，一场没趣而散。董四被郭家打伤，负痛奔回遂安县去。

却说龚四八先回，将钱四二占了炭冶生业，及董四被郭家拿住之事，细说一遍。汪孚度道必然解郡。却待差人到安庆去替他用钱营干，忽见董四光着头奔回，诉说如此如此，若非李太守好意，性命不保。汪孚道："据官府口气，此事已撇过一边了。虽然董四哥吃了些亏，也得了个好消息。"

又过几日，汪孚自引了家童二十余人，来到麻地坡，寻钱四二与他说话。钱四

二闻知汪孚自来，如何敢出头？带着妻子，连夜逃走去了，到撇下房屋家计。汪孚道："这不义之物，不可用之。"赏与本地炭户等，尽他搬运，房屋也都拆去了。汪孚买起木料，烧砖造瓦，另盖起楼房一所。将汪革先前炭冶之业，一一查清，仍旧汪氏管业。又到天荒湖拘集渔户，每人赏赐布钞，以收其心。这七十里天荒湖，仍为汪氏之产。又央人向郡中上下使钱，做汪孚出名，批了执照。汪孚在麻地坡住了十个多月，百事做得停停当当，留下两个家人掌管，自己回遂安去。

不一日，哲宗皇帝晏驾。新天子即位，颁下诏书，大赦天下。汪世雄才敢回家，到遂安拜见了伯伯汪师中，抱头而哭。闻得一家骨肉无恙，母子重逢，小孩儿已长成了，是汪孚取名，叫作汪千一。汪世雄心中一悲一喜。

过了数日，汪世雄禀过伯伯，同董三到临安走遭，要将父亲骸骨奔归埋葬。汪孚道："此是大孝之事，我如何阻当？但须早去早回。此间武疆山广有隙地，风水尽好，我先与你葺理葬事。"汪世雄和董三去了，一路无事。不一日，负骨而回。重备棺木殡殓，择日安葬。事毕，汪孚向侄儿说道："麻地坡产业虽好，你父亲在彼，挫了威风。又地方多有仇家，龚四八和董三、董四多有人认得，你去住不得了。我当初为一句闲话上，触了你父亲，弯口气走向麻地坡去了，以致弄出许多事来。今日将我的产业尽数让你，一来是见成事业，二来你父亲坟茔在此，也好看管。也教你父亲在九泉之下，消了这一怨气。那麻地坡产业，我自移家往彼居住，不怕谁人奈何得我。"汪世雄拜谢了伯伯。当日汪孚将遂安房产账目，尽数交付汪世雄明白，童仆也分下一半。自己领了家小，向麻地坡一路而去。

从此遂安与宿松，分做二宗，往来不绝。汪世雄凭藉伯伯的财势，地方无不信服。只为妻张氏赴火身死，终身不娶，专以训儿为事。后来汪千一中了武举，直做到亲军指挥使之职。子孙繁盛无比。这段话本，叫作"汪信之一死救全家"。后人有诗赞云：

烈烈轰轰大丈夫，出门空手立家模。
情真义士多帮手，赏薄宵人起异图。
仗剑报仇因迫吏，挺身就狱为全孥。
汪孚让宅真高谊，千方传名事岂诬？

第四十卷

沈小霞相会出师表

闲向书斋阅古今，偶逢奇事感人心；
忠臣翻受奸臣制，肮脏英雄泪满襟。
休解绶，慢投簪，从来日月岂常阴？
到头祸福终须应，天道还分贞与淫。

话说国朝嘉靖年间，圣人在位，风调雨顺，国泰民安。只为用错了一个奸臣，浊乱了朝政，险些儿不得太平。那奸臣是谁？姓严名嵩，号介溪，江西分宜人氏。以柔媚得幸，交通宦官，先意迎合，精勤斋醮，供奉青词，由此骤致贵显。为人外装曲谨，内实猜刻。谗害了大学士夏言，自己代为首相，权尊势重，朝野侧目。儿子严世蕃，由官生直做到工部侍郎。他为人更狠，但有些小人之才，博闻强记，能思善算。介溪公最听他的说话，凡疑难大事，必须与他商量，朝中有"大丞相"、"小丞相"之称。

他父子济恶，招权纳贿，卖官鬻爵。官员求富贵者，以重赂献之，拜他们下做干儿子，即得超迁显位。由是不肖之人，奔走如市，科道衙门，皆其心腹牙爪。但有与他作对的，立见奇祸，轻则杖谪，重则杀戮，好不厉害！除非不要性命的，才敢开口说句公道话儿。若不是真正关龙逢、比干，十二分念君爱国的，宁可误了朝廷，岂敢得罪宰相？其时有无名子感慨时事，将《神童诗》改成四句云：

少小休勤学，钱财可立身。
君看严宰相，必用有钱人。

又改四句，道是：

小霞相会出师表

天子重权豪,开言惹祸苗。
万般皆下品,只有奉承高。

只为严嵩父子,恃宠贪虐,罪恶如山,引出一个忠臣来,做出一段奇奇怪怪的事迹,留下一段轰轰烈烈的话柄,一时身死,万古名扬。正是:

家多孝子亲安乐,国有忠臣世
泰平。

那人姓沈名炼,别号青霞,浙江绍兴人氏。其人有文经武纬之才,济世安民之志。从幼慕诸葛孔明之为人,孔明文集上有《前出师表》、《后出师表》,沈炼平日爱诵之,手自抄录数百遍,室中到处粘壁。每逢酒后,便高声背诵,念到"鞠躬尽瘁,死而后已",往往长叹数声,大哭而罢。以此为常,人都叫他是狂生。嘉靖戊戌年中了进士,除授知县之职。他共做了三处知县,那三处? 溧阳、茌平、清丰。这三任官做得好,真个是:

吏肃唯遵法,官清不爱钱。
豪强皆敛手,百姓尽安眠。

因他生性伉直,不肯阿奉上官,左迁锦衣卫经历。一到京师,看见严家赃秽狼藉,心中甚怒。

忽一日值公宴,见严世蕃倨傲之状,已自九分不像意。饮至中间,只严世蕃狂呼乱叫,旁若无人,索巨觥飞酒,饮不尽者罚之。这巨觥约容酒斗余,两坐客惧世蕃威势,没人敢不吃。只有一个马给事,天性绝饮,世蕃固意将巨觥飞到他面前。马给事再三告免,世蕃不依。马给事略沾唇,面便发赤,眉头打结,愁苦不胜。世蕃自去下席,亲手揪了他的耳朵,将巨觥灌之。那给事出于无奈,闷着气,一连几口吸尽。不吃也罢,才吃下时,觉得天在下,地在上,墙壁都团团转动,头重脚轻,站立不住。世蕃拍手呵呵大笑。

沈炼一肚子不平之气,忽然揎袖而起,抢那只巨觥在手,斟得满满的,走到世蕃面前说道:"马司谏承老先生赐酒,已沾醉不能为礼,下官代他酬老先生一杯。"世蕃愕然,方欲举手推辞,只见沈炼声色俱厉道:"此杯别人吃得,你也吃得;别人怕着你,我沈炼不怕你!"也揪了世蕃的耳朵灌去。世蕃一饮而尽。沈炼掷杯于案,一般拍手呵呵大笑。唬得众官员面如土色,一个个低着头,不敢则声。世蕃假醉,先辞去了。沈炼也不送,坐在椅上,叹道:"咳!'汉、贼不两立'!'汉、贼不两立'!"一连念了七八句。这句书也是《出师表》上的说话,他把严家比着曹操父子。众人只怕世蕃听见,到替他捏两把汗。沈炼全不为意,又取酒连饮几杯,尽醉方散。

睡到五更醒来,想道:"严世蕃这厮,被我使气,逼他饮酒,他必然记恨,来暗算我。一不做,二不休,有心只是一怪,不如先下手为强。我想严嵩父子之恶,神人怨怒,只因朝廷宠信甚固。我官卑职小,言而无益,欲待觑个机会,方才下手。如今等不及了,只当做张子房在博浪沙中椎击秦始皇,虽然击他不中,也好与众人做个榜样。"就枕头上思想疏稿,想到天明有了,起来焚香盥手,写就表章。表上备说严嵩父子招权纳贿,穷凶极恶,欺君误国十大罪,乞诛之以谢天下。圣旨下道:"沈炼谤讪大臣,沽名钓誉,着锦衣卫重打一百,发去口外为民。"严世蕃差人吩咐锦衣卫官校,定要将沈炼打死。喜得堂上官是个有主意的人,那人姓陆名炳,平时极敬重沈公的节气;况且又是属官,相处得好的。因此反加周全,好生打个出头棍儿,不甚厉害。户部注籍,保安州为民。沈炼带着棒疮,即日收拾行李,带领妻子,雇着一辆车儿,出了国门,望保安进发。

原来沈公夫人徐氏,所生四个儿子。长子沈襄,本府廪膳秀才,一向留家。次子沈衮、沈褒,随任读书。幼子沈褒,年方周岁。嫡亲五口儿上路,满朝文武,惧怕严家,没一个敢来送行。有诗为证:

> 一纸封章忤庙廊,萧然行李入遐荒。
> 相知不敢攀鞍送,恐触权奸惹祸殃。

一路上辛苦,自不必说。且喜到了保安州了。那保安州属宣府,是个边远地方,不比内地繁华。异乡风景,举目凄凉,况兼连日阴雨,天昏地黑 ,倍加惨戚。欲赁间民房居住,又无相识指引,不知何处安身是好?

正在彷徨之际,只见一人打个小伞前来,看见路旁行李,又见沈炼一表非俗,立住了脚,相了一回,问道:"官人尊姓? 何处来的?"沈炼道:"姓沈,从京师来。"那人道:"小人闻得京中有个沈经历,上本要杀严嵩父子,莫非官人就是他吗?"沈炼道:"正是。"那人道:"仰慕多时,幸得相会。此非说话之处,寒家离此不远,便请携宝眷同行到寒家权下,再作区处。"沈炼见他十分殷勤,只得从命。

行不多路，便到了，看那人家，虽不是个大大宅院，却也精致。那人揖沈炼至于中堂，纳头便拜。沈炼慌忙答礼，问道："足下是谁？何故如此相爱？"那人道："小人姓贾名石，是宣府卫一个舍人。哥哥是本卫千户，先年身故无子，小人应袭。为严贼当权，袭职者都要重赂，小人不愿为官。托赖祖荫，有数亩薄田，务农度日。数日前闻阁下弹劾严氏，此乃天下忠臣义士也。又闻编管在此，小人渴欲一见，不意天遣相遇，三生有幸！"说罢又拜下去。沈公再三扶起，便教沈衮、沈褒与贾石相见。贾石教老婆迎接沈奶奶到内宅安置。交卸了行李，打发车夫等去了。吩咐庄客，宰猪买酒，管待沈公一家。贾石道："这等雨天，料阁下也无处去，只好在寒家安歇了。请安心多饮几杯，以宽劳顿。"沈炼谢道："萍水相逢，便承款宿，何以当此？"贾石道："农庄粗粝，休嫌简慢。"当日宾主酬酢，无非说些感慨时事的说话，两边说得情投意合，只恨相见之晚。

过了一宿，次早沈炼起身，向贾石说道："我要寻所房子，安顿老小，有烦舍人指引。"贾石道："要什么样的房子？"沈炼道："只像宅上这一所，十分足意了，租价但凭尊教。"贾石道："不妨事。"出去跑了一回，转来道："赁房尽有，只是龌龊低洼，急切难得中意的。阁下不若就在草舍权住几时，小人领着家小，自到外家去住。等阁下还朝，小人回来，可不稳便？"沈炼道："虽承厚爱，岂敢占舍人之宅！此事绝不可。"贾石道："小人虽是村农，颇识好歹。慕阁下忠义之士，想要执鞭坠镫，尚且不能。今日天幸降临，权让这几间草房与阁下作寓，也表得我小人一点敬贤之心，不须推逊。"话毕，慌忙吩咐庄客，推个车儿，牵个马儿，带个驴儿，一伙子将细软家私搬去，其余家常动使家火，都留与沈公日用。沈炼见他慨爽，甚不过意，愿与他结义为兄弟。贾石道："小人是一介村农，怎敢僭扳贵宦？"沈炼道："大丈夫意气相许，那有贵贱？"贾石小沈炼五岁，就拜沈炼为兄。沈炼教两个儿子拜贾石为义叔。贾石也唤妻子出来，都相见了，做了一家儿亲戚。贾石陪过沈炼吃饭已毕，便引着妻子到外舅李家去讫。自此沈炼只在贾石宅子内居住。时人有诗叹贾舍人借宅之事。诗曰：

> 倾盖相逢意气真，移家借宅表情亲。
> 世间多少亲和友，竞产争财愧死人。

却说保安州父老，闻知沈经历为上本参严阁老贬斥到此，人人敬仰，都来拜望，争识其面。也有运柴运米相助的，也有携酒肴来请沈公吃的，又有遣子弟拜于门下听教的。沈炼每日间与地方人等，讲论忠孝大节及古来忠臣义士的故事。说到关心处,有时毛发倒竖,拍案大叫;有时悲歌长叹,涕泪交流。地方若老若少,无不耸听欢喜。或时唾骂严贼,地方人等齐声附和,;其中若有不开口的,众人就骂他是不忠不义。一时高兴,以后率以为常。又闻得沈经历文武全材,都来合他去射箭。沈炼教把稻草扎成三个偶人,用布包裹,一写"唐奸相李林甫",一写"宋奸相秦桧",一写"明奸相严嵩",把那三个偶人做个射鹄。假如要射李林甫的,便高声骂道:"李贼看箭!"秦贼、严贼,都是如此。北方人性直,被沈经历唱得热闹了,全不虑及严家知道。自古道:"若要不知,除非莫为。"世间只有权势之家,报新闻的极多,早有人将此事报知严嵩父子。严嵩父子深以为恨,商议要寻个事头杀却沈,方免其患。适值宣大总督员缺,严阁老吩咐吏部,教把这缺与他们下干儿子杨顺做去。吏部依言,就将杨侍郎杨顺差往宣大总督。杨顺往严府拜辞,严世蕃置酒送行,席间屏人而语,托他要查沈炼过失。杨顺领命,唯唯而去。正是:

　　合成毒药唯需酒,铸就钢刀待举手。

　　可怜忠义沈经历,还向偶人夸大口。

　　却说杨顺到任不多时,适遇大同鞑虏俺答,引众入寇应州地方,连破了四十余堡,掳去男妇无算。杨顺不敢出兵救援,直待鞑虏去后,方才遣兵调将,为追袭之计。一般筛锣击鼓,扬旗放炮,都是鬼弄,那曾看见半个鞑子的影儿?杨顺情知失机俱罪,密谕将士,搜获避兵的平民,将他劓头斩首,充做鞑虏首级,解往兵部报功,那一时不知杀死了多少无辜的百姓。

　　沈炼闻知其事,心中大怒,写书一封,教中军官送与杨顺。中军官晓得沈经历是个揽祸的太岁,书中不知写什么说话,哪里肯与他送。沈炼就穿了青衣小帽,在军门伺候杨顺出来,亲自投递。杨顺接来看时,书中大略说道:一人功名事极小,百姓性命事极大。杀平民以冒功,于心何忍?况且遇鞑贼止于掳掠,遇我兵反加杀戮,是将帅之恶,更甚于鞑虏矣。书后又附诗一首。诗云:

　　杀生报主意何如?解道功成万骨枯。

　　试听沙场风雨夜,冤魂相唤觅头颅。

　　杨顺见书大怒,扯得粉碎。却说沈炼又做了一篇祭文,率领门下子弟,备了祭礼,望空祭奠那些冤死之鬼。又作《塞下吟》云:

云中一片虏烽高，出塞将军已著劳。
不斩单于诛百姓，可怜冤血染霜刀。

又诗云：

本来求生来避虏，谁知避虏反戕生？
早知虏首将民假，悔不当时随虏行。

杨总督标下有个心腹指挥，姓罗名铠，抄得此诗并祭文，密献于杨顺。杨顺看了，愈加怨恨，遂将第一首诗改窜数字，诗曰：

云中一片虏烽高，出塞将军枉著劳。
何以借他除佞贼，不须奏请上方刀。

写就密书，连改诗封固，就差罗铠送与严世蕃。书中说："沈炼怨恨相国父子，阴结死士剑客，要乘机报仇。前番鞑虏入寇，他吟诗四句，诗中有借虏除佞之语，意在不轨。"世蕃见书大惊，即请心腹御史路楷商议。路楷曰："不才若往按彼处，当为相国了当这件大事。"世蕃大喜，即吩咐都察院便差路楷巡按宣大。临行世蕃治酒款别，说道："烦寄语杨公，同心协力，若能除却这心腹之患，当以侯伯世爵相酬，绝不失信于二公也。"路楷领诺。

不一日，奉了钦差敕命，来到宣府，到任与杨总督相见了。路楷遂将世蕃所托之语，一一对杨顺说知。杨顺道："学生为此事朝思暮想，废寝忘食，恨无良策，以置此人于死地。"路楷道："彼此留心，一来休负了严公父子的付托，二来自家富贵的机会，不可挫过。"杨顺道："说得是，倘有可下手处，彼此相报。"当日相别去了。

杨顺思想路楷之言，一夜不睡。次早坐堂，只见中军官报道："今有蔚州卫拿获妖贼二名，解到辕门外，伏听钧旨。"杨顺道："唤进来。"解官磕了头，递上文书。杨顺拆开看了，呵呵大笑。这二名妖贼，叫作阎浩、杨徹夔，系妖人萧芹之党。原来萧芹是白莲教的头儿，向来出入虏地，惯以烧香惑众，哄骗虏酋俺答，说自家有奇术，能咒人使人立死，喝城使城立颓。虏酋愚甚，被他哄动，尊为国师。其党数百人，自为一营。俺答几次入寇，都是萧芹等为之向导，中国屡受其害。先前史侍郎做总督时，遣通事重赂虏中头目脱脱，对他说道："天朝情愿与你通好，将俺家布粟换你家马，名为'马市'，两下息兵罢战，各享安乐，此是美事。只怕萧芹等在内作梗，和好不终。那萧芹原是中国一个无赖小人，全无术法，只是狡伪，哄诱你家，抢掠地方，他于中取事。郎主若不信，可要萧芹试其术法。委的喝得城颓，咒得人死，那时合当重用；若咒人人不死，喝城城不颓，显是欺诳，何不缚送天朝？天朝感郎主之德，必有重赏。'马市'一成，岁岁享无穷之利，煞强如抢掠的勾当。"脱脱点头道是，对郎主俺答说了。俺答大喜，约会萧芹，要将千骑随之，从右卫而入，试其喝城之技。萧芹自知必败，改换服色，连夜脱身逃走，被居庸关守将盘诘，并其党乔源、张攀隆等拿住，解到史侍郎处，招称妖党甚众，山陕畿南，处处俱有。一向分头缉捕。今日阎浩、杨徹爨亦是数内有名妖犯。杨总督看见获解到来，一者也算他上任一功，二者要借这个题目，牵害沈炼，如何不喜？

当晚就请路御史，来后堂商议道："别个题目摆布沈炼不了，只有白莲教通虏一事，圣上所最怒。如今将妖贼阎浩、杨徹爨招中，窜入沈炼名字，只说浩等平日师事沈炼，沈炼因失职怨望，教浩等煽妖作幻，勾虏谋逆。天幸今日被擒，乞赐天诛，以绝后患。先用密禀禀知严家，教他叮嘱刑部作速复本。料这番沈炼之命，必无逃矣。"路楷拍手道："妙哉，妙哉！"

两个当时就商量了本稿，约齐了同时发本。严嵩先见了本稿及禀帖，便教严世蕃传语刑部。那刑部尚书许论，是个罢软没用的老儿，听见严府吩咐，不敢怠慢，连忙复本，一依杨、路二人之议。圣旨倒下，妖犯着本处巡按御史即时斩决。杨顺荫一子锦衣卫千户，路楷纪功，升迁三级，俟京堂缺推用。

话分两头。却说杨顺自发本之后，便差人密地里拿沈炼下于狱中。慌得徐夫人和沈衮、沈褒没做理会，急寻义叔贾石商议。贾石道："此必杨、路二贼为严家报仇之意，既然下狱，必然诬陷以重罪。两位公子及今逃窜远方，待等严家势败，方可出头。若住在此处，杨、路二贼绝不干休。"沈衮道："未曾看得父亲下落，如何好去？"贾石道："尊大人犯了对头，决无保全之理。公子以宗祀为重，岂可拘于小孝，自取灭绝之祸？可劝令堂老夫人，早为远害全身之计。尊大人处，贾某自当央人看觑，不烦悬念。"二沈便将贾石之言，对徐夫人说知，徐夫人道："你父亲无罪陷狱，何忍弃之而去！贾叔叔虽然相厚，终是个外人。我料杨、路二贼奉承严氏，亦不过与你爹爹作对，终不然累及妻子。你若畏罪而逃，父亲倘然身死，骸骨无收，万世骂你做不孝之子，何颜在世为人乎？"说罢，大哭不止。沈衮、沈褒齐声恸哭。贾石闻知徐夫人不允，叹惜而去。

过了数日，贾石打听的实，果然扭入白莲教之党，问成死罪。沈炼在狱中大骂不止。杨顺自知理亏，只恐临时处决，怕他在众人面前毒骂，不好看相，预先问狱官责取病状，将沈炼结果了性命。贾石将此话报与徐夫人知道，母子痛哭，自不必说。

又亏贾石多有识熟人情，买出尸首，嘱咐狱卒："若官府要枭示时，把个假的答应。"却瞒着沈衮兄弟，私下备棺盛殓，埋于隙地。事毕，方才向沈衮说道："尊大人遗体已得保全，直待事平之后，方好指点与你知道，今犹未可泄漏。"沈衮兄弟感谢不已。贾石又苦口劝他弟兄二人逃走。沈衮道："极知久占叔叔高居，心上不安。奈家母之意，欲待是非稍定，搬回灵柩，以此迟延不决。"贾石怒道："我贾某生平，为人谋而尽忠。今日之言，全是为你家门户，岂因久占住房，说发你们起身之理？既嫂嫂老夫人之意已定，我亦不敢相强。但我有一小事，即欲远出，有一年半载不回，你母子自小心安住便了。"觑着壁上贴得有前、后《出师表》各一张，乃是沈炼亲笔楷书。贾石道："这两幅字可揭来送我，一路上做个纪念。他日相逢，以此为信。"沈衮就揭下二纸，双手折迭，递与贾石。贾石藏于袖中，流泪而别。原来贾石算定杨、路二贼，设心不善，虽然杀了沈炼，未肯干休。自己与沈炼相厚，必然累及，所以预先逃走，在河南地方宗族家权时居住。不在话下。

却说路楷见刑部复本，有了圣旨，便于狱中取出阎浩、杨胤夔斩讫，并要割沈炼之首，一同枭示。谁知沈炼真尸已被贾石买去了，官府也哪里辨验得出。不在话下。

再说杨顺看见止于荫子，心中不满，便向路楷说道："当初严东楼许我事成之日，以侯伯爵相酬，今日失言，不知何故？"路楷沉思半晌，答道："沈炼是严家紧对头，今止诛其身，不曾波及其子，斩草不除根，萌芽复发。相国不足我们之意，相在于此。"杨顺道："若如此，何难之有？如今再上个本，说沈炼虽诛，其子亦宜知情，还该坐罪，抄没家私，庶国法可伸，人心知惧。再访他同射草人的几个狂徒，并借屋与他住的，一齐拿来治罪，出了严家父子之气，那时却将前言取赏，看他有何推托！"路楷道："此计大妙！事不宜迟，乘他家属在此，一网而尽，岂不快哉！只怕他儿子知风逃避，却又费力。"杨顺道："高见甚明。"一面写表申奏朝廷，再写禀帖到严府知会，自述孝顺之意；一面预先行牌保安州知州，着用心看守犯属，勿容逃逸。只等旨意批下，便去行事。诗曰：

破巢完卵从来少，削草除根势或然。
可惜忠良遭屈死，又将家属媚当权。

再过数日，圣旨下了。州里奉着宪牌，差人来拿沈炼家属，并查平素往来诸人姓名，一一挨拿。只有贾石名字，先经出外，只得将在逃开报。此见贾石见几之明也。时人有诗赞云：

义气能如贾石稀，全身远避更知几。

任他罗网空中布，争奈仙禽天外飞！

却说杨顺见拿到沈衮、沈褒，亲自鞠问，要他招承通房实迹。二沈高声叫屈，哪里肯招？被杨总督严刑拷打，打得体无完肤。沈衮、沈褒熬炼不过，双双死于杖下。可怜少年公子，都入枉死城中。其同时拿到犯人，都坐个同谋之罪，累死者何止数十人。幼子沈褒尚在襁褓，免罪随着母徐氏，另徙在云州极边，不许在保安居住。

路楷又与杨顺商议道："沈炼长子沈襄，是绍兴有名秀才，他时得地，必然衔恨于我辈。不若一并除之，永绝后患，亦要相国知我用心。"杨顺依言，便行文书到浙江，把做钦犯，严提沈襄来问罪。又吩咐心腹经历金绍，择取有才干的差人，赍文前去，嘱他中途伺便，便行谋害，就所在地方，讨个病状回缴。事成之日，差人重赏，金绍许他荐本超迁。

金绍领了台旨，汲汲而回，着意的选两名积年干事的公差，无过是张千、李万。金绍唤他到私衙，赏了他酒饭，取出私财二十两相赠。张千、李万道："小人安敢无功受赐？"金绍道："这银两不是我送你的，是总督杨爷赏你的，教你赍文到绍兴去拿沈襄，一路不要放松他。须要……如此如此，这般这般，回来还有重赏。若是怠慢，总督老爷衙门不是取笑的，你两个自去回话！"张千、李万道："莫说总督老爷钧旨，就是老爷吩咐，小人怎敢有违？"收了银两，谢了金经历，在本府领下公文，疾忙上路，往南进发。

却说沈襄，号小霞，是绍兴府学廪膳秀才。他在家久闻得父亲以言事获罪，发去口外为民，甚是挂怀，欲亲到保安州一看。因家中无人主管，行止两难。忽一日，本府差人到来，不由分说，将沈襄锁缚，解到府堂。知府教把文书与沈襄看了备细，就将回文和犯人交付原差，嘱他一路小心。沈襄此时方知父亲及二弟俱已死于非命，母亲又远徙极边，放声大哭。哭出府门，只见一家老小，都在那里搅做一团的啼哭。原来文书上有"奉旨抄没"的话，本府已差县尉封锁了家私，将人口尽皆逐出。沈小霞听说，真是苦上加苦，哭得咽喉无气。霎时间，亲戚都来与小霞话别，明知此去多凶少吉，少不得说几句劝解的言语。小霞的丈人孟春元，取出一包银子送与二位公差，求他路上看顾女婿。公差嫌少不受。孟氏娘子又添上金簪子一对，方才收了。

沈小霞带着哭，吩咐孟氏道："我此去死多生少，你休为我忧念，只当我已死一般，在爷娘家过活。你是书礼之家，谅无再醮之事，我也放心得下。"指着小妻闻淑女说道："只这女子，年纪幼小，又无处着落，合该教他改嫁。奈我三十无子，他却有两个半月的身孕，他日倘生得一男，也不绝了沈氏香烟。娘子你看我平日夫妻面上，一发带他到丈人家去住几时，等待十月满足，生下或男或女，那时凭你发遣他去便了。"话声未绝，只见闻氏淑女说道："官人说哪里话，你去数千里之外，没个亲人朝夕看觑，怎生放下？大娘自到孟家去，奴家情愿蓬首垢面，一路伏侍官人前行。一来官人免致寂寞，二来也替大娘分得些忧念。"沈小霞道："得个亲人做伴，我非不欲，但此去多分不幸，累你同死他乡何益？"闻氏道："老爷在朝为官，官人一向在家，谁人不知？便诬陷老爷有些不是的勾当，家乡隔绝，岂是同谋？妾帮着官人到官申辩，决然罪不至死。就使官人下狱，还留贱妾在外，尚好照管。"孟氏也放丈夫不下，听得闻氏说得有理，极力撺掇丈夫带淑女同去。沈小霞平日素爱淑女有才有智，又见孟氏苦劝，只得依允。

当夜众人齐到孟春元家，歇了一夜。次早，张千、李万催趱上路。闻氏换了一身布衣，将青布裹头，别了孟氏，背着行李，跟着沈小霞便走。那时分别之苦，自不必说。一路行来，闻氏与沈小霞寸步不离，茶汤饭食，都亲自搬取。张千、李万初时还好言好语，过了扬子江，到徐州起旱，料得家乡已远，就做出嘴脸来，呼么喝六，渐渐难为他夫妻两个来了。闻氏看在眼里，私对丈夫说道："看那两个泼差人，不怀好意，奴家女流之辈，不识路径，若前途有荒僻旷野的所在，须是用心提防。"沈小霞虽然点头，心中还只是半疑不信。

又行了几日，看见两个差人，不住的交头接耳，私下商量说话。又见他包裹中有倭刀一口，其白如霜，忽然心动，害怕起来，对闻氏说道："你说这泼差人，其心不善，我也觉得有七八分了。明日是济宁府界上，过了府去，便是太行山、梁山泺，一路荒野，都是响马出入之所。倘到彼处，他们行凶起来，你也救不得我，我也救不得你，如何是好？"闻氏道："既然如此，官人有何脱身之计，请自方便，留奴家在此，不怕那两个泼差人生吞了我。"沈小霞道："济宁府东门内，有个冯主事，丁忧在家。此人最有侠气，是我父亲极相厚的同年。我明日去投奔他，他必然相纳。只怕你妇人家，没志量打发这两个泼差人，累你受苦，于心何安？你若有力量支持他，我去也放胆。不然与你同生同死，也是天命当然，死而无怨。"闻氏道："官人有路尽走，奴家自会摆布，不劳挂念。"这里夫妻暗地商量，那张千、李万辛苦了一日，吃了一肚酒，齁齁的熟睡，全然不觉。

次日早起上路，沈小霞问张千道："前去济宁还有多少路？"张千道："只四十里，半日就到了。"沈小霞道："济宁东门内冯主事，是我年伯，他先前在京师时，借过我父亲二百两银子，有文契在此。他管过北新关，正有银子在家。我若去取讨前欠,他见我是落难之人,必然慨付。取得这项银两,一路上盘缠,也得宽裕,免致吃苦。"张千意思有些作难,李万随口应承了,向张千耳边说道:"我看这沈公子,是忠厚之人,况爱妾行李都在此处,料无他故。放他去走一遭,取得银两,都是你我二人的造化,有何不可?"张千道:"虽然如此,到饭店安歇行李,我守住小娘子在店上,你紧跟着同去,万无一失。"

话休絮烦,看看巳牌时分,早到济宁城外,拣个洁净店儿,安放了行李。沈小霞便道:"你二位同我到东门走遭,转来吃饭未迟。"李万道:"我同你去,或者他家留酒饭也不见得。"闻氏故意对丈夫道:"常言道:人面逐高低,世情看冷暖。冯主事虽然欠下老爷银两,见老爷死了,你又在难中,谁肯唾手交还?枉自讨个厌贱,不如吃了饭赶路为上。"沈小霞道:"这里进城到东门不多路,好歹去走一遭,不折了什么便宜。"李万贪了这二百两银子,一力撺掇该去。沈小霞吩咐闻氏道:"耐心坐坐,若转得快时,便是没想头了。他若好意留款,必然有些赍发。明日顾个轿儿抬你去。这几日在牲口上坐,看你好生不惯。"闻氏觑个空,向丈夫丢个眼色,又道:"官人早回,休教奴久待则个。"李万笑道:"去多少时,有许多说话,好不老气!"闻氏见丈夫去了,故意招李万转来嘱咐道:"若冯家留饭,坐得久时,千万劳你催促一声。"李万答应道:"不消吩咐。"比及李万下阶时,沈小霞已走了一段路了。李万托着大意,又且济宁是他惯走的熟路,东门冯主事家,他也认得,全不疑惑。走了几步,又里急起来,觑个毛坑上自在方便了,慢慢的望东门而去。

却说沈小霞回头看时,不见了李万,做一口气急急的跑到冯主事家。也是小霞合当有救,正值冯主事独自在厅,两人京中,旧时识熟,此时相见,吃了一惊。沈襄也不作揖,扯住冯主事衣袂道:"借一步说话。"冯主事已会意了,便引到书房里面,沈小霞放声大哭。冯主事道:"年侄有话快说,休得悲伤,误其大事。"

沈小霞哭诉道:"父亲被严贼屈陷,已不必说了;两个舍弟随任的,都被杨顺、路楷杀害,只有小侄在家,又行文本府提去问罪,一家宗祀,眼见灭绝。又两个差人,心怀不善,只怕他受了杨、路二贼之嘱,到前途大行、梁山等处,暗算了性命。寻思一计,脱身来投老年伯。老年伯若有计相庇,我亡父在天之灵,必然感激。若老年伯不能遮护小侄,便就此触阶而死。死在老年伯面前,强似死于奸贼之手。"冯主事道:"贤侄不妨。我家卧室之后有一层复壁,尽可藏身,他人搜检不到之处。今送你在内权住数日,我自有道理。"沈襄拜谢道:"老年伯便是重生父母。"

冯主事亲执沈襄之手,引入卧房之后,揭开地板一块,有个地道,从此钻下,约走五六十步,便有亮光,有小小廊屋三间,四面皆楼墙围裹,果是人迹不到之处。每日茶饭,都是冯主事亲自送入。他家法极严,谁人敢泄漏半个字?正是:

深山堪隐豹,柳密可藏鸦。

不须愁汉吏,自有鲁朱家。

且说这一日,李万上了毛坑,望东门冯家而来。到于门首,问老门公道:"主事老爷在家吗?"老门公道:"在家里。"又问道:"有个穿白的官人来见你老爷,曾相见否?"老门公道:"正在书房里吃饭哩。"李万听说,一发放心。看看等到未牌,果然厅上走一个穿白的官人出来。李万急上前看时,不是沈襄,那官人径自出门去了。李方等得不耐烦,肚里又饥,不免问老门公道:"你说老爷留饭的官人,如何只管坐了去,不见出来?"老门公道:"方才出去的不是?"李万道:"老爷书房中还有客没有?"老门公道:"这到不知。"李万道:"方才那穿白的是甚人?"老门公道:"是老爷的小舅,常常来的。"李万道:"老爷如今在哪里?"老门公道:"老爷每常饭后,定要睡一觉,此时正好睡哩。"

李万听得话不投机,心下早有二分慌了,便道:"不瞒大伯说,在下是宣大总督老爷差来的。今有绍兴沈公子名唤沈襄,号沈小霞,系钦提人犯。小人提押到于贵府,他说与你老爷有同年叔侄之谊,要来拜望。在下同他到宅,他进宅去了,在下等候多时,不见出来,想必还在书房中。大伯,你还不知道,烦你去催促一声,教他快快出来,要赶路走。"老门公故意道:"你说的是什么说话?我一些不懂。"李万耐了气,又细细的说一遍。老门公当面的一啐,骂道:"见鬼!何常有什么沈公子到来?老爷在丧中,一概不接外客。这门上是我的干纪,出入都是我通禀,你却说这等鬼话!你莫非是白日撞吗?强装么公差名色,掏摸东西的。快快请退,休缠你爷的账!"李万听说,愈加着急,便发作起来道:"这沈襄是朝廷要紧的人犯,不是当耍的,请你老爷出来,我自有话说。"老门公道:"老爷正瞌睡,没甚事,谁敢去禀?你这獠子,好不达时务!"说罢,洋洋的自去了。李万道:"这个门上老儿好不知事,央他传一句话甚作难。想沈襄定然在内,我奉军门钧帖,不是私事,便闯进去怕怎的?"李万一时粗莽,直撞入厅来,将照壁拍了又拍,大叫道:"沈公子好走动了。"不见答应,一连叫唤了数声,只见里头走出一个年少的家童,出来问道:"管门的在哪里?放谁在厅上喧嚷?"李万正要叫住他说话,那家童在照壁后张了张儿,向西边走去了。李万道:"莫非书房在那西边?我且自去看看,怕怎的?"从厅后转西走去,原来是一带长廊。李万看见无人,只顾望前而行。只见屋宇深邃,门户错杂,颇有妇人走动。李万不敢纵步,依旧退回厅上,听得外面乱嚷。

李万到门首看时,却是张千来寻李万不见,正和门公在那里斗口。张千一见了李万,不由分说,便骂道:"好伙计!只贪图酒食,不干正事!已牌时分进城,如今申牌将尽,还在此闲荡!不催趱犯人出城去,待怎吗?"李万道:"呸!那有什么酒食?连人也不见个影儿!"张千道:"是你同他进城的。"李万道:"我只登了个东,被蛮子上前了几步,跟他不上。一直赶到这里,门上说有个穿白的官人在书房中留饭,我说定是他了。等到如今不见出来,门上人又不肯通报,清水也讨不得一杯吃。老哥,烦你在此等候等候,替我到下处医了肚皮再来。"张千道:"有你这样不干事的人!是什么样犯人,却放他独自行走?就是书房中,少不得也随他进去。如今知他在里头不在里头?还亏你放慢线儿讲话。这是你的干纪,不关我事!"说罢便走。李万赶上扯住道:"人是在里头,料没处去。大家在此帮说句话儿,催他出来,也是个道理。你是吃饱的人,如何去得这等要紧?"张千道:"他的小老婆在下处,方才虽然嘱付店主人看守,只是放心不下。这是沈襄穿鼻的索儿,有他在,不怕沈襄不来。"李万道:"老哥说得是。"当下张千先去了。

李万忍着肚饥守到晚,并无消息。看看日没黄昏,李万腹中饿极了,看见间壁有个点心店儿,不免脱下布衫,抵当几文钱的火烧来吃。去不多时,只听得扛门声响,急跑来看,冯家大门已闭上了。李万道:"我做了一世的公人,不曾受这般怄气!主事是多大的官儿,门上直恁作威作势?也有那沈公子好笑,老婆行李都在下处,既然这里留宿,信也该寄一个出来。事已如此,只得在房檐下胡乱过一夜,天明等个知事的管家出来,与他说话。"此时十月天气,虽不甚冷,半夜里起一阵风,簌簌的下几点微雨,衣服都沾湿了,好生凄楚。

捱到天明雨止,只见张千又来了,却是闻氏再三再四催逼他来的。张千身边带了公文解批,和李万商议,只等开门,一拥而入,在厅上大惊小怪,高声发话。老门公拦阻不住,一时间家中大小都聚集来,七嘴八张,好不热闹。街上人听得宅里闹炒,也聚拢来,围住大门外闲看。惊动了那有仁有义守孝在家的冯主事,从里面蹀将出来。且说冯主事怎生模样?

　　　　头带栀子花匵折孝头巾,身穿反折缝稀眼粗麻衫,腰系麻绳,足着草
履。

　　　众家人听得咳嗽响,道一声:"老爷来了。"都分立在两边。主事出厅问道:"为甚事在此喧嚷?"张千、李万上前施礼,道:"冯爷在上,小的是奉宣大总督爷公文来的,到绍兴拿得钦犯沈襄,经由贵府。他说是冯爷的年侄,要来拜望。小的不敢阻挡,容他进见。自昨日上午到宅,至今不见出来,有误程限,管家们又不肯代禀。伏

乞老爷天恩，快些打发上路。"张千便在胸前取出解批和官文呈上，冯主事看了，问道："那沈襄可是沈经历沈炼的儿子吗？"李万道："正是。"冯主事掩着两耳，把舌头一伸，说道："你这班配军，好不知厉害！那沈襄是朝廷钦犯，尚犹自可；他是严相国的仇人，那个敢容纳他在家？他昨日何曾到我家来？你却乱话，官府闻知，传说到严府去，我是当得起他怪的？你两个配军，自不小心，不知得了多少钱财，买放了要紧人犯，却来图赖我！"叫家童与他乱打那配军出去，把大门闭了，不要惹这闲是非，严府知道不是当耍。冯主事一头骂，一头走进宅去了。大小家人，奉了主人之命，推的推，拟的拟，霎时间被众人拥出大门之外，闭了门，兀自听得嘈嘈的乱骂。

张千、李万面面相觑，开了口合不得，伸了舌缩不进。张千埋怨李万道："昨日是你一力撺掇，教放他进城，如今你自去寻他。"李万道："且不要埋怨，和你去问他老婆，或者晓得他的路数，再来抓寻便了。"张千道："说得是，他是恩爱的夫妻，昨夜汉子不回，那婆娘暗地流泪，巴巴的独坐了两三个更次。他汉子的行藏，老婆岂有不知？"两个一头说话，飞奔出城，复到饭店中来。

却说闻氏在店房里面听得差人声音，慌忙移步出来，问道："我官人如何不来？"张千指李万道："你只问他就是。"李万将昨日往毛厕出恭，走慢了一步，到冯主事家，起先如此如此，以后这般这般，备细说了。张千道："今早空肚皮进城，就吃了这一肚寡气。你丈夫想是真个不在他家了，必然还有个去处，难道不对小娘子说的？小娘子趁早说来，我们好去抓寻。"说犹未了，只见闻氏噙着眼泪，一双手扯住两个公人，叫道："好，好，还我丈夫来！"张千、李万道："你丈夫自要去拜什么年伯，我们好意容他去走走，不知走向哪里去了，连累我们，在此着急，没处抓寻。你到问我要丈夫，难道我们藏过了他？说得好笑！"将衣袂掣开，气忿忿地对虎一般坐下。

闻氏到是在外面，拦住出路，双足顿地，放声大哭，叫起屈来。老店主听得，忙来解劝。闻氏道："公公有所不知，我丈夫三十无子，娶奴为妾。奴家跟了他二年了，幸有三个多月身孕，我丈夫割舍不下，因此奴家千里相从，一路上寸步不离。昨日为盘缠缺少，要去见那年伯，是李牌头同去的。昨晚一夜不回，奴家已自疑心。今早他两个自回，一定将我丈夫谋害了。你老人家替我做主，还我丈夫便罢休！"老店主道："小娘子休得急性。那排长与你丈夫前日无怨，往日无仇，着甚来由要坏他性命？"闻氏哭声转哀道："公公，你不知道，我丈夫是严阁老的仇人，他两个必定受了严府的嘱托来的，或是他要去严府请功。公公，你详情，他千乡万里，带着奴家到此，岂有没半句说话，突然去了。就是他要走时，那同去的李牌头，怎肯放他？你要奉承严府，害了我丈夫不打紧，教奴家孤身妇女，看着何人？公公，这两个杀人的贼徒，烦公公带着奴家，同他去官府处叫冤。"张千、李万被这妇人一哭一诉，就要分析几句,没处插嘴。

老店主听见闻氏说得有理,也不免有些疑心,到可怜那妇人起来,只得劝道:"小娘子说便是这般说,你丈夫未曾死也不见得,好歹再等候他一日。"闻氏道:"依公公等候一日不打紧,那两个杀人的凶身,乘机走脱了,这干系却是谁当?"张千道:"若果然谋害了你丈夫要走脱时,我弟兄两个又到这里则甚?"闻氏道:"你欺负我妇人家没张智,又要指望奸骗我。好好的说,我丈夫的尸首在哪里?少不得当官也要还我个明白。"老店官见妇人口嘴厉害,再不敢言语。店中闲看的,一时间聚了四五十人,闻说妇人如此苦切,人人恼恨那两个差人,都道:"小娘子要去叫冤,我们引你到兵备道去。"闻氏向着众人深深拜福,哭道:"多承列位路见不平,可怜我落难孤身,指引则个。这两个凶徒,相烦列位,替奴家拿他同去,莫放他走了。"众人道:"不妨事,在我们身上。"张千、李万欲向众人分剖时,未说得一言半字,众人便道:"两个排长不消辨得,虚则虚,实则实,若是没有此情,随着小娘子到官,怕他则甚!"妇人一头哭,一头走,众人拥着张千、李万,搅做一阵的,都到兵备道前,道里尚未开门。

那一日正是放告期,闻氏束了一条白布裙,径抢进栅门,看见大门上架着那大鼓,鼓架上悬着个槌儿,闻氏抢槌在手,向鼓上乱挝,挝得那鼓振天的响。唬得中军官失了三魂,把门吏丧了七魄,一齐跑来,将绳缚住,喝道:"这妇人好大胆!"闻氏哭倒在地,口称泼天冤枉。只见门内么喝之声,开了大门,王兵备坐堂,问击鼓者何人。中军官将妇人带进,闻氏且哭且诉,将家门不幸遭变,一家父子三口死于非命,只剩得丈夫沈襄,昨日又被公差中途谋害,有枝有叶的细说了一遍。王兵备唤张千、李万上来,问其缘故。张千、李万说一句,妇人就剪一句,妇人说得句句有理,张千、李万抵搪不过。王兵备思想道:"那严府势大,私谋杀人之事,往往有之,此情难保其无。"便差中军官押了三人,发去本州勘审。

那知州姓贺,奉了这项公事,不敢怠慢,即时扣了店主人到来,听四人的口词。妇人一口咬定二人谋害他丈夫;李万招称为出恭慢了一步,因而相失;张千、店主人都据实说了一遍。知州委绝不下。那妇人又十分哀切,像个真情,张千、李万又不肯招认。想了一回,将四人闭于空房,打轿去拜冯主事,看他口气若何。

冯主事见知州来拜,急忙迎接归厅。茶罢,贺知州提起沈襄之事,才说得沈襄二字,冯主事便掩着双耳道:"此乃严相公仇家,学生虽有年谊,平素实无交情。老公祖休得下问,恐严府知道,有累学生。"说罢站起身来,道:"老公祖既有公事,不敢留坐了。"贺知州一场没趣,只得作别。在轿上想道:"据冯公如此惧怕严府,沈襄必然不在他家,或者被公人所害,也不见得;或者去投冯公,见拒不纳,别走个相识人家去了,亦未可知。"

回到州中,又取出四人来,问闻氏道:"你丈夫除了冯主事,州中还认得有何人?"闻氏道:"此地并无相识。"知州道:"你丈夫是什么时候去的? 那张千、李万几时来回复你的说话?"闻氏道:"丈夫是昨日未吃午饭前就去的,却是李万同出店门。到申牌时分,张千假说催趱上路,也到城中去了,天晚方回来。张千兀自向小妇人说道:'我李家兄弟,跟着你丈夫冯主事家歇了,明日我早去催他出城。'今早张千去了一个早晨,两人双双而回,单不见了丈夫,不是他谋害了是谁? 若是我丈夫不在冯家,昨日李万就该追寻了,张千也该着忙,如何将好言语稳住小妇人? 其情可知:一定张千、李万两个在路上预先约定,却教李万乘夜下手。今早张千进城,两个乘早将尸首埋藏停当,却来回复我小妇人。望青天爷爷明鉴!"贺知州道:"说得是。"

张千、李万正要分辩,知州相公喝道:"你做公差,所干何事? 若非用计谋死,必然得财买放,有何理说!"喝教手下将那张、李重责三十,打得皮开肉绽,鲜血迸流,张千、李万只是不招。妇人在旁,只顾哀哀的痛哭,知州相公不忍,便讨夹棍将两个公差夹起。那公差其实不曾谋死,虽然负痛,怎生招得? 一连上了两夹,只是不招。知州相公再要夹时,张、李受苦不过,再三哀求道:"沈襄实未曾死,乞爷爷立个限期,差人押小的捱寻沈襄,还那闻氏便了。"知州也没有定见,只得勉从其言。闻氏且发尼姑庵住下。差四名民壮,锁押张千、李万二人,追寻沈襄,五日一比。店主释放宁家。将情具由申详兵备道,道里依缴了。

张千、李万一条铁链锁着,四名民壮,轮番监押。带得几两盘缠,都被民壮搜去为酒食之费;一把倭刀,也当酒吃了。那临清去处又大,茫茫荡荡,来千去万,哪里去寻沈公子? 也不过一时脱身之法。闻氏在尼姑庵住下,刚到五日,准准的又到州里去啼哭,要生要死。州守相公没奈何,只苦得批较差人张千、李万。一连比了十数限,不知打了多少竹批,打得爬走不动。张千得病身死。单单剩得李万,只得到尼姑庵来拜求闻氏道:"小的情极,不得不说了。其实奉差来时,有经历金绍,口传杨总督钧旨,教我中途害你丈夫,就所在地方,讨个结状回报。我等口虽应承,怎肯行此不仁之事? 不知你丈夫何故,忽然逃走,与我们实实无涉。青天在上,若半字虚情,全家祸灭。如今官府五日一比,兄弟张千,已自打死,小的又累死,也是冤枉。你丈夫的确未死,小娘子他日夫妻相逢有日。只求小娘子休去州里啼啼哭哭,宽小的比限,完全狗命,便是阴德。"闻氏道:"据你说不曾谋害我丈夫,也难准信。既然如此说,奴家且不去禀官,容你从容查访。只是你们自家要上紧用心,休得怠慢。"李万喏喏连声而去。有诗为证:

　　　　白金廿两酿凶谋,谁料中途已失囚。

437

锁打禁持熬不得，尼庵苦向妇人求。

官府立限缉获沈襄，一来为他是总督衙门的紧犯，二来为妇人日日哀求，所以上紧严比。今日也是那李万不该命绝，恰好有个机会。

却说总督杨顺御史路楷，两个日夜商量，奉承严府，指望旦夕封侯拜爵；谁知朝中有个兵科给事中吴时来，风闻杨顺横杀平民冒功之事，把他尽情劾奏一本，并劾路楷朋奸助恶。嘉靖爷正当设醮祝厘，见说杀害平民，大伤和气，龙颜大怒，着锦衣卫扭解来京问罪。严嵩见圣怒不测，一时不及救护，到底亏他于中调停，止于削爵为民。可笑杨顺、路楷杀人媚人，至此徒为人笑，有何益哉？

再说贺知州听得杨总督去任，已自把这公事看得冷了；又闻氏连次不来哭禀，两个差人又死了一个，只剩得李万，又苦苦哀求不已。贺知州吩咐，打开铁链，与他个广捕文书，只教他用心缉访，明是放松之意。李万得了广捕文书，犹如捧了一道赦书，连连磕了几个头，出得府门，一道烟走了。身边又无盘缠，只得求乞而归。不在话下。

却说沈小霞在冯主事家复壁之中，住了数月，外边消息无有不知，都是冯主事打听将来，说与小霞知道。晓得闻氏在尼姑庵寄居，暗暗欢喜。过了年余，已知张千、李万都逃了，这公事渐渐懒散。冯主事特地收拾内书房三间，安放沈襄在内读书，只不许出外，外人亦无有知者。冯主事三年孝满，为有沈公子在家，也不去起复做官。

光阴似箭，一住八年。值严嵩一品夫人欧阳氏卒，严世蕃不肯扶枢还乡，唆父亲上本留己待养，却于丧中簇拥姬妾，日夜饮酒作乐。嘉靖爷天性至孝，访知其事，心中甚是不悦。时有方士蓝道行，善扶鸾之术，天子召见，教他请仙，问以辅臣贤否。蓝道行奏道："臣所召乃是上界真仙，正直无阿，万一箕下判断有忤圣心，乞恕微臣之罪。"嘉靖爷道："朕正愿闻天心正论，与卿何涉？岂有罪卿之理？"蓝道行书符念咒，神箕自动，写出十六个字来。道是：

高山番草，父子阁老。
日月无光，天地颠倒。

嘉靖爷爷看了，问蓝道行道："卿可解之。"蓝道行奏道："微臣愚昧未解。"嘉靖爷道："朕知其说。'高山'者，'山'字连'高'，乃是'嵩'字；'番草'者，'番'字'草'头，乃是'蕃'字。此指严嵩、严世蕃父子二人也。朕久闻其专权误国，今仙机示朕，朕当即为处分，卿不可泄于外人。"蓝道行叩头，口称不敢，受赐而出。

从此，嘉靖爷渐渐疏了严嵩。有御史邹应龙，看见机会可乘，遂刻奏："严世蕃凭借父势，卖官鬻爵，许多恶迹，宜加显戮。其父严嵩溺爱恶子，植党蔽贤，宜亟赐休退，以清政本。"嘉靖爷见疏大喜，即升应龙为通政右参议。严世蕃下法司，拟成充军之罪，严嵩回籍。未几，又有江西巡按御史林润，复奏严世蕃不赴军伍，居家愈加暴横，强占民间田产，畜养奸人，私通倭虏，谋为不轨。得旨三法司提问，问官勘实复奏，严世蕃即时处斩，抄没家财。严嵩发养济院终老。被害诸臣尽行昭雪。

冯主事得此喜信，慌忙报与沈襄知道，放他出来，到尼姑庵访问那闻淑女。夫妇相见，抱头而哭。闻氏离家时，怀孕三月，今在庵中生下一孩子，已十岁了。闻氏亲自教他念书，五经皆已成诵，沈襄欢喜无限。冯主事方上京补官，教沈襄同去讼理父冤，闻氏暂迎归本家园上居住，沈襄从其言。

到了北京。冯主事先去拜了通政司邹参议，将沈炼父子冤情说了，然后将沈襄讼冤本稿送与他看。邹应龙一力担当。次日，沈襄将奏本往通政司挂号投递。圣旨下，沈炼忠而获罪，准复原官，仍进一级，以旌其直。妻子召还原籍。所没入财产，府县官照数给还。沈襄食廪年久，准贡，敕授知县之职。沈襄复上疏谢恩，疏中奏道："臣父炼向在保安，因目击宣大总督杨顺，杀戮平民冒功，吟诗感叹，适值御史路楷，阴受严世蕃之嘱，巡按宣大，与杨顺合谋，陷臣父子于极刑，并杀臣弟二人，臣亦几于不免。冤尸未葬，危宗几绝，受祸之惨，莫如臣家。今严世蕃正法，而杨顺、路楷安然保首领于乡，使边廷万家之怨骨，衔恨无伸，臣家三命之冤魂，含悲莫控。恐非所以肃刑典而慰人心也。"圣旨准奏，复提杨顺、路楷到京，问成死罪，监刑部牢中待决。

沈襄来别冯主事，要亲到云州，迎接母亲和兄弟沈衮失到京，依傍冯主事寓所相近居住；然后往保安州访求父亲骸骨，负归埋葬。冯主事道："老年嫂处，适才已打听个消息，在云州康健无恙。令弟沈衮，已在彼游庠了。下官当遣人迎之。尊公遗体要紧，贤侄速往访问，到此相会令堂可也。"沈襄领命，径往保安。一连寻访两日，并无踪迹。第三日，因倦借坐人家门首，有老者从内而出，延进草堂吃茶。见堂中挂一轴子，乃楷书诸葛孔明两次《出师表》也，表后但写年月，不着姓名。沈小霞看了又看，目不转睛。老者道："客官为何看之？"沈襄道："动问老丈，此字是何人所书？"老者道："此乃吾亡友沈青霞之笔也。"沈小霞道："为何留在老丈处？"老者道："老夫姓贾名石，当初沈青霞编管此地，就在舍下作寓。老夫与他八拜之交，最相契厚。不料后遭奇祸，老夫惧怕连累，也往河南逃避。带得这二幅《出师表》，裱成一幅，时常展视，如见吾兄之面。杨总督去任后，老夫方敢还乡。嫂嫂徐夫人和幼子沈衮，徙居云州，老夫时常去看他。近日闻得严家势败,吾兄必当昭雪,已曾遣人去云州报信。恐沈小官人要来移取父亲灵柩,老夫将此轴悬挂在中堂,好教他认认父亲遗笔。"

沈小霞听罢,连忙拜倒在地,口称:"恩叔"。贾石慌忙扶起,道:"足下果是何人?"沈小霞道:"小侄沈襄,此轴乃亡父之笔也。"贾石道:"闻得杨顺这厮,差人到贵府来提贤侄,要行一网打尽之计。老夫只道也遭其毒手,不知贤侄何以得全?"沈小霞将临清事情,备细说了一遍。贾石口称难得,便吩咐家童治饭款待。沈小霞问道:"父亲灵柩,恩叔必知,乞烦指引一拜。"贾石道:"你父亲屈死狱中,是老夫偷尸埋葬,一向不敢对人说知。今日贤侄来此搬回故土,也不枉老夫一片用心。"

说罢,刚欲出门,只见外面一位小官人骑马而来。贾石指道:"遇巧,遇巧!恰好令弟来也。"那小官便是沈袞,下马相见,贾石指沈小霞道:"此位乃大令兄讳襄的便是。"此日弟兄方才识面,恍如梦中相会,抱头而哭。贾石领路,三人同到沈青霞墓所,但见乱草迷离,土堆隐起。贾石引二沈拜了,二沈俱哭倒在地。贾石劝了一回道:"正要商议大事,休得过伤。"二沈方才收泪。贾石道:"二哥、三哥,当时死于非命,也亏了狱卒毛公存仁义之心,可怜他无辜被害,将他尸藁葬于城西三里之外。毛公虽然已故,老夫亦知其处,若扶令先尊灵柩回去,一起带回,使他父子魂魄相依,二位意下何如?"二沈道:"恩叔所言,正合愚弟兄之意。"当日又同贾石到城西看了,不胜悲感。

次日,另备棺木,择吉破土,重新殡殓。三人面色如生,毫不朽败,此乃忠义之气所致也。二沈悲哭自不必说。当时备下车仗,抬了三个灵柩,别了贾石起身。临别沈襄对贾石道:"这一轴《出师表》,小侄欲问恩叔取去,供养祠堂,幸勿见拒。"贾石慨然许了,取下挂轴相赠。二沈就草堂拜谢,垂泪而别。沈襄先奉灵柩到张家湾,觅船装载。

沈襄复身又到北京,见了母亲徐夫人,回复了说话,拜谢了冯主事起身。此时京中官员,无不追念沈青霞忠义,怜小霞母子扶柩远归,也有送勘合的,也有赠赙金的,也有馈赆仪的。沈小霞只受勘合一张,余俱不受。到了张家湾,另换了官座船,驿递起人夫一百名牵缆,走得好不快。不一日,来到临清,沈襄吩咐座船,暂泊河下,单身入城,到冯主事家投了主事平安书信,园上领了闻氏淑女并十岁儿子下船。

先参了灵柩,后见了徐夫人。那徐氏见了孙儿如此长大,喜不可言。当初只道灭门绝户,如今依旧有子有孙,昔日冤家,皆恶死见报。天理昭然,可见做恶人的到底吃亏,做好人的到底便宜。

闲话休题。到了浙江绍兴府,孟春元领了女儿孟氏,在二十里外迎接。一家骨肉重逢,悲喜交集。将丧船停泊马头,府县官员都在吊孝。旧时家产,已自清查给还。二沈扶枢葬于祖茔,重守三年之制,无人不称大孝。抚按又替沈炼建造表忠祠堂,春秋祭祀。亲笔《出师表》一轴,至今供奉在祠堂之中。

服满之日,沈襄到京受职,做了知县。为官清正,直升到黄堂知府。闻氏所生之子,少年登科,与叔叔沈衮同年进士。子孙世世书香不绝。

冯主事为救沈襄一事,京中重其义气,累官至吏部尚书。忽一日,梦见沈青霞来拜候道:"上帝怜某忠直,已授北京城隍之职。屈年兄为南京城隍,明日午时上任。"冯主事觉来甚以为疑,至日午,忽见轿马来迎,无疾而逝。二公俱已为神矣。有诗为证,诗曰:

> 生前忠义骨犹香,魂魄为神万古扬。
> 料得奸魂沉地狱,皇天果报自昭彰。